རྟ་ཚག་ཡེ་ཤེས་བློ་བཟང་བསྟན་པའི་མགོན་པོའི་

རྣམ་ཐར།

སྟོད་ཆ།

བོད་ལྗོངས་བོད་ཡིག་དཔེ་རྙིང་དཔེ་སྐྲུན་ཁང་།

图书在版编目(CIP)数据

第八世达擦·益西洛桑丹贝衮波传 ： 上、下 ： 藏文/（清）洛桑赤列朗杰著. －－ 拉萨 ：西藏藏文古籍出版社,2021.10
ISBN ISBN 978－7－5700－0551－2

Ⅰ. ①第… Ⅱ. ①洛… Ⅲ. ①达擦·益西洛桑丹贝贡布(1760－1810)
－传记－藏语 Ⅳ. ①B949.92

中国版本图书馆 CIP 数据核字(2022)第 050870 号

第八世达擦·益西洛桑丹贝衮波传（上 下册）

作　　者	洛桑赤列朗杰
责任编辑	索朗次旦
出　　版	西藏藏文古籍出版社
发　　行	西藏新华书店
印　　刷	成都高瑞印务有限公司
开　　本	850×1168　1/32
印　　张	23.875
版　　次	2022 年 5 月第 1 版
印　　次:	2022 年 5 月第 1 次印刷
书　　号	ISBN 978－7－5700－0551－2 民文(藏)
印　　数	1－3,000
定　　价	54.00 元（上下）

འགོ་བརྗོད།

ཏ་ཚག་སྐུ་ཕྲེང་རིམ་བྱོན་གྱི་ནང་ནས་བོད་ཀྱི་སྲིད་སྐྱོང་ཐེངས་དང་པོ་དང་ཆོས་སྲིད་གཉིས་ཀའི་ཐོག་ནས་མཛད་རྗེས་དང་མཚན་སྙན་ཆེ་ཤོས་ཞིག་ཡིན། ཁོང་ནི་མདོ་སྨད་སྤྱི་པོ་མལ་རྫོ་ཞེས་པར་ཡབ་དར་ལུ་ཚེ་རིང་དང་ཡུམ་ཟླ་བ་བུ་ཁྲིད་གཉིས་ཀྱི་སྲས་སུ་རབ་བྱུང་བཅུ་གསུམ་པའི་ལྕགས་འབྲུག་སྟེ1760ལོར་སྐུ་འཁྲུངས། དགུང་ལོ་ལྔ་པར་དཔའ་ཤོད་དགོན་དུ་གདན་དྲངས། ཤིང་བྱ་སྟེ1765ལོར་མན་ཆིང་གོང་མ་ཆེན་ལུང་གིས་ཏ་ཚག་སྐུ་ཕྲེང་རིམ་བྱོན་སྤྱི་དང་ནང་ཚན་རྗེ་གོང་མ་བློ་བཟང་དཔལ་ལྡན་རྒྱལ་མཚན་ཉིད་གོང་མར་རང་ཉིད་ཀྱི་དབུ་བླ་གནང་མྱོང་བའི་དབང་གིས་སྤྲུལ་སྐུ་འདི་ཉིད་ལ་ཐམ་ཀ་དང་འཇའ་ས་ཐོར་རྒྱན་དང་སྐུ་གོང་མའི་དབུ་ཞྭ་སོགས་བསྩལ་ཏེ་ཁྲི་འདོན་མཛད། གོང་མ་ཆན་ལུང་ཁྲི་བཞུགས་ལོ་སུམ་ཅུ་པ་སྤྱི་ལོ1766ལོར་གསེར་ཡིག་གི་ལམ་ནས་བདག་རྐྱེན་གཟིངས་བསྐྱོད་བླ་ན་མེད་པའི་བཀའ་ལུང་བསྩལ་བར་མཛད། དགུང་ལོ་བཅུ་གཉིས་པར་པེ་ཅིན་དུ་གོང་མ་མཇལ་བར་ཕེབས། བོད་ཟླ་དྲུག་པའི་ནང་དུ་གོང་མ་ཆེན་པོ་དང་ཐོག་མར་མཇལ་ཏེ་ཚེ་ལྷའི་སྐུ་བརྙན་སོགས་དངོས་འབུལ་གཏོས་ཆེ་བ་དང་བཅས་བཀའ་འདྲི་གནང་བའི་ཕེབས་ལན་སོགས་ཞུམ་པ་མེད་པའི་སྒོ་ནས་ཐོགས་མེད་དུ་ཞུ་བར་མཛད། ལྕང་

སྐུ་སྐུ་ཕྲེང་གསུམ་པ་རོལ་པའི་རྡོ་རྗེས་མཁན་པོ་མཛད་དེ་དགེ་ཚུལ་གྱི་སྡོམ་པ་བཞེས་ཤིང་མཚན་ཡེ་ཤེས་བསྟན་པའི་མགོན་པོར་གསོལ། ལྕགས་གླང་སྤྱི་1781ལོར་པེ་ཅིན་ནས་བོད་དུ་ཕྱིར་ཕེབས་ཀྱིས་ཧོར་ཟླ་བརྒྱད་པའི་ཚེས་ལྔ་ཉིན་དཔལ་ཤོད་དགོན་དུ་ཕེབས་འབྱོར་བྱུང་། ཆུ་སྟག་སྤྱི་1782ལོའི་ཟླ་ལྔ་པའི་ཚེས་བརྒྱད་ཉིན་ལྷ་སར་འབྱོར། འབྲས་སྤུངས་སྒོ་མང་མཁན་པོ་སྐལ་བཟང་དངོས་གྲུབ་ཡོངས་འཛིན་དུ་བསྟེན་ནས་ལོ་ངོ་བདུན་གྱི་རིང་གཞུང་ཆེན་བཀའ་པོད་ལྔར་བརྩོན་པ་མཛད་དེ་རིང་པོར་མ་ལོན་པར་མཚན་སྙན་རྒྱས། ས་བྱ་སྤྱི་1789ལོར་པེ་ཅིང་དུ་སླར་ཡང་ཕེབས་རྒྱུའི་གྲ་སྒྲིག་གནང་ཞིང་དེ་དག་གི་སྐབས་སུ་བོད་མི་སེར་སྐྱ་ཕལ་མོ་ཆེས་གངས་ཅན་མགོན་པོའི་ཆོས་སྲིད་ཀྱི་འཕྲིན་ལས་སྤེལ་བའི་བྱེད་པོར་མགོན་པོ་འདི་ཉིད་ཁོ་ན་འོས་སོ་ཞེས་བསྔགས་ཤིང་སྙན་པར་འགྱུར་བའི་ཁར་རྗེ་ཉིད་ལྷ་ས་པེ་ཅིན་ཕྱོགས་སུ་ཕེབས་ཐོན་གནང་ནས་རིང་པོར་མ་ལོན་པའི་དུས་ཉིད་ནས་བཀའ་ཤག་དང་། ཚོགས་འདུ་ཐུན་མོང་ནས་ཨམ་བན་བརྒྱད་གོང་མ་ཆེན་པོར་ཧ་ཚག་རྗེ་དྲུང་ཧོ་ཐོག་ཐུ་འདི་བཞིན་གོང་མ་ཆེན་པོ་དང་། ཏཱ་ལའི་བླ་མའི་ཞབས་འདེགས་སུ་སྨིན་ངེས་ཡོད་པས་བོད་འབངས་རྣམས་ལ་བརྩེ་བས་དགོངས་ཏེ་མྱུར་དུ་ཕྱིར་བསྐྱོད་ཀྱིས་ཏཱ་ལའི་བླ་མའི་འཕྲིན་ལས་ཀྱི་ཞབས་འདེགས་པ་དང་། སྲིད་ཀྱི་ལན་དོན་བྱེད་པོར་བཀས་མངགས་ཐུབ་པ་ཞིག་དགོས་ཞེས་སྙན་ཞུ་ཞུས་པ་ལྟར་རེས་འབྲས་སྨིན་པའི་བཀའ་བཟང་ཚེ་ལོ་དང་བཅས་གྲལ་ཅེའི་ལམ་ནས་ཟེ་ལིང་ཨམ་བན་བརྒྱད་དེ་བསྐུལ། བོད་ཕྱོགས་སུ་ཆིབས་ཞལ་བསྒྱུར་རྗེས་སྤྲ་འཕྲོས་སྲིད་སྐྱོང་གི་ཁྲི་འདོན་ལྷ་ལྡན་གཙུག་ལག་ཁང་གི་ཁམས་གསུམ་རྣམ་རྒྱལ་དུ་མཛད་དེ་རྒྱལ་དབང་

མཆོག་དང་ལྷན་དུ་ལུགས་གཉིས་ཀྱི་སྲིད་སྐྱོར་བར་མཛད། ལྕགས་ཕག་ཏེ1791ལོར་གོར་ཁཱའི་དམག་དཔུང་བཀྲ་ཤིས་ལྷུན་པོ་འཁྱོར་པ་སོགས་ཀྱི་ཡོ་ལང་ཙི་ཆེར་བརྟེན་ལོ་དེར་བལ་བོད་སྐེ་གཟར་གྱི་འཁྲུག་ཟིང་ལྡིང་འཛགས་གཏོར་ཆེད་གོང་མས་མངགས་པའི་ཀྲུང་ཐང་（ཧུ་ཁང་ཨན་）ཆེན་པོ་དཔུང་དང་བཅས་པ་རིམ་བཞིན་འབྱོར། བློན་ཆེན་པོ་ཀྲུང་ཐང་སོགས་ནས་གོར་ཁཱའི་བཙན་འཛུལ་དམག་ཕམ་ཉེས་སུ་བཏང་བ་སོགས་བོད་ཀྱི་བསྟན་སྲིད་ལ་སྲི་ཞུ་རྒྱ་ཆེར་མཛད་པའི་ལག་རྟགས་སུ་རིན་གཉིས་སྲུང་བདུན་སྟོང་སྐོར་གྱི་རྒྱུ་སྦྱོར་བ་དང་བཅས་འཛམ་དཔལ་དབྱངས་ཀྱི་གནས་ཞེས་གྲགས་པའི་བོད་བ་རིའམ་བ་མ་རིང་གོར་ཁཱའི་བཙན་འཛུལ་དམག་བོད་ནས་མཐར་སྐྲོད་བཏང་བའི་རྒྱལ་ཁ་ཆེན་པོར་རྟེན་འབྲེལ་ཞུ་ཆེད་དུ་རྒྱ་བོད་གཉིས་ཀའི་ལྷ་ཁང་དགོན་སྡེ་བཅས་གསར་འཛུགས་བྱས་ནས་དགོན་བདག་ཀྲུང་རྟ་ཚག་རིན་པོ་ཆེར་འབུལ་རྒྱུའི་རྗེས་ཀྱིས་ཆུ་བྱི་སྟེ1792ལོར་དགོན་པ་དང་། གེ་སར་ལྷ་ཁང་གསར་བཞེངས་ཀྱི་འགོ་ཚུགས་ཏེ་རྒྱ་ཡི་ལྷ་ཁང་མཚོན་བྱེད་འཛམ་དབྱངས་ལྷ་ཁང་དང་རྒྱ་ཡི་མན་ཆིང་རྒྱལ་རབས་ཀྱི་སྲུང་མ་གོན་ཡུན་ཆང་གི་ལྷ་ཁང་། （དེང་སང་གེ་སར་ལྷ་ཁང་ཟེར་）བོད་ཀྱི་ལྷ་ཁང་དང་དགོན་པ་གསེར་བཞེངས་ཐོག །གོང་མ་ཆེན་ལུང་གིས་དབུས་གཙང་ཀུན་བདེ་གླིང་ཞེས་པའི་པེན་གནང་བ་དང་རྟ་ཚག་རིན་པོ་ཆེ་རང་ཉིད་ནས་དགའ་ལྡན་བརྟན་བཞུགས་ཆོས་འཁོར་གླིང་ཞེས་འདོགས་གནང་མཛད། ཀརྨ་ཞྭ་དམར་བ་ཆོས་གྲུབ་རྒྱ་མཚོས་སྐབས་དེའི་གོ་ཁཱ་དམག་བོད་དུ་སྣེ་ཁྲིད་པ་མ་ཟད། བཀྲ་ཤིས་ལྷུན་པོར་གཏོར་སྐྱོན་ཕོག་པའི་བྱེད་གཏེ་གཙོ་བོ་ཡིན་སྟབས་ཕྱིན་ཆད་ཀརྨ་ཞྭ་དམར་པའི་ཡང་སྲིད་ངོས་འཛིན་བྱེད་མི་

ཚོག་པ་དང་། ཡངས་པ་ཅན་གྱི་དགོན་པ་དེ་ཀུན་བདེ་གླིང་གི་འཛིན་ཁོངས་དང་གྲུབ་མཐའ་དགེ་ལུགས་པར་བསྒྱུར། ཤིང་བྱི་སྤྱི་1804ལོའི་ཟླ་བ་བཅུ་པའི་ཚེས་བཅོ་བརྒྱད་ཉིན་ཏཱ་ལའི་བླ་མ་སྐུ་ཕྲེང་བརྒྱད་པ་སྐུ་མྱ་ངན་ལས་འདས། དེའི་ཕྱི་ལོ་ཤིང་གླང་སྤྱི་1805ལོར་སླར་ཡང་བོད་ཀྱི་སྲིད་སྐྱོང་གི་འགན་བཞེས་གནང་། ས་འབྲུག་སྤྱི་1805ལོའི་ཟླ་བ་བརྒྱད་པའི་ཚེས་ཉེར་གཉིས་ཀྱི་སྔ་ཆར་ཏཱ་ལའི་བླ་མ་སྐུ་ཕྲེང་དགུ་པ་ལུང་རྟོགས་རྒྱ་མཚོ་མཆོག་ཚོམས་ཆེན་སྲིད་ཞིའི་ཕུན་ཚོགས་སུ་གདན་ཞུས་མཛད་དེ་གསེར་ཁྲིར་མངའ་གསོལ། རྟ་ཚག་སྐུ་ཕྲེང་འདིས་བོད་ཀྱི་སྲིད་སྐྱོང་ལོ་ཉི་ཤུ་ཐམ་པ་གནང་རིང་རྒྱལ་ཁབ་མཐུན་སྒྲིལ་དང་ཞི་འཇགས་ཀྱི་ལས་དོན་མཛད་མཁས་པ་བཅས་ལ་བརྟེན་སྐུ་སེར་མཆོག་དམན་ཡོངས་ཀྱིས1810ལོར་སྐུ་གཤེགས་དགུང་ལོ་ལྔ་གཅིག་བཞུགས། གསུང་རྩོམ་སྐོར་《དཔལ་ལྡན་ལྷ་མོའི་ལོ་རྒྱུས་》《ལོ་གསར་ཚེས་གཏོར་གྱི་བཅའ་སྒྲིགས་དང་རོལ་ཚིག་》《ཡི་དམ་ཆོས་སྐྱོང་གི་གཏོར་བཟློའི་ཕྱག་ལེན་ཟིན་བྲིས་》སོགས་པོད་གསུམ་དེ་སྔོན་ཀུན་བདེ་གླིང་དུ་དཔར་ཡོད།

《ཀུན་བདེ་གླིང་རྟ་ཚག་སྐུ་ཕྲེང་བརྒྱད་པ་ཡེ་ཤེས་བློ་བཟང་བསྟན་པའི་མགོན་པོའི་རྣམ་ཐར་》(སྟོད་སྨད་)གྱི་རྩོམ་པ་པོ་ནི་རྒྱལ་དབང་ཆོས་རྗེ་བློ་བཟང་འཕྲིན་ལས་རྣམ་རྒྱལ་མཆོག་ཡིན་ཅིང་། ཁོང་ནི་རྒྱལ་དབང་འཇམ་དཔལ་རྒྱ་མཚོའི་སྐབས་ཏེ་སྤྱི་ལོའི་དུས་རབས་བཅོ་བརྒྱད་པའི་དུས་མཇུག་ཏུ་སྐུ་འཁྲུངས། སེར་སྨད་གྲྭ་ཚང་དུ་ཆོས་ཞུགས་མཛད་ནས། ཁྲི་ཆེན་བསྟན་པ་རབ་རྒྱས་སོགས་བསྟེན་ནས་གཞུང་ཆེན་རྣམས་ལ་སྦྱངས་པ་མཐར་ཕྱིན་པར་མཛད་ནས་མཁས་པར་གྱུར་པ་དང་། གཞུང་ཆེན་དཀའ་པོད་ཅམ་མ་ཟད། ལོ་རྒྱུས་

ཆོས་འབྱུང་རྣམ་ཐར་གྱི་སྐོར་ལ་ཡང་གཟིགས་རྒྱ་ཆེ་བའི་ཚད་དུ་བྱེད། རབ་བྱུང་བཅུ་བཞི་པའི་ས་འབྲུག་སྟེ་སྤྱི་ལོ1808ལོར་སེ་ར་སྟོད་པ་གྲྭ་ཚང་གི་ཁྲིར་ཕེབས། ཤིང་ཕག་སྟེ་སྤྱི་ལོ1815ལོར་རྒྱལ་དབང་ལུང་རྟོགས་རྒྱ་མཚོའི་གསེར་གདུང་ཆེན་མོའི་གཟུངས་སྒྲུབ་དང་། གཟུངས་འབུལ། རབ་གནས་བཅས་ཀྱི་ཐུགས་འཁུར་བཞེས་པ་མ་ཟད་གསེང་གདུང་ཆེན་མོའི་དཀར་ཆག་ཀྱང་མཛད། ལོ་དེའི་ཟླ་བ་བཅུ་པའི་ཚེས་ཉེར་ལྔ་ཉིན་རྒྱལ་བའི་གསེང་གདུང་གི་ཞབས་ཞུ་བ་རྒྱུད་སྟོད་དགེ་བཤེས་སེར་སྨད་རྒྱལ་རོང་རབ་འབྱམས་པ་སེ་ར་སྟོད་པ་གྲྭ་ཚང་གི་ཁྲིར་བསྐོས་ཏེ་རྒྱལ་དབང་ཆོས་རྗེ་སྐུ་བཅར་མཁན་པོའི་གྲས་སུ་བསྐོ་བར་མཛད། ས་སྟག་སྟེ་སྤྱི་ལོ1818ལོའི་ཟླ་བ་བཅུ་གཅིག་པའི་ཚེས་གསུམ་ཉིན་རྩེ་མཆོད་དཔོན་མཁན་པོ་བློ་བཟང་ཆོས་གྲགས་དགོངས་པ་ཞུས་ཚབ་ཏུ། རྩེ་མཆོད་དཔོན་མཁན་པོར་བསྐོ་བཞག་མཛད། ཟླ་བ་དེའི་ཚེས་ཉི་ཤུའི་སྐོར་ལ་དཔལ་ལྡན་འབྲས་སྤུངས་མཆོད་ཁང་ཆེན་མོར་བཞུགས་པའི་བཀའ་འགྱུར་བྲིས་མ་དེ་བཞིན་རྒྱུན་པར་ཚོགས་ཆེན་དུ་ཀློག་འདོན་བྱེད་དགོས་ལ་ལོ་མང་བསྐྱལ་ཟད་ཀྱིས་ཤོག་གྲངས་མང་དག་རལ་རྙིན་དང་ཆད་ལུས་སུ་གྱུར་པར་རྒྱལ་དབང་ཆོས་རྗེས་དོ་དམ་བཀོད་ཁྱབ་ཀྱིས་ཆད་ལུས་གང་ཡོད་ཁ་སྐོང་ཐོག་ཞུས་དག་གནང་སྙིན་བགྲིས་པ་དང་། དེ་མཚུངས་རྒྱལ་དབང་ལྔ་པ་ཆེན་པོའི་གསུང་ཁ་ཐོར་པར་དུ་མ་འཁོད་པ་འགའ་ཞིག་པར་སྐྲུན་གྱི་ཐུགས་འགན་ཡང་བཞེས་པར་མཛད། རྒྱལ་དབང་ཚུལ་ཁྲིམས་རྒྱ་མཚོ་དང་། རྒྱལ་དབང་མཁས་གྲུབ་རྒྱ་མཚོའི་མཚན་ཞབས་དང་། སྤྱི་ཁྱབ་མཁན་པོ་བཅས་ཀྱི་ཐུགས་འགན་བཞེས། དར་ཧན་མཁན་པོ་ཞེས་ཀྱང་ཞུ། རབ་བྱུང་བཅུ་བཞི་པའི་མེ་རྟ་སྟེ་སྤྱི་

ལོ་846ལོར་རྒྱལ་དབང་ཚུལ་ཁྲིམས་རྒྱ་མཚོའི་རྣམ་ཐར་མཛད། རབ་བྱུང་བཅུ་བཞི་པའི་ཤིང་ཡོས་ཏེ་སྤྱི་ལོ་1855ལོར་རྒྱལ་དབང་མཁས་གྲུབ་རྒྱ་མཚོ་སྐུ་གཤེགས་རྗེས་རྒྱལ་དབང་མཆོག་གི་རྣམ་ཐར་མཛད། རྒྱལ་དབང་འཕྲིན་ལས་རྒྱ་མཚོའི་ཞབས་ཀྱིས་ཟིན་ཚོད་དུ་འདུག་པས་རྒྱལ་དབང་སྐུ་ཕྲེང་བརྒྱད་པ་ནས་བཅུ་གཉིས་བར་སྐུ་ཕྲེང་ལྔ་ཙམ་དང་ཞལ་མཇལ་བྱུང་ཡོད། དམག་འཁྲུགས་ཀྱི་དུས་ཟིང་སྐབས་འཕན་པོ་རྐོ་ལའི་སྟེང་དུ་སྐུ་གཤེགས་པར་གྲགས། གསུང་རྩོམ་ལ། 《རྗེ་ཙོང་ཁ་པ་ཆེན་པོའི་རྣམ་པར་ཐར་པ་ཐུབ་བསྟན་ལྷུན་པོའི་མཛེས་རྒྱན་》དང་། 《རྒྱལ་དབང་ཚུལ་ཁྲིམས་རྒྱ་མཚོའི་རྣམ་ཐར་》《རྒྱལ་དབང་མཁས་གྲུབ་རྒྱ་མཚོའི་རྣམ་ཐར་》《སེར་སྨད་མཁན་ཆེན་གྲགས་པ་མཁས་གྲུབ་ཀྱི་རྣམ་ཐར་》《 རྒྱལ་ཚབ་དེ་མོ་བློ་བཟང་ཐུབ་བསྟན་འཇིགས་མེད་རྒྱ་མཚོ་དཔལ་བཟང་པོའི་རྣམ་ཐར་》《 ཏ་ཚག་བསྟན་པའི་མགོན་པོའི་རྣམ་ཐར་》《 འོན་རྒྱལ་སྲས་རྡོ་རྗེ་འཆང་བསྐལ་བཟང་ཐུབ་བསྟན་འཇིགས་མེད་བསྟན་པའི་རྒྱལ་མཚན་དཔལ་བཟང་པོའི་རྣམ་ཐར་》《 ཁྲི་ཆེན་བྱང་ཆུབ་ཆོས་འཕེལ་གྱི་རྣམ་ཐར་》《ཆེ་ཤོས་བསྟན་པའི་ཉི་མའི་རྣམ་ཐར་》《ལྕང་ལུང་པཎྜི་ཏའི་རྣམ་ཐར་》《རྒྱལ་དབང་ལུང་རྟོགས་རྒྱ་མཚོའི་གདུང་རྟེན་དཀར་ཆག་》《ཆོས་མངོན་པ་མཛོད་ཀྱི་རྣམ་བཤད་ཉིན་བྱེད་སྣང་བ་》སོགས་གསུང་འབུམ་པོད་བཅུ་ལྷག་ཙམ་བཞུགས།

དཀར་ ཆག

སྔོན་ཚ།

སྨད་ཆ།

༄། །ཤྲཱི་ མཧཱ་ ཀཱ་ ལ་ ཡ་ ཡུ་ བ་ ཏྲ་ ཏཱ་ ཏྲ་ ཏ་ ར་
སྭཱ་ ཏྲཱ་ ཀྵ་ ར་ ཏཱ་ མ་ ཏྭ་ ཏྭཱ་ ན་ སུ་ ཏྲི་ པ་ ས་
ན་ ཏྭ་ ཐ་ ཕི་ ཀྵ་ ཀྵྭ་ ད་ ཐ་ ཏྲཱ་ པ་ ཀྵུ་ ཀྵྰ་
ཀཱ་ ར་ སུ་ ཏྲིཾ་ དྲི་ པ་ ནེ་ ཧྲ་ མ་ ལ་ ན་
མ་ ཕི་ ཏ་ ཏ་ ར་ ཏི་ ཀྵ།

༄༅། །དཔལ་ལྡན་ལྷ་མ་རྒྱལ་བའི་རྒྱལ་ཚབ་རྗེ་ཚག་
རྡོ་མི་ཏན་ཆེན་པོ་ཡེ་ཤེས་བློ་བཟང་བསྟན་པའི་
མགོན་པོའི་རྣམ་པར་ཐར་པ་དོ་མཚར་དད་
པའི་པདྨོ་འཛུམ་བྱེད་ལེགས་བཤད་ཉིན་
བྱེད་དབང་པོའི་འཕྲེང་བ་ཞེས་
བྱ་བ་བཞུགས་སོ། །

༄༅། །བྲི་ ཧ་ དྭི་ ནི་ སྟ་ རཿ ཏ་ ཡ་ ག་ ཏཾ་ བྲ་ ཧྨཿ ཤུ་ ཙི་
དྲི་ སྭ་ དི་ ཏྲ་ ཀྵ་ སྐུ་ ག་ ཡཿ

༄༅། །ཚོགས་གཉིས་མཐར་ཕྱིན་སྤངས་རྟོགས་མངའ་བདག་དག་པ་
གཉིས་ལྡན་ཆོས་ཀྱི་སྐུ། །

ཧྲི་ ཧེ་ གུ་ ཧྲུཾ་ གུ་ ཊཿ ཨ་ གྲ་ ཏ་ ག་ ཀྵ་ དྷ་ སི་ ཤྭ་ ར་ སྭ་
དི་ སཾ་ ག་ མ་ གུ་ ཊཿ

གསང་གསུམ་ཡོན་ཏན་འཕྲིན་ལས་ཀུན་འཛིན་དབང་ཕྱུག་བརྒྱད་ལྡན་ཡོངས་སྐྱོང་རྫོགས། །

ཨོཾ ས མ ཛཻ ག སྣ ཀ ད མ ཤ སྟ སྭཱཿ ཙེ ཊ ཛ པ ཀྵུ ཎི ཙྪ ཊ ཀ ཡཿ

མཁའ་མཉམ་འགྲོ་བར་གང་འདུལ་དེར་སྟོན་སྣ་ཚོགས་རོལ་བ་སྤྲུལ་པའི་སྐུ། །

ཨུ ཧཱེ ཊེ སྭཱ ཕ ཛེ ཧྲ མ ཁཱ ཀྵཱུ པ བྲཱི མ ཏི གུ ཧཱུཿ པྲ ཡ རྵུ ས ཤུ ཛཱྀཾ།

སྐུ་གསུམ་ངོ་བོ་རྒྱལ་བའི་སྤྱི་གཟུགས་དཔལ་ལྡན་བླ་མས་དགེ་ལེགས་སྩོལ། །

རྣད་བྱུང་ཚོགས་གཉིས་ལས་འཁྲུངས་མཚན་དཔེའི་སྐུ། །དྲུག་ཅུའི་དབྱངས་སྙན་འགྲོ་ཀུན་དབུགས་དབྱུང་གསུང་། །སྤངས་རྟོགས་ཡོན་ཏན་ལྷུན་གྱིས་གྲུབ་པའི་ཐུགས། །རྣམ་འདྲེན་མཉམ་མེད་ཤཱཀྱའི་རྒྱལ་པོར་འདུད། །མགོན་པོ་མཆོག་དེའི་མདོ་སྔགས་བསྟན་པ་ལུང་རྟོགས་ག་བུར་བདུད་རྩིའི་ཐིག །འགྲོ་བའི་སྡུག་ཀུན་རིམས་ནད་མ་ལུས་དུས་གཅིག་སེལ་བའི་སྨན་གཅིག་པུ། །བཤད་སྒྲུབ་གཉིས་ཀྱིས་འཛིན་ཅིང་སྤེལ་དང་སྐྱོང་བར་མཛད་ལ་མི་ངལ་བའི། །འཕགས་བོད་མཛེས་པའི་རྒྱན་གྱུར་མཁས་གྲུབ་ལོ་པཎ་མཐའ་དག་ཕྱག་གི་ཡུལ། །ཐུབ་གཞུང་ཟླ་བའི་མ་མའི་གླིང་ཡངས་ནས། །བཀའ་གདམས་རིང་ལུགས་བསམ་འཕེལ་དབང་གི་རྒྱལ། །བསིལ་ལྗོངས་ཁྲོད་འདིར་སྤེལ་མཁས་མར་མེ་མཛད། །ཡབ་སྲས་བརྒྱུད་པར་བཅས་ལ་སྙིང་ནས་འདུད། །རླབས་ཆེན་རྣམ་དཔྱོད་མཁྱེན་རབ་རབ་འབྱམས་སྟོན་པོའི་མཚོན་གྱི་རལ་གྲི་ཡིས། །

རྨོངས་པའི་མུན་པ་དྲུང་འབྱིན་འབྱིན་མཛད་ངུར་སྨྲིག་འཆང་བའི་རྣམ་རོལ་
འཛིན། །ལེགས་བཤད་འོད་སྟོང་ཕྱོགས་ཀུན་ཀུན་ཏུ་ཁྱབ་པར་འགྱེད་པའི་ཉིན་
མོའི་མགོན། །ལྷ་མིའི་འདྲེན་པ་འཇམ་མགོན་མགོན་མཆོག་བློ་བཟང་གྲགས་
པར་སྙིང་ནས་འདུད། །གང་དེའི་རིང་ལུགས་གསེར་མདོག་འཆང་བའི་
སྲོལ། །ཛམྦུའི་འབྲས་མཚན་མཐའ་དབུས་ཁྱབ་གདལ་བར། །རྒྱས་མཛད་
ཕྱག་ན་པདྨོ་ཡབ་སྲས་སོགས། །ཟླ་མེད་བསྟན་འཛིན་རྣམས་ལ་གུས་པས་
འདུད། །འཇམ་མགོན་ཐུགས་བཅུད་སྐལ་ལྡན་འཇུག་ངོགས་ཡེ༷་ཤེ༷ས་གཟིགས་
པ་མཆོག །མཆོག་ཏུ་ཡངས་པའི་བློ༷་གྲོས་བཟ༷ང་པོ་ཚར་དུ་དངར་བའི་
བསྟ༷ན། །བསྟ༷ན་པ༷འི་སྙིང་པོ་མགོ༷ན་པོ༷་མཆོག་གིས་སྲིད་ཞིའི་དགེ་ལེགས་
སྨིན། །སྨིན་མཛད་ཐུགས་རྗེའི་གཏེར་ཆེན་འགྲོ་བའི་བླ་མར་སྙིང་ནས་
འདུད། །ཁྱོད་ཉིད་རིང་ནས་འགྲོ་ལ་བརྩེ་བ་ཡིས། །མི་ཕྱེད་དམ་དུ་འཁྱུད་
པའི་གཞན་དབང་ལས། །རབ་འབྱམས་ཞིང་ཁམས་ཀུན་ཏུ་སྤྲུལ་པའི་གར། །
དུ་མར་སྤྲོ་ཞིང་བསྡུ་བའི་ངང་ཚུལ་སྟོན། །ལྷག་པར་ཞིང་འདིར་རྨད་བྱུང་ངོ་
མཚར་རྣམ་པར་ཐར། །མི་བཟད་རྒྱུན་གྱི་འཁོར་ལོའི་རོལ་མོ་འབུམ་བསྒྱུར་བ། །
ཇི་བཞིན་བརྗོད་པ་བདག་འདྲའི་ངལ་བས་ནུས་མིན་ཀྱང་། །གང་གི་ཚུལ་ལ་
དང་བའི་ཡིད་ཀྱིས་མཆོད་པར་བགྱི། །སླར་ཡང་ཉིད་ཀྱི་མཛད་པའི་ཆ་ཤས་
ཙམ། །ཡིད་མཚོར་དད་པས་མངོན་སུམ་འདུ་བྱས་ནས། །གཅིག་ཏུ་འགྲོ་ལ་
སྨན་པའི་མཆོད་སྤྲིན་གྱི། །དགའ་སྟོན་དེང་འདིར་ཇི་ལྟར་ནུས་བཞིན་སྤེལ། །
བསྔགས་འོས་རྣམ་ཐར་རིན་ཆེན་གསེར་གྱི་ཁམས། །ལུང་རིགས་ནོར་བུའི་ཕྲ་
ཚོམ་གྱིས་སྤྲས་ཤིང་། །ཉམས་འགྱུར་ཚིག་གི་གཟི་བྱིན་འབུམ་འཕྲོ་བའི། །སྟོན་

མེད་རྒྱན་འདི་བདག་གི་ལས་སུ་གྲུབ། །མཐོང་བས་ནང་གི་མུན་པ་སེལ་བྱེད་ཅིང་། །ཐོས་ན་དད་པའི་འདབ་བརྒྱ་ཀུན་ཏུ་གཡོ། །དྲན་པས་སྲིད་ཞིའི་རྒྱུད་པ་དྲུང་འབྱིན་པའི། །རྟོགས་བརྗོད་ཉིན་མོར་བྱེད་པའི་དཀྱིལ་འཁོར་འདི། །གཞན་ཕན་ལྷག་བསམ་ས་འཛིན་ཕྲག་པ་ནས། །དྲང་པོར་གླིང་བའི་རྟ་བདུན་གྱིས་དྲངས་ཏེ། །དད་ལྡན་ནམ་མཁའི་དོ་རར་མངོན་སུམ་དུ། །ངོ་མཚར་འོད་སྣང་འགྱེད་པ་འདིར་སྤྲོས་ཤིག །

དེ་ཡང་ཇི་སྐད་དུ་རྗེ་བདག་ཉིད་ཆེན་པོ་ཙོང་ཁ་པའི་གསུང་ལས། གང་གི་ཐུགས་ནི་ཐབས་ཆེན་སྙིང་རྗེས་རབ་ཏུ་བསྐྱོད་གྱུར་པས། །ཤིན་ཏུ་བྱ་དཀའི་ཁུར་ནི་དཔག་མེད་བསྐལ་པར་བཞེས་པ་ཡིས། །ཀོ་འཕང་བླ་ན་མེད་པར་གཤེགས་ནས་གསུང་དབྱངས་མཐོན་པོ་ཡིས། །འགྲོ་བ་མ་རིག་གཉིད་ལས་སད་མཛད་དེ་ལ་གུས་ཕྱག་འཚལ། །ཞེས་ཇི་ལྟར་གསུངས་པ་ལྟར་རང་ཅག་འགྲོ་བ་ལྷ་དང་བཅས་པ་ཡོངས་ཀྱི་མ་འདྲིས་པའི་མཛའ་བཤེས་ཆེན་པོ། མགོན་མེད་པ་རྣམས་ཀྱི་ནི་མགོན། སྐྱབས་མེད་པ་རྣམས་ཀྱི་ནི་སྐྱབས། དཔུང་གཉེན་མེད་པ་རྣམས་ཀྱི་ནི་དཔུང་གཉེན་གཅིག་པུར་གྱུར་པ་མཉམ་མེད་སྟོབས་བཅུ་མངའ་བ་རྣམ་འདྲེན་ཟས་གཙང་གི་སྲས་པོ་ཞེས་སྙན་པའི་བ་དན་སྲིད་པ་གསུམ་ན་ལྷབ་ལྷུབ་ཏུ་གཡོ་ཞིང་འབར་བ་དེ་ཉིད་ཀྱིས་འགྲོ་བ་ཡོངས་ལ་ཐབས་ཆེན་སྙིང་རྗེ་ཆེན་པོས་རབ་ཏུ་བསྐྱོད་པས་བསྐལ་པ་མང་པོར་བྱ་དཀའ་བའི་སྤྱོད་པ་བརྒྱ་ཕྲག་དུ་མའི་སྒོ་ནས་བླ་ན་མེད་པའི་ཡེ་ཤེས་ཀྱི་བདུད་རྩི་ཐུགས་ཀྱི་དཔལ་བེའུར་གཏམས་པར་མཛད་དེ་རང་ཉིད་ཀྱིས་བརྙེས་པའི་ལམ་དྲང་པོ་ལ་གདུལ་བྱ་གཞན་དག་ཀྱང་དགྲི་ཞིང་སྦྱོར་བར་བྱ་བའི་སླད་དུ་འཁོར་ལོ་རིམ་པ་གསུམ་ལ་སོགས་པ་བསྐོར་བའི་སྒོ་ནས་ལུང་དང་རྟོགས་པའི་བསྟན་པ་རིན་པོ་ཆེ་འཛིག

རྟེན་གྱི་ཁམས་སུ་སྣང་བར་མཛད་པ་འདི་ཉིད་ནི་འགྲོ་བ་རྣམས་ཀྱི་ཕན་བདེ་མ་ལུས་པ་འབྱུང་བའི་གནས་གཅིག་པུ། སྡུག་བསྔལ་དང་ཀུན་འབྱུང་གི་ནད་མཐའ་དག་སེལ་བར་བྱེད་པའི་སྨན་ཆེན་པོ། སྒྲིབ་གཉིས་ཀྱི་དྲི་མ་མ་ལུས་པ་འབྲུད་པར་བྱེད་པའི་དག་བྱེད་ཀྱི་རྒྱུན་བཟང་པོ། སངས་རྒྱས་ཀྱི་སའི་དགོས་འདོད་མ་ལུས་པ་སྟེར་བར་བྱེད་པའི་ཡིད་བཞིན་གྱི་ནོར་བུ་རིན་པོ་ཆེ་བླ་ན་མེད་པ་ཡིན་ལ། དེ་ཉིད་མི་ཉམས་ཡུན་རིང་དུ་གནས་པ་དང་། དར་ཞིང་རྒྱས་པ་དང་། གོང་ནས་གོང་དུ་འཕེལ་བ་ནི་དམ་པའི་སྐྱེས་བུ་རྣམས་བསམ་བཞིན་དུ་འཇིག་རྟེན་དུ་བྱོན་ནས་བཤད་པ་དང་སྒྲུབ་པ་སོགས་འཕྲིན་ལས་རླབས་པོ་ཆེའི་སྒོ་ནས་བསྟན་པ་འཛིན་སྐྱོང་སྤེལ་བར་མཛད་པ་ལ་རག་ལས་པ་ཞིག་ཡིན་པ་ནི། ཇི་སྐད་དུ་ཆོས་མངོན་པ་མཛོད་ལས། སྟོན་པའི་དམ་ཆོས་རྣམ་གཉིས་ཏེ། །ལུང་དང་རྟོགས་པའི་བདག་ཉིད་དོ། །དེ་འཛིན་བྱེད་པོ་སྨྲ་བྱེད་དང་། །སྒྲུབ་པར་བྱེད་པ་ཕོ་ན་ཡིན། །ཞེས་གསུངས་པ་ཉིད་ཀྱིས་ཤེས་པར་ནུས་ཤིང་། དེར་མ་ཟད་རང་ཅག་གདུལ་བྱ་རྣམས་འཁོར་བའི་རྒྱ་མཚོ་ཆེན་པོ་སྡུག་བསྔལ་གསུམ་གྱི་ཆུ་སྲིན་མ་ཀ་ར་འཇིགས་རུང་གིས་རྟག་པར་རྒྱུན་དུ་གཙེས་པའི་གནས་འདི་ཉིད་ལས་ནམ་ཞིག་སྒྲོལ་ཏེ་ཐར་བ་བླ་ན་མེད་པའི་སྐམ་སར་ཕྱིན་པར་བྱེད་པ་ཡང་སྐྱེས་བུ་དམ་པ་རྣམས་འཇིག་རྟེན་དུ་བྱོན་ནས་དམ་པའི་ཆོས་སྟོན་པ་སོགས་ལ་རག་ལས་པ་ཞིག་ཡིན་ལ། སྐྱེས་བུ་དམ་པ་དེ་ཡང་ཇི་ལྟ་བུ་ཞིག་ཅེ་ན། ཇི་སྐད་དུ། བཤེས་གཉེན་དུལ་བ་ཞི་བ་ཉེར་ཞི་བ། །ཡོན་ཏན་ལྷག་པ་བརྩོན་བཅས་ལུང་གིས་ཕྱུག །དེ་ཉིད་རབ་ཏུ་རྟོགས་པ་སྨྲ་མཁས་ལྡན། །བརྩེ་བའི་བདག་ཉིད་སྐྱོ་བ་སྤངས་ལ་བརྟེན། །ཞེས་སོགས་མདོ་རྒྱུད་ནས་བཤད་པའི་ཐུན་མོང་མ་ཡིན་པའི་མཚན་ཉིད་དང་ལྡན་པ་སྐྱེ་དང་། དེའི་ནང་ནས་ཀྱང་

སངས་རྒྱས་དང་བྱང་སེམས་བདག་ཉིད་ཆེན་པོ་རྣམས་ཀྱི་རྣམ་པར་སྤྲུལ་པ་བསམ་བཞིན་དུ་སྲིད་པའི་སྐྱེ་འཕྲུལ་བཟུང་ནས་ལམ་སྟོན་བཤེས་གཉེན་དམ་པར་གྱུར་པ་རྣམས་ལ་ཟེར་བ་ཡིན་གྱི། དམ་པའི་སྐྱེས་བུར་ཁས་འཆེས་ནས་དམ་པ་མ་ཡིན་པའི་ལས་ལ་འཇུག་པའི་ཟོག་བཛུ་སྒྱི་བཏོལ་ཅན་རྣམས་ལ་ནི་མ་ཡིན་ཞིང་། ལྷག་པར་དུ་ཡང་སྐྱེས་བུ་དམ་པ་རྣམས་འཇིག་རྟེན་དུ་བྱོན་ནས་བསྟན་འགྲོའི་དོན་རླབས་པོ་ཆེ་མཛད་དུ་ཟིན་ཀྱང་རང་ཅག་རྣམས་ཀྱིས་ཚུལ་དེ་རྣམས་ལ་དད་པ་དང་གུས་པས་ཀུན་ནས་བསླངས་ཏེ་གསོལ་བ་འདེབས་པ་དང་། རྗེས་སུ་འཇུག་པ་དང་། རྣམ་པར་ཐར་པ་གཞན་དག་ལ་ཡང་སྟོན་པ་སོགས་ཀྱི་སྒོ་ནས་ཅི་མཛད་ལེགས་པར་མཐོང་བའི་དད་པ་དང་གུས་པ་གོང་འཕེལ་དུ་བསྐྱེད་པ་ཞིག་མ་བྱུས་ན། ཇི་སྐད་དུ་ལུང་ལས། དད་པ་མེད་པའི་མི་རྣམས་ལ། །དཀར་པོའི་ཆོས་རྣམས་མི་སྐྱེ་སྟེ། །ས་བོན་མེ་ཡིས་ཚིག་པ་ལ། །མྱུ་གུ་སྔོན་པོ་ཇི་བཞིན་ནོ། །ཞེས་གསུངས་པ་ལྟར་རང་རྒྱུད་དད་པས་ཀུན་ནས་བརླན་པར་བྱས་པ་ཞིག་མེད་ན་བླ་མ་དང་སངས་རྒྱས་སོགས་ཀྱིས་ཐུགས་རྗེ་ཆེན་པོས་ཉིན་མཚན་དུས་དྲུག་ཏུ་གཟིགས་ཤིང་བསྐྱོངས་བར་མཛད་མོད་ཀྱང་སྣོད་ཁ་སྦུབ་ཏུ་ཆུ་མི་ཞུགས་པ་བཞིན་དུ་དེ་དག་གི་བྱིན་རླབས་རྒྱུད་ལ་འཇུག་པར་མི་ནུས་ལ། དེ་མ་ཞུགས་ན་ཐར་པ་དང་ཐམས་ཅད་མཁྱེན་པའི་ཡོན་ཏན་ཐོབ་པ་ནི་མོ་གཤམ་གྱི་བུའི་སྤུན་ཟླའམ། རི་བོང་གི་རྭའི་ཕ་ཚན་དང་མཚུངས་པར་འགྱུར་ཞིང་། དེ་བས་ན་སྐྱེས་བུ་དམ་པ་རྣམས་ལ་དད་པ་དང་གུས་པར་བྱ་བ་ནི་ངེས་པར་དཀར་ཆོས་ཀྱི་ཡོན་ཏན་ཐམས་ཅད་སྐྱེ་བའི་གཞི་རྟེན་ནམ། མ་མའམ། ས་བོན་དང་མཚུངས་པ་མེད་དུ་མི་རུང་བ་ཡིན་ལ། དེ་བསྐྱེད་པའི་ཚུལ་ཡང་རྒྱ་མཚན་ཡང་དག་པ་ཞིག་མ་མཐོང་བར་གྱ་ཚོམས་སུ་རི་བོང་གི་ཅལ་

དང་མཚུངས་པར་གཞན་ཟེར་གྱི་རྗེས་སུ་འབྲངས་ནས་ཅོལ་ཆུང་གཡམ་ལ་རྒྱུགས་པ་ཙམ་གྱི་དད་པ་ནི་རྟག་མི་ཐུབ་ཅིང་ས་ཚོད་ཀྱང་མི་འོང་བས་ན་ངེས་པར་དམ་པ་རྣམས་ཀྱི་སྐུ་གསུང་ཐུགས་ཀྱི་ཡོན་ཏན་རྣམས་མཐོང་བ་དང་ཐོས་པའི་ཡུལ་དུ་བྱས་ཤིང་། དེ་ཐམས་ཅད་ཀྱང་དམ་པའི་མཛད་པ་རྣམ་དག་ཡིན་པར་ལུང་དང་རིག་པ་བརྒྱ་ཕྲག་དུ་མས་སྒྲུབ་སྟེ་མཐའ་ཆོད་པའི་ངེས་ཤེས་རྙེད་པ་ཞིག་བྱུང་ན་རྐྱེན་གྱིས་བཟློག་པར་མི་ནུས་པའི་དད་པ་བརྟན་པོ་ཞིག་འབྱུང་བ་ཆོས་ཉིད་ཡིན་ཅིང་། དེ་ལ་བརྟེན་ནས་དཀར་ཆོས་ཐམས་ཅད་པདྨའི་མཚོ་ལ་ངང་མོ་འདུ་བ་ལྟར་མ་བོས་རང་ཤུགས་ཀྱིས་མགྲོན་དུ་འགུགས་པར་གྱུར་ཏེ་རིང་པོར་མི་ཐོགས་པར་སངས་རྒྱས་བཅོམ་ལྡན་འདས་ཞེས་པའི་སྒྲ་བོ་ཆེ་དེ་ཡང་ཞིང་དམ་པའི་མཐུ་ལ་བརྟེན་ནས་ལག་རྗེར་ལོན་པ་ལ་དཀའ་བ་མི་མངའ་བ་ཡིན་ལ། དེ་ལྟ་བས་ན་རྣམ་དཔྱོད་ཅན་དག་གིས་རང་རྒྱུད་ལ་གནས་སྐབས་དང་མཐར་ཐུག་གི་ཡོན་ཏན་མཐའ་དག་འབྱུང་བའི་སླད་དུ་བཀའ་དྲིན་ཅན་གྱི་བླ་མ་རྣམས་ཀྱི་ཡོན་ཏན་ནམ་རྣམ་པར་ཐར་པ་རྗེས་སུ་དྲན་པར་བྱ་དགོས་ཤིང་། དེ་ཡང་ཚུལ་ཇི་ལྟ་བུའི་སྒོ་ནས་ཤེ་ན། རང་ཉིད་ཀྱིས་མངོན་སུམ་གྱི་ཡུལ་དུ་མཐོང་ཞིང་ཐོས་པའམ། གཞན་དག་གིས་སྔོན་བྱུང་རྣམ་ཐར་དྲང་པོར་བརྗོད་པའི་གཏམ་གྱི་སྙིང་གཞི་སོགས་གང་ཡང་རུང་བ་ཞིག་ལ་བརྟེན་དགོས་པས་དེའི་ནང་ནས་ཀྱང་དེང་སང་གི་དུས་ལྟ་བུར་ནི་འགྲོ་བ་རྣམས་སྐལ་བ་ཆེ་ཆེར་དམན་པས་དམ་པ་རྣམས་ཀྱི་མཛད་པ་ཟད་དུ་བྱུང་བ་རང་གི་མངོན་སུམ་གྱི་ཡུལ་དུ་གྱུར་པ་ཉིན་མོའི་སྐར་མ་དང་མཚུངས་ཤིང་། འགའ་ཞིག་ལ་མངོན་སུམ་དུ་གྱུར་ཀྱང་བུ་ཆུང་ལྷ་ཁང་མཐོང་བ་ལྟར་རྟོག་དཔྱོད་དང་བྲལ་བས་སྣང་ལ་མ་ངེས་པར་སོང་སྟེ་ཡིན་པ་ལ་ཡིན་པར་མ་ཤེས་པའི་ངང་དུ་གྱུར་པ་ཆེས་མང་ལ།

དེ་བས་ན་ངེས་པར་རྣམ་པར་ཐར་པ་རྣམས་ལུང་དང་རིག་པ་དྲི་མ་མེད་པའི་སྒོ་ནས་སྒྲུབ་ཅིང་གཏན་ལ་འབེབས་པ་ཉིད་གལ་ཆེ་ཤོས་སུ་མཐོང་བ་དང་། ལྷག་པར་དེང་དུས་སྙིགས་མར་སྤྱོད་པའི་རང་གཤིས་བདོ་བས་སྐྱེས་བུ་དམ་པ་རྣམས་ལ་སངས་རྒྱས་དངོས་ཀྱི་འདུ་ཤེས་སྐྱེ་བ་ལྟ་ཅི་ལམ་ཞུགས་ཀྱི་གང་ཟག་བཟང་བ་ཙམ་ཞིག་ཏུ་ཡང་མི་འཛིན་པར་ཐམལ་པ་འབའ་ཞིག་ཏུ་བློས་བཏགས་ཤིང་ཞེན་ནས་མཛད་པ་མཐའ་དག་སྐྱོན་དང་ཉེས་པའི་གོང་བུར་བསྒྱུར་གང་ཐུབ་ཀྱིས་རང་གཞན་མང་པོའི་རྒྱུད་ལ་སྐད་ཅིག་དང་སྐད་ཅིག་ལ་ཡང་བསོད་ནམས་མ་ཡིན་པའི་ཕུང་པོ་བརྒྱ་ཕྲག་མང་པོར་བསགས་ཏེ་འདི་ནས་ཤི་འཕོས་མ་ཐག་བཟོད་པར་དཀའ་ཞིང་འཇིགས་སུ་རུང་བའི་གནས་སུ་གཏན་བཞུགས་སུ་བྱེད་པའི་གྲབ་བསྒོམ་འབའ་ཞིག་འདེང་བ་ལྷས་སྦྱིན་དང་ལེགས་སྐར་གྱི་བརྟུལ་ཞུགས་འཛིན་པས་ས་སྟེང་འདི་ཕལ་ཆེ་བ་དོག་པོར་བྱས་ཟིན་འདུག་པ་འདི་མཐའ་དག་ཀྱང་མདོ་རྒྱུད་ཀྱི་དགོངས་དོན་ལ་དཔྱོད་པའི་བློ་གྲོས་ཀྱི་སྒོ་རིང་མོ་ཞིག་ནས་འགག་པའི་དབང་གིས་ལེགས་ཉེས་འབྱེད་པའི་རྣམ་དཔྱོད་ཀྱི་མིག་ཉོངས་པས་དམ་པའི་ཡོན་ཏན་ལ་ཡོན་ཏན་དུ་མ་ཤེས་པས་ལན་པར་སྣང་བས། དེ་དག་ཀྱང་ལམ་མ་ཡིན་པའི་གནས་ལས་བཟློག་སྟེ་ཡང་དག་པའི་ལམ་ལ་བསྒྱུར་བར་བྱ་བ་ལ་ཡང་རྣམ་པར་ཐར་པ་རྣམས་ལུང་དང་རིག་པའི་ལམ་ལས་དྲངས་ཏེ་བརྗོད་པ་ཉིད་མེད་དུ་མི་རུང་བ་ཡིན་ཅིང་། དེ་ལྟ་བས་ན་འགྲོ་བ་འདི་ཐམས་ཅད་ཀྱི་རྒྱུད་ལ་དགེ་བའི་ཆོས་མ་སྐྱེས་པ་རྣམས་སྐྱེས་པར་བྱེད་པ་དང་། སྐྱེས་པ་རྣམས་གོང་འཕེལ་དུ་བྱེད་པ་དང་། མི་དགེ་བའི་ཆོས་མ་སྐྱེས་པ་རྣམས་མི་སྐྱེས་པར་བྱེད་པ་དང་། སྐྱེས་པ་རྣམས་སྤོང་བར་བྱེད་པའི་རྒྱུར་འགྱུར་བའི་བསམ་པས་ཀུན་ནས་བསླངས་ཏེ་བདག་གིས་ཀྱང་སྐབས་འདིར་དམ་པའི་རྣམ་ཐར་

གླེང་བའི་སྒོ་རུང་ཟད་ཙམ་དབྱེ་བར་ཇི་ཐོགས་ཤིང་། སྨན་ཆད་རྣམ་དཔྱོད་དང་ལྡན་པ་གཞན་དག་གིས་ཀྱང་བླ་མའི་རྣམ་པར་ཐར་པ་མཛད་པར་བཞེད་ན་ཐོག་མཐའ་བར་མ་ཀུན་ཏུ་བླ་མའི་བཀའ་དྲིན་དྲན་པ་དང་། བརྗོད་མ་ཐག་པའི་ལྷག་པའི་བསམ་པ་དེ་ལྟ་བུས་འགོད་པར་མཛད་ན་བསྟན་པ་དང་འགྲོ་བ་སོགས་ལ་སྨན་པར་འགྱུར་གྱི། དེ་ལྟ་མ་ཡིན་པར་ཕྱོགས་ལྷུང་གི་མངོན་ཞེན་དྲག་པོས་རང་གི་བླ་མ་བཟང་པོར་སྒྲུབ་པ་དང་། བདག་ཉིད་ཆེན་པོ་གཞན་དག་ལ་སུན་འབྱིན་པར་འདོད་པ་ལྟ་བུས་ཀུན་ནས་བསླངས་ཏེ་ཡི་གེའི་འཕྲེང་བ་མང་དུ་སྤེལ་རུང་ངལ་བ་དོན་མེད་པ་ཕོན་ར་ཟད་དོ། །

འཇིག་རྟེན་ཕན་དང་བདེ་བའི་སྒོ་གཅིག་པུ། །བསྟན་པ་རིན་ཆེན་མཆོག་ལས་གཞན་མིན་ཞིང་། །དེ་ཉིད་ཡུན་དུ་གནས་དང་འཕེལ་བ་ནི། །དྲན་དབང་རྣམས་ཀྱི་འཕྲིན་ལས་མཐུ་ཕོན་ན། །ཁྱད་པར་དགེ་བའི་ལོ་ཏོག་ཀུན་བསྐྱེད་པ། །དམ་པའི་བྱིན་མཐུར་ངེས་ཤིང་ཚུལ་དེ་ཡང་། །སྒོ་གསུམ་དད་པའི་རྩ་བར་རག་ལས་པར། །ཐུགས་རྗེ་ཅན་གྱིས་ལན་གཅིག་མིན་པར་གསུངས། །དེ་ཡང་རྒྱུ་མེད་པ་དང་མི་མཐུན་རྒྱུས། །བསྐྱེད་པར་མི་ནུས་ཞིང་གི་ཡོན་ཏན་རྣམས། །དྲི་མེད་ལུང་དང་རིག་པས་གཏན་འབེབས་ཤིང་། །ཉིན་དང་མཚན་དུ་བསམ་པར་བྱས་ལས་ཡིན། །མི་བཟློག་དད་པའི་འབབ་སྟེགས་ཀྱིས་དྲངས་ན། །རྒྱལ་བའི་བྱིན་རླབས་ལྷ་ཡི་ཆུ་བོ་ཡང་། །རྒྱུན་རིང་ཛ་ཏུའི་ལྟོ་བར་མི་འགྲིངས་པར། །རང་རྒྱུད་སྙིང་གི་རྒྱ་མཚོར་སིམ་པར་འགྱུར། །དེ་ཕྱིར་རྣམ་དཔྱོད་མིག་སྟོང་སྒྲིགས་མའི་འགྲོར། །སྨན་འདོད་ལྷག་བསམ་བཟང་པོས་ཀུན་བསླངས་ཏེ། །དམ་པའི་རྟོགས་བརྗོད་ཀུ་མུ་ཏའི་དོ་ཤལ། །རུང་ཟད་སྤེལ་བའི་མགྲིན་པ་རྒྱན་དུ་འདེགས། །ཞེས་པ་ནི་བར་སྐབས་ཀྱི་ཚིགས་སུ

བཅད་པའོ། །

འོ་ན་ཚུལ་དེ་ལྟ་བུའི་སྒོ་ནས་རྣམ་པར་ཐར་པ་འགོད་དགོས་ན། སྐབས་འདིར་ཕྱོད་ཀྱིས་འགོད་བྱའི་རྣམ་པར་ཐར་པ་དེ་རྟེན་གྱི་གང་ཟག་ཁྱད་པར་ཅན་སུ་ཞིག་གི་ཡིན། འགོད་པར་བྱ་བའི་རྣམ་པར་ཐར་པ་ཡང་གང་ཞིག །འགོད་པའི་ཚུལ་ཡང་ཇི་ལྟ་བུའི་སྒོ་ནས་ཤེ་ན། རིམ་པ་བཞིན་དུ་བརྗོད་པར་བྱ་སྟེ། དེ་ལ་དང་པོ་རྣམ་པར་ཐར་པ་འགོད་ཡུལ་གྱི་རྟེན་གྱི་གང་ཟག་གི་ཁྱད་པར་ནི། ཇི་སྐད་དུ། དུས་གསུམ་སྒྲིབ་བྲལ་དུ་གཟིགས་པའི་གྲུབ་དབང་ཆེན་པོ་སྟག་ཕུ་རིན་པོ་ཆེས་མཛད་པའི་འཁྲུངས་རབས་གསོལ་འདེབས་པདྨ་དཀར་པོའི་འཕྲེང་བ་ལས། ངོ་མཚར་རྨད་བྱུང་ལྷ་ལྡན་ཞིང་ཁམས་སུ། །རྣམ་ཀུན་མཆོག་ལྡན་སྟོང་ཉིད་དགའ་མ་ལ། །མཉམ་ཉིད་དགྱེས་རྒྱུར་རོལ་བའི་བདེ་བ་ཆེ། །ཟུང་འཇུག་ཀུན་གསལ་དབྱིངས་ལས་མ་གཡོས་ཀྱང་། །མི་བཟད་སྙིགས་མའི་རང་མདངས་ཀྱིས་སྡུགས་པའི། །ཉམ་ཐག་འགྲོ་ལ་ཐུགས་རྗེས་བརྩེར་དགོངས་ནས། །དྭངས་པའི་རོལ་མཚོར་འོད་དཀར་ཅན་གྱི་གཟུགས། །མ་ཉམས་གསལ་བར་འཆར་བའི་ངོ་མཚར་བཞིན། །གང་འདུལ་ཞིང་དུ་སྤྲུལ་སྐུའི་རྣམ་རོལ་བ། །བདེ་གཤེགས་ཀུན་ལས་ལྷག་པའི་ཐུགས་རྗེ་ཅན། །རྗེ་བཙུན་བླ་མའི་ཞབས་ཟུང་ནོར་བུའི་འཕྲེང་། །བདག་བློ་དད་པའི་ཟུར་ཕུད་རྒྱན་དུ་འབར། །ཞེས་བསྟུགས་པའི་དོན་དང་མཐུན་པར་རིང་མོ་ཞིག་ནས་སྒྲིབ་གཉིས་ཀྱི་འཆིང་བ་མཐའ་དག་དུམ་བུར་མཛད་དེ་ངོ་མཚར་རྨད་བྱུང་ངེས་པ་ལྷ་ལྡན་གྱི་ཞིང་ཁམས་སུ་ལོངས་སྤྱོད་རྫོགས་པའི་སྐུར་མངོན་པར་རྫོགས་པར་སངས་རྒྱས་ནས་རྣམ་པ་ཐམས་ཅད་ཀྱི་མཆོག་དང་ལྡན་པའི་སྟོང་པ་ཉིད་དང་། མཆོག་ཏུ་མི་འགྱུར་བའི་བདེ་བ་ཆེན་པོ་ཟུང་དུ་འཇུག་པའི་ངང་ལས་སྐད་ཅིག་ཀྱང་གཡོ་བ་མེད་

བཞིན་དུ་སྙིགས་མའི་རང་མདངས་ཀྱིས་སྦྲགས་པའི་འགྲོ་བ་དུག་གསུམ་གྱི་ནད་ཀྱིས་ཀུན་ཏུ་མནར་བས་ཉམ་ཐག་པ་རྣམས་ལ་རྗེས་སུ་བརྩེ་བས་ཉེ་བར་དགོངས་ཏེ། ཇི་ལྟར་ནམ་མཁའི་ཟླ་གཟུགས་ནི་དྭངས་པའི་རོལ་མཚོ་འབུམ་ཕྲག་དུ་མར་མ་འདྲེས་གཅིག་ཆར་གསལ་རྫོགས་སུ་འཆར་བའི་ངང་ཚུལ་དང་མཚུངས་པར་རབ་འབྱམས་ཀྱི་ཞིང་སྤྱི་དང་། ནང་ཚན་མི་མཇེད་ཀྱི་ཞིང་འདིར་སྤྲུལ་པའི་རྣམ་པར་རོལ་པས་ངུར་སྨྲིག་གི་རྒྱལ་མཚན་བཟུང་ནས་དུས་གསུམ་ཕྱིན་པའི་བདེ་བར་གཤེགས་པ་ཀུན་ནས་ལྷག་པའི་ཐུགས་རྗེ་དང་བཀའ་དྲིན་སྟོལ་བར་མཛད་པའི་མགོན་པོ་ཆེན་པོ། སྙིགས་མའི་དུས་འདིར་རྒྱལ་བའི་དམ་ཆོས་འཛིན་པ་ལ་སྨོན་ལམ་གྱི་མཐུ་ཕུལ་དུ་ཕྱིན་ཅིང་ཁྱད་པར་དུ་ཡང་འཕགས་མཆོག་གངས་རིའི་མགོན་པོ་ཕྱག་ན་པད་དཀར་འཆང་བ་དང་ཡབ་སྲས་ཙནྡན་དང་ཙནྡན་གྱི་དྲི་བཞིན་དུ་འགྲོགས་པའི་སྒོ་ནས་མགོན་པོ་དེའི་འཕྲིན་ལས་ཀྱི་དགའ་ཚལ་འཁོར་ཡུག་ཏུ་རྒྱས་པར་བྱེད་པ་ལ་གཞན་དྲིང་མི་འཇོག་པའི་སྐྱེས་བུའི་ཁྱུ་མཆོག་ཆེན་པོ། རྩོད་ལྡན་དུས་ཀྱི་ཡང་མཐའ་འདི་ལྟ་བུར་ཡང་ཆོས་དང་སྲིད་ཀྱི་མཛད་པ་རླབས་པོ་ཆེ་རྫོགས་ལྡན་གྱི་གནས་སྐབས་དང་མཚུངས་པར་བསྟན་ཏེ་ཛམྦུས་མཚན་པའི་མཐའ་དབུས་ཀྱི་ཡུལ་གྲུར་འཁོད་པའི་སྐྱེ་འགྲོ་མཐའ་དག་རྒྱུད་པའི་གདུང་བ་ལས་ཡོངས་སུ་སྐྱོབ་པར་མཛད་པའི་འགྲོ་བའི་གྲིབ་སེལ་ཆེན་པོ། མཐའ་བཞིའི་རིགས་ལྡན་གཙུག་ཕུད་ཅན་རྣམས་ཀྱི་མགོ་བོའི་ཅོད་པན་ལ་ཞབས་སེན་གྱི་པདྨོ་རྣམ་པར་བཀོད་དེ་རྒྱུགས་པ་དང་རིགས་པའི་བརྟུལ་ཞུགས་རིང་དུ་བཏང་བར་མཛད་ཅིང་གང་གི་འཕྲིན་ལས་ཆོས་ལྡན་ཉིན་མོའི་སྣང་བ་གཅིག་གིས་ཡངས་པའི་རྒྱལ་ཁམས་མཐའ་དག་ཡུགས་གཅིག་ཏུ་ཁྱབ་པར་མཛད་པའི་བདག་ཅག་རྣམས་ཀྱི་འདྲེན་པ་བླ་ན་མ་མཆིས་པ་ཁམས་གསུམ་ཆོས་

ཀྱི་རྒྱལ་པོ་ཆེན་པོ་མཆན་བརྗོད་པར་དཀའ་བའི་༸རྗེ་བཙུན་དཔལ་ལྡན་བླ་མ་དམ་པ་ཡེ་ཤེས་བློ་བཟང་བསྟན་པའི་མགོན་པོ་དཔལ་བཟང་པོ་ཞེས་སྙན་གྲགས་ཀྱི་གདུགས་དཀར་པོ་སྲིད་གསུམ་ར་བའི་ཁྱོན་ལས་བརྒལ་བར་ཁྱབ་པའི་བདག་ཉིད་ཆེན་པོ་དེ་ཉིད་ཡིན་ནོ། །

གཉིས་པ་འགོད་བྱའི་རྣམ་པར་ཐར་པའི་ཁྱད་པར་ནི། དེ་ཡང་སྤྱིར་སྐྱེས་བུ་ཆེན་པོ་འདི་ལྟ་བུ་རྣམས་ནི། ཇི་སྐད་དུ་ཐར་དྲངས་པའི་ལུང་གི་འགྲོ་ལས། བྱེ་བ་ཕྲག་བརྒྱའི་སྒྱུ་འཕྲུལ་དྲྭ་བའི་གར། །དཔག་མེད་ཞིང་ཀུན་རོལ་པའི་ཚོད་བཟུང་མཐའ། །རྒྱལ་ཀུན་མཁྱེན་པས་འཇལ་བར་མི་སྤྱོབས་ན། །བདག་ལྟས་ཆ་ཙམ་ཞིག་ཀྱང་མཚོན་ནུས་མིན། །ཞེས་གསུངས་པ་ལྟར་སྤངས་རྟོགས་ཀྱི་ཡོན་ཏན་སངས་རྒྱས་ཐམས་ཅད་དང་མཉམ་པར་འཇུག་པའི་དབང་གིས་མཁྱེན་པའི་ཡེ་ཤེས་དང་། བརྩེ་བའི་ཐུགས་རྗེ་ཟད་མི་ཤེས་པས་ཀུན་ནས་བསླངས་པའི་མཛད་པ་འཕྲིན་ལས་བསམ་གྱིས་མི་ཁྱབ་པ་སྟོན་ཐོག་མ་མེད་པ་ནས་ཇི་སྲིད་འཁོར་བ་མ་སྟོང་གི་བར་དེ་སྲིད་དུ་བསྟན་ཅིང་སྟོན་པར་འགྱུར་བ་དང་། སྐུ་ཚེ་འདིའི་དབང་དུ་བྱས་ན་ཡང་རང་ཅག་ཁ་བ་རི་པ་རྣམས་ཀྱི་ཐུན་མོང་བའི་སྣང་ངོ་དང་འཚམས་པར་བསྟན་པའི་གཟུགས་སྐུ་གངས་ཅན་སྐྱེ་འགྲོའི་དཔལ་དུ་ལྷམ་མེར་འཚོ་ཞིང་གཞེས་པ་དང་དུས་མཉམ་དུ་ཡང་བྱེ་བ་ཕྲག་བརྒྱའི་ཞིང་ཁམས་གཞན་དག་ཏུ་ལ་ལར་ལྷུམས་སུ་ཞུགས་པ་དང་། ལ་ལར་སྐུ་བལྟམས་པ་དང་། ལ་ལར་སངས་རྒྱས་པ་དང་། ལ་ལར་ཆོས་ཀྱི་འཁོར་ལོ་བསྐོར་བ་སོགས་མཆོག་གི་སྤྲུལ་སྐུའི་མཛད་པ་བཅུ་གཉིས་པོ་མཐའ་དག་དུས་གཅིག་ཏུ་བསྟན་པའི་སྒོ་ནས་སྐད་ཅིག་དང་། ཐང་ཅིག་དང་། ཡུད་ཙམ་ལ་ཡང་སེམས་ཅན་བརྒྱ་ཕྲག་མང་པོ་དང་། སེམས་ཅན་སྟོང་ཕྲག་མང་པོ་དང་།

དེ་བཞིན་དུ་རིམ་པར་བྱེ་བ་ཁྲག་ཁྲིག་བརྒྱ་སྟོང་གི་བར་མང་པོ་ཞིག་ཁ་ཅིག་ནི་རྒྱུན་དུ་བཞུགས་པ་དང་། ཁ་ཅིག་ནི་ཕྱིར་འོང་དང་། ཕྱིར་མི་འོང་དང་། དགྲ་བཅོམ་པ་ཉིད་ལ་འགོད་པ་དང་། ཁ་ཅིག་ནི་རང་སངས་རྒྱས་དང་། དབང་པོ་རྣོན་པོ་རྣམས་ཐེག་པ་མཆོག་གི་ལམ་དང་། ཆེས་ཤིན་ཏུ་དབང་པོ་རྣོན་པོ་རྣམས་ནི་གསང་བ་སྔགས་ཀྱི་ལམ་འབྲས་བུ་དང་བཅས་པ་ལ་འགོད་པར་མཛད་པ་སོགས་བསམ་གྱིས་མི་ཁྱབ་པའི་རྣམ་པར་ཐར་པ་ནམ་མཁའ་ལྟར་མཐའ་མི་མངོན་ཞིང་རྒྱ་མཚོ་ལས་ཀྱང་གཏིང་དཔགས་པར་དཀའ་བ་ཞིག་ཡིན་ན་དེ་ཐམས་ཅད་ནི་བདག་ཅག་རྣམས་ཀྱི་ཡུལ་དུ་འགྱུར་བ་ལྟ་ཅི། སར་གནས་ཀྱི་སེམས་དཔའ་ཆེན་པོ་རྣམས་དང་རྒྱལ་བའི་དབང་པོའི་ཚོགས་ཀྱིས་ཀྱང་བརྗོད་པའི་ཡུལ་ལས་འདས་པ་ཡིན་པས་མཐའ་དག་འགོད་པའི་ངལ་བ་སུ་ཞིག་གིས་བསྐྱེན་པར་ནུས། དེས་ན་རང་ཅག་ཚུར་མཐོང་གི་གདུལ་བྱ་རྣམས་ཀྱི་མོས་ངོར་སྟོན་པའི་སྐུ་ཕྲེང་སྔ་ཕྱིའི་མཛད་པ་རྣམས་དང་། དེའི་ནང་ནས་ཀྱང་གལ་ཆེ་རགས་རིམ་ཙམ་ཞིག་ནི་སྐབས་འདིར་འགོད་བྱའི་རྣམ་པར་ཐར་པ་ཡིན་ནོ། །

གསུམ་པ་ཚུལ་ཇི་ལྟར་དུ་འགོད་པ་ཡང་། ཇི་སྐད་དུ། དེ་ཉིད་ལས། འོན་ཏེ་ཡོན་ཏན་རིན་ཆེན་འབྱུང་གནས་ལས། །སྐྲ་རྩེས་བླངས་པའི་དག་བྱེད་ཐིགས་པ་ཙམ། །ཐོལ་མེད་དད་པའི་རྐང་དྲུག་གདུང་སེལ་དུ། །ངེས་པའི་འཁྲུངས་རབས་པད་དཀར་ཕྲེང་བ་སྤེལ། །ཞེས་གསུངས་པ་དང་རྗེས་སུ་མཐུན་པར་མགོན་པོ་འདི་ཉིད་གོང་དུ་བརྗོད་པ་ལྟར་རིང་མོ་ཞིག་ནས་སྐུ་གསུམ་ནོར་བུའི་མཛོད་ལ་མངའ་བརྙེས་ཟིན་ནས་བསམ་བཞིན་དུ་སྲིད་པའི་རྣམ་པར་རོལ་བ་ཡིན་པ་ལ་ངེས་པ་སྐྱེད་པར་བྱ་བའི་ཕྱིར་དུ་ཚད་མར་གྱུར་པའི་བདག་ཉིད

ཆེན་པོ་རྣམས་ཀྱིས་གསུང་གི་གསང་བ་ཆད་པོ་ཆེས་ལྷུང་དུ་བསྟན་པ་རྣམས་གཞིར་བཞག་པའི་སྟོན་བྱུང་འབྲུངས་རབས་རྣམས་ཀྱི་བྱུང་ཚུལ་ས་བོན་ཙམ་འགོད་པ་སྟོན་དུ་བཏང་། སྐབས་སུ་བབ་པ་སྐུ་ཕྲེང་འདི་ཉིད་ཀྱི་ཐོག་མཐའ་བར་གསུམ་གྱི་ཐུན་མོང་བའི་རྣམ་པར་ཐར་པ་རྣམས་གཙོ་བོར་བཏོན་པའི་སྒོ་ནས་རྒྱས་པར་བཤད་ཅིང་། དེ་ཡང་ཁ་སང་འདི་མཇད་དང་དེ་རིང་འདི་མཇད་ལྟ་བུ་འཕྲེང་བར་བསྒྲིགས་ཐུབ་ཙམ་ལ་སྐབས་སུ་འཚེལ་ནས་རྣམ་ཐར་དུ་བཏགས་པ་དེ་འདྲ་མ་ཡིན་པ་ཐ་མལ་བའི་སྤྱོད་པ་དང་མཐུན་པར་སྟོན་པའི་མཛད་པ་མཐའ་དག་ཀྱང་རྒྱལ་སྲས་ཀྱི་སྤྱོད་པ་རླབས་པོ་ཆེ་ཡིན་པ་ལ་ཡིན་པར་ཤེས་པའི་ཕྱིར་དུ་ལྷུང་རིག་དྲི་མ་མེད་པས་ལེགས་པར་སྒྲུབ་སྟེ་མཐོང་བ་ཙམ་གྱིས་གཞན་དག་གི་རྒྱུད་ལ་འགྱུར་བ་ཆད་པོ་ཆེ་སྟེར་བར་ནུས་པ་དང་། ཐུན་མོང་མ་ཡིན་པའི་རྣམ་པར་ཐར་པ་བདག་ཅག་སོ་སྐྱེ་རྣམས་ཀྱི་མངོན་སུམ་གྱི་ཡུལ་དུ་མ་གྱུར་པ་དག་ཀྱང་ཡིད་ཆེས་ཀྱི་ལྷུང་དང་དངོས་པོ་སྟོབས་ཞུགས་ཀྱི་རིག་པ་རྣམ་པར་དག་པའི་ལམ་ལས་དྲངས་ཏེ་ཡོད་པར་ངེས་པའི་ཡིད་ཆེས་རྗེས་དཔག་བསྐྱེད་ནུས་པ་དང་། དེར་མ་ཟད་དོན་ལ་སྐྱོན་མ་ཞུགས་ཀྱང་ཚིག་གི་བརྗོད་ཚུལ་བླུན་པོ་བ་ལང་རྫིའི་ངག་ལྟ་བུས་དམ་པའི་རྣམ་ཐར་གླེང་བ་ནི་མཁས་པ་རྣམས་ཁྲེལ་བར་འགྱུར་བའི་གནས་ཡིན་པས་དེ་ལྟ་མ་ཡིན་པར། ཇི་སྐད་དུ་དཔྱིའི་གཞུང་ལས། སྙན་ངག་མཛེས་པར་བྱས་པ་ཡིས། །ཚོས་རྣམས་རྒྱུན་ཞེས་རབ་ཏུ་བརྗོད། །ཅེས་དང་། ༄ རྗེ་ཐམས་ཅད་མཁྱེན་པ་ཙོང་ཁ་པ་ཆེན་པོའི་གསུང་རིན་པོ་ཆེ་གསུམ་གྱི་གཏམ་གྱི་སྦྱོར་བ་ལས་ཀྱང་། རྒྱལ་བ་ཉིད་ཀྱིས་གསུང་རབ་བསྔགས་པ་ན། །དོན་བཟང་བ་དང་ཚིག་འབྲུ་བཟང་པོ་ཞེས། །གསུངས་ཤིང་ཤིན་ཏུ་དཀར་བའི་ཁང་བཟང་ལའང་། །བསིལ་ཟེར་

བྱེད་པའི་འོད་ཀྱིས་བྱུགས་པ་བཞིན། །དོན་བཟང་བ་ལའང་ཡིད་འཕྲོག་ཚིག་སྦྱོར་གྱིས། །སྤྲས་པར་གྱུར་ན་ཆེ་ཆེར་མཛེས་པར་འགྱུར། །དམར་སེར་ཅན་དང་རྒྱལ་བའི་ལྷས་བཀོད་པའི། །བྲིཧྣ་དང་ནི་ཛ་ཊི་ཞེས་བྱ་བའི། །སྡེབ་སྦྱོར་ཇི་བཞིན་བོད་སྐད་ལ་མེད་ཀྱང་། །ཚིགས་བཅད་ལྷུག་པ་གཉིས་ཀ་སྤེལ་བའི་ལུས། །དོན་དང་ཚིག་གི་རྒྱན་ལ་སོགས་པ་ཡི། །མཛེས་བྱེད་རྒྱན་གྱིས་སྤྲུད་པའི་ཚིག་སྦྱོར་ཚུལ། །སྙན་ངག་གཞུང་བཞིན་ལེགས་པར་སྦྱར་བ་ཡིས། །བློ་གསལ་རྣམས་ལ་དགའ་བ་རྒྱས་པར་བྱེད། །ཅེས་གསུངས་པ་ལྟར་སངས་རྒྱས་བཅོམ་ལྡན་འདས་རང་ཉིད་ཀྱིས་ཀྱང་གསུང་རབ་ལ་བསྔགས་པ་མཛད་པའི་ཚེ། དོན་བཟང་པོ། ཚིག་འབྲུ་བཟང་པོ་ཞེས་གསུངས་པས་བརྗོད་བྱའི་དངོས་པོ་ཤིན་ཏུ་ཕུལ་དུ་བྱུང་བ་ལ་རྗོད་བྱེད་ཀྱི་ཚིག་ཀྱང་བཅད་ལྷུག་སྤེལ་མ་གསུམ་དང་ལྡན་པ་དང་། དེ་ཡང་གྲོང་པའི་ཚིག་མ་ཡིན་པར་དོན་རྒྱན་དང་ཚིག་རྒྱན་ལ་སོགས་པ་དང་མཚོན་བརྗོད་ཀྱི་མིང་སོགས་ཀྱིས་མཛེས་པར་བྱས་ཏེ་རྣམ་དབྱོད་དང་ལྡན་པའི་སྐྱེ་བོ་གང་གི་སྦྲ་འཛིན་དུ་སོང་ཡང་སྙིང་ལ་འབབ་ཅིང་ཡིད་དུ་འཐད་པ་མཁས་པ་མགུ་བ་བསྐྱེད་པའི་ཡན་ལག་ཏུ་འགྱུར་ངེས་པ་དེ་ལྟ་བུའི་སྒོ་ནས་ཅི་ནུས་སུ་འགོད་པར་བྱའོ། །

འདིར་སྨྲས་པ། རིང་ནས་སྐུ་བཞིའི་ཡོན་ཏན་བཅོ་ལྔའི་ཆ། །ཡོངས་སུ་རྫོགས་པས་གདུལ་བྱའི་མོས་བསམ་མཆོར། །སྒྱུ་འཕྲུལ་རོལ་མོའི་ཟླ་སྟང་འབུམ་ཕྲག་འབུམ། །གཅིག་ཆར་འཁྲོ་བའི་ཕ་མཐའ་སུ་ཡིས་བགྲང་། །ཚུར་མཐོང་བྱིས་པའི་བློ་ཡི་མེ་ལོང་ངོས། །གང་འཚམས་འཆར་བའི་རྟོགས་བརྗོད་སྙེག་མོའི་བཞིན། །སྒྲོ་སྐྱུར་ར་རིའི་དྲི་མས་མ་སྦགས་པར། །གསལ་པོར་སྟོན་པའི་ལས་ཙམ་བདག་གིར་བྱ། །གང་ཞིག་དམ་པའི་མཛད་ཚུལ་ཀུནྡའི་རྒྱ། །ལུང་

རིག་བསིལ་བའི་རེག་བྱས་མ་འབྱེད་པར། །བབ་ཅོལ་འཕྲེང་བར་བསྒྲིགས་ཙམ་ལྷུར་ལེན་པ། །དཔྱོད་ལྡན་མགྲིན་པའི་རྒྱན་དུ་གལ་འོས། །དེ་བཞིན་དོན་གྱི་ཕོ་ལག་ཡོངས་ཚོད་ཀྱང་། །ཡིད་འཕྲོག་ཚིག་རྒྱན་ལྷ་ཡི་གོས་བཟང་གིས། །ཀླུབས་མིན་གྲོང་ཚིག་ལ་བས་བཅིངས་དེ་ཡང་། །མཁས་པའི་ཚོགས་ལ་བཞད་གད་དགའ་སྟོན་རྒྱུ། །དེ་ལྟར་བླུན་པོའི་རང་ཚུལ་ཆེང་བུའི་ཚོགས། །རིང་དུ་བཏང་ནས་དོན་བཟང་ནོར་བུའི་བཞིན། །རྣམ་དག་ལུང་རིག་བྱེ་དོར་གྱིས་སྦྱངས་པར། །ཉམས་འགྱུར་ངག་གི་པ་ཏྲས་ཡོངས་བསྐོར་ཏེ། །ཐོས་ན་མི་མཐུན་མེད་པའི་ལེགས་བཤད་གཏམ། །རྩ་བར་འབབ་ཅིང་སྙིང་ལ་སིམ་པའི་བཅུད། །ལྷག་བསམ་ཟེ་འབྲུའི་ཀློང་ནས་ཉེར་སྨྱུགས་ཀྱི། །བློ་གསལ་ཕང་དྲུག་ཚོགས་རྣམས་གར་བྱོས་ཤིག །ཅེས་པ་ནི་བར་སྐབས་ཀྱི་ཚིགས་སུ་བཅད་པའི་རིམ་པའོ། །ཞེས་དཔལ་ལྡན་བླ་མ་དམ་པ་རྒྱལ་བའི་རྒྱལ་ཚབ་ཆེན་པོ་རྗེ་དྲུང་ཧུ་ཐོག་ཐུ་ནོ་མི་ཧན་ས་མ་ཏི་པཀྴི་ཏུ་ཐུང་ཆན་ཤྲི་རིན་པོ་ཆེ་ཡེ་ཤེས་བློ་བཟང་བསྟན་པའི་མགོན་པོའི་རྣམ་པར་ཐར་པ་ངོ་མཚར་དད་པའི་པདྨོ་འདུམ་བྱེད་ལེགས་བཤད་ཉིན་བྱེད་དབང་པོའི་འཕྲེང་བ་ལས་བརྩམ་པར་དམ་བཅའ་བ་དང་། ཇི་ལྟར་རྩོམ་པའི་ཚུལ་སོགས་ཀྱིས་སྤྲོ་བསྐྱེད་པའི་རིམ་པ་སྟེ་དང་པོའོ།། །།

༄ དེ་ལྟར་སྤྲོ་བར་བྱ་བའི་སྒོ་ཅུང་ཟད་དབྱེ་བ་སྔོན་དུ་བཏང་ནས་དངོས་ཀྱི་དོན་ལ་འཇུག་པ་ལ་ཡང་། ཐོག་མར་སྤྲུལ་གཞི་ངོས་བཟུང་བ་དང་བཅས་པའི་སྒོ་ནས་སྔོན་བྱུང་འཁྲུངས་རབས་ཀྱི་བྱུང་ཚུལ་ཟུར་ཙམ་བརྗོད་ན། འོ་ན་དེ་ལྟར་རྗེ་བླ་མ་འདི་ཉིད་རིང་མོ་ཞིག་ནས་ཆོས་སྐུ་མངོན་དུ་མཛད་ཟིན་པ་དང་། སླར་ཡང་བསམ་བཞིན་དུ་འགྲོ་བའི་དོན་དུ་སྲིད་པ་འཛིན་པ་ཡིན་ན། དེའི་རྒྱུ་མཚན་ནམ་སྒྲུབ་བྱེད་ཀྱི་ལུང་རིག་རྣམ་པར་དག་པ་གང་ཞིག་ཡོད་ཅེ་ན།

བརྗོད་པར་བྱ་སྟེ། དེ་ལ་རྗེ་བླ་མ་འདི་ཉིད་ངེས་པའི་དོན་དུ་ནི་རྒྱལ་བ་མ་ལུས་པ་བསྐྱེད་པའི་ཡབ་གཅིག་པུར་གྱུར་པ་རྗེ་བཙུན་བརྟན་པའི་འཁོར་ལོ་འཇམ་དབྱངས་གཞོན་ནུ་ཉིད་ཡིན་ཏེ། རྒྱུ་མཚན་གང་གིས་ཤེས་ན། དེ་ཡང་སྤྱིར་རྗེ་བཙུན་འཇམ་དཔལ་དབྱངས་ནི་སྟོན་སློབ་པ་ལམ་གྱི་གནས་སྐབས་སུ་བྱང་ཆུབ་ཏུ་ཐུགས་བསྐྱེད་པའི་དུས་ཉིད་ནས་འདི་སྐད་དོ། བཅོམ་ལྡན་འདས་བདག་གིས་བཅོམ་ལྡན་འདས་དགེ་སློང་གི་དགེ་འདུན་དང་བཅས་པ་ལ་ཡོ་བྱད་ཐམས་ཅད་ཀྱིས་བསྙེན་བཀུར་བགྱིས་པ་གང་ལགས་པ་དང་། བདག་གིས་ལུས་དང་ངག་དང་ཡིད་ཀྱིས་ལེགས་པར་སྤྱད་པ་གང་ལགས་པ་དང་། རྗེས་སུ་ཡིད་རངས་པ་འདི་དང་ལྡན་པའི་བསོད་ནམས་ཀྱི་ཕུང་པོ་གང་ལགས་པ་དེ་དག་ཐམས་ཅད་བླ་ན་མེད་པ་ཡང་དག་པར་རྫོགས་པའི་བྱང་ཆུབ་ཏུ་ཡོངས་སུ་བསྔོའོ། །སངས་རྒྱས་ཀྱི་ཞིང་ཉོན་མོངས་པ་ཅན་དུ་ནི་བླ་ན་མེད་པ་ཡང་དག་པར་རྫོགས་པའི་བྱང་ཆུབ་མངོན་པར་འཚང་རྒྱ་བར་མི་བགྱིད་ཅིང་ཤིན་ཏུ་མྱུར་བར་ཐོབ་པ་ཡང་མི་བགྱི་ལགས་སོ། །ཇི་སྲིད་དུ་བདག་བླ་ན་མེད་པ་ཡང་དག་པར་རྫོགས་པའི་བྱང་ཆུབ་མངོན་པར་འཚང་མི་རྒྱ་བ་དེ་སྲིད་དུ་བྱང་ཆུབ་ཀྱི་སྤྱོད་པ་སྤྱོད་ཅིང་། ཕྱོགས་བཅུའི་འཇིག་རྟེན་གྱི་ཁམས་མཐའ་ཡས་མུ་མེད་པ་གཞན་དང་གཞན་དག་གི་སངས་རྒྱས་བཅོམ་ལྡན་འདས་རྣམས་མཐོང་བར་གྱུར་ཅིག །བདག་བྱང་ཆུབ་སེམས་དཔའི་སྤྱོད་པ་སྤྱོད་པ་ན། གང་དག་བདག་གིས་བྱང་ཆུབ་ཡང་དག་པར་འཛིན་དུ་སྨུལ་ཞིང་བཙུད་དེ་རབ་ཏུ་བཀོད་པའི་སངས་རྒྱས་བཅོམ་ལྡན་འདས་གང་དག་གིས་བྱང་ཆུབ་ཡང་དག་པར་འཛིན་དུ་སྨུལ་བ་དེ་དག་སངས་རྒྱས་ཀྱི་ཞིང་གངྒཱའི་ཀླུང་གི་བྱེ་མ་སྙེད་ཀྱི་རྡུལ་ཕྲ་རབ་ཀྱི་རྡུལ་སྙེད་ཀྱི་སངས་རྒྱས་ཀྱི་ཞིང་དག་ན་ཆོས་སྟོན་པར་མཛད་པ་རྣམས་ཀྱང་

བདག་གི་ལྷའི་མིག་གིས་མཐོང་བར་གྱུར་ཅིག །ཅེས་སོགས་ནས། བདག་བྱང་ཆུབ་ཀྱི་ཤིང་དྲུང་དུ་གནས་ཤིང་རྡོ་རྗེའི་གདན་དུ་མཆིས་བཞིན་དུ་ཡང་སངས་རྒྱས་དང་བྱང་ཆུབ་སེམས་དཔའི་སྤྲུལ་པ་དག་སངས་རྒྱས་ཀྱི་ཞིང་བགྲང་བ་ལས་འདས་པ་གཞན་དག་ཏུ་འགྱེད་པར་གྱུར་ཅིག །སངས་རྒྱས་རེ་རེས་ཀྱང་སྤྲུ་དྲྭ་གཅིག་ལ་སེམས་ཅན་རྣམས་ལ་ཆོས་སྟོན་ཅིང་དེ་ཉིད་ཀྱིས་སྤྲུ་དྲྭ་ལ་ཡང་སེམས་ཅན་བགྲང་བ་ལས་འདས་པ་སྙེད་དག་བླ་ན་མེད་པ་ཡང་དག་པར་རྫོགས་པའི་བྱང་ཆུབ་ཡང་དག་པར་འཛིན་དུ་སྔོལ་བ་དང་། རབ་ཏུ་འགོད་པ་དང་། ཕྱིར་མི་ལྡོག་པ་ལ་འགོད་པར་གྱུར་ཅིག །དེ་བཞིན་དུ་བྱང་ཆུབ་སེམས་དཔའི་སྤྲུལ་པ་དག་ཀྱང་བྱང་ཆུབ་སེམས་དཔའི་བྱ་བ་བགྱིད་པར་གྱུར་ཅིག །བདག་གིས་བྱང་ཆུབ་ཐོབ་པ་ན་ཕྱོགས་བཅུའི་འཇིག་རྟེན་གྱི་ཁམས་བགྲང་བ་ལས་ཡང་དག་པར་འདས་པ་གཞན་དག་ཏུ་ཡང་བདག་གི་ལུས་གདའ་བར་གྱུར་ཅིག །སེམས་ཅན་གང་དག་གི་མིག་གི་དབང་པོར་བདག་གི་ལུས་མཚན་གྱིས་བརྒྱན་པ་མཐོང་བར་གྱུར་པའི་སེམས་ཅན་དེ་དག་ཐམས་ཅད་ཀྱང་བླ་ན་མེད་པ་ཡང་དག་པར་རྫོགས་པའི་བྱང་ཆུབ་ཏུ་ངེས་པར་གྱུར་ཅིག །སེམས་ཅན་དེ་དག་བྱང་ཆུབ་ཅིང་ཡོངས་སུ་མྱ་ངན་ལས་འདས་ཀྱི་བར་དུ་ཡང་སངས་རྒྱས་བཅོམ་ལྡན་འདས་རྣམས་དང་མི་འབྲལ་བར་འགྱུར་ཞིང་དེར་དབང་པོ་རྣམས་མ་ཚང་བར་མ་གྱུར་ཅིག །དེ་ན་བྱང་ཆུབ་སེམས་དཔའ་གང་དག་བདག་ལ་བལྟ་བར་འཚལ་བ་དེ་དག་གང་དང་གང་དུ་མཆི་བ་དང་། སྨྲར་ལྡོག་པ་དང་། འཆག་པ་དང་། འགྲེང་བ་དང་། མཆིས་པ་ན་བྱང་ཆུབ་སེམས་དཔའ་དེ་དག་ཐམས་ཅད་ཀྱིས་སངས་རྒྱས་ཡིད་ལ་བགྱིད་པའི་སེམས་བསྐྱེད་མ་ཐག་ཏུ་བདག་བྱང་ཆུབ་ཀྱི་ཤིང་དྲུང་ན་མཆིས་པ་མཐོང་བར་གྱུར་ཅིག །མཐོང་ནས་ཀྱང་གང་དག་ཆོས་ལ་ཐེ་

ཚོམ་དུ་གྱུར་པ་དེས་མཐོང་མ་ཐག་ཏུ་དེ་དང་བྲལ་བར་གྱུར་ནས་ཐེ་ཚོམ་ལས་གྲོལ་བར་གྱུར་ཅིང་། ཆོས་ཀྱི་ཚིག་མ་བསྟན་པའི་དོན་ཀྱང་འཚལ་བར་གྱུར་ཅིག །བདག་གི་ཚེ་ནི་དཔག་ཏུ་མ་མཆིས་པར་གྱུར་ལ། ཐམས་ཅད་མཁྱེན་པའི་ཡེ་ཤེས་མ་གཏོགས་པར་གཞན་སུས་ཀྱང་བགྲང་བར་རྗེ་མི་ཐོགས་པར་གྱུར་ཅིག །ཅེས་སོགས་དཔགས་པར་དཀའ་བའི་སྨོན་ལམ་རླབས་པོ་ཆེ་བཏབ་པའི་འབྲས་བུ་ཡོངས་སུ་སྨིན་པར་གྱུར་ཏེ་བྱང་ཆུབ་སེམས་དཔའི་སྤྱད་པ་སྤྱོད་པ་ན་ཡང་དག་པ་དང་མ་དག་པའི་ཞིང་ཁམས་ལྷ་མེད་པ་རྣམས་སུ་སྤྲུལ་པའི་རྣམ་རོལ་མཐའ་ཡས་པས་འགྲོ་བའི་དོན་མཛད་པ་དང་། སངས་རྒྱས་ནས་ནི་བྱང་ཆུབ་ཀྱི་ཤིང་དྲུང་དུ་བཞུགས་པའི་མོད་ཉིད་ལའང་ཕྱོགས་བཅུའི་འཇིག་རྟེན་གྱི་ཁམས་དང་སངས་རྒྱས་ཀྱི་ཞིང་ཐམས་ཅད་དུ་སངས་རྒྱས་བྱང་སེམས་སོགས་ཀྱི་སྤྲུལ་པ་འབྱམས་སུ་སྣང་བ་དང་། དེ་དག་རེ་རེས་ཀྱང་སྤྲུལ་པ་གྲངས་མེད་པའི་སྒོ་ནས་སེམས་ཅན་སྨིན་པར་མཛད་པ་སོགས་མདོར་ན་སངས་རྒྱས་དང་བྱང་ཆུབ་སེམས་དཔའ་མཐའ་དག་བསྐྱེད་པར་བྱེད་པའི་ཡབ་དང་ཡུམ་དང་། དགེ་བའི་བཤེས་གཉེན་དང་། སྤྲུལ་གཞི་དང་། བྱེད་པ་པོར་གྱུར་པ་ཡིན་ཏེ། མཚན་བརྗོད་མན་ངག་གི་འགྲེལ་པ་ཞེས་པ་རྒྱ་གར་གྱི་མཁན་པོ་གཞོན་ནུ་གྲགས་ཀྱིས་མཛད་པ་ལས། འཕགས་པ་འཇམ་དཔལ་ནི་དེ་བཞིན་གཤེགས་པ་ཐམས་ཅད་ཀྱི་དགེ་བའི་བཤེས་གཉེན་དུ་གྱུར་པའི་ཕྱིར་རོ། །དེ་ཉིད་ཀྱང་ཅིས་ཤེས་ཤེ་ན། འཕགས་པ་འཇམ་དཔལ་གཞོན་ནུར་གྱུར་པས་བསྐལ་པ་རེ་རེའི་སེམས་ཅན་གྱི་དོན་བྱས་པ་དེ་ལྟ་བུའི་དཀའ་བ་སྤྱོད་པ་ནི་སངས་རྒྱས་བྱེ་བ་ཁྲག་ཁྲིག་འབུམ་གྱིས་ཀྱང་མ་མཛད་དོ། །དེ་ཉིད་ཀྱང་འཇམ་དཔལ་གཞོན་ནུར་གྱུར་པའི་སྨོན་ལམ་གྲུབ་པ་ཚད་མེད་དོ། །འཇམ་དཔལ་གྱི་ཡོན་ཏན་གྱི་ཁྱད་པར་ལ་

ཚད་མེད་དོ། །འཇམ་དཔལ་གཞོན་ནུར་གྱུར་པ་ནི་སངས་རྒྱས་བྱེ་བ་ཁྲག་ཁྲིག་བརྒྱ་སྟོང་གི་ཡབ་དང་ཡུམ་ལྟ་བུའོ། །འཕགས་པ་འཇམ་དཔལ་ནི་སངས་རྒྱས་བྱེ་བ་ཁྲག་ཁྲིག་བརྒྱ་སྟོང་ལ་གདམས་ངག་སྟོན་པའོ། །འཕགས་པ་འཇམ་དཔལ་ནི་ཕྱོགས་བཅུའི་འཇིག་རྟེན་གྱི་ཁམས་ན་མིང་གི་འཁོར་ལོ་རྒྱས་པར་བྱེད་པའོ། །འཇམ་དཔལ་གཞོན་ནུར་གྱུར་པ་ནི་དེ་བཞིན་གཤེགས་པའི་དཀྱིལ་འཁོར་གྱི་གཏམ་གྱི་སྐྱེས་བུར་གྱུར་པའོ། །འཇམ་དཔལ་ནི་དེ་བཞིན་གཤེགས་པ་ཐམས་ཅད་ཀྱིས་བསྟོད་ཅིང་བསྔགས་པའོ། །ཞེས་དང་། དེ་དང་མཐུན་པར་མི་དབང་འཇམ་དཔལ་དབྱངས་སངས་རྒྱས་རྒྱ་མཚོའི་གསུང་ལས་ཀྱང་། སངས་རྒྱས་ཐམས་ཅད་སངས་རྒྱས་ཀྱིས་ས་ལ་འགོད་པ་པོ་ཡིན་པར་བསྟན་པས་རྒྱལ་བ་ཀུན་གྱི་ཡབ་ཏུ་གྱུར་པར་དོན་གྱིས་ཐོབ་ཅིང་། ཞེས་དང་། མཚན་བརྗོད་ཀྱི་འགྲེལ་པར་གཉིས་སུ་མེད་པའི་ཡེ་ཤེས་ཀྱི་སྐུ་དང་། དེས་ཀུན་ལ་ཁྱབ་པར་གསུངས་པས་མཚོན་ནུས། ཞེས་གསུངས་པས་ན་རབ་འབྱམས་ཀྱི་ཞིང་གི་གདུལ་བྱ་སྤྱི་དང་བྱེ་བྲག་རང་ཅག་སྙིགས་མའི་འགྲོ་བ་རྣམས་འདུལ་ཕྱིར་དུ་སངས་རྒྱས་བྱང་སེམས་པཎ་གྲུབ་རྒྱལ་བློན་སོགས་ཀྱི་སྤྲུལ་པའི་རྣམ་པར་རོལ་པ་རྣམས་དང་། དེའི་ནང་ཚན་འཇམ་མགོན་ཆོས་ཀྱི་རྒྱལ་པོ་ཙོང་ཁ་པ་ཆེན་པོའི་རིང་ལུགས་འཛིན་པར་བསམ་བཞིན་དུ་སྤྲོན་པའི་བདག་ཉིད་ཆེན་པོ་ཕལ་ཆེ་བ་མཐའ་དག་ནི་རྗེ་བཙུན་འཇམ་དཔལ་དབྱངས་ཉིད་ཀྱི་ཐུགས་རྗེའི་སྒྱུ་འཕྲུལ་ཡིན་པར་ཤེས་དགོས་ལ། ལྷག་པར་དུ་ཡང་འཇམ་མགོན་བླ་མའི་རིང་ལུགས་འཛིན་པ་ལ་འགྲན་ཟླ་དང་བྲལ་ཞིང་གང་གི་ཆོས་ཀྱི་ཁྲི་ལ་ཞབས་ཟུང་གི་པདྨོ་རྣམ་པར་བཀོད་པའི་མཁས་གྲུབ་ཆེན་པོ་འཇམ་དབྱངས་གཙང་པ་བདུན་བརྒྱུད་དུ་གྲགས་པ་རྣམས་ནི་རྗེ་བཙུན་བརྟན་པའི་འཁོར་ལོ་ཉིད་ཀྱི་སྤྲུལ་པའི་

རོལ་པ་ཡིན་པར་མཁས་གྲུབ་དུ་མས་བསྔགས་པར་མཛད་པ་བཞིན། ༧རྗེ་བླ་མ་ཡེ་ཤེས་བློ་བཟང་བསྟན་པའི་མགོན་པོ་དཔལ་བཟང་པོ་ཉིད་ཀྱི་གསུང་ལས་ཀྱང་། དེ་ནས་དུས་སྙིགས་མར་གྱུར་པས་བསྟན་པ་རིན་པོ་ཆེ་མ་རྫོགས་ལོག་རྫོག་གི་དྲི་མས་སྦགས་པར་ཉེ་བ་ན་མགོན་པོ་ཉིད་མཐོན་མཐིང་རལ་པའི་བྱུར་ཕུད་དོར་ནས་ངུར་སྨྲིག་འཛིན་པའི་ཚུལ་དུ་བཞེངས་ཏེ། རྒྱལ་བའི་དམ་ཆོས་མ་ལུས་པ་རྒྱལ་ཉིད་ཀྱི་དགོངས་པ་རྨ་མེད་པ་ཇི་ལྟ་བ་བཞིན་དུ་གཞི་ནས་གསོ་བར་མཛད་ཅིང་། དེ་ཉིད་མི་ཉམས་རིང་དུ་གནས་པའི་ཕྱིར་དུ་སླར་ཡང་རང་ཉིད་ཀྱི་སྤྲུལ་པའི་བཀོད་པ་རིམ་པ་བདུན་བར་མ་ཆད་དུ་བྱོན་ནས་འཛིན་སྐྱོང་སྤེལ་གསུམ་མཛད་པ་ལ་འཇམ་དབྱངས་གཙང་པ་བདུན་བརྒྱུད་དུ་གྲགས་པ་རེ་རེས་ཀྱང་རང་རང་གི་སྐུ་དངོས་ཀྱི་དུས་སུ་རྗེ་རྒྱལ་བ་གཉིས་པའི་བསྟན་པའི་སྲོག་བཟུང་བར་མ་ཟད་སྐུའི་སྐྱེས་རབས་ཀྱི་འཕྲེང་བ་ཚར་དུ་དངར་བས་ཀྱང་ཞྭ་སེར་གྱི་རིང་ལུགས་ནམ་གནས་ཀྱི་བར་དུ་བསྟན་འགྲོའི་སྨན་ཡོན་ཕོ་ནར་འགྱུར་བའི་འཕྲིན་ལས་ཀྱི་འཇུག་པ་རྒྱ་ཆེར་སྤེལ་བར་མཛད། ཅེས་གསུངས་པ་ཡིན་ལ། རྒྱུ་མཚན་དེའི་ཕྱིར་ན་གཙང་པ་བདུན་བརྒྱུད་ཀྱི་ནང་ནས་༧རྗེ་བླ་མའི་སྔོན་བརྒྱུད་ཀྱི་བསྟན་པ་འཛིན་སྐྱོང་སྤེལ་བ་ལ་འགྲན་ཟླ་དང་བྲལ་བ་ཁྲི་ཐོག་ལྔ་པ་བ་སོ་ཆོས་ཀྱི་རྒྱལ་མཚན་ཀྱང་འཇམ་དབྱངས་ཀྱི་རྣམ་རོལ་ཡིན་པར་བརྗོད་ག་ལ་དགོས་ཤིང་། དེ་ནས་སྐུ་ཕྲེང་རིམ་པར་བཟུང་སྟེ་མཁས་གྲུབ་སོགས་བར་མ་ཆད་དུ་བྱོན་པའི་སྐུ་ཕྲེང་བརྒྱད་པ་ནི་བདག་ཅག་རྣམས་ཀྱི་འདྲེན་པ་དམ་པ་འདི་ཉིད་དེ། དེ་བས་ན་འཇམ་དབྱངས་ཀྱི་རྣམ་རོལ་དུ་སྒྲུབ་པའི་རྒྱུ་མཚན་ནམ་ཤེས་བྱེད་ནི་དེ་ལྟར་ཡིན་ལ། དེའི་དབང་གིས་གྲུབ་དབང་སྟག་ཕུ་རིན་པོ་ཆེས་མཛད་པའི་འཁྲུངས་རབས་གསོལ་འདེབས་ཀྱི་ཐོག་མར་ཡང་། སྨུ་མེད་

ཞིང་གི་རྒྱལ་བ་མ་ལུས་པའི། །ཡེ་ཤེས་མཐོན་མཐིང་རལ་པའི་ཐུར་ཐུད་རྩེར། །སྙིང་རྗེའི་ཙོད་པན་ལེགས་བཅིངས་དབང་བསྐུར་བ། །༼རྗེ་བཙུན་མཁྱེན་པའི་གཏེར་ལ་གསོལ་བ་འདེབས། །ཞེས་དང་། རྗེ་བླ་མ་ཉིད་ཀྱིས་མཛད་པའི་གསོལ་འདེབས་སུ་ཡང་། རབ་འབྱམས་རྒྱལ་ཀུན་མཁྱེན་རབ་གུར་གུམ་རྡུལ། །གཅིག་བསྡུས་ཧྲཱིཿཡིག་ལས་འཁྲུངས་གཞོན་ནུའི་ཚུལ། །དུས་གསུམ་རྣམ་འདྲེན་བསྐྱེད་དང་སྤྲེལ་བའི་ཡབ། །རྗེ་བཙུན་འཇམ་དཔལ་དབྱངས་ལ་གསོལ་བ་འདེབས། །ཞེས་གསུངས་པ་ཡིན་ནོ། །ཚད་མེད་ཐུགས་རྗེའི་མཚོ་ཆེན་འཁྱིལ་བ་ལས། །མཐའ་ཀླས་སྤྲུལ་པའི་ཆུ་ཀླུང་འབུམ་སྤྲོས་ཏེ། །དུས་གསུམ་རྒྱལ་བའི་ཡོ་ཧོག་བསྐྱེད་མཛད་པའི། །མགོན་མཆོག་དེ་ལ་འཇམ་དབྱངས་གཞོན་ནུར་གྲགས། །གནྡྷའི་རྡུལ་གྱིས་བསྒྲུབ་པར་མི་ནུས་པའི། །རབ་འབྱམས་ཞིང་གི་གདུལ་བྱ་མ་ལུས་པ། །གང་གིས་བདག་གིར་མཛད་ན་རྒྱལ་གཞན་གྱི། །འཕྲིན་ལས་འཇུག་པའི་སྐབས་ཀྱང་ཆེས་ཕྲར་འགྱུར། །རྒྱལ་བསྟན་ལྔ་བརྒྱ་མཐའ་མར་ཉེ་བའི་དུས། །ཁྱོད་ཉིད་སླར་ཡང་བྱིས་པའི་ཚུལ་བཟུང་ནས། །བསྟན་པའི་སྙིང་པོ་གུར་གུམ་མདངས་འཛིན་པའི། །ལུགས་བཟང་འཛིན་མའི་གཞི་འདིར་གསལ་བར་མཛད། །དེ་ལྟའི་བསྟན་སྲོལ་ནོར་བུའི་རྒྱལ་མཚན་ཆེ། །མི་ནུབ་སྲིད་མཐར་བསྒྲེངས་ཕྱིར་སྐྱེས་རབས་འཕྲེང་། །མ་སྨད་ཚར་དུ་དངར་བ་ལེགས་བཟུང་ནས། །འགྲོ་བའི་བདེ་སྐྱིད་སྤེལ་ལ་སུ་མི་གུས། །དེ་ལྟ་བས་ན་རྗེ་བཙུན་འཇམ་དཔལ་དབྱངས་ནི་མ་དག་པའི་སྣང་ངོར་རྒྱལ་སྲས་བྱང་ཆུབ་སེམས་དཔའི་ཚུལ་འཛིན་པ་མ་གཏོགས་གནས་ཚོད་ལ་བསྐལ་པ་གྲངས་མེད་པའི་སྔོན་རོལ་ནས་སངས་རྒྱས་ཟིན་པ་ཞིག་ཡིན་ཏེ། ཇི་སྐད་དུ། དཔའ་བར་འགྲོ་བའི་ཏིང་ངེ་འཛིན་གྱི་མདོ་ལས། འོད་སྲུངས་སྔོན་

བྱུང་བ་དང་འདས་པའི་དུས་བསྐལ་པ་གྲངས་མེད་པའི་ཡང་ཆེས་གྲངས་མེད་པ། ཡངས་པ། ཚད་མེད་པ། བསམ་གྱིས་མི་ཁྱབ་པ་དེའི་ཕ་རོལ་གྱི་ཡང་ཆེས་ཕ་རོལ་ཏུ་གྱུར་པ་དེའི་ཚེ་དེའི་དུས་ན། ལྷོ་ཕྱོགས་སུ་སངས་རྒྱས་ཀྱི་ཞིང་འདི་ནས་སངས་རྒྱས་ཀྱི་ཞིང་སུམ་སྟོང་འདས་པ་ན་འཇིག་རྟེན་གྱི་ཁམས་མཉམ་པ་ཞེས་བྱ་བ་རི་དང་རྫོ་མེད་པ། བོང་བ་དང་། གྱོ་མོ་དང་། བསེག་མ་མེད་པ། ལག་མཐིལ་ལྟར་མཉམ་པར་གྱུར་པ། ག་ཙ་ལིན་དི་ག་ལྟར་རེག་ན་བདེ་བའི་རྩྭ་འཇམ་པོ་སྐྱེས་པར་གྱུར་ཏེ། དེར་དེ་བཞིན་གཤེགས་པ་དགྲ་བཅོམ་པ་ཡང་དག་པར་རྫོགས་པའི་སངས་རྒྱས་རིག་པ་དང་ཞབས་སུ་ལྡན་པ། བདེ་བར་གཤེགས་པ། འཇིག་རྟེན་མཁྱེན་པ། སྐྱེས་བུ་འདུལ་བའི་ཁ་ལོ་བསྒྱུར་བ། བླ་ན་མེད་པ། ལྷ་དང་མི་རྣམས་ཀྱི་སྟོན་པ། སངས་རྒྱས་བཅོམ་ལྡན་འདས་སྐུའི་རིགས་མཆོག་ཅེས་བྱ་བ་འཇིག་རྟེན་དུ་བྱུང་བར་གྱུར་ཏོ། །ཞེས་པ་ནས། འོད་སྲུངས་དེ་ཇི་སྙམ་དུ་སེམས། དེའི་ཚེ་དེའི་དུས་ན་འཇིག་རྟེན་གྱི་ཁམས་མཉམ་པ་ཞེས་བྱ་བ་དེར་དེ་བཞིན་གཤེགས་པ་སྐུའི་རིགས་མཆོག་ཅེས་བྱ་བ་བྱུང་བ་དེ་གཞན་ཞིག་ཡིན་ནམ་སྙམ་ན་ཁྱོད་ཀྱིས་དེ་ལྟར་མི་བལྟའོ། །དེ་ཅིའི་ཕྱིར་ཞེ་ན། འོད་སྲུངས་འཇམ་དཔལ་གཞོན་ནུར་གྱུར་པ་འདི་ཉིད་དེའི་ཚེ་དེའི་དུས་ན་དེ་བཞིན་གཤེགས་པ་དགྲ་བཅོམ་པ་ཡང་དག་པར་རྫོགས་པའི་སངས་རྒྱས་སྐུའི་རིགས་མཆོག་ཅེས་བྱ་བར་གྱུར་ཏོ། །ཞེས་སོགས་མདོ་རྒྱུད་དུ་མ་ནས་རྒྱ་ཆེར་གསུངས་པ་རྣམས་ཀྱིས་ཤེས་པར་འགྱུར་བས་མང་དུ་བརྗོད་མ་དགོས་ཤིང་། དེ་ལ་བརྟེན་ནས་རྗེ་བླ་མ་བཀའ་དྲིན་ཅན་འདི་ཉིད་ཀྱང་གྲངས་མེད་བསྐལ་པའི་སྔོན་རོལ་ནས་ཚོགས་གཉིས་རྒྱ་མཚོའི་ཕ་རོལ་ཏུ་སོན་ཏེ་སྐུ་གསུམ་ནོར་བུའི་གླིང་དུ་ཕྱིན་ཟིན་པར་རང་ཤུགས་ཀྱིས་གྲུབ་པ་ཡིན་ནོ། །འོ་ན་ངེས་དོན་དུ་སྐུ་བཞིའི་གོ་

འཕང་བརྩེས་ཟིན་ནས་དྲང་དོན་དུ་ཐ་མལ་པ་ལྟར་སྟོན་པ་ལ་དགོས་པ་གང་ཞིག་ཡོད་ཅེ་ན། འདི་ལ་བརྗོད་པར་བྱ་བ་ཆེས་མང་ཡང་མདོར་བསྡུ་ན། རང་ཅག་སྐལ་བ་དམན་པའི་གདུལ་བྱ་རྣམས་ཐར་ལམ་ལ་དགྲི་བའི་ཆེད་ཁོ་ན་ཡིན་ཏེ། བདག་ཅག་སོ་སོ་སྐྱེ་བོ་རྣམས་ཐོག་མ་མེད་པ་ནས་ལས་དང་ཉོན་མོངས་པའི་སྒྲིབ་བྱེད་འཐུག་པོས་བློ་མིག་ལྡོངས་པར་བྱས་པའི་དབང་གིས་སངས་རྒྱས་ཐུགས་རྗེ་ཅན་རྣམས་ཀྱིས་སྐུ་མཚན་དང་དཔེ་བྱད་ཀྱིས་བརྒྱན་པ། གསུང་དབྱངས་ཡན་ལག་དྲུག་ཅུ་དང་ལྡན་པ། ཐུགས་ཤེས་བྱ་ཐམས་ཅད་ལག་མཐིལ་དུ་སྐྱུ་རུ་ར་བཞག་པ་ལྟར་གཟིགས་ཤིང་མཁྱེན་པ་སོགས་ཀྱི་ཡོན་ཏན་མཐའ་དག་བསྟན་ཀྱང་། མིག་མེད་ཀྱིས་ཉི་མའི་འོད་ཟེར་མི་མཐོང་བ་བཞིན་དུ་དངོས་ཡུལ་དུ་བྱེད་པའི་སྐལ་བ་མེད་པ། དེ་བས་སོ་སོའི་བློའི་ཡུལ་དུ་འགྱུར་ཚོད་ཙམ་གྱི་སྐུ་གསུང་ཐུགས་ཀྱི་མཛད་པ་རྣམས་བསྟན་ན་དོན་ཆེ་བར་དགོངས་ནས་དེ་དང་དེར་མཐུན་པར་ཐ་མལ་པའི་གཟུགས་སུ་བསྟན་པ་ཡིན་ཅིང་། དེ་ནས་རིམ་གྱིས་ལས་ཇི་དག་ཏུ་གྱུར་པ་ན་སར་གནས་ཀྱི་སེམས་དཔའ་དང་། མཆོག་གི་སྤྲུལ་སྐུ་དང་། ལོངས་སྐུ་སོགས་སུ་བསྟན་ཅིང་མཐོང་བར་འགྱུར་བ་ཡིན་ཏེ། ཇི་སྐད་དུ། མདོ་སྡེ་ཟ་མ་ཏོག་བཀོད་པ་ལས། གང་དང་གང་གིས་གཟུགས་ཀྱིས་འདུལ་བའི་སེམས་ཅན་འདུལ་བར་གྱུར་པ་དེ་དང་དེའི་གཟུགས་ཀྱིས་ཆོས་འཆད་དེ། དེ་བཞིན་གཤེགས་པས་འདུལ་བའི་སེམས་ཅན་རྣམས་ལ་ནི་དེ་བཞིན་གཤེགས་པའི་གཟུགས་ཀྱིས་ཆོས་འཆད། ཅེས་པ་ནས། དེ་བཞིན་དུ་རང་སངས་རྒྱས་ཀྱིས་འདུལ་བའི་སེམས་ཅན་དང་། དགྲ་བཅོམ་པ་དང་། བྱང་ཆུབ་སེམས་དཔའ་དང་རྒྱལ་པོ་དང་ཕ་མས་འདུལ་བ་སོགས་ཀྱི་བར་རིམ་པ་བཞིན་སྤྲུར་ནས་དེ་དང་དེའི་གཟུགས་ཀྱིས་ཆོས་འཆད་དེ་སེམས་ཅན་དེ་དག་ཇི་

ལྟ་ཇི་ལྟར་འདུལ་བར་འོས་པ་དེ་ལྟ་དེ་ལྟར་ཆོས་སྟོན་ཏོ། །ཞེས་གསུངས་པའི་ཕྱིར། དེས་ན་གང་ལ་གང་འདུལ་དེ་ལ་དེ་སྟོན་ཞེས་དེང་སང་མཆོག་དམན་ཕལ་མོ་ཆེའི་ཞལ་ནས་ཀླུང་བཞིན་དུ་རྒྱུ་བའི་དོན་ཡང་དེ་ལྟར་ཡིན་པར་ཤེས་དགོས་ལ། ཚུལ་དེ་འདྲ་བ་རྣམས་ནི་འགྲོ་བ་སྒྲོལ་བའི་ཐབས་མཁས་རྨད་དུ་བྱུང་བ་ཡིན་པས་ན་བདག་ཉིད་ཆེན་པོ་རྣམས་ལ་གཡོ་དང་སྒྱུ་མཛད་པ་སོགས་ཀྱི་ཉེས་པར་ཡང་མི་འགྱུར་བ་ནི་མདོ་སྡེ་རིན་པོ་ཆེ་རྣམས་སུ། ཕ་སྨན་པ་མཁས་པས་བུ་ནད་ཀྱིས་མནར་བ་འདུ་ཤེས་ལོག་པ་རྣམས་ནད་ལས་སྒྲོལ་ཕྱིར་དུ་ཐབས་ལ་མཁས་པས་སྨན་སྦྱིན་པའི་དཔེ་དང་བཅས་ནས་རྒྱ་ཆེར་གསུངས་མོད་ཀྱང་ཡི་གེས་འཇིགས་པས་མ་བཀོད་ལ་རྒྱས་པར་འདོད་ན་གཞན་དུ་ཤེས་པར་བྱའོ། །

གཞན་ཡང་འདི་དག་ལ་དོགས་པའི་གནས་འདི་ཡོད་དེ། ༸རྗེ་བཙུན་འཇམ་དཔལ་དབྱངས་དེ་རྗེ་བླ་མ་འདི་ཉིད་དང་། སྐྱེས་ཆེན་གཞན་མང་པོའི་སྤྲུལ་གཞིར་ཡང་འབྱུང་བས་ན་དམ་པ་དེ་རྣམས་རྒྱུད་གཅིག་གམ་ཐ་དད་སྙམ་པ་དང་། ལྷག་པར་སྐབས་འདིར་ཞིང་ཁམས་སྤྱི་དང་བྱེ་བྲག་བོད་ལྗོངས་འདིའི་བྱང་སེམས་པ་ཊ་གྲུབ་སོགས་འཇམ་དབྱངས་ཀྱི་རྣམ་རོལ་དུ་བཤད་མོད། སྤྱན་རས་གཟིགས་ཀྱི་རྟོགས་པ་བརྗོད་པ་སོགས་ལས་དེ་རྣམས་སྤྱན་རས་གཟིགས་ཀྱི་རྣམ་སྤྲུལ་དུ་ཡང་བཤད་པས་དེ་གཉིས་ཅར་འགལ་མེད་དུ་ཁས་བླངས་ཚེ་རིགས་གསུམ་མགོན་པོ་རྣམས་ཀྱང་རྒྱུད་གཅིག་པར་འགྱུར་ལ། ཚུལ་དེའི་རིག་པས་འཕྲེས་ན་རྒྱུད་ཐ་དད་པའི་སངས་རྒྱས་མེད་པར་འགྱུར་བས་མི་འཐད་དོ་སྙམ་ན། བརྗོད་པར་བྱ་སྟེ། སྤྲུལ་གཞི་འཇམ་དབྱངས་སུ་གཅིག་པའི་བདག་ཉིད་ཆེན་པོ་རྣམས་ནི་གདུལ་བྱའི་ངོར་གཟུགས་སྐུ་ཐ་དད་དུ་སྣང་ཙམ་མ་གཏོགས་ཐུགས་ཡེ་ཤེས་ཀྱི་ཀློང་དུ་ངོ་བོ་གཅིག་ཡིན་པས་རྒྱུད་གཅིག་པར་ཤིན་ཏུ་ནས་ཁས་བླངས

ཚིག་ཅིང་། དེ་བཞིན་དུ་འཇམ་དབྱངས་དང་སྤྱན་རས་གཟིགས་སོགས་ཀྱི་རྣམ་འཕྲུལ་ཡང་མི་འགལ་བར་མ་ཟད་གནས་ཚོད་ལྟར་ན་ཕན་ཚུན་ཡིན་ཁྱབ་མཉམ་དུ་ཁས་བླངས་རུང་སྟེ། རིགས་གསུམ་མགོན་པོ་རྣམས་ཀྱང་རྒྱལ་བ་རྣམས་ཀྱི་མཁྱེན་བརྩེ་ནུས་གསུམ་གྱི་ཆ་ལ་མཚན་སོ་སོར་བཏགས་པ་དང་། གདུལ་བྱའི་སྣང་ངོར་ཐ་དད་དུ་སྣང་བ་ཙམ་ལས་ངོ་བོ་གཅིག་ཡིན་པའི་ཕྱིར་ཏེ། བཀའ་གདམས་གླེགས་བམ་རིན་པོ་ཆེའི་ལྷའི་རྒྱལ་པོའི་སྐྱེས་རབས་ལས། དེ་ཡང་རིགས་གསུམ་མགོན་པོ་ལས། ཐ་དད་ཉིད་དུ་ག་ལ་འགྱུར། །སེམས་ཅན་ཀུན་ལ་སྤྱན་རས་གཟིགས། །འདི་ནི་སྙིང་རྗེ་བྱམས་པའི་རིགས། །དེ་ལ་སྤྱན་རས་གཟིགས་ཞེས་གྲགས། །ལུས་ངག་ཡིད་གསུམ་ཞི་འཇམ་པས། །འཇམ་དཔལ་དབྱངས་སུ་འགལ་བ་མེད། །ཀུན་མཁྱེན་ཤེས་རབ་ཆེ་བའི་རིགས། །ཕྱག་རྡོར་རེ་ན་མི་རྟོག་པས། །རྡོ་རྗེ་དཔའ་བོ་རེ་བཟུང་སྟེ། །གདུལ་དཀའ་འདུལ་བ་ང་ཡིན་ན། །ཕྱག་ན་རྡོ་རྗེར་འགལ་བ་མེད། །དེ་ནི་དཔའ་བོ་དྲག་པོའི་རིགས། །དེ་གསུམ་རིགས་གསུམ་མགོན་པོ་ཉིད། །ཕྱོགས་སུ་མ་ཟད་དངོས་ཡིན་ནོ། །ཞེས་སོགས་ཤེས་བྱེད་ཀྱི་ལུང་མང་དུ་ཡོད་ཀྱང་སྐབས་དོན་དེ་ཙམ་གྱིས་འགྲུབ་ལ། དེར་མ་ཟད་མདོར་ན་སངས་རྒྱས་རྣམས་ལ་རྒྱུད་གཅིག་དང་ཐ་དད་སོགས་ཀྱི་ཐ་སྙད་སེམས་ཅན་དང་མཐུན་པར་བྱས་པ་ནི་ཐེག་པ་ཐུན་མོང་བའི་དབང་དུ་བྱས་པ་ཡིན་གྱི་ཐེག་ཆེན་ཐུན་མོང་མ་ཡིན་པའི་ལུགས་ལྟར་ན། ཇི་སྐད་དུ། མདོ་སྡེ་རྒྱན་ལས། གླུང་དག་ས་ཡི་འོག་ཏུ་མ་སོང་བར། །གནས་རྣམས་ཐ་དད་ཆུ་ཡང་ཐ་དད་ལ། །ཆུ་ཡང་ཆུང་ཞིང་བྱ་བ་ཐ་དད་བྱེད། །ཆུར་གནས་སྲོག་ཆགས་ཕྲ་མོས་ཉེར་སྤྱོད་འགྱུར། །རྒྱ་མཚོར་སོང་བར་གྱུར་ན་ཐམས་ཅད་ཀྱང་། །གནས་རྣམས་གཅིག་ཅིང་ཆུ་ཡང་ཆེ་ལ་གཅིག །བྱ་བ་གཅིག་ཅིང་ཆུ་ལ་གནས་པ་ཡི། །

སྡིག་ཆགས་མང་པོས་རྟག་ཏུ་ཉེར་སྤྱོད་ཆེ། །སངས་རྒྱས་ཉིད་དུ་མ་ཞུགས་བརྟན་པ་རྣམས། །རྟེན་ཡང་ཐ་དད་བློ་གྲོས་ཐ་དད་ཅིང་། །རྟོག་ཚུང་རང་གི་བྱ་བ་ཐ་དད་ལ། །སེམས་ཅན་ཤུང་དོན་རྟག་ཏུ་ཉེར་སྤྱོད་འགྱུར། །སངས་རྒྱས་ཉིད་དུ་ཞུགས་ན་དེ་དག་ཀུན། །རྟེན་ཡང་གཅིག་ཅིང་རྟོགས་པ་ཆེ་ལ་གཅིག །མཛད་པ་གཅིག་ཏུ་འདྲེས་ཤིང་རྟག་པར་ཡང་། །སེམས་ཅན་ཚོགས་ཆེའི་ཉེ་བར་སྤྱོད་པ་ཆེ། །ཞེས་གསུངས་པ་ལྟར་ཏེ་དཔེར་ན་འཛམ་གླིང་འདིའི་ཆུ་ཀླུང་མི་འདྲ་བ་དུ་མར་འབབ་པ་རྣམས་རྒྱ་མཚོར་མ་སླེབ་ཀྱི་བར་དུ་གནས་དང་ངོ་བོ་དང་བྱེད་ལས་སོགས་ཐ་དད་པ་ཡིན་ཀྱང་རྒྱ་མཚོར་སླེབ་པ་ན་དེ་ཐམས་ཅད་བ་ཚྭ་ཅན་གྱི་ཆུའི་ངོ་བོར་རོ་གཅིག་ཏུ་འགྱུར་བ་བཞིན་སངས་རྒྱས་རྣམས་སློབ་པ་ལམ་གྱི་གནས་སྐབས་སུ་ལུས་དང་གནས་དང་འགྲོ་བའི་དོན་སྤྱོད་ཚུལ་དང་གདུལ་བྱ་སོགས་ཐ་དད་པ་འབའ་ཞིག་ཡིན་ཀྱང་སངས་རྒྱས་ཟིན་ནས་ནི་ཆོས་ཀྱི་སྐུ་བདེ་བ་ཆེན་པོའི་ཀློང་དུ་རོ་གཅིག་མཉམ་པ་ཉིད་ཡིན་ཅིང་། དེའི་ཕྱིར་གནས་དང་རྟེན་དང་མཛད་པ་སོགས་ཀྱང་འདི་དང་འདིའི་ཡིན་གྱི་འདི་དང་འདིའི་མ་ཡིན་ནོ་ཞེས་ཕྱོགས་དང་རིས་སུ་དབྱེ་བ་ཙུང་ཟད་ཀྱང་བྱར་མེད་པར་ཤེས་དགོས་ལ། རྒྱུ་མཚན་དེའི་དབང་གིས་བདག་ཉིད་ཆེན་པོ་རྣམས་དུས་གསུམ་གྱི་སངས་རྒྱས་ཐམས་ཅད་འདུས་པའི་སྤྱི་གཟུགས་སུ་མདོ་རྒྱུད་མན་ངག་དུ་མ་ནས་ལན་གཅིག་མིན་པར་གསུངས་པ་ཡིན་ཅིང་། ཚུལ་འདི་ལྟ་བུ་ཁོང་དུ་ཆུད་ན་སྐྱེས་བུ་དམ་པ་དུ་མ་ལ་སྤྲུལ་གཞི་དང་འཁྲུངས་རབས་གཅིག་པར་འབྱུང་བ་དང་། དམ་པ་གཅིག་ལ་འཁྲུངས་རབས་དུས་མཉམ་པ་མང་པོ་བྱུང་བ་སོགས་ལ་ཐེ་ཚོམ་དང་སོམ་ཉིའི་དོགས་པ་གཞི་མེད་དུ་གྲོལ་བར་འགྱུར་རོ། །

གཞན་ཡང་དེང་དུས་ཀྱི་ཐོས་ཆུང་འགའ་ཞིག་འདི་སྐད་དུ་ཡང་ཟེར་བ་

ཐོས་ཏེ། བདག་ཅག་རྣམས་ལྷ་བུའི་སོ་སྐྱེ་ཐ་མལ་བ་རྣམས་ནི་གསར་དུ་སངས་རྒྱ་བ་མི་སྲིད་པ་འདྲ་སྟེ། སྔར་སྐྱེས་བུ་དམ་པ་བྱུང་བ་ཐམས་ཅད་ནི་འཇམ་དབྱངས་དང་སྤྱན་རས་གཟིགས་སོགས་སངས་རྒྱས་བྱང་སེམས་ཀྱི་སྤྲུལ་པ་ཤ་སྟག་མ་གཏོགས་གསར་དུ་སངས་རྒྱས་པ་ཞིག་མི་འདུག་པའི་ཕྱིར། དེས་ན་སྟོན་ཕྱིན་དམ་པ་རྣམས་ཀྱིས་གདུལ་བྱ་སྨིན་གྲོལ་ལ་འགོད་ཚུལ་རྣམས་ཀྱང་ལྟར་སྣང་ཙམ་མ་གཏོགས་གཞན་སྔར་ནས་གྲོལ་ཟིན་པ་ཤ་སྟག་ལས་གསར་དུ་མ་གྲོལ་བ་ལས་གྲོལ་བ་ཞིག་གནང་རྒྱུ་བྱུང་ཚོད་མི་འདུག་གོ་ཞེས་རྣམ་དཔྱོད་ཅན་ཡིན་ཁུལ་གྱིས་མཁྱེན་པ་གཟིངས་བསྐོད་ནས་སངས་རྒྱས་དང་ཆོས་དང་དེ་འཛིན་བརྒྱུད་པར་བཅས་པ་ཐམས་ཅད་ལ་སྐུར་པ་འདེབས་པ་དག་ཀྱང་མཆིས་མོད། དེ་ནི་རང་གི་ཡོན་ཏན་གྱི་མཚང་བསྟན་པ་སྟེ། ཅིའི་ཕྱིར་ན། སྟོན་ཕྱིན་བདག་ཉིད་ཆེན་པོ་རྣམས་ཀྱང་དང་པོར་རང་ཅག་དང་འདྲ་བའི་སོ་སྐྱེ་འཆིང་བ་ཀུན་ལྡན་ཞིག་བར་དུ་བརྩོན་པ་བསྐྱེད་ནས་བྱང་ཆུབ་སྒྲུབ་པ་ལ་བརྟེན་ནས་མཐར་སངས་རྒྱས་ཏེ་འགྲོ་བའི་དོན་མཛད་པ་ཞིག་ཡིན་པ་མ་གཏོགས་རྒྱུ་སེམས་ཅན་སྟོན་དུ་མ་སོང་བར་དང་པོ་ཉིད་ནས་སངས་རྒྱས་སུ་ལྷུན་གྱིས་གྲུབ་པ་ནི་མ་ཡིན་ལ། གོ་འཕང་མཐོན་པོར་གཤེགས་ཟིན་ནས་ནི་སྔར་བརྗོད་པ་ལྟར་འཇམ་དབྱངས་སྤྱན་རས་གཟིགས་སོགས་རྒྱལ་བ་རྣམས་དང་ཡེ་ཤེས་ཀྱི་ཀློང་དུ་རོ་གཅིག་ཅིང་ཐུགས་རྗེ་ལ་ཆེ་ཆུང་དང་མཛད་འཕྲིན་ལ་རྒྱ་ཆེ་ཆུང་མེད་པར་སོང་བ་ཡིན་པས་ན་གདུལ་བྱའི་ངོར་སངས་རྒྱས་བྱང་སེམས་དེ་དག་གི་རྣམ་སྤྲུལ་དང་སྐྱེས་རབས་ཀྱི་འཕྲེང་བ་སོགས་ཡིན་པ་ཡང་ཤིན་ཏུ་ནས་འཐད་པ་ཡིན་ཅིང་། གལ་ཏེ་གསར་དུ་སངས་རྒྱས་པ་ཞིག་ཡིན་ཕྱིན་ཆད་དེ་དག་གི་རྣམ་སྤྲུལ་ཙམ་ཡང་མ་ཡིན་པ་ཞིག་དགོས་ན་ནི། དེ་དག་གི་སྐུ་དང་ཡེ་ཤེས་སོགས་ཀྱི་གོ་འཕང་གང་

ཟག་གཞན་གྱིས་ཐོབ་པ་མི་སྲིད་པར་འགྱུར་ལ། དེ་ལྟ་ན་རང་ཅག་རྣམས་ཀྱིས་སྔགས་ཀྱི་ཉམས་ལེན་སོགས་བྱེད་པའི་ཚེ་འབྲས་བུ་ལམ་བྱེད་ཀྱི་ཚུལ་དུ་རྡོ་རྗེ་འཆང་དང་། འཇམ་དབྱངས་དང་། སྤྱན་རས་གཟིགས་སོགས་ཡི་དམ་རྒྱལ་བ་རྒྱ་མཚོའི་རྟེན་དང་བརྟེན་པར་བཅས་པའི་དཀྱིལ་འཁོར་སྒོམ་པ་སོགས་ཀྱི་ལག་རྗེས་ལས་མ་འོངས་པ་ན་དེ་དང་དེའི་སྐུ་དང་ཡེ་ཤེས་སོགས་འགྲུབ་པ་མི་སྲིད་པར་ཐལ་བ་དང་། མཇུག་ཏུ་དགེ་བ་བསྔོ་བ་ན་ཡང་དེ་དག་གི་གོ་འཕང་ཐོབ་པ་དང་། འགྲོ་བ་ཐམས་ཅད་དེའི་ས་ལ་འགོད་པའི་རྒྱུར་བསྔོ་བ་སོགས་ཀྱང་རི་བོང་གི་མགོ་ལ་རྭ་སྐྱེ་བར་སྨོན་པ་ལྟར་མི་སྲིད་པ་ཞིག་ཐོབ་པར་ཤོག་ཅེས་སྨོན་པར་ཐལ་ལ། ཅི་སྟེ་འཇམ་དབྱངས་སོགས་ཀྱི་སྐུ་དང་ཡེ་ཤེས་སོགས་ཐོབ་རྒྱུ་ཡོད་ཀྱང་དེའི་ཚེ་ན་ཡང་དེ་དག་དངོས་མ་ཡིན་ནོ་ཟེར་ན་ནི་ཤིན་ཏུ་ཐ་ཆད་དེ། དེ་རྣམས་ཀྱི་སྐུ་དང་ཡེ་ཤེས་སོགས་རྒྱུད་ལ་ལྡན་པ་དེ་ལས་གཞན་དུ་འཇམ་དབྱངས་ཞེས་སོགས་ཇི་འདྲ་ཞིག་འཇོག་ཏུ་ཡོད་ཤེས་པར་མཛོད་ཅིག །དེས་ན་སྔོན་བྱོན་དམ་པ་རྣམས་སུ་མ་ཟད་རང་ཅག་རྣམས་ཀྱང་རྒྱལ་སྲས་ཀྱི་སྤྱོད་པ་ལ་བརྩོན་འགྲུས་བསྐྱེད་ནུས་ན་མ་འོངས་པ་ན་འཇམ་དབྱངས་སོགས་ཀྱི་གོ་འཕང་ཐོབ་པའི་ཚེ་དེ་དང་དེར་དངོས་སུ་འགྱུར་བ་ཡིན་ལ། དེའི་ཚེ་གཞན་ངོར་སྟོན་པའི་སྤྲུལ་པ་རྣམས་ཀྱང་འཇམ་དབྱངས་སོགས་ཀྱི་རྣམ་སྤྲུལ་ཡིན་པར་ཆེད་དུ་སྒྲོ་འདོགས་མི་དགོས་པར་རང་ཤུགས་ཀྱིས་འགྲོ་བ་ཡིན་ཅིང་། དེ་ལྟར་འབྱུང་བ་ཡང་སངས་རྒྱས་ཀྱིས་བསྟན་པའི་མདོ་སྔགས་ཀྱི་ལམ་རྣམས་དང་། བདག་ཉིད་ཆེན་པོ་རྣམས་ཀྱི་ཐུགས་རྗེ་ལ་མ་བརྟེན་པར་རང་སྟོབས་ཀྱིས་འབྱུང་མི་ནུས་པས། ཁོ་བོ་ཅག་ནི་སངས་རྒྱས་རྣམས་ཀྱིས་གདུལ་བྱ་མ་གྲོལ་བ་ལས་གྲོལ་བར་བྱས་ཏེ་སངས་རྒྱས་བྱང་སེམས་སོགས་ཀྱི་གོ་འཕང་ལ་འགོད་རྒྱུ་ཡང་ཡོད། གདུལ་བྱ་

རྣམས་ཀྱིས་གོ་འཕང་དེ་དག་ཐོབ་པའི་ཚེ་སངས་རྒྱས་བྱང་སེམས་ཀྱི་ཐུགས་རྗེའི་སྤྲུ་འཕྲུལ་དུ་འགྱུར་བ་ཡང་ཡོད་པ་སོགས་འགལ་མེད་དུ་འཆད་པ་མ་གཏོགས། རང་ཉིད་ཀྱིས་མ་ཤེས་པ་རྒྱུ་མཚན་དུ་བྱས་ནས་ཆོས་དང་གང་ཟག་དང་ལས་འབྲས་ལ་སྐུར་པ་བཏབ་སྟེ་རྣམ་སྨིན་ཡིད་མི་འོང་མགྲོན་དུ་འགུགས་པ་དེ་འདྲ་བར་ནི་ཚེ་རབས་ནས་ཚེ་རབས་སུ་མི་འགྱུར་བར་སྨོན་ལམ་འདེབས་སོ། །འདི་དག་ལ་ད་དུང་ལུང་རིག་གི་སྒྲུབ་བྱེད་མང་དུ་འགོད་རྒྱུ་མཆིས་ཀྱང་དངོས་དོན་སྐྲིབ་པར་འགྱུར་བས་བཞག་ནས་སྣང་ཡོངས་སྐབས་བྱུང་ཚེ་གཞན་དུ་རྒྱས་པར་འགོད་པར་བྱའོ། །

རྒྱལ་རྣམས་རྒྱལ་སྲས་སྤྱོད་ལ་སློབ་པའི་ཚེ། །རྟེན་དང་བློ་གྲོས་ལ་སོགས་ཐ་དད་ཀྱང་། །ཆོས་སྐུའི་རྒྱ་མཚོར་འཇུག་ཚེ་རོ་གཅིག་ལས། །སོ་སོར་དབྱེ་བའི་གོ་སྐབས་ག་ལ་མཆིས། །གཞན་ངོར་སྣང་ཚུལ་ཅིར་ཡང་སྟོན་མོད་ཀྱང་། །བདེ་ཆེན་ཀློང་དུ་མཉམ་པ་ཉིད་ཡིན་ཕྱིར། །གཅིག་ཉིད་དུ་མར་སྒྲོ་ཞིང་དུ་མ་ཡང་། །གཅིག་ཏུ་འདུ་འདི་བསམ་མི་ཁྱབ་པའི་གནས། །རིགས་གསུམ་ལ་སོགས་འདྲེན་པ་མ་ལུས་པ། །སྐུ་གསུང་ཐུགས་ཡོན་རྣམ་དབྱེར་བྱར་མེད་ན། །འདི་ཡི་ཡིན་གྱི་གཅིག་ཤོས་ཀྱིས་མིན་ཞེས། །རེས་སུ་བཅད་དེ་བློ་གྲོས་ཆུང་བས་ལན། །ལྷག་པར་ཐོས་པའི་ཕྱི་རྒྱ་མ་ཆོད་པར། །དཔྱོད་ལྡན་ཡིན་པར་རློམས་ནས་དཀོན་མཆོག་དང་། །ལས་འབྲས་ཡོངས་ལ་སྐུར་པ་འདེབས་བཟོད་པ། །འདོད་པའི་མདའ་ལྟ་གནད་དུ་བསྣུན་པའི་རྟགས། །དེ་འདྲའི་བརྟག་དཔྱད་ཀྱི་རྣམ་སྨིན་མི་བཟད་པ། །མགྲོན་དུ་འགུགས་པ་རྣམས་ལ་མ་བཟོད་པར། །དགག་སྒྲུབ་ཚིག་གི་འཕྲེང་བ་མཐྲ་ར། །ཚུང་ཟད་སྤེལ་འདི་འང་ལྷག་བསམ་རྫིང་ལས་ཐོན། །དེ་ལྟར་ལུང་རིག་གིས་མཐའ་ཚུང་ཟད་

བཅད་པ་དང་བཅས་པའི་སྒོ་ནས་སྤྲུལ་གཞི་ངོས་འཛིན་པའི་ཚུལ་སོང་ནས། །

ད་ནི་ཟབ་གཙང་སྲས་པོའི་བསྟན་པའི་ཉིན་བྱེད་འཛིག་རྟེན་དུ་གསལ་བ་ནས་བཟུང་ཚུར་མཐོང་གི་སྣང་ངོ་དང་མཐུན་པར་འཕགས་བོད་ཀྱི་ཡུལ་གྲུ་རྣམས་སུ་བསྟན་པ་འཛིན་ཅིང་འགྲོ་བའི་དོན་སྐྱོད་པའི་མཁས་གྲུབ་སོགས་ཀྱི་རྣམ་པར་ཐོན་པ་ཡོངས་སུ་གྲགས་པའི་སྐྱེས་རབས་ཀྱི་འཕྲེང་བ་རྣམས་བྱུང་ཚུལ་ཆེ་ལོང་རགས་པ་ཙམ་ཞིག་བརྗོད་ན། དེ་ཡང་སྔར་རྗེ་གོང་མ་བློ་བཟང་དཔལ་ལྡན་རྒྱལ་མཚན་གྱི་དུས་སུ་གང་གི་རིགས་ཀྱི་ཅོད་པན་ཡོངས་འཛིན་དགེ་བའི་བཤེས་གཉེན་ཆེན་པོ་གྲགས་པ་ལྷུན་གྲུབ་ཀྱིས་མཛད་པའི་འཁྲུངས་རབས་གསོལ་འདེབས་ལ་སྣར་སྐྱབས་མགོན་༧རྒྱལ་བའི་རྒྱལ་ཚབ་བཀའ་དྲིན་ཅན་ཉིད་ནས་འཁྲུངས་རབས་གསར་བསྣན་དང་སྨོན་ཚིག་བཅས་སྩལ་བར། སྤྲུལ་གཞི་རྗེ་བཙུན་འཇམ་དབྱངས་དང་། སྐྱེས་རབས་དངོས་གཞི་བ་སོ་ཆོས་ཀྱི་རྒྱལ་མཚན་ནས་རྗེ་བླ་མ་རང་ཉིད་ལ་ཐུག་གི་བར་རྣམས་ལས་གཞན་རྣམས་གསལ་ཁ་མ་མཛད་ལ། རྗེས་སོར་དུས་གསུམ་གཟིགས་པའི་བདག་ཉིད་ཆེན་པོ་གྲུབ་དབང་སྟག་ཕུ་རིན་པོ་ཆེར་སློབ་འབངས་ཞབས་གྲས་རྣམས་ནས་གསོལ་བ་བཏབ་པའི་དོན་བཞིན་སྒྲིབ་པ་མེད་པའི་ཡེ་ཤེས་ཀྱི་གཟིགས་པས་དཔྱད་དེ་བཀའ་རྩོམ་སྩལ་བའི་གསོལ་འདེབས་སུ་སྟོན་ཐོན་འཁྲུངས་རབས་རྣམས་ཀྱང་རྒྱས་པར་གནང་འདུག་པ་ལྟར་དེ་ཉིད་གཞིར་བཞག་པའི་སྒོ་ནས་འཆད་ན། ཐོག་མར་སྟོན་པ་ཉི་མའི་གཉེན་གྱུར་འཛིག་རྟེན་འདིར་ཐོན་ནས་རིམ་གསུམ་ཆོས་ཀྱི་བདུད་རྩིའི་དགའ་སྟོན་འགྱེད་པའི་ཚེ་བཅོམ་ལྡན་འདས་ཉིད་ཀྱི་རིགས་སྲས་སུ་གྱུར་པ་གནས་བརྟན་ཆེན་པོ་སྒྲ་གཅན་འཛིན་དང་། ཤེས་རབ་ཅན་གྱི་མཆོག་ཏུ་གྱུར་པ་ཤཱ་རིའི་བུ་གཉིས་ཀྱི་རྣམ་ཐར་དུས་མཉམ་དུ་བསྟན་ནས་ཐུན་

སོང་དང་ཐུན་མོང་མ་ཡིན་པའི་གདུལ་བྱ་རྣམས་ཀྱི་དོན་མཛད། དེའི་རྗེས་སུ་འཕགས་ཡུལ་དུ་གསང་ཆེན་རྡོ་རྗེ་ཐེག་པའི་བསྟན་པ་སྤེལ་བ་ལ་འགྲན་ཟླ་དང་བྲལ་བ་ས་བཅུའི་དབང་ཕྱུག་ཀློ་ཀྲོས་རིན་ཆེན། རྒྱལ་ཚབ་མ་ཕམ་མགོན་པོའི་གསུང་གི་བདུད་རྩི་ངོམས་མེད་དུ་གསོལ་ཞིང་རྒྱ་ཆེན་སྤྱོད་རྒྱུད་ཀྱི་ཤིང་རྟའི་སྲོལ་འབྱེད་ཆེན་པོ་འཕགས་པ་ཐོགས་མེད་ཞབས་དང་། རྒྱ་གར་ཤར་ཕྱོགས་ཀྱི་རྒྱལ་པོའི་བརྒྱུད་དུ་འཁྲུངས་ནས་ཆོས་ཀྱི་བདུད་རྩིས་འགྲོ་བ་མང་པོ་སྨིན་པར་མཛད་པའི་རྒྱལ་སྲས་ཆེན་པོ་ཧྨ་ཛྙ་དྲ། སླར་ཡང་རྒྱ་གར་ཤར་ཕྱོགས་གྱུད་ཀྱི་ཡུལ་དུ་ཟང་ཟིང་གི་སྦྱིན་པའི་སྒོ་བརྒྱ་ལྷབས་ཆེན་དུ་ཕྱེ་ནས་འགྲོ་བའི་ཚོགས་ཀྱི་དབུལ་འཕོངས་སེལ་བར་མཛད་པའི་ཁྱིམ་བདག་ཆེན་པོ་ན་ལཧཱ་བ། རྗེ་བཙུན་འཇམ་དཔལ་དབྱངས་ཀྱིས་དགེ་བའི་བཤེས་གཉེན་དངོས་སུ་མཛད་ནས་ལུང་བསྟན་དབུགས་དབྱུང་ཐོབ་པའི་བདག་ཉིད་ཆེན་པོ་རྒྱལ་སྲས་ཞི་བ་ལྷ། བཅོམ་ལྡན་འདས་འཇིགས་མཛད་རྡོ་རྗེས་ཞལ་དངོས་སུ་བསྟན་ནས་རྗེས་སུ་བཟུང་བས་མཆོག་གི་དངོས་གྲུབ་བརྙེས་པའི་གྲུབ་པའི་དབང་ཕྱུག་ཆེན་པོ་དོན་ཡོད་རྡོ་རྗེ་སོགས་པ་ཏ་གྲུབ་དུ་མའི་རྣམ་པར་བསྟན་ནས་འཕགས་པའི་ཡུལ་དུ་མདོ་སྔགས་ཀྱི་བསྟན་པ་རིན་པོ་ཆེ་མི་ནུབ་པའི་རྒྱལ་མཚན་སྲིད་རྩེར་བསྒྲེངས་ཤིང་སྐལ་ལྡན་གྱི་ཚོགས་རྣམས་སྨིན་གྲོལ་གྱི་འབྲས་བུ་གཡུར་དུ་ཟ་བའི་དགའ་སྟོན་གྱི་དཔལ་ལ་སྤྱོར་བ་མཛད། བོད་ཡུལ་བསིལ་ལྡན་ར་བས་བསྐོར་བའི་ལྗོངས་འདིར་ནི་བསྟན་པ་སྔ་དར་གྱི་དུས་སུ་རྗེ་ལ་སྔ་བ་གཉའ་ཁྲི་བཙན་པོའི་རིགས་ཀྱི་སྲས་གནམ་གྱི་ཁྲི་བདུན་གྱི་ནང་ཚན་མངའ་བདག་མུ་ཁྲི་བཙན་པོ། འཇམ་དབྱངས་མི་རྗེའི་རྣམ་རོལ་ཆོས་ཀྱི་རྒྱལ་པོ་ཁྲི་སྲོང་ལྡེ་བཙན་གྱི་འཕྲིན་ལས་སྤེལ་བའི་མདུན་ན་འདོན་ཤུད་བུ་དཔལ་གྱི་སེང་གེ །ཆོས་ཀྱི་རྒྱལ་པོ་དེ་ཉིད་ཀྱི་རིགས

སྲས་ལས་འབྲུངས་པ་གངས་ཅན་ཆོས་བཞིན་སྐྱོང་བའི་མིའི་རྗེ་པོ་མངའ་བདག་མུ་ནེ་བཙན་པོ། གངས་ཅན་སྟོད་ཀྱི་ཡུལ་དུ་ཁྱིམ་བདག་གི་ཚུལ་བཟུང་ནས་བྱང་ཆུབ་ཀྱི་སེམས་ཀྱིས་འགྲོ་བ་ཚིམ་པར་མཛད་པའི་ཁྱིམ་བདག་མཛྙ་ལའི་མཚན་ཅན་རྣམས་དང་། གཞན་ཡང་ཀཤྨི་རའི་ཡུལ་གྱི་སྐྱེ་བོ་རྣམས་ལོག་པའི་ལམ་ལས་བཟློག་སྟེ་ཡང་དག་པའི་ལམ་ལ་བསྐུར་བར་མཛད་པའི་མི་བདག་ཛ་ཡ་ཛྙ་ར། ཤར་ཕྱོགས་ཆེན་པོའི་ཡུལ་གྱི་རྒྱལ་ཁམས་རྣམས་བདེ་སྐྱིད་རྫོགས་ལྡན་གྱི་སྣང་བས་འཁོར་ཡུག་ཏུ་ཁྱབ་པར་མཛད་པའི་སའི་ཚངས་པ་ཆོས་ཀྱི་རྒྱལ་པོ་ཆེན་པོ་སོགས་དང་། བསྟན་པ་ཕྱི་དར་གྱི་དུས་སུ་ཡང་ཇོ་བོ་རྗེ་དཔལ་ལྷ་གཅིག་དཱི་པཾ་ཀ་རའི་ནང་ཐུགས་ཀྱི་སྲས་མཆོག་བཀའ་གདམས་ཀྱི་བསྟན་པ་སྤེལ་བའི་བྱེད་པོ་རྔོག་ལེགས་པའི་ཤེས་རབ་དང་། དེ་རྗེས་བཤེས་གཉེན་ཆེན་པོ་ཤར་པ་ཡོན་ཏན་གྲགས་སོགས་ཀྱི་རྣམ་རོལ་དུ་བྱོན་ནས་བཀའ་གདམས་ལྷ་ཆོས་བདུན་ལྡན་གྱི་རྣམ་ཐར་གཙང་མའི་རིང་ལུགས་ཕྱོགས་ཀུན་ཏུ་རྒྱས་པར་མཛད། གསང་ཆེན་རྙིང་མའི་བསྟན་པ་འཛིན་ཅིང་སྐྱོང་བའི་སླད་དུ་གཏེར་སྟོན་ཆེན་པོ་གྲ་པ་མངོན་ཤེས་ཅན་དང་། རིག་འཛིན་ཆོས་རྗེ་གླིང་པ། གཏེར་སྟོན་པདྨ་གླིང་པ་སོགས་སུ་སྐྱེ་བའི་ཟློས་གར་བཟུང་ནས་ཟབ་འགྱུར་རྡོ་རྗེ་ཐེག་པའི་བསྟན་པ་ཉིན་མོ་ལྟར་གསལ་བར་མཛད་ཅིང་། དེ་བཞིན་དུ་གསང་སྔགས་གསར་མའི་བསྟན་པ་སྤེལ་ཕྱིར་སྒྲུབ་བརྒྱུད་བསྟན་པའི་གཙུག་རྒྱན་དབང་ཕྱུག་མི་ལ་བཞད་པ་རྡོ་རྗེའི་སྲས་ཀྱི་ཐུ་བོ་རས་པ་ཞི་བ་འོད་དང་། འཇམ་དཔལ་གཤིན་རྗེ་གཤེད་ཀྱི་རྣལ་འབྱོར་གྱི་དབང་ཕྱུག་རྭ་འབུམ་སེང་གེ་རྣམ་པར་བསྟན་པ་སོགས་མདོར་ན་རྒྱལ་བསྟན་རྣམ་པར་དག་ཅིང་རིས་སུ་མ་ཆད་པ་མཐའ་དག་འཛིན་སྐྱོང་སྤེལ་བའི་མཁས་གྲུབ་ཀྱི་རོལ་པ་བསམ་ལས་འདས་པའི་སྒོ་ནས་བསྟན་འགྲོའི་དོན་

རླབས་ཆེན་དུ་མཛད་ལ། ལྷག་པར་དུ་ཡང་སྙིགས་མའི་དུས་འདིར་རྒྱལ་བའི་བསྟན་ལ་རྒྱལ་བ་རང་ཉིད་སླར་ཡང་བྱོན་པ་དང་སྒོ་ཀུན་ནས་མཚུངས་ལ་འཇམ་མགོན་ཆོས་ཀྱི་རྒྱལ་པོ་ཤར་ཙོང་ཁ་པ་བློ་བཟང་གྲགས་པས་དཀའ་བ་བརྒྱ་ཕྲག་དུ་མའི་སྒོ་ནས་དག་ཐེར་མཛད་པའི་རིང་ལུགས་དྲི་མ་མེད་པ་གསེར་སྦྱངས་བཙོ་མ་ཕྱི་དོར་བྱས་པ་ལྟ་བུ་འདི་ཉིད་མི་ཉམས་དར་རྒྱས་སུ་མཛད་པའི་སླད་དུ། ཇི་སྐད་དུ། ཀུན་གཟིགས་ཡེ་ཤེས་ཀྱི་ཉི་མ་ལྷ་པ་ཆེན་པོས། རབ་འབྱམས་ཆོས་ཀྱི་དགོངས་དོན་འབྱེད་པ་ལ། །མཁས་མང་དབུས་ན་རྒྱལ་མཚན་ཏོག་ལྟར་མཛེས། །དཔལ་ལྡན་བླ་སྒྲུབ་གཉིས་པ་ཆོས་ཀྱི་རྗེ། །བཟང་པོའི་མཚན་ཅན་ཞབས་ལ་གསོལ་བ་འདེབས། །ཞེས་བསྔགས་པར་མཛད་པ་ལྟར་གྱི་འཇམ་མགོན་རྒྱལ་བ་གཉིས་པའི་སྲས་ཀྱི་ཐུ་བོ་ཟླ་མེད་པ་དབུས་གཙང་བསྟན་པའི་སྣང་བྱེད་སྒྲོན་མེ་བཅུའི་ཡ་གྱལ་དུ་གྱུར་པ། ཁྱད་པར་དུ་ཡང་རྗེ་བླ་མའི་སྙན་བརྒྱུད་ཀྱི་བསྟན་པ་རིན་པོ་ཆེ་སྤེལ་བར་མཛད་པ་ལ་བསྙུན་དུ་མེད་པའི་བདག་ཉིད་ཆེན་པོ་འཕྲིན་ལས་ནམ་མཁའ་དང་མཉམ་པ་བ་སོ་ཆོས་ཀྱི་རྒྱལ་མཚན་དཔལ་བཟང་པོར་སྐྱེ་བ་བཞེས་ཤིང་། དེ་ནས་རིམ་པ་བཞིན་དུ་དྲུང་འཇམ་དབྱངས་གཞོན་ནུའི་སྲས་མཁས་གྲུབ་ཆེན་པོ་འཕགས་དབོན་ལྷ་སྐྱབས་ཀྱི་མཚན་ཅན་དང་། ལེའི་ཡུལ་དུ་དམ་པའི་ཆོས་ཀྱི་སྒྲོན་མེས་མ་རིག་པའི་མུན་པ་སེལ་བར་མཛད་པའི་གཙུག་ལག་གཉིས་ལྡན་གྱི་ཆོས་ཀྱི་རྒྱལ་པོ་ཤྲི་གུ་ཎ། མཁས་གྲུབ་ཡོངས་ཀྱི་གཙུག་གི་རྒྱན་གྱུར་སྨྲ་བའི་དབང་པོ་མཁས་བཙུན་ཡོན་ཏན་རྒྱ་མཚོ། སྲིད་ཞིའི་གཙུག་རྒྱན་འཇམ་མགོན་བསྟན་པའི་སྲོག་ཤིང་ལྷ་དབང་ཆོས་ཀྱི་རྒྱལ་མཚན། ཚངས་སྲས་ལྷ་མོས་རྗེས་སུ་བཟུང་བས་རང་གཞན་གྲུབ་མཐའ་རྒྱ་

མཚོའི་ཕ་རོལ་ཏུ་སོན་ཅིང་མདོ་སྔགས་བསྟན་པའི་བདག་པོ་ངག་དབང་ཆོས་ཀྱི་དབང་ཕྱུག ། གསུང་རབ་རྒྱ་མཚོ་ལྟ་བའི་དགོངས་དོན་འབྱེད་པ་ལ་འགྲན་ཟླས་དབེན་པའི་སྐྱེས་མཆོག་ཆེན་པོ་ངག་དབང་དཀོན་མཆོག་ཉི་མ། འཆད་རྩོད་རྩོམ་གསུམ་གྱི་སྒོ་ནས་རྒྱལ་བསྟན་སྤེལ་བ་ལ་གཞན་དྲིང་མི་འཇོག་པའི་འཕྲིན་ལས་ཅན་རྗེ་བློ་བཟང་དཔལ་ལྡན་རྒྱལ་མཚན་དཔལ་བཟང་པོ་དང་བཅས་པའི་བར་དུ་བྱོན་ནས་དུས་མཐར་རྗེ་རྒྱལ་བ་གཉིས་པའི་མདོ་སྔགས་ཀྱི་བསྟན་པ་བླ་ནས་བླར་སྤེལ་ཞིང་། འཛམ་གླིང་མཐའ་དབུས་ཀྱི་སྐྱེ་འགྲོ་རྣམས་ལ་ཕན་བདེའི་དཔལ་སྟོལ་བ་དང་། སྐལ་བ་དང་ལྡན་པའི་གདུལ་བྱ་མཐའ་དག་ཐེག་པ་མཆོག་གི་གོ་འཕང་བླ་ན་མེད་པ་ལ་འགོད་པའི་འཕྲིན་ལས་སྟོལ་བར་མཛད་དོ། །

དེ་ལ་སྐབས་འདིར་དངོས་བསྟན་གྱི་གྲངས་ཀྱི་དབང་དུ་བྱས་ན་བ་སོ་ཆོས་ཀྱི་རྒྱལ་མཚན་ནས་བློ་བཟང་དཔལ་ལྡན་རྒྱལ་མཚན་གྱི་བར་དུ་སྐུ་ཕྲེང་བརྒྱད་བྱུང་བར་སྣང་ལ། དེ་ལྟ་ན་སྐབས་མགོན་དེ་ཉིད་སྐུ་ཕྲེང་དགུ་པར་འགྱུར་དགོས་པས་ད་ལྟ་ཡོངས་གྲགས་སུ་བརྒྱད་པར་བཞེད་པ་དང་མི་མཚུངས་སོ་སྙམ་ན། སྐྱོན་མེད་དེ། ད་ལྟ་ཡོངས་གྲགས་ཀྱི་སྐུ་ཕྲེང་བརྒྱད་འདྲེན་པའི་ཚེ་ཆོས་རྒྱལ་ཁྲི་གུ་ཊ་དང་། མཁས་བཙུན་ཡོན་ཏན་རྒྱ་མཚོ་གང་རུང་ཞིག་ལས་གཉིས་ཅར་དངོས་སུ་མི་འདྲེན་པ་སྟེ། དེ་ཡང་རྗེ་གོང་མའི་ཡོངས་འཛིན་བཤེས་གཉེན་གྲགས་པ་ལྷུན་གྲུབ་ཀྱིས་མཛད་པའི་འཁྲུངས་རབས་སུ་ལི་ཡུལ་ཆོས་རྒྱལ་ཁྲི་གུ་ཊ་དངོས་སུ་བགྲངས་ཤིང་། མཁས་བཙུན་ཡོན་ཏན་རྒྱ་མཚོ་གྲངས་འདྲེན་དུ་དངོས་སུ་མ་བགྲངས་པར་ལྷ་དབང་ཆོས་ཀྱི་རྒྱལ་མཚན་གྱི་གསོལ་འདེབས་ཀྱི་ཁོངས་སུ་མཚན་སྨྲ་ཚང་བར་བྱས་ནས་ཤུགས་བསྟན་གྱི་ཚུལ་དུ་འདྲེན་པར་

མཛད་འདུག་པ་ཡང་འདྲེན་ཚུལ་གྱི་རྣམ་གྲངས་ཡིན་འདུག་པས་མི་འཐད་པ་ནི་ག་ལ་ཡིན། དེ་ལྟ་ནའང་བརྒྱད་དུ་འདྲེན་པ་ནི་རྒྱལ་དབང་ཕྱག་ན་པདྨོའི་སྐུ་ཕྲེང་དང་མཚུངས་པར་ཞིང་འདིར་འཇམ་མགོན་བླ་མའི་བསྟན་པ་སྤེལ་ཕྱིར་དུ་ངུར་སྨྲིག་འཛིན་པའི་འཕྲེང་བ་རིམ་པར་བྱོན་པ་རྣམས་གཙོ་བོར་བྱས་པ་ཡིན་ནམ་སྙམ་པས། དེའི་དབང་དུ་ན་དངོས་བསྟན་གྱི་གྲངས་སུ་མཁས་བཙུན་ཡོན་ཏན་རྒྱ་མཚོ་ཉིད་འདྲེན་པ་སྐབས་སུ་བབ་པར་སྣང་ཞིང་། དེ་ལྟར་བྱས་ཚེ་སྐྱབས་མགོན་བཀའ་དྲིན་ཅན་དེ་ཉིད་ངུར་སྨྲིག་འཛིན་པ་སྐུ་ཕྲེང་བརྒྱད་པར་ཆུག་མེད་དུ་སོང་ལ། དེ་ལྟ་མིན་པར་སྤྱིར་བཏང་སྐྱེས་རབས་ཀྱི་གྲངས་སུ་ནི་གཉིས་ཅར་འདྲེན་ཚོག་གི་གང་རུང་ཞིག་དོར་བ་ལ་དགོས་པ་གཞན་ཡོད་པར་མ་སེམས་ཤིང་། འོན་ཀྱང་ད་ལྟ་ཡོངས་གྲགས་ལ་སྐུ་ཕྲེང་བརྒྱད་འདྲེན་པའི་ཚེ་མཁས་བཙུན་ཡོན་ཏན་རྒྱ་མཚོ་མི་འདྲེན་པར་ལི་ཡུལ་ཆོས་ཀྱི་རྒྱལ་པོ་ཉིད་འདྲེན་པ་ཤས་ཆེ་བར་སྣང་ཡང་གོང་ལྟར་བྱས་ན་འཐད་པར་མངོན་ལ། མཁས་བཙུན་ཡོན་ཏན་རྒྱ་མཚོ་ཞེས་པ་འདི་ཡང་བ་སོ་ཆོས་རྒྱན་གྱི་སློབ་མ་ཕོན་པ་མཁས་བཙུན་ཡོན་ཏན་རྒྱ་མཚོ་ཞེས་པ་དེར་འཁྲུལ་བར་མི་བྱ་སྟེ། དེ་ནི་བ་སོ་ཆོས་རྒྱན་དང་ཕོག་མཉམ་ལྟ་བུར་བྱུང་བ་ཡིན་ལ། སྐབས་འདིར་སྨོས་པ་དེ་ནི་འཕགས་དབོན་ལྷ་སྐྱབས་པ་སོགས་ཀྱིའང་རྗེས་སུ་བྱུང་བ་ཡིན་པར་འཁྲུངས་རབས་གསོལ་འདེབས་རྣམས་ཀྱི་གོ་རིམ་སོགས་ཀྱིས་ཀྱང་ཤེས་པར་ནུས་པས་ན་ངེས་པར་དེ་ལས་གཞན་དུ་འདོད་དགོས་པ་ཡིན་ནོ། །དེ་ལྟ་བུའི་འཁྲུངས་རབས་ཀྱི་འཕྲེང་བ་དེ་དག་ཐམས་ཅད་ཀྱིས་ཀྱང་དང་པོར་བསམ་བཞིན་དུ་སྲིད་པ་ཉེ་བར་ལེན་པ་ནས་བཟུང་། མཐར་གཟུགས་སྐུའི་བཀོད་པ་ཟག་མེད་ཆོས་ཀྱི་དབྱིངས་སུ་མ་བསྡུས་ཀྱི་བར་དུ་རང་དོན་ཡལ་བར་དོར་ནས་ཅི་བྱེད་བསྟན་པ་དང་

སེམས་ཅན་གྱི་དོན་འབའ་ཞིག་ཏུ་སྨིན་པར་མཛད་པའི་རྣམ་པར་ཐར་པ་ངོ་མཚར་བསམ་ལས་འདས་པ་མངའ་བ་ཤ་སྟག་ཡིན་མོད་ཀྱང་། དེ་དག་གི་ཚུལ་རྒྱས་པ་མཐའ་དག་ནི་འགོད་པས་མ་ལངས་པ་མ་ཟད། བ་སོ་ཆོས་ཀྱི་རྒྱལ་མཚན་ནས་རྗེ་གོང་མ་བློ་བཟང་དཔལ་ལྡན་རྒྱལ་མཚན་གྱི་བར་དེང་སང་ཡོངས་གྲགས་ལྟར་གྱི་སྐུ་ཕྲེང་བརྒྱད་པོའི་རྟོགས་བརྗོད་རྒྱས་པ་ནི། སྔ་སོར་སྐྱབས་མགོན་རྒྱལ་བའི་རྒྱལ་ཚབ་ཆེན་པོ་ཡེ་ཤེས་བློ་བཟང་བསྟན་པའི་མགོན་པོ་ཉིད་ཀྱིས་ཟིན་བྲིས་ལམ་ཙམ་མཛད་འདུག་པ་ལྟར་ལ་སྐུ་ཕྲེང་འགའ་ཞིག་མི་གསལ་བ་རྣམས་ཁོ་བོ་ཅག་ནས་གསར་དུ་བསྣན་པ་དང་བཅས་ཏེ་ལེགས་པར་བཀོད་པ་ཟུར་དུ་གསལ་བས་ན་འདིར་སྐྱུར་དུ་སྨོས་མ་དགོས་ལ། དེ་ལས་གཞན་པ་རྣམས་ལ་ནི་སྟོན་འབྱུང་ལོ་རྒྱུས་རྒྱལ་རབས་ཆོས་འབྱུང་སོགས་ལས་བཏུས་ཏེ་རྣམ་ཐར་རགས་བསྡུས་ཕྱོགས་གཅིག་ཏུ་བསྒྲིགས་པ་ཞིག་དགོས་ཚོད་དུ་སྣང་རུང་འདིར་ནི་ཧ་ཅང་མང་བར་འགྱུར་བས་མ་བཀོད་ལ། སླར་ནས་ནི་གྲུབ་དབང་སྟག་ཕུ་རིན་པོ་ཆེས་མཛད་པའི་འཁྲུངས་རབས་གསོལ་འདེབས་དང་། བཤད་མ་ཐག་པའི་སྐྱབས་མགོན་དེ་ཉིད་ཀྱི་གསུང་འཁྲུངས་རབས་རྣམ་ཐར་སོགས་ཀྱི་ཞབས་འདེགས་ཀྱི་ཚུལ་དུ་འགྱུར་བ་ཞིག་བདག་ཅག་གིས་ཀྱང་ལོང་སྐབས་བྱུང་ན་འབྲི་བར་སྨོན་ལ། དེ་མིན་ཀྱང་རྗེ་བླ་མའི་བཀའ་དྲིན་གྱིས་འཚོ་བའི་རྣམ་དཔྱོད་མཁས་པའི་སྤྱན་དང་ལྡན་པ་གཞན་དག་གིས་ཀྱང་ཅི་ནས་ཐུགས་ཡུལ་དུ་བཞག་པར་འཚལ་ལོ་ཞེས་བསྐུལ་མའི་ཚུལ་དུ་གསོལ་བ་འདེབས་སོ། །

འདིར་སྨྲས་པ། རྣམ་འདྲེན་སྟོང་གི་མཆོག་གྱུར་ཉེ་མའི་གཉེན། །ཞིང་འདིར་བདུད་རྩི་ཐོབ་ཚུལ་བསྟན་ནས་བཟུང་། །དགྲ་བཅོམ་པ་ཊ་གྲུབ་ལ་སོགས་བགྲངས་ཡས་ཀྱིས། །འཕགས་ཡུལ་ཆོས་ཀྱི་འོ་མཚོ་གྱེན་དུ་དྲངས། །

བསིལ་ལྗོངས་འདིར་ཡང་དམ་པའི་རི་བོང་འཛིན། །བསྔགས་འོས་འོད་དཀར་
འཁྲུག་པའི་འཕྲེང་བའི་ཚོགས། །བར་མེད་བཟུང་ནས་བསྟན་འགྲོའི་ཀུན་
གསལ་ཁྱོན། །དགེར་མཛད་ཁྱོད་འདྲ་སྲིད་པ་གསུམ་ན་དཀོན། །ལྷག་པར་
འཇམ་མགོན་ཆོས་ཀྱི་རྒྱལ་པོ་ཞེས། །གྲགས་པ་ཛ་ཏིའི་དྲི་བསུང་འཕྱུལ་བ་
དེའི། །ཆོས་ཀྱི་རྒྱལ་མཚན་ལེགས་བཤད་བ་དན་ཅན། །འཛིན་ལ་དཔའ་བའི་
མཁས་མཆོག་བ་སོ་བ། །ལ་སོགས་ངུར་སྨྲིག་འཛིན་པའི་འཕྲེང་བ་ནི། །བཀྲ་
ཤིས་གྲངས་ཀྱིས་སྤྱད་པ་ཉེར་བཟུང་ནས། །མཁས་བཙུན་བཟང་པོའི་རྣམ་ཐར་
མི་ཟད་པས། །འཇམ་གླིང་ཉིན་མོའི་དཔལ་གྱིས་ཡོངས་སུ་འགེངས། །ཁྱོད་ཀྱི་
སྐྱེས་རབས་གངྒཱའི་རྡུལ་མཉམ་ལས། །བཅུ་ཕྲག་འཛིག་རྟེན་གྲངས་ཙམ་ཡོངས་
བཟུང་བ། །དེ་ནི་གཞན་དོན་སྤྱོད་ཚུལ་འདི་འདྲ་ཞེས། །དཔྱོད་ལྡན་ཚོགས་ལ་
མཚོན་པར་བྱ་བའི་སླད། །དེའང་དུས་གསུམ་མཁྱེན་པའི་མགོན་རྣམས་
ཀྱིས། །དྲི་མེད་གཟིགས་པས་དཔྱད་པའི་གསུང་གི་གསང་། །གནད་ཀྱི་སྙིང་
པོར་བཟུང་ནས་འདིར་བཀོད་ཀྱི། །འོལ་ཚོད་མུན་མདའི་བརྟུལ་ཞུགས་ཀྱིས་མ་
ཡིན། །དེ་ལྟར་གང་གིས་རིང་ནས་འགྲོ་བའི་དོན། །སྤྱོད་པའི་ཚུལ་ལ་ཅུང་
ཟད་བསྔགས་པ་དེས། །བདག་ཀྱང་ཚེ་རབས་ཀུན་ཏུ་ཁྱོད་བཞིན་དུ། །རྒྱལ་
སྲས་སྤྱོད་པ་རླབས་ཆེས་བདའ་བར་ཤོག །ཅེས་པ་ནི་བར་སྐབས་ཀྱི་བསྔུ་བའི་
ཚིགས་སུ་བཅད་པའོ། །ཅེས་དཔལ་ལྡན་བླ་མ་དམ་པ་རྒྱལ་བའི་རྒྱལ་ཚབ་ཆེན་
པོ་༧རྗེ་དྲུང་ཧུ་ཐོག་ཐུ་ནོ་མི་ཧན་ས་མ་ཏི་པཀྴི་ཧུ་ཐུང་ཆན་ཤྲཱི་རིན་པོ་ཆེ་ཡེ་ཤེས་
བློ་བཟང་བསྟན་པའི་མགོན་པོའི་རྣམ་པར་ཐར་པ་ངོ་མཚར་དད་པའི་པདྨོ་
འཛུམ་བྱེད་ལེགས་བཤད་ཉིན་བྱེད་དབང་པོའི་འཕྲེང་བ་ལས། སྤྲུལ་གཞི་ངོས་
བཟུང་བ་དང་། སྔོན་བྱུང་འཁྲུངས་རབས་རྣམས་ཀྱི་བྱུང་ཚུལ་མདོ་ཙམ་སྨོས་པ་

སྡེ་རིམ་པ་གཉིས་པའོ།། །།

༈ ན་མོ་གུ་རུ་མཉྫུ་གྷོ་ཥ་ཡ། གང་གི་སྐུ་ནི་མཚན་དཔེའི་དཔལ་འབར་གཟི་བརྗིད་ཕུང་པོ་ཡོངས་སུ་རྫོགས་པ་མཚར་སྡུག་མིག་གི་བདུད་རྩིའི་སྐུ། །གང་གི་གསུང་ནི་གཞོམ་མེད་སྒྲར་ལྡན་ཡན་ལག་དྲུག་ཅུ་ཡོངས་སུ་རྫོགས་པ་དབྱངས་སྙན་ཟ་བའི་བདུད་རྩིའི་གསུང་། །གང་གི་ཐུགས་ནི་བདེ་སྟོང་དབྱེར་མེད་མཁྱེན་བརྩེའི་ཡོན་ཏན་ཡོངས་སུ་རྫོགས་པ་ཡིད་ཀྱི་གདུང་སེལ་བདུད་རྩིའི་ཐུགས། །གསང་གསུམ་ངོ་མཚར་རྒྱན་གྱི་འཁོར་ལོས་འགྲོ་བའི་དོན་ལ་སྐྱོང་ལ་མི་མངའ་དཔལ་ལྡན་བླ་མར་ཕྱག་བགྱིའོ། །ཨེ་མ་མཐའ་མེད་སྲིད་པའི་ཀློང་ཆེན་པོ། །བཀལ་དཀའི་ར་བས་ཡོངས་སུ་འཁྱུད་པ་འདིར། །འདོད་ལྡན་མཐོ་རིས་དགའ་ཚལ་འཇུག་པ་བཞིན། །ཡང་ཡང་སྲིད་ཚུལ་སྟོན་འདི་སྙིང་རྗེའི་ཐུགས། །ཡེ༷་ཤེ༷ས་སྣང་བ་འབུམ་ཕྲག་བློ༷་གྲོས་ཀྱིས། །བཟ༷ང་པོའི་བསྟ༷ན་པ༷འི་པད་ཚལ་རྒྱས་བྱེད་པ། །མ་ལུས་འགྲོ་བའི་མགོན་པོ་ཁྱོད་འདྲ་བའི། །སྐུ་གསུང་ཐུགས་ཀྱི་རྣམ་པར་ཐར་པའི་ཚུལ། །ཆ་ཤས་ཙམ་ཞིག་མཐོང་དང་ཐོས་པས་ཀྱང་། །བདག་ཏུ་འཛིན་པའི་ས་བོན་དྲུང་ཕྱུངས་ནས། །ཐར་པ་བླ་ན་མེད་པའི་ཁང་བཟང་དུ། །རིང་མིན་སོན་པའི་སྐལ་བཟང་མངོན་དུ་འགྱུར། །དེ་སྐད་རྨད་བྱུང་ཡོན་ཏན་ཚོགས། །མྱང་ན་ཞིམ་པའི་རོར་ལྡན་པ། །བདག་བློའི་ཡུལ་གོར་ཡོངས་བཟུང་ནས། །དཔྱོད་ལྡན་ཚོགས་ལ་བགོ་བཤར་འགྱེད། །སྙན་པའི་གཏམ་དང་ངོ་མཚར་ངག །མཁས་པ་མགུ་བའི་ལེགས་བཤད་ཀྱི། །འོད་ཟེར་སྟོང་ལྡན་ཉིན་བྱེད་འདི། །ཡངས་པའི་མཁའ་ལ་བསྐོར་བའི་ཚེ། །སྟོན་ཚད་དད་པའི་པདྨོའི་རྒྱ། །ཟུམ་པའི་ངང་ཚུལ་འཆང་རྣམས་

ཀྱང་། །དབང་མེད་འདབ་བརྒྱ་རྐོང་གྱུར་ནས། །བརྟུགས་པའི་ཟེ་འབྲུ་ཅིས་མི་གཡོ། །ཞེས་པར་སྐབས་ཀྱི་སྙིང་ཙུང་ཟད་བསླངས་ནས། །

ད་ནི་རྗེ་བཙུན་དཔལ་ལྡན་བླ་མ་དམ་པ་བཀའ་དྲིན་ཅན་དེ་ཉིད་ཀྱི་སྐུ་ཕྲེང་འདིའི་ཐུན་མོང་བའི་རྣམ་པར་ཐར་པ་ཙུང་ཟད་རྒྱས་པར་སྙིང་བ་ལ། ཐོག་མར་སྡོམ་གྱི་སྒོ་ནས་མདོར་བསྟན་པ་དང་། དབྱེ་བ་སོ་སོའི་རང་བཞིན་དང་བཅས་པའི་སྒོ་ནས་རྒྱས་པར་བཤད་པ་གཉིས་ལས། །

དང་པོ་ནི། དེ་ལ་བདག་ཉིད་ཆེན་པོ་འདི་ལྷ་བུ་རྣམས་ཀྱི་མཛད་པ་ནི། ཇི་སྐད་དུ། རྒྱུད་བླ་མ་ལས། ཐུགས་རྗེ་ཆེན་པོས་འཇིག་རྟེན་མཁྱེན། །འཇིག་རྟེན་ཀུན་ལ་གཟིགས་ནས་ནི། །ཆོས་ཀྱི་སྐུ་ལས་མ་གཡོས་བཞིན། །སྤྲུལ་པའི་རང་བཞིན་སྣ་ཚོགས་ཀྱིས། །སྐྱེ་བ་མངོན་པར་སྐྱེ་བ་དང་། །དགའ་ལྡན་གནས་ནས་འཕོ་བ་དང་། །ལྷུམས་སུ་ཞུགས་དང་བལྟམས་པ་དང་། །བཟོ་ཡི་གནས་ལ་མཁས་པ་དང་། །བཙུན་མོའི་འཁོར་དགྱེས་རོལ་བ་དང་། །ངེས་འབྱུང་དཀའ་བ་སྤྱད་པ་དང་། །བྱང་ཆུབ་སྙིང་པོར་གཤེགས་པ་དང་། །བདུད་སྡེ་བཅོམ་དང་རྫོགས་པར་ནི། །བྱང་ཆུབ་ཆོས་ཀྱི་འཁོར་ལོ་དང་། །མྱ་ངན་འདས་པར་གཤེགས་མཛད་རྣམས། །ཡོངས་སུ་མ་དག་ཞིང་རྣམས་སུ། །སྲིད་པ་ཇི་སྲིད་གནས་པར་སྟོན། །ཞེས་མཆོག་གི་སྤྲུལ་པའི་སྐུས་མཛད་པ་བཅུ་གཉིས་བསྟན་པར་གསུངས་པ་རྣམས་དང་འགའ་ཞིག་ཚུལ་ཙུང་ཟད་མི་འདྲ་བ་ཙམ་ལས་དོན་དུ་མཛད་པ་བཅུ་གཉིས་པོ་མཐའ་དག་རྫོགས་པར་ཚང་བ་ཡིན་ཏེ། དཔེར་མཚོན་ན། མི་དབང་འཇམ་དཔལ་དབྱངས་ཀྱིས་ཐམས་ཅད་མཁྱེན་པ་ངག་དབང་བློ་བཟང་རྒྱ་མཚོའི་རྣམ་པར་ཐར་པ་སྙོམས་སུ་མཛད་པ་ན་འདི་སྐད་གསུངས་ཏེ། རྗེ་འདིར་བཟོ་དང་རིག་པ་གཉིས་མེད་ཙམ་གྱི་ཁྱད་དང་།

བཙུན་མོའི་འཁོར་གྱིས་རོལ་པ་དང་། སྒྱུ་རྩལ་གྱི་མཛད་པ་གཞོན་ནུ་རོལ་རྩེད་ཀྱི་ཁོངས་སུ་འདུ་བ་དང་། ངེས་འབྱུང་གི་མཛད་པ་རབ་ཏུ་བྱུང་བའི་རྐྱེན་བསྐུལ་གྱི་ཡན་ལག་ཏུ་འདུག་པས་དོན་མཚུངས་ཤིང་། བྱང་ཆུབ་སྙིང་པོར་གཤེགས་པ་མངོན་པར་བྱང་ཆུབ་པའི་དོན་དུ་གཤེགས་པས་དེར་བསྡུས། གསར་དུ་ཐུགས་བསྐྱེད་བདེ་བ་བསྟན་པ་དང་བཅས་ཕྲན་བུ་མི་འདྲ་བ་ཙམ་ལས་དོན་མཛད་པ་བཅུ་གཉིས་རྫོགས་པར་ཚང་ལ། དེ་ཡང་སྡོམ་ཚིག་ལྟ་བུ། དག་པའི་ཞིང་ནས་འཕོ་བ་དང་། ལྷུམས་སུ་ཞུགས་དང་བལྟམས་པ་དང་། །གཞོན་ནུའི་རོལ་རྩེད་དགའ་སྤྱོད་དང་། །ཐུགས་བསྐྱེད་བདེ་བའི་ངེས་ཟིན་དང་། །ཁྱིམ་སྤངས་རབ་ཏུ་བྱུང་བ་དང་། །རིག་པའི་གནས་ལ་མཁས་པ་དང་། །གཞན་སྡེ་བཅོམ་དང་རྫོགས་པར་ནི། །བྱང་ཆུབ་ཆོས་ཀྱི་འཁོར་ལོ་བསྐོར། །མྱ་ངན་འདས་པར་གཤེགས་མཛད་རྣམས། །ཞེས་པ་ལྟ་བུ་མཛད་པ་བཅུ་གཉིས་ཚང་ལ། ཞེས་གསུངས་པ་འདི་རྣམས་དང་གོ་རིམ་སྔ་ཕྱི་འགའ་ཞིག་མི་འདྲ་བ་ཙམ་ལས་གཞན་མཛད་པ་མཐའ་དག་རྗེ་བླ་མ་འདི་ཉིད་ལ་ཡང་ཚང་ཞིང་རྫོགས་པ་ནི་སྒྲོ་འདོགས་དང་ལད་མོ་ཙམ་མ་ཡིན་པ་རིམ་པར་བརྗོད་པས་རྟོགས་པར་འགྱུར་ལ། མཛད་པ་འགའ་ཞིག་གི་གོ་རིམ་སྔ་ཕྱི་ཅུང་ཟད་མི་འདྲ་བ་ནི་སོ་སོའི་གནས་སྐབས་སུ་མཛད་པ་དེ་དང་དེ་སྟོན་པའི་དུས་ལ་བབ་མ་བབ་ཀྱི་དབང་གིས་ཡིན་པར་སྣང་སྟེ། དེ་དག་གི་ཚུལ་ཡང་འོག་ཏུ་གླེང་བས་ཤེས་པར་འགྱུར་བས་འདིར་ལོགས་སུ་སྨོས་མ་དགོས་ཤིང་། དེ་ལྟ་བས་ན་གོང་དུ་སྡོམ་ཚིག་བཀོད་པའི་དོན་དང་མཐུན་པར་དག་པའི་ཞིང་ནས་འཕོ་བ་ནས་བཟུང་སྟེ། མཐར་ཡོངས་སུ་མྱ་ངན་ལས་འདས་པའི་བར་གྱི་མཛད་པ་བཅུ་གཉིས་པོ་དེའི་ཁོངས་སུ་སྐུ་ཚེ་འདིའི་ཐུན་མོང་བའི་རྣམ་པར་ཐར་པ་མཐའ་དག་དངོས་ཤུགས་

ཅི་རིགས་པའི་སྒོ་ནས་འདུ་བ་ཡིན་ནོ། །

ཟས་གཙང་སྲས་པོས་ཞིང་འདིའི་དོ་ར་རུ། །བཅུ་གཉིས་མཛད་པའི་གར་སྟབས་བསྒྱུར་བ་བཞིན། །མགོན་པོ་ཁྱོད་ཀྱང་བགྲང་བྱ་དེར་མཚུངས་པའི། །རྣམ་ཐར་ཡིད་ཀྱི་དགའ་སྟོན་ཅིར་ཡང་བསྒྲུབ། །མང་མང་མཛད་པའི་ཉལ་འགྲོ་མ་ལུས་པ། །མཐའ་དག་སྡོམ་གྱི་རྒྱ་མཚོར་བསྡུ་བ་འདི། །དབང་རྣོན་ཟླུར་གྱིས་གླེང་བས་ཁོང་ཚུད་པ། །མཛངས་པའི་བློ་གྲོས་ཅན་དག་དགའ་བྱེར་ཡིན། །

གཉིས་པ་དབྱེ་བ་སོ་སོའི་རང་བཞིན་དང་བཅས་པའི་སྒོ་ནས་རྒྱས་པར་བཤད་པ་ལ། ཐོག་མར་དག་པའི་ཞིང་ནས་འཕོས་ཏེ་བསམ་བཞིན་དུ་ལྷུམས་སུ་ཞུགས་པ་དང་བལྟམས་པ་སོགས་ཀྱི་ཚུལ་ནི། དེ་ཡང་ཇི་སྐད་དུ། རྗེ་བཙུན་མ་ཕམ་མགོན་པོས་བསྟན་བཅོས་མངོན་པར་རྟོགས་པའི་རྒྱན་ལས། སྨོན་ལམ་དག་ནི་མཐའ་ཡས་དང་། །ལྷ་ལ་སོགས་པའི་སྐད་ཤེས་དང་། །སྤོབས་པ་ཆུ་བོ་ལྟ་བུ་དང་། །མངལ་དུ་འཇུག་པ་མཆོག་དང་ནི། །རིགས་དང་རུས་དང་ཚོ་འཁྲང་དང་། །འཁོར་དང་སྐྱེ་བ་དག་དང་ནི། །ངེས་འབྱུང་བྱང་ཆུབ་ཤིང་རྣམས་དང་། །ཡོན་ཏན་ཕུན་སུམ་ཚོགས་པ་ཡིན། །ཞེས་ཇི་ལྟར་གསུངས་པ་ལྟར། གདུལ་བྱ་མ་སྨིན་པ་རྣམས་སྨིན་པར་བྱ་བ་དང་། སྨིན་པ་རྣམས་གྲོལ་བར་བྱ་བ་དང་། གྲོལ་བ་རྣམས་མཐར་ཕྱིན་པར་བྱ་བའི་སྨོན་ལམ་གྱི་མཐུ་མཐའ་ཡས་པ་མ་ལུས་པ་འགྲུབ་ཅིང་ཡོངས་སུ་རྫོགས་པ་དང་། ལྷ་དང་ཀླུ་དང་མི་དང་དུད་འགྲོ་ལ་སོགས་པ་འགྲོ་བ་ཐམས་ཅད་ཀྱི་སྐད་ཀྱིས་མཚོན་པའི་ཁམས་དང་བསམ་པ་དང་བག་ལ་ཉལ་དང་སྤྱོད་ཚུལ་ལ་སོགས་པ་མཐའ་དག་ཡོངས་སུ་གཟིགས་ཤིང་མཁྱེན་པའི་མངོན་པར་ཤེས་པ་དྲུག་དང་སྤོབས་པ་བཅུ་ལ་སོགས་

པའི་ཡོན་ཏན་གྱི་ཕུང་པོ་མཐའ་ཡས་པ་དང་ལྡན་ཞིང་། དེའི་མཐུས་ཤེས་བྱ་ཇི་ལྟ་བ་དང་ཇི་སྙེད་པའི་གནས་ཀུན་མ་འདྲེས་གསལ་པོར་ཐུགས་སུ་ཆུད་པའི་སྟོབས་པ་ཆུ་བོ་ལྟར་རྒྱུན་མི་ཆད་ཅིང་ཟད་མི་ཤེས་པ་ལ་སོགས་པ་མངའ་བའི་འདྲེན་པ་དམ་པ་རྣམས་ནི་འགྲོ་བའི་དོན་དུ་དག་པའི་ཞིང་ནས་འཕོ་བ་དང་ལྷུམས་སུ་འཇུག་པ་ན་ཡང་མ་བརྟགས་པ་དང་བབ་ཅོལ་དུ་མི་འཇུག་པར། ཇི་སྐད་དུ། མདོ་རྒྱ་ཆེ་རོལ་པ་ལས། དགེ་སློང་དག་དེ་ལྟར་བྱང་ཆུབ་སེམས་དཔའ་དགའ་ལྡན་གྱི་གནས་དམ་པ་ན་འདུག་པ་ནི་རྣམ་པར་བལྟ་བ་ཆེན་པོ་བཞི་ལ་རྣམ་པར་བལྟ་སྟེ། ཞེས་དང་། འདུལ་བ་ལས། བྱང་ཆུབ་སེམས་དཔའ་དགའ་ལྡན་གྱི་གནས་ན་བཞུགས་པ་ན་འཇིག་རྟེན་ན་གཟིགས་པ་ལྔས་གཟིགས་པར་མཛད་དེ། ཞེས་གསུངས་པ་ལྟར་བལྟ་བ་ཆེན་པོ་བཞིའམ་ལྔའི་སྒོ་ནས་ལེགས་པར་གཟིགས་ཏེ་ངེས་པར་གདུལ་བྱའི་དོན་དུ་འགྱུར་ངེས་པ་ཞིག་ཏུ་ལྷུམས་སུ་འཇུག་པར་གསུངས་པ་བཞིན་རྗེ་བླ་མ་འདི་ཉིད་ཀྱང་སྐུ་ཕྲེང་གོང་མས་ཞིང་འདིའི་གཟུགས་སྐུའི་བཀོད་པ་བསྡུས་ཏེ་རེ་ཞིག་དག་པའི་ཞིང་དུ་སངས་རྒྱས་བྱང་སེམས་འཁོར་ཚོགས་རྒྱ་མཚོ་ལྟ་བུ་རྣམས་དང་ལྷན་ཅིག་ཏུ་བཞུགས་ནས་སླར་ཡང་མ་དག་པའི་ཞིང་གི་འགྲོ་བ་འདྲེན་པར་ཆས་པ་ན་དུས་དང་། ཡུལ་དང་། རིགས་རུས་དང་། ཡབ་དང་ཡུམ་སོགས་ལ་གཟིགས་པ་ཀྱད་དུ་བྱུང་བས་ལན་བརྒྱར་དཔྱད་པར་མཛད་པ་ཡིན་ཏེ། ཐོག་མར་དུས་ལ་གཟིགས་ཚུལ་ཇི་ལྟར་ཞེ་ན། བརྗོད་པར་བྱ་སྟེ། སྟོན་པ་ཐུགས་རྗེ་ཅན་གྱིས་ཀྱང་དགའ་ལྡན་ནས་འཛམ་གླིང་དུ་འཕོ་བར་ཉེ་བ་ན་སྟོན་དེ་བཞིན་གཤེགས་པ་རིན་ཆེན་སྙིང་པོའི་སྤྱན་སྔར་བྲམ་ཟེ་རྒྱ་མཚོའི་རྡུལ་གྱིས་རྩོད་ལྡན་ཚེ་ལོ་བརྒྱ་པའི་དུས་འདིར་སངས་རྒྱས་ཀྱི་མཛད་པ་སྟོན་པར་དམ་བཅས་པ་ཐུགས་ལ་དགོངས་ཤིང་།

ཕྱོགས་བཅུའི་སངས་རྒྱས་རྣམས་ཀྱིས་ཀྱང་སྙིགས་མའི་འགྲོ་བ་མགོན་སྐྱབས་དང་བྲལ་བ་འདི་རྣམས་ཀྱི་མགོན་དུ་སྨྱུར་བར་འབྱོན་དགོས་པར་བསྐུལ་བའི་དབང་གིས་འཛམ་བུའི་གླིང་དུ་བྱོན་པའི་དུས་ལ་བབ་པར་གཟིགས་པ་བཞིན་དུ་མགོན་པོ་འདི་ཉིད་ཀྱང་སྔར་རིང་མོ་ཞིག་ནས་རྫོད་དུས་ཀྱི་འགྲོ་བ་སྐྱེ་དང་། དེའི་ནང་ནས་ཀྱང་སྙིགས་མ་ལས་ཀྱང་ཆེ་ཆེར་སྙིགས་མར་གྱུར་པའི་དུས་ངན་གྱི་མཐའ་མར་སྐྱེས་པའི་བྱིས་པ་ལས་དང་ཉོན་མོངས་པའི་སྒྲིབ་པ་ཚབས་པོ་ཆེའི་ལིང་ཏོག་གིས་བློ་གྲོས་ཀྱི་མིག་ལྡོང་སྟེ་ནོག་ནོག་པོར་ནི་གྱུར། ལམ་དང་ལམ་མིན་འབྱེད་པའི་ཤེས་རབ་ཀྱི་སྣང་བ་དང་བྲལ་བས་བླང་དོར་གོ་ལོག་ཏུ་སྤྱོད་ཅིང་སྡུག་བསྔལ་གྱི་ཁུར་ཆེན་པོས་ནོན་པས་ནི་ཉམ་ཐག །བདེ་བ་འདོད་ཀྱང་དེའི་རྒྱུ་དང་བྲལ་ཞིང་སྡིག་པ་མི་དགེ་བ་འབའ་ཞིག་ལ་སྤྱོད་པས་དེའི་འབྲས་བུ་འཇིགས་རུང་ངན་འགྲོའི་གཡང་ས་ཆེན་པོར་གོམ་འགྲོས་འཁྱེར་བས་ནི་ཡ་ང་། དགེ་བའི་བཤེས་གཉེན་གྱི་མགོན་དང་བྲལ་ཞིང་སྡིག་གྲོགས་མི་དགེ་བའི་བཤེས་གཉེན་གྱིས་འཁྲིད་པས་འཁོར་བའི་འབྲོག་དགོན་པ་ཆེན་པོ་འཇིགས་རུང་དུག་ལྷའི་མཆེ་བ་རྣོན་པོ་ཟིངས་པའི་གནས་སུ་བརྗེག་ཆོས་བཞིན་དུ་འཁྱམས་འཁྱམས་པས་ནི་ཤ་ཐང་པ་རྣམས་ལ་ལྷག་པར་དུ་ཐུགས་རྗེའི་མཐུ་དཔུང་བསྐྱེད་ནས་རྗེས་སུ་འཛིན་པར་དམ་བཅས་པ་ཐུགས་ལ་དགོངས་ཤིང་། དེའི་ནང་ཚན་བོད་ཁ་བ་ཅན་པའི་འགྲོ་བ་རྣམས་ཕྱག་ན་པདྨོ་ཡབ་སྲས་དང་རྗེ་བླ་མ་ཉིད་སོགས་ཀྱི་འདུལ་སྐལ་དུ་བཞེས་པ་བཞིན་ཆོས་སྲིད་གཉིས་ཀྱི་སྒོ་ནས་གངས་ཅན་གྱི་མགོན་པོའི་འཕྲིན་ལས་སྤེལ་ཞིང་གདུལ་བྱ་རྣམས་དབུགས་དབྱུང་བ་དང་། ལྷག་པར་དུ་ཡང་བུ་རམ་ཤིང་པའི་ལུང་རྟོགས་ཀྱི་བསྟན་པའི་ཉིང་ཁུ་བླ་ན་མ་མཆིས་པ་འཇམ་མགོན་ཆོས་ཀྱི་རྒྱལ་པོའི་བཤད་སྒྲུབ་ཀྱི་བསྟན་པ་ཡང་ལྷག་ཆུ

ཚད་པའི་རྫིང་བཞིན་དུ་ཇེ་ཉམས་དང་ཇེ་དམར་འགྲོ་བ་འདི་ཡང་མི་ཉམས་ཡུན་དུ་གནས་པ་དང་འཕེལ་བར་མཛད་པ་སོགས་ཀྱི་སླད་དུ་སླར་ཡང་དག་པའི་ཞིང་ནས་འཕོ་དགོས་པའི་དུས་ལ་བབ་པར་གཟིགས་པའོ། །

ཡུལ་ལ་གཟིགས་པའི་ཚུལ་ཇི་ལྟར་ཞེ་ན། དེ་ལ་སྐྱེས་བུ་དམ་པ་རྣམས་འཇིག་རྟེན་དུ་བྱོན་པ་ནི་གདུལ་བྱའི་དོན་ཁོ་ན་ལས་གཞན་དུ་མེད་ལ། གདུལ་བྱའི་གཙོ་བོ་ནི་ལྷ་དང་མི་གཉིས་ཡིན་ཅིང་། དེའི་ནང་ནས་ཀྱང་ལྷ་རྣམས་ནི་འདོད་པས་གཡེངས་ཤིང་བག་མེད་པ་ཤས་ཆེ་བས་ངེས་འབྱུང་སྐྱེ་དཀའ་བ་སོགས་ཀྱིས་མི་ལ་ལྟོས་ན་དེ་ཙམ་གྱི་དོན་ཆེ་བར་མི་འགྱུར་བར་མ་ཟད་ལྷ་རྣམས་ཆོས་ཉན་པ་སོགས་ཀྱི་ཕྱིར་འཛམ་བུའི་གླིང་དུ་བགྲོད་པར་ཡང་ནུས་པས་ན་མཆོག་གི་སྤྲུལ་སྐུས་མཚོན་པའི་སྤྲུལ་སྐུ་ཤས་ཆེ་བ་ནི་མིའི་ནང་ཁོ་ནར་བྱོན་པ་དང་། མི་ལ་ཡང་གླིང་བཞི་ལས་གཞན་གསུམ་ནི་ལོངས་སྤྱོད་ཆེ་ཞིང་དབང་པོ་རྟུལ་བས་ངེས་འབྱུང་ཤུགས་དྲག་པོ་སྐྱེ་དཀའ་ལ། འཛམ་བུ་གླིང་གི་མི་རྣམས་ནི་དབུལ་ཞིང་ཚེ་ལ་ངེས་པ་མེད་ཀྱང་དབང་པོ་རྣོ་ཞིང་ངེས་འབྱུང་རྣམ་པར་དག་པ་སྐྱེ་སླ་བ་དང་། འཛམ་བུའི་གླིང་གི་ཡུལ་གྲུའི་ཤར་ལྷོ་ནུབ་བྱང་སོགས་ཕྱོགས་དང་ཕྱོགས་མཚམས་རྣམས་སུ་རྗེ་བཙུན་འཇམ་དཔལ་དབྱངས་དང་། སྤྱན་རས་གཟིགས་དང་། མཐུ་ཆེན་ཐོབ་སོགས་ཀྱི་གནས་དང་། ཟུང་འཇུག་གྲུབ་པའི་དཔའ་བོ་དང་རྣལ་འབྱོར་མ་ལ་སོགས་པ་ཡང་ཤིན་ཏུ་མང་པོར་བཞུགས་པས་རྟེན་གྱི་མཐུ་དང་། ཞིང་གི་མཐུ་སོགས་ལས་མདོ་དང་སྔགས་ཀྱི་བསྟན་པ་རྒྱས་པར་འགྱུར་བར་གཟིགས་ནས་རྒྱལ་བུ་གཞོན་ནུ་དོན་ཐམས་ཅད་གྲུབ་པ་ནས་བཟུང་སྟེ་སྟོན་གྱི་བདག་ཉིད་ཆེན་པོ་བགྲང་བ་ལས་འདས་པ་འཛམ་གླིང་འདི་ཉིད་དུ་བྱོན་པའི་རྣམ་ཐར་དང་མཚུངས་པར་མགོན་པོ་འདི་ཡང་ལྷ་མི་

གཉིས་ལས་མིའི་ཡུལ་དང་། དེའི་ནང་ནས་ཀྱང་གླིང་གི་མཆོག་གྱུར་འཛམ་བུའི་གླིང་ལ་གཟིགས་ཤིང་། དེ་ལའང་ནང་གསེས་ཀྱི་ཡུལ་གྲུ་རྒྱ་གར། རྒྱ་ནག །ཁ་ཆེ། ལི་ཡུལ། བོད་སོགས་དུ་མར་མཆིས་པ་ལས་ཡུལ་མཐའ་ཁོབ་སོགས་སུ་སྐྱེ་བ་བཞེས་ཀྱང་ཆོས་སྟོན་པའི་སྣོད་རུང་གི་གདུལ་བྱ་མེད་པས་ན་སངས་རྒྱས་ཀྱི་བསྟན་པ་དར་བའི་ཞིང་བོད་ཡུལ་ཁ་བ་ཅན་འདི་ཉིད་གདུལ་བྱའི་དོན་མཛད་པའི་གནས་ཀྱི་ཕུལ་དུ་ཕྱིན་པ་སྟེ། དེ་བས་ན་ཡུལ་གྱི་ཁྱད་པར་དེ་ལྟ་བུ་ལ་གཟིགས་པ་ཡིན་ཅིང་། དེ་ཡང་རྗེ་འདི་ཉིད་ཀྱིས་ཆོས་སྲིད་འཕྲིན་ལས་ཀྱི་བ་དན་ཁོར་ཡུག་ཏུ་བསྐྱུངས་ཏེ་བསྟན་འགྲོའི་དོན་མཛད་ཡུལ་གྱི་གཙོ་བོ་ནི་དབུས་གཙང་ཆོས་ཀྱི་འབྱུང་གནས་འདི་ཉིད་ཡིན་མོད་ཀྱང་། ཐོག་མར་འཁྲུངས་པའི་ཡུལ་ནི་བོད་འདིར་ཡང་ནང་གསེས་སུ་སྟོད་མངའ་རིས། སྨད་མདོ་ཁམས། བར་དབུས་གཙང་གསུམ་དུ་གྲགས་པའི་ནང་ཚན་མདོ་ཁམས་ཀྱི་སའི་ཆ། དེ་ལ་ཡང་མདོ་སྟོད་མདོ་སྨད་གཉིས་སུ་ཡོད་པའི་ནང་ནས་མདོ་སྟོད་སྤོའོ་ཞེས་གྲགས་པའི་ཡུལ་དུ་འཁྲུངས་པ་ཡིན་ལ། ཡུལ་དེའི་ཁྱད་པར་གྱི་ཆོས་ཀྱང་ཅུང་ཟད་ཙམ་ཞིག་གླེང་ན། སྤོ་བོའི་ཆོས་འབྱུང་ལོ་རྒྱུས་སྒྲ་བའི་མཛེས་རྒྱན་སོགས་ལས། དེ་ཡང་གངས་ཅན་ཡུལ་གླིང་ཐ་དད་ལས། །བྱེ་བྲག་ཁོལ་དུ་ཆགས་པའི་མདོ་ཁམས་སྟོད། །དགོས་ཀྱི་ཁྱད་འཕགས་སྐྱིད་ཚལ་འབྲས་ཀྱི་ལྗོངས། །ལྷ་ཡུལ་ས་སྟེང་འཕོས་འདྲའི་སྤོ་བོའི་ལུང་། །སློབ་དཔོན་པདྨས་བྱིན་གྱིས་བརླབས་པའི་ས། །ཡུལ་མིང་མདོ་སྟོད་སྤོ་བོའི་ལུང་པ་འདི། །ཞེས་སོགས་ནས། ཕྱི་ཡི་ལུང་དབྱིབས་ནང་གི་ཡོན་ཏན་ཏེ། །རྣམ་པ་གཉིས་ལས་དང་པོ་ཕྱི་དབྱིབས་ནི། །གནམ་དབྱིབས་འཁོར་ལོ་རྩིབས་བརྒྱད་མཐིང་གི་འོག །པདྨ་འདབ་བརྒྱད་དབང་ཆེན་ས་གཞིའི་སྟེང་། །ཡུལ་གྱི་ཆགས་ཚུལ་སེང་ཆེན་ཁོག་པ་འདྲ། །

ལྗང་ཕྲན་མཐར་རྒྱས་སྨོན་པའི་ཡལ་འདབ་བཀྲ། །ས་གསུམ་གངས་རི་གྲུར་དཀར་ཕུབ་ལྟར་ལ། །མདའ་རྣམས་རྫ་རི་རྒྱལ་ཆེན་ཆས་སུ་ཞུགས། །གསེར་ལྡན་ཆུ་བོ་རླབས་འཕྲེང་འཁྱིལ་བས་བསྐོར། །ནང་གི་ཡོན་ཏན་འདི་ལྟར་རབ་ལྡན་ཏེ། །འགྲོ་བའི་སྒྲིབ་སྦྱོང་ཚོགས་གཉིས་བསགས་པའི་རྟེན། །རང་བྱུང་གནས་ཆེན་མཁའ་འགྲོ་འདུ་བའི་ས། །གནས་མཆོག་མ་ཡི་ཀུང་ལྗང་ལ་སོགས་པའི། །ལྗང་ཕུ་རེ་ལ་གནས་ཆེན་ཁྱད་འཕགས་རེ། །ཐུན་མོང་འགྲོ་བའི་དགའ་བདེའི་དཔལ་འབྱོར་ཕྱིར། །རི་རྒྱལ་རྣམས་ལ་དངུལ་གྱི་གཏེར་ཁ་རེ། །གཙང་ཆབ་རྣམས་ལ་གསེར་ཁ་རེ་རེ་སྟེ། །དཔག་ཡས་འདོད་རྒུ་འབྱུང་བའི་ལྗང་པ་འདི། །ཞེས་བསྔགས་པ་ལྟར་སློབ་དཔོན་ཆེན་པོ་པདྨ་འབྱུང་གནས་སོགས་གྲུབ་བརྙེས་དུ་མས་ཞབས་ཀྱིས་བཅགས་ཤིང་ཡུལ་གྲུ་རྣམས་བྱིན་གྱིས་བརླབས་པས་མ་ཀུང་ལྗང་ཞེས་བྱ་བ་ལ་སོགས་པ་དཔའ་བོ་དང་མཁའ་འགྲོ་སྤྲིན་བཞིན་དུ་འདུ་བའི་གནས་ཆེན་ཁྱད་པར་དུ་འཕགས་པ་དུ་མ་དང་ལྡན་པ། ཡུལ་གྱི་ཕྱི་དབྱིབས་བོད་ལྗོངས་ལྟེ་བ་དང་མཚུངས་པར་གནམ་གྱི་ཆ་འཁོར་ལོ་རྩིབས་བརྒྱད་དང་། སའི་ཆ་པདྨ་འདབ་བརྒྱད་ཀྱི་རྣམ་པར་ཡོད་པ། པད་འདབ་ཀྱི་སུལ་རྣམས་སུ་ཡིད་དུ་འོང་བའི་ལྗང་ཕྲན་དུ་མ་ཕྱོགས་དང་ཕྱོགས་མཚམས་སུ་དགའ་བའི་འདབ་མ་བརྒྱངས་པ་ལྟར་གནས་པ། སྡོང་པོ་ཆེ་ཞིང་ལོ་མ་སྣུམ་པ་ཁ་དོག་དང་དྲི་དང་རོར་ལྡན་པའི་འབྲས་བུ་ཅན་གྱི་ལྗོན་ཤིང་ལྟ་ན་སྡུག་པའི་འཕྲེང་བ་འཁོར་ཡུག་ཏུ་འཁྲིགས་པ། ཕུ་རྣམས་སུ་བརྒྱ་བྱིན་གྱི་ཞོན་པ་གླང་པོ་ཆེ་རབ་བརྟན་ས་ལ་འཛེགས་པ་ལྟར་དཀར་ཞིང་འཚེར་ལ་སྣུམ་ཞིང་བརྗིད་ཆགས་པའི་གངས་ཀྱི་རི་བོ་མང་པོ་ཀུན་ཏུ་ལྷུན་ཆགས་པ། མདའ་རྣམས་སུ་ཛམས་ཤིང་བརྗིད་པའི་རྫ་རི་རྨུག་པོའི་སྤྱི་ལ་སྤང་ལྗོངས་ཀྱི་གོས་དང་མེ་ཏོག་ལྗོན་ཤིང་

སོགས་ཀྱི་རྒྱན་གྱིས་སྤྲུག་པར་བསྒྲུབས་པས་རྒྱལ་ཆེན་གཡུལ་དུ་འཇུག་པའི་ཆས་སུ་ཞུགས་པ་ལྟར་དཔའ་ཞིང་འཇིགས་པའི་ཉམས་ལྡན་དུ་མས་ཡོངས་སུ་བསྐོར་བ། དེ་དག་གི་བར་བར་དུ་འཛམ་བུ་ཆུ་བོའི་གླིང་བཞིན་དུ་གསེར་གྱི་བྱེ་མ་འདྲེན་པའི་ཉལ་འགྲོའི་རྒྱན་ལྡིང་ལྡིང་སྙན་པའི་སྐད་སྒྲོག་ཅིང་ཟ་ཟླབས་ཀྱི་ཟེགས་མ་མཁའ་ལ་འཕྱོར་བ་མཐོང་བ་ཙམ་གྱིས་ཡིད་ཀྱི་བྱིང་བ་སེལ་བ་སྙམ་བྱེད་པ་དག་ཁོར་ར་ཁོར་ཡུག་ཏུ་འཁྱིལ་ཞིང་འབབ་པ། ཁྱད་པར་དུ་ཡང་། ཇི་སྐད་དུ་བཀའ་གདམས་གླེགས་བམ་རིན་པོ་ཆེའི་ལུང་བསྟན་ལས། ལུང་པའི་སུལ། རིའི་སྐྱིབས། སྤང་སྤྱོངས། ནེའུ་སིང་གི་འགྲམ། ནགས་བན་བུན་གྱི་གསེབ། ནགས་ཚལ་སྟུག་པོའི་གསེབ། ཆུ་འགྲམ། བྲག་སྐྱིབས། གངས་སྐྱིབས། ཨེམ་དགེ་སྦྱོར་བྱེད་པའི་གནས་མལ། རང་དོན་མི་བྱེད་པར་དབེན་པར་གནས་པའི་ས། ཞེས་སོགས་རྒྱ་ཆེར་གསུངས་པ་རྣམས་དང་རྗེས་སུ་མཐུན་པར་རིའི་སུལ་དང་སྤང་སྤྱོངས་ཀྱི་ཕུག་རྣམས་སུ་བསམ་གཏན་ལ་གཞོལ་པའི་བསྟི་གནས་བྲག་གི་སྐྱིབས་སོགས་ཧ་ཅང་མི་ཆེ་ཧ་ཅང་མི་ཆུང་བ་ཆེད་དུ་བཟོ་བོས་བྱས་པ་ལྟར་ལ་གཡས་གཡོན་སྟེང་འོག་རྣམས་སུ་ནེའུ་སིང་དང་། ཡིད་དུ་འོང་བའི་མེ་ཏོག་དང་ནགས་ཚལ་སོགས་ཀྱིས་བརྒྱན་པ། བསིལ་འཇམ་ཡང་བ་ལྟོ་བ་དང་མགྲིན་པར་མི་གནོད་པ་སོགས་ཡན་ལག་བརྒྱད་ལྡན་གྱི་རྫིང་བུ་དང་ཆུ་གླིང་ཆུང་དུ་དག་ཀྱང་དལ་གྱིས་འབབ་པ། རི་བྲག་སོགས་ལ་བདེ་བར་གཤེགས་པའི་སྐུ་གསུང་ཐུགས་ཀྱི་རྟེན་རང་འབྱུང་སུ་བྱོན་པ་མང་པོ་དངོས་གྲུབ་བདེ་བླག་ཏུ་སྟེར་བའི་ཚུལ་དུ་བཞུགས་པ་སོགས་མདོར་ན་བསམ་གཏན་གྱི་བདེ་བ་རང་ཤུགས་སུ་འདྲེན་ཅིང་། ལྷག་པར་གསང་སྔགས་ཀྱི་ལམ་ཟབ་མོ་རྣམས་ཉམས་སུ་ལེན་པའི་གནས་ཀྱི་མཚན་ཉིད་མ་ལུས་པར་ཚང་བ་དུ་མ་མཆིས་

པ་དང་། གཞན་ཡང་རི་དང་ཆུ་རྣམས་ལས་དགོས་འདོད་འབྱུང་བའི་གསེར་དངུལ་སོགས་ཀྱི་གཏེར་ཇི་ཙམ་འདོད་པ་ལྟར་འབྱུང་བ་དང་། འབྲུ་རིགས་སྣ་ཚོགས་དང་ཟས་གོས་ཀྱི་ཁྱད་པར་མི་འདྲ་བ་དུ་མ་འབད་མེད་དུ་འབྱུང་བས་འགྲོ་བ་རྣམས་རང་བཞིན་གྱིས་དབུལ་ཕོངས་དང་བྲལ་བ། རིགས་མཐུན་གྱི་རི་དྭགས་ལ་སོགས་པ་རྐང་བཞིའི་ཁྱུ་རྣམས་ཀྱང་རང་རང་གི་ཇི་ལྟར་འདོད་པའི་གནས་ལ་ལོངས་སྤྱོད་ཅིང་ཡིད་དང་མཐུན་པའི་གནས་རྣམས་སུ་དལ་བུ་དལ་བུར་རྒྱུ་བས་བག་ཕེབས་པར་བྱེད་པ། སྐད་སྙན་སྒྲོག་ཅིང་སྤུ་སྟུག་མིག་གི་བདུད་རྩིར་ཆེ་བའི་འདབ་ཆགས་ཀྱི་ཚོགས་རྣམས་ཀྱང་ཕུར་ལྡིང་རྩེན་པས་ཕྱོགས་ཀུན་ཡིད་དུ་འོང་བར་བྱེད་པ། མི་རྣམས་ཀྱང་བློ་གྲོས་དང་ལང་ཚོ་དང་རིགས་གཟུགས་དང་ནོར་གྱིས་ཕྱུག་པ། དཔའ་ཞིང་བརྟུལ་ཕོད་པ། སྒྱུ་རྩལ་དང་སྟོབས་ཀྱི་ཁྱད་པར་སྲིད་མེད་ཀྱི་བུ་ལ་ཡང་སྐྱེངས་པ་སྟེར་བར་བྱེད་པས་ཕལ་དང་ཕལ་གྱི་རྣོལ་བ་དག་གིས་བརྫི་བར་མི་ནུས་ཤིང་། མ་འདྲིས་པའི་སྐྱེ་བོ་དག་གིས་མཐོང་ན་འཇིགས་ཤིང་སྐྲི་དུང་ཞེས་བྱེད་ནུས་པ། འགྲོགས་ཤིང་འདྲིས་ན་རང་བཞིན་གྱིས་ངང་རྒྱུད་བཟང་ཞིང་ལྷོད་ལ་དལ་ཆགས་པ། གཞུང་དང་ཁྲི་ཐག་རིང་བ། ངོ་ཚ་དང་ཁྲེལ་ཡོད་བརྟན་པ། ཆོས་ལ་མོས་པ། བླ་མ་དང་དགེ་འདུན་ལ་བཀུར་བསྟི་དང་ སྤུ་དུད་ཆེ་བ། ངོ་སྐྱིག་དང་གཡོ་སྒྱུ་ཟོལ་ཟོག་སོགས་སྐྱེ་བོ་ངན་པའི་ལས་ལ་མི་འཇུག་པ་ཤས་ཆེ་བས་གང་བ་ཞིག་ཡིན་ལ། ཡུལ་དེའི་མིང་ལ་སྤྱོའོ་ཞེས་བརྗོད་པའི་རྒྱུ་མཚན་ཡང་། སྔོན་བོད་ཀྱི་རྒྱལ་པོ་ཁྲི་གུམ་བཙན་པོ་ལ་སྲས་སྐྱ་མཆེད་གསུམ་བྱུང་བའི་འབྲིང་པོ་བྱ་ཁྲི་ཞེས་པ་ཡུལ་དེར་ཕེབས་པ་ན་དེའི་ཡོན་ཏན་གྱིས་ཐུགས་འཕྲོག་སྟེ་མི་ཡུལ་ཁྱད་པར་དུ་འཕགས་པ་ལྷའི་དགའ་ཚལ་ལྟ་བུ་འདིར་རེ་ཞིག་སྤྱོའོ་ཞེས་གསུངས་ནས་ཡུན་

རིང་ཙམ་བཞུགས་པས་ཡུལ་གྱི་མིང་ལ་སྤོའི་ལུང་དྲུག་ཅེས་ཐོགས་པར་གྲགས་སོ། །དེ་བས་ན་ཡུལ་དང་གང་ཟག་སོགས་ཕུན་སུམ་ཚོགས་པ་དེ་ལྟ་བུར་སྐྱེ་བ་བཞེས་པར་དགོངས་པ་ཡང་ཡུལ་ལ་གཟིགས་པའི་བྱེ་བྲག་ཡིན་ནོ། །

འདིར་སྨྲས་པ། འདྲེན་པ་ཆེ་རྣམས་ཐུགས་རྗེའི་སྤྲིན་ཕུམ་ལས། །གཟུགས་སྐུ་བདུད་རྩིའི་ཟེགས་མ་སྤྲོ་བ་ནའང་། །ཡུལ་དང་དུས་སོགས་གཟིགས་པ་བརྒྱ་ཕྲག་གིས། །དཔྱད་ནས་ཡིན་གྱི་བབ་ཅོལ་དུ་མ་ཡིན། །མི་བཟད་ལས་ཉོན་ནགས་ཚལ་མཐུག་པོས་ནོན། །ཐར་མེད་སྡུག་བསྔལ་བྲག་རིས་རབ་གཏམས་པའི། །སྙིགས་དུས་ཉམ་ངའི་འབྲོག་དགོན་འཇིགས་རུང་འདི། །སྲས་བཅས་རྒྱལ་བ་ཕལ་གྱིས་འདོར་མོད་ཀྱང་། །མགོན་པོ་ཁྱོད་ཀྱི་སྙིང་སྟོབས་རྒྱ་མཚོ་ནི། །སྙིགས་འགྲོའི་རང་བཞིན་སོས་ཀའི་རེག་བྱ་ཡིས། །དཔྲི་བར་མི་ནུས་ལྷག་པར་གྱེན་ཕྱུར་ཏེ། །ངང་པའི་རྒྱལ་པོས་པད་མཚོ་ལ་བཞིན་འཇུག །གླིང་བཞིའི་མཆོག་གྱུར་འཛམ་བུའི་ལྗོངས་སྤྱི་དང་། །ལྷག་པར་པུར་རྒྱལ་བོད་དུ་ཡོངས་གྲགས་པའི། །ནོར་འཛིན་ཁྱོན་འདིའི་ཤེས་ལྡན་མ་ལུས་པ། །འདུལ་བའི་ཕྱག་མཚན་ཉིད་དུ་བཞེས་པར་རྩོམ། །དེ་ཕྱིར་མདོ་སྟོད་སྤོ་བོའི་ཡུལ་གྲུ་ཞེས། །གྲུབ་བརྙེས་དུ་མའི་ཞབས་སེན་འོད་དཀར་གྱིས། །སྤྱིན་པར་བྱས་པས་དགེ་མཚན་བརྒྱ་ཕྲག་བརྒྱ། །ཡོངས་སུ་འཛིན་པ་མཐོ་རིས་དགའ་ཚལ་བཞིན། །དགོས་དགུ་ཀུན་ཚང་རིན་ཆེན་གླིང་མཆོག་སྟེ། །མཐོང་བས་ཡིད་འཕྲོག་སུམ་རྩེན་གནས་ལྟ་བུ། །བསམ་གཏན་ཤུགས་ཀྱིས་འདྲེན་པའི་བསྟི་གནས་དང་། །ཐར་འདོད་བག་ཕེབས་རྒྱུ་བའི་ལྗོངས་ཀྱང་ཡིན། །སྐྱེ་བོ་རྣམས་ཀྱང་བཟང་པོའི་རང་བཞིན་ལུས། །ངོ་ཚ་ཁྲེལ་ཡོད་ཤེས་པའི་གོས་ཀྱིས་གླུབས། །དད་གུས་ལྷག་བསམ་རྒྱན་གྱིས་རབ་ཕྱུག་པ། །མཛངས་ཤིང་དཔའ་

བའི་ཚོགས་ཀྱིས་ཡོངས་སུ་གང་། །ཨེ་མ་དེ་ལྟའི་ཡུལ་གྲུ་ཞིག །བྱེད་པོས་ཆེད་དུ་མ་བྱས་ཤིང་། །དཀའ་བའི་ནོར་གྱིས་བསྒྲུབ་མིན་པར། །འབད་མེད་འབྱུང་བ་འདི་ཅི་ཞིག །དགེ་མཚན་བྱེ་བས་རབ་འབྱུད་པའི། །ངོ་མཚར་ཡུལ་གྱི་ཡོན་ཏན་གྱིས། །མགོན་དེའི་ཐུགས་ཀྱང་འཕྲོག་གྱུར་ཏེ། །དགའ་བའི་ཞིང་ནས་འཕོས་པར་ངེས། །ཞེས་པ་ནི་བར་སྐབས་ཀྱི་ཚིགས་སུ་བཅད་པའོ། །

རིགས་རུས་ལ་གཟིགས་ཚུལ་ཇི་ལྟར་ཞེ་ན། མཆོག་གི་སྤྲུལ་པའི་སྐུ་རྣམས་འཇིག་རྟེན་དུ་བྱོན་པའི་ཚེ་ན་ཡང་རྒྱལ་རིགས་དང་བྲམ་ཟེའི་རིགས་གང་རུང་ཞིག་ཏུ་འཁྲུངས་ནས་མཛད་པ་སྟོན་པ་མ་གཏོགས་དེ་གཉིས་ལས་དམའ་བའི་རིགས་སུ་མི་འཁྲུངས་ཤིང་། དེའི་ནང་ནས་ཀྱང་འཇིག་རྟེན་ན་གནས་སྐབས་དེར་རིགས་དེ་གཉིས་ལས་གང་མཆོག་ཏུ་བཀུར་ཞིང་བཙུན་པར་བྱེད་པ་དེའི་རིགས་སུ་འཁྲུངས་པར་མཛད་པ་བཞིན་དུ་བདག་ཉིད་ཆེན་པོ་འདི་ཡང་རིགས་དམན་པ་གདོལ་བ་དང་ཞིང་པ་སོགས་སྐྱེ་བོ་རྣམས་ཀྱིས་དམད་པར་འགྱུར་བ་དག་མ་ཡིན་པར་རྒྱལ་པོའི་རིགས་ཆེ་ཞིང་མཐོ་བ་ཤིང་སཱ་ལ་ཆེན་པོ་ལྟ་བུ་རུས་ཀྱི་མིང་རྒྱ་ར་ཞེས་པའི་བརྒྱུད་དུ་འཁྲུངས་པར་དགོངས་པ་སྟེ། དེའི་བྱུང་ཚུལ་ནི། སྔོན་ལྷའི་རིགས་ལས་མཆེད་པ་འགྲུ་ཛེ་ལྷ་དབང་དཀར་པོ་ཞེས་བྱ་བའི་གདུང་བརྒྱུད་ལ་རྒྱ་ར་དཔོན་ཆེན་ཧྲི་མ་ཞེས་པ་བསོད་ནམས་དང་སྟོབས་ཀྱིས་ཕྱུག་པ་ཞིག་བྱུང་ཞིང་། དེ་ཡབ་སྲས་བློན་འབངས་ཏྲག་བསྡུས་དང་བཅས་ཏེ་སྤོ་བོར་ཕེབས་པ་ན། བསོད་ནམས་ཀྱི་ཤུགས་ཀྱིས་ཡུལ་ཁམས་དེ་དག་དཀའ་བ་མེད་པར་དབང་དུ་འདུས་ནས་རྒྱལ་པོར་གྱུར། རུས་གཞན་ལས་མཆེད་པའི་ཆེ་བཙན་རྣམས་བློན་པོར་བསྐོས་ཏེ་ཡུལ་དེ་ཆོས་བཞིན་དུ་བསྐྱངས་པས་བདེ་སྐྱིད་དང་ལྡན་པར་གྱུར་ཅིང་། དེ་ལ་སྲས་ཏ་སྒྲ་ཞེས་བྱ་བ་དང་། དེའི་སྲས་

གཡུ་སྒྲ་དང་། དེའི་སྲས་བྲག་ལྷ་སོགས་ལས་རིམ་པར་འོང་སྟེ་རྒྱ་རྗེ་ཀུན་གྲགས་ཞེས་པ་དཔའ་ཞིང་བརྟུལ་ཕོད་པ་ཞིག་བྱུང་བ་དེས་སྲོ་ཡུལ་གྱི་སྐྱེ་བོ་རྣམས་ལ་ལུགས་གཉིས་ཀྱི་བཀའ་དྲིན་ཚད་མེད་པ་སྐྱོལ་བར་མཛད། དེའི་སྲས་རྒྱ་ར་དབང་སྐྱབས་ཞེས་པ་བྱུང་ལ་འདིས་གྲུབ་ཆེན་འགར་དམ་པ་དང་ཡོན་མཆོད་དུ་བྱས་ནས་ཕྱོགས་དེར་ཆོས་ཀྱི་སྲོལ་རྒྱ་ཆེར་གཏོད་པར་མཛད། དེའི་སྲས་ལ་གཅེན་པོ་དབང་གཞོན་དང་། གཅུང་རྡོ་རྗེ་རྒྱལ་མཚན་གཉིས། གཅེན་པོའི་སྲས་ལ་དཔོན་ཆེན་ནམ་མཁའ་བཟང་པོ་དང་། གཅུང་པོའི་སྲས་སུ་དཀོན་མཆོག་བསོད་ནམས་དང་། རིན་ཆེན་རྒྱལ་མཚན་གཉིས། ནམ་མཁའ་བཟང་པོའི་སྲས་བརྒྱུད་ལ་ཕྲུང་ཟ། སེང་ཟ། ཀློ་ཟ། སོགས་བྱུང་བའི་བརྒྱུད་དང་། རྡོ་རྗེ་རྒྱལ་མཚན་གྱི་སྲས་ལ་རྒྱལ་བ་འབུམ། དེའི་སྲས་ནང་པ་རྒྱལ་མཚན། དེའི་སྲས་སྣར་ཚ་ལས་བརྒྱུད་པ་སོགས་རྒྱ་རའི་རིགས་བརྒྱུད་ལས་མཆེད་པའི་སྡེ་ཚན་ཤིན་ཏུ་མང་བ་དེ་དག་གི་ནང་ཚན་དུ་གཏོགས་པའི་རིགས་བརྒྱུད་དྲི་མ་མེད་པ་བར་མ་ཆད་པ་ལས་འོང་བ་ཤིན་ཏུ་ཁྱད་པར་དུ་འཕགས་པ་དེ་ལྟ་བུ་ཞིག་ཡིན་པར་སྣང་ངོ་། །

ཡབ་ལ་གཟིགས་པའི་ཚུལ་ཇི་ལྟར་ཞེ་ན། སྐྱེས་བུ་དམ་པ་ཕལ་ཆེར་རྣམས་འཇིག་རྟེན་དུ་སྲིད་ཚུལ་བཟུང་བའི་ཡབ་ནི་གོང་དུ་བརྗོད་པ་ལྟར་གྱི་རིགས་རུས་སོགས་བཟང་ཞིང་བཙུན་པ་དང་། ལྷག་པར་དུ་ཡང་རིགས་རུས་ཁྱད་པར་དུ་འཕགས་ཀྱང་རང་བཞིན་ངན་པ་སྡིག་པའི་ལྟ་བ་ཅན་ཆོས་ལ་སྐུར་པ་འདེབས་ཤིང་ཆོས་མ་ཡིན་པ་གཙོས་སུ་བྱེད་པ་དག་ཀྱང་མ་ཡིན་པར། ཆོས་ལ་མོས་ཤིང་། དད་པ་དང་སྙིང་རྗེ་ཆེ་བ། ལམ་དང་ལམ་མིན་འབྱེད་པ་ལ་བློ་གྲོས་ཀྱི་མཐུ་ཕུལ་དུ་ཕྱིན་པས་བྱ་བ་དང་བྱ་བ་མ་ཡིན་པའི་བྱེ་བྲག་འབྱེད་པ་ལ་

མཁས་པ། གཞན་དོན་རླབས་པོ་ཆེའི་བགེགས་མི་བྱེད་པ་དེ་ལྟ་བུ་ཞིག་ལ་གཟིགས་པ་ཆོས་ཉིད་ཡིན་པ་ལྟར་རྗེ་བླ་མ་འདིའི་ཡབ་ཀྱང་རིགས་རུས་རྣམ་པར་དག་པ་དེ་དག་ལས་འོང་ཞིང་། བླ་མ་དང་དཀོན་མཆོག་ལ་སྙིང་ཐག་པ་ནས་མོས་པ། དྲང་ཞིང་བརྟན་ལ་རང་ཚུགས་བཟང་བ། དམན་པ་ལ་སྙིང་རྗེ་ཆེ་བ། དཀོན་མཆོག་མཆོད་པ་དང་ངན་སྐྱོང་ལ་སྦྱིན་གཏོང་སོགས་རྣམ་དཀར་གྱི་ལས་ལ་བརྩོན་པ། རྟག་པར་རྒྱུན་དུ་ལུས་ངག་གི་དགེ་སྦྱོར་ཕྱག་སྐོར་ཁ་འདོན་སོགས་ལ་བར་མ་ཆད་དུ་འབད་པ། མཛངས་ཤིང་གསལ་ལ་ཡིད་གཞུང་པའི་བློ་གྲོས་ཅན། ཡ་རབས་མཁས་པའི་ངང་ཚུལ་དང་ལྡན་པ། སྐྱེ་བོ་ཀུན་གྱིས་མཆོག་ཏུ་དགའ་ཞིང་གོང་དུ་བཀུར་བ་བསྟོད་ཅིང་བསྔགས་པའི་འཕྲེང་བ་ཕྱོགས་བཅུར་སྤེལ་བ། ལྷག་པར་སྔོན་རིང་མོ་ཞིག་ནས་རྗེ་འདི་ཉིད་རིགས་ཀྱི་སྦུ་གུར་འཛིན་པའི་སྨོན་ལམ་གྱི་མཐུ་འགྲུབ་པའི་དབང་གིས་སྐྱབས་མགོན་གོང་མ་བློ་བཟང་དཔལ་ལྡན་རྒྱལ་མཚན་དེ་ཉིད་སྤྱི་བོར་བྱོན་སྐབས་ཞལ་མཇལ་ཞིང་གསུང་གི་གནང་བ་སྩལ་ཏེ་རྗེས་སུ་འཛིན་པར་མ་ཟད། ཕྱིར་ཕེབས་སྐབས་སུ་ཡང་ཁྲིམ་པ་དམངས་ལ་ཕྱག་དབང་སྩལ་ནས་ཆིབས་ཐོག་ཏུ་ཕེབས་ཟིན་བསྟུན་ཡང་བསྐྱུར་ཡབ་རྗེ་འདི་ཉིད་ལ་ཕྱག་དབང་དང་བསྲུང་མདུད་ཁ་བཏགས་བཅས་ཆེད་དམིགས་ཀྱིས་སྩལ་ནས་སླར་ཡང་འགྲུངས་མིན་དུ་འཕྲད་ཡོང་ཞེས་བྱིན་རླབས་དང་འབྱུང་འགྱུར་གྱི་ལུང་བསྟན་ཀྱང་རྗེ་ཉིད་རང་ནས་གསལ་པོར་མཛད་པའི་ངོ་མཚར་ཅན་ཞིག་སྟེ་མཚན་ཡང་དར་ལུ་ཚེ་རིང་ཞེས་སུ་གྲགས་པ་དེ་ལྟ་བུ་ལ་མངོན་པར་གཟིགས་པའོ། །

དེ་བཞིན་དུ་ཡུམ་ལ་གཟིགས་པའི་ཚུལ་ཡང་བདག་ཉིད་ཆེན་པོ་རྣམས་མངལ་དུ་འཇུག་པའི་ཡུམ་ནི་རིགས་བརྒྱུད་དམན་པ་མ་ཡིན་པ་ཆེ་ཞིང་མཐོ་བ།

དད་བརྩོན་སྙིང་རྗེར་ལྡན་པ། བུད་མེད་ཀྱི་སྐྱོན་ལྔ་དང་བྲལ་བ་ཡོན་ཏན་གྱིས་བརྒྱན་པ་ཞིག་ལ་གཟིགས་དགོས་པ་བཞིན། རྗེ་འདི་ཉིད་ཀྱི་ཡུམ་ཀྱང་མཆོག་ཏུ་དགེ་བའི་རིགས་བརྒྱུད་བར་མ་ཆད་པ་ལས་འོང་པས་ཚེ་རིགས་བཙུན་པ། ངང་ཚུལ་བཟང་ཞིང་རབ་ཏུ་རྣམ་འབྱེད་ཀྱི་ཤེས་རབ་དང་ལྡན་པ་ཕ་མ་དང་རྒན་རབས་ལ་བཀུར་བསྟི་ཆེ་བ། བླ་མ་དང་དགེ་འདུན་ལ་ལྷག་པར་མོས་པ། འགྲོ་བ་མཆོག་དམན་ཇི་འདྲ་ཞིག་མཐོང་ཡང་བྱམས་པ་དང་སྙིང་རྗེས་ཀུན་ནས་བསླངས་ཏེ་ཕན་པ་འབབ་ཞིག་སྒྲུབ་པ་སོགས་ཅི་བྱེད་ཐམས་ཅད་དམ་པའི་ཆོས་ཀྱི་ཕྱོགས་སུ་བསྒྱུར་བ། སྐྱེ་བ་མང་པོ་ནས་རྒྱལ་དང་དེ་སྲས་རྣམས་བསྐྱེད་པར་བྱེད་པའི་སྨོན་ལམ་གྱི་མཐུ་ཤུལ་དུ་ཕྱིན་པ། ཁྱད་པར་དུ་ཡང་མགོན་པོ་འདི་ཉིད་དང་ལས་སྨོན་གྱི་འབྲེལ་བ་ཆེས་ཟབ་པ་དང་ལྡན་པ་ཞིག་སྟེ་དེའི་དབང་གིས་སྐྱེ་བོ་ཕལ་མོ་ཆེས་འཕགས་མ་སྒྲོལ་མའི་རྣམ་འཕྲུལ་དུ་སྣང་བ་ཡང་གནས་ཚོད་དང་མཐུན་པར་གྱུར་པ། གྲགས་པ་དོན་དང་ལྡན་པའི་མཚན་ཡང་ཟླ་བ་བུ་ཁྲིད་ཅེས་བྱ་བ་དེ་ཉིད་གང་གི་ཡུམ་དུ་འོས་པའི་མཚན་ཉིད་མ་ལུས་པ་ཡོངས་སུ་ཚང་བར་གཟིགས་པའོ། །

གཞན་ཡང་དེ་དག་ཏུ་མ་ཟད་གང་དུ་སྐྱེ་བ་བཞེས་པའི་ཡབ་ཡུམ་གྱི་གྲོང་ཁྱིམ་སོགས་ཀྱང་ཇི་སྐད་དུ། ཏ་ཙང་ཕྱུག་པོའི་ཁྱིམ་དང་ནི། །དབུལ་པོའི་ཁྱིམ་དུ་མི་སྐྱེ་བར། །བར་མའི་ཁྱིམ་དུ་སྐྱེས་ནས་ཀྱང་། །རྟག་ཏུ་རབ་བྱུང་བྱེད་པར་ཤོག །ཅེས་འཕགས་པ་ཤྲཱི་རིའི་བུའི་སྨོན་ལམ་དང་མཐུན་པར་ཁྱིམ་གྱི་འབྱོར་བ་ཏ་ཙང་ཆེ་བ་ཟང་ཟིང་གི་ལོངས་སྤྱོད་དང་འཁོར་གཡོག་ཉེ་དུ་སོགས་ཀྱང་ཆེས་མང་བས་རྣམ་གཡེང་དང་འདུ་འཛི་དང་བག་མེད་པ་སོགས་ཀྱིས་རབ་ཏུ་བྱུང་བའི་བགེགས་སུ་འགྱུར་བ་དེ་ལྟ་བུ་ཡང་མ་ཡིན་པ། ཡང་ཏ་ཙང་བཀྲེས་ཤིང་

ཕོངས་ལ་སྡུག་བསྔལ་བས་རང་གི་ཆོས་ཀྱི་མཐུན་རྐྱེན་ཙམ་ཡང་མི་འབྱོར་བའི་
ཁར་ཕ་མའི་ཟས་གོས་སོགས་ཀྱང་བདག་ཉིད་ཀྱིས་འཚོལ་བ་འབབ་ཞིག་ལྷུར་
ལེན་དགོས་པ་སོགས་ཀྱིས་ཆོས་ཀྱི་བར་ཆད་དུ་འགྱུར་བ་དག་ཀྱང་མ་ཡིན་པར་
དབུལ་ཕྱུག་གི་མཐའ་གཉིས་དང་བྲལ་བ་རང་དབང་དུ་འཚམས་པར་ལོངས་
སྤྱོད་དུ་ཡོད་པའི་འབྱོར་ལྡན་ཁྱིམ་བདག་གི་གནས་དེ་ལྟ་བུ་ལ་ཡང་གཟིགས་པ་
སྟེ། དེ་ནི་མགོན་པོ་རང་ཉིད་དབུལ་ཕྱུག་སོགས་ཀྱི་གཞན་དབང་དུ་མི་འགྱུར་
མོད་ཀྱང་རྗེས་འཇུག་གི་གདུལ་བྱ་དག་ལ་ཁྱིམ་ཆོས་ཕྱིར་དུ་སྐྱེ་བ་ལེན་པ་ན་དེ་ལྟ་
བུ་ཞིག་ཏུ་སྐྱེ་བའི་སྨོན་ལམ་འདེབས་དགོས་པར་མཚོན་པའི་སླད་དུ་ཡིན་ཅིང་།
དེ་འདྲ་བའི་ཡོན་ཏན་དང་ལྡན་པའི་ཡབ་ཡུམ་གྱི་གཞིས་དེའི་མིང་ནི་མལ་ཛོ་
ཞེས་བྱ་བ་ཡིན་ཏེ་སྤྱིའི་མདར་ཞིང་དགོན་དང་ཉེ་བའི་སའི་ཆར་ཡོད་པར་སྣང་
ངོ་། །རིགས་རུས་མངོན་པར་མཐོ་བའི་སྡོང་པོའི་རྩེར། །ལྷག་བསམ་ལོ་འདབ་
འབུམ་སྡེའི་དཔལ་གྱིས་བརྗིད། །རྣམ་དཔྱོད་འབྲས་བུའི་ཁུར་གྱིས་ཡོངས་དུད་
པའི། །རིགས་ཀྱི་ཡབ་དེ་དཔག་བསམ་ལྗོན་པ་བཞིན། །ཚེ་རིགས་བཙུན་པའི་
འོ་མཚོར་གནས་བཅས་ཤིང་། །ལང་ཚོའི་འདབ་སྟོང་རྣམ་པར་བཀྲ་བའི་
ངོས། །དད་བརྩོན་སྙིང་རྗེའི་ཟེ་འབྲུ་མཛེས་གྱུར་པའི། །མ་མ་དེ་ཡང་ཨུ་
དུམ་ཝ་རའི་མཚེད། །ཧ་ཅང་འབྱོར་པའི་འདམ་དུ་མ་ཚུད་ཅིང་། །དབུལ་
ཕོངས་ཉམ་ངའི་ཐང་ལའང་མ་འཕྱན་པར། །མཐའ་གཉིས་བྲལ་བའི་ཁྱིམ་ལ་
ཡོངས་གཟིགས་པའི། །ངང་ཚུལ་འདི་ཡང་ཨེ་མ་ཤིན་ཏུ་མཚར། །གང་གི་
མཛད་པའི་ཆ་ཤས་རེ་རེས་ཀྱང་། །བསྔགས་པ་མི་ཟད་ངོ་མཚར་འཛིན་གྱུར་
ན། །གསང་གསུམ་འཕྲིན་ལས་ཕ་མཐའ་ཀུན་ཤོང་བའི། །ནམ་མཁའི་ཁྲིན་
འདིའང་མཆོག་ཏུ་ཡངས་པ་ཞིག །

དེ་ལྟར་ཡུལ་དུས་རིགས་རུས་ཚེ་འབྲང་སོགས་ཕུན་སུམ་ཚོགས་པ་རྣམས་ལ་གཟིགས་པས་ལེགས་པར་དཔྱད་ཟིན་ནས། རབ་བྱུང་བཅུ་གསུམ་པའི་ནང་ཚན་སྨྲེས་ལྡན་ཞེས་པ་ས་མོ་ཡོས་ཀྱི་ལོའི་དུས་ཆེན་མཆོག་ཏུ་དགེ་བར་དག་པའི་ཞིང་ནས་འཕོས་ཏེ་ཡུམ་གྱི་ལྷུམས་སུ་ཞུགས་པར་མཛད་ལ། དེའི་ཚེ་ཡང་རྣམ་པ་ཇི་ལྟ་བུའི་ཚུལ་གྱིས་འཇུག་པ་ཡིན་སྙམ་ན། སྤྱིར་གང་ཟག་ཕལ་པ་གཞན་དག་མངལ་དུ་འཇུག་པའི་ཚེ་ནི། མངོན་པ་མཛོད་ལས། སྔོན་དུས་སྲིད་འབྱུང་ཤ་ཚུགས་ཅན། །དབང་པོ་ཀུན་ཚང་ཐོགས་མེད་རྒྱུ། །ཅེས་བར་སྲིད་ཀྱི་རྟེན་ཅན་དེ་གང་དུ་སྐྱེ་བ་ལེན་ཡུལ་གྱི་འགྲོ་བ་དེ་དང་དེའི་སྔོན་དུས་ཀྱི་སྲིད་པའི་ཤ་ཚུགས་ཅན་དུ་གྱུར་ནས་འཇུག་པ་ཡིན་མོད་ཀྱང་། སྐྱེས་བུ་དམ་པ་རྣམས་ནི་སྐབས་སུ་བབ་པའི་རྟེན་འབྲེལ་དང་དགོས་པ་གང་ཆེ་བར་གཟིགས་ནས་ཇི་ལྟར་འོས་པའི་གཟུགས་ཀྱིས་འཇུག་པ་ལས་སྔོན་དུས་ཀྱི་ཤ་ཚུགས་ཁོ་ནར་འཁྱོན་པའི་ངེས་པ་མེད་དེ། དཔེར་ན། སྔོན་ལྷའི་བུ་དམ་པ་ཏོག་དཀར་པོས་ཀྱང་དགའ་ལྡན་ནས་འཛམ་གླིང་དུ་འཕོ་བར་བཞེད་པ་ན་ལྷའི་ཚོགས་རྣམས་ལ་ཁོ་བོ་ཇི་ལྟ་བུའི་གཟུགས་ཀྱིས་འགྲོ་བར་བྱ་ཞེས་དྲིས་པས། ལ་ལ་ཚངས་པའི་གཟུགས་ཀྱིས། ལ་ལ་བརྒྱ་བྱིན་གྱི་གཟུགས་ཀྱིས་འཁྱོན་པར་རིགས་སོ་ཟེར་ཡང་། ལྷའི་བུ་གཟི་བརྗིད་དམ་པ་ན་རེ། རིག་བྱེད་ནས་འབྱུང་བ་ལྟར་གླང་པོ་ཆེའི་གཟུགས་ཀྱིས་རིགས་སོ་ཞུས་པ་ན། དེ་བཞིན་དུ་མཛད་དེ་གླང་པོ་ཆེ་ཐལ་དཀར་མཆེ་བ་དྲུག་ལྡན་གྱི་རྣམ་པས་ལྷུམས་སུ་ཞུགས་པ་དང་། སྔོན་གྱི་དམ་པ་རྣམས་ཀྱི་རྣམ་ཐར་ལས་ཀྱང་འགའ་ཞིག་ལྷའི་རྒྱལ་པོའི་ཚུལ་དང་། འགའ་ཞིག་ཀླུའི་རྒྱལ་པོའི་ཚུལ་དང་། དེར་མ་ཟད་ཉི་མ་དང་ཟླ་བ་དང་། ཤེལ་གྱི་མཆོད་རྟེན་གྱི་རྣམ་པ་དང་། གསེར་གྱི་རྡོ་རྗེ་དང་། ཡི་དམ་གྱི་སྐུ་དང་། ཡིག་འབྲུའི་རྣམ་པ་ཅན་དུ་བྱོན་པ་

སོགས་མི་འདྲ་བ་མཐའ་ཀླས་ཤིང་། ཀུན་གཟིགས་ཡེ་ཤེས་ཀྱི་ཉི་མ་ལྔ་པ་ཆེན་པོ་ལྷུམས་སུ་ཞུགས་པའི་ཚེ་ཡང་། དེ་སྐད་དུ་རྨད་བྱུང་བསྐལ་པ་མ་ལས། གངས་ཅན་ལེགས་བྱས་སྐྱེ་བ་ལྔ་པའི་སྒྲས། །ཉོན་མོངས་རིམས་ནད་འཕྲོག་པའི་མངལ་འཛིན་ཕྱིར། །ནམ་མཁའ་རྒྱལ་པོའི་ཚུལ་དུ་ལྷུམས་ཞུགས་པའི། །འཇིགས་མེད་གོ་ཆ་ཅན་ལ་གསོལ་བ་འདེབས། །ཞེས་གསུངས་པ་ལྟར་འཕགས་པ་ཐུགས་རྗེ་ཆེན་པོ་ཕྱག་སྟོང་སྤྱན་སྟོང་ནམ་མཁའ་རྒྱལ་པོའི་ཚུལ་གྱིས་འཕོ་བར་མཛད་པ་བཞིན་དུ། རྗེ་བླ་མ་འདི་ཉིད་ཀྱང་དེ་སྐད་དུ། གཙང་མ་དྭངས་གསལ་པདྨའི་སྡོང་པོའམ། །འོད་ཟེར་ཁ་དོག་འབར་བའི་ནོར་བུ་ཞིག །ཐལ་ཆེར་གཞོན་ནུ་ཟུར་ཕུད་ལྔ་པ་དེ། །བདག་ཅག་འདྲེན་པའི་ཟློས་གར་བསྒྱུར་བར་མཛད། །ཞེས་པ་ལྟར་འོག་ནས་འབྱུང་བའི་ཡུམ་གྱི་མནལ་ལྟས་ལྟར་ན། འཇིག་རྟེན་འདིའི་མི་མཐུན་རྒྱུད་ཚོགས་ཀྱི་མུན་པ་མཐའ་དག་དྲུང་ནས་འབྱིན་ཏེ་ཐུགས་རྗེའི་འོད་སྟོང་གིས་རྒྱལ་བསྟན་ཉིན་མོར་བྱེད་པའི་བཟ་ཚོས་སམ་རྟེན་འབྲེལ་དུ་དགོངས་ནས་ཉི་མའི་དཀྱིལ་འཁོར་གྱི་རྣམ་པ་ཅན་དུའམ། ཡང་ན་དམར་སེར་ཐུན་མཚམས་གསར་པའི་མདངས་ཅན་གཟི་བྱིན་ཉི་མའི་འཁོར་ལོ་དང་མཚུངས་པ་འཇམ་མགོན་གཞོན་ནུའི་རྣམ་རོལ་གང་རིགས་ཀྱིས་འཕོ་བར་མཛད་པ་གདོན་མི་ཟ་བ་ཉིད་དུ་སེམས་སོ། །དེའི་ཚེ་རྗེ་བདག་ཉིད་ཆེན་པོའི་གསུང་ལས། ཚངས་པ་གསེར་གྱི་སྒོང་བཞི་དང་། །གཞོན་ནུ་ཡིས་ནི་ཨུ་མ་དང་། །དོན་གྲུབ་ཀྱིས་ནི་སྒྱུ་འཕྲུལ་བཞིན། །ཡུམ་ནི་མངལ་གྱི་ཁུར་གྱིས་མཛེས། །དེ་ནི་མངལ་ན་གནས་ན་ཡང་། །དེ་ཡིས་ཉེས་པའི་སྐབས་མེད་དེ། །འདམ་གྱི་དབུས་ན་འདབ་སྟོང་ཅན། །དག་ཅིང་དྲི་མ་བྲལ་བ་བཞིན། །ཞེས་ཇི་ལྟར་གསུངས་པ་ལྟར་མངལ་དུ་ཞུགས་ནས་གཟུགས་སྐུ་མཚན་དཔེའི་སྐྱེ་

མཆེད་ཡོངས་སུ་མ་རྫོགས་ཀྱི་བར་དུའང་བདག་སོགས་ལས་ཉོན་གྱིས་བསྐྱེད་པའི་བྱིས་པ་རྣམས་ཀྱི་ངང་ཚུལ་ལྟར་མེར་མེར་པོ་དང་ནུར་ནུར་པོ་སོགས་མངལ་གྱི་གནས་སྐབས་ཀྱི་སྡུག་བསྔལ་གྱི་ཚོར་བ་རྣམས་དང་། དྲི་མ་སོགས་ཀྱིས་ཅུང་ཟད་ཀྱང་མ་གོས་པར་ཡུམ་གྱི་ལྷུམས་རྒྱལ་སྲས་ཀྱིས་ཉེ་བར་སྤྱོད་པ་རིན་པོ་ཆེའི་བཀོད་པ་ཞེས་པར་བྱིན་གྱིས་བརླབས་ནས་མངལ་དུ་བཞུགས་བཞིན་པར་ཡང་འགྲོ་བ་དཔག་ཏུ་མེད་པའི་དོན་མཛད་པར་ངེས་ལ། དེའི་མཐུས་ཡུམ་གྱི་ལུས་དང་སེམས་སོགས་ལ་མི་བདེ་བའི་གོ་སྐབས་ཕྲ་མོ་ཙམ་ཡང་མེད་པའི་ཁར་བསམ་གཏན་སྙོམས་འཇུག་གི་དགའ་བདེས་ཀྱང་བསྒྲུན་པར་མི་ནུས་པའི་ཉོན་མོངས་མེད་པའི་ཚོར་བ་བདེ་བས་ཉིན་མཚན་འཁོར་ཡུག་ཏུ་ཁྱབ་པ་དང་། རྨི་ལམ་དུ་ནམ་མཁའི་དབྱིངས་དྲི་མ་ཐམས་ཅད་དང་བྲལ་བ་ཞིག་གི་ཀློང་ནས་ཉི་མའི་དཀྱིལ་འཁོར་འོད་ཟེར་ཕྱོགས་ཀུན་ཏུ་འཕྲོ་བ་ཞིག་བྱུང་ནས་རང་ཉིད་ལ་ཐིམ་པ་དང་། སྐབས་འགར་འོ་མ་ལྟར་ཤིན་ཏུ་དཀར་ཞིང་རབ་ཏུ་དྭངས་པའི་ཁྲུས་ཀྱི་རྫིང་བུ་ཞིག་གི་ངོགས་སུ་ཕྱིན་ནས་དེའི་ནང་དུ་ཁྲུས་བྱས་པ་དང་། ཡང་རེས་འགའ་བླམ་བྱིན་རླབས་ཀྱི་གཟི་བྱིན་ཤིན་ཏུ་ཆེ་བ་དང་ལྡན་པ་ཞིག་འཁོར་དུ་མ་དང་བཅས་ཏེ་སྣར་འདེགས་པའི་རྣམ་པ་ཅན་དུ་བྱོན་ནས་ངེད་ལ་རེ་ཞིག་གནས་ཚང་གཏོང་དགོས་གསུངས་ཏེ་ནང་དུ་བཞུགས་པར་རྨིས་པ་སོགས་འབྱུང་འགྱུར་ལུང་བསྟན་གྱི་མནའ་ལྟས་ཡ་མཚན་ཞིང་ངོ་མཚར་བ་བརྒྱུད་མར་བྱུང་བ་དང་། དངོས་སུ་ཡང་གཟིམས་ཁང་གི་ཉེ་ལོགས་རྣམས་སུ་འཇའ་སྤྲིན་གྱི་དྲ་བས་འབྲེལ་བ་དང་། ཕྱི་རོལ་གྱི་ཡུལ་ལྗོངས་རྣམས་སུ་ནད་དང་འབྲུག་རྩོད་ཞི་བ་སོགས་དང་། གཞན་ཡང་ཡུལ་དེ་དག་ཏུ་དུས་རྒྱུན་དོན་མེད་དུ་བྱ་རྒོད་ཀྱི་རིགས་འགྱུར་གཏན་ནས་མི་འབྱུང་བ་ཞིག་ཡིན་འདུག་ཀྱང་དེ་སྐབས་ཞག་ཁ་ཡར་

གྱི་བར་དུ་གཟིམས་ཁང་གི་ཡང་ཐོག་ཏུ་རྐོད་ཐང་རྣུག་ཅིག་ལྷིང་ཞིང་བབ་པ་སོགས་ཀུན་གྱི་མངོན་སུམ་གྱི་ཡུལ་དུ་གྱུར་པའི་དགེ་མཚན་དུ་མ་ཞིག་བྱུང་བར་སྣང་ངོ། །

དག་པའི་ཞིང་གི་ཀུན་གསལ་སློང་ཡངས་ནས། །མཚམས་སྦྱིན་མདངས་འཛིན་འཇམ་དབྱངས་གཞོན་ནུ་ཞིག །གཟི་བྱིན་རབ་འབར་ཉིན་བྱེད་དབང་པོ་ཡི། །དཀྱིལ་འཁོར་ཡིན་པའི་ཟོལ་གྱིས་ལྷུམས་སུ་ཞུགས། །དེ་ཚེ་སྒྱུ་འཕྲུལ་ཆེན་མོ་དང་། །གཉིས་སུ་མེད་པ་དེ་ཡི་ལུས། །ཤིན་སྦྱངས་བདེ་བ་ལས་ལྷག་པའི། །ཉོན་མོངས་མེད་པའི་བདུད་རྩིས་ཁྱབ། །ཨེ་མ་འདི་ནི་ཅི་ཞིག་ཅེས། །དགའ་བ་བཞིན་དང་སྤྲོ་བ་བཞིན། །ངོ་མཚར་བཞིན་དུ་གྱུར་པའི་མདངས། །སྲིད་མི་ནུས་པར་མངོན་སུམ་གྱུར། །ཁྱོད་ཀྱི་སྲིད་ཚུལ་སྟོན་པ་ཡི། །དགེ་མཚན་བླ་བྲེས་ཆུ་མཐོང་ཀུན། །ཁྱབ་པར་སྤྲེལ་ཚེ་འདབ་ལྡན་ཚོགས། །རྒྱུ་བའི་སྐབས་ཀྱང་ཕྲ་བར་བྱས། །འོ་ན་དེ་འདྲ་བའི་ལྟས་ངོ་མཚར་ཅན་རྣམས་ཀྱིས་དོན་གྱི་ཁྱད་པར་ཇི་ལྟ་བུ་མཚོན་པ་ཡིན་ཞེ་ན། བརྗོད་པར་བྱ་སྟེ། ཡུམ་གྱི་མནལ་ལམ་དུ་ཉི་མའི་དཀྱིལ་འཁོར་རང་ལ་ཐིམ་པར་རྨིས་པའི་འབྱུང་འགྱུར་གྱི་འབྲས་བུ་ནི་གོང་དུ་བརྗོད་ཟིན་པས་ཤེས་པར་འགྱུར་ལ། འོ་མའི་མཚོ་ལ་ཁྲུས་བྱས་པ་ནི། འོ་མ་དཀར་ཞིང་དྭངས་པའི་མཚོས་མཚོན་པོ་འདིའི་ཐུགས་རྒྱུད་ཀྱི་བྱང་ཆུབ་ཀྱི་སེམས་རིན་པོ་ཆེ་རྣམ་གཉིས་མཚོན་པ་སྟེ། དེ་ཡང་དཀར་བའི་ཆས་ནི་ཀུན་རྫོབ་བྱང་ཆུབ་ཀྱི་སེམས་དང་། དྭངས་པའི་ཆས་ནི་དོན་དམ་བྱང་ཆུབ་ཀྱི་སེམས་མཚོན་ཞིང་། དེ་ལྟ་བུའི་བྱང་ཆུབ་ཀྱི་སེམས་རྣམ་པ་གཉིས་ཀྱི་བདུད་རྩིའི་ཆུས་ཡུམ་རང་ཉིད་ཀྱིས་མཚོན་པའི་གདུལ་བར་བྱ་བ་རྣམས་ཀྱི་སྒྲིབ་གཉིས་ཀྱི་དྲི་མ་བག་ཆགས་དང་བཅས་པ་དྲུང་ནས་འབྱིན་པར་མཛད་པའི་ལྟས

དང་། ཡང་བླ་མ་སྐར་བའི་རྣམ་པ་ཅན་དུ་ཐོན་པ་ནི་རྗེ་འདི་ཉིད་སྐུ་ན་ཕྲ་མོའི་དུས་སུ་འང་དབང་ཕྱོགས་རྒྱལ་པོའི་ལྗོངས་སུ་ཕེབས་དགོས་བྱུང་བ་དང་། རྗེས་སོར་དབུས་ཕྱོགས་སུ་གསན་བསམ་ལ་ཕེབས་པ་དང་། གསན་བསམ་མཐར་ཕྱིན་ནས་ཀྱང་བསྟན་འགྲོའི་དོན་དུ་ཡར་མར་ཕེབས་བཞུད་མང་ཙམ་བསྐྱངས་པར་འགྱུར་བ་སོགས་ཀྱི་ལྟས་སམ། ཡང་ན་རྗེ་གོང་མ་བློ་བཟང་དཔལ་ལྡན་རྒྱལ་མཚན་དེ་ཉིད་ཀྱང་བོད་ཡུལ་དང་དབང་ཕྱོགས་ཀྱི་ལྗོངས་སོགས་བསྟན་འགྲོའི་དཔལ་མགོན་དུ་ལན་དུ་མར་བཞུགས་སྐར་བརྟེགས་ནས་ཕེབས་བསྐྱོད་མཛད་པ་སོགས་ཀྱི་རྣམ་པ་དང་མཐུན་པར་བསྟན་ན་སློབ་འབངས་སོགས་ཀྱིས་ཀྱང་གོང་མའི་ཟློས་གར་འཁྲུལ་མེད་ཡིན་པར་ངེས་པ་སྐྱེད་སླ་བ་སོགས་ཀྱི་ཆེད་དང་། གཟིམས་ཁང་གི་ཉེ་ཡོགས་སུ་འཇའ་འོད་ཀྱི་དྲ་བ་འཁྲིལ་བ་ནི་ཐ་མལ་པའི་མིག་གི་ལམ་ལས་འདས་པའི་དཀར་ཕྱོགས་ཀྱི་ལྷ་དང་མཁའ་འགྲོ་རྣམས་མཆོད་པ་དང་བསྲུང་བའི་ཕྱིར་དུ་ལྷག་པའི་མཚན་མ་དང་། ཡང་ཐོག་ཏུ་བྱ་རྒོད་བབ་པ་ནི་སྤྱིར་བཏང་ཙམ་གྱི་དབང་དུ་ན་རྗེ་བླ་མ་རང་ཉིད་ཀྱི་སྐུ་ཕྲེང་དུ་མར་ལུས་དང་གྲིབ་མ་བཞིན་དུ་འགྲོགས་ཤིང་འཕྲིན་ལས་སྒྲུབ་པའི་ཆོས་སྲུང་དམ་ཅན་རྣམས་སྐྱེ་བོ་ཕལ་པའི་མིང་ངོར་འདབ་ཆགས་ཀྱི་གཟུགས་སུ་བསྒྱུར་ནས་ཉེན་མཚན་གཡེལ་མེད་དུ་འགྲོ་བའི་རྩ་ལག་གཅིག་པུ་དེ་ཉིད་བསྲུངས་ཤིང་སྐྱོང་བར་མཛད་པའི་རྟགས་སུ་ངེས་ལ། དེར་མ་ཟད་སྔོན་གྱི་དམ་པ་གོང་མ་འགའ་ཞིག་བལྟམས་པའི་ཚེ་རྒྱ་གར་གྱི་གྲུབ་ཆེན་ལ་བ་པ་ལ་སོགས་པ་རྣམས་རྒོད་ཀྱི་གཟུགས་སུ་བྱས་ནས་ཐོན་པར་གྲགས་པ་སོགས་དང་མཚུངས་པར་བརྗོད་ཀྱང་མི་འགལ་ལོ། དོན་གྱི་གཙོ་བོ་དངོས་ནི་མདོ་ལས་བྱུང་བ་དང་མཐུན་པར། མཁའ་ལྡིང་གི་དབང་པོའི་གཤོག་རླབས་ཀྱི་རྩལ་གྱིས་འདབ་

ཆགས་ཐལ་བའི་ཚོགས་ཀུན་ཟིལ་གྱིས་མནན་པ་བཞིན་དུ། རྗེ་འདི་ཉིད་ཀྱང་ཆོས་སྲིད་ཟུང་དུ་འབྲེལ་བའི་འཕྲིན་ལས་ཀྱི་གཤོག་རླབས་གཉིས་ལྡན་ཕྱོགས་བཅུར་བསྐྱངས་ཏེ། འཛམ་གླིང་ཡངས་པའི་ནམ་འཕང་མཐོན་པོར་འཇིགས་པ་མེད་པར་ཡོངས་སུ་ལྡིང་བས་སྨྲ་ངན་པ་དང་། ལོག་ལྟ་ཅན་དང་། འགྲན་སེམས་ཅན་གྱི་གཙོ་བོ་དང་ཐལ་བའི་འདབ་ཆགས་ཕྲ་མོའི་ཚོགས་ཐམས་ཅད་ཟིལ་གྱིས་མནན་ཅིང་ཁེངས་པ་ཐུང་ངུར་མཛད་པར་འགྱུར་བའི་ལྟས་སུ་ངེས་པར་བྱའོ། །

དེ་ནས་ཟླ་དགུ་ངོ་བཅུ་འདས་ཏེ་བཙའ་བའི་དུས་ལ་ཉེ་བར་བབ་པ་ན། བདག་གིས་འཇིག་རྟེན་ཐམས་ཅད་བདེ་སྐྱིད་རྫོགས་ལྡན་གྱི་དགའ་སྟོན་རྒྱ་ཆེན་པོའི་དཔལ་ལ་འཁོར་ཡུག་ཏུ་འགོད་པར་བགྱིའོ། །བདག་གིས་སྙིགས་དུས་ཀྱི་འགྲོ་བ་རྨུ་རྒོད་གདུལ་བར་དཀའ་བ་འདི་རྣམས་ཐབས་མཁས་པའི་འཕྲིན་ལས་ཀྱི་ཆོ་འཕྲུལ་ཆེན་པོས་འདུལ་བར་བྱའོ་ཞེས་འདོམས་པར་མཛད་ཕྱིར། སྟོད་འགྲེལ་བོད་ཡུལ་གྱི་སྐད་དུ་རྣམ་གནོན་ཅེས་སུ་འབོད་པ། ལྗོངས་འདིར་དབང་ཐང་དང་བསྟུན་པའི་མིང་ལྕགས་ཕོ་འབྲུག་ཏུ་གྲགས་པའི་གནམ་ལོའི་རང་ཞལ་ཐོག་མར་ཚེས་ནས་རིང་པོར་མ་ལོན་པའི་དུས། མ་ཧཱ་ཙཱིནའི་ལུགས་ཀྱི་དབྱར་ཟླ་ར་བ། རྒྱ་གར་འཕགས་ལུགས་སྤྱི་མ་རྣམས་ཀྱིས་སྟོན་པ་ཐུབ་པའི་དབང་པོས་གཞན་ཡོད་དུ་མུ་སྟེགས་སྟོན་པ་དྲུག་ཆོ་འཕྲུལ་ཆེན་པོས་འདུལ་བར་མཛད་པའི་ཆོ་འཕྲུལ་གྱི་ཟླ་བར་ཡང་འདོད་པར་གྲགས་པ། ཧོར་རྒྱལ་པོའི་ལུགས་ཀྱི་ཟླ་བ་གཉིས་པའི་ཡར་ངོའི་རྒྱལ་བ་དང་པོའི་ཚེས་གསུམ་གཟའ་སྐར་དུས་ཚེས་སོགས་ཕུན་སུམ་ཚོགས་པའི་སྔ་དྲོའི་ཆ་ལ། ཇི་སྐད་དུ། དྲི་ཡི་བཞོན་པའི་གོ་སྐབས་ཕྱེ་བ་ཡི། །སྤྲིན་རུམ་ནས་ཐོན་རྒྱུ་སྐར་བདག་པོ་བཞིན། །མངལ་གྱི་

ཁྲིད་ནས་རབ་མཛེས་གཞོན་ནུའི་སྐུ། །མཚན་བཟང་ཆ་ཤས་ཡོངས་སུ་རྫོགས་པར་འབྱུངས། །ཞེས་གསུངས་པ་བཞིན་ཇི་ལྟར་ཆུ་འཛིན་སྤྲིན་གྱི་གོ་སྐབས་སོ་སོར་འབྱེད་པའི་ཉམ་ནས་བཅོ་ལྔའི་ཟླ་བ་དཀར་བསིལ་ཉ་གང་བ་ཡོངས་སུ་ཕྱོན་པ་དང་མཚུངས་པར། མངལ་གྱི་སྦུབ་ནས་ཡུམ་ལ་ཟུག་རྔུའི་རིག་པ་སོགས་ཀྱི་གནོད་པ་ཅུང་ཟད་ཀྱང་མེད་པར་མཚན་དཔེའི་སྐྱེ་མཆེད་ཡོངས་སུ་རྫོགས་པའི་སྐུ་མཆོག་ལུས་ཅན་འགྲོ་བ་ཡོངས་ཀྱི་མིག་གི་བདུད་རྩིར་ཆེ་བ་མངོན་པར་བལྟམས་ཤིང་། དེའི་ཚེ་ཡང་གང་ཟག་གཞན་དག་ལྟར་གོས་མེད་གཅེར་བུར་མ་ཡིན་པར་གྲོད་པུ་ཁ་དོག་སྣ་ལྔ་པ་འཇའི་རི་མོ་ལྟར་ཡོད་པ་ཞིག་གི་ན་བཟའ་དང་བཅས་བཞིན་པར་བལྟམས་པར་སྣང་སྟེ། དེ་ནི་དཔེར་ན་གཟུགས་ཀྱི་ལྷ་རྣམས་རྫུས་ཏེ་སྐྱེ་བ་ལེན་པའི་ཚེ་ངོ་ཚ་ཁྲེལ་ཡོད་ཤས་ཆེ་བས། ཇི་སྐད་དུ་མཛོད་ལས། བྱིས་པ་ལོ་ལྔ་ལོན་པ་ནས། །ལོ་བཅུ་ལོན་པ་ལྟ་བུའི་བར། །དེ་དག་ཏུ་སྐྱེ་གཟུགས་ཅན་རྣམས། །ཀུན་རྫོགས་གོས་དང་བཅས་པ་ཉིད། །ཅེས་སྐྱེས་མ་ཐག་ནས་སྐྱེ་མཆེད་ཡོངས་སུ་རྫོགས་པ་གོས་དང་བཅས་ཏེ་སྐྱེ་བར་བཤད་པ་དང་མཐུན་པར། རིང་མོ་ཞིག་ནས་དྲན་ཤེས་བཞིན་བག་ཡོད་བརྟན་པོས་རྒྱལ་སྲས་ཀྱི་སྤྱོད་པ་རླབས་པོ་ཆེ་ལ་གོམས་པར་མཛད་པས་འཇིག་རྟེན་མ་དད་པར་གྱུར་པའི་གནས་མཐའ་དག་ལ་རྒྱབ་ཀྱིས་ཕྱོགས་པ། ངོ་ཚ་དང་ཁྲེལ་ཡོད་ཀྱི་ན་བཟས་གླུབ་པ་མཚོན་ཞིང་། དེ་ལའང་འཇའ་རིས་སྣ་ལྔ་ཡོད་པ་ནི་ནང་དུ་ཡེ་ཤེས་ལྔ་མངོན་དུ་མཛད་པའི་རང་མདངས་ཕྱི་རོལ་དུ་ཤར་བའོ། །དེ་ལྟར་མགོན་པོ་མཆོག་དེ་བལྟམས་མ་ཐག་དཀར་ཕྱོགས་ཀྱི་ལྷ་དང་ཀླ་གིའི་ཚོགས་ཀྱིས། འདི་ནི་འཇིག་རྟེན་ཡོངས་ཀྱི་མགོན་གཅིག་པུའོ། །འདི་ནི་འཇིག་རྟེན་ཡོངས་ཀྱི་སྐྱབས་དང་དཔུང་གཉེན་གཅིག་པུའོ། །ཞེས་ཀུན་ལ་མཚོན་པར་བྱ་བའི་

སླད་དུ་ཀུན་གསལ་གྱི་ངོགས་སུ་ཆུ་འཛིན་གྱི་འཕྲེང་བ་རྒྱལ་མཚན་དང་བ་དན་དང་གདུགས་ལ་སོགས་པ་མཆོད་པའི་བྱེ་བྲག་གི་རྣམ་པ་ཅན་དུ་མ་ཕྱོགས་ཀུན་ཏུ་ཁྱབ་པར་སྤྲེལ་ཞིང་། དེ་ཡང་རླུང་བསེར་བུ་དག་གིས་རྣམ་པར་བསྐྱོད་པས་སྐྱེ་བོ་གཞན་དག་ལའང་སྨན་པར་བྱེད་པ་དང་། སེམས་མེད་བེམ་པོའི་བྱེ་བྲག་ཏུ་གྱུར་པའི་སྡོན་ཤིང་སོགས་ཀྱང་གང་གི་ཕྱོགས་སུ་གུས་ཤིང་འདུད་པའི་རྣམ་འགྱུར་ལྟ་བུར་བྱེད་པ་དང་། སེམས་ལྡན་གྱི་སྐྱེ་བོ་རྣམས་ཀྱི་རྒྱུད་ལ་ཡང་སྡོན་མེད་པའི་དགའ་བ་དང་ཡིད་བདེ་བ་སྐྱེས་པ་དང་། སྔོན་ཆད་གཅིག་ལ་གཅིག་སེམས་མི་མཛའ་བ་དག་ཀྱང་སྣང་ཤུགས་ཀྱི་བློ་བརྗེད་དེ་ཤིན་ཏུ་མཛའ་བར་གྱུར་པ་དང་། རྣམ་པར་དཀར་བའི་དགེ་བའི་སེམས་དང་སྤྱོད་ལམ་གོང་འཕེལ་དུ་གྱུར་པ་སོགས་བརྟན་གཡོ་ཀུན་ལ་དགེ་མཚན་གྱི་ཕུལ་ཆེན་པོས་ཡོངས་སུ་ཁྱབ་པར་གྱུར་ཏོ། །

འདིར་སྨྲས་པ། མགོན་ཁྱོད་ལྷུམས་སུ་ཞུགས་པའི་དུས་ཉིད་ནས། །འཕྲིན་ལས་ཉིན་མོའི་འོད་ཀྱིས་གངས་ལྗོངས་འདིའི། །ཁྱོན་ཀུན་བདག་ཉིད་ཁོ་ནས་འགེངས་པ་ཞེས། །ལྟས་བཟང་སྣག་གྱུར་མིན་པ་གསལ་བར་བསྟན། །དེ་བཞིན་བྱང་ཆུབ་སེམས་ཀྱི་འོ་མའི་རྫིངས། །ཡང་དག་ལྷ་བ་བསིལ་བའི་རེག་བྱ་དང་། །འགྲོགས་པའི་བདུད་རྩིས་འགྲོ་རྒྱུད་སྒྲིབ་གཉིས་དྲི། །མ་ལུས་དྲུང་ནས་འབྱིན་ཞེས་དམ་ཡང་བཅས། །ཆོས་སྲིད་ཟུང་དུ་འབྲེལ་བའི་གཞོག་ཀླབས་ཀྱིས། །བསྟན་འགྲོའི་ནམ་འཕང་མཐོན་པོར་ཡོངས་ལྡིང་བས། །སྨྲ་ངན་འགྲན་སེམས་འཆང་བའི་གཉིས་སྐྱེས་ཚོགས། །ཞུམ་པར་བྱེད་པའི་མཚན་མའང་མངོན་པར་གསལ། །ནམ་ཞིག་རྒྱ་སྐར་དབང་པོ་ཆུ་འཛིན་ལས། །གྲོལ་བ་བཞིན་དུ་ཁྱོད་སྐུའི་དཀྱིལ་འཁོར་ནི། །མཚན་དཔེའི་སྐྱེ་མཆེད་ཡོངས་རྫོགས

ཡེ་ཤེས་ལྷའི། །ཁོས་དང་ལྡན་ཅིག་བསྒོམས་འདི་ཨེ་མ་མཚར། །དེ་ཚེ་སྲིད་པའི་མིག་གཅིག་ཉི་མ་ཡང་། །གང་གི་ངོ་མཚར་ཕུང་པོར་བལྟ་འདོད་པས། །རང་འོད་སྒྲོན་མེ་ཐོགས་ནས་རིངས་རིངས་པར། །ཤར་རིའི་ཕྲག་ནས་མངོན་པར་འོངས་པ་བཞིན། །འདི་ནི་འགྲོ་བའི་མགོན་སྐྱབས་གཅིག་པུ་ཞེས། །སྐྱེ་བོའི་ཚོགས་ལ་སྒྲོན་ཕྱིར་སྤྲིན་དཀར་གྱི། །འཕྲེང་བ་རྣམས་ཀྱང་སེར་བུའི་རྟར་བཞོན་ནས། །ཕྱོགས་བཅུ་ཀུན་ཏུ་ཁྱབ་པར་འཇུག་པས་བྲེལ། །ཁྱོད་ཀྱི་ཡོན་ཏན་ཁུར་གྱིས་འཛིན་མ་འདིའང་། །ངལ་བས་མ་བཟོད་ཁུན་བུ་འབྱིན་བཞིན་པར། །རབ་ཏུ་རྟུལ་བས་དལ་འགྲོའི་རྒྱུན་མང་པོ། །བར་མཚམས་མེད་པར་མངོན་པར་ཕྱུང་བ་སྙམ། །སེམས་མེད་སྡོང་ཤིང་རྣམས་ཀྱང་སེམས་ལྡན་བཞིན། །ཉིད་ཀྱི་ཕྱོགས་སུ་འདུད་པ་ལྟར་སྣངས་ཏེ། །རང་གི་ཡན་ལག་འདབ་མའི་སོར་འཕྲེང་དང་། །བཅས་ཏེ་གུས་པས་ཐལ་མོ་སྦྱོར་བ་བཞིན། །སྐྱེ་བོ་རྣམས་ཀྱང་ཡིད་ཀྱི་ཟ་མ་ཏོག །སྟོན་མེད་དགའ་བདེ་མངར་བའི་རོས་གཏམས་ཚེ། །ཨེ་མ་འདི་ནི་གང་གི་མཐུ་དཔལ་ཞེས། །ཕན་ཚུན་གླེང་ཞིང་འཕྱུང་མོ་ཉུག་ཏུ་གྱུར། །ཅེས་བྱ་བ་ནི་བར་སྐབས་ཀྱི་ཚིགས་སུ་བཅད་པའི་རིམ་པའོ། །

ཞེས་དཔལ་ལྡན་བླ་མ་དམ་པ་རྒྱལ་བའི་རྒྱལ་ཚབ་ཆེན་པོ་༧རྗེ་དྭང་ཧུ་ཐོག་ཐུ་ནོ་མི་ཧན་ས་མ་ཏི་པཎྜི་ཏ་ཐུང་ཆེན་ཤྲཱི་རིན་པོ་ཆེ་ཡེ་ཤེས་བློ་བཟང་བསྟན་པའི་མགོན་པོའི་རྣམ་པར་ཐར་པ་ངོ་མཚར་དད་པའི་པདྨོ་འཛུམ་བྱེད་ལེགས་བཤད་ཉིན་བྱེད་དབང་པོའི་འཕྲེང་བ་ལས་མཛད་པ་བཅུ་གཉིས་ཀྱི་ནང་ཚན་དག་པའི་ཞིང་ནས་འཕོ་བ་དང་། ལྷུམས་སུ་ཞུགས་པ་དང་། སྐུ་བལྟམས་པ་བཅས་ཀྱི་ཚུལ་ཇི་ལྟར་གླེང་བའི་རིམ་པ་སྟེ་གསུམ་པའོ།། །།

༄ དེ་ལྟར་སྐུ་བལྟམས་མ་ཐག་པའི་དུས་ཉིད་ནས་བྱིས་པ་ཐ་མལ་པ་

གཞན་དག་གི་ངང་ཚུལ་ལྟར་དུབ་དང་བག་མེད་པ་སོགས་ཀྱི་ནྲངས་སྤྱོད་གཏན་ནས་མི་མཛད་པར་ཤིན་ཏུ་ངེས་ཤིང་རང་བཞིན་བཟང་བ་ཞལ་འཛུམ་བག་དང་མི་འབྲལ་བ། ལྷག་པར་དུ་ཡང་སྟོན་བསྐལ་པ་མང་པོའི་གོང་རོལ་ནས་མཚན་བཟང་འགྲུབ་བྱེད་ཀྱི་རྒྱུ་རྣམས་སྒྲུབ་པར་མཛད་ཟིན་པའི་རྟགས་སུ་དབུ་གདུགས་ལྟར་རྒྱས་པ་དང་། དཔྲལ་བ་དབྱེས་ཆེ་བ། སྤྱན་དཀྱུས་པདྨའི་འདབ་ལྟར་རིང་ཞིང་མཆོག་ཏུ་ཡངས་པ། མཆུ་བིམ་པ་ལྟར་དམར་བ་སོགས་སྐྱེས་བུ་ཆེན་པོའི་མཚན་གྱི་རྣམ་གྲངས་རྣམས་མ་འདྲེས་གསལ་རྫོགས་སུ་ཚང་བ། སྐུ་བལྟམས་ཚོག་མི་ཤེས་པ་སྐྱེ་བོ་གང་གི་མིག་ལམ་དུ་སྣང་ཡང་ཡིད་ཀྱི་བརྟན་པ་དབང་མེད་དུ་འཕྲོག་སྟེ་དད་པའི་སྤྲོ་ཡོང་རྒྱས་པར་བྱེད་ནུས་པ་སོགས་སྐུའི་སྐྱེ་མཆེད་ཀྱི་ངོ་མཚར་བའི་ཁྱད་པར་བསམ་ལས་འདས་པ་མངའ་བ། དེ་བཞིན་དུ་ལུས་ངག་གི་མཛད་སྤྱོད་དང་། ཐུགས་ཀྱི་འཁྲིར་སོ་སོགས་ཀྱང་སྐྱེ་བ་དུ་མ་ནས་ཆེ་ཆེར་གོམས་ཤིང་འདྲིས་པའི་བག་ཆགས་ཀྱི་མཐུ་བརྟས་པས་བལྟམས་མ་ཐག་ཡུམ་གྱི་གཟིམས་མལ་སོགས་སུ་བཞུགས་པ་ལ་མི་མཉེས་ཤིང་ཁྲི་གདན་མཐོ་བ་དག་ཏུ་བཞུགས་འདོད་ཆེ་བ་དང་། དཀོན་མཆོག་གི་རྟེན་དང་ངུར་སྨྲིག་འཛིན་པའི་དགེ་སློང་སོགས་གཟིགས་པ་ན་ཆེད་དུ་གུས་པའི་རྣམ་འགྱུར་དང་བཅས་ཏེ་ཕྱག་ཐལ་མོ་སྦྱོར་བ། རྫོར་དྲིལ་སོགས་དམ་ཚིག་གི་རྟེན་དང་རོལ་མོའི་བྱེ་བྲག་སོགས་ལ་ཤིན་ཏུ་དགྱེས་པ། པད་སྐོར་དང་སྟངས་སྟབས་ལ་སོགས་པ་རྒྱུད་སྟེ་ནས་བཤད་པའི་ཕྱག་རྒྱ་འགའ་ཞིག་ཀྱང་ཤུགས་འབྱུང་དུ་མཛད་པ། སྐུ་རྩེད་ཀྱི་རྣམ་པ་མཛད་པ་ན་ཡང་། སྐུ་གསུང་ཐུགས་རྟེན་རྣམས་ལ་ཉམས་དཔྱོད་ཚུལ་དང་། ཕྱག་དཔེའི་རིགས་ལ་ཞུ་དག་གཏོང་བའི་ཚུལ་སོགས་ཆོས་དང་འབྲེལ་བ་འབའ་ཞིག་མཛད་པ། འདོན་ཆའི་ཚིག་རིས་དག་ཀྱང་མ་བསླབ་པར་ཐོལ་བྱུང་

དུ་བཀའ་སྐྱལ་པ་སོགས་མདོར་ན་དུས་དེ་ཉིད་ནས་ཆོས་དང་མི་མཐུན་པའི་རྣམ་
པར་གཡེངས་པ་སོགས་ཀྱི་དྲི་མ་ནི་རིང་དུ་གྱུར། རང་བཞིན་གྱི་བག་ཡོད་པའི་
རྒྱན་གྱིས་སྤྲས་ཤིང་ངོ་ཚ་དང་ཁྲེལ་ཡོད་ཀྱི་ན་བཟས་ནི་གླུབས། དྲན་པ་དང་
ཤེས་བཞིན་ཕུན་སུམ་ཚོགས་པའི་གྲོགས་དང་བཅས་ཏེ་ཆོས་དང་ལྡན་པའི་
གཞོན་ནུའི་རོལ་རྩེད་ལ་རོལ་བར་མཛད་པ་སྐྱེ་བསྔགས་འོས་ཀྱི་ཡོན་ཏན་མཐའ་
དག་རང་ཚས་སུ་གྲུབ་པ་ཞིག་ཡོད་པར་སྣང་ལ། དེའི་མཐུས་ཇི་སྐད་དུ། རྗེ་
བདག་ཉིད་ཆེན་པོས། དྲི་ཞིམ་རྒྱས་པའི་འདབ་བརྒྱ་དང་། །འབྲས་བུས་དུད་
པའི་ཤིང་ཐུང་དང་། །དམ་པ་རྣམས་ཀྱི་མཛད་པ་ཡིས། །ཡིད་རབ་དད་པར་
མི་འགྱུར་སྲུ། །ཞེས་གསུངས་པ་ལྟར་ཉེ་འཁོར་གྱི་སྐྱེ་བོ་དག་གིས་ཀྱང་འདི་ནི་
བྱིས་པ་རང་བཞིན་པ་ཞིག་མ་ཡིན་ཏེ་སྐྱེས་བུ་དམ་པ་བསམ་བཞིན་དུ་བསྟན་
འགྲོའི་མགོན་དུ་བྱོན་པ་ཞིག་ཏུ་གདོན་མི་ཟ་བར་ངེས་ཀྱི་གཞན་དུ་ན་བྱིས་པ་
ཆུང་དུ་ཤེད་མ་བྱེ་བ་ངག་ཀྱང་སྨྲ་མི་ནུས་པའི་གནས་སྐབས་འདི་འདྲ་བ་ནས་བྱ་
བ་དང་བྱ་བ་མ་ཡིན་པའི་བྱེ་བྲག་འབྱེད་པར་ནུས་པའི་བློ་གྲོས་ཀྱི་རྩལ་ཕུལ་དུ་
ཕྱིན་པ་འདི་ལྟ་བུ་མངའ་བ་ག་ལ་སྲིད་ཅེས་པ་ལ་སོགས་པའི་གླེང་བརྗོད་ཇེ་
འཕེལ་ཇེ་འཕེལ་དུ་གྱུར་པའི་ཚེ། རྣམ་དཔྱོད་ཅན་འགའ་ཞིག་གིས་དེ་ནི་རྗེ་
དྲུང་ཧུ་ཐོག་ཐུ་གོང་མ་བློ་བཟང་དཔལ་ལྡན་རྒྱལ་མཚན་གྱི་སྐུ་སྐྱེ་ཡིན་པའང་
སྲིད་ཅེས་དཀར་ཕྱོགས་ཀྱི་ལྷས་རྒྱུད་བསྐུལ་བའི་གཏམ་དག་ཀྱང་ཐོལ་བྱུང་དུ་
གླེང་བར་གྱུར་ལ། ཡབ་ཡུམ་སོགས་ནས་ཀྱང་ཤིན་ཏུ་གུས་པ་དང་གཅེས་སྤྲས་
ཆེ་བར་མཛད་པའི་སྒོ་ནས་བསྐྱེད་བསྲིངས་པའི་ཚེ་ག་ལ་བརྩོན་ཞིང་། དགེ་
སློང་བློ་བཟང་དཔལ་འབྱོར་ཞེས་པ་ཞིག་ཡོད་པ་དེ་ཉིད་བུ་རྫི་ལྟ་བུར་བསྐྱངས་
པར། དེས་ཀྱང་ཁྲི་སྟོན་མཐོན་པོའི་སྟེང་དུ་བཞུགས་སུ་འཇུག་པ་དང་། ཆོས་

དང་མཐུན་པའི་རྟེན་མོ་བགྲེས་པ་སོགས་དམ་པ་ཉིད་ཀྱི་དགོངས་བཞེད་དང་མཐུན་པའི་མཉེས་པ་འབབ་ཞིག་སྒྲུབ་ཅིང་། རིང་པོར་མི་ཐོགས་པར་རྫིང་ནང་གི་པདྨོ་བཞིན་དུ་གཞན་གྱི་ཟླ་བསྐྱེད་ལས་རྗེ་འདིའི་ཞག་བསྐྱེད་ཆེ་བ་དང་། དེ་བཞིན་དུ་གཞན་དག་གི་ལོ་བསྐྱེད་ལས་ཀྱང་ཟླ་བསྐྱེད་ཆེ་བར་གྱུར་ནས་ཡང་ཚོའི་གང་བ་ཕལ་ཆེར་རྫོགས་པ་སྐྱེ་བོ་ཀུན་གྱི་མཐུན་སྣང་དུ་གྲུབ་པར་གྱུར་ལ། དེ་ལྟ་བུའི་གཞོན་ནུའི་རོལ་རྟེད་ཀྱི་ངང་དུ་རེ་ཞིག་ཁྱིམ་གྱི་གནས་དེ་ཉིད་དུ་བཞུགས་པར་མཛད་དོ། །གང་གི་སྐུ་མཆོག་ཨུཏྤལ་གཞོན་ནུའི་དཔལ། །མཚན་དཔེའི་གེ་སར་སྟོང་གིས་ཡོངས་མཛེས་ཤིང་། །སྐྱེ་བོའི་ཡིད་ལ་དགའ་བ་བཀྱུར་བྱེད་འདི། །བསོད་ནམས་འབུམ་ཕྲག་འབུམ་གྱིས་བསྒྲུབ་ལས་ཡིན། །རིང་ནས་རྣམ་དཔྱོད་གསལ་བའི་མེ་ལོང་དུ། །ཉེས་སྤྱོད་མི་སྡུག་མཚན་མས་དབེན་གྱུར་པའི། །རྒྱུ་མཐུན་སླར་ཡང་སྨིན་པས་གཞོན་ནུ་ནས། །རྒྱལ་སྲས་སྤྱོད་པའི་གཟུགས་ཀུན་དུས་གཅིག་གསལ། །དེ་ཕྱིར་ཤེས་ལྡན་ར་ཛ་ཧམ་སའི་ཚོགས། །བསྔགས་བརྗོད་ཁང་གདུབ་སྒྲ་དབྱངས་འཁྲོལ་བཞིན་པར། །ཁྱོད་ཀྱི་གསང་གསུམ་ཡོན་ཏན་པདྨོའི་རྫིངས། །མཐོང་འདོད་མིག་གི་བུང་བ་གེམ་གེམ་གཡོ། །དེ་ནས་ཇི་སྐད་དུ་ལེགས་བཤད་ལས། དམ་པའི་ཡོན་ཏན་སྲས་གྱུར་ཀྱང་། །འཇིག་རྟེན་ཀུན་ལ་ཁྱབ་པར་གསལ། །ཞེས་དང་། ཏག་ཏུ་དམ་པའི་ཡོན་ཏན་རྣམས། །སྐྱེ་བོ་དམ་པས་ལྷག་པར་སྒྲོག །མ་ལ་ཡ་ཡི་ཙན་དན་དྲི། །རླུང་གིས་ཕྱོགས་བཅུར་ཁྱབ་པར་བྱེད། །ཅེས་གསུངས་པ་ལྟར་དམ་པ་རྣམས་ནི་ཁྱིམ་དུ་གནས་པའམ། དགོན་པར་གནས་པའམ། གཞོན་ནུའམ། རྒན་པོའི་གནས་སྐབས་གང་དུ་གྱུར་ཀྱང་རུང་སྟེ་རྨད་དུ་བྱུང་བའི་ཡོན་ཏན་གྱི་ཁྱད་པར་ནི་ཉི་མ་དང་འོད་ཟེར་བཞིན་ནམ། ཙནྡན་དང་ཙནྡན་གྱི་དྲི་བཞིན་དུ

རང་ཆས་ཤུགས་འབྱུང་གི་ཚུལ་གྱིས་ཀུན་ཏུ་འཕྲོ་ཞིང་གྲགས་པར་འགྱུར་བ་ཞིག་ཡིན་ལ། དེའི་ཕྱིར་མགོན་པོ་འདི་ཡང་རེ་ཞིག་ཁྱིམ་ན་གནས་ཤིང་ན་ཚོད་ཤིན་ཏུ་ཕྲ་བའི་ཚུལ་བསྟན་ན་ཡང་དམ་པའི་རྣམ་ཐར་གསལ་པོར་གྱུར་པའི་སྙན་པའི་གྲགས་པ་ཕྱོགས་དང་ཕྱོགས་མཚམས་ཀུན་ཏུ་ཁྱབ་ཅིང་། དེ་དང་དུས་མཚུངས་སུ་ཆབ་མདོར་ཡང་ཁྲིའུ་ཁྲིད་པར་དུ་འཕགས་པ་ཞིག་ཡོད་པར་སྣང་ངོ་ཞེས་དང་། དེ་གཉིས་ཀྱི་ནང་ནས་ཀྱང་སྐྱོ་བོའི་ཡུལ་གྱི་དེ་ནི་ངོ་མཚར་འགྲན་ཟླ་དང་བྲལ་བ་ཞིག་སྟེ་ངེས་པར་ཧ་ཚག་གོང་མའི་སྤྲུལ་སྐུ་ཡིན་པར་ངེས་སོ་ཞེས་པ་ལ་སོགས་པ་སྣ་ཚོགས་སུ་སྙིང་བའི་གཏམ་གཅིག་ནས་གཅིག་ཏུ་བརྒྱུད་དེ་རིམ་གྱིས་གོང་མའི་གདན་སར་ཛ་སག་བླ་མ་ངག་དབང་ནོར་བུ་སོགས་ཞབས་གྲས་དང་གྲྭ་སློབ་རྣམས་ཀྱི་སྤྲ་འཛིན་གྱི་ཡུལ་དུ་སོན་པར་གྱུར་པ་ན། ཇི་ལྟར་གཙུག་ཕུད་ཅན་གྱི་རྣ་བར་དབྱར་གྱི་ཇ་གསང་ཐོས་པ་ལྟར་དགའ་བ་དང་སྤྲོ་བའི་ལང་ཚོ་ཆེ་ཆེར་རྒྱས་ཏེ། ཨེ་མ་ད་ནི་བདག་ཅག་རྣམས་ཀྱི་ཡུན་རིང་པོར་སྟོར་བའི་ཡིད་བཞིན་གྱི་ནོར་བུ་རིན་པོ་ཆེ་དེ་སླར་ཡང་རྙེད་པའི་སྐལ་བཟང་རིང་མིན་དུ་ཐོབ་པར་གདོན་མི་ཟ་བར་སེམས་སོ། །ཨེ་མ་སངས་རྒྱས་རྣམས་ནི་གདུལ་བྱ་འདུལ་བའི་དུས་ལས་ནམ་ཡང་གཡེལ་བ་མི་མངའ་བར་གསུངས་པ་ནི་ཤིན་ཏུ་བདེན་ཏེ་བར་སྐབས་སུ་ཞི་བའི་དབྱིངས་སུ་ཐུང་ཟད་མནལ་ཚུལ་བསྟན་ཀྱང་སླར་ཡང་མྱུར་བ་མྱུར་བར་སྤྲུལ་པའི་རོལ་གར་སྟོན་པར་མཛད་པའི་ཕྱིར་རོ། །ཨེ་མ་དེ་ནི་བདག་ཅག་རྣམས་ཀྱི་མགོན་སྐྱབས་དཔུང་གཉེན་བླ་ན་མ་མཆིས་པའི་དམ་པ་དེ་ཉིད་སླར་ཡང་བདག་ཅག་ལ་རྗེས་སུ་བརྩེ་བས་དྲངས་བཞིན་དུ་སྐྱོ་བོའི་ཡུལ་དུ་སྲིད་པ་བཟུང་བར་གོར་མ་ཆག་གོ་ཞེས་སོགས་ཕན་ཚུན་གཅིག་ལ་གཅིག་དགའ་བའི་ཅ་ཅོ་འཁོར་ཡུག་ཏུ་སྒྲོག་པར་གྱུར་ཏོ། །འོན་ཀྱང་རྣམ་དཔྱོད་དང་ལྡན་པ་

དེ་དག་ནི། ཇི་སྐད་དུ། མཛངས་ཡིག་ལེགས་བཤད་གསེར་འཕྲེང་ལས། བྱ་བ་ཀུན་ལ་བརྟགས་ཤིང་འཇུག་པ་དང་། །ཀུན་ལ་བདེ་ཞིང་ངན་གཡོ་མི་བྱེད་པ། །བདེན་པར་སྨྲ་ཞིང་མགུ་བར་སླ་བ་ཡི། །མི་དེ་འཇིག་རྟེན་འདི་ན་བཟང་པོ་ཡིན། །ཅེས་གསུངས་པ་ལྟར། བརྟན་ཞིང་དྲང་ལ་རང་ཚུགས་ཆེ་བ་ཡ་རབས་བཟང་པོའི་སྤྱོད་ཚུལ་ཅན་ཤ་སྟག་ཡིན་པས་ན་སྔར་ཡང་འདི་སྐམ་དུ། གྱི་མ་འཇིག་རྟེན་ན་སྐྱེ་བོ་ཕལ་པ་དག་རང་ཉིད་འབའ་ཞིག་གི་ཚེ་འདིའི་འཚོ་འཚོས་ཀྱི་ཕྱིར་དུ་ཟས་ནོར་ལ་སོགས་པ་མནོག་ཆུང་སྙིང་པོ་མེད་པ་ཅུང་ཟད་ཙམ་ཞིག་ཉོ་ཚོང་བྱེད་པ་ན་ཡང་བརྟགས་ཤིང་དཔྱད་པ་དུ་མར་བྱེད་ན། བྱ་བའི་གནས་འདི་ལྟ་བུ་ནི་ལྷ་དང་བཅས་པའི་ཡིད་ཅན་སྐྱེ་རྒུ་ཐམས་ཅད་ཀྱི་གནས་སྐབས་དང་མཐར་ཐུག་གི་དོན་རྒྱ་ཆེན་པོ་འགྲུབ་ཕྱིར་དུ་ཡིན་པས་སྔོ་དུ་མ་ནས་ལེགས་པར་བརྟག་དཔྱད་བྱ་བར་རིགས་ཀྱི། དེ་ལྟ་མིན་པར་ཇི་སྐད་དུ། བླུན་པོ་གྲགས་པའི་རྗེས་སུ་འབྲང་། །ཕྱིར་ན་ཀུ་ཅོ་འདོན་པ་ལ། །རྒྱུ་མཚན་མེད་པར་གཞན་དག་རྒྱུག །ཅེས་དང་། ཇི་ལྟར་ལུག་དང་རྨོངས་པའི་འཕྲེང་། །གཅིག་སོང་རྗེས་སུ་རྒྱུག་པ་ཉིད། །ཅེས་པ་ལྟར་གཞན་ཟེར་གྲགས་གཏམ་ཙམ་གྱི་རྗེས་སུ་འབྲངས་ནས་མ་བརྟགས་པར་བབ་ཅོལ་དུ་ལུག་གི་འཕྲེང་བ་བཞིན་དུ་རྒྱུ་མཚན་མེད་པར་གཅིག་རྗེས་གཉིས་མཐུད་དུ་རྒྱུག་པ་དང་། དང་དུ་ལེན་པ་ནི་བླུན་པོ་རྣམས་ཀྱི་རང་མཚང་ཡིན་པ་ལས་མཁས་པའི་ངང་ཚུལ་དུ་མི་རིགས་པ་མ་ཟད་བརྒྱ་ལ་གལ་ཏེ་ནོར་འཁྲུལ་གྱི་རིགས་བྱུང་ན་ནི་ཡན་ལག་བརྒྱད་ལྡན་གྱི་ཟིང་བུ་རིང་དུ་བཏང་ནས་བ་སླང་གི་མིག་ཆུར་རེ་བ་བྱས་པ་དང་མཚུངས་པར་འགྱུར་བ་དང་། ལྷག་པར་བསྟན་པ་དང་འགྲོ་བ་ཡོངས་ཀྱི་ལེགས་ཚོགས་ཀླབས་པོ་ཆེ་ཡང་ཉམས་པར་འགྱུར་བས་ཅི་ནས་ཀྱང་བསྲེགས་

བཅད་བརྡར་བའི་གསེར་བཞིན་དུ་དཔྱད་པ་བརྒྱས་ལན་བརྒྱར་བརྟགས་དགོས་པར་མཐོང་ངོ་ཞེས་ནང་ཡན་ཚུན་དུ་གླེང་ནས། ཐོག་མར་བརྟག་དཔྱད་བྱ་ཕྱིར་སྐུ་གོང་མའི་དུས་མི་རྟོག་གི་དཀའ་ཚལ་སྐྱོང་མི་སྲིན་གནས་ཟེར་བ་དད་པ་ཅན་རྗེ་གོང་མས་ཀྱང་ལྷག་པར་མཉེས་པ་ཞིག་ཡོད་པ་དེ་སྲུང་པོའི་ཆ་བྱད་དུ་བྱས་ནས་སྐུ་དྲུང་དུ་གཏང་བར་རྗེ་འདི་ཉིད་ཀྱིས་ཐུགས་རྗེ་ཆགས་ཐོགས་མི་མངའ་བའི་རང་མདངས་གསལ་པོར་བསྟན་ཏེ་གཟིགས་མ་ཐག་ཏུ་ཕོའི་མིང་ནས་སྨོས་ཏེ་ཁྱོད་ཉིད་གཟུགས་ཁམས་བདེའམ། མི་རྟོག་གི་ལུམ་རར་མི་རྟོག་ལེགས་པོ་ཡོད་དམ་ཞེས་བཀའ་སྩལ་བས་ཕོ་པ་ཡིད་ཆེས་ཀྱི་དད་པའི་སྤུ་ལོང་མཆི་མ་འཁྲུག་པ་ཙམ་དུ་གྱུར་ཅིང་། དེ་ནས་ཆབ་མདོའི་ཁྱིའུ་དེའི་དྲུང་དུ་ཕྱིན་པར་དེས་ཀྱང་གསུང་དེ་ཙམ་མ་ཐེབས་ཀྱང་རང་བཞིན་མཉེས་ཚུལ་ཆ་མཚུངས་ལྟ་བུར་བྱུང་བས་འདི་ཡང་རྗེ་བླ་མ་དེ་ཉིད་ཀྱི་རྣམ་སྤྲུལ་གྱི་ཁྱེ་བྲག་ཅིག་ཡིན་པ་འདྲ་སྙམ་པ་བྱུང་། སླར་རང་ཡུལ་དུ་ལོག་ནས་རྒྱུ་མཚན་ཇི་བཞིན་དུ་བཤད་པར་ཕལ་ཆེ་བ་ངེས་ཤེས་ཇེ་འཇོངས་སུ་གྱུར་ནའང་ད་དུང་དེ་ཙམ་ལ་ཆ་མ་བཞག་པར་ངེས་པར་བོད་ཕྱོགས་སུ་དུས་གསུམ་སྒྲིབ་བྲལ་དུ་གཟིགས་པའི་བདག་ཉིད་ཆེན་པོ་རྣམས་ལ་ལུང་བརྟག་ཞུ་སོགས་གནད་སྨིན་དུ་བྱས་ནས་ཐེ་ཚོམ་ཡིད་གཉིས་སོགས་ཀྱི་གནས་ཏིལ་འབྲུ་ཙམ་ཡང་མེད་པ་ཚང་མ་ཡིད་ཆེས་ངེས་སུ་གྱུར་པ་ཞིག་མ་བྱུང་ན་དེང་དུས་ཀྱི་མི་རྣམས་ཙོལ་ཆུང་གཡམ་ལ་རྒྱུག་པ་མང་བས་དམ་པའི་སྐུ་སྐྱེ་འཁྲུལ་མེད་ཉེད་ཀྱང་ཡིན་མིན་གྱི་གླེང་བརྗོད་དང་སྐུར་བ་འདེབས་པ་སོགས་ཀྱིས་རང་གཞན་གྱི་རྒྱུད་ལ་བསོད་ནམས་མ་ཡིན་པའི་ས་བོན་འདེབས་པར་གྱུར་ན་མི་རུང་ཞེས་བཀའ་བགྲོས་ནས་བོད་ཕྱོགས་སུ་༧སྐྱབས་མགོན་པཎ་ཆེན་ཐམས་ཅད་མཁྱེན་གཟིགས་གཙོ་བོར་གྱུར་པའི་སྐྱེས་ཆེན་

རྣམས་དང་། ཆོས་སྐྱོང་ཡེ་ཤེས་ཀྱི་སྤྱན་ལྡན་རྣམས་ལ་བཀའ་ལུང་ཞུ་བར་ཞབས་བྲས་རྣམ་དཔྱོད་དང་ལྡན་པ་གོ་ཆོད་ངེས་གྲོགས་བཅས་ཀྱི་གདོང་སྤྲུལ་སྐྲ་རྡོགས་གནས་ཡོད་རིགས་གཉིས་ཀྱི་ཡབ་ཡུམ་དང་མིང་སོགས་གསལ་འདོད་ཀྱི་ཞུ་ཡིག་དང་བཅས་ཏེ་ཆེད་དམིགས་ཀྱིས་གཏོང་བར་མཛད་ཅིང་། དེ་དག་གིས་ཀྱང་ལམ་བར་སོགས་སུ་འགྱངས་གཞིར་མ་གྱུར་པར་མགྱོགས་མྱུར་དབུས་ལྤོངས་སུ་བརྫོལ་ཏེ། ཐོག་མར་ཕུར་བུ་ལྕོག་ཏུ་མཁས་གྲུབ་ཀུན་གྱི་གཙུག་རྒྱན་རྒྱལ་ཚབ་མ་ཕམ་མགོན་པོ་དང་གཉིས་སུ་མ་མཆིས་པ་བླ་མ་བྱམས་པའི་མཚན་ཅན་གྱི་ཞབས་དྲུང་དུ་བཅར་ནས་ཞུ་ཡིག་དང་། རྒྱུ་མཚན་རྣམས་ཞིབ་ཏུ་ཞུས་པར་བླམ་རིན་པོ་ཆེས་བཀའ་ཕེབས་སུ། དེ་ནི་ངེས་པར་འཇམ་མགོན་བསྟན་པའི་རྩ་ལག་མཚུངས་ཟླ་མ་མཆིས་པ་ཞིག་ཡིན་པས་གཞན་དག་ལ་བྱེད་པ་ལྟར་ང་བཞིན་སླ་བཅོས་ཀྱི་མོ་སོགས་བཏབ་པས་མི་འོང་བས་དཔལ་ལྡན་ལྷ་མོ་དམག་ཟོར་གྱི་རྒྱལ་མོ་ཉིད་ལ་འཕྲིན་ལས་ལེགས་པར་བཅོལ་ནས་གསོལ་བ་བཏབ་སྟེ་ལན་བྱེད་པས་ཁྱེད་རང་རྣམས་ཀྱང་འཚབ་འཚབ་མ་བྱེད་པར་དོན་ཆེན་སྒྲུབ་པར་ངང་རིང་དགོས་པ་ཡིན་པས་དེ་རིང་སང་རྣམས་སྒྲུག་སྡོད་བགྱིས་ཞེས་བཀའ་སྩལ་པ་བཞིན་དང་དུ་བླངས་ནས་སྒྲུག་སྡོད་ཞུས་པར། དེའི་ཕྱི་ཉིན་གསོལ་ཚིགས་ཀྱི་མཇུག་ཏུ་བཀའི་ཕེབས་སྐོར། ཕོ་བོས་ཡེ་ཤེས་ཀྱི་ལྷ་མོར་སྙིང་ནས་འཕྲིན་ལས་བཅོལ་ཏེ་གསོལ་བ་བཏབ་པའི་བརྟགས་པའི་དབང་ལྟར་ན་ངེས་པར་སྤྲུལ་པོར་འཁྲུངས་པ་དེ་ཉིད་འཁྲུལ་མེད་དུ་བབ་བྱུང་བར་དེ་དོན་བཞིན་ཞུ་ཡིག་སོགས་ཀྱི་ལན་དུའང་ཡོད་ཅིང་། འོན་ཀྱང་འདི་རིགས་རྩ་བ་ཆེ་བས་ད་དུང་གཙོ་བོར་པཎ་ཆེན་ཐམས་ཅད་མཁྱེན་གཟིགས་མཆོག་དང་། ལ་མོ་ཆོས་སྐྱོང་ཚངས་པ་ཆེན་པོ་སོགས་ལ་ནན་ཏན་དུ་ཞུས་ཤིག་ཅེས་བཀའ་སྩལ་བར་

མཛད་ལ། དེ་ཡང་རྗེ་བྱམས་པ་རིན་པོ་ཆེ་འདི་ཉིད་ངེས་དོན་དུ་གྲུབ་པའི་འཁོར་ལོས་བསྒྱུར་བའི་གོ་འཕང་མཐོན་པོར་གཤེགས་པས་ལྐོག་གྱུར་གྱི་ཆོས་ཐམས་ཅད་མངོན་སུམ་དུ་གཟིགས་ཤིང་མཁྱེན་པ་ཞིག་ཡིན་མོད་ཀྱང་ད་དུང་ཡེ་ཤེས་ཀྱི་ལྷ་མོར་འདྲི་བའི་ཚུལ་མཛད་པ་ནི། རྗེས་སོར་རང་བཞིན་ངན་པའི་སྐྱེ་བོ་སྡིག་ཏོ་ཅན་དག་གིས་རོལ་ཚོད་དང་རང་བཟོ་མཛད་དོ་ཞེས་འཕྱས་གདགས་པ་སྤྱོང་བའི་ཕྱིར་དང་། རྗེ་བླ་མ་འདི་ཉིད་དུས་གསུམ་རྒྱལ་བའི་སྤྱི་གཟུགས་འཇིག་རྟེན་གྱི་སྒྲོན་མེ་གོང་ན་མ་མཆིས་པ་ཡིན་པས་སྣང་ཆུང་དང་མཉམ་འགྲོགས་ཀྱིས་ལས་བསགས་པར་མི་རིགས་སོ་ཞེས་ཀུན་ལ་འདོམས་པར་མཛད་པའི་ཕྱིར་རང་ཡིན་ནོ། །ལྐོག་གྱུར་ཆོས་ཀུན་མེ་ལོང་གཟུགས་བརྙན་བཞིན། །མ་འདྲེས་ཅིག་ཆར་ཐུགས་སུ་ཆུད་མོད་ཀྱང་། །གཞན་ངོར་འདྲི་དང་རྙེད་པའི་ཚུལ་མཛད་པ། །ངན་པའི་སྐྱེ་བོ་རྣམས་ལ་ཐེངས་སྣད་བྱས། །ཐབས་ལ་མཁས་པའི་དམ་པའི་མཛད་པའི་གཏིང་། །ཇི་བཞིན་རྟོགས་པར་ནུས་པ་ཆེས་དཀའ་མོད། །འོན་ཀྱང་ལུང་དང་རིགས་པས་རྗེས་དཔགས་ན། །ཆ་ཙམ་ཤེས་པར་འགྱུར་བའང་གདོན་མི་ཟ། །དེ་ནས་ཞབས་གྲས་རྣམས་ཀྱིས་ཀྱང་རྗེ་བྱམས་པ་རིན་པོ་ཆེའི་བཀའ་བཞིན་དུ་མ་འགྱངས་པར་གཙང་ཕྱོགས་སུ་ཕྱིན་ཏེ་བཀྲ་ཤིས་ལྷུན་པོར་བདེ་ལྡན་ཞིང་གི་མགོན་པོ་སྣང་མཐའ་ངུར་སྨྲིག་གར་རོལ་པཎ་ཆེན་ཐམས་ཅད་མཁྱེན་པ་བློ་བཟང་དཔལ་ལྡན་ཡེ་ཤེས་དཔལ་བཟང་པོའི་ཞབས་དྲུང་དུ་བཅར་ནས་ཞུ་ཡིག་རྟེན་དང་བཅས་པ་རྣམས་ཕུལ་ཞིང་གནས་ཚུལ་རྣམས་ཀྱང་ཞིབ་ཏུ་ཞུས་མཐར་བསྟན་འགྲོ་སྤྱི་དང་ནང་ཚན་བདག་ཅག་ཞབས་གྲས་སློབ་འབངས་དང་བཅས་པ་རྣམས་རྗེ་དེ་ཉིད་ཀྱི་མཆོག་གི་སྤྲུལ་སྐུའི་རང་ཞལ་འཁྲུལ་མེད་ནམ་མཇལ་སྐམ་དུ་སོས་དུས་ཀྱི་བྱེའུ་གནམ་ཆུ་སྨྲུག་པ་ལྟར་

མཆིས་པ་རྣམས་ལ་ཐུགས་བརྩེ་བ་ཆེན་པོས་ཀུན་ནས་བསླངས་ཏེ་བཀའ་ལུང་སྨྲ་གསང་མེད་པ་གསལ་དྭངས་ལྷུག་སྤྲོལ་ཡོད་པ་ཞིག་ཅི་ནས་མཁྱེན་མཁྱེན་ཞེས་གསོལ་བ་ནན་ཆེར་བཏབ་པར་ཬཔ་ཎ་ཆེན་ཐམས་ཅད་མཁྱེན་པ་མཆོག་ནས་ཀྱང་རྣམ་པ་ཐམས་ཅད་མཁྱེན་པའི་ཡེ་ཤེས་ཀྱིས་ལན་བརྒྱར་དཔྱད་པའི་ཐུགས་དམ་བརྟགས་པ་གནང་སློབ་ཏུ་མཛད་པའི་ཕྱིར་ཕེབས་སུ། ཁོ་བོས་བརྟག་པ་ནན་ཏན་དུ་བགྱིས་ཟླ་དར་ལ་བབ་བྱུང་བས་ཤིན་ཏུ་ལེགས། ལས་ནས་དོགས་གནས་ཡོད་རིགས་ཀྱི་ཁྲིའུ་དེ་གཉིས་ཅར་ཏ་ཚག་གོང་མ་རྗེ་བློ་བཟང་དཔལ་ལྡན་རྒྱལ་མཚན་རང་གི་ཐུགས་རྗེའི་སྒྱུ་འཕྲུལ་ཡིན་པས་བྱིན་རླབས་ལ་ཁྱད་པར་མེད་ཅིང། འོན་ཀྱང་གཅིག་ཤོས་དེ་ནི་སྐབས་ཐོབ་དགོས་པའི་དབང་གིས་བསྟན་པ་ཙམ་ལས་དོན་དུ་བོད་གངས་ཅན་གྱི་བསྟན་པ་དང་འགྲོ་བའི་མགོན་དུ་བསམ་བཞིན་དུ་བྱོན་པའི་སྤྲུལ་སྐུ་འཁྲུལ་མེད་ནི་སྔོ་བོར་ཡོད་པ་དེ་ཉིད་ཡིན་པས་དེ་ཁ་ངོས་འཛིན་བྱས་ཏེ་གོང་མའི་གདན་སར་མངའ་གསོལ་ན་སྐུ་ཚེ་ཡང་ཡུན་དུ་བརྟན་ཅིང་རྒྱལ་བ་ཙོང་ཁ་པ་ཆེན་པོའི་བསྟན་པ་ལ་ཕན་པ་རྒྱ་ཆེར་འབྱུང་བ་འགྲན་ཟླ་དང་བྲལ་བའི་སྐྱེས་ཆེན་ཞིག་འོང་བར་སྣང་བས་མཚན་ཡང་བློ་བཟང་བསྟན་པའི་མགོན་པོ་ཞེས་བྱ་བར་གསོལ་ཞིག །ཅིག་ཤོས་དེ་ནི་རེ་ཞིག་ཙམ་ལས་གཞན་དུ་སྐུ་ཚེ་ཡང་མཐར་ཕྱིན་པར་དཀའོ་ཞེས་ནོར་བུ་ལག་མཐིལ་དུ་སྟེད་པ་ལྟ་བུའི་བཀའ་ལུང་ཞིབ་གསལ་གྱི་ཕྱག་བྲིས་དང་བཀའ་ངག་བཅས་སྩལ་བས་ཞུ་བ་པོ་རྣམས་དགའ་ཞིང་མགུ་ལ་དད་ཅིང་ཡིད་རངས་པར་གྱུར་བཞིན་པར་དབུས་སུ་འཁོར་ནས་ནང་ཁྲོས་སུ། ད་ནི་རྗེ་བྱམས་པ་རིན་པོ་ཆེ་དང་པཎ་ཆེན་ཐམས་ཅད་མཁྱེན་གཟིགས་ཆེན་པོ་བཅས་སངས་རྒྱས་དངོས་གཉིས་དགོངས་པ་གཅིག་དང་དབྱངས་གཅིག་པའི་སྒོ་ནས་སྒྲིབ་བྲལ་གསལ་པོར་སྟོན་པའི་བཀའ་

ལུང་དེ་ལྟ་བུ་ཕེབས་པ་ལས་ལྷག་པའི་གཞན་དུ་དྲི་བ་དང་བརྟག་ཞིབ་བྱེད་དགོས་པ་ཞིག་མ་མཆིས་མོད། འོན་ཀྱང་དེང་དུས་བློ་ཆུང་འགའ་ཞིག་བདག་ཉིད་ཆེན་པོ་རྣམས་ལས་ཀྱང་ཆོས་སྐྱོང་གི་བཀའ་ལུང་མཆོག་ཏུ་འཛིན་པ་ཆེས་མང་བས་ན་དེ་དག་གིས་ཀྱང་མ་དད་པ་དང་འཕྱ་བ་སྨྲང་བའི་ཕྱིར་དུ་རྗེ་བྱམས་པ་རིན་པོ་ཆེའི་བཀའ་བཞིན་ལྷ་ཆེན་ཚངས་པ་ལ་ཡང་ཞུ་བར་བགྱིའོ་ཞེས་བགྲོས་ནས་ལ་མོ་ལྷོག་ཏུ་ཚངས་པ་ཆེན་པོ་སྐུ་གསོལ་གྱི་ཐོག་རྒྱུ་མཚན་སྙན་སྐྱོང་ཞུས་པར་ཆོས་སྐྱོང་ནས་ཀྱང་བླ་མ་རྣམ་གཉིས་ཀྱི་བཀའ་དང་མཐུན་པའི་ལུང་བསྟན་གསལ་པོར་སྩལ་ཡོད་པར་སྣང་ལ། འོན་ཀྱང་དེ་དུས་ཀྱི་ལུང་བསྟན་དངོས་གཞིའི་ཡི་གེ་ནི་བར་སྐབས་སུ་ཡིན་པས་སྟོར་ཟིན་བདག་ཅག་གི་མིག་ལམ་དུ་མ་གྱུར་པས་འདིར་འབྲི་བར་རྗེ་མ་ཐོགས་ཤིང་། སླར་རྙེད་རིགས་བྱུང་ཚེ་རྗེས་འཇུག་རྣམས་ཀྱི་དད་རྐྱེན་དུ་འགྱུར་ཕྱིར་རྣམ་ཐར་དུ་འགོད་པར་རིགས་སོ། །

དེ་ལྟར་དམ་པ་རྣམ་གཉིས་དང་ཆོས་སྐྱོང་བཅས་མཐའ་དག་དགོངས་པ་གཅིག་ཏུ་མཐུན་པས་བོད་ཕྱོགས་ཡོངས་མི་རྣམས་ཀྱང་རེ་བའི་བུམ་བཟང་འདོད་པའི་འབྲས་བུས་ཡོངས་སུ་གང་ཞིང་ཐེ་ཚོམ་དང་སོམ་ཉི་དང་ཡིད་གཉིས་སུ་དོགས་པའི་གནས་མེད་པར་བློ་རྩེ་ཆིག་བསྒྲིལ་དུ་གྱུར་ཏེ་དགའ་བ་དང་གུས་པ་འགྲན་བཞིན་པའི་ངང་ནས་མྱུར་བར་རང་ཡུལ་དུ་ལོག་སྟེ་ཇ་སག་བླ་མ་སོགས་དཔོན་འཁོར་གྲྭ་སློབ་བཅས་པར་བཀའ་ལུང་གི་ཡི་གེ་རྣམས་དང་བཀའ་ངག་ཕེབས་ཚུལ་སྙན་དུ་སྒྲོན་པར་ཚང་མ་འདོད་ཐོག་ཏུ་བབ་པས་དགའ་སྤྲོ་ཡིད་རངས་ཤིང་། པཎ་ཆེན་མཆོག་གི་བཀའ་ལུང་ལ་སླར་ཡང་ཞབས་འབྲིང་པ་རྣམ་དཔྱོད་ཅན་དག་གིས་བརྟག་ཞིབ་བྱས་པར་བརྟགས་པ་ཟླ་དར་ལ་བབ་པ་ལེགས་ཞེས་གསུངས་པ་ཡང་། མགོན་པོ་ཉིད་ཀྱི་ཡུམ་གྱི་མཚན་ལ་ཟླ་བ་བུ་ཁྲིད་དང་། ཡབ་

ཀྱི་མཚན་ལ་དར་ལུ་ཞེས་ཡོད་པས་ན་ཡུམ་དང་ཡབ་ཀྱི་མཚན་གསལ་པོར་སྟོན་པར་གོ་ཞིང༌། དེར་མ་ཟད་ཆབ་མདོའི་ཕྱིའུ་དེ་ཡང་རྗེ་གོང་མའི་རྣམ་རོལ་ཡིན་པར་གསུངས་པས་སྐྱེས་བུ་དམ་པ་རྣམས་ཀྱི་སྤྲུལ་པ་ནི་འདི་ཙམ་ཞེས་ཚད་བཟུང་དུ་མེད་པར་གང་ལ་གང་འདུལ་དུ་སྟོན་པ་མཐའ་ཡས་པ་ཡོད་པར་ཡིད་ཆེས་ཏེ་གདུལ་བྱ་འདུལ་བའི་འཕྲིན་ལས་བསམ་གྱིས་མི་ཁྱབ་པའི་གནས་ལ་བཅོས་མིན་གྱི་དད་པ་སྐྱེད་ཅིང༌། དེའི་ནང་ནས་ཀྱང་བདག་ཅག་རྣམས་ལ་དགོས་དོན་གྱི་སྙིང་པོ་ནི་སྤྲུལ་སྐུ་ཡིན་པ་ཙམ་གྱིས་མི་ཆོག་པར། སྤྱིར་སེམས་ཅན་ཡོངས་དང་སྒོས་གངས་རིའི་ཁྲོད་ཀྱི་བསྟན་པ་དང་འགྲོ་བ་ཀུན་གྱི་མགོན་སྐྱབས་སུ་འགྱུར་བ། ཡང་སྒོས་ཁྱད་པར་ཅན་དུ་རྗེ་རྒྱལ་བ་གཉིས་པའི་བསྟན་པ་འཛིན་སྐྱོང་སྤེལ་བའི་སྲོག་ཤིང་དུ་སྨིན་པ། སྐུ་ཚེ་ཞབས་པད་ཡུན་དུ་བརྟན་པ་ཞིག་མེད་མི་རུང་གི་གནད་ཀྱི་སྙིང་པོ་ཡིན་པས། དེ་ལྟ་བས་ན་༧པཎ་ཆེན་ཐམས་ཅད་མཁྱེན་པ་སོགས་ལྷ་དང་བླ་མ་རྣམས་ཀྱི་བཀའ་ལུང་བཞིན་སྤྱོའོ་མལ་ཛོར་ཡོད་པའི་སྤྲུལ་སྐུ་རིན་པོ་ཆེ་དེ་ཉིད་རིང་མིན་མྱུར་དུ་སྤྱན་དྲངས་ཏེ་ཆོས་ཀྱི་ཁྲི་འཕང་མཐོན་པོར་མངའ་གསོལ་བར་བྱ་བའི་དུས་ལ་བབ་པོ་ཞེས་དཔོན་འཁོར་གྲྭ་སློབ་ཡོན་བདག་དང་བཅས་པ་མཐའ་དག་མགྲིན་གཅིག་ཏུ་བློ་གྲོས་མཐུན་པར་གྱུར་ཏོ། །ཇི་ལྟར་ཙན་དན་ལྗོན་པའི་ཕུང་པོ་ནི། །ཕུག་ཏུ་གནས་ཀྱང་དྲི་བསུང་ཀུན་འཐྲོ་བ། །དེ་བཞིན་ཁྱོད་ཀྱི་གྲགས་པའི་བསུང་ཞིམ་པོས། །ཕྱོགས་ཀྱི་འཁོར་ལོའི་ཁྱོན་འདི་མཛེས་པར་བྱས། །གྲགས་སྙན་དབྱར་གྱི་ཟ་གསང་མཐོན་པོའི་སྒྲ། །དད་ལྡན་གཙུག་ཕུད་ཅན་གྱི་ཐོས་འཛིན་དུ། །སོན་ཆེ་དགའ་བའི་སྒྲོ་གཤོག་རབ་བརྒྱངས་ཏེ། །ཡིད་ཆེས་གུས་པའི་ངོ་རར་གར་ཡང་རྩེན། །འོན་ཀྱང་མ་བརྟགས་གྲགས་པའི་གཏམ་ཙམ་གྱི། །རྗེས་སུ་བབ་ཅོལ་འཇུག་པ་བླུན་པོའི་

ཚུལ། །ཡིན་གྱི་མཁས་པའི་བྱ་བར་མཛེས་མིན་ཕྱིར། །སླར་ཡང་དཔྱད་ཚུལ་བརྒྱ་ཡིས་བརྟགས་པར་སེམས། །དེ་ཚེ་དམ་པའི་རིན་ཆེན་ཆ་བརྒྱད་དམ། །འོན་ཏེ་ཕལ་པའི་མཆིང་བུ་གང་ཞིག་ཅེས། །རྣམ་དཔྱོད་འབུམ་གྱི་སྲང་ལ་གཞལ་བའི་ཚེ། །དགོས་འདོད་འབྱུང་བའི་ནོར་བུར་ངེས་པ་རྙེད། །ད་དུང་ཚད་མར་གྱུར་པའི་མགོན་རྣམས་ཀྱི། །བདེན་པའི་ལུང་གིས་དབུགས་དབྱུང་ཐོབ་པའི་ཕྱིར། །བདེ་ལྡན་ཞིང་གི་མགོན་པོ་ལ་སོགས་པར། །གསོལ་འདེབས་ངག་གི་མེ་ཏོག་ལན་བརྒྱར་འཐོར། །ཐམས་ཅད་མཁྱེན་པའི་ཡེ་ཤེས་ཁྱོན་གཅིག་གིས། །མི་ཤེས་སྨོངས་པའི་མུན་ཚོགས་དྲུང་འབྱིན་ཏེ། །བླང་དོར་གནས་ཀུན་གསལ་པོར་སྟོན་པ་ཡི། །བཀའ་ལུང་རྡོ་རྗེའི་ཅོད་པན་སྤྱི་བོར་བཅིངས། །དེས་ནི་དད་ལྡན་སྙིང་ལ་བདུད་རྩི་བཞིན། །སེམ་པའི་དགའ་བ་རྒྱ་ཆེར་སྤྱོད་པའི་མཐར། །རིན་ཆེན་གླིང་ནས་ནོར་བུ་ཇི་བཞིན་དུ། །འདོད་བྱའི་སྙིང་པོ་ལེན་ལ་རིངས་པར་གྱུར། །དེའི་དུས་སུ་བདག་ཉིད་ཆེན་པོ་དེ་ཡང་སྐུའི་ན་ཚོད་ཀྱི་སྟོང་བུ་ཆེ་ཆེར་ཕྲ་ཡང་རྣམ་དཔྱོད་ཀྱི་ཟེ་འབྲུ་ལྷག་པར་དུ་རྒྱས་པས་འདི་སྐམ་དུ་དགོངས་པར་གྱུར་ཏེ། ཀྱེ་མའོ་བདག་ཉིད་འགྲོ་བའི་དོན་དུ་བསམ་བཞིན་དུ་མིའི་སྲིད་པ་འཛིན་པའི་དགོས་དོན་གྱི་གཙོ་བོ་ནི་འདི་ལྟར་ཁྱིམ་དུ་གནས་ནས་སོས་དལ་གྱི་ནར་འདུག་པ་ནི་མ་ཡིན་ཏེ། ཅིའི་ཕྱིར་ན། དུས་གསུམ་གྱི་སངས་རྒྱས་རྣམས་དང་སྔོན་གྱི་མཁས་གྲུབ་གོང་མ་ཕལ་ཆེ་བ་ཡང་ཁྱིམ་ནས་ཁྱིམ་མེད་པར་རབ་ཏུ་བྱུང་སྟེ། གླེག་པ་ཐོས་བསམ་དང་སྒོམ་པ་བསམ་གཏན་གྱི་གནས་ལ་དད་ཅིང་གོམས་པ་ལྷུར་བླངས་པས་རང་གཞན་གྱི་དོན་གཉིས་འགྲུབ་པ་ཤ་སྟག་ཡིན་པས་ན་བདག་ཀྱང་མྱུར་བར་དེ་རྣམས་ཀྱི་རྗེས་སུ་འཇུག་ནས་གོང་མའི་རྣམ་ཐར་ཟིན་པ་ཞིག་ཅི་ནས་མཛད་དགོས་སྙམ་པ་དང་།

དེར་མ་ཟད་ཇི་སྐད་དུ་སྐྱེས་རབས་ལས། བཙོན་ར་འདྲ་བའི་ཁྱིམ་ལ་ནི། །ནམ་ཡང་བདེ་བར་མ་སེམས་ཤིག །ཕྱུག་གམ་ཡང་ན་དབུལ་ཡང་རུང་། །ཁྱིམ་ན་གནས་པ་ནད་དུ་ཆེ། །གཅིག་ནི་བསྲུང་བས་ཉོན་མོངས་ལ། །གཉིས་པ་ཚོལ་བས་ཤ་ཐང་ངོ་། །ཞེས་དང་། གལ་ཏེ་ཆོས་སྤྱོད་ཁྱིམ་གྱི་སོ་ནམ་འཚོར། །ཁྱིམ་ལ་ཕྱོགས་ན་ཆོས་ཀྱང་ག་ལ་འགྲུབ། །ཆོས་ཀྱི་ལས་ནི་རབ་ཏུ་ཞི་བ་ཡིན། །ཁྱིམ་གྱི་ལས་ནི་དྲག་ཤུལ་ཅན་གྱིས་འགྲུབ། །དེ་བས་ཆོས་དང་འགལ་བའི་སྐྱོན་ཡོད་ཕྱིར། །བདག་ལ་ཕན་འདོད་སུ་ཞིག་ཁྱིམ་ན་གནས། །ཞེས་གསུངས་པ་ལྟར་ཁྱིམ་ན་གནས་པ་ནི་ཡུད་ཙམ་ཞིག་གིས་ཉེས་པ་མི་བཟད་པ་སྐྱེ་བའི་འབྱུང་གནས་དུག་སྦྲུལ་ནག་པོའི་གདེངས་ཀའི་གྲིབ་སིལ་ལ་བརྟེན་པ་ལྟ་བུ། སྡུག་བསྔལ་གྱི་སྒྲོག་ཏུ་དམ་པོར་ཚུད་ཅིང་ཡུན་རིང་པོར་ཐར་བར་དཀའ་བ་འཇིགས་རུང་གི་བཙོན་ར་ཆེན་པོར་ཚུད་པ་ལྟ་བུ། བྱ་བ་མ་ཡིན་པའི་ལས་ཀྱིས་དགེ་བའི་སྡོང་ཤིང་མཐའ་དག་བསྲེགས་པར་བྱེད་པས་མེ་འབར་བའི་གློང་ལྟ་བུ། དཀའ་བ་ཆེ་ལ་སྙིང་པོ་ཅུང་ཟད་ཀྱང་མི་འབྱིན་པའི་ལས་ལ་ཤ་ཐང་ཐང་དུ་འབད་པས་རབ་ཏུ་ངལ་བ་རི་དྭགས་སྨིག་རྒྱུ་སྙོག་པ་ལྟ་བུ། མི་འདོད་པ་ཐོག་ཏུ་བབ་པ་དང་འདོད་པ་བཙལ་གྱིས་མི་རྙེད་པ་སོགས་ཀྱི་ཚོར་བ་ཡིད་མི་བདེས་རྒྱུན་དུ་མནར་བས་བདེ་བའི་གོ་སྐབས་ཅུང་ཟད་ཀྱང་མེད་པ་གསོད་པར་ངེས་པའི་སྐྱེ་བོ་དང་འདྲ་བ་སོགས་ཉེས་པ་དཔག་ཏུ་མེད་པའི་གནས་སུ་གཟིགས་པའི་ངེས་འབྱུང་ཚད་མེད་པ་ཐུགས་རྒྱུད་ལ་འཁྲུངས་ཤིང་། དེའི་ལྷག་ཕྱོགས་རབ་ཏུ་བྱུང་བ་ནི། ཇི་སྐད་དུ་མདོ་ལས། འདི་ནི་དགེ་བར་ལེགས་སྨྲས་ང་ཡང་འདོད་པ་སྟེ། །རབ་ཏུ་བྱུང་བ་མཁས་པ་རྣམས་ཀྱིས་རྟག་ཏུ་བསྔགས། །དེ་ནི་བདག་ལ་ཕན་ཞིང་སེམས་ཅན་གཞན་ལའང་ཕན། །འཚོ་བ་བདེ་ཞིང་ཉམས་མཐུན་འཆི་མེད་

འབྲས་བུར་འགྱུར། །ཞེས་གསུངས་པ་ལྟར། མངོན་པར་མཐོ་བ་དང་ངེས་པར་ལེགས་པའི་ཡོན་ཏན་ཐམས་ཅད་ཀྱི་འབྱུང་གནས་ཞིང་ས་གཉེན་པོ་དང་འདྲ་བ་དང་། ཕྱོགས་བཅུའི་སངས་རྒྱས་སྲས་དང་བཅས་པས་བསྔགས་པར་འགྱུར་བ་དང་། ལྷ་དང་བཅས་པའི་འཇིག་རྟེན་ཐམས་ཅད་ཀྱིས་ཕྱག་བྱ་བར་འགྱུར་བ་དང་། འདི་ནས་བཟུང་སྟེ་ཕྱི་མའི་མུ་མཐའི་མཐར་གཏུགས་པར་བདེ་བ་ནས་བདེ་བར་འགྲོ་བར་འགྱུར་བ་དང་། རང་གཞན་གྱི་དོན་མཐའ་དག་ཀྱང་བདེ་བླག་ཏུ་འགྲུབ་པ་སོགས་ལེགས་ཚོགས་ཐམས་ཅད་ཀྱི་གཞི་རྟེན་དུ་གཟིགས་པས་ཅི་ནས་མྱུར་བར་ཁྱིམ་འདི་ནས་མངོན་པར་འབྱུང་སྟེ་རྒྱལ་བའི་བསྟན་པ་རིན་པོ་ཆེའི་སྒོར་ཞུགས་ནས་ཐོས་བསམ་སྒོམ་གསུམ་ལ་ཇི་ལྟར་འདོད་འདོད་དུ་ཡོངས་སྤྱོད་པ་ཞིག་ནམ་ཡོང་སྙམ་དུ་འཁོར་བ་ལས་ཡིད་འབྱུང་བ་དང་རབ་ཏུ་བྱུང་བའི་ཐུགས་འདུན་དྲག་པོས་ཉིན་མཚན་ཁོར་མོ་ཡུག་ཏུ་འདའ་བར་གྱུར་ཏོ། །ཀྱེ་མ་འཁོར་བའི་གནས་ནི་འདུ་འཛི་དང་། །ཉེས་པའི་འབྱུང་གནས་དུག་སྦྲུལ་ཚང་ལྟ་བུར། །གཟིགས་ཚེ་ཁྱོད་ཐུགས་ནོར་འཛིན་དགའ་མའི་མང་ལ། །ངེས་འབྱུང་སྐྱོ་ཤས་ལྷན་གྱིས་བལྷན་པར་གྱུར། །ཚུལ་དེས་བསླུ་བས་ཁྱིམ་ལས་མངོན་འབྱུང་སྟེ། །རང་གཞན་དོན་གཉིས་སྒྲུབ་པའི་འཇུག་ངོགས་མཆོག །ཐུབ་བསྟན་ནོར་བུའི་ཐེམ་སྐས་ལ་འཛེགས་པའི། །དམ་བཅའི་རྩ་བ་ཆེ་ཆེར་བརྟན་པར་གྱུར། །

དེ་ནས་མི་རིང་བར་དམ་པ་ཉིད་ཀྱིས་སྔོན་ནས་དམ་བཅས་པའི་ཐུགས་བསྐྱེད་ཀྱི་མཐུ་དང་། སློབ་འབངས་རྣམས་ནས་ཀྱང་སྒོ་གསུམ་ཆེག་བསྒྲིལ་དུ་གསོལ་བ་བཏབ་པའི་འབྲས་བུ་དང་། མཆོག་གསུམ་བསླུ་བ་མེད་པའི་བདེན་པའི་བྱིན་རླབས་སོགས་དུས་གཅིག་ཏུ་སྒྲིལ་པར་ཉེ་བ་ན་གོང་མའི་གདན་ས་ནས

ཛ་སག་བླ་མ་སོགས་ཞབས་གྲས་སློབ་འབངས་རྣམས་ནས་བསམ་སྦྱོར་གཞན་གྱིས་བར་མ་ཆོད་པར་སྨུར་བ་སྨུར་བར་ངོས་འཛིན་གདན་ཞུ་སོགས་བགྱི་བའི་འདུན་པ་དྲག་པོས་སྤྱ་འཕྲོས་ངོས་འཛིན་ལྷ་བུར་དཔོན་འཁོར་མདོར་བསྡུས་དང་བཅས་ཏེ་སྤྲུལ་སྐུ་རིན་པོ་ཆེ་འབྲུངས་པའི་གནས་ག་ལ་བ་དེར་སོང་ནས་ཐོག་མའི་རྟེན་འབྲེལ་མཚོན་བྱེད་དུ་བཀྲ་ཤིས་པའི་ལྷ་རྫས་སྲིད་དུ་རིང་བ་དང་། ཞིང་ཁམས་རྒྱ་མཚོའི་བཀོད་པ་ཚར་དུ་དངར་བས་སྣ་དྲངས་པའི་འབུལ་ཚན་རགས་བསྡུས་དང་བཅས་ཏེ་མཇལ་ཁ་ཞུས་པར་མཉེས་པའི་རྣམ་འགྱུར་ཚད་མེད་པ་དང་བཅས་བཞིན་པར་ཚང་མ་ངོ་མཁྱེན་པའི་ཚུལ་གསལ་པོར་བསྟན་ཅིང་། མཉྫལ་ཕྱག་ཏུ་ཕུལ་བ་ན་འབྲུ་ཕུད་ནམ་མཁར་འཐོར་ནས་ཐུགས་སྨོན་རྒྱ་ཆེར་བསྐྱངས་པ་སོགས་སྔར་ནས་མཛད་བཞིན་པ་ལྟ་བུ་དང་། གཞན་ཡང་སྐུ་གསུང་ཐུགས་ཀྱི་མཛད་སྤྱོད་གང་ལ་བལྟས་ཀྱང་སྐུ་གོང་མ་ཇི་ལྟ་བ་བཞིན་དུ་བྱུང་བས་དེར་འདུས་ཚང་མ་ཡུན་རིང་པོར་མས་དོར་བའི་བུ་ཞིག་སླར་མ་དང་འཕྲད་པ་ལྟ་བུའི་ཡིད་ལ་སྨྲ་མི་ཤེས་པའི་དགའ་བ་དང་། དད་པ་དང་། ངོ་མཚར་བ་མཐའ་དག་གཅིག་ལ་གཅིག་འགྲན་པ་བཞིན་དུ་གྱུར་ཏོ། །དེ་ནས་ཡུལ་གྱི་ལུགས་སྲོལ་དང་མཐུན་པའི་དགའ་སྟོན་ཀྱང་ཉིན་མང་པོའི་བར་དུ་བྱས་ཤིང་། ཡབ་ཡུམ་སོགས་ལ་ཡང་དགའ་བའི་གཏམ་དང་ནོར་གྱིས་མགུ་བར་བྱས་ནས་རྒྱུ་མཚན་རྣམས་ཞིབ་ཏུ་སྙིང་བ་ན། དེ་དག་ཀྱང་ཆོས་ཀྱི་ངང་ཚུལ་ཤེས་པའི་བློ་གྲོས་དང་ལྡན་པའི་དབང་གིས་ངོ་མཚར་བའི་བུ་གཅིག་པོ་གཏོང་བར་ཤིན་ཏུ་གཅེས་ཤིང་ཕངས་པར་གྱུར་ཀྱང་བསྟན་འགྲོའི་དོན་ཆེན་པོའི་གེགས་སུ་གྱུར་ན་མི་རུང་ངོ་སྙམ་ནས་ལྷ་དང་བླ་མ་རྣམས་ཀྱི་ལུང་དང་། དམ་པ་ཉིད་ཀྱི་དགོངས་བཞེད་དང་། སློབ་འབངས་རྣམས་ཀྱི་འདོད་མོས་དང་མཐུན་པར་དེ་

དེ་བཞིན་དུ་བགྱི་བར་ཁས་བླངས་པས་བླ་སློབ་ཚང་མའི་ཐུགས་ཀྱི་རེ་བ་འབྲས་ལྡན་དུ་གྱུར་ཅིང་། དེ་ནས་ཛ་སག་སོགས་ནས་སྤྱི་འཁྲིམས་གདན་ཞུའི་སྔ་གོན་སོགས་ཀྱི་ཕྱིར་དུ་རེ་ཞིག་གདན་སར་ཕྱིན་ནས་མྱུར་བར་གདན་འདྲེན་དུ་འོང་རྒྱུའི་བསླབ་དོན་ཞུས་པ་ན་དགྱེས་པའི་འཛུམ་ཞལ་ཕྱེ་ནས་དེ་བཞིན་དུ་བགྱི་བར་བཀས་གནང་ཞིང་། དེ་དོན་ལྟར་ཞབས་གྲས་རྣམས་རེ་ཞིག་རང་ཡུལ་དུ་ལོག་ནས་གདན་ཞུའི་གྲ་སྒྲིག་ལ་བརྩོན་པར་གྱུར་ལ། དམ་པ་མཆོག་ནི་སྔར་ནས་ཐུགས་ལ་བརྟག་པ་བཞིན་གྱི་ཐོག་ཏུ་བསླུ་བ་མེད་པར་བབ་པས། ད་ནི་བདག་རིང་པོར་མི་ཐོགས་པར་ཁྱིམ་གྱི་འདུ་འཛི་དང་རྒྱབ་གྱེས་སུ་བྱས་ནས་ཐུབ་པའི་བརྟུལ་ཞུགས་བླ་ན་མེད་པ་བཟུང་བའི་སྐལ་བ་མི་དམན་པར་གྱུར་ཏོ་དགོངས་ནས་དགྱེས་པ་དང་སྤྲོ་བ་ཚད་མེད་པའི་ངང་དུ་འདའ་བཞིན་པར་བཞུགས་ཤིང་། དེ་ནས་བཟུང་སྟེ་རེ་ཞིག་ཁྱིམ་དུ་བཞུགས་རིང་གི་བར་དུ་ཡང་སོས་དལ་བཏང་སྐབས་སུ་མི་གནས་པར་ཡོན་ཏན་གྱི་ཕྱི་མོ་ཡི་གེ་འབྲི་ཀློག་སོགས་རིག་པའི་གནས་སློབ་སྦྱོང་དང་། བླ་མ་མཆོད་པ་དང་། ཆོས་སྤྱོད་ཐུགས་འཛིན་སོགས་སློབ་གཉེར་ལ་བརྩོན་པར་མཛད་པ་ན། ཇི་སྐད་དུ། མང་ཐོས་བག་ཆགས་སེམས་ལ་གོམས་རྣམས་ཀྱིས། །མང་པོའི་ཤེས་བྱ་ཤེས་པར་དཀའ་བ་མིན། །ཞེས་གསུངས་པ་ལྟར་མཁྱེན་རབ་ཡངས་པའི་འདུ་བྱེད་དང་ལྡན་པས་དཀའ་བ་མེད་པར་བཙ་སྟོན་ཙམ་གྱིས་ཐུགས་སུ་ཆུད་པ་དང་། ཇི་ལྟར་མཁྱེན་པ་མཐའ་དག་ཀྱང་མི་བརྗེད་པར་འཛིན་པའི་གཟུངས་ཐུགས་ལ་མངའ་བས་རྒན་པོའི་བློ་ཅན་སྙིང་རུས་ཅན་དག་གི་ཁེངས་པ་ཞུམ་པར་མཛད་ལ། དེའི་དབང་གིས་གཉུག་མར་གནས་པ་དང་གློ་བུར་བའི་སྐྱེ་བོ་མཐའ་དག་གིས་ཀྱང་། འདི་ལྟར་སྐུའི་ན་ཚོད་ཆེ་ཆེར་ཕྲ་བའི་གནས་སྐབས་ནས་སྐུ་ཡོན་འདི་ཙམ་བཞེས་ཐུབ་པ་

ངོ་མཚར་ཆེའོ་ཞེས་སྤྲར་བས་ཀྱང་ལྷག་པའི་དད་གུས་སངས་རྒྱས་དངོས་ཀྱི་འདུ་ཤེས་དང་མི་འབྲལ་བར་གྱུར་ཏོ། །ཚད་མེད་དུག་ལྡུས་གཟིར་བའི་འགྲོ་འདི་དག །དམ་ཆོས་བདུད་རྩིའི་ཆར་གྱིས་ཚིམ་བྱ་ཞེས། །སྔོན་གྱི་སྨོན་ལམ་མཐུ་དེ་གཞོན་ནུ་ནས། །དཀའ་བ་མེད་པར་སྨིན་པར་གྱུར་འདི་རྨད། །འོད་དཀར་ཐིག་ལེ་རི་བོང་གཟུགས་ཀྱིས་བཞིན། །ཁྱོད་ཉིད་གསང་གསུམ་ངོ་མཚར་རྣམ་ཐར་གྱི། །རི་མོ་སྟོང་གིས་སྤྲུད་དེ་མཐོང་ཙམ་གྱིས། །དགའ་དད་འགྲན་པའི་ཚོར་བ་སྙིང་ལ་སིམ། །དེ་ཚེ་གང་གི་ཐུགས་མཆོག་གཞན་གསོས་དེ། །ཐུབ་བསྟན་ཨ་མྲའི་འབྲས་ལ་ཡོངས་སྤྱོད་པའི། །སྐལ་བཟང་མངོན་དུ་འགྱུར་བ་དེ་གཟིགས་པས། །དགྱེས་པའི་དབྱངས་ཀྱི་འགྱུར་ཁུག་ཅི་ཡང་ལེན། །གཞོན་ནུ་ཉིད་ནས་ཤེས་བྱ་འཛིན་མའི་ཁྱོན། །མཁྱེན་རབ་རླབས་ཀྱིས་ཆོགས་མེད་གཞལ་བའི་ཚེ། །རྒན་པོའི་བློ་ཅན་ཁེངས་པའི་ཁུར་འཛིན་རྣམས། །སྐྱེངས་པ་བཞིན་དང་ཞུམ་པ་བཞིན་དུ་གྱུར། །མཐོན་མཐིང་རལ་པའི་ཁུར་དང་རིན་ཆེན་རྒྱན། །མི་མངོན་སྦེད་པར་མཛད་པའི་ཚུལ་ཙམ་ལས། །ཟབ་ཡངས་གཏིང་དཔག་དཀའ་བའི་མཁྱེན་རབ་ནི། །འཇམ་དབྱངས་གཞོན་ནུ་དངོས་ཞེས་ཀུན་གྱིས་བསླང་། །འཇམ་མགོན་རིང་ལུགས་སྤེལ་བའི་ཐུགས་བསྐྱེད་ཅན། །འཇམ་དཔལ་དབྱངས་ཀྱི་སྒྱུ་འཕྲུལ་བྱེད་འདྲ་བས། །འཇམ་དབྱངས་ཉིད་དང་མཚུངས་པའི་འཕྲིན་ལས་ཀྱིས། །འཇམ་མགོན་ས་ལ་འགྲོ་ཀུན་ཅེས་མི་འགོད། །

དེ་ནས་གདན་སའི་བླ་གྲྭ་སྟོན་འཁོར་རྣམས་ནས་ཀྱང་གྲབས་གཞོམ་གྱི་རིགས་ཤིན་ཏུ་མྱུར་བའི་ཚུལ་གྱིས་ཚགས་སུ་ཚུད་པར་མཛད་ནས་དགུང་ལོ་ལྔ་པ་ཉི་སྒྲོལ་བྱེད་ཅེས་པ་ཤིང་པོ་སྦྲུའི་ལོའི་ནང་དུ་ཛ་སག་བླ་མས་གཙོ་མཛད་པའི

ཞབས་འབྲིང་བ་མཆོག་དམན་དང་། དགོན་པའི་ལས་སྡེ་ཁག་སོགས་ཀྱི་ཕེབས་བསུ་མི་ཁ་ལ་སོགས་གཏོས་ཆེ་བ་དང་བཅས་ཏེ་གདན་ཞུར་འབྱོར་ཞིང་། དེ་ནས་ཞག་ཏ་ཙང་མི་རིང་བར་གཟིམས་ཁང་ནས་འབྱོན་དུ་ཉེ་བའི་ཚེ་ན་བཟའ་སོགས་ཀྱང་ཁྱིམ་པའི་རྟགས་སྤྱངས་ཏེ་རབ་ཏུ་བྱུང་བའི་གོས་ཀྱིས་སྐུ་ལུས་མཛེས་པར་བསླུབས་པ་དང་བཅས་ཏེ་གཟའ་ཆོས་འཕྲོད་སྦྱོར་ཕུན་སུམ་ཚོགས་ཤིང་མཆོག་ཏུ་དགེ་བའི་ཉིན་ཆེབས་ཀྱི་ཁ་ལོ་བསྒྱུར་བའི་ཚེ་ཧི་ལྷར་བཅོ་ལྔའི་ཟླ་བ་ཉ་བ་ཤར་གྱི་ས་འཛིན་གྱི་སྒོ་ནས་ཐོན་ཏེ་རྒྱུ་སྐར་གྱི་འཁོར་ཚོགས་གྲངས་མེད་པ་དང་བཅས་ནས་དལ་བུ་དལ་བུའི་འགྲོས་ཀྱིས་མཁའི་ལམ་ནས་རྒྱུ་བར་བྱེད་པ་བཞིན་དུ་གདན་ས་སོགས་ཀྱི་ཕེབས་བསུ་དང་། གཟིམས་ཁང་ཡུལ་མི་སོགས་ཀྱི་ཆིབས་སྐྱེལ་བ་སོགས་འཁོར་མཐའ་ཀླས་པ། དེ་ཐམས་ཅད་ཀྱང་བཟང་པོའི་གོས་ཀྱིས་དབང་པོའི་གཞུའི་ཁེངས་པའང་འཕྲོག་པར་བྱེད་པ་འབའ་ཞིག་བགོས་པའི་ཚོགས་ཀྱིས་ནི་ཡོངས་སུ་བསྐོར། མཐོང་ན་མི་མཐུན་པ་མེད་པའི་མཚན་དཔེའི་དཀྱིལ་འཁོར་གྱི་མཛེས་སྡུག་ནི་སྐྱེ་བོའི་ཚོགས་རྣམས་ཀྱི་མིག་གི་དགའ་སྟོན་དུ་འགྱེད། ཁྱིམ་གྱི་གནས་ཆུ་སྲིན་གྱི་གྲོང་ཁྱེར་དང་འདྲ་བ་འཇིགས་པ་མི་བཟད་པའི་གནས་དེ་ལས་རིང་དུ་ཐར་བས་ཐུགས་ཀྱི་དགའ་བའི་ལང་ཚོ་ནི་ཆེ་ཆེར་བརྟས། འཁོར་ལོ་གསུམ་གྱི་དགའ་སྟོན་ལ་ཅི་དགར་ལོངས་སྤྱོད་དུ་ཡོད་པ་ལྷའི་སྐྱེད་མོས་ཚལ་དང་འདྲ་བའི་གདན་ས་ཆེན་པོ་དེར་འབྱོན་དུ་ཡོད་པས་དགྱེས་པའི་པདྨ་ནི་རྣམ་པར་འཛུམ། རང་གཞན་གྱི་དོན་རྒྱ་ཆེན་པོ་སྒྲུབ་པའི་འཇུག་ངོགས་ཐུབ་བསྟན་ཡང་སྙིང་འཇམ་མགོན་ཆོས་ཀྱི་རྒྱལ་པོའི་ལུང་རྟོགས་ཀྱི་བསྟན་པའི་བདུད་རྩི་བགོ་སྐལ་དུ་བཞེས་སུ་ཡོད་པས་མཆོག་ཏུ་སྐལ་བ་ནི་བཟང་སྙམ་པ་ལ་སོགས་པ་སྤྲོ་བ་ཆེ་ཆེར་འཕེལ་བས་འཛུམ་བཅས་ཞལ་གྱི་

ཨུཏྤ་ལའི་དཀྱིལ་འཁོར་ཚེམས་ཕྲེང་གི་སར་གཞོན་ནུའི་ཕྲེང་བས་མཛེས་ཤིང་། སྤྲིན་ཟླུང་མཐིང་གའི་བྱུང་བ་འགྲོ་བའི་ཚོགས་ལ་བརྩེ་བའི་འཕུར་ལྡིང་གཡོ་བས་ཀུན་ཏུ་གཟིགས་བཞིན་པར་ཕེབས་ལམ་གྱི་དད་ལྡན་རྣམས་འབྲེལ་ཚད་དོན་ལྡན་ལ་འགོད་པའི་ངང་ནས་རིམ་གྱིས་གོང་མའི་གདན་ས་དང་ཉེ་བའི་ཕྱོགས་སུ་ཕེབས་པར་གྱུར་ཏོ། །དེའི་ཚེ་གདན་སའི་ཕྱོགས་སུ་འཁོད་པའི་སེར་སྐྱ་རྣམས་ཀྱི་རྣ་ལམ་དུ་འཛིག་རྟེན་གྱི་ཉི་མ་གཅིག་པུ་དེ་ཐུགས་རྗེའི་འོད་སྟོང་འཕྲོ་བཞིན་པར་ཕྱོགས་འདིར་ཕྱིན་ནོ་ཞེས་པ་ཐོས་པས་དགའ་སྤྲོ་ཚད་མེད་པས་ཀུན་ནས་བསླངས་ཏེ་ཆིབས་བསུ་དང་ཐབ་བསུ་སེར་སྤྲེངས་ཀྱི་རིམ་པ་རྣམས་ཚར་དུ་དངར་བ་འདུ་བགྱིས་ནས་གཟའ་སྐར་སྦྱོར་བྱེད་ཕུན་སུམ་ཚོགས་པའི་ཉིན་དཔའ་ཐོད་དགོན་གཙོ་བོར་གྱུར་པའི་དགོན་ཁག་ཕན་ཚུན་ཐམས་ཅད་ཀྱི་བླ་སྤྲུལ་ཆེ་ཆུང་། ལས་སྣེ། འབྱོར་ལྡན་སྦྱིན་བདག་སོགས་ནས་གཟབ་མཆོར་ཕུན་སུམ་ཚོགས་པ་དང་བཅས་ཏེ་རྒྱང་རིང་པོ་ནས་ཆིབས་བསུ་དང་ཐབ་བསུ་སོགས་གཏོས་ཆེ་བ་གནམ་གྱིས་ས་བཀབ་པ་དང་མཚུངས་པས་མདུན་བདར། ངུར་སྨིག་འཛིན་པའི་དགེ་འདུན་རྣམས་ནས་གདུགས་དང་རྒྱལ་མཚན་དང་བ་དན་དང་ཕྱེ་ཕུར་དང་། ཟ་སིལ་དུང་རྒྱ་གླིང་སོགས་མཆོད་པའི་བྱེ་བྲག་བསམ་གྱིས་མི་ཁྱབ་པ་ཀུན་ཏུ་བཟང་པོའི་རྣམ་ཐར་ལས་འོངས་པ་ལྟ་བུ་བཟང་ཞིང་ཁྱད་པར་དུ་འཕགས་པ་གཟི་མདངས་ཀྱིས་ཉི་ཟླའི་འོད་ཀྱང་མོག་པོར་བྱེད་ནུས་པ་དུ་མ་ཕྲེང་བར་བསྐྲིགས་པ་གཡས་གཡོན་ཁོར་ར་ཁོར་ཡུག་ཀུན་ཏུ་བར་མཚམས་མེད་པར་འཁོད། གང་གི་ཞལ་གྱི་དཀྱིལ་འཁོར་གྱི་བདུད་རྩི་ངོམས་མེད་དུ་འཐུང་བར་འདོད་པའི་སྐྱེ་བོའི་ཚོགས་ཆེན་པོ་ཁྲི་ཕྲག་དུ་མར་ལོངས་པ་རྣམས་ངོ་མཚར་བ་དང་དད་པའི་ཅ་ཅོ་འབྱིན་ཅིང་ཐལ་མོའི་མེ་ཏོག་སྤྱི་བོར་འཇུམ་པའི་

སྔོ་ནས་ཚེ་རབས་ནས་ཚེ་རབས་སུ་རྗེས་སུ་འཛིན་པར་གསོལ་བ་འདེབས་པའི་སྨྲ་དབྱངས་དེ་རི་རི་ས་ཀུན་གཡོ་ནུས་པ་ཙམ་གྱིས་ནི་རྣམ་པར་འགེངས། དྲི་ཞིམ་པོའི་སྤོས་ཀྱི་དུད་པ་དང་བཟང་པོའི་སྨན་དང་ཤིང་སྣ་བསྲེགས་པའི་དུད་སྤྲིན་མཐོ་ཁྱད་སྲིད་རྩེར་བསྙེགས་པ་ལྷ་བུས་མཁའ་དབྱིངས་ཡོངས་སུ་འགེངས་པ་དག་གིས་སྤྱན་བསུས་ཏེ་གོང་མའི་གདན་ས་ཆེན་པོ་གཞོན་ནུ་དཔའ་ཤོད་ཀྱི་ཕོ་བྲང་དགའ་ལྡན་རྣམ་པར་རྒྱལ་བའི་གླིང་དུ་གཟུགས་སྐུ་དབང་གི་རྒྱལ་པོའི་ཟླ་མ་ཏོག་མཚན་དཔེའི་གཟི་འོད་ལྷམ་མེར་འཕྲོ་བཞིན་པར་ཞབས་སེན་གྱི་འཁོར་ལོ་རྣམ་པར་བཀོད་པར་གྱུར་ལ། འདི་དག་གི་སྔ་ཕྱི་ཀུན་ཏུའང་མགོན་པོ་གང་གི་ལས་བཞིའི་འཕྲིན་ལས་སྒྲུབ་པ་ལ་གཡེལ་བ་མེད་པའི་ཆོས་སྲུང་ཡེ་ཤེས་ཀྱི་སྤྱན་དང་ལྡན་པ་རྣམས་ཀྱིས་ཀྱང་མཐུ་སྟོབས་དང་ནུས་པའི་གོ་ཆ་ལྷག་པར་དུ་བཞེས་ནས་གང་གིས་བསྟན་འགྲོར་སྨན་པའི་བཞེད་དོན་ལ་བར་དུ་གཅོད་པའི་ནག་ཕྱོགས་ཀྱི་མཚན་མ་ངན་པ་མཐའ་དག་རྨེག་མེད་དུ་ཞི་བར་མཛད་ཅིང་། འཕྲལ་ཡུན་དུ་ལེགས་ཚོགས་མ་ལུས་པ་འབྱུང་བའི་རྟེན་འབྲེལ་རླབས་པོ་ཆེའི་དགེ་མཚན་ཟླ་འོད་གསར་པས་ཕྱོགས་ཀུན་དགེ་བར་མཛད་པ་ལ་བརྗོད་པ་ནི་གདོན་མི་ཟ་སྟེ། དེའི་མཐུས་ཐོག་མར་གཟིམས་ཁང་ནས་ཕེབས་པ་ནས་བཟུང་གདན་སར་ཞབས་པད་མ་བཀོད་ཀྱི་བར་ཐམས་ཅད་དུ་མི་ཤེས་པའི་མཚན་མ་ཕྲ་མོ་ཙམ་ཡང་མེད་ཁར་རྨད་དུ་བྱུང་བའི་རྟེན་འབྲེལ་བཟང་ཞིང་མཆོག་ཏུ་དགེ་བ་དུ་མ་ཞིག་མ་བོས་ལྷུན་གྲུབ་ཀྱི་ཚུལ་དུ་བྱུང་བར་སྣང་ངོ་། །

དེ་ལྟར་གང་གི་ཞབས་སེན་འགོད་ཡུལ་གྱི་གོང་མའི་གདན་ས་ཆེན་པོ་དེ་ཉིད་ཀྱང་བྱུང་ཚུལ་ཇི་ལྟ་བུ་ཞེ་ན། སྟོན་རྗེ་ཐམས་ཅད་མཁྱེན་པ་ཙོང་ཁ་པ་ཆེན་པོའི་སྲས་ཀྱི་ཐུ་བོ་བསྟན་པ་ཕྱོགས་མཐར་སྐྱོང་བའི་དར་ཆེན་དྲུག་གི་ནང་ཚན་

ཧྥོ་པ་རྒྱལ་མཚན་སེང་གེ་ཞེས་བྱ་བའི་བདག་ཉིད་ཆེན་པོ་དེས་འབྲུག་ཅེས་པའི་
ནང་དུ་དགོན་པ་ཆུང་ངུ་ཞིག་འདེབས་པར་མཛད་པ་ལས། རྗེས་སོར་ཉིད་ཀྱི་
རིགས་དཔོན་དཔལ་འབྱོར་བཟང་པོ་ཞེས་པས་དགོན་གསར་དུ་སྤོ་བར་མཛད་
པའི་མཚན་གཞོན་ནུ་དཔའ་ཤོད་དགའ་ལྡན་བསམ་འགྲུབ་གླིང་ཞེས་པར་
གྲགས་ཤིང་། གླ་རབས་ཀྱང་གླམ་བཀྲ་ཤིས་དཔལ་ལྡན་དང་བསོད་ནམས་འོད་
ཟེར་སོགས་མང་དུ་བྱུང་། བར་སྐབས་སུ་ཕྱིའི་ལར་རྒྱའི་ཁ་འཛིན་ཆབ་མདོ་
འཕགས་པ་ལྷ་དང་། དེ་རྗེས་དེ་མོ་རིན་པོ་ཆེ་སྐུ་ཕྲེང་གོང་མ་འགའ་ཞིག་གིས་
ཀྱང་ཞལ་འཛིན་བསྐྱངས་པ་ལས་རྗེས་སོར་དེ་ཆབ་ཀྱི་ཞབས་གྲས་རྣམས་ཕྲན་
བུའི་བཟློས་བརྗོད་ལ་བརྟེན་པས་གདན་ས་གཞུང་བཞེས་མཛད་ཐོག་༧ཀུན་
གཟིགས་ཡེ་ཤེས་ཀྱི་ཉི་མ་ལྷ་པ་ཆེན་པོས་རྗེ་འདིའི་སྐུ་ཕྲེང་གོང་མ་ངག་དབང་
དཀོན་མཆོག་ཉི་མ་དཔལ་བཟང་པོར་དགོན་སྡེ་ཆོས་གཞིས་ལྷ་འབངས་མི་སེར་
དང་བཅས་པ་གནང་ནས་ཕྱོགས་འདིའི་བསྟན་པའི་སྒྲོན་མེར་མངའ་གསོལ་
ཞིང་། དེ་ནས་སླར་ཡང་རྗེ་ངག་དབང་དཀོན་མཆོག་ཉི་མས་དགའ་ལྡན་བསྟན་
པའི་རིང་ལུགས་གྱེན་དུ་འདེགས་པའི་སླད་དུ་ཆོས་སྲིད་ལུགས་བརྒྱའི་འདུན་ས་
སྡེ་བཞིའི་ཕུན་ཚོགས་མ་ལུས་པ་འབྱུང་བའི་གནས་ཕོ་བྲང་དགའ་ལྡན་རྣམ་པར་
རྒྱལ་བའི་གླིང་འདི་ཉིད་གསར་དུ་ཕྱག་འདེབས་པར་མཛད་ཐོག་སྐུ་ཕྲེང་རིམ་
བྱོན་ཐམས་ཅད་ཀྱིས་ཕོ་བྲང་ཆེན་པོ་འདི་ཉིད་དུ་བྱོན་ནས་ཐོས་བསམ་སྒོམ་
གསུམ་དང་འཆད་རྩོད་རྩོམ་གསུམ་གྱིས་རྒྱལ་བ་འཇམ་དཔལ་སྙིང་པོའི་ལུང་
རྟོགས་ཀྱི་བསྟན་པ་རིན་པོ་ཆེ་ཡར་ངོའི་ཟླ་ལྟར་སྤེལ་ཞིང་། རིས་མེད་ཀྱི་གདུལ་
བྱ་རྣམས་མངོན་མཐོ་དང་ངེས་ལེགས་ཀྱི་ལམ་ལ་འགོད་པའི་བསྐལ་བཟང་
ཕྱོགས་ཀྱི་འཁོར་ལོའི་ཁྱོན་ཀུན་ཡོངས་སུ་འགེངས་པར་མཛད་པའི་བསྟི་གནས་

སླན་མ་མཆིས་པ་མཉན་ཡོད་ཀྱི་རྒྱལ་བྱེད་ཚལ་དང་མཚུངས་པ་ཞིག་ཡིན་ནོ། །
གང་སྐུ་བྱིན་མཐུའི་གཟི་འབར་ནོར་བུ་ཞིག །སྐྱེ་འགྲོའི་བསོད་ནམས་མཚོ་ཆེན་
ལས་འཕགས་ཏེ། །འཁོར་ཚོགས་རྒྱ་སྐར་འཁྲིང་བས་མཛེས་བཞིན་པར། །
ཡངས་པའི་ལམ་བཟང་མཆོག་ཏུ་དལ་བུར་རྒྱུ། །སྟོན་ཁྱོན་དམ་པའི་བསྟི་
གནས་གཙུག་ལ། །ལུང་རྟོགས་ཆོས་ཀྱི་བ་གམ་འབུམ་འཁྲིགས་ཤིང་། །སྲིད་ཞིའི་
དགེ་མཚན་རྒྱ་ཕྱུབས་ཀྱིས་མཛེས་པར། །ཁྱོད་ཀྱི་ཞབས་སེན་ཉི་འོད་མདོན་
པར་འགྱུར། །དེ་ཚེ་གཟུགས་ཅན་མི་དང་མི་མིན་ཀུན། །ཨ་ལ་ལ་ཞེས་དགའ་
བའི་ཅ་ཅོ་དང་། །ལྷན་ཅིག་ཡན་ལག་མཆོག་གིས་ཞབས་རྡུལ་ལ། །ཙ་ཀོ་ར་
ཡིས་ཟླ་འོད་ཇི་བཞིན་རོལ། །

དེ་ལྟར་ཞབས་པད་བཀོད་མ་ཐག་ནས་དགོན་སྡེ་ཕན་ཚུན་གྱི་གྲྭ་རིགས་ཡོན་བདག་མང་འབངས་སོགས་ཕྱོགས་མཐའ་དབུས་ཀྱི་དད་ལྡན་སེར་སྐྱ་མཐའ་ཀླས་པ་ནས་བཀྲ་ཤིས་པའི་ལྷ་རྫས་ཀྱིས་སྣ་དྲངས་པའི་དངོས་འབྱོར་གྱི་འབུལ་བ་དང་བཅས་ནས་ཞལ་གྱི་དཀྱིལ་འཁོར་མཇལ་བར་ལྷགས་པ་ཐམས་ཅད་ལ་སྐུའི་བྱིན་རླབས་དང་། གསུང་གི་དབུགས་དབྱུང་སོགས་གང་ལ་གང་འཚམས་པར་སྩལ་བས་ཡིད་ཀྱི་རེ་བ་ཡོངས་སུ་བཀང་བར་མཛད་པའི་ངང་དུ་རེ་ཞིག་ལོ་དེའི་མཇུག་མ་རྫོགས་བར་སྐུ་ངལ་བསྟེན་པ་དང་ལྷན་ཅིག་པར་བཞུགས་ཤིང་། བར་བར་དུ་གསན་སྦྱོང་གི་གནས་རྣམས་ལ་ཡང་བརྩོན་པ་ཆེ་བར་མཛད་ཐོག །རིང་པོར་མ་ལོན་པར་ས་སྐྱོང་ཞེས་པ་ཤིང་མོ་བྱའི་གནམ་ལོའི་རྒྱལ་པོའི་གདོང་བད་གསར་དུ་ཚེས་པའི་དུས་ཀྱི་དགའ་སྟོན་གཟབ་རྒྱས་ལ་ཉེན་དུ་མར་རོལ་བར་མཛད་ཟིན་ནས་ལོ་དེའི་ཚེ་འཕྲུལ་ཟླ་བ་དེ་ཁའི་ནང་དུ་ཁྲི་འདོན་མཛད་བཞེད་ཀྱིས་ཡར་ཆོས་དཀར་ཕྱོགས་ཀྱི་དགའ་བ་གསུམ་པ། སྟོན་

སྟོན་པ་ཐུབ་པའི་དབང་པོ་ཁྱིམ་བདག་མགོན་མེད་ཟས་སྦྱིན་གྱིས་བསྙེན་བཀུར་བའི་ཚེ་སེང་གེའི་ཁྲི་ལ་བཞུགས་བཞིན་དུ་སྐུ་ལུས་མི་སྣང་བར་མཛད་ནས་འོད་ཟེར་བཀྱེ་སྟེ་ཆོས་བསྟན་པས་འགྲོ་བ་དཔག་ཏུ་མེད་པ་སྨིན་པར་མཛད་པའི་ཆོ་འཕྲུལ་ཆེན་པོའི་དུས་ཆེན་དང་འབྲེལ་བར་ཆོས་བཅུ་གཅིག་གཟའ་སྐར་སྦྱོར་བྱེད་སོགས་ཕུན་སུམ་ཚོགས་པའི་སྔ་དྲོའི་ཆ་ལ་རྟ་བདུན་གྱི་དབང་པོ་ཤར་རིའི་ཕྲག་ནས་ཚེས་ཏེ་འཛམ་གླིང་ཡངས་པའི་ཁྱོན་ཀུན་རང་འོད་ཀྱིས་གསལ་བར་བྱས་མ་ཐག་པའི་དུས་སུ་གདན་ས་ཆེན་པོ་དགའ་ལྡན་རྣམ་པར་རྒྱལ་བའི་གླིང་གི་འགྱུར་མེད་གདོང་ལྡུས་བརྟེགས་པའི་ཆོས་ཀྱི་ཁྲི་འཕང་མཐོན་པོར་ཞབས་སེན་གྱི་པད་མོ་མངོན་པར་བཀོད་དེ་དུས་གསུམ་རྒྱལ་བ་ཡོངས་ཀྱི་སྤྱི་གཟུགས་ལྷར་བཅས་འགྲོ་བ་ཀུན་གྱི་བསོད་ནམས་ཀྱི་མཆོད་སྡོང་བླ་ན་མཆིས་པ་ཡིན་ལ་ཡིན་བཞིན་པར་མངོན་པར་བཞེངས་སོ། །དེ་སྐབས་གཞུང་ས་དགའ་ལྡན་ཕོ་བྲང་ནས་༧སྐྱབས་མགོན་རྒྱལ་བའི་དབང་པོ་ཐམས་ཅད་མཁྱེན་ཅིང་གཟིགས་པ་ཆེན་པོས་ཀྱང་སྐུ་ཚབ་ཏུ་དབུ་གདུགས་མཁན་པོ་ངག་དབང་རྒྱལ་མཚན་ངོ་གཡོག་ཆེད་གནང་གི་ཐོག་བཀྲ་ཤིས་པའི་ལྷ་རྫས་སྲིད་དུ་རིང་བ། ཞིང་ཁམས་རྒྱ་མཚོའི་བཀོད་པ་དང་། སྐུ་གསུང་ཐུགས་རྟེན་སོགས་ཀྱིས་གཙོ་མཛད་པའི་འབུལ་སྐྱེས་བཟང་ཞིང་རྒྱ་ནོམ་པ་དང་། དེ་བཞིན་དུ་ཆོས་སྲིད་གཉིས་ལྡན་གྱི་བྱེད་པོ་དེ་མོ་ནོ་མི་ཧན་ཆེན་པོ་གོང་མ་ངག་དབང་འཇམ་དཔལ་བདེ་ལེགས་རྒྱ་མཚོ་སོགས་བསྟན་འཛིན་བདག་ཉིད་ཆེན་པོ་རྣམས་ཀྱི་སྐུ་ཚབ་དང་། གདན་ས་ཆེན་པོ་རྣམས་ཀྱི་བླ་སྤྱིལ་ཁག་དང་གྲྭ་ཚང་། ཁམས་ཚན། མི་ཚན་སོགས་ཀྱི་འཐུས་མི། གཞུང་ས་མཆོག་གི་མི་དྲག་སེར་སྐྱ་སོགས་ནས་ཀྱང་ངོ་བོ་དང་ངོ་ཚབ་ཅི་རིགས་པའི་གདོང་དངོས་གཤམ་གྱི་ལེགས་སྐྱེས་བཟང་ཞིང་རྒྱས་པ་དང་།

ལྷག་པར་དཔའ་ཐོད་བློ་བྲང་གིས་གཙོས་པའི་དགོན་སྡེ་ཁག་མང་འབངས་མི་སེར་སྦྱིན་བདག་སོགས་དད་ལྡན་མཆོག་དམན་མ་ལུས་ཞིང་ལུས་པ་མེད་པ་ནས་རྟེན་འབྲེལ་སོགས་ཀྱི་སྒོ་འཕར་ཡངས་པོར་འབྱེད་པའི་དངོས་འབྱོར་གྱི་འབུལ་བ་མཐའ་ཀླས་པ་སོགས་ཀྱི་མཆོད་པའི་སྤྲིན་གྱི་བཀོད་པ་གཅིག་ཏུ་སྤུངས་པ་ནི་ཇི་ལྟར་ནམ་མཁའ་ལྡིང་གི་མཆོད་སྟོང་ཆེན་པོ་ཞིག་ས་འདིར་འཕོས་པའམ་འོན་ཏེ་ཅི་ཞིག་སྨམ་པ་ལྟ་བུ་བློས་དཔགས་པར་དཀའ་བ་ཙམ་གྱིས་མདུན་བདར་བའི་སྒྲོ་ནས་ཟས་གཙང་སྲས་པོའི་བསྟན་པ་སྤྱི་དང་། ཡང་སྙིང་འཛམ་མགོན་བློ་མའི་བསྟན་འཛིན་ཀུན་གྱི་གཙུག་རྒྱན། མཁས་གྲུབ་ཡོངས་ཀྱི་རྗེ་བོ། འགྲོ་བ་མ་ལུས་པའི་མགོན་སྐྱབས་དཔུང་གཉེན་གཅིག་པུར་མངའ་གསོལ་ཞིང་། དེའི་ཚེ་རང་ཅག་ཐ་མལ་པ་རྣམས་ཀྱི་ཡུལ་དུ་མ་གྱུར་པ་ལས་གཞན་དུ་ཕྱོགས་བཅུའི་རྒྱལ་བ་རྣམས་ཀྱིས་ཀྱང་འོད་ཟེར་ཆེན་པོས་དབང་བསྐུར་ཏེ་སྙིགས་དུས་ཀྱི་འགྲོ་བ་འདྲེན་པའི་གདུང་འཚོབ་གཅིག་པུར་ལུང་བསྟན་པ་དང་། ཡི་དམ་དཔའ་བོ་མཁའ་འགྲོའི་ཚོགས་ཀྱིས་ཀྱང་གང་ལ་མངོན་པར་འདུད་པ་དང་བཅས་པའི་སྒོ་ནས་ཤིས་པ་བརྗོད་པའི་སྒྲ་དབྱངས་འབུམ་ཕྲག་ཀུན་ཏུ་སྒྲོག་པ་དང་། དཀར་ཕྱོགས་སྐྱོང་བའི་ལྷ་ཀླུའི་ཚོགས་ཀྱིས་ཀྱང་མཆོད་པའི་ཕྱིར་དུ་མེ་ཏོག་སིལ་མའི་ཆར་ཆེན་པོ་འབེབས་བཞིན་པར་ཨེ་མ་འཇིག་རྟེན་འདི་ནི་མགོན་དང་བཅས་སོ། །འཇིག་རྟེན་འདི་ནི་སྐྱབས་དང་བཅས་སོ། །འཇིག་རྟེན་འདི་ནི་དཔུང་གཉེན་དང་བཅས་སོ་ཞེས་སོགས་ཆེད་དུ་བརྗོད་པའི་སྒྲ་དབྱངས་ཀྱིས་ཕྱོགས་ཀུན་གཡོ་བར་གྱུར་པ་ནི་གདོན་མི་ཟ་བ་ཉིད་དུ་སེམས་སོ། །དེ་དག་ལ་འདི་སྐད་ཅེས་བརྗོད་པར་བྱ་སྟེ། འཇིགས་བྲལ་གདོང་ལྔས་བཏེགས་པའི་གསེར་གྱི་ཁྲིར། །འཇིགས་པ་ཀུན་ལས་གྲོལ་བའི་ཞབས་བཀོད་ནས། །འཇིགས་མེད་

ཚེས་ཀྱི་སྒྲ་དབྱངས་སྒྲོག་བཞིན་པར། །འཛིགས་བྲལ་འཁོར་གྱི་དབུས་ན་མངོན་པར་འཕགས། །དེར་ནི་གངས་ཅན་མགོན་མཆོག་ཉི་ཟླ་ཟུང་། །ཟུང་འཇུག་ཐུགས་རྗེའི་ཀློང་ནས་ལེགས་སྐྱེས་འཕྲེང་། །འཕྲེང་བར་སྤེལ་དང་ལྷན་ཅིག་དད་ལྡན་ཀུན། །ཀུན་ཏུ་བཟང་པོའི་མཆོད་པས་རྣམ་པར་བྲེལ། །ཁོར་ཡུག་རི་བོའི་ཕྲེན་ཀྱང་བརྒྱལ་སླམ་པའི། །འཁོར་ཚོགས་རྒྱ་མཚོས་བསྐོར་བའི་མགོན་པོ་ཁྱོད། །འཁོར་འདས་ཕན་བདེ་ཀུན་གྱི་འབྱུང་གནས་ཞེས། །འཁོར་བཅས་རྒྱལ་བའི་ཚོགས་ཀྱིས་རྣམ་པར་བསྟགས། །ལྷ་དང་དཔའ་བོ་ཌཱ་ཀིའི་ཚོགས་ཀྱིས་ཀྱང་། །ལྷ་རྫས་གོས་དང་མེ་ཏོག་འཕྲེང་ཚོགས་ཀྱིས། །ལྷ་ལམ་ཡོངས་སུ་ཁྱབ་པར་འགེངས་པ་ཡིས། །ལྷ་ཡི་ལྷ་མཆོག་ཁྱོད་ཉིད་མཆོད་པར་བརྗོན། །འདི་ནི་འཇིག་རྟེན་ཡོངས་ཀྱི་མགོན་སྐྱབས་ཏེ། །འདི་ཡི་འཕྲིན་ལས་ཉིན་མོའི་འོད་སྣང་གིས། །འདིར་སྣང་སྲིད་པར་འཁྲམས་པའི་འགྲོ་བའི་ཚོགས། །འདི་ཡིས་དབུགས་དབྱུང་མཛད་ཅེས་ཀུན་གྱིས་གླེང་། །གང་གི་འཕྲིན་ལས་དཀར་པོའི་འོད་སྟོང་གིས། །གང་ཚེ་འཇིག་རྟེན་ཁྱོན་འདི་འགེངས་པའི་ཚེ། །གང་ཞིག་རྟ་ལྗང་དེའང་མ་བཟོད་པར། །གང་ལ་འགྲན་པའི་སླད་དུ་འོངས་སམ་སླམ། །ཤེས་ལྡན་ཀུན་གྱིས་ཆེད་དུ་བརྗོད་པའི་སྒྲ། །སྒྲ་སྙན་རྒྱུད་མངས་དུས་གཅིག་འཁྲོལ་བའི་དབྱངས། །དབྱངས་ཀྱི་ང་རོས་ཕྱོགས་དང་ཕྱོགས་མཚམས་ཀུན། །ཀུན་ཏུ་གཡོ་བར་གྱུར་འདིར་སུ་མི་གུས། །ཞེས་པ་ནི་བར་སྐབས་ཀྱི་བསྟུ་བའི་ཚིགས་སུ་བཅད་པའི་རིམ་པའོ། །

དེ་ལྟར་ཁྲི་འདོན་གྱི་རིམ་པ་རྣམས་ལེགས་པར་གྲུབ་ཟིན་ནས་མཐའ་དབུས་ཀྱི་མཇལ་འབུལ་ཞུ་མི་རྣམས་ལ་སོ་སོར་འོས་པའི་གནང་སྦྱིན་དང་། དེ་བཞིན་དུ་གཞུང་ས་མཆོག་གི་སྐུ་ཚབ་མི་དྲག་སེར་སྐྱ་སོགས་ལའང་གོ་བབ་དང་

བསྟན་པའི་གནང་སྐྱེས། ལྷག་པར་༧གོང་ས་ཐམས་ཅད་མཁྱེན་གཟིགས་
མཆོད་ཡོན་སོགས་ལ་ལེགས་འབུལ་གྱི་འཚམས་ཞུ་དང་དངོས་སྐྱེས་ཀྱི་འབུལ་
ཚན། གཞན་ཡང་བོད་ཕྱོགས་ཀྱི་བསྟན་འཛིན་བདག་ཉིད་ཆེན་པོ་རྣམས་
ལའང་གང་ལ་གང་འོས་ཀྱི་འཚམས་ཞུ་ལེགས་སྐྱེས་སོགས་དཔངས་མཐོ་བར་
སྩལ་བར་མཛད། ཁྱད་པར་དུ་ཡང་གནམ་གྱི་ལྷ་འཇམ་དཔལ་དབྱངས་གོང་མ་
བདག་པོ་ཆེན་པོས་ནི་རྗེ་བླ་མ་འདི་ཉིད་སྐུ་ཕྲེང་སྔ་དང་ནང་ཚན་རྗེ་གོང་མ་བློ་
བཟང་དཔལ་ལྡན་རྒྱལ་མཚན་དེ་ཉིད་གང་གི་རིགས་ཀྱི་ཅོད་པན་དུ་བཞེས་ནས་
མི་ཕྱེད་པའི་གུས་འདུད་དང་བཀུར་བསྟི་བླ་ལྷག་ཏུ་མཛད་པར་མ་ཟད། རྗེས་
སོར་ཡི་ཅིང་དུ་མྱ་ངན་ལས་འདས་སྐབས་༧གོང་མ་ཡབ་ལྷ་སྐྱོང་ཆེན་པོ་དེ་ཉིད་
ཁྲི་བཞུགས་དགུང་ལོ་ཉེར་གསུམ་པའི་དུས་ཏེ། རྗེ་ཉིད་ལ་ཐུགས་རྗེས་དང་ཆོས་
ཀྱི་མཁྱེན་རབ་ཤིན་ཏུ་ཆེ་བས་ཐུགས་ཁྲལ་དང་མྱ་ངན་མི་བཟོད་པའི་རྣམ་པ་
དང་བཅས་ནས་དགོངས་རྫོགས་ཀྱི་ཐེབས་སུ་རྒྱ་དངུལ་གཏོས་ཆེ་བ་དང་།
མཎྜལ་སོགས་གནང་ནས་ཁྲི་མི་དྲག་ཅེས་པ་ཆེད་དམིགས་ཀྱིས་མངགས་པར་
མཛད་པ་དང་། ཞབས་གྲས་རྣམས་ལ་དྲེའུ་སོགས་ཀྱི་གནང་སྐྱེས་དང་སྤྲུལ་སྐུ
སྐུར་དུ་རྩད་གཅོད་གནང་ཞུ་བྱེད་དགོས་ཤིང་སྤྲུལ་སྐུ་ཕེབས་ནས་ཀྱང་ཐམ་ཀ་
དང་འཇའ་ས་སྤར་རྒྱུན་དང་། གོང་མའི་དབུ་ཞྭ་སོགས་ཀྱང་བོད་དུ་གདན་
སར་བཞེས་ཚོག་པ་སོགས་ཀྱི་བཀའ་བཟང་ཞིབ་རྒྱས་སྩལ་ཞིང་། དེ་མཚུངས་
དཔའ་ཤོད་གདན་སར་ལས་དོན་བྱེད་མི་རྗེ་དྲུང་ཧུ་ཐོག་ཐུ་གོང་མའི་གཙུང་ངག་
དབང་ནོར་བུ་ལ་ཇ་སག་བླ་མའི་ཆོ་ལོ་ཐམ་ཀ་སྩལ་བ་སོགས་བདག་རྐྱེན་ཚད་
མེད་པ་དང་། དེ་རྗེས་ལྷ་སྐྱོང་ཁྲི་བཞུགས་དགུང་ལོ་ཉེར་ལྔ་པའི་སྐབས་རྗེ་གོང་
མའི་དགོན་སྡེ་སོགས་ལ་རྗེ་དྲུང་ཧུ་ཐོག་ཐུའི་སྤྲུལ་སྐུ་ཁྲི་ལ་མ་འཁོད་ཀྱི་བར་དུ་

ཁྲལ་རིགས་སོགས་ཡངས་པ་ཡོངས་ཚུལ་གྱི་སྒྲོར་ཁང་གི་བཀའ་ཤོག་སྩལ་བ་སོགས་ཐུགས་རྗེ་དང་བཀའ་དྲིན་ཧླབས་པོ་ཆེས་བསྐྱངས་པ་བཞིན་བྱས་པ་དྲིན་དུ་གཟོ་བའི་སླད་དུ། ད་རེས་ཀྱང་༸ལྷ་སྐྱོང་ཁྲི་བཞུགས་དགུང་ལོ་སུམ་ཅུ་པར་ཕེབས་སྐབས་རྗེ་དྲུང་ཧུ་ཐོག་ཐུའི་མཆོག་གི་སྤྲུལ་སྐུ་རིན་པོ་ཆེ་འཁྲུལ་མེད་ངེས་པ་འདི་ལྟར་དུ་རྙེད་ཚུལ། རྙེད་ནས་གདན་ས་ཆེན་པོར་ཁྲི་འདོན་སོགས་ཀྱང་གྲུབ་ནས་ཆོས་ཀྱི་སློབ་གཉེར་བྱེད་བཞིན་པའི་ངང་དུ་ཡོད་ཚུལ་སོགས་ཀྱི་གནས་ཚུལ་འཚམས་ཞུ་དང་། བརྟན་བཞུགས་བཅས་འབུལ་བར་མི་སྣ་བློ་བཟང་དོན་གྲུབ་ངོ་གཡོག་ཆེད་དམིགས་ཀྱིས་མངགས་པར་མཛད་པ་ན། གང་གི་གསང་བ་གསུམ་གྱི་རྣམ་པར་ཐར་པས་མི་དབང་འཇམ་དཔལ་དབྱངས་ཀྱི་ཐུགས་ཀྱང་ཡོངས་སུ་འཕྲོག་པར་གྱུར་ནས་མི་སྣ་ཕྱིར་སློག་གི་གདོང་། གནང་སྐྱེས་སུ་རྒྱ་དངུལ་སྲང་བཅུ་ཕྲག་གསུམ་ལས་གྲུབ་པའི་ཞོང་མོ་ཁྲིད་མཚར་གཅིག །བཟང་གོས་ཆོས་ཁ་སྣ་ཚོགས་ཡུག་བཅུ་གཉིས། ཁ་བཏགས་ཆེ་ཆུང་བདུན་བཅས་སྩལ་བའི་ཐོག །ཐོབ་པར་དགའ་བའི་བཀའ་སློབ་བཟང་པོ་གསེར་ཡིག་གི་ལམ་ནས་ཕེབས་པ་ནི་འདི་ལྟར། ༸ཚེ་རིང་གནམ་གྱི་ཤེ་མོང་བཙན་པོས་ས་སྟེང་ཡོངས་ལ་མངའ་བསྒྱུར་ལ། ༸རྟང་ཏིའི་བཀའ། ༸རྗེ་དྲུང་ཧུ་ཐོག་ཐུའི་སྤྲུལ་སྐུ་ལ་བཟློ་བ། བདག་ས་སྟེང་གི་སྐྱེ་འགྲོ་མ་ལུས་པར་ཁྲིམས་ཀྱི་ཁ་ལོ་བསྒྱུར་བ་ལ། ཕྱོགས་སོ་སོའི་འགྲོ་བ་རྣམས་བདེ་སྐྱིད་ཀྱིས་འཚོ་ཞིང་སངས་རྒྱས་ཀྱི་བསྟན་པ་རྒྱ་ཆེར་སྤེལ་བ་དང་། ཆབ་སྲིད་ལ་ཤེ་མོང་ཐུལ་བ་ལ་ལེགས་པར་འགྲིམ་པ་དག་ཡོད་ན། ངེས་པ་ཉིད་དུ་དེའི་ལྷག་པའི་བསམ་པ་གསལ་བར་བྱས་ནས་བཀུར་བསྟི་བྱེད་དོ། །སྤྲུལ་སྐུ་ཁྱོད་ཀྱི་སྐུ་ཆེ་སྔ་མར་བདག་གིས་སངས་རྒྱས་ཀྱི་བསྟན་པ་སྤེལ་བ་དང་། སེམས་ཅན་ཐམས་ཅད་བདེ་སྐྱིད་ལ་འགོད་པའི་དགོངས་པ་

མཐར་ཐུག་དང་མཐུན་པར་ཞྭ་སེར་གྱི་བསྟན་པ་སྤེལ་ཞིང་། བསླབ་པ་ལ་བརྩོན་པའི་སྒོ་ནས་རྒྱུད་བྱུང་དམ་པའི་སྤྱོད་ཚུལ་ལེགས་པར་བྱས་པ་ཡིན། སྐུ་ཚེ་འདིར་ཡང་མི་སྣ་ཆེད་དུ་མངགས་ཏེ་ངེད་ལ་འཚམས་ཞུ་ཞུས་ཤིང་། སེམས་རྩེ་གཅིག་གིས་བརྟན་བཞུགས་རྟེན་འབྱུང་ཕུལ་བ་ཐུགས་ལ་ངེས་བྱུང་། དགའ་སྤྲོ་རྒྱ་ཆེར་སྤེལ། སྤྲུལ་སྐུ་ཁྱེད་དེང་ཕྱིན་ཆད་དམ་པའི་སྤྱོད་ཚུལ་ལ་སྔར་སྲོལ་བཞིན་དུ་སེམས་རྩེ་གཅིག་གིས་ཧུར་ཐག་བྱས་ཏེ། བདག་གི་སྐྱེ་རྒྱུ་ཐམས་ཅད་བདེ་བར་འཚོ་བའི་གཞི་ཞྭ་སེར་གྱི་བསྟན་པ་རྒྱ་ཆེར་སྤེལ་བའི་དགོངས་པ་མཐར་ཐུག་དང་མཐུན་པར་བསྒྲིས། གསན་སྦྱོང་ལ་འབད་དེ་སངས་རྒྱས་ཀྱི་བསྟན་པ་དར་བའི་རྒྱུ་ལ་ཧུར་ཐག་ལེགས་པར་མཛོད། གསོལ་རས་ལ་རྟག་ཏུ་གུས་ཤིང་ཡུན་རིང་དུ་ཡོངས་སྤྱོད་པའི་བསམ་པ་བསྒྲིས། འབད་པ་བསྒྲིས། ད་ལམ་ཁྱེད་ཀྱི་མི་སྣ་བློ་བཟང་དོན་གྲུབ་ཕྱིར་ལོག་པའི་གདོང་དུ། ༧བཀའི་ཡི་གེ་ཕབ་པའི་རྟེན་གནང་སྦྱིན་དངུལ་སྲང་སུམ་ཅུའི་སྟོང་མོ་གཅིག །གོས་ཆེན་སྣ་ཚོགས་པ་ཡུག་བཅུ་གཉིས། ཁ་བཏགས་ཆེ་ཆུང་བདུན་བཅས་སྐྱུལ་ཏེ་སྤྲིངས་ཡོད། དེའི་ཆེད་དུ་བཀའ་ཕབ་པ་ཡིན། ཞེས་བདག་རྐྱེན་གཟེངས་བསྟོད་ཟླ་ན་མེད་པའི་བཀའ་ལུང་གསེར་གྱི་མུ་ཀུ་ཏ་ལྟ་བུ་སྩལ་བར་མཛད་དོ། །

འདི་དག་གི་སྟ་གོང་ཙམ་ནས་སྟ་སོར་ཆབ་མདོར་ཡོད་པའི་སྤྲུལ་སྐུ་དེ་ཉིད་ཀྱང་སྤྲུལ་གཞི་གཅིག་ཏུ་བསྟུས་ཏེ་གཟུགས་སྐུའི་བཀོད་པ་སོ་སྐྱེའི་མིག་ལམ་དུ་མི་སྣང་བར་མྱ་ངན་ལས་འདས་པར་གྱུར་པས་སྔར་༧པཎ་ཆེན་ཐམས་ཅད་མཁྱེན་གཟིགས་མཆོག་ནས་སྐུ་ཚེ་ཡུན་དུ་མི་གནས་ཞེས་འབྱུང་འགྱུར་ལུང་བསྟན་མཛད་པའི་ཐོག་ཏུ་བབ་པས་ཚང་མ་ལྷག་པར་དུ་ཡང་ངེས་ཤེས་འདྲོངས་པར་གྱུར་ལ། འོ་ན་དེ་འདྲ་བའི་སྤྲུལ་སྐུའི་རྣམ་རོལ་དེ་ཉིད་འགྲོ་བའི་དོན་དུ་

རྒྱན་རིང་མི་བཞུགས་བཞིན་དུ་བཀོད་པ་གཉིས་སུ་སྟོན་པ་ལ་དགོས་པ་གང་ཞིག་ཡོད་ཅེ་ན། དེ་ཡང་ཡོད་དེ། ཐོག་མ་ཉིད་ནས་སྤྲུལ་སྐུ་གཅིག་པོ་ནར་བསྟན་ན་གནས་སྐབས་སུ་རྩོད་གཅོད་སོགས་བྱེད་བདེ་བ་ལྟར་མཆིས་མོད་ཀྱང་ཏ་ཅང་ལས་སླ་བར་གྱུར་ན་སྐྱེ་བོ་ངན་རྟོག་ཅན་དག་དེ་ནི་བརྟག་དཔྱད་སོགས་ནན་ལྟར་མ་བྱས་པས་༧རྗེ་གོང་མའི་སྐུ་སྐྱེ་འཁྲུལ་མེད་མིན་པར་སྣང་ངོ་ཞེས་སོགས་སྐུར་འདེབས་ཀྱི་ཡ་ག་ཕྱོགས་བཅུར་སྒྲོག་པས་ལས་ངན་གསོག་པར་འགྱུར་ལ། སྤྲུལ་སྐུ་གཉིས་སུ་བསྟན་པ་ལ་བརྟེན་ནས་སློབ་འབངས་སོགས་ཀྱང་རྣམ་དཔྱོད་དང་ལྡན་པའི་དབང་གིས་དེ་གཉིས་ལས་གང་ཁྱད་པར་དུ་འཕགས་པ་སོགས་ཞིབ་ཏུ་ལན་དུ་མར་བརྟག་དཔྱད་དང་ལྷ་དང་བླ་མ་སོགས་ལ་ལུང་རྟགས་ཞུ་སོགས་ཀྱང་ནན་ཏན་དུ་བྱས་པ་ལ་བརྟེན་ནས་དེ་དག་གིས་བཀའ་ལུང་གསལ་པོར་བབ་པས་ཐེ་ཚོམ་དང་ཡིད་གཉིས་ཀྱི་གནས་ལས་གྲོལ་བར་འགྱུར་བ་དང་། སླར་པཎ་ཆེན་ཐམས་ཅད་མཁྱེན་པ་སོགས་ཀྱི་བཀའ་ལུང་ལྟར་སྤྲུལ་པ་བསྡུས་པ་ན་ལུང་བསྟན་པ་པོ་དང་བསྟན་ཡུལ་མཐའ་དག་ལ་སྙིང་ནས་དད་པ་དང་ངེས་ཤེས་སྐྱེ་བར་འགྱུར་བའི་དགོས་པ་དང་། གཞན་ཡང་དེང་དུས་རྫོངས་རྒྱལ་འགའ་ཞིག་གོང་དུ་བརྗོད་པ་ལྟར་སོ་སྐྱེ་ལུ་གུ་བརྒྱུད་དུ་སྐྱེ་བ་ལེན་པའི་དཔེ་དམ་པ་རྣམས་ལ་ཡང་འགེབས་ནས་སྤྲུལ་སྐུ་གཅིག་པོ་ན་ལས་དུ་མར་འབྱུང་བ་མི་འཐད་དོ་སྙམ་དུ་མཐའ་གཅིག་འཛིན་གྱི་ལོག་རྟོག་ཅན་རྣམས་ལ་བདག་ཉིད་ཆེན་པོ་དག་གི་སྤྲུལ་པ་ལ་ནི་འདི་ཙམ་ཞེས་ཚད་བཟུང་དུ་མེད་དོ་ཞེས་མངོན་སུམ་དུ་འདོམས་པར་བྱ་བའི་ཕྱིར་དུ་དེ་ལྟར་བསྟན་པར་ངེས་སོ། །ཕུལ་བྱུང་རྣམ་ཐར་བཟང་པོའི་དྲི་བསུང་གིས། །དབང་ཕྱོགས་ར་ཛའི་ཐུགས་ཀྱི་བྷྲ་མ་ར། །དྲངས་པས་བཀའ་བཟང་སྦྲ་སྙན་འཁྲོལ་བ་དང་། །ལྷན་ཅིག་སྐྱེས་ཀྱི་

སྤྲང་རྫི་ཙི་དགར་སྐྱུག །དུས་གཅིག་ཉིད་དུའང་སྤྲུལ་པའི་སྒྱུ་འཕྲུལ་གར། །དུ་མར་སྤྲོ་དང་གཅིག་ཏུ་བསྡུ་བ་སོགས། །མང་མང་ངོ་མཚར་མཛད་པ་སྟོན་འདིའང་། །མང་མང་ཐབས་ཀྱིས་འགྲོ་བ་འདུལ་བའི་བརྡ། །

དེ་ནས་ཀྱང་རྗེ་འདི་ཉིད་ནི་གདན་སར་ཕེབས་གྲུབ་ནས་བཟུང་ལྷག་པར་སྐུ་སྐྱིད་ཆེ་ཞིང་སྐུ་གྲིབ་སོགས་ཀྱང་གཏན་ནས་མི་བཞེས་པར་དགྱེས་པ་དང་བདེ་བ་ལ་རེག་པར་སྤྱོད་བཞིན་པར་འཚོ་ཞིང་གཞེས་པའི་ངང་ནས་མཁན་ཆེན་དཔལ་ལྡན་གྲགས་པ་ཞེས་བྱ་བ་ཡོངས་འཛིན་དུ་བཞེས་ཏེ། བདེ་གསང་འཇིགས་གསུམ་སོགས་ཀྱི་བདག་མདུན་བུམ་གསུམ་དབང་ཆོག་དང་བཅས་པ་དང་། ཆོས་སྐྱོང་ཡོངས་རྫོགས་ཀྱི་བསྐང་བའི་ཆོ་ག་སོགས་ཐུགས་འཛིན་དང་། ལྷག་པར་རྒྱལ་ཚབ་མ་ཕམ་མགོན་པོས་མཛད་པའི་ཤེར་ཕྱིན་གྱི་སྦས་དོན་མངོན་པར་རྟོགས་པའི་རིམ་པ་གཏན་ལ་འབེབས་པའི་བསྟན་བཅོས་ཆེན་པོ་མངོན་རྟོགས་རྒྱན་དང་། དཔལ་ལྡན་ཟླ་བས་མཛད་པའི་དངོས་བསྟན་ཟབ་མོ་སྟོང་པ་ཉིད་ཀྱི་རིམ་པ་གཏན་ལ་འབེབས་པའི་བསྟན་བཅོས་ཆེན་པོ་དབུ་མ་ལ་འཇུག་པ་སོགས་འཕགས་ཡུལ་ཤིང་རྟ་ཆེན་པོ་རྣམས་ཀྱི་གཞུང་ལུགས་ཟབ་ཅིང་བརླིང་བ་རྣམས་ལ་ཐུགས་འཛིན་དང་དཔེ་ཀློག་སོགས་གསན་བསམ་གྱི་གནས་ལ་བརྩོན་པ་ཆུ་བོའི་རྒྱུན་ལྟ་བུས་ཕོར་མོ་ཡུག་ཏུ་འདའ་བར་མཛད་པ་ན། ཇི་སྐད་དུ། ཐམས་ཅད་མཁྱེན་པ་དགེ་འདུན་རྒྱ་མཚོའི་གསུང་ལས། གསུང་རབ་ཀློག་སོགས་མཐའ་མེད་ཤེས་བྱའི་ཁྱོན། །ཁྱོད་ཐུགས་མཁྱེན་པའི་ར་བར་ཆུད་པ་ན། །རབ་ཏུ་སྐྱེངས་ལྡན་བརྟན་གཡོའི་དངོས་པོ་ཀུན། །རང་བཞིན་སྟོང་པའི་དབྱིངས་སུ་ཐིམ་སམ་སྙམ། །ཞེས་གསུངས་པ་ལྟར་ཤེས་པར་བྱ་བའི་ངང་ཚུལ་ཕལ་ཆེ་བ་དུས་དེ་ཉིད་ནས་དཀའ་བ་མེད་པར་ཐུགས་ཀྱི་ར་བར་ཆུད་པར་གྱུར་

ཅིང་། གསན་བསམ་གྱི་བར་སྐབས་རྣམས་སུ་ཡི་དམ་ལྷག་པའི་ལྷ་དུ་མའི་ལྗགས་བསྙེན་དང་། བྱང་ཆུབ་ལམ་གྱི་རིམ་པ་དང་འབྲེལ་བའི་ཉམས་བཞེས་བསག་སྦྱོངས་ཀྱི་རིགས་དང་། ཐུན་མོང་དང་ཐུན་མོང་མ་ཡིན་པའི་ཆོས་སྐྱོང་རྣམས་ལ་གཏོར་མ་བསྔོ་ཞིང་ཆོས་ལྡན་གྱི་བཞེད་དོན་འགྲུབ་པའི་འཕྲིན་ལས་བཅོལ་བ་སོགས་ཐུགས་དམ་ཉམས་ལེན་གྱི་རིམ་པ་ཡང་ཐང་སྐྱོད་མེད་པར་མཛད་དེ་མདོར་ན་ཐོས་བསམ་སྒོམ་གསུམ་དབྱེར་གྱི་ཆུ་གཏེར་གྱི་དཔལ་ལ་འགྲན་བཟོད་པ་ཐར་འདོད་ཡོངས་ཀྱི་མིག་རྒྱན་དུ་ཆེ་བར་མཛད། །

དགུང་ལོ་བརྒྱད་པ་ཐམས་ཅད་འདུལ་ཅེས་པ་མེ་མོ་ཕག་གི་ལོ་ལ་བཤེས་གཉེན་ཆེན་པོ་མཁན་ཆེན་དཔལ་ལྡན་གྲགས་པའི་དྲུང་ནས་ཡོངས་རྫོགས་དགེ་བསྙེན་གྱི་སྡོམ་པ་བཞེས་ཏེ་སོ་སོ་ཐར་པའི་སྡོམ་པའི་བཅུད་ཀྱིས་ཐུགས་ཀྱི་བང་མཛོད་ཡོངས་སུ་གཏམས་པར་གྱུར་ནས་བསླབ་བྱ་དང་བསྲུང་བྱའི་རིམ་པ་མཐའ་དག་ལ་ཁ་ན་མ་ཐོ་བ་ཕྲ་མོའི་རྡུལ་ཙམ་གྱིས་ཀྱང་མ་གོས་པར་བསྲུང་བར་མཛད། ལོ་དེ་ཁའི་ནང་༧ཆན་ལུང་ཁྲི་བཞུགས་དགུང་ལོ་སོ་གཉིས་པའི་ཐོག་མི་རྗེ་ཛ་སག་བླ་མ་ངག་དབང་ནོར་བུ་སྐུ་ཚེའི་འདུ་བྱེད་ཀྱིས་མ་ཟིན་པས་༧འཇམ་དབྱངས་གོང་མ་བདག་པོ་ཆེན་པོར་གནས་ཚུལ་གྱི་ཞུ་ཡིག་ཕུལ་བར་ཕྱིར་ཕེབས་སུ་མཁན་ཆེན་དཔལ་ལྡན་གྲགས་པ་ལ་ཛ་སག་གི་ཚོ་ལོ་དང་ཐམ་ཀ་བཅས་སྩལ་ནས་གང་གི་ལུགས་གཉིས་འཕྲིན་ལས་ཀྱི་གདུགས་དཀར་གྱེན་དུ་འདེགས་པའི་བྱེད་པོར་དབང་བསྐུར་ཞིང་། སྔ་ཕྱི་རྣམས་སུ་ཛ་སག་བླ་མ་ངག་དབང་ནོར་བུའི་ཐུགས་དགོངས་རྫོགས་ཐབས་ཀྱི་རིམ་པ་ཡང་རྒྱ་ཆེར་མཛད་དོ། །

དེ་ནས་རྗེ་བླ་མ་འདི་ཉིད་ཀྱི་ཐུགས་དགོངས་སུ་འདི་སྐད་དུ། རྗེ་ཐམས་ཅད་མཁྱེན་པས། དང་པོར་རྒྱ་ཆེན་ཐོས་པ་མང་དུ་བཙལ། །བར་དུ་གཞུང་

ལུགས་ཐམས་ཅད་གདམས་པར་ཤར། །ཐ་མར་ཉིན་མཚན་ཀུན་ཏུ་ཉམས་སུ་བླངས། །ཀུན་ཀྱང་བསྟན་པ་རྒྱས་པའི་ཆེད་དུ་བསྔོ། །ཚུལ་འདི་བསམ་ཞིང་འདུན་མ་ལེགས་ནས་གདའ། །ཞེས་གསུངས་པ་ལྟར། དལ་འབྱོར་གྱི་ལུས་རྟེན་རྣམ་པར་དག་པ་འདི་ལྟ་བུ་ཐོབ་པའི་དུས་འདིར་དོན་མེད་ཀྱི་དབང་དུ་མ་གཏོང་བར་དོན་ལྡན་སྙིང་པོ་ཡོད་པ་ཞིག་ངེས་པར་བྱེད་དགོས་ལ། དེ་ཡང་དང་པོར་རྒྱལ་བའི་གསུང་རབ་ཀྱི་དགོངས་དོན་རྣམས་ལ་ཞིབ་མོར་དཔྱོད་པའི་བློ་གྲོས་ཀྱིས་ཐོས་བསམ་རྣམ་པར་དག་པ་སྒྲོ་འདོགས་ཆོད་ངེས་པ་ཞིག་བྱས་ནས་དེ་ཐམས་ཅད་ཁ་ཕྱིར་བལྟའི་གོ་ཡུལ་དུ་མ་སོང་བར་གསུང་རབ་མ་ལུས་པ་ཉམས་སུ་ལེན་རྒྱུའི་གདམས་པར་ཤར་བའི་གནད་དོན་ལ་མཁས་པ་ཞིག་དང་། མཁས་པ་ཙམ་གྱིས་ཀྱང་མི་ཚོག་པར་ཇི་བཞིན་རྒྱུད་ཐོག་ཏུ་བཀལ་ནས་ཉམས་སུ་བླངས་ཏེ་མདོ་རྒྱུད་ནས་ཇི་ལྟར་བཤད་པའི་ས་ལམ་གྱི་རྟོགས་པ་མཐའ་དག་རྒྱུད་ལ་སྐྱེ་ངེས་པ་ཞིག་བྱས་ཐོག་རང་གིས་བརྙེས་པའི་ལམ་དྲང་པོ་ལ་འགྲོ་བ་གཞན་དག་ཀྱང་བཀོད་དེ་རང་གཞན་གཉིས་ཆར་གྱི་དོན་འགྲུབ་པ་སོགས་ཅི་བྱེད་ཐམས་ཅད་བསྟན་པ་རྒྱས་པ་དང་འགྲོ་བ་བདེ་བ་འབའ་ཞིག་གི་ཆེད་དུ་སྨིན་པ་རྗེ་ཐམས་ཅད་མཁྱེན་པའི་རྣམ་ཐར་དང་མཚུངས་པར་གང་ནས་བསམས་ཀྱང་འདུན་མ་ལེགས་པ་ཞིག་ངེས་པར་བྱེད་དགོས་པར་མངོན་ལ། དེ་ལྟར་དུ་འགྱུར་བ་ལ་ཐོག་མར་ལམ་སྟོན་བཤེས་གཉེན་མཚན་ཉིད་དང་ལྡན་པ་ཞིག་བསྟེན་ཚུལ་ཕྱིན་ཅི་མ་ལོག་པ་གཞིར་བཟུང་བའི་ཐོག་དབུས་གཙང་གི་ལྗོངས་ཀྱི་གདན་ས་ཆེན་པོ་རྣམས་སུ་མཁས་མང་རྒྱ་མཚོ་ལྟ་བུའི་གྲྭར་ཞུགས་ནས་གཞུང་ལུགས་ཀྱི་དཀའ་བའི་གནས་ལ་སྦྱངས་པ་མཐར་ཕྱིན་པ་ཞིག་ངེས་པར་སྔོན་དུ་འགྲོ་དགོས་ཀྱི། དེ་མིན་ད་ལྟའི་འདི་མུས་བཞིན་གཞུང་ལུགས་ཀྱི་ཚིག་རིས་འགའ་ཞིག་བློ་

ལ་འཛིན་ཙམ་དང་འོལ་ཚོད་ཀྱིས་གོ་བ་བླང་བ་ཙམ་ཞིག་གི་ཐོས་པས་ནི་ས་ཚོད་ཆེ་བར་མི་འོང་བར་སྣང་ཞིང་། འོན་ཀྱང་སྟ་འཁྲིས་འཛམ་དབྱངས་མིའི་རོལ་པ་འཛིན་པ་༧གོང་ས་ཆོས་ཀྱི་རྒྱལ་པོའང་སྐུ་ཕྲེང་གོང་མ་རྣམས་དང་ལྷག་པར་ངོས་ལ་ཐུགས་རྗེ་དང་བཀའ་དྲིན་ཚད་མེད་པས་བསྐྱངས་པ་བཅས་བྱས་ཤེས་དྲིན་གཟོའི་ཕྱིར་དུ་དེའི་གསེར་ཞལ་ཀྱང་འགྱངས་མེད་མྱུར་དུ་མཇལ་ཐུབ་པ་ཞིག་དགོས་ངེས་དང་། ལྷག་པར་སྙིགས་དུས་འགྲོ་བ་ཡོངས་ཀྱི་མ་འདྲིས་པའི་མཛའ་བཤེས་ཆེན་པོ་རྡོ་རྗེ་འཆང་དངོས་ལྕང་སྐྱ་རོལ་པའི་རྡོ་རྗེ་ཞེས་བསྐལ་མང་སྔོང་དུ་མཚན་ཙམ་ཡང་ཐོས་པར་དཀའ་བ་དེ་ཉིད་ཀྱང་དབང་ཕྱུགས་རྒྱལ་པོའི་ལྗོངས་སུ་བཞུགས་པས་དེའི་མཚན་དཔེའི་དཀྱིལ་འཁོར་མཇལ་ཞིང་གསུང་གི་བདུད་རྩི་ལ་ངོམས་མེད་དུ་ལོངས་སྤྱོད་པ་ཞིག་ཀྱང་མྱུར་དུ་མ་ཐུབ་ན་རིམ་འགྱངས་སུ་གྱུར་ཚེ་དུས་འདིར་ནག་ཕྱོགས་བདུད་ཀྱི་རིགས་རྣམས་མཐུ་བཙན་པས་དོན་ཆེན་པོ་ལས་ཉམས་པར་འགྱུར་ཉེ་བས། དེས་ན་ཅི་ནས་ཀྱང་སོས་དལ་དུ་མི་གནས་པར་སྟ་འཁྲིས་མྱུར་བར་ཤར་ཕྱོགས་ཀྱི་རྒྱལ་ཁབ་ཆེན་པོར་ཕྱིན་ནས་༧གོང་མ་བདག་པོ་ཆེན་པོའི་ཞལ་མཇལ་དང་། ལྕང་སྐྱ་རྡོ་རྗེ་འཆང་སོགས་ལས་ཟབ་ཆོས་མན་ངག་གི་རིམ་པ་ཡིད་ཚིམ་ངེས་པ་ཞིག་ཞུས་ནས་སླར་རིང་པོར་མི་ཐོགས་པར་དབུས་གཙང་གི་ལྗོངས་སུ་ཕྱིན་ཏེ་ཐོས་བསམ་སྒོམ་གསུམ་ཚང་ལ་མ་ནོར་བས་རྒྱལ་བསྟན་སྤེལ་ཐུབ་པ་ཞིག་བྱེད་དགོས་དགོངས་པའི་ཐུགས་ཀྱི་འདུན་པ་དྲག་པོ་ཡོད་པའི་ཁར་གནས་སྐབས་ཀྱི་རྐྱེན་བསྐུལ་ལྷ་བུར་ཛ་སག་བླ་མ་དཔལ་ལྡན་གྲགས་པས་ཀྱང་རྐྱེན་འགའ་ཞིག་ལ་བརྟེན་པས་མྱུར་བར་དབང་ཕྱུགས་སུ་འབྱོན་དགོས་ཚུལ་ཞུས་དོན་བཞིན། མི་རིང་བར་༧གོང་མ་ཆེན་པོར་གསེར་ཞལ་མཇལ་བར་བཅར་ཚོག་པའི་གནས་ཚུལ་ཞུ་ཡིག

ཐུལ་བར་ཕྱིར་ཕེབས་སོ། ༧རྗེ་དྲུང་དུ་ཐོག་ཐུའི་སྤྲུལ་སྐུ་ད་ལྟ་སྐུ་འབུམ་མ་ཐར་བས་པི་ཅིང་རང་དུ་ཕེབས་མ་ཐུབ་ཙང་། སོག་ཡུལ་མཚོ་བདུན་དོ་ལོ་ནོར་དུ་ཕེབས་ཏེ་མཇལ་ཚོག་པ་བྱེད་ཅིང་། འོན་ཀྱང་འདི་ལོ་དགུན་དུས་གནམ་གྲང་བ་དང་བཅས་ཤར་སྐབས་སུ་ཕེབས་ཙང་འོ་རྒྱལ་བས་དགུན་གྱི་རིང་ཨ་མདོ་སྐུ་འབུམ་དུ་བཞུགས་ཐོག་ཕྱི་ལོ་དཔྱར་སོས་བསྟུན་ཡོང་ན་འཐུས། ཞེས་བཀའ་ལུང་བཟང་པོ་ཕེབས་པ་བཞིན་མི་ཁལ་ལ་སོགས་པའི་གྲབས་ཡུལ་མཐའ་དག་མི་རིང་སྒྱུར་བར་ཚགས་སུ་ཚུད་པར་མཛད་དེ། ༧གོང་མ་ལྷ་སྐྱོང་ཆེན་པོ་ཁྲི་བཞུགས་དགུང་ལོ་སོ་དྲུག་པར་ཕེབས་ཤིང་། ༧རྗེ་ཉིད་དགུང་ལོ་བཅུ་གཉིས་པ་ལྕགས་མོ་ཡོས་ཀྱི་ལོ་ལ་ཛ་སག་བླ་མ་དཔལ་ལྡན་གྲགས་པ་སོགས་འཁོར་ཚོགས་མི་ནོར་མཐའ་ཀླས་པ་དང་བཅས་ནས་གཟའ་ཚེས་ཕུན་སུམ་ཚོགས་པའི་ཉིན་དཔའ་ཤོད་དགའ་ལྡན་རྣམ་པར་རྒྱལ་བའི་ཕོ་བྲང་ཆེན་པོ་ནས་དབང་ཕྱོགས་ཀྱི་རྒྱལ་ཁབ་ཆེན་པོར་ཆིབས་ཀྱི་ཁ་ལོ་བསྒྱུར་བར་མཛད་དོ། །

ན་ཚོད་ལྕུག་ཕྲན་ཕྲ་མོའི་དུས་ཉིད་ནས། །ཐོས་བསམ་སྒོམ་པའི་འབྲས་བུས་ཡོངས་དུད་པའི། །སྟོན་མེད་ཀང་འཐུང་སྔོན་པའི་དབང་པོ་འདི། །རྒྱལ་ཀུན་ཐུགས་རྗེས་འབད་ནས་བསྐྲུན་པར་ངེས། །འཁོར་ལོ་བཞི་ལྡན་རྟེན་བཟང་རྙེད་ན་ཡང་། །གཞུང་ལུགས་མང་དུ་ཐོས་ཤིང་ཐོས་པའི་དོན། །གདམས་པར་ཤར་ནས་ཉམས་སུ་མ་བླངས་ན། །རང་གཞན་དོན་གཉིས་འགྲུབ་པ་དཀའ་བར་གཟིགས། །དེ་སླད་བཤེས་གཉེན་དམ་པའི་མགོན་བསྟེན་ཅིང་། །མང་དུ་ཐོས་དང་སྒོམ་པའི་གྲུ་བོ་ཆེར། །ཞུགས་ནས་ཀུན་མཁྱེན་རིན་ཆེན་གླིང་ཆེན་པོར། །ཕྱིན་པར་འདོད་པས་ཁྱོད་ཐུགས་རྣམ་པར་གཡོ། །འོན་ཏེ་ཐོག་མར་འཇམ་མགོན་མི་ཡི་གཟུགས། །གནམ་བསྐོས་ས་ཡི་ཚངས་པ་ཆེན་པོ་དེའི། །

གསེར་གྱི་ཞལ་བཟང་མཛལ་མཐར་རང་ཉིད་ཀྱི། །འདོད་བྱའི་དོན་ལ་ཞུགས་པར་ཡོངས་སུ་དགོངས། །ཁྱད་པར་རྡོ་རྗེ་འཆང་དབང་མི་ཡི་གཟུགས། །རོལ་པའི་རྡོ་རྗེར་གྲགས་པའི་མགོན་དེ་ཡི། །ཞབས་སྐྱེས་རྩལ་དམར་སྲུང་རྩེ་ལེན་པ་ལ། །ར་ཡིག་གཉིས་པ་པད་མཚོ་ལ་བཞིན་རིངས། །ཚུལ་དེས་བསྐུལ་བས་ཁྱོད་སྐུའི་འཆི་མེད་ཚབ། །འཁོར་ཚོགས་ཉལ་འགྲོའི་གླུང་གིས་བསྐོར་བྱས་ཏེ། །འཕྲིན་ལས་གསེར་གྱི་ལྷུ་འཕྲེང་འཛིན་བཞིན་པར། །དབང་ཕྱོགས་རྒྱ་མཚོའི་ལྗོངས་སུ་དལ་གྱིས་འབབ། །ཨེ་མ་ཐུགས་ཀྱི་བཞེད་དོན་བརྒྱ་ཕྲག་ཀྱང་། །བསམ་པའི་མོད་ལ་ལག་རྗེར་ལོན་པ་འདི། །མ་ཚང་མེད་པའི་རྒྱུ་ཚོགས་ལྷབས་པོ་ཆེ། །རིང་ནས་སྨོན་དུ་སོང་བའི་མཐུ་ལས་ཡིན། །ཅེས་པ་ནི་བར་སྐབས་ཀྱི་ཚིགས་སུ་བཅད་པའི་རིམ་པ་དགུ་པོ།། །

དེ་ནས་རིམ་གྱིས་ཕྱིན་ནས་ཕེབས་ལམ་རྣམས་སུའང་། གདུལ་བྱ་རིས་སུ་མ་ཆད་པ་རྣམས་ཀྱི་རྒྱུད་ལ་དགེ་བའི་ཆོས་མ་སྐྱེས་པ་བསྐྱེད་པ་དང་། སྐྱེས་པ་གོང་ནས་གོང་དུ་འཕེལ་བར་མཛད་པ་སོགས་མཐོང་ཐོས་དྲན་རེག་མཐའ་དག་འབྲེལ་ཚད་དོན་ལྡན་གྱི་དཔལ་ལ་སྦྱོར་ཞིང་། ཐུགས་ཀྱི་དགོངས་པའི་གཙོ་བོ་ནི་ཇི་ལྟར་སྔོན་བྱང་ཆུབ་སེམས་དཔའ་རྟག་ཏུ་ངུ་ཤེས་རབ་ཀྱི་ཕ་རོལ་ཏུ་ཕྱིན་པ་འཚོལ་བ་ལ་ཞུགས་པའི་ཚེ་གྲོང་ཁྱེར་སྤོས་ལྡན་དུ་བྱང་ཆུབ་སེམས་དཔའ་ཆོས་འཕགས་ཞེས་བྱ་བ་བཞུགས་སོ་ཞེས་ཐོས་པས། དེ་འདྲ་བའི་བྱང་ཆུབ་སེམས་དཔའ་དེ་བདག་གིས་ནམ་ཞིག་མཐོང་ནས་ཤེས་རབ་ཀྱི་ཕ་རོལ་ཏུ་ཕྱིན་པའི་བདུད་རྩི་ཐོབ་པར་འགྱུར་སྙམ་པ་འབའ་ཞིག་ཡིད་ལ་སེམས་པས། ལུས་ངལ་བ་དང་། གཉིད་དང་ལྟོགས་པ་དང་། བཟའ་བ་དང་བཏུང་བ་དང་། ཉིན་མོ་དང་མཚན་མོ་དང་། ཚ་བ་དང་གྲང་བ་ཡིད་ལ་མི་བྱེད་པར་འཚོལ་བར་བྱེད་པ་དེ་

བཞིན་དུ་སྐྱེས་བུ་དམ་པ་འདི་ཡང་རྗེ་བཙུན་རྡོ་རྗེ་འཆང་ལྕང་སྐྱ་རོལ་པའི་རྡོ་རྗེ་སོགས་ཀྱི་ཞལ་གྱི་དཀྱིལ་འཁོར་མཇལ་ཞིང་ཐེག་པ་ཆེན་པོའི་ཆོས་ལ་ལོངས་སྤྱོད་པ་ཞིག་ནམ་ཡང་སྐམ་དུ་ཉིན་དང་མཚན་དུ་ཡིད་ལ་བྱེད་པ་གཞན་མེད་པར་དེ་ཁོ་ན་ཐུགས་ལ་སེམས་ཤིང་། དེའི་ཕྱིར་དུ་རྗེ་བཙུན་རྡོ་རྗེ་འཆང་ཉིད་ལ་གསོལ་བ་རྩེ་གཅིག་ཏུ་འདེབས་པ་དང་། ཆོས་སྐྱོང་ལ་འཕྲིན་ལས་བཅོལ་བ་སོགས་ཐུགས་བཞེད་ཇི་བཞིན་དུ་འགྲུབ་པའི་ཐབས་འབའ་ཞིག་ལ་བརྩོན་པར་མཛད་པའི་སྒོ་ནས་བྱོན་པ་ལས། རིམ་གྱིས་སྐུ་འབུམ་བྱམས་པ་གླིང་ཞེས་བྱ་བ། སྟོན་འཇམ་མགོན་བླ་མ་ཙོང་ཁ་པ་ཆེན་པོ་ཡུམ་ཤིང་བཟའ་ཨ་ཆོས་ཀྱི་ལྷུམས་ནས་བལྟམས་པའི་ཚེ་ལྟེ་བ་བཅད་པའི་སྐུ་མཚལ་གྱི་ཟེགས་མ་ཉུང་ཟད་ཅིག་ས་ལ་ལྷུང་བ་ལས་ཙན་དན་གྱི་ལྗོན་པ་སྐྱེས་པའི་སྟེང་དུ་སངས་རྒྱས་སེང་གེ་ང་རོའི་སྐུའི་སྣང་བརྙན་འབུམ་བྱུང་བ་ལས་མཚན་དུ་གྲགས་པའི་འདུས་སྡེ་ཆེན་པོ་དེ་ཉིད་དུ་ཞབས་པད་བཀོད་ནས་༧གོང་མ་ཆེན་པོའི་བཀའ་བཞིན་དགུན་གྱི་རིང་དེར་གཏན་ཆགས་པར་བཞུགས་པར་མཛད་ལ། དེའི་རིང་དུའང་འཇམ་མགོན་རྒྱལ་བ་གཉིས་པས་བྱིན་གྱིས་བརླབས་པའི་རྟེན་ངོ་མཚར་ཅན་རྣམས་དང་། ཐམས་ཅད་མཁྱེན་པ་བསོད་ནམས་རྒྱ་མཚོ་སོགས་ཀྱི་མཛད་པ་ཕྱག་རིས་ཀྱི་གཙུག་ལག་ཁང་རྟེན་དང་བརྟེན་པར་བཅས་པ་རྣམས་ལ་གནས་གཟིགས་མཆོད་འབུལ་རྒྱ་ཆེ་བ་དང་བཅས་ཏེ་སྐུ་ཚེ་འདིར་འཇམ་མགོན་བླ་མ་གང་གི་བསྟན་པ་ལ་བྱ་བ་རླབས་པོ་ཆེ་མཛད་པའི་ཐུགས་སྨོན་མཚམས་སྦྱོར་དང་། གཞན་ཡང་ཕྱོགས་དེའི་གདུལ་བྱ་སེར་སྐྱ་མཆོག་དམན་རྣམས་ལའང་རེ་འདོད་ཇི་བཞིན་དུ་སྐོང་བའི་ཆོས་དང་ཟང་ཟིང་གི་བཀའ་དྲིན་རྨད་དུ་བྱུང་བ་སྩོལ་བཞིན་པར་རེ་ཞིག་བཞུགས་སོ། །

དེ་ནས་ལོ་དེའི་ཕྱི་མ་༸ལྷ་སྐྱོང་ཁྲི་བཞུགས་དགུང་ལོ་སོ་བདུན་པ་དགའ་བ་ཞེས་པ་ཆུ་ཕོ་འབྲུག་གི་ལོ་ལ་སྐུ་འབུམ་ནས་ཕྱུགས་བརྟེག་སྟེ་ཕེབས་ལམ་རྣམས་སུ་སྐུ་འཁོར་མི་ནོར་ཚང་མར་ཉེས་སྐྱོན་གྱི་ཆ་ཕྲ་མོ་ཙམ་གྱིས་ཀྱང་མ་གོས་པར་བདེ་བ་ནས་བདེ་བར་བགྲོད་དེ་མཐར་གྱིས་ཧོར་ཟླ་དྲུག་པའི་ནང་དུ་དབང་ཕྱོགས་སུ་ཕེབས་ནས་དོ་ལོ་ནོར་བརྒྱུད་དེ་ཞེ་ཧོར་དུ་༸གོང་མ་ཆོས་ཀྱི་རྒྱལ་པོའི་གསེར་ཞལ་ཐོག་མར་མཇལ་ཏེ་བཀྲ་ཤིས་པའི་ལྷ་རེག་དང་། ཚོ་ལྷའི་སྐུ་བརྙན་སོགས་ཀྱིས་གཙོས་པའི་དངོས་འབུལ་གཏོང་ཆེ་བ་དང་། ལུགས་སྲོལ་བཞིན་གྱི་ཞབས་པུས་འཇུགས་པ་དང་། བཀའ་འདྲི་གནང་བའི་ཕེབས་ལན་སོགས་ཀྱང་བརྡ་ཕྲད་རྒྱན་པོ་བཞིན་དུ་ཐོགས་མེད་དུ་བྱུང་བས། འཇམ་དབྱངས་༸གོང་མ་ཆེན་པོ་ཡང་སྤྱར་རྗེ་གོང་མ་ཞིང་དུ་ཕེབས་པ་ནས་ད་བར་མ་མཇལ་བའི་དབང་གིས་མ་བུ་གསར་དུ་འཕྲད་པ་བཞིན་དུ་ལྷག་པར་མཉེས་པའི་ཁར་རྗེ་འདིའི་སྐུ་གསུང་ཐུགས་ཀྱི་རྣམ་འགྱུར་ངོ་མཚར་རྨད་དུ་བྱུང་བ་རྣམས་གཟིགས་པས་ཐུགས་ཡིད་གཏིང་ནས་ཆེས་ཏེ་བཀའ་སློབ་བཟང་པོ་ཚད་མེད་པ་སྩལ་བ་དང་ཆབས་ཅིག་པར་གནང་སྐྱེས་སུ་༸གོང་མ་རང་གི་ཕྱག་འཕྲེང་བྱི་རུའི་འཕྲེང་བ་ཆེ་ལེགས་གཅིག །གུ་གུ་ཤའི་སྟེར་མ་ཤིང་ཐོག་ཕུ་ཤིའུ་ཀྱིས་བཏང་བ། གཞན་ཡུ་ཡི།མི་དམ། གོས་ཆེན་སོགས་བཟང་ཞིང་གྲུ་ནོམ་པ་དང་། གཞན་ཡང་སྐུ་གོང་མའི་དུས་ཀྱི་བཟོས་སྐོ་བདག་རྐྱེན་རྣམས་ཀྱང་བླ་ལྷག་ཏུ་གནང་ནས་བསྟན་འགྲོའི་མགོན་དུ་རེ་ཞིག་དབང་ཕྱོགས་སུ་བཞུགས་དགོས་པའི་བཀའ་ཡང་ཕེབས། དེ་དང་དུས་མཚུངས་སུ་ཤར་ཕྱོགས་བསྟན་པའི་སྒྲོན་མེ་ཆེན་པོ་ལྕང་སྐྱ་རྡོ་རྗེ་འཆང་གི་༸ཞབས་དྲུང་དུ་ཕྱིན་པར་སྟོན་སྐུ་ཚེའི་འཕྲེང་བ་དུ་མ་ནས་རིགས་ཀྱི་ཅོད་པན་དུ་གྱུར་པའི་བག་ཆགས་ཀྱི་ནུས་པ་མཐུ་བརྟས་པས་ཞལ་

མངལ་མ་ཐག་ཏུ་ཐུགས་རྒྱུད་ལ་སྨྲ་མི་ཤེས་པའི་དཀའ་བདེའི་ཚོར་བས་ཀུན་ཏུ་ཁྱབ་ཅིང་། སངས་རྒྱས་དངོས་ཀྱི་འདུ་ཤེས་བཅོས་མིན་དུ་སྐྱེས་ཏེ་ཨེ་མ་འདི་ལྟ་བུའི་བདག་ཉིད་ཆེན་པོ་རྣམས་ཀྱི་ཞལ་མངོན་སུམ་དུ་མཇལ་བའི་སྐལ་བཟང་ལ་ལོངས་སྤྱོད་དུ་ཡོད་པ་ནི་བདག་གིས་རྙེད་པའི་མཆོག་ལེགས་པར་རྙེད་པར་སྣང་བས་ཤུལ་ཐག་རིང་པོ་ནས་འོང་བའི་ངལ་བ་འབྲས་བུ་དང་བཅས་པར་གྱུར་ཏོ་སྙམ་པའི་དགའ་བ་དང་། ད་ནི་རྡོ་རྗེ་འཆང་འདི་ཉིད་ཀྱི་ཞབས་མཐིལ་ཟུར་ཕུད་ཀྱི་རྒྱན་དུ་བཀོད་དེ་མཉེས་པ་གསུམ་གྱིས་མཉེས་པར་བྱས་ནས་གདམས་པའི་ཆུ་བོ་བུམ་པ་གང་བྱོའི་ཚུལ་དུ་ནོད་ཅིང་དེ་དག་ཀྱང་ཚུལ་བཞིན་དུ་ཉམས་སུ་བླངས་ཏེ་བླ་མའི་རྣམ་ཐར་ཟིན་པ་ཞིག་མི་བྱེད་རེ་སྙམ་པའི་ཞེ་བཅད་རྣམས་ཕན་ཚུན་འགྲན་པ་བཞིན་དུ་འཁྲུངས་པར་གྱུར་ལ། དེའི་དབང་གིས་ཡབ་སྲས་ལྷན་ཅིག་ཏུ་གསེར་ཞལ་རྒྱས་པའི་སྒོ་ནས་གཅིག་ལ་གཅིག་གུས་འདུད་བཀུར་བསྟི་དང་བཅས་ཏེ་འབེལ་བའི་གསུང་གླེང་དང་། ཆོས་ཀྱི་བཀའ་མཆིད་ཀྱིས་དུས་འདའ་ཞིང་། འདི་སྐབས་ལྷུང་སྐྱ་རྡོ་རྗེ་འཆང་དེ་ཉིད་ངེས་དོན་དུ་ཤེས་བྱ་ཐམས་ཅད་མངོན་སུམ་དུ་གཟིགས་པའི་གོ་འཕང་བརྙེས་ཟིན་ནའང་དྲང་དོན་མ་དག་གདུལ་བྱའི་སྣང་ངོར་སྐྱར་སློབ་ཆེས་པས་འདྲེན་བྱེད་མི་གསལ་བའི་ཚུལ་བསྟན་ཀྱང་མགོན་པོ་ཉིད་ལ་ཐུགས་རྗེས་ལྷག་པར་དུ་ཆེ་བས་སྤྲུལ་སྐུ་ཆུང་ངུ་དེ་ཉིད་སྐུ་པང་དུ་བཞེས་ནས་ན་བཟའ་རྣམས་བསིལ་ཏེ་དབུ་ནས་ཞབས་ཀྱི་བར་སྐུ་གཟུགས་ཚང་མར་ཕྱག་གིས་ཉུལ་བར་མཛད་ནས་སྤྲུལ་སྐུའི་སྐུ་སྨད་ལ་སྟག་ཤམ་གྱི་རི་མོ་གསལ་བར་ཡོད་པ་སྟོན་ཆད་སུས་ཀྱང་སྣང་ཡུལ་དུ་མ་གྱུར་པ་རྣམས་ཀུན་ལ་མངོན་སུམ་དུ་བསྟན་པའི་སྒོ་ནས་སྐྱབས་རྗེ་གོང་མའི་རྣམ་རོལ་འཁྲུལ་མེད་དུ་ལུང་བསྟན་པ་སོགས་ངོ་མཚར་གྱི་ཕྲུལ་ཆེན་པོ་སྟོན་པར་མཛད་ལ།

ལྷག་པར་སྔར་ནས་ཐུགས་ལ་བརྟགས་པའི་དོན་བཞིན་དབང་ཕྱོགས་སུ་བཞུགས་རིང་རྡོ་རྗེ་འཆང་ཆེན་པོར་ཟབ་པ་དང་རྒྱ་ཆེ་བའི་ཆོས་ཀྱི་རིམ་པ་རྒྱ་ཆེར་སྩལ་དགོས་པའི་སྙན་ཞུ་ཕུལ་བར་ལྷུང་སྐྱ་རིན་པོ་ཆེ་ནས་ཀྱང་ཅི་ནས་དེ་བཞིན་དུ་མཛད་དོ་ཞེས་པའི་བཀའ་བཞེས་བཟང་པོའི་དབུགས་དབྱུང་སྩལ་བའི་དོན་བཞིན་མི་རིང་བར་ལོ་དེའི་ཧོར་ཟླ་བདུན་པའི་ཡར་ངོའི་རྒྱལ་བ་དང་པོ་ཚེས་གསུམ་གྱི་སྔ་དྲོའི་ཆ་ལ་མཚོ་བདུན་ལྷ་ཁང་ཆེན་མོར་དུས་གསུམ་རྒྱལ་བའི་སྤྱི་གཟུགས་ལྷུང་སྐྱ་རྡོ་རྗེ་འཆང་ཉིད་ཀྱིས་མཁན་པོ་དང་། རྗེ་གདན་རྩེ་ཚོགས་པའི་མཁན་པོ་དཔལ་ལྡན་གྲགས་པས་སློབ་དཔོན། ཞུ་རད་ཞབས་དྲུང་རིན་པོ་ཆེ་ནས་དུས་སྒོ་བརྗོད་པ་པོ་དང་། ཁ་སྐོང་དགེ་འདུན་གྲངས་ཚང་བ་དང་བཅས་པའི་དབུས་སུ་བར་མ་རབ་བྱུང་དང་བསླབ་ཚོགས་སྔ་མ་དགེ་ཚུལ་གྱི་སྡོམ་པ་རྣམས་ལེགས་པར་བཞེས་ཤིང་མཚན་ཡང་སྔར་པཎ་ཆེན་ཐམས་ཅད་མཁྱེན་པས་སྩལ་བའི་སྟེང་དུ་ལྷུང་སྐྱ་རིན་པོ་ཆེ་ཉིད་ཀྱི་མཚན་སྒྲ་གསར་དུ་བསྟན་ཏེ་ལྭ་ཡེ་ཤེས་བློ་བཟང་བསྟན་པའི་མགོན་པོར་གསོལ་ཏེ་དུར་སྒྲིག་གི་རྒྱལ་མཚན་འཛིན་པའི་མཆོག་ཏུ་སོན་པར་མཛད་ཅིང་། དེ་ནས་བཟུང་སྟེ་བླངས་འདས་སོ་དྲུག་སོགས་ཇི་ལྟར་ནོད་པའི་བསླབ་བྱ་ཕྲ་རགས་ཐམས་ཅད་མིག་གི་འབྲས་བུ་བཞིན་དུ་བསྲུངས་པས་བཙུན་པའི་ཡོན་ཏན་ཀུན་གྱི་དཔེར་འོས་པར་གྱུར་ཏོ། །

ཆེན་པོ་ཧོར་གྱི་རྒྱལ་ཁམས་ཆེན་པོ་ཞེས། །སུམ་རྩེན་གནས་དང་མཚུངས་པའི་ཡུལ་གྲུ་དེ། །གང་གི་ཞབས་སེན་བཀྲ་ཤིས་རི་མོ་ཡིས། །བཀྲ་བའི་དགེ་མཚན་བཟང་པོས་ཡོངས་སུ་འགེངས། །ས་ཡི་ཚངས་པ་འཁོར་ལོས་བསྒྱུར་དེའང་། །གསང་གསུམ་ངོ་མཚར་ཞགས་པས་ཡིད་དྲངས་པས། །གྲུས་

དང་བཀུར་བསྟིའི་མཛད་པ་ལྷུར་བླངས་ཤིང་། །གཟིངས་སུ་བསྟོད་པའི་བཀའ་མཆིད་ལྷུག་པར་ཕབ། །བསྟན་པའི་སྒྲོན་མེར་གྲགས་པའི་མགོན་དེ་ཡི། །མཛེས་སྐུ་མངོན་སུམ་ཡུལ་དུ་གྱུར་མ་ཐག །དགའ་བདེའི་ཚོར་བས་ཐུགས་རྒྱུད་སིམ་པའི་མཐར། །ཕན་ཚུན་བརྩེ་བའི་མཆིད་ཀྱིས་ཡོངས་སུ་འདའ། །ཁྱད་པར་དུས་གསུམ་གཟིགས་པའི་ཡེ་ཤེས་ཀྱིས། །གང་སྐུ་ངོ་མཚར་བྱེ་བས་སྤྲས་པ་ཡི། །ཡ་མཚན་ཀུན་ལ་མངོན་སུམ་ངོམས་པའི་མཐར། །ཟླ་མེད་རྒྱལ་བའི་རོལ་པར་ལུང་ཡང་བསྟན། །བསྟན་པའི་ནང་མཛོད་སོ་སོ་ཐར་པ་ཡི། །སྡོམ་པའི་ནོར་བུས་བདག་རྒྱུད་གཏམས་དེ་ཡང་། །ཉེས་ལྟུང་དྲི་མས་ཆ་ཙམ་མ་སྦགས་པས། །ངུར་སྨྲིག་འཛིན་པའི་རྒྱལ་མཚན་ཀུན་ཏུ་བསྒྲེངས། །

དེ་ནས་རྗེ་ཉིད་དོ་ལོ་ནོར་དུ་བཞུགས་གདན་འཛུགས་མུས་ཐོག་དགུང་ལོ་བཅུ་བཞིར་ཕེབས་པ་ཆུ་མོ་སྦྲུལ་གྱི་ལོ་༧ཁོང་མ་ལྷ་སྐྱོང་ཆེན་པོ་ཁྲི་བཞུགས་དགུང་ལོ་སོ་བརྒྱད་པར་ཕེབས་སྐབས་སྣར་ཡང་གཟིགས་བསྐྱངས་ཁོང་ནས་ཁོང་དུ་འཕེལ་བས་དོ་ལོ་ནོར་གྱི་ཐམ་ཀ་བླ་མ་དང་འདྲ་བར་དཔོན་གཡོག་བཅུ་གསུམ་གྱི་ཐོགས་ལོ་ལྟར་མ་ཆག་པར་སྐྱལ་ཞིང་། འདི་སྐབས་སྔར་དུས་ཇོ་སག་བླ་མ་དཔལ་ལྡན་གྲགས་པར་རྐྱེན་འགའ་ཞིག་ལ་བརྟེན་པས་༧ཁོང་མ་མཆོག་ནས་ཙུང་ཟད་དགོངས་ཚོམ་གྱི་རྣམ་པར་ཇོ་སག་གི་གོས་ཡར་བཞེས་ཀྱང་རྗེ་ཉིད་རང་ལ་ནི་ཏ་ཙང་ཐུགས་བརྩེས་ཆེ་བའི་དབང་གིས་སྔར་ཡང་རྗེ་དྲུང་ཏུ་ཐོག་ཐུ་ཁོང་མའི་ཕྱག་མཛོད་དགེ་སློང་ངག་དབང་དར་རྒྱས་ལ་ཇོ་སག་བླ་མའི་གོས་དང་ཐམ་ཀ་སོགས་སྩལ་ཏེ་འཕྲིན་ལས་སྤེལ་བའི་ཞབས་འགྱུར་ཏུར་བསྐྱེད་དུ་བྱེད་དགོས་པའི་བཀའ་སློབ་བཟང་པོ་དང་བཅས་བསྐྱངས་པར་མཛད། འདི་ལོ་ནས་བཟུང་ལྟང་སྐུ་རྡོ་རྗེ་འཆང་ཡེ་ཤེས་བསྟན་པའི་སྒྲོན་མེའི་ཞབས་དྲུང་ནས།

དཔལ་རྡོ་རྗེ་འཇིགས་བྱེད་ལྷ་བཅུ་གསུམ་གྱི་དབང་ཆེན། འཇམ་དབྱངས་དཀར་པོ། སྒྲོལ་དཀར་ཡིད་བཞིན་འཁོར་ལོ། ལོ་མ་གྱོན་མ་གཙོ་འཁོར་གསུམ། ཕྱག་རྡོར་གཏུམ་ཆུང་གི་རྗེས་གནང་སོགས་དབང་ཆོས་ཀྱི་རིམ་པ་བར་མ་ཆད་ལྷ་བུར་གསན་པས་ཐུགས་ཀྱི་བང་མཛོད་འགེངས་པ་ལ་བརྩོན་པ་ཆེ་བཞེས་དང་། གཞོན་ནུ་ནོར་བཟང་བཞིན་དུ་བསྟེན་ཚུལ་ཕྱིན་ཅི་མ་ལོག་པའི་སྒོ་ནས་མཉེས་པ་སྒྲུབ་པ་གཙོ་བོར་མཛད་དེ་བཞུགས་ཤིང་། དེ་ནས་ཤིང་རྟ་ལོར་ཡོངས་འཛིན་མཁན་ཆེན་དཔལ་ལྡན་གྲགས་པ་མྱ་ངན་ལས་འདས་པར་༧གོང་མ་ལྷ་སྐྱོང་ཆེན་པོ་ཁྲི་བཞུགས་དགུང་ལོ་སོ་དགུ་པའི་ཐོག་༧སྐྱབས་མགོན་ལྕང་སྐྱ་རིན་པོ་ཆེར་བཀའ་ཕེབས་སུ་དེང་སྐབས་རྗེ་དྲུང་ཏུ་ཐོག་ཐུར་ཡོངས་འཛིན་ཡོད་དམ་མེད་ཅེས་ཕེབས་པར་ལྕང་སྐྱ་རིན་པོ་ཆེ་ནས་སྔ་སོར་དཔལ་ལྡན་གྲགས་པ་ཡོད་ཀྱང་ད་ཆ་ཁོང་འདས་ནས་ཡོངས་འཛིན་མེད་ཚུལ་ཞུས་པར་ཐུགས་བརྩེས་ཆེ་བས་ཀུན་ནས་བསླངས་ཏེ་བཀྲས་ལྷུན་ཤར་རྩེ་མཁན་པོ་པཎྜི་ཏ་མི་ཏན་བློ་བཟང་འཇམ་དཔལ་ཞེས་ངེས་པ་དོན་གྱི་མཁས་གྲུབ་ཆེན་པོ་དེ་ཉིད་བར་སྐབས་སུ་ཁལ་ཁ་རྗེ་བཙུན་དམ་པའི་ཡོངས་འཛིན་དུ་བྱོན་ཏེ་རྗེས་སོར་རྗེ་བཙུན་དམ་པ་དག་ཞིང་དུ་ཕེབས་པས་སླར་དབང་ཕྱོགས་སུ་བྱོན་ནས་ཞི་ཧོར་དུ་བཞུགས་ཡོད་པ་དེ་ཉིད་གང་གི་ཡོངས་འཛིན་དུ་སྐུལ་བར་བཤེས་གཉེན་ཆེན་པོ་དེ་ཡང་འོག་ནས་འཆད་པར་འགྱུར་བ་ལྟར་མཁས་བཙུན་བཟང་གསུམ་གྱི་མངའ་བདག་ལུང་རྟོགས་ཀྱི་ཡོན་ཏན་རྒྱ་མཚོ་ལྟ་བུས་ཐུགས་རྒྱུད་ཕྱུག་པ་ཞིག་ཡིན་པར་སྣང་ལ། དེའི་མཐུས་རྗེ་ཉིད་ཀྱང་མི་ཕྱེད་པའི་དད་པ་བརྟན་པོ་འཁྲུངས་ཏེ་གཙུག་གི་རྒྱན་དུ་བསྟེན་ནས་བཀའ་བཞིན་སྒྲུབ་པས་མཉེས་པར་མཛད་དེ་དབྱར་ཕྱུང་རེས་བཞིན་དོ་ལོ་ནོར་དུ་གདན་དྲངས་ནས་དམ་པའི་ཆོས་ཀྱི་བཀའ་དྲིན་དུ་མ་ཞིག

ལོ་དུས་སོ་སོར་ཇི་ལྟར་ནོད་པར་མཛད་པ་རྣམས་མགོ་སྨོས་ཙམ་དུ་རིམ་པར་བརྗོད་ན། ཐོག་མར་རྗེ་ཉིད་དགུང་ལོ་བཅུ་དྲུག་པ་སྨྱོས་བྱེད་ཅེས་པ་ཤིང་མོ་ལུག་གི་ལོ་ལ་བྱང་ཆུབ་ལམ་གྱི་རིམ་པ་བསྡུས་དོན་གྱི་བཤད་ལུང་སྨྱོང་ཁྲིད་ཟབ་ཅིང་རྒྱས་པ་དང་། གྲུབ་རྒྱལ་ལུགས་ཀྱི་ཚེ་དབང་། ཚེ་དཔག་མེད་ལྷ་དགུའི་དབང་ཆེན། གདུགས་དཀར་གྱི་དབང་ཆེན། མགོན་པོ་ཕྱག་དྲུག་པ་དང་། མགོན་དཀར་ཡིད་བཞིན་ནོར་བུ། ཆོས་རྒྱལ་ཕྱི་ནང་གསང་གསུམ། རྣམ་སྲས་ཕྱག་རྡོར། བེག་ཙེ་སོགས་ཀྱི་རྗེས་གནང་། ཐུབ་པ་རྡོ་རྗེ་གདན་པ་གཙོ་འཁོར་གསུམ་དང་། སྤྱན་རས་གཟིགས་ཕྱག་བཞི་པ་གཙོ་འཁོར་གསུམ། སེང་ལྡེང་ནགས་སྒྲོན་གཙོ་འཁོར་གསུམ་གྱི་རྗེས་གནང་སོགས་དབང་རྗེས་གནང་གི་རིགས་དང་། ཆོས་སྤྱོད་དང་བསྐང་གསོའི་སྐོར་ཡོངས་རྫོགས། སྒྲུབ་ཐབས་རྒྱ་མཚོའི་མངོན་རྟོགས་ལུང་སོགས་གསན་བཞེས་དང་། དེ་བཞིན་དུ་མེ་ཕོ་སྤྲེའུའི་ལོ་ལ། རྣམ་སྣང་མངོན་བྱང་གི་རྒྱུད་ནས་གསུངས་པའི་ཐུགས་རྗེ་ཆེན་པོ་ཁ་སར་པ་ཎི་གཙོ་འཁོར་ལྔའི་རྗེས་གནང་། དེ་བཞིན་དུ་མཁའ་སྤྱོད་འཇིག་རྟེན་དབང་ཕྱུག་གཙོ་འཁོར་གསུམ་པ། སེང་གེ་སྒྲ་གཙོ་རྐྱང་དང་། སེང་གེ་སྒྲ་གཙོ་འཁོར་བཅུ་གསུམ་པ། འཇམ་དབྱངས་བརྟན་པའི་འཁོར་ལོ་གཙོ་རྐྱང་། འཇམ་དབྱངས་ངག་གི་རྒྱལ་པོ། རྗེ་བཙུན་རྡོ་རྗེ་སྒྲོལ་མ་གཙོ་འཁོར་བཅུ་གཅིག་པ། མཆོག་སྦྱིན་སྒྲོལ་མ་གཙོ་འཁོར་ལྔ་པ་སོགས་ལྷག་པའི་ལྷ་བཅུ་ཕྲག་གསུམ་སྐོར་གྱི་རྗེས་གནང་དང་། སྤྱོད་འཇུག་སོགས་ཀྱི་ལུང་གི་རིམ་པའང་རྒྱ་ཆེར་གསན། དགུང་ལོ་བཅོ་བརྒྱད་པ་མེ་མོ་བྱའི་ལོ་ལ། དཔལ་གསང་བ་འདུས་པའི་དབང་ཆེན། དཔལ་འཇིགས་མཛད་རྡོ་རྗེ་ལྷ་བཅུ་གསུམ་མའི་དབང་ཆེན་དང་། འཇིགས་མཛད་རྡོ་རྗེའི་སྲུགས་བཀུའི་རྗེས་གནང་། ཇོ་བོ་ལུགས་སྒྲོལ་

མ་ཉེར་གཅིག་གི་རྗེས་གནང་དང་སྒྲུབ་ཐབས་ཀྱི་ལུང་། སེང་གདོང་མ་གཙོ་འཁོར་གསུམ། སོ་སོར་འབྲང་མ། རྨ་བྱ་ཆེན་མོ། སྟོང་ཆེན་རབ་འཇོམས། རྣམ་རྒྱལ་མ་ཞལ་གསུམ་ཕྱག་བརྒྱད། ཕག་མོ་གཙོ་འཁོར་ལྷ་སོགས་ཀྱི་རྗེས་གནང་གི་རིམ་པ་བསམ་ལས་འདས་པ་གསན་པར་མཛད། འདི་སྐབས་ལྷ་སྐྱོང་ཆེན་པོ་ཁྲི་བཞུགས་དགུང་ལོ་ཞེ་གཉིས་པའི་ཐོག་ཏུ་ཕེབས་ཤིང་། ལོ་འདིའི་ཧོར་ཟླ་བཅུ་གཅིག་པའི་ནང་དུ་ཡཀོང་མ་མཆོག་ནས་རྗེ་ཉིད་ལ་རྟེན་འབྲེལ་གྱི་སྒོ་བརྒྱ་འབྱེད་ཕྱིར་སངས་རྒྱས་རབས་བདུན་གྱི་སྐུ་ཐང་ཚར་དུ་དངར་བ་ཞིག་ཀྱང་གསོལ་རས་སུ་སྩལ་བར་མཛད། རྣམ་འཕྲུང་ཞེས་པ་ས་ཕོ་ཁྱིའི་ལོ་ལ་ཡོངས་འཛིན་བློ་བཟང་འཇམ་དཔལ་ལས་འཕགས་པ་ཐུགས་རྗེ་ཆེན་པོ་ཕྱག་བཞི་པ་གཙོ་རྐྱང་། འཇིག་རྟེན་དབང་ཕྱུག་པད་མོ་ཁ་འབྱེད་ཞལ་གཅིག་ཕྱག་བཞི་པ་གཙོ་རྐྱང་། འཇིག་རྟེན་དབང་ཕྱུག་ཞལ་གསུམ་ཕྱག་དྲུག་པ་གཙོ་འཁོར་གསུམ་གྱི་རྗེས་གནང་སོགས་ལྷག་པའི་ལྷ་བརྒྱ་དང་ལྔ་བཅུ་སྐོར་གྱི་རྗེས་གནང་དང་། གཞན་ཡང་ལུང་གི་རིགས་ཀྱང་ཀྱང་མང་པོ་ཞིག་གསན་བཞེས་སུ་མཛད། འདི་དག་གི་སྔ་ཕྱི་རྣམས་སུ་སྐྱབས་མགོན་ཉིད་ནས་དགོངས་དཔྱད་ཀྱིས་གང་གི་སྲུང་མ་ཐུན་མོང་མིན་པ་སྐྱེས་མཆོག་རྡོ་རྗེ་ལེགས་པ་རྩལ་གྱི་བསྐང་གསོ་ཆེན་མོ་མངོན་རྟོགས་སྦྲུན་འདྲེན། བསྐང་བཤགས་བསྟོད་བསྐུལ། ཆས་འབུལ་མངའ་གསོལ་དང་བཅས་པ་སོགས་བཀའ་སྲོམ་གྱི་རིགས་ཀྱང་དུ་མ་ཞིག་མཛད་དོ། །

དེ་ནས་སྨྱུར་བྱེད་ཅེས་པ་ས་མོ་ཕག་གི་ལོ་ལ་རྗེ་ཉིད་གནས་ཆེན་རི་བོ་རྩེ་ལྔར་ལྷུང་སྐུ་རྡོ་རྗེ་འཆང་ཆེན་པོའི་ཞབས་དྲུང་དུ་བྱོན་ནས་རྗེ་ཐམས་ཅད་མཁྱེན་པའི་གསུང་གི་ཉིང་ཁུ་བྱང་ཆུབ་ལམ་གྱི་རིམ་པ་བསྡུས་དོན་དུ་གྲགས་པའི་བཤད་

ལུང་ཟབ་ཁྲིད་གནད་སྨིན་དང་། འཇམ་དབྱངས་དཔའ་བོ་གཅིག་པ་དམར་སེར་གྱི་རྗེས་གནང་སོགས་ཆོས་བཀའ་མང་དུ་གསན་ཅིང་། རྗེ་བཙུན་འཇམ་དཔལ་དབྱངས་ཀྱི་གནས་ཆེན་ཁྱད་པར་དུ་འཕགས་པ་དེའི་གནས་ཀྱི་ཡོན་ཏན་ངོ་མཚར་བའི་བཀོད་པ་བརྗོད་ཀྱིས་མི་ལང་བ་བྱིན་རླབས་ཀྱི་གཏེར་དུ་གྱུར་པ་རྣམས་ལ་གནས་གཟིགས་དང་། མཆོད་འབུལ། སྨོན་ལམ་སོགས་ཐུགས་ཡིད་ཚིམ་ངེས་དང་། ལོ་དེར་གོང་གསལ་ཡོངས་འཛིན་ནོ་མི་ཧན་ལས་སྔར་ཐང་བརྒྱ་རྩའི་རྗེས་གནང་ཚང་མའང་གསན་པར་མཛད། མདོར་ན་དབང་ཕྱོགས་སུ་ཕེབས་ནས་སྔར་བོད་དུ་མ་བྱོན་གྱི་བར་དུ་༸ལྕང་སྐྱ་ཐམས་ཅད་མཁྱེན་གཟིགས་མཆོག་དང་ཡོངས་འཛིན་ནོ་མི་ཧན་གཉིས་ལས་ལོ་སྦྱ་ཕྱི་ཅི་རིགས་པར་མདོ་སྔགས་ཀྱི་ལུང་ཁྲིད་དབང་མན་ངག་སོགས་མཐའ་ཀླས་པ་བར་མ་ཆད་དུ་གསན་པ་རྣམས་ཀྱི་ཚུལ་ཞིབ་པ་ནི་གསན་ཡིག་སོགས་ལས་ཤེས་པར་བྱའོ། །

དེ་ནས་ཀུན་ལྡན་ཅེས་པ་ལྕགས་ཕོ་བྱི་བའི་ལོ་༸ལྷ་སྐྱོང་ཁྲི་བཞུགས་དགུང་ལོ་ཞེ་ལྔ་པའི་དུས་སུ། མཁའ་མཉམ་ལུས་ཅན་ཡོངས་ཀྱི་མགོན་སྐྱབས་བླ་ན་མ་མཆིས་པ་༸པཎ་ཆེན་ཐམས་ཅད་མཁྱེན་ཅིང་གཟིགས་པ་ཆེན་པོ་མཚན་བརྗོད་པར་དཀའ་བ་བློ་བཟང་དཔལ་ལྡན་ཡེ་ཤེས་དཔལ་བཟང་པོ་དེ་ཉིད་༸གོང་མ་ཆོས་ཀྱི་རྒྱལ་པོས་གདན་འདྲེན་པར་མཛད་པ་བཞིན་དབང་ཕྱོགས་ཀྱི་སྐྱེ་འགྲོ་རྣམས་བྱང་ཆེན་གྱི་ལམ་བཟང་པོར་འགོད་པའི་སླད་དུ་ཤར་ཕྱོགས་གསེར་གྱི་རྒྱལ་ཁབ་ཆེན་པོར་ཞབས་མཐིལ་གྱི་ཆུ་སྐྱེས་རྣམ་པར་བཀོད་པའི་ཚེ། སངས་རྒྱས་འཇིག་རྟེན་དུ་བྱོན་པ་དང་གཉིས་སུ་མ་མཆིས་པའི་གྲུབ་པ་ཆེན་པོས་ཀུན་ནས་བསླངས་ཏེ་ཞབས་དྲུང་དུ་ཕེབས་ནས་རབ་དཀར་ལྷ་རྫས་སྲིད་རིང་། ཞིང་ཁམས་རྒྱ་མཚོའི་བཀོད་པ་ཚར་དུ་དངར་བ། སྐུ་གསུང་ཐུགས་རྟེན།

བཟང་པོས་སོགས་ཀྱིས་གཙོས་པའི་དངོས་འབུལ་གྱི་མཆོད་སྤྲིན་རྒྱ་ཆེན་པོ་དང་བཅས་ཏེ་ཞལ་གྱི་དཀྱིལ་འཁོར་མཇལ་བ་ན་༸པཎ་ཆེན་མཆོག་ནས་ཀྱང་རིང་མོ་ཞིག་ནས་ཡབ་སྲས་སུ་གྱུར་པའི་རང་མདངས་མངོན་པར་གསལ་བར་བསྟན་ནས་དགྱེས་པའི་ཉམས་ཚད་མེད་པ་དང་བཅས་ཏེ་བཀའ་མཆིད་གསུང་མོལ་གྱི་རིམ་པ་ཞིབ་རྒྱས་སུ་སྩལ་ཞིང་། ཕེབས་སྐྱེས་སུ་སངས་རྒྱས་ཀྱི་སྐུའི་སྣང་བརྙན་དང་། བཟང་སྤྲོས། སྣམ་བུ་སོགས་གཏོས་ཆེ་བ་སྩལ་ནས་གང་ཉིད་སྔར་བ་སོ་ཆོས་ཀྱི་རྒྱལ་མཚན་ནས་བཟུང་སྟེ་སྐུ་ཕྲེང་རིམ་པར་༸རྗེ་ཙོང་ཁ་པ་ཆེན་པོའི་རིང་ལུགས་སྤྱི་དང་། ཡང་སྒོས་སྙན་བརྒྱུད་ཀྱི་བསྟན་པའི་རྩ་ལག་མུ་ཏིག་སྟར་ལ་བརྒྱུས་པ་ལྟ་བུ་བྱུང་བ་བཞིན། སྐུ་ཚེ་འདིར་ཡང་རྗེ་བླ་མའི་བསྟན་པ་ཐུགས་ལ་བཅངས་ཏེ་ཐོས་བསམ་སྒོམ་གསུམ་གྱི་བྱ་བ་བླ་ལྷག་ཏུ་སྤེལ་བར་མཛད་དགོས་ཚུལ་སོགས་ཀྱི་བཀའ་སློབ་བསམ་གྱིས་མི་ཁྱབ་པ་སྩལ་ཏེ་ཡབ་སྲས་ཐུགས་ཡིད་གཅིག་འདྲེས་སུ་གྱུར། ༸པཎ་ཆེན་ཐམས་ཅད་མཁྱེན་གཟིགས་ཞི་ཏོར་དུ་༸གོང་མའི་དྲུང་དུ་ཕེབས་སྐབས་ཀྱང་ལྷན་ཅིག་ཞབས་ཕྱིའི་ཚུལ་དུ་ཕེབས་ནས་གསོལ་སྟོན་གྱི་རིམ་པ་རྣམས་ལ་དགྱེས་པར་རོལ་ཞིང་། དེ་མཚུངས་ཡུལ་གྱི་ལུགས་སྲོལ་དང་མཐུན་པའི་དགའ་སྟོན་རྩེད་སྣའི་རིམ་པ་སྒྱུ་མ་མཁན་གྱི་རྣམ་འཕྲུལ་དང་མཚུངས་པར་བློས་བསམ་པར་དཀའ་བ་དུ་མའི་གཟིགས་མོ་ཉམས་སུ་མྱོང་བ་དང་། གཞན་ཡང་སྨོན་ལམ་འཚོགས་པ་དང་། འཆམ་གྱི་གཟིགས་འབུལ་བ་སོགས་ཀྱི་གནས་སུ་ཡང་ལྷན་ཅིག་ཏུ་བྱོན་ཞིང་། དེ་སྐབས་སྤྱི་ཕྱིར་༸གོང་མ་ཆོས་ཀྱི་རྒྱལ་པོས་ཀྱང་གནང་སྐྱེས་སུ་བྱི་རུའི་འཕྲེང་བ་གཅིག །གོས་རྒྱན་བཞི་ལེགས་པ་དང་། གཞན་ཡང་གོས་ཆེན་གྱི་རིགས། ཕོར་སྣམ། ཁྲུག་མ་སོགས་རྒྱ་ཆེར་སྩལ། ༸པཎ་ཆེན་རིན་པོ་ཆེ་ནས་ཟབ་ཆོས་ཆེ་ཕྲ་ཇི་སྙེད་སྩལ་

བ་མཐའ་དག་ཀྱང་གསན་བཞེས་བསྐྱངས་པ་སོགས་ཆོས་དང་ཟང་ཟིང་གི་དཔལ་ལ་ཅི་དགར་རོལ་བར་མཛད་དོ། །དེ་ཡང་རྗེ་འདི་ཉིད་དབང་ཕྱོགས་སུ་བཞུགས་སྐབས་ཐེག་པ་མཆོག་གི་དགེ་བའི་བཤེས་གཉེན་རིགས་ཀྱི་ཅོད་པན་འགྲན་ཟླ་དང་བྲལ་བ་ནི་༧པཎ་ཆེན་ཐམས་ཅད་མཁྱེན་ཅིང་གཟིགས་པ་ཆེན་པོ་དང་། ལྕང་སྐྱ་རྡོ་རྗེ་འཆང་ཡེ་ཤེས་བསྟན་པའི་སྒྲོན་མེ་གཉིས་གཙོ་བོ་དང་། ཡོངས་འཛིན་པཎྜི་ནོ་མི་ཧན་བློ་བཟང་འཇམ་དཔལ་དང་བཅས་པ་རྣམ་པ་གསུམ་ཡིན་ལ། དེ་རྣམས་ལས་༧པཎ་ཆེན་ཐམས་ཅད་མཁྱེན་པ་དང་ལྕང་སྐྱ་རྡོ་རྗེ་འཆང་གཉིས་ནི་འཛམ་གླིང་བསྟན་འགྲོ་ཡོངས་ཀྱི་མགོན་སྐྱབས། ཡབ་རྗེ་བློ་བཟང་རྒྱལ་བ་གཉིས་པའི་རིང་ལུགས་འཛིན་སྐྱོང་སྤེལ་བ་ལ་རྒྱལ་བ་རང་ཉིད་སྣར་ཡང་བྱོན་པ་དང་སྣོ་ཀུན་ནས་མཚུངས་པར་འགྲན་ཟླ་དང་བྲལ་བའི་བདག་ཉིད་ཆེན་པོ། སྙན་པའི་གྲགས་པ་ལྷ་དང་བཅས་པའི་འཇིག་རྟེན་མཐའ་དག་ཏུ་ཁྱབ་པ་ཞིག་ཡིན་པ་ནི་ཀུན་ལ་ཡོངས་གྲགས་སུ་གྱུར་པས་ན་འདིར་སྣར་ཡང་མང་དུ་སྨོས་མ་དགོས་ལ། ཡོངས་འཛིན་བློ་བཟང་འཇམ་དཔལ་ཞེས་པ་དེ་ཇི་ལྟ་བུ་ཞིག་སྙམ་ན། དེ་ནི་དང་པོར་༧པཎ་ཆེན་ཐམས་ཅད་མཁྱེན་གཟིགས་བློ་བཟང་དཔལ་ལྡན་ཡེ་ཤེས་ཀྱི་ཞབས་རྡུལ་གཙུག་གི་རྒྱན་དུ་བསྟེན་ནས་བཀྲ་ཤིས་ལྷུན་པོའི་ཆོས་སྡེ་ཆེན་པོར་མདོ་སྔགས་གཞུང་ལུགས་རབ་འབྱམས་ཀྱི་གནས་ལ་སྦྱངས་པ་མཐར་སོན་དུ་མཛད་པས་མཁས་པའི་གོ་འཕང་མཐོན་པོར་གཤེགས་ཤིང་། ༧པཎ་ཆེན་རྡོ་རྗེ་འཆང་སོགས་དམ་པ་མང་པོ་ལས་མདོ་སྔགས་ཀྱི་ཆོས་ཀྱི་རིམ་པ་ཡང་མཐའ་ཀླས་པ་ཞིག་གསན་པས་གདམས་པའི་གཏེར་མཛོད་གཅིག་པུར་གྱུར། ལྷག་པར་རྣམ་པ་ཐམས་ཅད་དུ་བྱང་ཆུབ་ལམ་གྱི་རིམ་པ་དང་གསང་སྔགས་ཟབ་མོའི་བསྐྱེད་རྫོགས་སོགས་ཀྱི་ཉམས་བཞེས་ལ་བརྩོན་པ་

ལྷུར་བཞེས་སུ་མཛད་པས་ས་ལམ་གྱི་ཉམས་རྟོགས་དུ་མ་ཐུགས་རྒྱུད་ལ་འཁྲུངས་པ། དམ་པའི་ཆོས་འདུལ་བ་ནས་བཤད་པའི་བསླབ་ཁྲིམས་ཀྱི་གནས་ཕྲ་ཞིང་ཕྲ་བ་ཚུན་ཆོད་ཀྱང་གཡག་རྔ་དང་མིག་འབྲས་བཞིན་དུ་བསྲུང་བར་མཛད་པས་གནས་བརྟན་ཆེན་པོ་ཉེ་བ་འཁོར་དང་མཚུངས་པ་སོགས་མཁས་བཙུན་བཟང་གསུམ་གྱི་ཡོན་ཏན་འགྲན་ཟླས་དབེན་པ་ཞིག་ཡིན་ལ། དེའི་མཐུས་བཀྲས་ལྷུན་ཤར་རྩེ་མཁན་པོའི་ཁྲིར་ཕེབས་ཏེ་རང་གཞན་གྱི་དོན་རྒྱ་ཆེན་པོར་མཛད་ཅིང་བཞུགས་པ་ལས། རིང་པོར་མ་ལོན་པར་༧པཎ་ཆེན་ཐམས་ཅད་མཁྱེན་གཟིགས་མཆོག་ནས་དབང་ཕྱོགས་ཀྱི་རྒྱུད་དུ་རྒྱལ་བ་གཉིས་པའི་བསྟན་པ་སྤེལ་བར་འབྱོན་དགོས་བཀས་མངགས་པ་བཞིན་དང་དུ་བཞེས་ནས་གསེར་གྱི་རྒྱལ་ཁབ་ཆེན་པོར་བྱོན་ཏེ་འཛམ་དབྱངས་གོང་མའི་དགོངས་བཞེད་དང་མཐུན་པར་བསྟན་འགྲོའི་ཕན་བདེ་སྤེལ་བར་མཛད། རེ་ཞིག་ན་༧གོང་མ་བདག་པོ་ཆེན་པོས་བྱང་ཕྱོགས་བསྟན་འགྲོའི་གཙུག་རྒྱན་ཁལ་ཁ་རྗེ་བཙུན་དམ་པའི་རིགས་ཀྱི་ཚོད་པན་དུ་འབྱོན་དགོས་ཞེས་གསེར་གྱི་བཀའ་ལུང་སྩྀ་བོར་བཀོད་པ་ལྟར། བྱང་ཕྱོགས་ནོར་འཛིན་གྱི་རྒྱུད་དུ་བྱོན་ནས་བསྟན་པའི་ཉིན་བྱེད་རྗེ་བཙུན་དམ་པའི་ཡོངས་འཛིན་མཛད་དེ་མདོ་སྔགས་ཀྱི་ཆོས་ཀྱི་བདུད་རྩིས་ཐུགས་ཀྱི་བུམ་བཟང་འགེངས་པར་མཛད་པ་དང་། ཕྱོགས་དེའི་སྐྱེ་འགྲོ་མཆོག་དམན་ཀུན་ཀྱང་ལམ་མ་ཡིན་པའི་གནས་ལས་བཟློག་སྟེ་ཡང་དག་པའི་ལམ་ལ་དགྲི་བར་མཛད་པ་སོགས་ཆོས་ལྡན་འཕྲིན་ལས་ཀྱི་འཇུག་པས་དུས་འདའ་ཞིང་། རྗེས་སོར་རྗེ་བཙུན་དམ་པ་དག་ཞིང་དུ་གཤེགས་ནས་སླར་ཡང་༧གོང་མ་ཆེན་པོའི་བཀའ་བཞིན་རྒྱལ་ཁབ་ཆེན་པོའི་ལྟོངས་སུ་བྱོན་ནས་ཞྭ་སེར་ཚོད་པན་འཆང་བའི་རིང་ལུགས་ཟླ་ནས་སླར་འདེགས་པའི་བྱེད་པོ་དམ་པར་འཚོ་ཞིང་

གཞིས་པའི་རིང་ནས་ཇོ་འདི་ཉིད་ཀྱི་ཡོངས་འཛིན་དུ་ཕེབས་པ་ཡིན་ལ། གོང་མ་ཆོས་ཀྱི་རྒྱལ་པོས་ཀྱང་སྦྱ་ཕྱིར་བདག་རྐྱེན་གཟེངས་བསྟོད་རྨད་དུ་བྱུང་བས་པཎྜིཏོ་མི་ཏན་གྱི་ཚེ་ལོ་སྐྱུལ་བ་དང་བླའི་མཆོད་གནས་དམ་པར་བཀུར་བ་སོགས་ལུགས་གཉིས་ཀྱི་འཕྲིན་ལས་ཕྱུབ་བརྡལ་ཆེ་བའི་མཁས་གྲུབ་གཉིས་ལྡན་གྱི་སྐྱེས་བུ་དམ་པ་རྒྱལ་བའི་གདུང་འཚོབ་ཏུ་གྱུར་པ་ཞིག་ཡིན་པར་སྣང་ངོ་། །གཞན་ཡང་ཇོ་འདི་ཉིད་དབང་ཕྱུགས་ཀྱི་བརྒྱུད་དུ་ལོ་བརྒྱད་དགུའི་བར་དུ་བཞུགས་པ་དེ་དག་གི་རིང་དུ་བཞུགས་ཡུལ་གཙོ་བོ་དོ་ལོ་ནོར་དུ་མཛད་ཅིང་ལོ་ལྟར་དབྱར་དུས་རྣམས་སུ་༧མི་དབང་འཇམ་དཔལ་དབྱངས་ཞེ་ཧོར་ཆིབས་བསྐྱོད་སྐབས་མཇལ་ཁ་དང་། གཞན་ཡང་༧ལྕང་སྐྱ་རྡོ་རྗེ་འཆང་སོགས་ཧུ་ཐོག་ཐུ་རྣམས་ཀྱི་མཇལ་ཞུ་སོགས་ལུགས་སྲོལ་གང་ཡིན་རྣམས་ལ་ཆག་མེད་དུ་ཕེབས། ལྷག་པར་དེ་སྐབས་ཐ་མལ་ཚུལ་བསྟན་དུ་སྐུའི་ན་ཚོད་ཕྲ་མོར་གྱུར་ཏུང་། རྣམ་དཔྱོད་ཀྱི་ཡོན་ཏན་བརྟན་པའི་འཁོར་ལོ་དང་མཚུངས་པའི་དབང་གིས་གཙོ་བོར་༧གོང་མ་བདག་པོ་ཆེན་པོའི་དགོངས་བཞེད་དང་མཐུན་པའི་ཆོས་སྲིད་ཀྱི་འཕྲིན་ལས་གཞན་དྲིང་མི་འཛོག་པ་རླབས་ཆེ་བས་༧གོང་ནས་ཀྱང་སྤྱན་གྱི་འབྲས་བུ་བཞིན་དུ་བསྐྱངས་པར་མཛད་ཅིང་། རྒྱ་བོད་ཧོར་སོགས་ཀྱི་སྐྱེ་བོ་མཆོག་དམན་དུ་མར་འདུས་པ་རྣམས་ལ་གང་ལ་གང་མཚམས་པའི་ཆོས་དང་ཟང་ཟིང་གི་བཀའ་དྲིན་དང་། ལྷག་པར་སྟོད་ལྡན་གྱི་གང་ཟག་རྣམས་ལ་དབང་ལུང་མན་ངག་གི་རིམ་པ་སོགས་ཀྱང་རྒྱ་ཆེར་སྩལ་བར་མཛད། རང་ཉིད་ཀྱིས་ཀྱང་རྒྱལ་བའི་གསུང་རབ་རྣམས་ལ་ཐོས་བསམ་ཉམས་བཞེས་དང་། གོང་གསལ་སྐྱེས་ཆེན་རྣམས་ལས་གདམས་པ་རྒྱ་མཚོ་ལྟ་བུ་གསན་བཞེས་སོགས་མདོར་ན་མཁས་བཙུན་བཟང་གསུམ་དང་འཆད་རྩོད་རྩོམ་གསུམ་གྱི་སྒོ་ནས

ཕྱོགས་དེར་འཇམ་མགོན་རྒྱལ་བ་གཉིས་པའི་བསྟན་པ་ཉིན་མོར་མཛད་པ་དང་། སྐྱེ་འགྲོ་རྣམས་ལ་བདེ་སྐྱིད་ཀྱི་པདྨོ་གསར་དུ་བཞད་པར་བྱེད་པའི་འཁོར་ལོ་གསུམ་གྱི་མཛད་འཕྲིན་འབབ་ཞིག་གིས་དུས་འདའ་ཞིང་། དེའི་མཐུས་མཐའ་དབུས་ནས་འདུས་པའི་སེར་སྐྱ་དྲག་ཞན་མཐའ་དག་གིས་ཀྱང་རྒྱུགས་པ་དང་དྲེགས་པ་བཏང་ནས་དད་པ་དང་གུས་པས་ཞབས་སེན་རལ་པའི་རྒྱུན་དུ་ནོད་ཅིང་བསྙོད་བསྟགས་ཀྱི་འཕྲེང་བའི་བ་དན་ཕྱོགས་ཀུན་ཏུ་ཁྱབ་པར་སྒྲེལ་བས་གང་གི་སྙན་གྲགས་དབྱར་གྱི་རྔ་གསང་མཐོན་པོའི་སྒྲ་དབྱངས་ཤར་ཕྱོགས་ཀྱི་རྒྱ་མཚོའི་ངོགས་ཚུན་ཆོད་དུ་ཡང་ཁྱབ་པར་གྱུར་པ་སོགས་རྒྱ་ནག་ཏུ་བཞུགས་རིང་ལོ་ན་ལ་ཡང་མཛད་འཕྲིན་ངོ་མཚར་རྨད་དུ་བྱུང་བ་བརྗོད་ཀྱིས་མི་ལངས་པ་ལྟ་བུར་མཆིས་མོད་ཀྱང་མཐའ་དག་འགོད་པར་མ་ནུས་པར་རགས་བསྡུས་སྙོམ་གྱི་ཚུལ་དུ་ཟུར་ཙམ་ཞིག་བཀོད་པ་ཡིན་ནོ། །

འདིར་སྨྲས་པ། འགྲོ་བའི་མིག་གཅིག་རྒྱལ་སྲས་གཞོན་ནུ་ཞིག །ཤར་ཕྱོགས་ནོར་འཛིན་དགའ་མའི་ཕང་བ་རུ། །རླབས་ཆེན་འཕྲིན་ལས་རོལ་མོ་བསྒྱུར་བ་དེས། །སྐྱེ་འགྲོ་ཕལ་ཆེར་བདེ་བའི་དཔལ་ལ་སྦྱོར། །འདྲེན་པ་རྣམས་ཀྱི་ཐུགས་མཆོག་བང་མཛོད་ནས། །ཟབ་དོན་གདམས་པ་ཨམྲ་སླེལ་གྱི་འཕྲེང་། །མ་ནོར་སྲིད་ཟུར་བཀྱུས་པའི་ངོ་ཤལ་གྱིས། །ཁྱོད་ཐུགས་མགུལ་པ་ཆེ་ཆེར་མཛེས་པར་བྱས། །དཔྱིག་འཛིན་ཁྱོན་ལ་དབང་བའི་རྗེ་བོའང་། །རྒྱུགས་དང་དྲེགས་པ་རིང་དུ་བཏང་བྱས་ནས། །བདེ་ཆེན་འཁོར་ལོའི་རྒྱུན་དུ་བཀུར་གྱུར་ན། །ཤེས་ལྡན་གཞན་དག་སྙོམས་པ་ག་ལ་མཆིས། །མཁྱེན་རབ་གདེངས་ཅན་བདག་པོའི་ཀློང་ཡངས་ནས། །ཐུགས་རྗེའི་ཆུ་འཛིན་མཁའ་ཁྱབ་སྤྲིན་པ་ལས། །མོས་བློར་འཚམས་པའི་གྲུ་ཆར་ཟིམ་བུའི་རྒྱུན། །ཅི་ཡང་

འཕེབས་དེས་འགྲོ་རྒྱུད་གཞིན་པོར་བྱས། །མཁས་བརྩུན་བཟང་པོའི་ཆ་ཤས་ཡོངས་རྫོགས་ཤིང་། །འཕྲིན་ལས་རི་དྭགས་མཚན་མས་སྙེག་གྱུར་པ། །སྟོན་མེད་ཤར་གྱི་ཐིག་ལེ་དེ་མཐོང་ཚེ། །རི་བོང་ཅན་དངོས་སྒྲ་གཅན་ཁོང་བུར་ཡིབ། །གཞོན་ནུ་ཉིད་ནས་ཐབས་མཁས་ཐུགས་རྗེ་ཡིས། །གདུལ་བྱ་སྨིན་གྲོལ་མཛད་ཚུལ་འདི་ལྟ་ན། །རིང་མིན་འཁོར་བའི་གནས་འདི་སྟོང་འགྱུར་ཞེས། །ཡིད་སྲུབས་བདག་པོའི་སྙིང་ལ་ཟུག་རྔུར་གྱུར། །དེ་ཡི་སླན་པར་གྲགས་པའི་དབྱར་གྱི་ཟ། །རིང་ནས་རིང་དུ་སྒྲོག་པའི་སྒྲ་སྐད་ཀྱིས། །འཁོར་ཡུག་རི་བོ་སྙིལ་བར་བྱེད་དོ་སྙམ། །མི་མཛེད་བདག་པོའང་སྐྲག་པའི་བརྟུལ་ཞུགས་བཟུང་། །ཞེས་པ་ནི་བར་སྐབས་ཀྱི་ཚིགས་སུ་བཅད་པའོ། །ཞེས་དཔལ་ལྡན་བླ་མ་དམ་པ་རྒྱལ་བའི་རྒྱལ་ཚབ་ཆེན་པོ་རྗེ་བྲུང་ཏུ་ཐོག་ཐུ་ནོ་མི་ཧན་ས་མ་ཏི་པཀྴི་ཏུ་ཐུང་ཆན་ཤྲཱི་རིན་པོ་ཆེ་ཡེ་ཤེས་བློ་བཟང་བསྟན་པའི་མགོན་པོའི་རྣམ་པར་ཐར་པ་ངོ་མཚར་དད་པའི་པད་མོ་འཛུམ་བྱེད་ལེགས་བཤད་ཉིན་བྱེད་དབང་པོའི་འཕྲེང་བ་ལས་མཛད་པ་བཅུ་གཉིས་ཀྱི་ནང་ཚན་གཞོན་ནུ་རོལ་རྩེད་དང་རབ་ཏུ་བྱུང་བའི་མཛད་པ་ལས་བརྩམས་ཏེ་གདན་སར་ཞབས་སེན་བཀོད་པ་དང་། དབང་ཕྱོགས་ཀྱི་ལྟོངས་སུ་ཕྱིན་བཞུགས་སོགས་ཀྱི་ཚུལ་མདོ་ཙམ་གླེང་བའི་རིམ་པ་སྐྱེ་བཞི་པའོ།། །།

༈ དེ་ནས་རྗེ་འདི་ཉིད་དེ་ལྟ་བུའི་མཁས་པ་དང་གྲུབ་པའི་ཡོན་ཏན་རྒྱ་མཚོ་ལྟ་བུར་མངའ་བརྙེས་ཟིན་ནའང་། ཇི་སྐད་དུ། ལེགས་བཤད་ལས། རྒྱ་མཚོ་ཆུ་ཡིས་མི་ངོམས་ཤིང་། །རྒྱལ་པོའི་བང་མཛོད་ནོར་གྱིས་མིན། །འདོད་ཡོན་སྤྱད་པས་མི་ངོམས་ཏེ། །མཁས་པ་ལེགས་བཤད་ཀྱིས་མི་ངོམས། །ཞེས་པ་ལྟར་ད་དུང་དེ་ཙམ་གྱིས་ངོམས་པའམ་མཆོག་ཤེས་སུ་མི་འཛིན་པར་སྔར་རིང་མོ་

ནས་ཐུགས་ལ་བརྣགས་པའི་དོན་བཞིན་སླར་ཡང་འདི་སྐམ་དུ་དགོངས་ཏེ། ཕོ་བོ་ཅག་སྤྱར་ཕན་རྒྱ་ནག་གི་ལྗོངས་སུ་ལོ་རྒྱུན་ཡང་རིང་ཙམ་སོང་བ་མ་ཟད། དེའི་རིང་དུ་གཙོ་བོར་༧གོང་མ་བདག་པོ་ཆེན་པོའི་དགོངས་བཞེད་དང་མཐུན་ཅིང་གཙོ་ཕལ་དམངས་ནས་ཀྱང་ཆོས་དང་མཐུན་པའི་དད་འདུན་དང་བཀུར་བསྟི་ཆེ་ཞིང་། ལྷག་པར་༧པཎ་ཆེན་ཐམས་ཅད་མཁྱེན་གཟིགས་དང་ལྕང་སྐྱ་རྡོ་རྗེ་འཆང་སོགས་ལས་དབང་ལུང་སོགས་འདོད་ཆོས་ཀྱི་རིགས་ཀྱང་མི་དམན་ཙམ་ཞུ་རྒྱུ་བྱུང་བ་དང་། ཕྱོགས་འདིར་བསྟན་པ་དང་འགྲོ་བའི་དོན་ཡང་ཡུལ་དུས་གནས་སྐབས་དང་བསྟུན་པའི་དཀའ་རབ་ཙམ་བྱུང་བ་སོགས་སྤྱར་ཕན་གྱི་བྱ་བ་གང་ཅིར་འགྲོད་མི་དགོས་པ་བྱུང་ལ། ད་ནི་ཇི་སྐད་དུ། རྗེ་བདག་ཉིད་ཆེན་པོའི་གསུང་ལས། སྨྲ་བའི་ཁྱུ་མཆོག་འཕགས་པ་ཡབ་སྲས་དང་། ལོག་སྨྲ་ཚར་གཅོད་ཕྱོགས་གླང་གྲགས་པ་ལས། །ལེགས་པར་འོངས་པའི་རིག་ལམ་བདུད་རྩིའི་ཆུས། །བློ་མིག་དྲི་མ་ཡང་ཡང་མ་བཀྲུས་ན། །ཤིན་ཏུ་ཟབ་གནས་མཐོང་བ་སྨོས་ཅི་དགོས། །རགས་པའི་ལུང་དོན་ལ་ཡང་དཔྱོད་པ་ན། །ཕལ་ཆེར་ལོག་པར་རྟོག་པ་འཕེལ་འགྱུར་ཞིང་། །གལ་ཏེ་ཡང་དག་དམ་བཅའ་ཙམ་ཞིག་གིས། །ངེས་པ་རྙེད་ཀྱང་སྒྲུབ་དང་སུན་འབྱིན་གྱི། །ཚད་མའི་སྟོབས་ཀྱིས་ཐེ་ཚོམ་མ་ཆོད་ཕྱིར། །འདམ་ལ་བཏབ་པའི་ཕུར་པ་བཞིན་འགྱུར་བས། །ཡང་དག་བག་ཆགས་བརྟན་པོ་འཛོག་མི་ནུས། །འདི་ན་རིག་གཞུང་གཉིས་ལ་རབ་སྦྱངས་ཀྱང་། །ཤར་དུ་འགྲོ་འདོད་ནུབ་ཏུ་འཕྲོད་པ་དང་། །བློ་འོད་ཕོག་པས་ཡི་དྭགས་བསྲེགས་པ་བཞིན། །རིག་གཞུང་གཉིས་ལ་བརྟེན་པའི་ལོག་རྟོག་གིས། །བློ་མིག་ཡང་དང་ཡང་དུ་བསླད་པའི་མཐུས། །འདི་ཕྱིའི་དགེ་ལེགས་ཀུན་འཛོམས་ཡུན་རིང་དུ། །ཡང་དག་ལྟ་ལས་ཕྱིར་ཕྱོགས་འབྱུང་བའི་རྒྱུ། །ཆེ་

ཆེར་བརྟན་པོ་གསོག་པ་མང་དུ་སྣང་། །དེ་ཕྱིར་བློ་གྲོས་ཕྲ་ཞིང་འཛངས་པ་དང་། །ཀུ་ཤའི་རྩེ་ལྟར་མ་ཕྱུར་དེ་སྲིད་དུ། །ངོམས་མི་སླ་བར་རིག་པའི་གཞུང་ལུགས་ལ། །མཁས་པའི་བཤེས་ལ་བརྟེན་ཏེ་ལེགས་པར་སྦྱངས། །དེ་ལྟར་བློ་གྲོས་མིག་ནི་ཕྱེ་བ་དེས། །རྒྱལ་བས་ཐེག་པ་མཆོག་གི་ཟབ་མོའི་དོན། །རྣམ་རིག་ཙམ་དང་ངོ་བོ་ཉིད་མེད་ཚུལ། རྣམ་གཉིས་གསུངས་པའི་དགོངས་པ་རྙེད་པར་འགྱུར། །ཞེས་གསུངས་པ་ལྟར་སྨྲ་བའི་ཁྱུ་མཆོག་འཕགས་པ་ཀླུ་སྒྲུབ་ཡབ་སྲས་དང་། ཕྱོགས་ཀྱི་གླང་པོ་ཡབ་སྲས་སོགས་ཀྱི་གཞུང་ལུགས་ལས་འོང་བའི་རིག་ལམ་དྲི་མ་མེད་པ་བདུད་རྩིའི་ཆུ་རྒྱུན་ལྟ་བུས་བློ་མིག་སྒྲིབ་བྱེད་ཡང་དང་ཡང་དུ་བཀྲུས་ནས་རྣམ་པར་དཔྱོད་པའི་ཤེས་རབ་ཀུ་ཤའི་རྩེ་མོ་ལྟར་ཕྲ་ཞིང་འཛངས་ལ་སོ་སོར་མ་འདྲེས་པར་མ་ཕྱུར་པ་དེ་སྲིད་དུ་མཁས་པའི་བཤེས་གཉེན་ལ་བརྟེན་ནས་སྦྱངས་པ་མཐར་སོན་དུ་བྱས་པས་བློ་གྲོས་ཀྱི་མིག་ཕྱེ་བར་བྱས་ཏེ་རྣམ་པར་རིག་པ་ཙམ་དང་ངོ་བོ་ཉིད་མེད་པར་སྨྲ་བའི་ཚུལ་སོགས་རྒྱལ་བའི་གསུང་རབ་ཀྱི་དགོངས་དོན་མཐའ་དག་བདེ་བླག་ཏུ་རྙེད་པ་ཞིག་གི་སྒོ་ནས་རང་གཞན་གྱི་དོན་བྱེད་དགོས་པར་སྣང་ལ། དེའི་སྐད་དུ་ངེས་པར་དབུས་གཙང་གི་ལྗོངས་སུ་མཁས་པ་རྒྱ་མཚོའི་མདུན་སར་མྱུར་དུ་བསྐྱོད་དགོས་པར་འདུག་པས་༧གོང་མ་ཆེན་པོར་ཐབས་མཁས་ཀྱིས་དགོངས་ཞུ་བྱེད་པའི་དུས་ལ་བབ་པོ་དགོངས་ནས་དེ་དོན་༧པཎ་ཆེན་ཐམས་ཅད་མཁྱེན་གཟིགས་དང་། ལྕང་སྐྱ་རིན་པོ་ཆེ་བཅས་སུ་སྙན་ཞུ་ཕུལ་བར་༧དམ་པ་རྣམ་གཉིས་ནས་ཀྱང་བསྟན་འགྲོའི་དོན་དུ་དེ་ལྟ་བུའི་ཐུགས་བསྐྱེད་མངའ་བ་ན་ཅི་ནས་ཀྱང་ཐུགས་ལ་བཏགས་པས་དེ་བཞིན་བར་ཆད་ཀྱི་དབང་དུ་མི་འགྲོ་བ་ཞིག་གི་༧གོང་མ་ཆོས་ཀྱི་རྒྱལ་པོར་ཐབས་མཁས་ཀྱི་སྙན་ཞུ་ཡང་ངེད་གཉིས་ནས་འབུལ་བར་བགྱིའོ་

ཞེས་པའི་བཀའ་བཞེས་ཐོབ་པས་ཐུགས་ཀྱི་སྤྲོ་དགའ་ཆེ་ཆེར་འཕེལ་ཞིང་། རིང་པོར་མ་ལོན་པར་༸སྐྱབས་མགོན་རྣམ་གཉིས་ནས་༸གོང་མ་ཆེན་པོར་རྗེ་དྲུང་ཧུ་ཐོག་ཐུའི་སྤྲུལ་སྐུ་འདི་བཞིན་སྐུ་ཕྲེང་གོང་མ་རྣམས་ནས་བཟུང་ཞྭ་སེར་གྱི་བསྟན་པ་སྤྱི་དང་། ཡང་སྒོས་སྟན་བརྒྱུད་ཀྱི་བསྟན་པ་སྤེལ་བ་ལ་མཆོག་ཏུ་གྱུར་པ་ཞིག་ཡིན་པར་མ་ཟད་སྤྲུལ་སྐུ་འདི་ཡང་ད་ལྟ་སྐུ་ན་ཕྲ་ཞིང་མཁྱེན་རབ་སོགས་ཀྱང་ཤིན་ཏུ་ཆེ་བ་བཅས་རེ་ཞིག་དབུས་གཙང་དུ་སློབ་གཉེར་ཞིག་ལ་གཏང་ན་རྗེ་བླ་མའི་བསྟན་པ་དང་རྒྱ་བོད་ཀྱི་འགྲོ་བ་རྣམས་ལ་ཕན་པ་ཆེ་བར་འགྱུར་ཚུལ་ཞུས་པར་༸གོང་མའི་ཐུགས་ལའང་ཤིན་ཏུ་ཕན་པར་གྱུར་ནས་དེ་བཞིན་དུ་བགྱི་བར་ཞལ་གྱིས་བཞེས་ཏེ་མི་རིང་བར་རྗེ་དྲུང་ཧུ་ཐོག་ཐུའི་སྤྲུལ་སྐུ་ཉིད་ཕྱི་ལོ་ཙམ་བོད་ཕྱོགས་སུ་ཕྱིན་ནས་ལོ་གསུམ་བཞིའི་བར་སློབ་གཉེར་བྱེད་ཚོག་ཙེང་། སློབ་གཉེར་མཐར་ཕྱིན་ནས་སླར་ཡང་རྒྱ་ནག་ཏུ་འབྱོན་དགོས་ཀྱི་བཀའ་ཕབ་པས་ཐུགས་ཀྱི་བཞེད་དོན་ཇི་བཞིན་དུ་འགྲུབ་པར་གྱུར་ཏོ། །

གང་ཞིག་གསུང་རབ་ནོར་བུའི་ཁང་བཟང་དུ། །བགྲོད་པར་འདོད་ཀྱང་ཕྱོགས་སྣང་ཡབ་སྲས་ཀྱི། །རིག་པའི་ལྡེ་མིག་རྣམས་ལ་མ་བརྟེན་པར། །ལེགས་བཤད་རྒྱ་མཚོའི་སྒོ་བརྒྱ་འབྱེད་ནུས་མིན། །ཕྲ་འཛངས་ཀུ་ཤའི་རྩེ་མོར་བསྒྲུན་བཟོད་པའི། །དྲི་མེད་རབ་ཏུ་རྣམ་འབྱེད་ཤེས་རབ་ཀྱིས། །བློ་མི་སྒྲིབ་བྱེད་གསལ་ནས་བལྟས་གྱུར་ན། །ཟབ་མོའི་དགོངས་དོན་འབྱེད་ལ་རྨོངས་མི་འགྱུར། །དེ་ལྟའི་ཚུལ་རྣམས་ཐུགས་སུ་ཆུད་པའི་མཐུས། །རྣམ་གཡེང་འཁྱོག་པོའི་ལམ་དུ་མི་འཕྱན་པར། །ཚང་ལ་མ་ནོར་རྣམ་དག་ཐོས་བསམ་གྲུར། །འཇུག་གོ་སྐམ་དུ་ཉིན་མཚན་འཁོར་མོ་ཡུག །རྨད་བྱུང་ཐུགས་བསྐྱེད་དར་ལ་དྲག་པའི་གཏམ། །དམ་པ་རྣམས་ཀྱི་ཐུགས་ལའང་སེམ་པ་ཡི། །རིག་པ་བསྐྱེད་

དེས་ཡོངས་སུ་བསྐུལ་གྱུར་པས། །གནམ་བསྐོས་ལྷ་མཆོག་དེས་ཀྱང་དབུགས་དབྱུང་སྨྲས། །དེས་ནི་ཤར་གྱི་ཐིག་ལེས་ཆུ་གཏེར་དང་། །ཉལ་འགྲོས་འདབ་ལྡན་པད་མའི་གེ་སར་དང་། །ཀེ་ས་ར་ཡིས་བུང་བའི་དགའ་བ་བཞིན། །ཁྱོད་ཐུགས་དགྱེས་པའི་ལང་ཚོ་བརྟས་པར་བྱས། །

དེ་ནས་མི་རིང་བར་ལོ་དེའི་ནང་དུ་འཛམ་གླིང་སྐྱེ་འགྲོ་ཡོངས་ཀྱི་བསོད་ནམས་ཀྱི་བགོ་སྐལ་དམན་ཅིང་། འཛམ་མགོན་བསྟན་པའི་བགེགས་དབང་ཆེ་ཆེར་བདོ་བས་༧ཀུན་གཟིགས་པཎ་ཆེན་རྡོ་རྗེ་འཆང་དེ་ཉིད་ངེས་དོན་དུ་སྐྱེ་འཆི་མ་ལུས་པར་སྤྱངས་པའི་ཁྱབ་བདག་འོད་སྣང་མཐའ་ཡས་དངོས་ཡིན་མོད་ཀྱང་ཚུར་མཐོང་གདུལ་བྱའི་སྣང་ངོར་ཞིང་འདིའི་སྐུ་དངོས་ཀྱི་གདུལ་བྱ་རེ་ཞིག་རྫོགས་པ་དང་། རྟག་འཛིན་ཅན་རྣམས་སྐྱོ་བ་བསྐྱེད་ཕྱིར་པི་ཅིང་དུ་གཟུགས་སྐུ་རགས་པའི་ཟ་མ་ཏོག་ཞི་བའི་དབྱིངས་སུ་བསྡུ་བའི་ཚུལ་བསྟན་པ་གསན་པས། ཇི་ལྟར་མས་ཡུན་རིང་དུ་གཅེས་པར་བསྐྱངས་པའི་བུ་ནམ་ཞིག་མས་ཐང་ལ་བོར་བ་ལྟ་བུས་ཐུགས་མྱ་ངན་གྱི་ཟུག་རྔུས་ཆེ་ཆེར་ནོན་པས་འདྲེན་བྱེད་ཀྱི་ལམ་ནས་སྤྱན་ཆབ་ཀྱི་རྒྱུན་ཆར་བཞིན་དུ་བབ་ཅིང་། ཀྱི་མ་འཇིག་རྟེན་གྱི་ཉི་མ་གཅིག་པུ་ནི་གདུལ་བྱ་རྣམས་ཡལ་བར་དོར་ནས་དུས་མ་ཡིན་པར་ནུབ་རིའི་ཕྲག་ཏུ་གཞོལ་བ་འདི་ལྟ་བུར་གྱུར། ད་ནི་ལྷུང་སྐུ་རྡོ་རྗེ་འཆང་ཡང་སྐུའི་ན་ཚོད་ཆེ་ཆེར་སྨིན་པའི་ཚུལ་བསྟན་པ་འདི་ལྟ་ན་རིང་པོར་མི་ཐོགས་པར་བདག་སོགས་རྒྱ་བོད་ཀྱི་འགྲོ་བ་རྣམས་ནི་དམུས་ལོང་ཐང་ལ་འཁྱམས་པ་ལྟ་བུར་འགྱུར་བར་སྣང་ལ། འཛམ་མགོན་བླ་མའི་བསྟན་པ་འདི་ཡང་གནས་སྐབས་ཇི་འདྲ་བ་ཞིག་ཏུ་འགྱུར་ཞེས་སྙིང་ཏུ་སྐྱོ་བའི་གསུང་མང་པོ་འབྱོན་བཞིན་པར་རེ་ཞིག་ཐུགས་ཀྱི་ཡུལ་དུ་དྲན་ཤེས་ཀྱི་རྒྱུ་བའི་གོ་སྐབས་མེད་པ་ལྟ་བུར་གྱུར་ཅིང་། དེ་ནས་ཇི་ཞིག་ན་ཀྱི་

མ་དད་ནི་འདི་ལྟ་བུའི་ངང་དུ་གནས་པར་མི་རིགས་པས་བླ་མའི་ཐུགས་དགོངས་རྫོགས་ཐབས་ཀྱི་རིམ་པར་འབད་དགོས་པར་སྣང་ཞིང་། དེ་ཡང་ཐུགས་དགོངས་རྫོགས་བྱེད་ཀྱི་གཙོ་བོ་ནི་བཀའ་བཞིན་སྒྲུབ་པའི་མཆོད་པ་ཐོས་བསམ་སྒོམ་གསུམ་ཉིད་ཡིན་པས་དེ་ཕོན་ལ་རྣམ་ཀུན་འབྱུང་གསུམ་འདོན་དགོས་པ་ནི་དངོས་སུ་བསྟན་མོད། དེ་ལྟ་ནའང་གནས་སྐབས་སུ་སྐུ་གདུང་རིན་པོ་ཆེར་བཀའ་དྲིན་དྲན་པའི་མཆོད་འབུལ་སྲི་ཞུ་དང་། འགྲོ་བའི་དོན་དུ་མཆོག་སྤྲུལ་མྱུར་འབྱོན་གྱི་སྨོན་ལམ་སོགས་ལ་བརྩོན་པར་བྱ་བར་རིགས་སོ་དགོངས་ནས་རྗེ་ཉིད་དངོས་སུ་ཞབས་མ་ཐུབ་ཀྱང་མྱུར་བར་སྐུ་གདུང་ཡིད་བཞིན་ནོར་བུར་མཆོད་སྲིན་སྟན་ཤལ་སོགས་ལྷབས་ཆེ་བར་འབུལ་མི་ཆེད་གཏོང་མཛད་ཐོག །མྱུ་ངན་གྱི་གདུང་བའི་སྨྲེ་ངག་དང་བཅས་པའི་སྙོ་ནས་སླར་ཡང་བདག་སོགས་སྙིགས་དུས་ཀྱི་སྐྱེ་འགྲོའི་མགོན་དུ་མཆོག་གི་སྤྲུལ་སྐུའི་རང་ཞལ་མྱུར་དུ་བསྟན་དགོས་ཚུལ་སོགས་ཀྱི་ཐུགས་སྨོན་གསོལ་འདེབས་རྒྱ་ཆེན་པོ་དང་། གཞན་ཡང་རྟེན་གསུམ་ཁག་སོགས་ལ་མཆོད་སྨོན་སོགས་ཐུགས་དགོངས་རྫོགས་ཐབས་ཀྱི་རིམ་པ་བསམ་ལས་འདས་པ་མཛད་དོ། །

ཀྱེ་མ་འཇིག་རྟེན་གསུམ་པོ་འདིའི། །མ་འདྲིས་མཛའ་བཤེས་ཆེན་པོ་ཞིག །གློ་བུར་དག་པའི་ཞིང་ཁམས་སུ། །མནལ་བས་ཕྱོགས་ཀུན་མུན་པར་བྱས། །ཚུལ་དེས་ཁྱོད་ཐུགས་བླ་བའི་མ། །གདུང་བའི་ལྷུང་གིས་བསྐྱེད་པའི་ལྷབས། །ཕྱིན་དུ་ཕྱུར་བ་སྤྲིན་ཐུང་ནས། །འབབ་པ་དབྱར་གྱི་ཆར་རྒྱུན་བཞིན། །ད་ནི་སྙིགས་མའི་བསྟན་འགྲོ་རྣམས། །གནས་སྐབས་ཇི་འདྲར་འགྱུར་རམ་ཞེས། །ཀུན་ལ་བརྩེ་བའི་སྙིང་རྗེས་ཀྱང་། །ཁྱོད་ཐུགས་ཕྱིར་ཞིང་ནོན་པར་གྱུར། །འོན་ཏེ་རྒྱལ་རྣམས་གདུལ་བྱ་འདུལ་བ་ཡི། །དུས་ལས་ཡོལ་

བར་འགྱུར་བ་མི་རིགས་སྙམ། །སྣར་ཡང་ཐུགས་ཀྱི་སྙིང་སྟོབས་ཆེར་བསྐྱེད་ནས། །མཆོད་དང་སྨོན་པའི་མཛད་པ་བདག་གིར་བླངས། །

དེ་ལྟར་༧པདྨ་ཆེན་མཆོག་གི་ཐུགས་དགོངས་རྫོགས་ཐབས་ཀྱི་རིམ་པ་རྣམས་ལེགས་པར་གྲུབ་ཟིན་ནས་ད་ནི་༧གོང་མ་ཆོས་ཀྱི་རྒྱལ་པོས་ཀྱང་བཀའ་ཁྲོལ་བ་བཞིན་རིང་ནས་བསམ་པའི་དོན་ལས་ཕྱི་བཤོལ་དུ་གྱུར་ན་མི་རུང་བར་དགོངས་ཏེ་ལོ་མཇུག་དེ་དག་ཏུ་བོད་དུ་འབྱོན་རྒྱུའི་གྲབས་རྣམས་ལེགས་པར་ཚགས་སུ་ཚུད་པར་མཛད་ཅིང་། ལྷག་པར་དེ་གོང་དགོངས་ཞུ་མ་མཛད་པའི་སྔོན་ཙམ་ནས་རྟེན་འབྲེལ་གྱི་གནད་ཁྱད་པར་ཅན་ལ་དགོངས་ཏེ་ཁམས་འགྲུལ་ཕྱིར་ལོག་གདོང་རྗེ་ཉིད་ཀྱི་བཞུགས་གདན་དང་སྐེ་འཕོལ་གོས་སེར་གྱིས་བཏུམ་པ་ཞིག་དཔའ་ཤོད་གདན་སར་ཆེད་དམིགས་ཀྱིས་བསྐུར་བར་མཛད་ནས། འདི་ལྟུགས་སྣང་ལོ་གསར་ཆོས་གཅིག་གི་དུས་སྟོན་ཉིན་ངེད་ཀྱི་ཁྲི་ཐོག་ཏུ་ངེས་པར་སྐྱོལ་ཅིག །ལོ་དེ་ནང་ཁོ་བོ་ཡང་བོད་དུ་ཡོང་ཨེ་ཐུབ་སྙམ་པ་ཡིན་ཞེས་བཀའ་སྩལ་པ་སོགས་འབྱུང་འགྱུར་གྱི་ལུང་བསྟན་རྟེན་འབྲེལ་གྱི་ཚུལ་དུ་གསལ་པོར་འདོམས་པར་མཛད་ལ། ཇི་ལྟར་ལུང་བསྟན་པའི་དོན་བཞིན་དེའི་ཕྱི་ལོ་ལྷ་སྐྱིད་ཁྲི་བཞུགས་དགུང་ལོ་ཞེ་དྲུག་པར་སོན་ཅིང་རྗེ་ཉིད་དགུང་ལོ་ཉེར་གཉིས་པར་ཕེབས་པ་ལྟུགས་མོ་སྣང་གི་ལོ་གསར་བསྟུན་བོད་དུ་ཆིབས་ཀྱི་ཁ་ལོ་བསྒྱུར་ཁར་༧གོང་མ་བདག་པོ་ཆེན་པོར་ཐོན་ཕྱག་གི་འཚམས་ཞུ་མཛད་པ་ན་བཀའ་ལས། རྗེ་དྲུང་ཏུ་ཐོག་ཐུའི་སྤྲུལ་སྐུ་ནས་ཐུགས་བསྐྱེད་དང་ལྷག་བསམ་རྒྱ་ཆེན་པོའི་སྒོ་ནས་བོད་ཕྱོགས་སུ་སློབ་གཉེར་མཐར་ཕྱིན་བྱས་ཏེ་ངའི་ས་སྟེང་གི་རྒྱལ་བསྟན་སྐྱེ་འགྲོ་དང་བཅས་པ་རྣམས་ལ་ཕན་བདེ་རླབས་པོ་ཆེ་སྤེལ་ཐུབ་པ་ཞིག་ཡོང་བ་ཅི་ནས་བྱེད་དགོས། ཁྱོད་ཀྱི་སྐུ་ཕྲེང་གོང་མ་རྣམས་ཀྱིས་ཀྱང་ངའི་

འདོད་པ་དང་མཐུན་པར་ཞྭ་སེར་གྱི་བསྟན་པ་དང་མཐའ་དབུས་ཀྱི་སྐྱེ་འགྲོ་རྣམས་ལ་བཀའ་དྲིན་དང་བྱ་བ་ལྷབས་ཆེན་པོར་བགྱིས་པ་ཡིན་པས་ད་རེས་ཀྱང་གོང་མ་རྣམས་དང་མཚུངས་པར་ཡོང་བ་ཞིག་དགོས་རྒྱུ་ཡིན་ཅིང་། དེ་ཡང་ད་ཅང་རྒྱུན་རིང་མ་འགོར་བར་ཚགས་སུ་ཚུད་པར་བྱས་ནས་སླར་གསེར་གྱི་རྒྱལ་ཁབ་ཆེན་པོ་འདིར་ཕོ་བོའི་བླའི་མཆོད་གནས་སུ་འབྱོན་དགོས་རྒྱུ་ཡིན་ཞེས་སོགས་ཀྱི་བཀའ་སློབ་བཟང་པོ་དང་། རྒྱ་ནོར་བུའི་རིགས་ལས་གྲུབ་པར་ཅོ་ནའི་ཡུལ་ལུགས་ཀྱི་བཟོ་ཁྱད་ཀྱི་བཀོད་པ་ཆེས་ཚར་དུ་དངར་བའི་ཡོལ་གོའི་རིགས་སོགས་དང་། རིན་ཆེན་གཉིས་པ། བཟང་གོས་ཆོས་ཁ་སྣ་ཚོགས་སོགས་ཀྱི་གནང་སྦྱིན་དང་བཅས་པ་སྩལ་ཞིང་། དེ་བཞིན་དུ་ལྕང་སྐྱ་རྡོ་རྗེ་འཆང་སོགས་སྐྱེས་ཆེན་རྣམས་ལ་ཡང་ཐོན་ཕྱག་ཞུས་གནང་དང་། ཁྱད་པར་ལྕང་སྐྱ་ཐམས་ཅད་མཁྱེན་པར་གསོལ་འདེབས་འདི་ལྟར་མཛད་དེ། ཕོ་བོ་བླ་མ་རྣམ་གཉིས་ཀྱི་བཀའ་དྲིན་ལས་བསམ་དོན་ཡིད་སྨོན་ལྟར་འགྲུབ་སྟེ་བོད་ཕྱོགས་སུ་སློབ་གཉེར་ལ་འགྲོ་རྒྱུ་བྱུང་བ་ནི་སྐལ་བཟང་བླ་ན་མེད་པའི་རང་བཞིན་དུ་གྱུར་ལ། ད་དུང་ཡང་སྙིགས་མའི་དུས་འདིར་ནག་ཕྱོགས་བདུད་རིགས་ཀྱི་འཚེ་བ་ཤིན་ཏུ་དར་ལ་དྲག་པས་རང་གཞན་ཕལ་ཆེར་ཆོས་ལམ་དུ་འགྲོ་བ་ཤིན་ཏུ་ནས་དཀའ་བར་སྣང་བས་དེ་ལྟ་བུའི་ཕྱི་ནང་གི་རྐྱེན་ངན་བར་གཅོད་ཀྱི་དབང་དུ་མི་འགྱུར་བ་དང་། ལམ་བར་སོགས་ལ་ཡང་མི་ནོར་ཕྱུགས་གསུམ་ཀུན་ལ་དགྲ་ཇག་ཆུ་སོགས་ཀྱི་ཉེས་སྐྱོན་མེད་པར་རང་ཡུལ་དུ་བདེ་བར་འབྱོར་བ་དང་། དེ་ནས་ཀྱང་གཞན་གྱི་ངོ་སྲུང་དང་ཡུལ་དགོན་གྱི་འདུ་འཛོམས་གཡེང་བས་ཕྱི་བཤོལ་ལེ་ལོའི་གཞན་དབང་དུ་མ་གྱུར་པར་མྱུར་དུ་དབུས་གཙང་ཆོས་ཀྱི་མདུན་སར་བསྐྱོད་ཐུབ་པ་ཞིག་དང་། བསྐྱོད་ནས་ཀྱང་སོས་དལ་བཏང་སྙོམས་དང་སྙིག་

གྲོགས་ངན་པའི་དབང་དུ་མ་སོང་བར་གཞུང་ལུགས་རྒྱ་མཚོར་ཐོས་བསམ་སྒོམ་གསུམ་ལ་ཉིན་མཚན་བར་མེད་དུ་འབད་ཐུབ་པ་དང་། ༸གངས་ཅན་གྱི་མགོན་པོ་རྒྱལ་དབང་ཐུག་ན་པད་མོས་གཙོ་མཛད་པའི་རྗོད་མེད་ཡོངས་གྲགས་ཀྱི་དམ་པ་རྣམས་ཀྱི་ཞབས་རྡུལ་སྤྱི་བོས་བླངས་ཏེ་མདོ་སྔགས་ཆོས་ཀྱི་བདུད་རྩི་ལ་ངོམ་མེད་དུ་ཡོངས་སུ་སྤྱོད་པ་དང་། ཐོས་པའི་དོན་རྣམས་ཉམས་སུ་ལེན་པ་ལ་རང་ཡང་བརྩོན་ཞིང་གཞན་ཡང་སྦྱོར་བ་སོགས་མདོར་ན་བདག་གི་སྐྱེ་བ་འདི་ལ་མཁས་བཙུན་བཟང་གསུམ་གྱི་སྒོ་ནས་འཇམ་མགོན་བླ་མའི་བསྟན་པ་ལ་བྱ་བ་རྒྱ་ཆེར་བྱེད་པའི་སྒོ་ནས་རང་གཞན་གྱི་དོན་གཉིས་འགྲུབ་པ་ཞིག་ཡིད་སྨོན་ཙམ་དུ་མ་ལུས་པར་ལག་རྗེར་ཡོན་པའི་སྐབས་འཇུག་དང་། ད་དུང་ཡང་ཡང་ནས་ཡང་དུ་ཞལ་གྱི་དཀྱིལ་འཁོར་མཇལ་ཞིང་གསུང་གི་བདུད་རྩི་ཐར་བཞིན་སྤྱོང་ཚོགས་པ་དང་། བོད་ཕྱོགས་སུ་སྡོད་རིང་ལ་ཡང་སྐྱིད་སྡུག་ལེགས་ཉེས་མཐོ་དམན་གང་དུ་གྱུར་ཀྱང་གནས་ཚུལ་ཡང་ཡང་རི་མོའི་ལམ་ནས་གསོལ་བ་འདེབས་ཆོག་པ་དང་། དེ་དག་ལ་ཡང་གནས་སྐབས་དང་མཐར་ཐུག་ཏུ་དགེ་བའི་བསླབ་བྱ་མི་ཤེས་སློབ་པ་དང་མི་མཐོང་སྟོན་པའི་དཔེ་བཞིན་ཐུགས་བརྩེ་བ་ཆེན་པོས་སྤྲ་གསང་མེད་པར་འདོམས་པར་མཛད་པ་དང་། འདི་ནས་བཟུང་སྐྱེ་ཚེ་རབས་ནས་ཚེ་རབས་ཀྱི་འཕྲེང་བ་ཐམས་ཅད་དུ་འབྲལ་མེད་རྗེས་སུ་འཛིན་ཏེ་སྲས་ཀྱི་ཐུ་བོར་འགྱུར་བ་སོགས་ཀྱི་སྐབས་འཇུག་རྣམ་ཀུན་འདོར་བ་མེད་པ་ཅི་ནས་མཁྱེན་མཁྱེན་ཞེས་མོས་གུས་གདུང་ཤུགས་དྲག་པོས་མཆི་མ་འཁྲུག་པ་དང་བཅས་པའི་སྒོ་ནས་གསོལ་བ་འདེབས་པར་མཛད་པའི་ཚེ། ལྟུང་སྐྱ་ཐམས་ཅད་མཁྱེན་པས་ཀྱང་ཐུགས་རྗེ་གཏིང་ནས་གཡོས་པས་བིམ་པ་ལྟར་དམར་བའི་མཆུ་སྒྲོས་ཀྱི་གསེབ་ནས་ཚེམས་འཕྲེང་གི་སེར་གྱི་རིམ་པ་གསལ་བར་བསྟན་པའི་

གསེབ་ནས་སྣན་ཅིང་འཛེབས་པའི་གསུང་གིས་འདི་ལྟར་དུ་དབུགས་དབྱུང་བར་མཛད་དེ། ཇི་ལྟར་སྤྲུལ་སྐུ་རིན་པོ་ཆེ་ཉིད་ནས་བསྟན་འགྲོར་སྨན་པའི་ཐུགས་བསྐྱེད་དེ་ལྟ་བུ་མངའ་བ་ནི་ཟླ་ན་མ་མཆིས་པའི་བཀའ་དྲིན་དུ་གྱུར་པས་བདག་ཅག་གིས་ཀྱང་རྣམ་པ་ཀུན་ཏུ་མཆོག་གསུམ་ལ་གསོལ་བ་བཏབ་སྟེ་ཐུགས་བཞེད་ཇི་བཞིན་དུ་འགྲུབ་པའི་སྐྱབས་འཇུག་གང་ཤེས་ཀྱི་ཞུ་བ་གཞིར་བཅས་ཤིང་། གང་ཉིད་ནས་ཀྱང་ད་དུང་ཐུགས་བསྐྱེད་འདི་ལས་མི་ཡོལ་བའི་ངོས་ནས་མཛད་པ་གཞན་གྱིས་བར་མ་ཆོད་པར་མྱུར་བར་དབུས་གཙང་གི་གདན་ས་ཆེན་པོར་ཕྱིན་ཏེ་རྗེ་ཐམས་ཅད་མཁྱེན་པའི་རྣམ་ཐར་དང་མཐུན་པར་གཞུང་ལུགས་རྣམས་ལ་གསན་བསམ་དང་། དམ་པ་རྣམས་ལས་བཀའ་ཆོས་གསན་བཞེས། ངེས་འབྱུང་བྱང་སེམས་ཡང་དག་པའི་ལྟ་བ་གསུམ་ལ་རྩལ་དུ་བཏོན་པའི་ཉམས་བཞེས། དེ་དག་གི་བགེགས་སེལ་བོགས་འདོན་དུ་བསག་སྦྱངས་དང་ལྷག་པའི་ལྷའི་སྒོམ་བཟླས་བསྙེན་སྒྲུབ་སོགས་རྒྱལ་སྲས་ཀྱི་སྤྱོད་པ་ལ་ཉིན་དང་མཚན་དུ་སློབ་པར་མཛད་པ་དང་། སྙིགས་མའི་དུས་འདིར་༧རྗེ་ཙོང་ཁ་པ་ཆེན་པོའི་བསྟན་པ་འདི་ཡང་ཕྱོགས་ལྷུང་སྨང་ཤུགས་ཅན་དག་གིས་ཅི་རིགས་སུ་འཕྲུས་འདོགས་ཤིང་། དེའི་རྗེས་སུ་རང་ཕྱོགས་ཀྱི་ཚོལ་ཆུང་དག་ཀྱང་འབྲངས་ནས་སྣ་ཚོགས་སུ་སྨྲ་བར་བྱེད་པ་དང་། ལོག་ཆོས་འདྲེས་ཁྱེར་གྱིས་བསླད་པ་དག་ལ་བརྩིས་པོ་ཆེར་བཟུང་བ་ཤིན་ཏུ་མང་བས་དེ་དག་དང་ལྷ་སྤྱོད་མ་བསྲེ་བ་དང་། གྲུབ་མཐའ་གཙང་བ་གཞན་དག་ལ་ཡང་རྫོངས་ཞེན་གྱིས་སྨང་ཤུགས་མི་རིགས་པས་དག་སྣང་སྦྱོང་བར་མཛད་དགོས་མོད་ཀྱང་རང་གི་བཞེད་བྱའི་གཙོ་བོའི་ལྷ་སྒོམ་སྤྱོད་འབྲས་ཐམས་ཅད་ནི་རྗེ་ཐམས་ཅད་མཁྱེན་པའི་རྣམ་ཐར་གཙང་མ་འདི་ཉིད་བདག་གིར་དུ་བཞེས་ནས་ཅི་མཛད་ཐམས་

ཅད་ཞྭ་སེར་གྱི་བསྟན་པའི་མིག་རྒྱན་དུ་ཆེ་བར་མཛད་དགོས་ཤིང་། རང་ཅག་རྣམས་ཀྱང་གནས་སྐབས་སྣང་ཚུལ་ཙམ་དུས་ཐག་རིང་བས་སོ་སོར་ཚོད་ཀྱང་མོས་གུས་ལ་ཐང་སྙོད་མེད་ན་ཐུགས་རྗེ་དང་བྱིན་རླབས་ལ་རྒྱང་རིང་ཐུང་གི་ཁྱད་པར་མེད་པས་ན་རྣམ་ཀུན་འདུ་འབྲལ་མེད་པའི་ཡིད་ཆེས་ཐུགས་ལ་བཞག་ནས་བླ་མའི་བཀའ་དྲིན་རྗེས་སུ་དྲན་པ་ནམ་ཡང་མི་བརྗེད་པར་མཛད་ཚེ་འདི་དང་ཕྱི་མ་ཐམས་ཅད་དུ་ཡང་ཡང་མཇལ་ཡོང་བ་རྟེན་འབྲེལ་གྱི་ཁྱད་ཆོས་ཡིན་ལ། དེར་མ་ཟད་བླང་དོར་གྱི་གནས་ཞུ་འོས་རྣམས་ཀྱང་རེ་མོའི་ལམ་ནས་བར་མ་ཆད་ཅི་ནས་འབུལ་བར་ཇོ་ཐོགས་སོ་ཞེས་མས་བུ་ལ་འདོམས་པ་ལྟར་ཐུགས་བརྩེ་བ་ཆེན་པོས་བཀའ་སློབ་དང་ཕེབས་རྫོངས་གི་རིམ་པ་ཡང་རྒྱ་ཆེར་བསྐྱར་བར་མཛད་དེ་ཡབ་སྲས་གཅིག་ལ་གཅིག་ཐུགས་འཕྲེང་བཞིན་པའི་ངང་ནས་ཕྱིན་ཞིང་། དེ་ནས་ཅན་དན་སེའི་ཇོ་བོ་སོགས་པི་ཅིང་གི་རྟེན་གསུམ་ཁྱད་པར་ཅན་རྣམས་ལ་མཆོད་འབུལ་སྙན་ཤལ་སོགས་བཟང་ཞིང་རྒྱ་ཆེ་བའི་ཐོག་ཐུགས་བཞེད་ཇི་བཞིན་དུ་འགྲུབ་པའི་ཐུགས་སྨོན་དང་། ཀུན་ལོ་ཡེ་སོགས་ལྷ་སྲུང་མཐུ་རྩལ་ཅན་རྣམས་ལ་ཡང་གསོལ་མཆོད་གནང་སྨིན་གྱིས་འགལ་རྐྱེན་ཞི་ཞིང་མཐུན་རྐྱེན་ལེགས་ཚོགས་སྤེལ་བའི་འཕྲིན་ལས་ནན་ཏན་དུ་བཅོལ་བར་མཛད། གཞན་ཡང་ཐུགས་ནང་དག་རིགས་ཀྱི་རྩ་ཐོག་ཐུ་རྣམས་དང་། ནང་བློན་དཔོན་ཁག་ཆེ་ཆུང་སོགས་མཐའ་དག་ནས་ཀྱང་ཕེབས་རྫོངས་དང་སྐྱབས་འཇུག་ཞུས་པར་གང་ལ་གང་འོས་པའི་བཀའ་མཆིད་གསུང་མོལ་གནང་སྐྱེས་སོགས་ཀྱིས་ཐུགས་ནང་གཉེན་པར་མཛད་ཅིང་། དེ་བཞིན་དུ་ཤར་སུ་མེ་དང་། ཧུང་སུ་མེ་སོགས་སུའང་གདན་ཞུས་ལྟར་ཕྱིན་ནས་རྟེན་གསུམ་ཁག་ལ་གནས་གཟིགས་མཆོད་སྨོན་རྒྱ་ཆེན་པོ་དང་། འདུས་པ་སེར་སྐྱ་རྣམས་ལ་ལམ་རིམ་བསྟུས་དོན་

དང་འཆི་བ་བསླུ་བའི་སྒྲོལ་མའི་ལུང་སོགས་འདོད་ཆོས་ཀྱང་ཇི་ལྟར་རིགས་པར་སྩལ། དེ་དག་གི་བླ་བྲང་སོགས་ནས་ཕེབས་རྫོངས་དང་སྟོན་མོ་གཟབ་རྒྱས་སུ་བསྟར་བ་ རྣམས་ ལ་ མཇལ་ སློག་ དང་ བཀའ་ སློབ་ སོགས་ ཡིད་ ཆོམ་ ངེས་ སུ་བསྐྱངས་ནས་ཕྱིར་ཕེབས་སྐབས་སེར་སྐྱ་རྣམས་ནས་མ་འོངས་མྱུར་མཇལ་རྟེན་འབྲེལ་གྱི་ སླད་ དུ་ དགོན་ པའི་ བླ་ གཡེལ་ ནས་ ཤིས་ བརྗོད་ སོགས་ ཀྱང་ རྒྱ་ ཆེར་བགྱིས་ཤིང་། དེ་ལ་སོགས་པའི་མཛད་སྒོ་མ་ལུས་པ་ཆོམ་ལུས་མེད་པར་ལེགས་པར་གྲུབ་ནས་ལྕགས་གླང་ལོའི་ཧོར་ཟླ་གསུམ་པའི་ཡར་ཚེས་བཅོ་ལྔའི་ཉིན་དོ་ལོ་ནོར་བླ་བྲང་ནས་ཕྱུགས་བཏེགས་ཏེ་བོད་ཡུལ་གྱི་ལྗོངས་སུ་ཆིབས་ཀྱི་ཁ་ལོ་བསྒྱུར་བར་མཛད་དོ། །

བདེ་ཆེན་ངང་དུ་དམ་པའི་སྐྱེས་བུ་རྣམས། །འདུ་འབྲལ་མེད་ཀྱང་ཚུ་རོལ་མཐོང་བའི་ངོར། །འབྲལ་ ལྟར་ སྣང་ ཞིང་ བརྩེ་ བས་ མཆིད་ འདོམས་པའི། །ཚུལ་འདི་བླ་ན་མེད་པའི་ངོ་མཚར་གནས། །དྲི་ཞིམ་ལང་ཚོ་རྒྱས་པའི་པད་མོ་དང་། །སྟོན་དུས་ཆ་ཤས་རྫོགས་པའི་རི་བོང་འཛིན། །རྒྱལ་སྲས་དམ་པའི་སྤྱོད་ ཚུལ་ འདི་ དག་ གིས། །ཡིད་ རབ་ མི་ འཕྲོག་ དཔྱོད་ ལྡན་ སུ་ ཞིག་མཆིས། །མཁས་མང་ལེགས་བཤད་སྒྲོག་པའི་རྫིང་བུ་ནས། །ཉོན་མོངས་མེད་པའི་ཐོས་བསམ་འོ་མའི་རྒྱུན། །རྣམ་དཔྱོད་མཆུ་རྩེར་ལོན་འདོད་ངང་མོ་ཞིག །དབང་ཕྱོགས་ཡུལ་གྲུའི་ལྗོངས་ནས་བསྐྱོད་པར་གྱུར། །

དེ་ལྟར་ ཆིབས་ བསྐྱོད་ སྐབས་ ཀྱང་ པེ་ ཅིང་ གི་ ཧུ་ ཐོག་ ཐུ་ ཆེ་ ཁག་ དང་དཔོན་ཁག་རྣམས་ཀྱི་སྐུ་ཚབ། ཉེ་འཁོར་དགོན་སྡེ་རྣམས་ཀྱི་བླ་མ་ལས་སྡེ། རྒྱ་སོག་གི་སྦྱིན་བདག་དད་ལྡན་སེར་སྐྱ་དང་བཅས་པ་རྣམས་ནས་ཆིབས་སྐྱེལ་དང་ཐབ་སྐྱེལ་སོགས་ཀྱི་རིམ་པའང་རྒྱས་པར་ཞུས་ཤིང་། བླ་བྲང་ནས་ཕེབས་ཉིན་

ལེ་དབར་བཙོ་ལྷའི་སར་མ་ནི་ཤུས་བུ་ལག་ཅེས་པའི་ས་ཆར་བཞུགས་ཞག་མཛད་ཐོག་དགོན་སྡེ་རྣམས་ཀྱི་ལས་སྡེ་ཆེ་བགྲེས་དང་། བླ་བྲང་ཁག་གི་ཚབས་སྐྱེལ་བ་རྣམས་ལ་བཟང་ཟེང་གི་གནང་སྦྱིན་དང་འདི་ཕྱིར་དགེ་བའི་བཀའ་སློབ་བཟང་པོ་སྩལ་བར་མཛད། དེ་རྣམས་ཀྱིས་ཀྱང་རྣམ་ཀུན་རྗེས་འཛིན་གྱི་སྐྱབས་འཇུག་ཞུས་ནས་སེམས་འཕྲེང་བའི་རྣམ་འགྱུར་དུ་མ་དང་བཅས་ཏེ་ཕྱིར་ལོག་དེར་ཞག་ཁ་ཤས་བཅག་མའི་ཚུལ་དུ་བཞུགས་ཏེ་ཧ་ཁལ་དང་སྐུ་ཆས་སོགས་ཕེབས་ལམ་གྱི་ཉེ་བར་མཁོ་བའི་ཡོ་བྱད་རྣམས་ལ་སྣར་ཡང་གྲབས་ཡུལ་ཞིབ་ཚགས་སུ་མཛད་ཟིན་ནས་ཆོས་བཙོ་བརྒྱད་ཀྱི་ཉིན་བྱོན་ཏེ་ཚ་ཐང་ཙམ་གྱིས་ནས་སྦྱིན་བདག་སོགས་ཚབས་སྐྱེལ་བསྐྱེལ་བ་དམངས་མ་ཡང་ཕྱིར་སློག་མཛད་པར། དེ་ཐམས་ཅད་ཀྱང་བདག་ཉིད་ཆེན་པོ་འདི་དང་ཡུན་རིང་པོར་འགྲོགས་པར་མ་ཟད་སྐུ་གསུང་ཐུགས་ཀྱི་ཡོན་ཏན་རྣམས་ཡིད་མཚོར་ཤར་བས་འབྲལ་བར་མི་ཕོད་པ་ལྟ་བུར་གྱུར་ཏེ་འདྲེན་བྱེད་ཀྱི་ཀློང་ནས་མཆི་མའི་ཆབ་རྒྱུན་འབབ་བཞིན་པར་སྐྱབས་འཇུག་བྱིན་རླབས་སོགས་ཞུས་པར་རྗེ་ཉིད་ནས་ཀྱང་དེ་དག་གི་རེ་བ་ཡིད་བཞིན་དུ་སྐོང་བའི་བྱིན་རླབས་དང་། རྗེས་འཛིན་གྱི་ཞལ་བཞེས་སོགས་བསྐྱངས་ནས་གཞིས་བྱེས་སོ་སོར་གྱིས་ཤིང་། དེ་ནས་རིམ་གྱིས་ཕེབས་ལམ་ཁེལ་བའི་སོག་ཡུལ་མདོ་ཁམས་རྣམས་སུ་འགྲོ་བའི་དོན་རྒྱ་ཆེར་མཛད་བཞིན་པར་བྱོན་ཏེ་དེ་དག་གི་ཚུལ་རྣམས་ཀྱང་རགས་བསྡུས་ཟུར་ཙམ་རེ་འགོད་ན། དེ་ནས་ཕེབས་ཏེ་ཚ་གང་བུ་ལག་ཞེས་གྲགས་པ་བོད་སྐད་དུ་དཀར་པོ་ཆུ་མིག་ཅེས་པའི་སར་བཞུགས་སྐབས་ཕྱོགས་དེ་དང་མི་རིང་བ་ན་དགེ་དགོན་འགའ་ཞིག་ཡོད་པ་རྣམས་ཀྱི་ཚབས་བསུ་བ་འཁོར་ཏེ་ཁ་ཙམ་མིན་པའི་དད་མོས་ཀྱིས་ཀུན་ནས་བསླངས་ཏེ་གདན་ཞུ་ཞུས་པར་འདོད་མོས་ལྟར་བྱོན་ཐོག་ཆོས་དང་ཟང་

ཟིང་གི་བཀའ་དྲིན་རྒྱ་ཆེ་བར་སྨྲལ་ཞིང་། དེ་རྣམས་ཀྱིས་ཀྱང་ཡུལ་སྤྱོལ་དང་མཐུན་པའི་འབུལ་བ་ཞབས་ཏོག་སོགས་བཀུར་བསྟི་དང་གུས་འདུད་ཚད་མེད་པ་དང་། སྣར་ཐེབས་སྐབས་ཀྱང་ཞབས་དྲུང་བླ་མ་ཞེས་པ་ལ་སོགས་པ་ལས་སྡེ་དགེ་ཆོས་བགྲེས་སོང་རྣམས་ཀྱིས་ཆིབས་བསྐྱོལ་སོགས་ཀྱང་རྒྱས་པར་ཞུས། དེ་ནས་ཆེན་པོ་ཧོར་གྱི་ཡུལ་གྲུའི་བྱེ་བྲག་ཨུན་དུར་པོད་སྐད་དུ་ཁྲི་འཛོན་པོ་ཟེར། ཤེར། ཤན་དོ། ཚ་གང་ཆོ་ལོ་ཐུར། ཧྲིལ་པོད་སྐད་དུ་ཆུ་ལུད་པའམ་གྱུར་པའི་མིང་། གི་ཁྲེར། ཙ་གང་ཏེ་ཤོས། གུང་ནོར། ནར་ཐུ་ཞེས་པ་རྣམས་སུ་ཚ་ཞག་ཙེ་རིགས་པར་བསྐྱངས་ནས་དད་ལྡན་གྱི་གདུལ་བྱ་དྲག་ཞན་མང་དུ་འདུས་པ་རྣམས་ལ་མཇལ་ཁ་ཕྱག་དབང་། ཆོས་བཀའ་སོགས་གང་འཚམས་སུ་གནང་བས་ཡིད་ཚིམ་པར་མཛད་ཙིང་། མིང་ཨམ་བན་དོན་གྲུབ་རབ་བརྟན་སོགས་ནས་ཞབས་པད་བསྐལ་བརྒྱར་བརྟན་པར་གསོལ་བ་འདེབས་པའི་རྟེན་འབྲུང་ལེགས་སྐྱེས་ཀྱི་རིམ་པའང་རྒྱ་ཆེར་ཕུལ། འདི་དག་གི་སྡེ་ཕྱི་རྣམས་སུ་པི་ཙིང་ཕྱོགས་ཀྱི་སྲུང་མའི་འཁྲིན་ཆ་ལྷ་བུས་ཉིན་མཚན་དུ་མར་ཁ་བ་ཤིན་ཏུ་ཆེ་བར་བབས་པས་ཐེབས་ལམ་འགོར་རྐྱེན་དུ་གྱུར་པར་ཞག་འགའ་ཞིག་བཅག་མལ་མཛད་དེ་ཆོས་སྲུང་རྣམས་ལ་བསྐང་བ་འཕྲིན་བཅོལ་རྒྱས་པ་དང་། ལྷག་པར་དམ་ཅན་རྡོ་རྗེ་ལེགས་པའི་བསྐང་བསོ་རྗེ་ཉིད་ཀྱི་བཀའ་རྩོམ་མའི་ཐོག་ནས་གཟབ་གསོལ་གྱི་རིམ་པ་རྒྱས་པར་མཛད་པས་ཞག་མང་པོར་གནམ་ཐེ་བཟང་དུ་གྱུར། རིམ་གྱིས་གུ་གུ་ཚ་གང་གི་སའི་ཆ་ཨུ་ལང་ཐོ་ལོ་གེ་དང་། ཐུང་ག་ལག་སོགས་བརྒྱུད་ནས་མིང་གུང་ནོམ་ཁྲི་བླ་མའི་སུ་མེར་ཐེབས། དེའི་དྭ་བླ་མ་བློ་བཟང་ཕུན་ཚོགས་དང་། བར་མིན་ཨུ་གར་ཧླ་བྲུང་ནས་ཤོག་གིས་སྐུ་ཚེ་བརྟན་བཞུགས་ཀྱི་རིམ་པའང་ཕུལ་ཞིང་། གཞན་ཡང་སེར་སྐྱ་བགྲང་བ་ལས་བརྒལ་བ་

དུ་མས་མཛལ་ཞུ་མཆོད་སྤྲིན་སོགས་རྒྱ་ཆེར་སྤེལ་བ་རྣམས་བདག་གིར་དུ་མཛད། དེ་རྣམས་ལ་དགའ་ལྡན་ལྷ་བརྒྱ་མའི་ཁྲིད་ལུང་སོགས་ཟབ་ཆོས་ཀྱི་རིམ་པའང་དུ་མར་སྩལ། དེ་ནས་ཁུ་ཁུ་དེ་རེ་སོགས་ནས་བཟུང་། ཏ་ཡ་ཀྱི་བ་སུ་མེ་ཞེས་པ་རྣམས་སུ་རིམ་པར་ཕེབས་པར་རྒྱལ་པོ་ལྷ་བཟང་གི་བུ་བརྒྱུད་གུང་བཀྲ་ཤིས་ཚེ་བརྟན་སོགས་ཀྱིས་མཛལ་ཏེ་གུས་པ་ཆེན་པོས་ཞབས་སེན་གཙུག་གི་རྒྱན་དུ་བླངས་ནས་བཀུར་བསྟི་ཞུས་ཤིང་། རྫོ་རོན་སུ་མའི་དྭ་བླ་མ་བློ་བཟང་བསྟན་འཛིན་སོགས་དགེ་དགོན་གྲྭ་རིགས་དུ་མ་ནས་ཞབས་བརྟན་དང་། གཞན་ཡང་ཡུལ་གྲུ་དེ་རྣམས་སུ་འཁོད་པའི་དད་ལྡན་མཆོག་དམན་མཐའ་དག་ནས་ཀྱང་། ཨེ་མ་འདི་ལྟར་གསེར་གྱི་ཕ་བོང་སྒོ་རྩར་འགྲེལ་བ་དང་མཚུངས་པར་བདག་ཉིད་ཆེན་པོ་འདི་ལྟ་བུ་རྣམས་དང་མཛལ་བའི་སྐལ་བཟང་མངོན་དུ་གྱུར་ཡོད་པ་ནི་ལེགས་བྱས་ཀྱི་འབྲས་བུ་བླ་ན་མ་མཆིས་པ་སྟེ། དེ་བས་ན་རང་རང་གི་འཁྱེར་འཁོས་ཇི་ཡོད་ཀྱིས་བཀུར་བསྟི་དང་ཞབས་ཏོག་སྒྲུབ་པར་རིགས་སོ་ཞེས་གླེང་སྟེ་སོ་སོའི་དངོས་འབྱོར་གྱི་རྩལ་དང་བསྟུན་པའི་བསྙེན་བཀུར་དང་སྒྲུ་ལུས་ཀྱི་ཞབས་ཏོག་སོགས་རྨད་དུ་བྱུང་བ་སྒྲུབ་སྟེ་རིང་མིན་འཁོར་བ་མཐའ་ཅན་དུ་འགྱུར་ངེས་པའི་ལས་ཀྱི་ས་བོན་གྲུང་པོ་འདེབས་པར་བྱེད་དོ། །

དེ་ནས་ཁུ་བོད་ཤར་ཞེས་པ་དང་། གུ་ལུ་ཤར་གཉིས་ཀྱི་ས་མཚམས་སུ་ཡི་ཧེ་ཨོ་ཏོ་འོ་ཁྲིང་གི་མགོན་པོ་སྐྱབས་ཨུ་ན་རི་ཏའི་སའི་ཆར་ཕེབས་ནས་ཡུལ་དེའི་དཔོན་འབངས་རྣམས་ཕྱི་མ་མངོན་མཐོ་དང་ངེས་པར་ལེགས་པའི་གོ་འཕང་ལ་རེག་པར་འགྱུར་བའི་རྒྱུ་ཅན་ཤ་སྟག་ཏུ་སྨིན་པར་མཛད། གོང་གི་དཔོན་འདི་ནི་རྒྱལ་པོ་ཧླ་ཡི་ཞེས་པའི་སུ་རུག་ཆེ་བ་བཞིའི་ཡ་གྱལ་ཡིན་པར་གྲགས་ཏེ་འདི་ཉིད་ཕོ་ནའི་མངའ་ཞབས་སུའང་ཤེལ་ཏོག་ཡོད་པའི་དཔོན་ཆེན་ལྷ། དུང་ཏོག་

ཡོད་པ་བཅུ་གཉིས། ཟླ་སུམ་བརྒྱ་དྲུག་ཅུ་རེ་གསུམ་ཡོད་པའི་ཟླ་རེ་རེ་ལའང་ཧ་ལུ་བརྒྱ་ལྷག་ཙམ་རེ་ཡོད་པ་བཅས། ཁྱོན་སུ་ཏུག་འདི་རང་ལ་ཧ་འབུམ་ཐེར་མ་སོང་ཙམ་ཡོད་འདུག་པ་དང་། དེ་དང་སྟོབས་འབྱོར་མཉམ་པ་ཁག་བཞི་དང་ཆུང་བ་ནི་མང་དུ་ཡོད་པར་སྣང་ལ། དེར་མ་ཟད་རྒྱལ་པོ་དེའི་མངའ་ཞབས་འགའ་ཞིག་ལ་ནི་དམག་འབྲུག་ཆེན་པོའི་རིགས་བྱུང་ན་ལས་གཞན་དུས་རྒྱུན་བེད་མི་སྤྱོད་པར་འཛོག་རྒྱུའི་པོ་ཧ་ཁོན་འབུམ་ཐེར་གསུམ་བཞི་ཡོད་པའི་རིགས་དང་། ཛ་མོང་། བ་སླང་སོགས་ཀྱང་ཤིན་ཏུ་མང་པོ་དང་། ལུག་སོགས་གནམ་གྱིས་ས་བཀབ་པ་ལྟར་གྲངས་ཀྱིས་མི་ཚོད་པ་བསམ་ལས་འདས་པ་ཞིག་ཡོད་པར་གྲགས་ཏེ་སྙིགས་དུས་སྟོབས་ཀྱི་འཁོར་ལོས་བསྒྱུར་བ་ཞིག་ཡིན་ཚོད་དུ་གདའ་ཞིང་། རྒྱལ་པོ་འདི་གནས་པའི་ཡུལ་གྱི་བྱང་ཕྱོགས་སུ་ལོ་གཅིག་ཙམ་ཕྱིན་པའི་ས་ན་ཁྱུང་ཁྱུར་ས་ཆ་ཟེར་བའི་མགོ་དཀར་ཀླུ་ཀློའི་རྒྱལ་པོ་སྟོབས་ཤིན་ཏུ་ཆེ་བ་ཞིག་ཡོད་པ་ནི་མ་འོངས་པ་ན་ཀླུ་ཀློའི་དཔུང་ཚོགས་འབྱུང་ཡུལ་དེ་ཡིན་པར་༄པཎ་ཆེན་ཐམས་ཅད་མཁྱེན་པས་གསུངས་ཚུལ་༄སྐྱབས་མགོན་རྒྱལ་ཚབ་ཉིད་ཀྱི་གསུང་རེག་ཟིག་འགའ་ཞིག་ཏུ་སྣང་ངོ་། །ས་ཕྱོགས་དེ་དག་ཏུ་བཞུགས་སྐབས་ཆར་ཞོད་ཀྱང་ཤིན་ཏུ་ཆེ་བར་བྱུང་བས་ཞག་འགའ་བཅག་མལ་མཛད་ནས་ཉེར་དགུའི་དུས་གཏོར་ཆེན་མོ་དང་འབྲེལ་བར་ཆོས་སྐྱོང་ཁག་ལ་བསྐང་འཕྲིན་རྒྱས་པ་དང་། ཕྱི་རྡོའི་ཆ་རྣམས་ལ་ཡི་ཧེ་ཐུ་པ་ཐུ་ཟེར་བ་བོད་སྐད་དུ་ཕན་ཐོགས་ཆེན་པོའི་ལྷ་ཁང་ཞེས་པ་རྟེན་གྱི་གཙོ་བོར་ཧ་མགྲིན་ལྕགས་རལ་ཙན་རྒྱ་ནག་ཐུགས་དམ་མར་གྲགས་པ་ཁྲུ་གང་ལྷག་ཙམ་པ་བྱིན་ཅན་ཞིག་ཡོད་པ་དེར་ཕེབས་ནས་མཆོད་སྟོན་རྒྱ་ཆེར་མཛད་ཅིང་བར་སེང་རྣམས་སུ་གྲྭ་རིགས་སོགས་ལ་ཆོས་ཀྱི་སྦྱིན་པ་ཟབ་ཅིང་རྒྱ་ཆེ་བ་དག་ཀྱང་སྩལ་ནས་ལོག་པའི་ལམ་

ལས་རྒྱབ་ཀྱིས་ཕྱོགས་པར་མཛད། དེ་ནས་པད་མ་སྤུངས་པའི་གླིང་དང་། ཆ་ག་ཨེར་གི་ཞེས་སོགས་བརྒྱུད་ནས་ཞབས་དྲུང་ཡེ་ཤེས་འཛིགས་མེད་བློ་གྲོས་ཀྱི་དགོན་པ་ཡོད་དགའ་ཆོས་འཛིན་ཞེས་པར་ཕྱག་ཕེབས་ཤིང་། ཞབས་དྲུང་དཔོན་འཁོར་རྣམས་ནས་བསྙེན་བཀུར་ཞབས་ཏོག་གྱ་ནོམ་པའི་ཐོག་མཛད་འཕྲིན་སྙན་གྲགས་ཕྱོགས་བཅུར་རྒྱས་པའི་རྟེན་འབྲེལ་མཚོན་ཕྱིར་རྒྱ་སྨྱུག་སྙིང་མ་ཤིན་ཏུ་ལེགས་པ་ཞིག་གིས་གཙོས་པའི་འབུལ་བ་དང་། བཙུན་མ་དཔལ་སྐྱིད་སྒྲོན་ཞེས་པ་ནས་སྐུ་ཚེ་ཡུན་གནས་ཀྱི་རྟེན་འབྲེལ་དུ་ཚེའི་བུམ་པ་བཟོ་ཁྱད་ཚར་དུ་དངར་བ་དང་། དངུལ་གྱི་ཕུད་ཕོར་སོགས་ཀྱིས་གཙོས་མོ་རང་ལ་གང་མཆིས་ཀྱི་ཡོ་བྱད་ཐམས་ཅད་ཕྱོས་མེད་དུ་བློས་བཏང་ནས་ཕུལ་ཤིང་། དེ་བཞིན་དུ་རིས་སུ་མ་ཆད་པའི་སྐྱེ་བོ་མང་པོས་ཀྱང་གང་གི་རྣམ་པར་ཐར་པས་ཡིད་དྲངས་པས་རང་རང་གི་མགོ་དགུའི་ཡོ་བྱད་ཕལ་མོ་ཆེ་ཕངས་མེད་དུ་ཕུལ་ནས་བྱང་ཆུབ་བར་དུ་འདོར་མེད་རྗེས་སུ་འཛིན་པར་གསོལ་བ་སྙིང་ཐག་པ་ནས་བཏབ་པར་མགོན་པོ་ཉིད་ནས་ཀྱང་དེ་ཐམས་ཅད་ཀྱི་རེ་བ་དོན་ལྡན་དུ་འགྱུར་བའི་ཐུགས་སྨོན་གྱི་མཚམས་སྦྱོར་རྣམ་པར་དག་པས་རྒྱས་འདེབས་པར་མཛད། དེ་ནས་རིམ་གྱིས་ཕེབས་ཏེ་ལམ་ཞོར་དུ་རུ་ཀྱིར་ཐོ་ནོས་དུ་ཐམ་ཀའི་སར་ཨོ་ཨམ་བན་ནས་གདན་ཞུས་ལྟར་ཕྱིན་ཏེ་ཆོས་དང་ཟང་ཟིང་གི་འབྲེལ་བ་མཛད། ཏོ་ཏོ་ཤོག་ཅེས་པར་བཞུགས་ཞག་སྐབས་ཕྱོགས་དེའི་ཉེ་འཁོར་གྱི་གདུལ་བྱ་སེར་སྐྱ་མང་པོས་བརྟན་བཞུགས་དང་དངོས་འབྱོར་གྱི་མཆོད་སྤྲིན་གཏོས་ཆེ་བར་བཀྱེ་བ་རྣམས་ལ་མོས་པ་དང་བསམ་པ་དང་དབང་པོར་འཚམས་པའི་དམ་པའི་ཆོས་ཀྱི་བཀའ་དྲིན་རྒྱ་ཆེ་བར་སྩལ་ཅིང་། དེ་མཚུངས་གུ་སེས་ཨམ་བན་ཞེས་པར་འཚམས་ཞུའི་ཐོག་ནས་སྐྱེས་འབུལ་རེས་མཛད། རིམ་གྱིས་ཕེབས་ལམ་རྣམས

སུ་གདུལ་བྱ་སེམས་ཅན་དཔག་ཏུ་མེད་པའི་དོན་མཛད་དེ་མཐོང་ཐོས་དྲན་རེག་མཐའ་དག་སྐལ་བ་མཆོག་གི་དཔལ་ལ་སྦྱོར་བཞིན་པར་མཁར་སྟོན་དང་། མཆོད་རྟེན་ཐོག་རྣམས་སུ་ཕྱག་ཕེབས་ནས་དེ་དག་གི་སྦྱིན་བདག་རྣམས་ལ་དབང་རྗེས་གནང་ལུང་སོགས་རྒྱ་ཆེ་བ་དང་། མཇལ་ཞུ་བ་རྣམས་ལ་ཡང་ཞལ་མཇལ་ཕྱག་དབང་དང་ཟང་ཟིང་གི་གནང་སྦྱིན་སོགས་ཀྱིས་རེ་འདོད་ཡིད་བཞིན་དུ་བསྐང་བར་མཛད། གཞན་ཡང་སྟེ་དགོན་གྱི་རིགས་བ་ག་གྱུ་དགེ་འཕེལ་གླིང་། ཡི་ཁེའི་ཛོ་དཔག་ཏུ་མེད་པའི་གླིང་། པོ་རོང་ཁུ་རས་ཕུ་ཡན་བླ་མའི་དགོན་པ་སོགས་སུའང་གདན་ཞུས་ལྟར་བྱོན་ནས་རྟེན་གསུམ་ངོ་མཚར་ཅན་རྣམས་ལ་གནས་གཟིགས་དང་། འདུས་པ་རྣམས་ལ་ཡང་གཟབ་རྒྱས་ཆོས་ཀྱི་ཆར་རྒྱ་ཆེན་པོ་ཕབ་སྟེ་ཤེས་རྒྱུད་ཐར་ལམ་དུ་ཕྱོགས་པར་མཛད་ལ། དེ་དག་གིས་ཀྱང་བཀུར་བསྟི་དང་གུས་འདུད་ཚད་མེད་པ་ཞུས་པའི་སྒོ་ནས་མཉེས་པ་པོ་ན་དང་དུ་བླངས་ཏེ་སྒྲུབ་ཅིང་། ལྷག་པར་མཁར་སྟོན་དུ་ཞག་ཤས་བཞུགས་རིང་ཇོ་ཡན་པཎྜི་ཏ་སོགས་དང་མཇལ་འཕྲད་མཛད་ནས་ཕན་ཚུན་ཆོས་དང་ནོར་གྱི་སྐྱེས་འབུལ་རེས་སུ་མཛད་དེ་ཐུགས་ཡིད་གཅིག་འདྲེས་སུ་གྱུར། འདི་དག་གི་སྤྱི་ཕྱི་རྣམས་སུ་ཕྱོགས་དེ་རྣམས་སུ་འབྲུག་ཟིང་ཞིག་གི་སྐད་ཆེ་ཙམ་བྱུང་བར་འགྲོ་བ་རྣམས་ལ་སྙིང་རྗེ་ཆེན་པོས་ཀུན་ནས་བསླངས་ཏེ་མཆོག་གསུམ་ལ་གསོལ་བཏབ་དང་། དམ་ཅན་སོགས་ལ་འཕྲིན་བཅོལ་གནད་སྨིན་དུ་མཛད་པས་རིང་པོར་མི་ཐོགས་པར་ཉེས་སྐྱོན་མེད་པར་བདེ་བའི་ཕྱོགས་སུ་གྱུར་པའི་གཏམ་སྙན་ཕྱོགས་དང་ཕྱོགས་མཚམས་སུ་ཁྱབ་པར་གྱུར་ལ། མཁར་སྟོན་ནས་ཕེབས་སྐབས་དེ་ཕྱོགས་ཀྱི་ཇ་སག་དང་དྷ་བླ་མའི་རིགས། དཔོན་ཁག་གི་མི་སྣ་སོགས་དུ་མ་ནས་ཆིབས་སྐྱེལ་སོགས་ཀྱང་རྒྱས་པར་ཞུས་ཤིང་། དེ་ནས་རྗེ་ཤིང་

ཞེས་པ་དང་ཉེ་བར་ཕེབས་སྐབས་མདོ་སྔགས་བསྟན་པའི་སྲོལ་འབྱེད་ཆེན་པོ་དུས་འཁོར་པཎྜི་ཏ་ཕེབས་པ་དང་མཇལ་འཕྲད་མཛད་དེ་གཅིག་ལ་གཅིག་མཉེས་ཤིང་གུས་པའི་རྣམ་འགྱུར་ཚད་མེད་པ་དང་བཅས་པའི་སྒོ་ནས་དངོས་འབུལ་གྱི་མཆོད་སྤྲིན་རྒྱ་ཆེ་བ་རེ་མོས་སུ་སྤྲོ་བ་དང་། བསྟན་འགྲོར་སྨན་པའི་གསུང་མཆིད་དང་བཀའ་སློབ་སྤྲུལ་རེས་སུ་མཛད་ནས་སོ་སོར་ཆིབས་ཞལ་བསྒྱུར་ཏེ་རྨ་ཆུ་ཞེས་པའི་ཆུ་ཀླུང་ཤིན་ཏུ་ཆེ་བ་ཞིག་ཡོད་པ་དེ་ཐོན་ནས་རིམ་གྱིས་བ་ག་ཀྱི་བཀྲ་ཤིས་ཆོས་གླིང་དང་། དགའ་ལྡན་ལེགས་བཤད་གླིང་ཙན་དན་རྫོ་བཀྲ་ཤིས་ཆོས་འཁོར་གླིང་ལ་སོགས་པ་རྣམས་སུ་གདན་འདྲེན་ཞུས་པར་འདོད་མོས་ལྟར་བྱོན་ཏེ་དད་ལྡན་སེར་སྐྱ་རྣམས་ལ་སྒྲོལ་དཀར་སོགས་ལྷག་པའི་ལྷ་མང་པོའི་རྗེས་གནང་དང་། སློབ་ཐབས་ཀྱི་ལུང་སོགས་ཆོས་སྦྱིན་རྒྱ་ཆེར་སྩལ་བས་ཡིད་ཡོངས་སུ་ཚིམ་པར་མཛད། །

དེ་ནས་རྫོར་གར་རུ་ཐུག་ཟེར་བའི་ས་ཆ་དང་། ཀུན་འདུལ་གླིང་ཞེས་པའི་དགོན་གནས་རྣམས་སུ་ཕེབས་ཤིང་། རྫོར་གར་རུ་ཐུག་ཅེས་པ་བོད་སྐད་ལ་ཁྲིན་པ་དྲུག་ཡོད་པའི་མིང་ཡིན་ཀྱང་དངོས་གནས་ལ་ཁྲིན་པ་གཅིག་ལས་ཡོད་པར་མི་སྣང་ལ། འོན་ཀྱང་ཁྲིན་པ་དེའི་ཟབས་སུ་ཐག་འདོམ་དྲུག་ཙམ་ཡོད་པའི་དབང་གིས་བཏགས་པ་ཡིན་འདུག་ཅེས་རྗེ་ཉིད་རང་གི་གསུང་འགའ་ཞིག་ལས་བྱུང་ཞིང་། ཀུན་འདུལ་གླིང་ཞེས་པ་ཡང་༧གོང་མ་རྒྱལ་པོས་གནང་བའི་མིང་ཡིན་འདུག་པ་ལས། གཞན་དགོན་མིང་དངོས་གཞི་ཡོངས་གྲགས་སུ་བཀྲ་ཤིས་ཆོས་གླིང་དུ་གྲགས་ལ། དེའི་འདུ་ཁང་གི་མདུན་དུ་ཕུག་པ་ཆེན་པོ་ཞིག་ཡོད་པའི་ནང་ནས་རྒྱུན་དུ་ཆུ་བཟང་པོ་ཆད་མེད་དུ་འབབ་པ་དེས་ལུག་ནད་ཀུན་སེལ་བར་བྱེད་པ་སོགས་ངོ་མཚར་ཅན་ཞིག་ཡོད་འདུག་པ་དེས་མཚོན་པའི་

གནས་དང་རྟེན་གསུམ་རྣམས་ལ་མཇལ་ཁ་དང་མཆོད་སྨོན་གནང་སྦྱིན་དང་། དད་འདུས་རྣམས་ལའང་མཇལ་ཕྱག་སོགས་འདོད་མོས་ལྟར་བསྐྱངས་པས་དགའ་བདེ་ལ་རེག་པར་མཛད། །

དེ་ནས་ཧང་གིན་གྱི་སའི་ཆ་ཁུལ་འདུས་དང་། ཧ་ཤ་ཐུར་ཞེས་པ་རྣམས་སུ་ཕེབས་པ་ན་གང་གི་སྐྱན་པས་ཡིད་འཕྲོག་པས་ཧང་གིན་གྱི་མི་སྣ་ཆེད་མངགས་འབྱོར་པའི་ཞབས་ཕྱི་དང་བཅས་ནས་བྱོན་པར་རིམ་གྱིས་ཨོ་ཡོམ་བན་ཚས་དམ་དུ་པའི་སིས་གྲུར་སོགས་ཀྱི་གྲུ་བསྒྲིགས་རྒྱ་ཆེན་པོའི་སྒོ་ནས་གསོལ་བ་བཏབ་པ་ལྟར་ཕེབས་ནས་བཞུགས་ཞག་གཉིས་གསུམ་མཛད་རིང་བསྟན་མ་དང་དམ་ཅན་གྱི་གསོལ་ཁ་གནང་སྦྱིན་གྱི་ཐོག་ཡུལ་གྲུ་དེ་དག་གི་བསྟན་འགྲོའི་བདེ་སྐྱིད་སྤེལ་བའི་འཕྲིན་ལས་བརྩོལ་མཛད། གཞན་ཡང་ཕྱོགས་དེར་ལྷ་ཁང་རྟེན་གསུམ་དང་། བོད་ཀྱི་ཞིང་བཀོད་སོགས་ཀྱི་སྐྲ་ཐང་ངོ་མཚར་ཅན་ཡོད་རིགས་རྣམས་ལ་གནས་གཟིགས་མཆོད་འབུལ་དང་། པའི་སིས་གཙོས་པའི་སྐལ་ལྡན་གྱི་འགྲོ་བ་རྣམས་ལ་རྗེས་གནང་ལུང་སོགས་ཆོས་བཀའ་ཡང་རྒྱ་ཆེར་སྩལ་ཞིང་། དཔོན་འབངས་ཚང་མས་ཀྱང་དད་འདུན་རྩེ་གཅིག་པས་ཅི་འབྱོར་གྱི་མཆོད་པ་དང་བཅས་དགྱེས་དགུ་ཡོངས་སུ་སྐྲུབ་པར་གྱུར་ལ། སླར་དེ་ནས་ཕེབས་སྐབས་ཀྱང་དཔོན་འཁོར་རྣམས་ཀྱིས་ཐག་རིང་པོར་སྐྱེལ་ཐུང་སོགས་བཀུར་བསྟི་གུས་ཞབས་བླ་ལྷག་ཏུ་ཞུས་ཤིང་། དེ་ནས་རིམ་གྱིས་ཨོ་ཧོང་བུ་ཧོར་དུ་བྱོན་པར་ས་ཕྱོགས་འདིར་སྔར་ཇིང་གེར་གནམ་གྱི་རྒྱལ་པོས་རྫུ་འཕྲུལ་གྱིས་བཟོས་པའི་ཁྲིན་པ་བརྒྱ་ཡོད་པར་གྲགས་པ་ནས་སྐབས་ཐོབ་གཟིགས་རྟོག་ཏུ་ཚུད་པ་བཞི་བཅུ་ཞེ་ལྔ་ཡོད་འདུག་པ་དེ་དག་གི་གཏིང་རིང་བ་རྣམས་ལ་ཟབས་སུ་འདོམ་བརྒྱ་ཡོད་པ་དང་། བརྒྱད་ཅུ་ཡོད་པ་སོགས་ནས། ཐུང་བ་རྣམས་ལ་འདོམ་ལྔ་དྲུག་ཡོད་

པའི་བར་དང་། དེ་དག་གི་གཡས་གཡོན་སོགས་ཀྱང་བྲག་ཆ་སྟག་ཏུ་ཡོད་པ་ཕལ་དང་ཕལ་གྱིས་བསམ་པར་མི་ནུས་པའི་ཡ་མཚན་ཅན་དུ་མ་ཡོད་པ་རྣམས་ཀྱི་གཟིགས་མོའང་ཉམས་སུ་མྱོང་བར་མཛད། དེ་ནས་ཞག་འགའ་ཞིག་ཕྱིན་པ་ན་ཨ་ལ་ཤ་ཕང་གི་མི་སྣ་འགྲོར་ཞིང་། དེ་ནས་ཀྱང་ཞག་ཁ་ཡར་ཕྱིན་པ་ན་ཕང་གི་ཡ་མོན་དང་ཉེ་བའི་སར་ཕེབས་པའི་ཚེ་ཕང་གི་ཞབས་ཕྱི་ཨེ་ཕུ་ཨ་གི་སོགས་བྱུང་། དེ་སྐབས་ཕང་ངོ་མ་བློ་བཟང་རྡོ་རྗེ་ཟེར་བ་དམག་ཇོག་ཅིག་ལ་སོང་བས་མ་བསྟད་ཀྱང་བཙུན་མོ་དང་ཞབས་ཕྱི་རྣམས་ནས་བཀུར་བསྟི་དང་། གཞན་ཡང་དེ་ཕྱོགས་ཀྱི་གྲུང་སོགས་དང་། གྱེར་ག་ཧ་ཕང་གི་བུ་སོགས་མི་དྲག་མང་པོས་ཞབས་ནས་བཏེགས་ཏེ་གུས་འདུད་ཀྱིས་བསྙེན་ཅིང་བཀུར་བ་དང་བཟང་ཟིང་གི་འབུལ་སྐྱེས་གྱ་ནོམ་པ་དང་བཅས་ནས་ཆོས་ཆར་འབེབས་པར་གསོལ་བ་འདེབས་པ་བཞིན་གདུལ་བྱའི་དོན་དུ་འགྱུར་བར་དགོངས་ནས་སྐུ་ངལ་ལ་མ་འཛེམས་པར་རེ་བ་ཡོངས་སུ་སྐོང་བར་མཛད། དེ་ནས་ཀྱང་གདུལ་བྱ་མང་པོའི་དོན་མཛད་བཞིན་པར་ཞག་བཅུ་གཉིས་ཙམ་ཕྱིན་པའི་ས་ནས་ཨ་ལ་ཤ་ཕང་གི་མི་སྣ་རྣམས་ལ་གནང་སྦྱིན་བཟང་པོ་དང་བཅས་ཏེ་ཕྱིར་སློག་མཛད་ཅིང་། སྟོན་འཁོར་རྣམས་རིམ་གྱིས་ཕྱིན་པར་དེ་ནས་ཞག་དགུ་ཙམ་གྱི་སའི་ཆར་དམར་ཚབ་རིན་ཆེན་སྤུངས་པ་ཞེས་པར་ཕེབས་སྐབས་དེར་བླ་ཆེན་དགོངས་པ་རབ་གསལ་གྱི་དམར་གདུང་ཕྱིན་རླབས་ཅན་བཞུགས་པར་གྲགས་པ་མཇལ་བར་ཕྱིན་ནས་མཆོད་པ་རྒྱ་ཆེན་པོ་འབུལ་གནང་གི་ཐོག་དོན་གཉིས་འགྲུབ་པའི་ཐུགས་སྨོན་གྱི་མཚམས་སྦྱོར་རྣམ་པར་དག་པ་མཛད། །

དེ་ནས་རིམ་གྱིས་ཟི་ལིང་མཁར་ནང་དུ་ཕེབས་ནས་བཞུགས་ཞག་མཛད་པར་སེར་སྐྱ་དཔག་ཏུ་མེད་པ་ནས་མཇལ་ཁ་དང་། ཨམ་བན་ནས་ཀྱང་རྒྱུགས་

པ་དང་དྲེགས་པ་བཏང་ནས་སྐུའི་གམ་དུ་བཅར་ཏེ་མཇལ་དར་དང་སྣུན་འབྲི་སོགས་ཕུལ་ཞིང་། དེའི་སང་ཉིན་ཕེབས་ཞོར་ཨམ་བན་གྱི་སར་ཕྱིན་ནས་གནང་སྐྱེས་དང་གསུང་མོལ་སོགས་ཀྱིས་ཡིད་མགུ་བར་མཛད། དེ་ནས་སྐུ་འབུམ་དུ་འབྱོན་དུ་ཉེ་བ་ན་དགོན་དང་ཧ་ཙང་མི་རིང་བའི་ཐབ་བསྡུའི་སར་ལས་སྡེ་དབུ་ཆོས་ཆེ་བགྲེས་དང་། དད་ལྡན་སྦྱིན་བདག་རྣམས་ཀྱིས་ཆིབས་བསུ་དང་བཅས་ནས་གདན་དྲངས་ཏེ་ལོ་འདི་ཟླ་བཞོལ་ཡོད་པའི་ཏོར་ཟླ་ལྔ་པ་ཕྱི་མའི་ཚེས་བཅུ་དྲུག་གི་ཉིན་སྐུ་འབུམ་བྱམས་པ་གླིང་གི་སྤྱི་སོར་ཞབས་མཐིལ་བཀྲ་ཤིས་ཀྱི་རེ་ཁས་མཚན་པ་རྣམ་པར་བཀོད་པར་གྱུར་ཏོ། །

འདིར་སྨྲས་པ། དཔག་མེད་བསྐལ་མང་མང་པོར་ལེགས་བྱས་སྟུལ། །དཔག་མེད་བསགས་གང་གང་ཞིག་ཉེར་སྨིན་མཐུས། །དཔག་མེད་འགྲོ་ཀུན་ཀུན་མཁྱེན་ལ་འགོད་པའི། །དཔག་མེད་ཕྱིན་རླབས་རླབས་ཆེན་ཁྱོད་ལ་མངའ། །མགོན་ཁྱོད་གཤེགས་དང་བཞུགས་པ་གང་དུ་ཡང་། །ཡང་དག་ལམ་ལས་འདའ་བའི་སྐབས་མེད་ན། །ན་ཆ་སྐྱེ་འཆིས་འཇིགས་པའི་འཁོར་བ་དེ། །དེ་མ་ཐག་ཏུ་སྟོངས་པར་ཅིས་མི་འགྱུར། །ཆེན་པོ་ཏོར་གྱི་ཡུལ་ལྗོངས་ནོར་བུའི་གླིང་། །གླིང་བཞིའི་ཡོན་ཏན་གཅིག་ཏུ་སྤུངས་འདྲའི་ཚོགས། །ཚོགས་གཉིས་ལམ་གྱི་སྣང་བས་འགེངས་པའི་དཔལ། །དཔལ་ལྡན་སྲིད་པ་གསུམ་གྱི་ཁོང་ན་ཏོད། །སྐྱེས་བུ་གསུམ་གྱི་ལམ་གྱི་ཐེམ་སྐས་ལ། །སྐྱེ་འགྲོ་མ་ལུས་འགོད་པའི་ཐབས་མཁས་ཅན། །སྐྱེས་བུ་ཀུན་གྱི་ཁྱུ་མཆོག་ཁྱོད་འདྲ་ཞེས། །སྐྱེས་ཆེན་ཀུན་གྱིས་བསྔགས་པའི་མེ་ཏོག་འཐོར། །རྒྱ་ཆེན་རྒྱུན་ཆད་མེད་པའི་འཕྲིན་ལས་ནི། །རྒྱ་ཆེན་གདུལ་བྱའི་རྒྱུད་ལ་འཇུག་པའི་སྣད། །རྒྱ་ཆེན་ཆོས་ཀྱི་སྒོ་འཕར་ཡོངས་ཕྱེ་བས། །རྒྱ་ཆེན་བྱང་ཕྱོགས་ནོར་འཛིན་མཛེས་པར་བྱས། །ཁྱོད་ཀྱི་

གསང་གསུམ་དཀྱིལ་འཁོར་ཉིན་བྱེད་འབུམ། །འབུམ་ཕྲག་མཛད་པའི་འོད་སྟོང་འཕྲོ་བའི་ཚེ། །ཚེ་རབས་མང་པོར་བསགས་པའི་སྒྲིབ་གཉིས་དྲི། །དྲི་མ་ས་བོན་དང་བཅས་དྭུང་ནས་འཕྲིན། །ཨེ་མ་ཡོན་ཏན་ཕུང་པོ་ཕྱིད་འདྲ་བ། །ཨེ་མ་ཆེན་པོའི་ཡུལ་གྲུ་འདིར་བྱོན་པ། །ཨེ་མ་སྐལ་བཟང་ལས་ཀྱང་སྐལ་བཟང་ཞེས། །ཨེ་མ་མཆོག་དམན་ཀུན་གྱིས་དུས་གཅིག་སྒྲོག །ཅེས་པ་ནི་བར་སྐབས་ཀྱི་ཚིགས་སུ་བཅད་པའོ། །

དེ་ལྟར་སྐུ་འབུམ་དུ་ཕེབས་གྲུབ་ཕྲལ་སྐུ་འབུམ་ཁྲི་པས་གཙོ་མཛད་པའི་ལས་སྣེ། བླ་སྤྲུལ་ཆེ་ཆུང་། གྲྭ་དམངས་སྤྱིན་བདག་སོགས་ནས་མཇལ་ཞུའི་ཐོག་ཞག་འགའ་སྐུ་ངལ་གསོ་བ་དང་ཆབས་ཅིག་པར་བཞུགས་དགོས་གསོལ་བ་བཏབ་པ་ལྟར་ཞག་གསུམ་བཞུགས་པར་ཞལ་གྱིས་བཞེས་ནས། ཆོས་བཅུ་བདུན་གྱི་སྟ་ཆར་གསེར་གདུང་རིན་པོ་ཆེ་དང་། ༄ཐམས་ཅད་མཁྱེན་པ་བསོད་ནམས་རྒྱ་མཚོའི་དངུལ་གདུང་སོགས་རྟེན་གསུམ་མཐོང་ཆེ་བ་ཀུན་ལ་མཆོད་པའི་བྱེ་བྲག་བཟང་ཞིང་ཚར་དུ་དངར་བ་དུ་མ་འཕྲེང་བར་བསྒྲིགས་པས་མདུན་བདར་བའི་ཐོག་མཆོད་འབུལ་གྱི་གསུང་ཚིག་རྒྱས་པ་དང་། ཐུགས་སྨོན་གྱི་མཚམས་སྦྱོར་སོགས་གནང་སྟེན་དུ་མཛད། གཞན་ཡང་འདུ་ཁང་གི་ཡང་ཐོག་སོགས་ཀྱི་རྟེན་ངོ་མཚར་ཅན་ཕལ་ཆེ་བར་མཆོད་སྨོན་དང་། ཕྱི་དྲོ་སྣར་ཡང་དངུལ་གདུང་རིན་པོ་ཆེར་ཁྲུས་གསོལ། མཆོད་འབུལ། རབ་གནས་སོགས་གནང་ཞིང་། ཆོས་བཅོ་བརྒྱད་ཀྱི་སྟ་ཆར་སྐུ་འབུམ་གྲྭ་ཚང་གི་ཚོགས་དབུས་སུ་འབྱོན་དགོས་ཞུས་པ་ལྟར་ཕེབས་ནས་འདུས་པ་རྣམས་ལ་དམ་པའི་ཆོས་ཀྱི་སྦྱིན་པ་དང་། མང་འགྱེད་སོགས་ཀྱི་བསྙེན་བཀུར་ཡང་གྱ་ནོམ་པར་སྩལ། དེ་ནས་༄འཇམ་དབྱངས་བཞད་པ། བྱམས་པ་ཞབས་དྲུང་། ཨ་ཀྱ་ཞབས་དྲུང་སོགས་ཀྱི་

ལྷ་ཐང་དུ་ཕྱིན་ནས་ཕན་ཚུན་བཀུར་བསྟི་དང་གུས་འདུད་ཞུ་རེས་སུ་མཛད། སྐར་བཞུགས་འཆར་དུ་ཕྱིན་པར་སྐུ་འབུམ་ཕྱི་སོ་ནས་སྟོན་འཁོར་ཀུན་ལ་གསོལ་སྟོན་དཀར་སྤྲོ་དངོས་འབུལ་སོགས་གཟབ་རྒྱས་སུ་བསྐུར་བ་རྣམས་བདག་གིར་དུ་མཛད་ནས་སོ་སོར་གང་ལ་གང་འོས་པའི་གནང་སྦྱིན་བཀའ་སློབ་སོགས་ཚད་མེད་དུ་སྩལ་བས་དགའ་བདེ་ལ་སྤྱོར་བར་མཛད། དེའི་ཕྱི་དྲོ་ཞབས་བརྟན་ལྷ་ཁང་དང་། གནས་བཅུ་ལྷ་ཁང་རྣམས་སུ་གནས་གཟིགས་མཆོད་འབུལ། རབ་གནས་སོགས་རྒྱས་པར་མཛད་དེ་ཕྱོགས་དེར་འཛམ་མགོན་བླ་མའི་རིང་ལུགས་དང་། དེ་འཛིན་འདུས་སྡེ་སྦྱིན་བདག་དང་བཅས་པ་ཐམས་ཅད་ཀྱི་ལེགས་ཚོགས་ཡར་ཟླ་ལྟར་སྤེལ་བའི་མཛད་བཟང་རླབས་པོ་ཆེ་རྣམས་བསྐྱངས་ཟིན་ནས། ཆོས་བཅུ་དགུའི་ཐུ་ཆར་སྐུ་འབུམ་ནས་ཆིབས་ཀྱི་ཁ་ལོ་བསྒྱུར་བའི་ཚེ་བླ་མ་ལས་སྟེ་ཆེ་བགྲེས་སོགས་ནས་སྤྲལ་བ་ཆུ་མིག་གི་བར་དུ་ཆིབས་སྐྱེལ་ཞུས་ཐོག་རྣམ་ཀུན་རྗེས་འཛིན་གྱི་སྐྱབས་འཇུག་ཞུས་པར་དེ་དག་ལའང་གནང་སྦྱིན་དང་ཆོས་འབྲེལ་གྱི་བཀའ་སློབ་མཐར་ཕྱིན་པ་བདེ་ཆེན་འཁོར་ལོའི་རྒྱུན་དུ་བཀོད་ནས་རིམ་གྱིས་ཕྱིན་ཏེ་ཟི་ལིང་སྟོང་འཁོར་གྱི་ཉེ་འདབས་སུ་དད་ལྡན་ཨུ་ཤི་ལིའུ་ཛ་ཞེས་པའི་ནང་དུ་ཕེབས་ཤིང་། དེར་དད་ལྡན་རྣམས་ཀྱི་འདོད་མོས་ལྟར་ཞག་ལྔའི་བར་དུ་བཞུགས་ཏེ་དེར་འདུས་ཀྱི་སེར་སྐྱ་མཆོག་དམན་བགྲང་བ་ལས་བརྒལ་བ་རྣམས་ལ་མཇལ་ཁ་དང་བཀའ་སློབ་སོགས་རྒྱ་ཆེར་སྩལ་ཏེ་ཐར་པ་དང་ཐམས་ཅད་མཁྱེན་པའི་རིགས་ཅན་ཤ་སྟག་ཏུ་སྨིན་པར་མཛད། དེ་ནས་ཆུ་འགག་གྲྭ་ཚང་ཞེས་པར་ཕྱིན་ནས་མཆོད་མཇལ་དང་འདུས་པ་སེར་སྐྱ་རྣམས་ལ་ཆོས་དང་ཟང་ཟིང་གི་བཀའ་དྲིན་སྩལ་ནས་རིམ་གྱིས་ཁྲིང་གོང་ཞེས་པར་ཕེབས་ཏེ། དེར་བཞུགས་ཞག་བཅག་མལ་བརྒྱད་ཙམ་མཛད་ཐོག་ཉེར་དགུ་དང་བཅོ་

ལྷའི་དུས་གཏོར་སོགས་དང་། མགོན་པོ། དམ་ཅན་བསྟན་མ་བཅས་ཀྱི་བསྐང་གསོལ་འཕར་མ་དང་བཅས་ཁྲོན་ཞག་དྲུག་གི་བར་དུ་བསྐང་གསོ་འཕྲིན་བཅོལ་དང་། བར་བར་དུ་དད་འདུས་ཆེ་ཕྲ་རྣམས་ལ་མཇལ་ཁ་དང་། ལྷག་པའི་ལྷའི་རྗེས་གནང་། སྒྲུབ་ཐབས་ཀྱི་ལུང་སོགས་ཀྱང་སྩལ། ཞག་འགའ་ནས་མཚོ་ཁར་ཐེབས་ཏེ་གཟིགས་མོའི་རིགས་རྣམས་ལ་ཐུགས་ཞིབ་དང་། བཅོ་ལྔའི་དུས་གཏོར་རྒྱས་པར་མཛད། མཚོ་ཁ་ཕྱོགས་ཀྱི་གདུལ་བྱ་རྣམས་སྨིན་གྲོལ་ལ་འགོད་པ་སོགས་ཀྱི་ཕྱིར་དུ་དེ་ཕྱོགས་སུ་ཞག་གསུམ་བཞི་ཙམ་བཞུགས་ཤིང་། ཁུ་ཁུ་ཐོ་ཙོ་གེ་ཞེས་པར་བསང་དང་གསོལ་ཁ་སོགས་ཀྱང་གཟབ་རྒྱས་གནད་སྨིན་དུ་མཛད། དེ་ནས་ཐོན་ཏེ་ཧོ་ཡོར་ཐོ་ཙོ་གེ་ཞེས་པར་བཞུགས་སྐབས་ཁམས་ཕྱོགས་གདན་ས་ནས་བང་ཆེན་ཀུན་དགའ་དང་བསོད་ནམས་ཚེ་བརྟན་ཞེས་པ་རྣམས་འབྱོར་ཞིང་། རིམ་གྱིས་ཀུན་དགའ་དོར་ཞེས་པར་ཐེབས་པའི་ཚེ་གདན་སའི་རྒྱང་བསུ་བ་གཉེར་པ་ངོ་གཡོག་མི་ཁལ་དང་བཅས་པ་རྣམས་དང་མཇལ་བས་དེར་བཞུགས་ཞག་གཉིས་ཙམ་མཛད་ཐོག་གཞིས་བྱེས་འཕྲད་པའི་དགའ་སྟོན་གཟབ་རྒྱས་དང་གསུང་མོལ་སོགས་ཞིབ་ཏུ་མཛད། དེ་ནས་ཟིར་མདོ་ཞེས་པར་ཐེབས་བསྟུན་དེར་ཞག་བདུན་ཙམ་བཅག་མལ་བཞུགས་ཐོག་དུས་གཏོར་དང་དམ་ཅན་གྱི་གསོལ་ཁ། ཕྱོགས་འདུས་ཀྱི་སྐྱེ་བོ་རྣམས་ལ་ཆོས་ཀྱི་བཀའ་དྲིན་སོགས་མཐའ་ཀླས་པར་སྩལ་ནས། སླར་ཡང་ཐེབས་ལམ་རྣམས་སུ་འགྲོ་བའི་དོན་བསྐྱངས་བཞིན་པར་ཐོན་ཏེ་ཞག་ཁ་ཡར་འདས་པ་ན་ཆུ་ལྡེམ་ནང་ཞེས་པར་བཞུགས་སྐབས་༧གཞུང་ས་མཆོག་གི་མཁན་ནང་དང་མཇལ་ཏེ་དེ་དག་ངོ་གཡོག་ནས་མཇལ་ཕྱག་དང་སྐྱབས་འཇུག་ཞུས་ཤིང་། རང་ཡང་གནང་སྦྱིན་དང་ལམ་བར་སོགས་ཀྱིས་མཚོན་པར་འགྲོ་འདུག་དང་ཕྲལ་ཐུགས་གང་ཅིའི་

བྱེད་སྒོའི་བཀའ་སློབ་སྙིང་ལ་སེམ་པར་སྩལ། དེ་ནས་བཟུང་སྟེ་ཧ་ཅང་འགྱངས་གཞིར་མ་གྱུར་པར་ཤད་རྩོལ་ལྟ་བུར་འབྱོན་རྒྱུའི་དགོངས་བཞེད་གཏད་ཅིང་། དེ་ལྟར་དུ་བྱོན་པའི་ལམ་བར་རྣམས་སུ་གདན་ས་ནས་ཡང་བསྐྱར་ཆིབས་བསུ་བ་སྤྲ་ཧྲེང་དུ་མར་ཡོང་བ་རྣམས་ཀྱང་རིམ་པར་འབྱོར་ཞིང་། དེ་རྣམས་དང་ལྷན་ཅིག་ཏུ་ཕེབས་པས་ཟླ་བ་ཕྱེད་གཉིས་མ་སོང་ཙམ་ན་ཡེལ་ཕུག་སོགས་སུ་ཕྱག་ཕེབས་པར་གྱུར་ནས་དེ་དག་ཏུ་གནས་གཟིགས་སོགས་ཀྱང་ཞིབ་རྒྱས་སུ་མཛད། དེ་ནས་ཆོས་རྗེ་དགའ་ལྡན་ཐུབ་བསྟན་གླིང་དང་ཉེ་བར་ཕེབས་པ་ན་དགོན་རྗེའི་ལས་སྣེ་ཆེ་བགྲེས་རྣམས་དང་ཉེ་འཁོར་སྦྱིན་བདག་སོགས་ཀྱིས་གུས་འདུད་ཚད་མེད་པས་ཉེ་བར་སྣངས་ཏ་རྒྱང་རིང་པོ་ནས་ཆིབས་བསུ་དང་ཐབ་བསུ་སོགས་ཀྱིས་སྤྱན་བསུས་བཞིན་པར་ལྷུགས་ཟམ་ཐོན་ནས་ཧོར་ཟླ་བདུན་པའི་ཚེས་ཉེར་གཅིག་གི་ཉིན་དགོན་རྗེ་ཆེན་པོ་དགའ་ལྡན་ཐུབ་བསྟན་གླིང་གི་བླ་བྲང་དུ་ཞབས་པད་བཀོད་པར་གྱུར་ལ། དེར་འདུས་པ་སེར་སྐྱ་མཐའ་དག་གིས་མཇལ་ཕྱུ་དང་བཅས་ནས་བཞུགས་ཞག་མང་ཙམ་དང་འདོད་ཆོས་སོགས་ཀྱང་སྩལ་དགོས་གསོལ་བ་བཏབ་པ་ལྟར་ཞག་ལྔ་བཞུགས་པར་ཞལ་གྱིས་བཞེས་ཤིང་། དེའི་སང་ཉིན་ཆོས་ཉེར་གཉིས་ཀྱི་སྤྱ་ཆར་བསྟན་སྲུང་ཆེན་པོ་བསེ་ཁྲབ་ཅན་གྱི་མགོན་ཁང་དུ་གཟབ་གསོལ་གནང་སྦྱིན་དང་། ཆོས་ཉེར་གསུམ་གྱི་སྤྱ་ཆར་དམ་ཅན་སོགས་ཀྱི་གསོལ་ཁ་དང་། དེ་གྲུབ་བསྟུན་སྟོན་འཁོར་ཚང་མར་བླ་བྲང་ནས་སྟོན་མོ་དང་ལེགས་སྐྱེས་སོགས་རྒྱས་པར་ཕུལ། ཆོས་ཉེར་བཞིའི་ཉིན་འདུ་ཁང་ཆེན་མོར་དགོན་སྡེའི་ཞབས་བརྟན་དང་སྟོན་མོ་རྣམས་ཕུལ་བར་གྲོལ་ཕྲལ་མཚོད་ཁང་ཁག་ལ་མཚོད་འབུལ་གནས་གཟིགས་སོགས་ཞིབ་ལྷིང་དུ་མཛད། ཆོས་ཉེར་ལྔའི་སྤྱ་ཆར་དགོན་རྗེའི་མངའ་ཞབས་སྡེའི་གསོལ་སྟོན་དང་། དེ་རྗེས་

མཐའ་དབུས་ཀྱི་སྐྱེ་འགྲོ་བགྲང་བ་ལས་བརྒལ་བ་རྣམས་ལ་མཇལ་དམངས་སྩལ་བར་དེ་ཐམས་ཅད་ཀྱང་དགའ་སྤྲོ་ཚད་མེད་པ་དང་སྒོ་གསུམ་མོས་འདུན་རྩེ་གཅིག་པའི་སྒོ་ནས་ཞལ་གྱི་དཀྱིལ་འཁོར་ངོམས་མེད་དུ་མཇལ་ཞིང་གསུང་གི་བདུད་རྩི་ཡིད་ལ་སིམ་པར་སྤྱོང་བ་དང་། རང་ལ་ཅི་འགྱུར་བའི་དངོས་པོ་དུ་མ་སྤོས་མེད་དུ་ཕུལ་ནས་བྱང་ཆུབ་བར་དུ་འདོར་མེད་རྗེས་འཛིན་གྱི་སྐྱབས་འཇུག་ཞུ་བ་དང་། ལྷག་པར་སོ་སོའི་ཁ་ཆོད་ལ་དཔགས་ཏེ་རྒྱུན་པར་ལུས་ངག་གི་དགེ་བ་འདི་སྒྲུབ་ཀྱི་དམ་བཅའ་ཁས་ལེན་ཞུ་བ་ཡང་མང་དུ་བྱུང་བ་དེ་ཐམས་ཅད་ལ་ལས་འབྲས་ཀྱི་བསླབ་བྱ་སོགས་བླང་དོར་གྱི་གནས་མཐའ་ཡས་པ་འདོམས་པས་བསམ་པ་དགེ་བ་ལ་གཅིག་ཏུ་གཞོལ་བར་མཛད། སླར་ཡང་སྐྱེ་བོ་ཕོ་མོའི་ཁྲོམ་ཆེན་པོ་གྲངས་ཁྲི་ཕྲག་བརྒལ་བ་རྣམས་ལ་ཐུགས་བརྩེ་བ་ཆེན་པོས་ཀུན་ནས་བསླངས་ཏེ་འཕགས་མཆོག་སྙིང་རྗེའི་གཏེར་ཆེན་ཐུགས་རྗེ་ཆེན་པོ་ཕྱག་བཞི་པ་གཙོ་འཁོར་གསུམ་གྱི་རྗེས་གནང་དང་བཟླས་ལུང་ཕན་ཡོན་དང་བཅས་པ་རྒྱས་པར་སྩལ། དེ་བཞིན་དུ་དགེ་འདུན་པ་རྣམས་ལ་ཐོས་བསམ་སྒོམ་གསུམ་གྱི་ཤེས་རབ་ཡར་ལྡན་དུ་འགྱུར་བའི་རྟེན་འབྲེལ་དང་དགོས་པ་ཁྱད་པར་ཅན་ལ་དགོངས་ནས་འདུ་ཁང་ཆེན་མོར་རྒྱལ་ཀུན་མཁྱེན་པའི་རང་གཟུགས་རྗེ་བཙུན་བརྟན་པའི་འཁོར་ལོའི་རྗེས་གནང་དང་སྒྲུབ་ཐབས་ཀྱི་ཁྲིད་ལུང་ཞིབ་རྒྱས་སུ་སྩལ་བ་སོགས་མདོར་ན་གདུལ་བྱ་དེ་ཐམས་ཅད་ལ་གནས་སྐབས་དང་མཐར་ཐུག་གི་ཕན་བདེ་རླབས་པོ་ཆེ་སྤེལ་བར་མཛད་ཟིན་ནས། ཆོས་ཉེར་དྲུག་གི་ཉིན་ཆིབས་བསྐྱོད་མཛད་པར་དགོན་པའི་ཆེ་བགྲེས་སོགས་ཀྱིས་ཚལ་མ་ཅམ་གྱི་བར་སྐྱེལ་མ་ཞུས་ཤིང་། དེ་ནས་དེ་ལ་ཐང་དང་ར་ཚ་གྲོང་སོགས་སུ་རིམ་པར་ཕེབས་སྐབས་རེ་བོ་ཆེ་པའི་ཕྱག་མཛོད་སོགས་མི་དྲག་སེར་སྐྱ་མང་པོས་མཇལ་ཞུ

དང་། དད་ལྡན་མང་པོས་འདོད་ཆོས་ཅི་རིགས་པར་ཞུས་པ་རྣམས་ཀྱི་རེ་བ་ཡིད་བཞིན་དུ་བསྐངས་ནས་རིམ་གྱིས་དགེ་ཁྲི་གདོང་ཞེས་པར་ཕྱིན་པའི་ཚེ་ཡང་བསྐྱུར་དཔའ་ཨོད་གདན་ས་ཕྱོགས་ནས་ཆིབས་བསུ་བ་མང་ཙམ་དང་། དེའི་སང་ཉིན་མི་རྗེ་ཛ་སག་བླ་མ་དང་རྗེ་ཉིད་ཀྱི་ཡུམ་བཅས་དཔོན་གཡོག་ཉི་ཤུ་སྐོར་ཆིབས་བསུར་འབྱོར་ཞིང་། ལམ་ཞོར་དུ་དབང་སྣ་འབེན་དེལ་དུར་གར་སྤྲུལ་སྐུས་གདན་ཞུས་ལྟར་ཕེབས་ཏེ་དབང་ཆོས་སྩལ། དེ་ནས་ཞག་གཉིས་ཙམ་ནས་རོ་ཁྲུ་ལ་རྫར་ཕེབས་སྐབས་དགོན་ཁག་རྣམས་ཀྱི་ལས་སྡེ་བླ་སྤྲུལ་ཆེ་ཆུང་སོགས་དང་། གྲོང་ཁག་སོ་སོའི་བཙུ་དཔོན་སོགས་སེར་སྐྱ་དུ་མ་གཟབ་མཚོར་དང་བཅས་ཏེ་ཆིབས་བསུར་བཅར་བར་དེ་རྣམས་དང་ལྷན་ཅིག་ཏུ་ཕྱིན་ནས་དེ་ནུབ་བསགས་སྡོན་འགྲམ་དུ་བཞུགས་ཞག་ཐོག །དེའི་སང་ཉིན་ཧོར་ཟླ་བརྒྱད་པའི་ཆོས་ལྷ་གཟའ་སྐར་འཕྲོད་སྦྱོར་ཕུན་སུམ་ཚོགས་པའི་ཕྱི་དྲོའི་ཆ་ལ་ཆིབས་བསུ་བ་རྒྱ་སྐར་ཐང་ལ་འཕོས་པ་ལྷ་བུ་རྣམས་ཀྱིས་སྣ་དྲངས། དགེ་འདུན་དམངས་ནས་བཀྲ་ཤིས་པའི་རྫས་རྟགས་བརྒྱད་དང་། ཇ་སིལ་དུང་སོགས་མཆོད་པའི་བྱེ་བྲག་མཐའ་ཡས་པ་འཕྲེང་བར་བསྒྲིགས་པས་འཁོར་ཡུག་ཏུ་བསྐོར། སྐྱེ་བོ་ཕོ་མོའི་ཚོགས་རྣམས་ཀྱང་ཡུན་རིང་པོར་མ་མཇལ་བ་ལས་སླར་ཡང་གསར་དུ་མཇལ་བས་དགའ་སྤྲོ་ཚད་མེད་པ་དང་བཅས་ཏེ་གང་གི་ཞལ་གྱི་དཀྱིལ་འཁོར་མཇལ་ཞིང་གསོལ་འདེབས་ཀྱི་སྒྲ་དབྱངས་སྒྲོག་བཞིན་པར་ཕྱོགས་དང་ཕྱོགས་མཚམས་སུ་འཁོད། དྲི་ཞིམ་པོའི་སྤོས་དང་བསངས་ཀྱི་དུད་སྤྲིན་ནི་ཉི་ཟླའི་འོད་ཀྱང་མོག་པོར་བགྱིད་ནུས་པ་ཙམ་གྱིས་སྤྱན་བསུས་ཏེ་ཕོ་བྲང་ཆེན་པོ་དཔའ་ཨོད་དགའ་ལྡན་རྣམ་པར་རྒྱལ་བའི་སྙིང་དུ་གཟུགས་སྐུའི་དཀྱིལ་འཁོར་ཉིན་བྱེད་དབང་པོ་ལྟར་ལྷམ་མེ་ལྷན་ནེ་ལྷང་ངེར་གསལ་བཞིན་པར་ཞབས་ཟུང་དག་པ་

གཉིས་ལྡན་གྱི་འཁོར་ལོ་ལྷུན་ཆགས་པར་བཀོད་པར་གྱུར་ཏོ། །

གང་གང་གདུལ་བྱའི་ཁམས་དང་བསམ་པ་ད་དེར་འཚམས་པའི་མཛད་པའི་ངོ་མཚར་དྭངས་ཤེལ་ངོས་སུ་གཟུགས་བརྙན་བཞིན། །གང་གང་དམ་ཆོས་ཟླ་འོད་བདུད་རྩི་ཡང་ཡང་འཐུང་འདོད་ཤུགས་ཀྱིས་དྲངས་པ་གོ་ལའི་འགྲོས་ཀྱིས་ཉི་མ་བཞིན། །གང་གང་ཤུལ་རིང་ལམ་ནས་ཕྱིན་པའི་ངལ་ངལ་ཁུར་གྱིས་དུབ་པ་མེད་པ་ནོར་བུ་འཛིན་མའི་ངང་ཚུལ་བཞིན། །གང་གང་ཆོས་ཀྱི་ཕོ་བྲང་ཆེན་པོར་མཛེས་མཛེས་གཟུགས་སྐུ་རྣམ་པར་འཕོས་པ་རྒྱུ་སྐར་དབུས་ཀྱི་སྟོན་ཟླ་བཞིན། །ཇི་ལྟར་ཤར་གྱི་ཐིག་ལེ་རྒྱུ་བའི་ཚེ། །གླིང་བཞིའི་ཁྱོན་ཡང་གསལ་བར་བྱས་པ་ལྟར། །མགོན་ཁྱོད་གཤེགས་དང་བཞུད་པ་ཐམས་ཅད་དུའང་། །འགྲོ་རྒྱུད་མུན་པ་འཕྲོག་པར་བྱེད་ལ་བརྟེན། །ཨེ་མ་ཐུགས་བསྐྱེད་རྟ་ལྗང་རླུང་ཤུགས་ཀྱིས། །ལེགས་པར་དྲངས་པའི་གཟུགས་སྐུ་སྲིད་པའི་མིག །འཕྲིན་ལས་གཟི་བརྒྱས་མཁའ་ལ་བསྐོར་བཞིན་པར། །རྣམ་པར་རྒྱལ་བའི་གླིང་དུ་ལྷམ་མེར་ཕྱིན། །འདབ་བཟང་དབང་པོའང་ནམ་ཞིག་ངལ་འགྱུར་བའི། །བསྒྲོད་དཀའི་ལམ་རིང་ཅིག་ཙར་བཅད་ནས་སུ། །འདོད་པའི་གནས་སུ་ཕྱིན་འདི་བསྟན་དང་འགྲོ། །འབའ་ཞིག་སྙིང་ལ་བརྟག་པའི་འབྲས་རྟགས་ཡིན། །དེ་ཚེ་གང་གི་གསང་གསུམ་བདུད་རྩིའི་ཐིགས། །འཐུང་ལ་རིངས་པར་གྱུར་པའི་ཐར་འདོད་ཀྱི། །ཀུ་མུ་ཏ་རྣམས་དགའ་བའི་འདབ་མ་བརྒྱ། །གྲོལ་དང་ལྡན་ཅིག་དད་པའི་གེ་སར་གཡོ། །རྒྱུན་རིང་དབང་ཕྱུགས་བདེ་འབྱུང་རལ་གླིང་དུ། །འཁྱིངས་པའི་རྒྱལ་སྲས་གཞུ་གཞོན་ནུ་ཁྱོད། །ནམ་ཞིག་མདོ་ཁམས་རྒྱ་མཚོར་འབེབས་པའི་ཚེ། །དད་ལྡན་ཚོགས་ཀྱིས་སྙིམ་པ་དུས་གཅིག་བརྐྱངས། །གང་ཚེ་གཟིངས་ལས་འཕུར་བའི་འདབ་ཆགས་བཞིན། །བསྐོར་ནས་སླར་ཡང་དུས་

སུ་ཕྱིན་པ་འདི། །རྒྱལ་བའི་མཛད་འཕྲིན་རྒྱ་མཚོའི་རླབས་བཞིན་དུ། །དུས་ལས་ཡོལ་བ་མེད་ཅེས་མཚོན་པའི་བརྗོད། །ཞེས་པ་ནི་བར་གྱི་ངལ་བསོའི་ཚིགས་སུ་བཅད་པའོ། །

དེ་ལྟར་གོང་མའི་གདན་ས་ཆེན་པོར་ཞབས་པད་བཀོད་ཟིན་མ་ཐག་པ་ཉིད་ནས་བཟུང་ཉིན་མང་པོའི་བར་དུ་དགོན་པའི་འདུས་སྡེ་རྣམས་ཀྱིས་གཙོ་མཛད་པའི་སྐྱེ་བོ་མཆོག་དམན་འབྲིང་གསུམ་མཐའ་དག་གིས་མཇལ་ཞུ་ཟམ་མི་ཆད་དུ་བཅར་བ་དེ་ཐམས་ཅད་ལ་ཡང་སྐུ་ངལ་དང་ཐུགས་བསུན་སྣང་སོགས་གཏན་ནས་མི་མཛད་པར་ཇི་ལྟར་འདོད་པ་ལྟར་དུ་སྩལ་ཞིང་། ལྷག་པར་དཔའ་ཤོད་བླ་བྲང་གཙོ་བོར་གྱུར་པའི་མངའ་ཞབས་ཀྱི་དགོན་ཁག་དང་། འཁོར་ལྡན་མི་དྲག་སོགས་དང་། གཞན་ཡང་དད་པ་དང་གཏོང་བའི་ནོར་གྱིས་ཕྱུག་པ་དུ་མ་ནས་རྗེ་ཉིད་སྤྲ་སོར་སྐུན་ཕྲ་མོའི་དུས་ནས་ཤར་ཕྱོགས་ཀྱི་ལྗོངས་སུ་ཆིབས་བསྒྱོད་ནས་རྒྱུན་རིང་དུ་སོང་བ་དང་། དེ་རྣམས་སུ་བཞུགས་རིང་ལ་ཡང་སྐུ་སྐྱོན་པ་དང་བགྲེས་རྒུད་མེད་པར་གཞན་དོན་འཕྲིན་ལས་ཀྱི་འཇུག་པས་དུས་འདའ་ཞིང་། ༧གོང་མས་ཀྱང་གཟིགས་པ་བླ་ལྷག་ཏུ་བསྐྱངས་པ་དང་། དེ་ནས་ཀྱང་སྲིད་པའི་ཕུན་ཚོགས་ལ་མ་གཟིགས་པར་སྤར་ནས་ཐུགས་ལ་དགོངས་པ་བཞིན་རྒྱལ་བའི་བསྟན་ལ་ཐོས་བསམ་སྒོམ་གསུམ་དང་གདུལ་བྱ་རྣམས་ཡལ་བར་མི་འདོར་བར་དབང་ཕྱོགས་ནས་ཆིབས་ཞལ་བསྒྱུར་ཐུབ་པ་ཙམ་དུ་མ་ཟད་ལམ་བར་ས་ཐག་རིང་ཞིང་བགྲོད་པར་དཀའ་བ་རྣམས་སུ་ཡང་སྟོན་འཁོར་ཚང་མར་ཉེས་སྐྱོན་གྱི་དྲིས་མ་གོས་པར་བཅོ་ལྔའི་ཟླ་བ་ཉ་བ་བཞིན་དུ་གདན་ས་ཆེན་པོར་ཞབས་སེན་བཀོད་ནས་བདག་སོགས་མཆོག་དམན་ཀུན་གྱི་མངོན་སུམ་དུ་མཇལ་བའི་སྐལ་བཟང་འདི་ལྟ་བུ་སྒྲོང་དུ་ཡོད་པ་ནི་ངོ་མཚར་

དང་བཀའ་དྲིན་ཐམས་ཅད་ཀྱི་རབ་དང་ཕུལ་དང་རྩེ་མོར་གྱུར་པའོ་ཞེས་མགྲིན་གཅིག་ཏུ་སྙིང་ནས། དེའི་ཕྱིར་སྟོན་བྱུང་ལེགས་སྐྱེས་ཀྱི་རྟེན་འབྲེལ་དང་། ད་དུང་ཡང་བསྟན་འགྲོ་སྤྱི་སྒེར་ཡོངས་ཀྱི་དཔལ་དུ་ཞབས་ཟུང་བརྟན་ཅིང་མཛད་འཕྲིན་སྲིད་མཐར་རྒྱས་པར་གསོལ་བ་འདེབས་པ་སོགས་ཀྱི་སྐད་དུ་ཡོང་སྨོས་རྒྱུ་སྦྱོར་སོ་སོ་ནས་གསོལ་སྟོན། དཀར་སྤྲོ། དངོས་འབུལ་གྱི་མཆོད་ཕྲིན། ཞབས་བརྟན་སོགས་བཟང་ཞིང་རྒྱ་ཆེ་བ་ལེགས་ཚོགས་ཀྱི་སྒོ་བརྒྱ་དུས་གཅིག་ཏུ་འབྱེད་པའི་དགའ་སྟོན་རྟེན་འབྲེལ་གྱི་རིམ་པ་ཉིན་མང་པོའི་བར་དུ་འཁོར་མོ་ཡུག་ཏུ་བྱས་ཤིང་། མགོན་པོ་ཉིད་ནས་ཀྱང་དབང་ཕྱོགས་ནས་ཕྱིན་པའི་སྐྱ་སྐྱེས་ཀྱི་ཚུལ་དུ་དགོན་སྡེ་ཁག་ལ་མང་འགྱེད་དང་། ཛ་སག་བླ་མ་གཙོར་གྱུར་གྱི་སྐྱ་འཁོར་གཞིས་བཞུགས་རྣམས་དང་། ཆབ་འབངས་ཀྱི་སེར་སྐྱ་མཆོག་དམན། གཞན་ཡང་སྦྱིན་བདག་སོགས་དད་འདུས་ཀྱི་སྐྱེ་བོ་ཀུན་ལ་ཅོནའི་ཡུལ་དང་སོག་ཡུལ་སོགས་ནས་འོངས་པའི་མཁོ་རྒྱུའི་དངོས་པོ་བཟང་ཞིང་ཁྱད་དུ་མཚར་བ་སོགས་པ་སོ་སོར་འོས་པའི་གནང་སྐྱེས་གྱ་ནོམ་པར་སྩལ་བས་ཡིད་ཀྱི་བྱུང་བ་དགའ་བའི་ཟིལ་མངར་གྱིས་ཡོངས་སུ་ཚིམ་པར་མཛད་དོ། །དེ་ལྟར་གཞིས་བྱེས་འཕྲད་པའི་མཛད་སྒོའི་རིམ་པ་རྣམས་ལེགས་པར་གྲུབ་ཟིན་ནས་གྲྭ་ཚང་སོགས་ལ་མདོ་སྔགས་ཀྱི་ཆོས་ཀྱི་འཁོར་ལོ་རྒྱ་ཆེར་དུ་བསྐོར་ཏེ་གདུལ་བྱ་རྣམས་དབང་པོ་རྣོ་རྟུལ་གྱི་རིམ་པ་ལྟར་སྨིན་པ་དང་གྲོལ་བ་དང་མཆོག་དང་རབ་ཀྱི་མཐར་སོན་པའི་བར་དུ་འགོད་པར་མཛད་ནས་མི་རིང་བར་དགུན་དུས་སུ་བཅད་རྒྱ་དམ་པོར་བཞུགས་ཏེ་ལམ་བསྐྱེད་རྫོགས་ཀྱི་ཐུགས་དམ་ཉམས་བཞེས་ལ་བརྩོན་པ་ལྷུར་བཞེས་ཆུ་བོའི་རྒྱུན་གྱི་རྣལ་འབྱོར་གྱི་ངང་དུ་ཟླ་ཤས་བཞུགས་ཤིང་། དེ་ལས་བཞེངས་བསྐྱུན་ལོ་མཇུག་གི་དུས་གཏོར་སོགས་ཀྱང་རྒྱས་ཤིང་

གནད་སློན་ཏུ་གསུངས་པ་སོགས་རང་གཞན་ཀུན་ལ་གཏན་བདེའི་ལེགས་ཚོགས་སྤེལ་བའི་འཕྲིན་ལས་ཀྱིས་འདའ་བཞིན་པར་ཆུ་སྟག་གནམ་ལོ་མ་ཆོས་ཀྱི་བར་དུ་བཞུགས་སོ། །

སྐབས་འདིར་གླེང་བར་བྱ་བའི་སྒོ་འདི་ཡོད་དེ། དེ་ལ་རྗེ་བླ་མ་འདི་ཉིད་སྔར་གཞོན་ནུའི་དུས་ནས་དབང་ཕྱོགས་སུ་ཕྱིན་པ་དང་། དེ་ནས་སླར་ཡང་རང་ཡུལ་དང་བོད་དུ་ཕྱིན་པ་སོགས་ཐག་རིང་པོའི་ལམ་དུ་ངལ་བ་ཁྱད་བསད་ཀྱིས་ཕེབས་པ་འདི་རྣམས་བདག་ཉིད་ཆེན་པོའི་མཛད་པ་ཡིན་པས་བསྟན་པ་དང་འགྲོ་བ་ལ་ཕན་པར་འགྱུར་བ་ཤ་སྟག་ཡིན་པ་ནི་གོར་མ་ཆག་མོད། འོན་ཀྱང་ཁྱོད་ཀྱིས་གོང་དུ་རྗེ་འདིའི་མཛད་པ་རྣམས་རྫོམ་གྱི་རིམ་པ་བཅུ་གཉིས་སུ་བསྡུས་ནས་འཆད་འདུག་པར། དེ་ལྟ་ན་ཚུལ་འདི་རྣམས་བཅུ་གཉིས་པོ་གང་གི་ཁོངས་སུ་འདུ་ཞེ་ན། བརྗོད་པར་བྱ་སྟེ། དེ་ལ་མགོན་པོ་འདིས་སྔ་ཕྱི་དུ་མར་ཕེབས་བཞུད་མཛད་པ་འདི་རྣམས་ཀྱི་བཞེད་བྱའི་གཙོ་བོ་ནི་རང་གཞན་སེམས་ཅན་ཐམས་ཅད་ཀྱིས་ཐར་པ་དང་ཐམས་ཅད་མཁྱེན་པའི་གོ་འཕང་ཐོབ་ཕྱིར་དུ་དམ་པའི་ཆོས་འཚོལ་བ་དང་། རྒྱལ་བའི་བསྟན་ལ་བྱ་བ་མཛད་པ་སོགས་ཀྱི་ཕྱིར་དུ་ཡིན་པ་ནི་གོང་དུ་རྟག་ཏུ་ངུའི་རྣམ་ཐར་དང་མཚུངས་པར་བརྗོད་པ་སོགས་ཀྱིས་གོ་བར་ནུས་པས་མང་དུ་སྨོས་མ་དགོས་ལ། དེར་མ་ཟད་གནས་སྐབས་སུ་ཡང་དེ་དག་གི་དུས་ཀྱི་མཛད་པ་དེ་དང་དེས་གདུལ་བྱ་རྣམས་ལ་ཕན་པ་ལྷག་པོ་ཆེར་འགྱུར་ཚུལ་རྒྱལ་སྲས་ཀྱི་སྤྱོད་པ་ཕར་ཕྱིན་དྲུག་དང་བསྡུ་བའི་དངོས་པོ་བཞི་སོགས་དང་སྦྱར་ནས་བཤད་དུ་ཡོད་མོད་ཀྱང་རེ་རེ་ནས་བརྗོད་ན་ཡི་གེས་འཇིགས་པར་སྣང་བས་འོག་ཏུ་སྐབས་སུ་བབ་པ་སོ་སོའི་ཐད་དུ་རྫོམ་གྱི་ཚུལ་དུ་འགོད་པར་བྱ་བས་དེས་ཀུན་ལ་རིགས་འགྲེས་ཏེ་ཤེས་པར་བྱ་ལ།

བཤད་མ་ཐག་པ་དེ་རྣམས་མཛད་པ་བཅུ་གཉིས་ཀྱི་ནང་ནས་ནི་གཙོ་བོར་དགའ་བ་སྐྱིད་པའི་མཛད་པར་འདུ་བ་ཡིན་ལ། གཞན་ཡང་ཐུགས་བསྐྱེད་བདོ་བའི་མཛད་པ་དང་ཆོས་འཁོར་བསྐོར་བའི་མཛད་པ་སོགས་སུ་ཡང་ཅི་རིགས་པར་འདུ་བ་ཡིན་ཅིང་། དེ་ལ་དགའ་བ་སྐྱིད་པ་ཞེས་པ་དེ་ཡང་རང་ཉིད་ཀྱི་ཚེ་འདིའི་ནོར་ལོངས་སྤྱོད་གཏམ་སྙན་གྲགས་རང་རྒྱལ་གཞན་ཕམ་སོགས་ཀྱི་ཕྱིར་དུ་རྒྱ་ནག་སོགས་ཐག་རིང་པོའི་ལམ་དུ་རང་ཡང་ཚ་གྲང་ངལ་དུབ་བཀྱེས་སྐོམ་སོགས་ཁྱད་དུ་བསད་ནས་ཤ་ཐང་ཐང་དུ་འབད་ཅིང་། ཞར་ལ་སེམས་ཅན་གཞན་མང་པོར་ཡང་དགའ་སྤྱོང་མནར་སྤྱོད་འབའ་ཞིག་སྨྱོང་དུ་འཇུག་པ་སོགས་ནི་ལྟར་སྣང་ཙམ་དུ་དགའ་བ་དང་དུ་ལེན་པ་ལྟར་སྣང་ཡང་འབྲས་བུ་ནི་ཚེ་འདིར་སྡིག་སྡུག་གཏམ་ངན་དང་། ཕྱི་མ་ཡང་རྣམ་སྨིན་ཡིད་དུ་མི་འོང་ཞིང་འཇིགས་སུ་རུང་བ་འབའ་ཞིག་སྨྱོང་བ་ལས་མ་འདས་པས་ཆོས་ཕྱོགས་ནས་གཞལ་ན་དགའ་བ་སྐྱིད་པའི་སྣ་ཙམ་ཡང་མི་འཇུག་ཅིང་བྱ་བ་ངན་ཞན་གྱི་ལེ་ལོ་ཞེས་བྱ་བར་འཇོག་པ་ཡིན་པས། དེ་ལས་བཟློག་སྟེ་ཆོས་ཕྱིར་དུ་དགའ་བ་དང་དུ་ལེན་པ་ཞིག་ལ་དགའ་བ་སྐྱིད་པའི་དོན་དུ་ངོས་འཛིན་དགོས་ཤིང་། དེ་ལའང་འདྲ་མིན་གོལ་ས་མང་དུ་ཡོད་དེ། ཆོས་སུ་སྣོམས་ནས་དབང་ཕྱུག་དང་ཚངས་པ་སོགས་ཀྱིས་བྱས་པའི་གྲུབ་མཐའ་ངན་པའི་བརྟུལ་ཞུགས་ལ་མཆོག་ཏུ་བཟུང་སྟེ་མེ་ལྷ་དང་དབྱུག་གུ་བསྟེན་པ་སོགས་བཟོད་པར་དགའ་བ་དུ་མ་ཉམས་སུ་མྱོང་བ་རྣམས་ནི་འབྲས་བུ་མེད་པ་དང་འབྲས་བུ་ཕྱིན་ཅི་ལོག་ཏུ་འབྱིན་པར་འགྱུར་བ་ཤ་སྟག་ཡིན་ལ། དེ་ལྟ་མིན་ཀྱང་བོད་འདིར་མུ་སྟེགས་ཀྱི་ལུགས་དང་མཐུན་པ་བོན་གྱི་ཆོས་དང་། ལྷག་པར་ནང་པ་སངས་རྒྱས་པའི་ཆོས་སུ་བརྫུས་པའི་ལོག་ཆོས་འདྲེས་འཁྱེར་གྱིས་བསླད་པ་བུར་བྱས་ནས་ཕའི་རབས་གཙོད་པའི་

ཆོས་ཀྱང་དུ་མ་ཞིག་མཆིས་པས་དེ་དག་གི་ཕྱིར་དུ་དཀའ་བ་སྤྱད་པ་རྣམས་ཀྱང་བཤད་མ་ཐག་པ་དང་མཚུངས་སོ། །དེ་བས་ན་དཀའ་བ་སྤྱད་བྱའི་ཆོས་ནི་ནང་པ་སངས་རྒྱས་པའི་ཆོས་རྣམ་པར་དག་པ་ཡིན་པ་ཞིག་དགོས་ཤིང་། དེ་ལའང་སྐྱེས་བུ་ཆུང་དུ་དང་འབྲིང་དང་ཆེན་པོའི་བསམ་པས་དཀའ་བ་སྤྱད་པ་རྣམས་ལ་འབྲས་བུའང་དེ་དང་མཚུངས་པར་ཆུང་འབྲིང་ཆེན་པོར་འགྱུར་བས་ན་ཐམས་ཅད་ཀྱི་ནང་ནས་ཆེས་མཆོག་ཏུ་གྱུར་པ་ནི་སེམས་ཅན་ཐམས་ཅད་ཀྱི་ཕྱིར་དུ་བླ་ན་མེད་པའི་བྱང་ཆུབ་ཐོབ་འདོད་ཀྱི་བསམ་པས་ཀུན་ནས་བསླངས་ཏེ་དམ་པའི་ཆོས་འཚོལ་བ་དང་། ཐོས་བསམ་སྒོམ་གསུམ་དང་གཞན་དོན་སོགས་ཀྱི་ཕྱིར་དུ་ལུས་ངག་ཡིད་གསུམ་ལ་སྡུག་བསྔལ་ཇི་ཙམ་བྱུང་ཡང་ཇི་མི་སྙམ་པར་དང་དུ་ལེན་པ་ནི་རྒྱལ་སྲས་ཀྱི་དཀའ་སྤྱད་ལ་བཟོད་པའི་བཟོད་པ་ཞེས་བྱ་སྟེ་དཀའ་བ་སྤྱད་པ་ཐམས་ཅད་ཀྱི་ནང་ནས་རབ་དང་ཕུལ་དང་གཙོ་བོར་གྱུར་པ་ཞིག་ཡིན་ལ། དེ་ལྟ་བས་ན་རྗེ་བླ་མ་འདི་ཉིད་ཀྱིས་ཀྱང་ཐུགས་བསྐྱེད་དེ་ལྟ་བུས་ཀུན་ནས་བསླངས་ཏེ་ཐོག་མར་དབང་ཕྱོགས་སུ་ཕེབས་རྒྱུ་ཡང་གོང་དུ་བརྗོད་པ་ལྟར་ལྷུང་སྐྱ་རྡོ་རྗེ་འཆང་ཆེན་པོ་སོགས་ལས་དམ་པའི་ཆོས་ཉན་པ་དང་གདུལ་བྱ་མང་པོའི་དོན་མཛད་པ་སོགས་ཀྱི་ཕྱིར་དང་། དེ་བཞིན་དུ་སླར་བོད་དུ་འབྱོན་རྒྱུ་ཡང་འཇམ་མགོན་བླ་མའི་བསྟན་ལ་ཐོས་བསམ་སྒོམ་གསུམ་མཛད་ནས་གངས་རིའི་ཁྲོད་ཀྱི་བསྟན་འགྲོ་ཡོངས་ཀྱི་མགོན་སྐྱབས་དཔུང་གཉེན་དུ་འགྱུར་བའི་སླད་དུ་ཡིན་ཅིང་། དེའི་ཕྱིར་སྔ་ཕྱིར་ཡར་མར་གྱི་ཕེབས་ལམ་རྣམས་ཏ་ཅང་ཐག་རིང་བ་དང་། དགྲ་ཇག་སོགས་ཀྱི་ཉེན་ཆེ་བ་དང་། དབྱར་དུས་ཆར་ཆུ་དང་ཚད་པའི་གདུང་བ་ཉམས་སུ་མྱོང་བ་སོགས་དང་། དགུན་དུས་གངས་ལྷགས་ཀྱི་གྲང་ངད་བཟོད་པར་དཀའ་བ་སོགས་སྟོན་འཁོར་ཚང་མར་འོ་རྒྱལ་བ་

བསམ་ལས་འདས་པ་ཞིག་བྱུང་བ་གཞིར་བཅས་ཀྱང་། དེ་ཐམས་ཅད་རང་དོན་སྙིང་པོ་མེད་པའི་ངལ་བ་མ་ཡིན་པར་བསྟན་པ་དང་སེམས་ཅན་འབའ་ཞིག་གི་དོན་ཡིན་པས་ན་ཆ་གྲང་ངལ་དུབ་སོགས་ཀྱི་དཀའ་བ་མཐའ་དག་ལ་ཇི་མི་སྙམ་པར་སྡུག་བསྔལ་དང་དུ་ལེན་པར་མཛད་པ་ནི། སྔར་སྨོས་པ་བཞིན་རྟག་ཏུ་ངུས་ཆོས་འཕགས་འཚོལ་བ་དང་། རྗེ་བཙུན་ནཱ་རོས་ཏེ་ལོ་པ་བཙལ་བ་དང་། པེ་རོ་ཙ་ན་དང་། མར་པ་ལོ་ཙྪ་སོགས་ཀྱིས་རྒྱ་གར་དུ་ཆོས་འཚོལ་བར་ཕྱིན་པ་རྣམས་དང་སྒོ་ཀུན་ནས་མཚུངས་པའི་དཀའ་བ་དོན་དང་ལྡན་པ་རྒྱལ་བའི་སྲས་ཀྱི་སྤྱོད་པ་གོང་ན་མ་མཆིས་པ་ཡིན་པས་རྗེས་སུ་ཡི་རངས་པར་བྱ་དགོས་ཤིང་། ཚུལ་དེ་ལྟ་བུས་དཀའ་བ་སྤྱད་པའི་ཕན་ཡོན་ནི་བསམ་པར་མི་ནུས་ཏེ། དཔེར་མཚོན་ན། འདུལ་བ་ལུང་ལས། སྟོང་གསུམ་གྱི་སེམས་ཅན་ཐམས་ཅད་ཀྱིས་བསྐལ་པའི་བར་དུ་བུ་དང་ཆུང་མ་སྦྱིན་པར་གཏོང་བའི་བསོད་ནམས་ལས། རབ་ཏུ་བྱུང་བའི་བསམ་པས་དགོན་པར་གོམ་པ་གཅིག་བོར་བ་བསོད་ནམས་ཆེ། ཟས་སྐོམ་དང་མེ་ཏོག་སོགས་ཀྱིས་སངས་རྒྱས་ལ་མཆོད་པ་བས་རབ་ཏུ་བྱུང་བའི་སེམས་ཀྱིས་དགོན་པར་གོམ་པ་བདུན་བོར་བ་བསོད་ནམས་ཆེ་བར་གསུངས་ན། སེམས་ཅན་ཐམས་ཅད་ཀྱི་དོན་དུ་དམ་པའི་ཆོས་ལ་ཉན་སེམས་སྒོམ་གསུམ་བྱ་བའི་ཕྱིར་དགོན་པའི་གནས་སུ་གོམ་པ་རེ་རེ་བོར་བའི་བསོད་ནམས་དེ་བས་ཀྱང་ཆེས་ཤིན་ཏུ་ཆེ་བར་འགྱུར་བ་ལྟ་སྨོས་ཀྱང་ཅི་དགོས་སོ། །

དེ་ཡང་རྗེ་བླ་མ་རང་ཉིད་ནི་བྱ་དཀའ་བའི་སྤྱོད་པ་མཐར་ཕྱིན་ཟིན་པ་ཞིག་ཡིན་པས་དཀའ་བ་སྤྱད་པ་སོགས་ལ་ལྟོས་མི་དགོས་ནའང་། གཞན་ངོར་དེ་ལྟར་དུ་མཛད་པ་ནི། ཇི་སྐད་དུ། འཇིག་རྟེན་སངས་རྒྱས་འབྱུང་བ་བརྒྱ་ལམ་སྟེ། །མི་ཡི་ལུས་ནི་ཚོགས་ཀྱིས་རྙེད་པ་ཡིན། །གྲོགས་པོ་གང་དག་དང་

དང་ཆོས་ཉན་པ། །འདི་འདྲ་བསྐལ་པ་བརྒྱར་ཡང་རྙེད་པར་དཀའ། །ཞེས་གསུངས་པ་ལྟར། སངས་རྒྱས་འཇིག་རྟེན་དུ་བྱོན་པའང་རྙེད་པར་དཀའ། །མི་ཡི་ལུས་ཐོབ་པའང་རྙེད་པར་དཀའ། །དམ་པའི་ཆོས་ཉན་པའང་རྙེད་པར་དཀའ། །ཆོས་ཀྱི་ནང་ནས་ཀྱང་ཐེག་ཆེན་ཐུན་མོང་བ་དང་ཐུན་མོང་མ་ཡིན་པའི་ཆོས་ལ་ཉན་བཤད་བྱར་ཡོད་པ་ནི་བསྐལ་པ་བརྒྱ་སྟོང་དུ་ཡང་རྙེད་པར་དཀའ་བ་ཡིན་པས། ད་རེས་ལན་ཅིག་དེ་ཐམས་ཅད་འཛོམས་པའི་དུས་འདིར་སོས་དལ་དུ་མི་སྡོད་པར་ཆོས་ཀྱི་ཕྱིར་དུ་ཐག་རིང་ཐུང་དང་། ལམ་དཀའ་ཚེགས་དང་། ལུས་ལ་ཚ་གྲང་བཀྲེས་སྐོམ་སོགས་ཀྱི་ངལ་དུབ་དང་། སེམས་ལ་སྡུག་བསྔལ་སོགས་ཇི་ཙམ་བྱུང་ཡང་དཀའ་བ་དང་དུ་བླངས་ཏེ་བརྩོན་པ་བརྒྱ་འགྱུར་གྱི་སྒོ་ནས་འབད་དགོས་ཏེ་དེ་ལྟར་བྱས་ན་འདི་ཕྱིའི་དོན་ཆེན་པོ་བདེ་བླག་ཏུ་འགྲུབ་པར་འགྱུར་རོ་ཞེས་འདོམས་པར་མཛད་པའི་ཕྱིར་དུ་ཡིན་ནོ། །

དེ་བཞིན་དུ་ཐུགས་བསྐྱེད་བདོ་བའི་མཛད་པ་ནི། སྤྱིར་ངེས་པའི་དོན་དུ་རིང་མོ་ཞིག་ནས་བཟུང་རྣམ་པ་ཐམས་ཅད་དུ་ཐུགས་རྒྱུད་བྱང་ཆུབ་ཀྱི་སེམས་ཀྱི་ལྷན་དང་ནམ་ཡང་མི་འབྲལ་བ་ཞིག་ཡིན་པར་མ་ཟད་ཚུལ་བསྟན་གདུལ་བྱའི་སྣང་ངོར་ཡང་སྤྱ་གོང་སྐྱ་ན་ཕྲ་མོའི་སྐབས་གདན་ས་ལ་བཞུགས་པའི་དུས་ཉིད་ནས་༧རྗེ་རྒྱལ་བ་གཉིས་པའི་བསྟན་ལ་ཐོས་བསམ་སྒོམ་གསུམ་རྣམ་པར་དག་པ་ཞིག་མཛད་ནས་བསྟན་པ་དང་སེམས་ཅན་གྱི་དོན་རྒྱ་ཆེན་པོ་ཞིག་འགྲུབ་པ་བྱེད་དགོས་དགོངས་པའི་ཐུགས་བསྐྱེད་ལྷབས་པོ་ཆེ་འཁྲུངས་པ་དེ་ཉིད་རིམ་གྱིས་གོང་འཕེལ་ཤུགས་དྲག་ཏུ་གྱུར་ཏེ་རྒྱུན་ཆགས་སུ་འབྱུང་བ་དང་། དེས་ཀུན་ནས་བསླངས་ཏེ་ཆོས་ཕྱིར་དཀའ་བ་སྤྱད་པ་དང་གཞན་དོན་རྒྱ་ཆེན་པོ་མཛད་པ་མཐའ་དག་ཐུགས་བསྐྱེད་བདོ་བའི་མཛད་པའམ་བྱེད་ལས་ཤ་སྟག་ཡིན་ལ།

གཞན་ཡང་སྤྱི་ཕྱིར་ཕེབས་ལམ་སོགས་སུ་གདུལ་བྱ་རྣམས་ལ་ཁམས་དང་བསམ་པ་དང་འཚམས་པའི་དམ་པའི་ཆོས་ཀྱི་རིམ་པ་ཇི་སྙེད་ཅིག་སྩལ་བ་རྣམས་ནི་ཆོས་འཁོར་བསྐོར་བའི་མཛད་པ་སྟེ། དེ་བས་ན་ཐུགས་བསྐྱེད་བདོ་བ་དང་། ཆོས་འཁོར་བསྐོར་བ་དང་། རིག་པའི་གནས་ལ་མཁས་པའི་མཛད་པ་སོགས་ནི་གནས་སྐབས་དེ་དང་དེར་གཙོ་ཆེ་ཆུང་ཙམ་གྱི་སྒོ་ནས་བཞག་པ་ལས་གཞན་རྣམ་པ་ཐམས་ཅད་དུ་ཅི་རིགས་པར་མཛད་པ་ཞིག་ཡིན་པ་ལས་དུས་འདི་ཁོ་ནར་མཛད་ཀྱི་དེ་ལས་གཞན་དུ་མ་མཛད་དོ་ཞེས་པའི་ཁ་ཆོན་གཅོད་དུ་མི་རུང་ཞིང་། འདིས་མཚོན་ཏེ་སྤྱི་ཕྱིའི་མཛད་པ་དེ་དང་དེ་དག་བཅུ་གཉིས་པོ་གང་དང་གང་གི་ཁོངས་སུ་འདུས་པ་ཡང་རྣམ་དཔྱོད་ཀྱིས་ཤེས་པར་བྱེད་དགོས་པ་ནི་རྗེ་འདི་ཙམ་དུ་མ་ཟད་བདག་ཉིད་ཆེན་པོ་གཞན་གྱི་རྣམ་ཐར་ལ་ཡང་མཚུངས་པ་ཡིན་ནོ། །

སྐྱེ་བོ་གང་ཞིག་མནོག་ཆུང་ཚེ་འདིའི་ཕྱིར། །སྡིག་སྡུག་གཏམ་ངན་དཀའ་བ་བཟོད་བྱེད་པ། །འདི་ཕྱིར་འཇིགས་རུང་རྣམ་སྨིན་ཡོད་མི་འོང་། །མགྲིན་དུ་འགྲུགས་པར་བྱེད་ལས་གཞན་དུ་ཅི། །དེ་བཞིན་ཆོས་སུ་རློམས་ནས་ལོག་པའི་ལམ། །ངལ་བ་དང་དུ་བླངས་ནས་སྒྲུབ་དེ་ཡང་། །རོ་བརྒྱ་ལྡན་པའི་ཟས་སུ་འདུ་ཤེས་ནས། །དུག་གི་འབྲས་བུའི་བཅུད་ལ་རོལ་དང་མཚུངས། །རྒྱལ་བས་བསྟན་པའི་ལམ་གྱི་གནད་སྒྲི་དང་། །ཁྱད་པར་ཐེག་པ་མཆོག་གི་སྤྱོད་ཚུལ་ལ། །བརྒྱ་ཕྲག་ངལ་བས་འབད་དེ་འཇུག་པ་ནི། །ནད་ཀུན་སེལ་བའི་བདུད་རྩི་བསྟེན་དང་མཚུངས། །དེ་ཕྱིར་མགོན་ཁྱོད་རང་གཞན་དོན་གྱི་ཕྱིར། །བསྒྲོད་དཀའི་ལམ་དང་ཚ་གྲང་ངལ་དུབ་སོགས། །ཁྱད་དུ་བསད་དེ་འདབ་ལྡན་པད་མཚོར་བཞིན། །འཇུག་འདི་རླབས་ཆེན་རྒྱལ་སྲས་སྤྱོད་པའི་

ཐུལ། །རང་ཉིད་གཏན་བདེའི་ཁང་བཟང་རྩེར་གཤེགས་ཀྱང་། །གཞན་ངོར་བྱ་དཀའི་སྤྱོད་པ་ཐེམ་སྐས་ལ། །འཛེགས་ཚུལ་སྟོན་འདི་འང་འགྲོ་རྣམས་ཆོས་ཀྱི་སར། །འགོད་པར་འདོད་པའི་རྨད་བྱུང་ཐབས་མཁས་ཡིན། །

དེ་ལྟར་བར་སྐབས་ཀྱི་དོགས་པ་ཆུང་ཟད་ཅིག་བཅད་ནས་སླར་ཡང་རྣམ་པར་ཐར་པ་དཀྱུས་ཀྱི་དོན་ལ་འཇུག་པ་ནི། དེ་ནས་དགེ་བྱེད་ཅེས་པ་ཆུ་སྟག་གནམ་ལོའི་རྒྱལ་པོ་གསར་དུ་ཆོས་པའི་དགྱེས་སྟོན་ལ་ཉིན་དུ་མར་རོལ་བར་མཛད་ཟིན་ནས་ཕྱི་བཞོལ་སོགས་ཀྱི་གཞན་དབང་དུ་མ་གྱུར་པར་བོད་ཕྱོགས་སུ་འབྱོན་རྒྱུའི་གྲབས་ཡུལ་གྱི་རིམ་པ་རྣམས་མྱུར་བར་བསྐྱངས་ཏེ་རིང་མིན་ལེགས་པར་ཚགས་སུ་ཚུད་པར་མཛད་ཅིང་། གཞིས་བཞུགས་ཀྱི་དཔོན་འཁོར་རྣམས་ལ་ཡར་ཕྱི་ནང་གི་འདུས་སྡེ་རྣམས་ཀྱི་འཛིན་སྐྱོང་དང་། ཆབ་འབངས་ཀྱི་འཚོ་ཆོས་སོགས་ལུགས་གཉིས་ཀྱི་བྱེད་སྒོ་མཐའ་དག་འཐུས་ཤོར་མེད་པ་ཡར་ལྡན་དུ་དགོས་ཚུལ་དང་། གདན་སའི་དགེ་འདུན་རྣམས་ཀྱིས་གཙོས་པའི་དགོན་ཁག་རྣམས་ལའང་འདུལ་ཁྲིམས་ཆོས་སྤྱོད་སོགས་ཐོར་ཡོད་མི་ཉམས་གོང་འཕེལ་དང་ཉམས་པ་སོར་ཆུད་ཀྱི་སྟེང་དུ་ཐོས་བསམ་སྒོམ་གསུམ་གྱི་ཉམས་ལེན་ལ་བརྩོན་པ་སྐལ་ལྡན་དང་བ་འདྲེན་པའི་མིག་རྒྱན་དུ་ཆེ་བར་དགོས་པའི་བཀའ་སློབ་དང་། ཆབ་འབངས་ཀྱི་སྐྱེ་བོ་རྣམས་དང་དད་ལྡན་མཆོག་དམན་གཞན་དག་ཀུན་ལ་ཡང་སྒོ་གསུམ་འཁོར་དཔགས་ཀྱིས་རྣམ་དཀར་ལ་འབད་གང་ཐུབ་དང་། ཁྲིམས་མཐུན་ལུགས་ལེགས་བཀྲ་ཤིས་ཡར་ཟླ་ལྟར་དགོས་ཚུལ་སོགས་བསླབ་བྱ་དང་འབྲེལ་བའི་བཀའ་བགོད་ཀྱིས་ཁྱབ་པར་མཛད་པ་སོགས་བགྱི་འོས་ཀྱི་རིམ་པ་ཕལ་ཆེར་གྲུབ་ནས་ཆིབས་བསྐྱོད་དུ་ཉེ་བ་ན། ཟླ་ཐྲང་དང་། འདུས་སྡེ་ཁག །ཆབ་འབངས། སྦྱིན་བདག་སོགས་ནས་ཕེབས་རྫོངས་ཀྱི་

གསོལ་སྟོན་དང་དངོས་འབུལ་སོགས་ཀྱང་རྒྱས་པར་ཕུལ་ཐོག རྣམ་ཀུན་ཐུགས་རྗེས་འདོར་མེད་ཀྱི་སྐྱབས་འཇུག་དང་། རིང་མིན་མྱུར་བར་སླར་ཡང་གདན་སར་ཕེབས་བསྐྱོད་ཐུབ་པ་དགོས་ཚུལ་སོགས་ཀྱི་གསོལ་བ་བཏབ་པར་ཇི་ལྟར་སྨོན་པ་བཞིན་དུ་ཡོང་བའི་བཀའ་བཞེས་བཟང་པོའང་སྩལ་བར་མཛད་ལ། གཞན་ཡང་གདན་སའི་རྟེན་གསུམ་རྣམས་ལ་མཚོད་སྨོན་དང་། བསྟན་སྲུང་ཁག་ལའང་ཐུགས་བཞེད་བགེགས་མེད་ལྷུན་གྱིས་འགྲུབ་པའི་འཕྲིན་ལས་གནང་སྐྱིན་དུ་བཅོལ་བར་མཛད་ནས། ལོ་འདིའི་ཧོར་ཟླ་གསུམ་པ་ནག་པ་ཟླ་བའི་ཡར་ཚེས་གཟའ་སྐར་སྦྱོར་བྱེད་སོགས་ཕུན་སུམ་ཚོགས་པའི་ཉིན། གཙོ་བོར་གང་གི་འཕྲིན་ལས་བ་ཛ་སག་བླ་མ་ངག་དབང་དར་རྒྱས་དཔོན་འཁོར་གཏོས་ཆེ་བ་དང་། དགོན་པ་དང་གྲྭ་ཚང་གཉིས་ཀྱི་བླ་མ་ལས་སྡེ་ཆེ་ཆུང་། དགོན་ཁག་གཞན་གྱིའང་བླ་མ་ལས་སྡེ། དེ་བཞིན་དུ་དགོན་གྱི་གནས་ཁག་དང་བཅུ་དཔོན་ཁག་གཞིས་ཁག །ཚ་སྨང་རྟ་དཔོན་ཁག་གི་མི་སྣ་སོགས་མཚོག་དམན་སེར་སྐྱའི་ཚོགས་ཉེ་ཟེར་གྱི་རྟུལ་འཁྲིགས་པ་ལྟ་བུའི་ཚེབས་སྐྱེལ་བ་དང་བཅས་ཏེ་དཔའ་ཐོད་དགའ་ལྡན་རྣམ་པར་རྒྱལ་བའི་ཕོ་བྲང་ཆེན་པོ་ནས་དབུས་འགྱུར་ཚོས་ཀྱི་འབྱུང་གནས་ཀྱི་ཞིང་དུ་ཆིབས་ཀྱི་ཁ་ལོ་བསྒྱུར་བར་མཛད་དོ། །

ཇི་ལྟར་མ་དྲོས་ལས་འོང་ཆུ་ཀླུང་བཞི། །སྟོད་མེད་རིངས་པར་ཆུ་གཏེར་དུ་འཇུག་བཞིན། །ཁྱོད་ཀྱང་དབུས་འགྱུར་ཆོས་ཀྱི་རྒྱ་མཚོ་ཆེར། །ཕྱིན་ལ་རིངས་པའི་ཚུལ་གྱིས་མངོན་པར་གཤེགས། །རྔོ་བའི་ངོས་ལ་བྲིས་པའི་རི་མོ་བཞིན། །སྔོན་ནས་ལེགས་པར་བཅས་པའི་ཡི་དམ་ལས། །འགྱུར་བཟློག་ཕྱི་བཤོལ་ཙུང་ཟད་མི་མངའ་བ། །ཨེ་མ་དེ་ནི་དམ་པའི་རང་བཞིན་ཡིན། །

དེ་ལྟར་དགོན་ནས་ཕྱིན་ཏེ་མཁར་གསར་གོང་གི་ཉེ་འདབས་འབུ་རལ་

ཐང་ཞེས་པར་ལྷ་བྲང་དང་དགོན་སྡེའི་སེར་སྐྱ་རྣམས་ཀྱིས་ཐབ་སྐྱེལ་དང་ཕེབས་དར་སོགས་ཕུལ་ནས་སྐྱབས་འཇུག་ཞུས་ཤིང་། དེའི་ས་ནས་ཕེབས་སྐྱེལ་ཞུ་མི་དྲག་འབྲིང་མཐའ་གསུམ་ལ་གོ་བབ་ཀྱི་སྣ་དར་དང་། བསྟུང་མདུད། ཇ་གོས་དར། རྟ། མེ་མདའ་ཁྲབ་སོགས་སོ་སོར་གང་འོས་ཀྱི་གནང་སྦྱིན་གྱི་ནོམ་པ་དང་ལྷན་ཅིག་སྙིང་གི་བཅུད་དུ་འབབ་པའི་བཀའ་སློབ་བཟང་པོ་ཞིབ་ཅིང་རྒྱས་པར་སྩལ་བས་དེར་འདུས་ཀུན་གྱི་བློའི་ཡོལ་གོ་ཕྱུར་བུར་ཁེངས་པར་མཛད། དེ་ནས་རབ་མདོའི་གྲོང་མགོར་བཞུགས་ཞག་བསྐྱངས་སྐབས་མཁར་སྟེང་ཞེས་པའི་རི་ཁྲོད་ཀྱི་བླ་བཙུན་རྣམས་ནས་མོས་འདུན་རྩེ་གཅིག་པས་གདན་ཞུས་བཞིན་ཕྱིན་ཏེ་འདོད་མོས་ལྟར་གྱི་བཀའ་ཆོས་ཀྱི་འབྲེལ་པ་རྒྱ་ཆེན་པོ་སྩལ་ཞིང་། དེ་དག་གིས་ཀྱང་མཇལ་འབུལ་ཞབས་ཏོག་སོགས་བཀུར་བསྟི་ཚད་མེད་པ་ཞུས་ཏེ་ངལ་བ་འབྲས་བུ་དང་བཅས་པར་སྒྲུབ། རིམ་གྱིས་སྟ་གག་དང་། ཀུ་རི་གྲོང་སོགས་སུ་འང་གདུལ་བྱའི་དོན་རླབས་ཆེན་པོར་མཛད་བཞིན་པར་ཕྱིན་ཏེ་རྒྱལ་མོ་རྔུལ་ཆུའི་གཟིངས་ཐོན་ནས་གོང་དུ་ལའི་འདེབས་སུ་གསོལ་ཚ་མཛད་དེ་ཕེབས་པར་གོང་དུ་ལའི་གཤམ་དུ། ཡུལ་གཞི་དགོན་གྱི་བླ་མ་དང་། གཉེར་པ་སྒོ་ཡ་རབ་འབྱམས་པ་ངོ་གཡོག ། དགོན་གསུམ་གྱི་དབུ་མཛད། དགེ་བསྐོས། ལས་སྣེ། ཡུལ་གྱི་བཅུ་དཔོན་ཁག་སོགས་ནས་གཟབ་མཆོར་དང་བཅས་པའི་ཆིབས་བསུའི་ཐོག་དགོན་དུ་ཞབས་པད་བསྐྱོད་དགོས་ཀྱི་གསོལ་བ་ནན་ཆེར་བཏབ་པ་བཞིན་འབྱོན་པར་ཞལ་གྱིས་བཞེས་ཏེ་ལམ་བར་དུ་ཡུལ་གཞི་སྡེ་པའི་མཁར་དུ་གདན་ཞུས་ཀྱིས་བསྙེན་བཀུར་དང་མཇལ་འབུལ་དཔངས་མཐོ་བར་ཕུལ། དེ་ནས་དབང་སྐྱི་ལྷ་བྲང་དུ་ཕེབས་དུ་ཉེ་བ་ན། དགོན་ཁག་གི་འདུས་སྡེ་དམངས་ནས་མཆོད་པའི་ཕྱེ་བྲག་དུ་མ་འཕྱེར་བར་སྤྱིལ་བའི་སེར་སྤྲེང་ཀྱིས

སྤྱན་བསུས་ནས་གདན་དྲངས་ཏེ་བླ་བྲང་དུ་ཞབས་པད་བཀོད་ཅིང་། དགོན་གྱི་ཆེ་བགྲེས་དང་གྲྭ་དམངས། ཡུལ་དཔོན་སོགས་ཀྱིས་གཙོས་པའི་སེར་སྐྱ་ཕལ་མོ་ཆེས་མཇལ་ཕྱག་དང་། ཞག་འགའ་བཞུགས་ནས་སྨིན་གྲོལ་དམ་པའི་ཆོས་ཆར་འབེབས་དགོས་པར་གསོལ་བ་བཏབ་པ་ལྟར་གདུལ་བྱའི་དོན་དུ་འགྱུར་བར་དགོངས་ནས་ཞག་ལྔ་བཞུགས་པར་ཞལ་གྱིས་བཞེས། འདུས་སྡེ་ནས་འདུ་ཁང་དུ་གདན་ཞུས་ཀྱིས་གསོལ་སྟོན། བརྟན་བཞུགས། དངོས་འབྱོར་གྱི་མཆོད་སྦྱིན་སོགས་རྒྱ་ཆེ་བར་ཕུལ་ཞིང་། ༄མགོན་པོ་ཉིད་ནས་ཀྱང་ཐུགས་བརྩེ་བ་ཆེན་པོས་ཀུན་ནས་བསླངས་ཏེ་ཡུལ་དགོན་གྱི་སེར་སྐྱ་རྣམས་ལ་ལམ་རིམ་སོགས་ཀྱི་བཀའ་ཆོས་ཟབ་ཅིང་རྒྱས་པ་དང་། སྐྱེ་བོའི་ཁྲོམ་ཆེན་པོའི་ཚོགས་རྣམས་ལ་ཚེའི་དབང་བསྐུར་ཟབ་མོ་སྩལ་བ་སོགས་ཆོས་སྦྱིན་གྱི་དགའ་སྟོན་ཅི་ཡང་འགྲེད་པར་མཛད། སླར་ཕེབས་སྐབས་ཀྱང་ལ་རྩ་གདོང་ཚེར་ཞེས་པའི་བར་དུ་བླ་མ་ལས་སྣེ་མི་སྣ་སོགས་ཚང་མས་ཐབ་སྐྱེལ་ཐོག་སྐྱབས་འཇུག་ཞུས་ཏེ་ཕྱིར་ལོག་ཅིང་། སྟོན་འཁོར་རྣམས་བསྟུག་ལའི་རྒྱབ་ཏུ་ཕེབས་སྐབས་ལྷོ་རྫོང་གི་རྫོང་དཔོན་གཉིས་དང་། ལྷིང་བཙུ་སོགས་མང་པོ་དང་། ན་ཚང་དགོན་གྱི་བླ་མ་ལས་སྣེ། ཧ་ཚག་སྒྲུབ་སྡེའི་བླ་མ་དང་ཆེ་བགྲེས་སོགས་སེར་སྐྱ་དྲག་ཞན་མང་པོས་ཆིབས་བསུ་ཞུས་ཏེ་སོ་སོའི་འདོད་མོས་ཀྱི་སར་ཞབས་ཀྱི་པདྨོ་བཀོད་དགོས་པ་དང་། དམ་པའི་ཆོས་ཀྱི་ཆར་འབེབས་དགོས་ཚུལ་གསོལ་བ་བཏབ་པ་ལྟར་ཞལ་གྱིས་བཞེས་ནས་རིམ་ཕེབས་ཀྱིས་ལྷོ་རྫོང་ཞོལ་ལྷུང་རར་ཕེབས་ཁར་ན་ཚང་དགོན་གྲྭ་དམངས་ནས་ཡིད་འོང་མཚར་སྡུག་དང་ལྡན་པའི་མཆོད་པའི་བཀོད་པ་ཁྱད་པར་དུ་འཕགས་པའི་སེར་སྦྲེང་ཀྱིས་བསུ་བ་ཞུས། དེར་བཞུགས་ཞག་གཉིས་མཛད་དེ་ཡུལ་དེའི་སྐྱ་སེར་མཆོག་དམན་དད་འདུས་བསམ་གྱིས་མི་ཁྱབ་

པ་རྣམས་ནས་ཅི་འགྱུར་བའི་དངོས་པོའི་མཆོད་སྦྱིན་དང་བཅས་ཏེ་མཇལ་ཞུར་བཅར་བ་ཐམས་ཅད་ལ་ཇི་ལྟར་འདོད་པ་བཞིན་གྱི་ཞལ་མཇལ་ཕྱག་དབང་དང་ཁམས་དང་དབང་པོར་འཚམས་པའི་ཆོས་ཀྱི་སྦྱིན་པ་ཡང་ཅི་རིགས་པར་སྩལ་ཏེ་ཐར་པའི་ས་བོན་གྱིས་རྒྱུད་ཕྱུག་པར་མཛད། དེ་བཞིན་དུ་གོང་གསལ་དགོན་དུ་ཡང་བྱོན་ནས་ཆོས་ཀྱི་ཁྲི་ལ་ཞབས་སེན་བཀོད་དེ་ཐུན་མོང་དང་ཐུན་མོང་མ་ཡིན་པའི་གསུང་ཆོས་ཀྱི་རིམ་པ་ཡང་དུ་མ་ཞིག་སྩལ་བས་དེ་རྣམས་ཀྱི་རྒྱུད་ཀྱི་སྡུག་བསྔལ་དང་ཀུན་འབྱུང་གི་ནད་ཡོངས་སུ་ཞི་བར་མཛད། འདུས་སྡེ་རྣམས་ནས་ཀྱང་ཕེབས་ཇོངས་ཀྱི་རིམ་པ་དང་བསྙེན་བཀུར་ཞབས་ཏོག་སོགས་གཟབ་རྒྱས་སུ་སྒྲུབ། དེ་ནས་ཕེབས་སྐབས་བྱ་ཕུད་ཆོས་སྡེའི་བླ་མ་ལས་སྡེ་རྣམས་ནས་ཁ་ཙམ་མིན་པའི་དད་འདུན་གྱིས་ཡོངས་སུ་བསླངས་ཏེ་དགོན་དུ་ཕེབས་བསྐྱོད་དང་བཀའ་ཆོས་ཀྱི་འབྲེལ་བ་དགོས་ཚུལ་ནན་ཆེར་གསོལ་བ་བཏབ་པས་གདུལ་བྱ་ལ་ཆོས་ཀྱིས་ཕན་འདོགས་པ་ནི་སྐྱེས་བུ་དམ་པ་རྣམས་ཀྱི་ལས་སུ་བྱ་བའི་གཙོ་བོ་ཡིན་པར་དགོངས་ནས་སྙུང་ལ་ལ་མ་གཟིགས་པར་འབྱོན་པར་བཀས་གནང་ཞིང་། ཡར་ལམ་ནག་མདོ་སྡེ་པ་ནས་ཀྱང་གདན་ཞུའི་ཐོག་བཀུར་བསྟི་དང་གུས་ཞབས་བླ་མེད་དུ་སྒྲུབ་པར་ཟང་ཟིང་གི་གནང་སྦྱིན་དང་ཆོས་དང་འབྲེལ་བའི་བཀའ་སློབ་ཡིད་ཀྱི་གསོས་སུ་སྨིན་པ་སྩལ། དེ་མཚུངས་དབང་དགོན་ཞེས་པར་ཕེབས་ཉེའི་ཚེ་དགོན་སྡེའི་དྲག་གྲས་རྣམས་ནས་བསྟི་སྟང་ཚད་མེད་པའི་སྒོ་ནས་གདན་དྲངས་པར་བཞུགས་ཞག་ཐོག་འདོད་ཆོས་ཀྱང་ཅི་རིགས་པར་སྩལ། སེ་ནང་བླ་མ་ངོ་གཡོག་དང་སྒྲུབ་བརྩོན་སོགས་སྐྱེ་བོ་མང་པོ་ནས་མཇལ་ཕྱག་དང་འདི་ཕྱིར་དགེ་བའི་སྐྱབས་འཇུག་སྙིང་ནས་ཞུས་པར་དེ་ཐམས་ཅད་འབྲེལ་ཚད་དོན་ལྡན་དུ་འགྱུར་བའི་ཐུགས་སྨོན་དང་བཀའ་སློབ་ཞིབ་རྒྱས་སུ་སྩལ།

དཔང་དགོན་དུ་བདག་རྐྱེན་གཟིགས་བསྐྱངས་དང་རྟེན་འབྲེལ་གྱི་གནད་ཁྱད་པར་ཅན་ལ་དགོངས་ནས་མཆོད་རྫས་ཀྱི་རིགས་བཟང་ཞིང་ཕུལ་དུ་ཕྱིན་པ་སྦྱོར་འཛུགས་སུ་བསྐྱངས་པ་སོགས་ལུགས་གཉིས་ཀའི་སྒོ་ནས་བཀའ་དྲིན་བླ་ལྷག་ཏུ་སྩལ། དེ་ནས་སྙིང་ཁ་ལའི་ནང་དུ་གོང་གསལ་བྱ་ཕུད་ཆོས་སྡེའི་བླ་མ་ལས་སྣེ་སོགས་ནས་ཚིབས་བསུ་དང་ཐབ་བསུའི་རིམ་པ་རྒྱས་པར་ཞུས་ཏེ་རིམ་གྱིས་དགོན་དུ་ཕེབས་ཁར་གྲྭ་དམངས་རྣམས་ནས་རྟེན་འབྲེལ་བཟང་པོའི་སྒོ་བརྒྱ་འབྱེད་པའི་སྐད་དུ་ཞྭ་གོས་སོགས་གཟབ་མཆོར་དང་བཅས་ནས་སེར་སྦྲེངས་ཕུན་སུམ་ཚོགས་པ་བསྒྲིགས་པས་མདུན་བདར་བཞིན་པར་ཐོག་མར་བྱ་ཕུད་མདོ་སྔགས་དར་རྒྱས་གླིང་གི་གྲྭ་ཁང་ཆེན་མོའི་གསེར་གྱི་ཁྲི་ལ་ཞབས་པད་བཟུང་འཛུག་དབང་གི་རྒྱལ་པོ་དང་མཚུངས་པ་དང་ལྡན་འགྲོ་བའི་མགོན་དུ་བཀོད་མ་ཐག །འདུས་སྤྱི་ནས་གསོལ་ཇ། བཞེས་གྲོ། གསོལ་ཚོགས་སོགས་ཀྱི་བསྙེན་བཀུར་ཐོག །བླ་མ་ལས་སྣེ། གྲྭ་དམངས། ཕྱོགས་དེའི་ཉེ་འཁོར་གྱི་ཡུལ་མི་མགོ་དཔོན་དམངས་སོགས་དྲག་ཞན་ཀུན་གཞོན་མཐའ་དག་པ་ནས་བཀྲ་ཤིས་པའི་ལྷ་རྫས་གངས་རིའི་མདངས་དང་ལྡན་པའི་འཕྲེང་བ་ལྷབ་ལྷུབ་ཏུ་བཀྱངས་པའི་མཇལ་དར་དང་བཅས་ཏེ་སྒོ་གསུམ་གུས་ཤིང་འདུད་པའི་སྒོ་ནས་མཇལ་ཕྱག་ཞུས་པར་ཀུན་ལ་འདོད་མོས་ལྟར་གྱི་ཞལ་མཇལ་ཕྱག་དབང་སོགས་ལེགས་པར་སྩལ། དེ་ནས་རྒྱུན་བཞུགས་གཟིམས་ཚང་དུ་མཛད་ནས་གནས་དེར་ཞག་གསུམ་བཞི་ཙམ་གྱི་རིང་ཐུགས་བག་ཕེབས་པར་བཞུགས་ཐོག་སེར་སྐྱ་དམངས་ལ་ལམ་ཐུན་མོང་བའི་བཀའ་ཆོས་དང་། གྲྭ་རིགས་སྦྱིན་བདག་དད་ཅན་འགའ་ཞིག་ལ་སོ་སོའི་མོས་པའི་རྗེས་སུ་འགྲོ་བའི་དབང་རྗེས་གནང་ལུང་སོགས་ཀྱང་གང་འོས་སུ་སྩལ་ཏེ་སྔོན་ཆད་ཆོས་མེད་ཕྱོགས་པའི་བློ་སྣ་བྱང་ཆུབ་ཀྱི་ལམ་དུ་

བསྒྱུར་བར་མཛད། ཚིབས་བསྐྱོད་ཁར་འདུས་པ་སྤྱི་དང་། སྦྱིན་བདག་སོགས་ནས་དབུས་ཕེབས་ཀྱི་ལེགས་སྐྱེས་དངོས་འབུལ་གྱི་རིགས་ཀྱང་འཛད་མེད་གཏེར་གྱི་ཕུང་པོ་ཆེན་པོ་བཞིན་དུ་སྤུངས་ཏེ་ཕུལ་ཞིང་། ཕར་ཡང་ཚང་མར་བབ་འོས་ཇི་ཡོད་ཀྱི་ཟང་ཟིང་གི་གནང་སྦྱིན་དང་། འདི་ཕྱིར་སྙན་པའི་བཀའ་བཟང་གསེར་གྱི་ཐིགས་པ་ལྷ་བུ་མཆོག་དམན་ཡོངས་ཀྱི་སྤྱི་བོར་བཀོད་དེ་བསམ་པ་ཡོངས་སུ་བསྐང་བར་མཛད་ནས་སླར་ཕེབས་སྐབས་ཀྱང་སྔར་བཞིན་ཚིབས་སྐྱེལ་དང་ཐབ་སྐྱེལ་སོགས་ཀྱི་རིམ་པའང་རྒྱས་པར་ཞུས་སོ། །

དེ་ནས་གོང་མའི་གདན་ས་རྙིང་པ་ཡུལ་སྟེང་དགའ་ལྡན་རྣམ་རྒྱལ་གླིང་གི་དགེ་འདུན་རྣམས་ནས་གདན་དྲངས་པར་རིང་ནས་དཔོན་སློབ་དམ་ཚིག་གི་འབྲེལ་བ་མི་དམན་པར་དགོངས་ནས་དགྱེས་བཞིན་དུ་བྱོན་ཏེ་གདན་སར་ཕེབས་སུ་འཚའ་བ་ན་དགེ་འདུན་འདུས་པའི་ཚོགས་ནས་རང་རང་གི་འདི་ཕྱིའི་ལེགས་ཚོགས་སྤེལ་ཕྱིར་སེར་སྦྲེངས་སོགས་ཀྱིས་སྤྱན་བསུས་ནས་བླ་བྲང་དུ་གདན་དྲངས། དེར་ཞག་གཉིས་ཙམ་བཞུགས་རིང་ལའང་བསྟི་སྟང་གུས་འདུད་ཚད་མེད་པས་བཀུར་ཏེ་བདེ་ལེགས་ཀྱི་རྩ་བ་བླ་མ་མཉེས་པ་འབབ་ཞིག་སྒྲུབ་པས། ངལ་བ་འབྲས་བུ་ཡོད་པར་བྱས་ཤིང་། རྗེ་ཉིད་ནས་ཀྱང་འདུས་པ་སེར་སྐྱ་དམངས་ལ་དངོས་པོའི་གནང་སྦྱིན་དང་དབང་ཆོས་སོགས་ཀྱི་སྐལ་བཟང་རྒྱས་པར་སྩལ་བས་གྲོལ་བ་མཆོག་གི་དཔལ་བདེ་བླག་ཏུ་ལག་རྗེར་ཕོན་པའི་བཀའ་དྲིན་མཛད། ཚིབས་བསྐྱོད་གདོང་དགོན་སྤྱི་སོགས་ནས་དབུས་ཕེབས་ལེགས་སྐྱེས་ཀྱི་རྟེན་འབྱུང་གིས་མཚོན་པའི་འབུལ་བ་དཔངས་མཐོ་བར་ཕུལ་ཏེ་གནས་སྐབས་དང་མཐར་ཐུག་ཀུན་ཏུ་ལེགས་ཚོགས་གོང་དུ་འཕེལ་བའི་སྐྱབས་འཇུག་སྙིང་ཐག་པ་ནས་ཞུས་པར་དེ་ཐམས་ཅད་ཀྱི་སྨོན་པ་དོན་ལྡན་དུ་

འགྱུར་བའི་ཐུགས་སྨོན་སོགས་བསྐྱངས་ནས་མྱུར་བར་ཕྱུགས་བརྟེགས་པའི་མར་ལམ་ངོ་འདུ་དགོན་སོགས་སུ་ཡང་ཕེབས་བཞུད་ཐོག་དད་ལྡན་ཀུན་གྱི་ཡིད་ཀྱི་དབང་པོ་ཡོངས་སུ་ཚིམ་པར་མཛད། དེ་ནས་རྫི་ཐོ་དགོན་དུ་ཉིན་དང་སྲིབ་ཅེས་པའི་དགོན་པ་གཉིས་ཀྱི་གྲྭ་དམངས་ནས་ཆིབས་བསྐྱོད་དགོས་པར་གསོལ་བ་བཏབ་བཞིན་ཕྱིན་པར་འདུས་རྣམས་ནས་སེར་སྤྲེངས་ཡིད་དུ་འོང་བ་མིག་གི་བདུད་རྩིར་ཆེ་བས་སྣ་དྲངས་ཏེ་གདན་ཞུ་ཞུས་ཤིང་། སྤྱིའི་འདུ་ཁང་ཆེན་མོའི་དབུས་སུ་འཛེགས་ཐལ་གདོང་ལྷུས་བརྟེགས་པའི་ཆོས་ཀྱི་ཁྲི་ལ་ཞབས་པད་འཁོད་བསྟན་གྲྭ་དམངས་སོགས་ནས་མཇལ་ཁ། གསོལ་ཞབས་དངོས་འབུལ་སོགས་གྱི་ནོམ་པར་ཕུལ་ཏེ་ཚོགས་གཉིས་གཏེར་གྱི་སྒོ་འཕར་ཡངས་པོར་ཕྱེ་ཞིང་། དེ་དག་ལའང་འདོད་ཆོས་དང་། གནང་སྦྱིན་བཀའ་སློབ་སོགས་ཀྱིས་ཆོས་ཀྱི་ལམ་ལས་ཕྱིར་མི་ལྡོག་པའི་རིགས་ཅན་ལ་འགོད་པར་མཛད། བཞུགས་ཞག་གནང་ཡུལ་ཉིན་གནས་པོའི་ཁང་པར་མཛད་ནས་དེར་ཡང་སྐྱ་སེར་ཕོ་མོ་མང་པོ་ལ་མཇལ་ཁ་དང་། བྱིན་རླབས་འདོད་ཆོས་སོགས་ཅི་རིགས་པར་སྩལ་ཏེ་འབྲེལ་ཚད་འཁོར་བ་མཐའ་ཅན་དུ་མཛད། དེ་ནས་མཁར་གསར་བཀྲ་ཤིས་རབ་བརྟན་ཞེས་པ་རྗེ་ཉིད་ཀྱི་ཡབ་ཡུམ་ནས་ཞལ་འཛིན་མཛད་པའི་སར་གདན་ཞུས་བཞིན་དུ་ཕེབས་ཏེ་གཞིས་སྡོང་ཡབ་ཚང་ནས་བསྙེན་བཀུར་མཇལ་འབུལ་བླ་ན་མཐོ་བ་དང་། དེ་མཚུངས་སྐྱབས་མགོན་ཉིད་ཀྱི་མངའ་ཞབས་སུ་གཏོགས་པའི་དགོན་གྲས་ས་དཀར་དགོན་ཞེས་པའི་བླ་མ་ལས་སྣེ་གྲྭ་དམངས་སོགས་དང་། གཞན་ཡང་བཀྲ་ཤིས་ལྷས། སྨར་དཀར་སོགས་ཀྱི་མགོ་ཡོད་དམངས་དང་བཅས་པ་རྣམས་ནས་མཇལ་ཕྱག་དང་། དབུས་ཕྱོགས་སུ་རྒྱལ་བསྟན་རིན་པོ་ཆེར་གསན་བསམ་ལ་ཕྱིན་པའི་ཕེབས་རྫོངས་ལེགས་སྐྱེས་ཀྱི་མཆོད་སྤྲིན་རྒྱ་ཆེན་

པོ་དང་བཅས་ཕྱུལ་བ་རྣམས་ལ་སོ་སོར་བབ་འོས་ཀྱི་མཇལ་སློག་དང་བཀའ་མཆིད་སོགས་ཀྱིས་ཡིད་སིམ་པར་མཛད། ལྷག་པར་ཡབ་ཡུམ་རྣམས་ལ་གནང་སྦྱིན་རྒྱ་ཆེ་བ་དང་འདི་ཕྱིར་དགེ་བའི་བཀའ་སློབ། རིང་མིན་མྱུར་མཇལ་ཡོང་བའི་ཞལ་བཞེས་སོགས་ཀྱིས་ཡིད་ཀྱི་གདུང་བ་མ་ལུས་སེལ་བར་མཛད་ནས་རིམ་གྱིས་ཆབ་མདོ་བླ་བྲང་གི་མངའ་ཞབས་ཆོས་ཁྲི་དགོན་དུ་གདན་ཞུས་བཞིན་ཕེབས་ཏེ་བླ་བྲང་དུ་བཞུགས་འཇགས་ཐོག་གཉེར་སྔོད་ཟླ་དམངས། བྲན་གཡོག་སོགས་ཚང་མས་ཞལ་མཇལ་ཕྱག་དབང་ཞུས་པར་ཡིད་སྨོན་ལྟར་སྩལ་ཞིང་། ཟླ་སྨྱི་སོགས་ནས་ཕེབས་རྫོངས་ཀྱི་རིམ་པ་ཡང་གཏོས་ཆེ་བར་ཕྱུལ། དེ་ནས་ཤོ་མདོ་དགའ་ལྡན་བཤད་སྒྲུབ་གླིང་དུ་ཕེབས་བསྐྱོད་དགོས་ཚུལ་དགོན་དེའི་བླ་མ་ལས་སྣེ་སོགས་ནས་སྙན་ཞུས་ལྟར་རང་གཞན་དང་བསྟུན་པར་ཕན་ཆེར་དགོངས་ནས་ཞལ་བཞེས་བསྐྱངས་པར་ཚང་མ་དགའ་སྤྲོ་ཚད་མེད་པ་དང་བཅས་བཞིན་པར་བླ་མ་ལས་སྣེ། གཉེར་སྔོད་སོགས་དང་། གསང་འདུས་བདེ་མཆོག་ཅེས་སོགས་རྒྱུད་སྡེ་ཁག་གི་བླ་མ། དཀའ་རམས། བསླེན་རྫོགས་པ་སོགས་ཁྲིན་རྟ་པ་དྲུག་ཅུ་སྐོར་ནས་དགའ་བ་གཟེངས་སུ་བསྟོད་པའི་གཟབ་མཆོར་ཕྱུན་སུམ་ཚོགས་པས་ཡོངས་སུ་བསླུབས་ཏེ་ཆིབས་བསུར་བཅར་ཞིང་། དེ་ཡང་ཐོག་མར་ཆིབས་ཐོག་ནས་མཇལ་མ་ཐག་གང་གི་མཛད་འཕྲིན་འཛིག་རྟེན་གྱི་ཁམས་སུ་འཁོར་མོ་ཡུག་ཏུ་ཁྱབ་པའི་རྟེན་འབྲེལ་མཚོན་ཕྱིར་ཆིབས་རྟག་ལ་ཡོངས་སུ་བསྐོར་བ་དང་བཅས་པའི་སྒོ་ནས་གདན་དྲངས་ཏེ་ཟམ་གསར་ཞེས་པར་ཐབ་བསུའི་སར་གོང་གསལ་བླ་མ་ལས་སྣེ་ཆེ་བགྲེས་སོགས་དང་། རྫོང་བསྡོད། ལྕིང་དཔོན། རྒན་བཅུ་སོགས་ཚང་མས་བཀྲ་ཤིས་པའི་ལྷ་རྫས་སྲིད་དུ་རིང་བ་སྔོན་དུ་འགྲོ་བས་མཇལ་ཕྱག་ཞུས་ཤིང་། དགོན་དུ་ཕེབས་ཁར་དུར་

སྨྲིག་འཛིན་པའི་འདུས་སྡེ་དམངས་ནས་ཞྭ་སེར། སླ་གོས། ཐང་གོས་སོགས་བཟང་ཞིང་ཕུལ་དུ་ཕྱིན་པའི་མདངས་ཀྱིས་ནམ་མཁའི་ཁ་དོག་ཀྱང་དམར་སེར་དུ་བསྒྱུར་ནུས་པ་ཙམ་བགོ་བའི་སྒོ་ནས། གདུགས་རྒྱལ་མཚན། བ་དན། ཕྱེ་ཕུར། ཛ་སིལ། དུང་། རྒྱ་གླིང་སོགས་འབུད་དཀྲོལ་བརྡུངས་པའི་རིགས་སོགས་ཀྱི་མཆོད་པའི་བྱེ་བྲག་མཐའ་ཀླས་པ་ཏིང་ངེ་འཛིན་གྱི་བཀོད་པ་དང་མཚུངས་པ་དུ་མ་ཁོར་ར་ཁོར་ཡུག་ཏུ་འཕྲེང་བར་སྤེལ་བས་མདུན་བསུས་ཏེ་རྒྱལ་ཀུན་འདུས་པའི་སྤྱི་གཟུགས། བསྟན་འཛིན་ཀུན་གྱི་རྗེ་བོ་ཡིན་པ་ལ་ཡིན་པར་མཚོན་ཕྱིར་ཐོག་མར་ཕེབས་པའི་དུས་ཉིད་ནས་འདུ་ཁང་ཆེན་མོའི་གསེར་གྱི་ཁྲི་འཕང་མཐོན་པོའི་སྟེང་ལ་ཞབས་པད་བཀོད་དེ་ལྷུན་ཆགས་པར་འཚོ་ཞིང་གཞིས་པའི་ཐོག །གསོལ་ཇ། བཞེས་གྲྭ། ཕེབས་སྟོན་སོགས་ཀྱི་རིམ་པ་བཟང་ཞིང་གྱི་ནོམ་པར་ཞུས། དེ་ནས་གྲྭ་དམངས་དང་སྐྱབས་སྡེ་གསུམ་གྱི་བླ་མ། དགེ་སློང་སོགས་ཀྱིས་གཙོས་པའི་སེར་སྐྱ་ཚང་མས་མཇལ་ཕྱག་དང་བྱིན་རླབས་ཞུས་པར་གནད་སྨིན་ཞིབ་ལྷིངས་སུ་སྩལ། དེར་མཆོག་དམན་ཚང་མས་བློ་མཐུན་མགྲིན་གཅིག་གིས་ཞག་མང་པོ་ཞིག་བཞུགས་དགོས་གསོལ་བ་བཏབ་པར་ཧ་ཅང་རྒྱུན་རིང་བཞུགས་ཧུང་ཕེབས་ལམ་འགོར་རྐྱེན་དུ་འགྱུར་བར་སྣང་ལ། འོན་ཀྱང་ཞག་ཤས་ཤིག་མ་བཞུགས་ཚེ་དད་ལྡན་སེར་སྐྱ་རྣམས་ཀྱི་འདོད་བློའང་མི་ཁེངས་པར་དགོངས་ནས་ཞག་བདུན་བཞུགས་པར་ཞལ་གྱིས་བཞེས་ཤིང་། དེའི་རིང་དུ་བཞུགས་འཚེར་གསང་འདུས་ཁང་དུ་མཛད་དེ་ཉིན་ལྟར་འདུ་ཁང་ཆེན་མོར་སྟོན་འཁོར་ཚང་མ་གདན་ཞུས་ཀྱིས་ཡུལ་གྱི་ལུགས་སྲོལ་དང་མཐུན་པའི་གསོལ་སྟོན། བསྙེན་བཀུར་སོགས་ཚད་མེད་པ་ཞུས་ཤིང་། ལྷག་པར་སྟོན་མོའི་ཐོག་བཀའ་རམས་དགེ་བའི་བཤེས་གཉེན་སྤྱར་དུས་སེར་འབྲས་ཀྱི་གདན་ས་ཆེན་པོ་

རྣམས་སུ་ཐོས་བསམ་གྱི་སྒྲོ་འདོགས་ལེགས་པར་ཆོད་པས་ལུང་རིགས་སྨྲ་བ་ལ་མི་འཇིགས་པའི་སྤོབས་པ་བརྙེས་པ་དག་ནས་རྒྱལ་བའི་གསུང་རབ་ཀྱི་དགོངས་དོན་རྣམ་པར་དག་པ་བརྒྱལ་ཞིང་བརྟགས་པའི་རིགས་ལམ་ནས་དྲངས་ཏེ་གཏན་ལ་འབེབས་པའི་ཚོགས་ལངས་སོགས་ཆོས་ཀྱི་གཟིགས་མོ་ཕུལ་བ་ནི། ཇི་སྐད་དུ། ཡ་རབས་རྣམས་དང་འཕྲད་ན་སྐྱེས་ཀྱི་མཆོག །ཚོགས་ཀྱི་ནང་ན་མཁས་པ་དགའ་བར་བྱེད། །ཅེས་མཁས་པ་རྣམས་ནི་ཟབ་ཟིང་གི་ནོར་གྱི་སྐྱེས་རིན་ཐང་གཞལ་བར་དཀའ་བ་དག་ཕུལ་བ་བས་ལེགས་པར་བཤད་པའི་སྐྱེས་ཤུང་ཟད་ཅིག་ཕུལ་བ་བ་ཆེ་ཆེར་མགུ་བ་བསྐྱེད་པར་གསུངས་པ་ལྟར་ཐུགས་གཏིང་ནས་མཉེས་པའི་འཛུམ་ཞལ་གསལ་པོར་བསྟན་ཏེ་ཚོགས་ལངས་པ་རྣམས་ལ་ལེགས་སོའི་སྒྲ་དབྱངས་ཀྱིས་དབུགས་དབྱུང་བ་དང་ལྷན་ཅིག་པར་རབ་དཀར་ལྷ་རྫས་སྲིད་དུ་རིང་བས་གཙོ་བྱས་པའི་གནང་སྦྱིན་བླ་ན་མེད་པ་དང་བཅས་ཏེ་བདག་རྐྱེན་གཟིངས་སུ་བསྐྱོད་པར་མཛད། གཞན་ཡང་དེར་བཞུགས་རིང་རང་ཁྱུངས་ཉེ་འཁོར་སྐྱབ་སྟེ་ཁག་གསུམ་གྱི་གནས་ཀྱི་བླ་མ་དགེ་སློང་རྣམས་དང་། ར་ཐག་ཆོས་སྡིང་དགོན་གྱི་བླ་གྲྭ། ཧུ་ཤོད་དར་རྒྱས་དགོན་གྱི་བླ་གྲྭ་སོགས་ཡུལ་དེའི་སེར་མོ་བ་ཐམས་ཅད་དང་། རྫོང་བསྡོད། བརྒྱ་དཔོན། ལྡིང་དཔོན། རྒན་པོ། མི་དམངས་སོགས་སྐྱེ་བོ་གང་ཡོད་ནས་དད་གུས་ཀྱི་རྒྱ་མཚོ་གྱེན་དུ་ཕྱུར་བས་བསྡུགས་པའི་མེ་ཏོག་ཀོད་ཅིང་དགའ་སྟོའི་སྒྲ་དབྱངས་སྒྲོག་བཞིན་པར་བྱུང་བ་པད་མཚོར་སྤྲུངས་པ་ལྟར་དུས་གཅིག་ཉིད་དུ་གང་གི་དྲུང་དུ་འདུས་པ་རྣམས་ལ་རེ་འདོད་སྐོང་བའི་མཇལ་ཁ་ཕྱག་དབང་སོགས་སྩལ་ཞིང་། ལྷག་པར་བྱང་གླིང་སྟོད་ཅེས་པར་དབུ་གུར་གནང་སྟེ་སྐྱེ་བོའི་ཁྲིམ་ཚོགས་ས་ཆེན་པོའི་རྟུལ་གྲངས་དང་མཉམ་པ་རྣམས་ལ་རྒྱལ་ཀུན་སྙིང་

རྗེའི་རང་གཟུགས་མཚན་ཙམ་ཐོས་པས་དུག་གསུམ་གྱི་ཟུག་རྔུ་ཞི་བར་བྱེད་པ་ལྷ་མཆོག་གང་རིའི་མགོན་པོ་སྤྱན་རས་གཟིགས་ཕྱག་བཞི་པའི་རྗེས་གནང་ཡིག་དྲུག་གི་ཕན་ཡོན་དང་བཅས་པ་ཟབ་ཅིང་རྒྱས་པ་དང་། དེ་གོང་ནས་སྒྲུབ་ཅིང་གནད་དུ་སྨིན་པར་མཛད་པའི་བུམ་ཆུ་བདུད་རྩིའི་རྒྱུན་བཟང་འཕྱུང་བ་ཙམ་གྱིས་ལུས་དང་སེམས་ཀྱི་གནས་ངན་ལེན་གྱི་དྲི་མ་སྦྱོང་བར་བྱེད་ནུས་པ་སྐྱེ་བོའི་ཚོགས་ཀུན་ལ་ཆད་ལུས་མེད་པར་བཀྱེ་བར་མཛད་པ་སོགས་འཕགས་མཆོག་ཐུགས་རྗེའི་གཏེར་ཆེན་དངོས་ཐོན་པ་དང་མཚུངས་པའི་བཀའ་དྲིན་སྩལ། སླར་ཡང་འདུས་སྡེ་ཁག་རྣམས་ལ་རྗེ་ཐམས་ཅད་མཁྱེན་པའི་བཞེད་སྲོལ་ཐུན་མོང་མ་ཡིན་པའི་མདོ་སྔགས་ཀྱི་ཆོས་ཀྱི་ཁྲིད་ལུང་མན་ངག་དབང་རྗེས་གནང་སོགས་བར་མ་ཆད་ལྷ་བུར་བསྐྱངས་ཏེ་རྒྱུད་ཡོངས་སུ་སྨྱུངས་པར་མཛད། ཆིབས་བསྐྱོད་གདོང་འདུས་སྡེ་སོགས་ནས་སླར་ཡང་ཡུལ་སྲོལ་གྱི་གསོལ་སྟོན་གཟབ་རྒྱས་ཀྱི་ཐོག་བླ་གྲྭ་སེར་སྐྱ་ཚང་མས་མཇལ་དར་དང་། ཕེབས་ཇོངས་སུ་རིན་ཆེན་གཉིས་པ། ཆིབས་ཆེན། ཇ། དངོས་པོ་སོགས་ཕྱིན་རིན་ཐང་དངུལ་སྲང་སྟོང་ཕྲག་བརྒྱལ་བ་ཕུལ་ཏེ་ཞབས་པད་བརྟན་པའི་གསོལ་འདེབས་དང་སྐྱབས་འཇུག་ཞུ་བ་སོགས་བཀུར་བསྟི་རིམ་གྲོ་བླན་མ་མཆིས་པར་སྒྲུབ། མགོན་པོ་ཉིད་ནས་ཀྱང་གོང་གསལ་དགོན་སྡེ་ཁག་རྣམས་ལ་སོ་སོར་གོ་བབ་ཀྱི་མང་ཇ་དང་། ཀ་ཕན། ཕྱི་ཕུར་སོགས་མཆོད་རྫས་བཟང་ཞིང་ཁྱད་པར་དུ་འཕགས་པ་དུ་མའི་སྦྱོར་འཛུགས་གནང་། ནང་ཚན་ཤ་མདོ་དགོན་དེ་ཉིད་དུ་བཟང་གོས་སྣ་ལྔ་ཁྲ་སྤེལ་གྱི་གདུང་ཁེབས་བཟོ་བཀོད་ཕུན་སུམ་ཚོགས་པ་འདུ་ཁང་དང་གསེར་གཡབ་ཀྱི་འཁོར་ཡུག་ཀུན་ཏུ་ཁྱབ་པ། ཀ་རིང་རྣམས་ལ་གོས་བཟང་བསྒྲིགས་ཀྱི་ཀ་ཕན་ཆེ་ལེགས་ཆ། ཙོནའི་ཡུལ་གྱི་བཟོ་ཁྲིད་ལས་གྲུབ་པའི་རག་

གི་དུང་ཆེན་ཕྲུས་ལེགས་ཆ་སོགས་ཀྱི་གནང་སྦྱིན་གྱི་ནོམ་པར་སྩལ་ཐོག་འདུས་སྡེ་རྣམས་ནས་ཆོས་སྐྱོད་བཅུའི་བྱ་བ་ཡར་ལྡན་དུ་དགོས་པའི་བཀའ་སློབ་དང་། སྐྱེ་བོ་དད་ལྡན་གཞན་དག་ལ་ཡང་སོ་སོར་གང་འོས་ཀྱི་གནང་སྦྱིན་སོགས་དང་རང་རང་གི་འདི་ཕྱིའི་ལེགས་ཚོགས་སྤེལ་བའི་རྣམ་དཀར་ལ་གང་བརྩོན་སོགས་མི་ལུས་དོན་ལྡན་དུ་བྱེད་དགོས་ཀྱི་བཀའ་བཟང་བདེ་ཆེན་འཁོར་ལོའི་རྒྱུན་དུ་བཀོད་པ་སོགས་མཆོག་དམན་མཐའ་དག་གི་བློ་སྣ་བྱང་ཆུབ་ཀྱི་ལམ་དུ་འཁྲིད་པར་མཛད། དེ་ནས་ཆིབས་ཞལ་བསྒྱུར་སྐབས་ཐེམ་ཐོག་ཅེས་པར་ཐབ་སྐྱེལ་གྱི་སར། བླ་མ་ལས་སྣེ། སྒྲུབ་སྡེ་ཁག་གི་གནས་བླ་མ། བཀའ་རམས། རྫོང་བསྡོད། ཞིང་ཀན་སོགས་ཚང་མས་ཕེབས་སྐྱེལ་དང་། རབ་ཏུ་དཀར་བའི་ལྷ་རྫས་དང་བཅས་ཏེ་རྣམ་ཀུན་འདོར་མེད་རྗེས་འཛིན་གྱི་གསོལ་བ་བཏབ་པར་དགྱེས་བཞིན་དུ་བཀའ་བཞེས་བཟང་པོ་དང་། སོ་སོར་ཇི་ལྟར་འཚམས་པའི་གནང་སྦྱིན་སོགས་བཀའ་དྲིན་གྱི་ཕུང་པོ་མངོན་པར་མཐོ་བར་བསྐྱངས་སོ། །

འདིར་སྨྲས་པ། ཕྱིན་དྲུག་ནོར་བུའི་མཛོད་ཀྱི་སྒོ་གླེགས་འབྱམ། །
འབྱེད་ལ་གདོད་ནས་མངའ་དབང་མཛད་ཟིན་ཕྱིར། །དེང་འདིར་གཞན་དོན་
བསྟུ་བཞིའི་དགོས་འདོད་ཆར། །འཛད་མེད་འབེབས་ལ་ངལ་བ་ག་ལ་ཞིག །
སྐད་ཅིག་རེར་ཡང་འགྲོ་བ་སྒྲོལ་ནུས་པའི། །ཀླད་བྱུང་ཡོན་ཏན་ཕུང་པོ་མངའ་
བཞིན་དུ། །ང་དུང་ཐོས་བསམ་སྒོམ་ལ་འབད་བཞེད་པའི། །ཁྱོད་ཀྱི་བློ་གྲོས་
གཏིང་མཐའ་སུ་ཡིས་དཔོགས། །ཆུ་གཏེར་ཕུང་པོའི་ཐིག་དང་ས་ཆེན་གྱི། །
རྡུལ་གྲངས་ཚད་ནི་བཟུང་བར་མི་དཀའ་ཡི། །ཁྱོད་ཀྱིས་བྱང་གྲོལ་ལམ་ལ་
བཀོད་པ་ཡི། །ལུས་ཅན་གྲངས་ཀྱི་ཚད་ནི་དེ་ལྟ་མིན། །མཆོག་དམན་ཀུན་ལ་
ཆོས་དང་ཟང་ཟིང་གི །དགའ་སྟོན་རྫོགས་ལྡན་དུས་ལ་འགོངས་གྱུར་ན། །

རིང་མོ་ཞིག་ནས་རྫོད་དུས་ཉིད་དོ་ཞེས། །ཡང་ཡང་གླེང་བའང་རྫུན་དུ་འགྱུར་གྱི་དོགས། །གང་གི་ངོ་མཚར་བསྔགས་པའི་སྒྲ་བརྒྱ་པ། །འཁོར་ཡུག་ཁོང་ལས་བརྒལ་བར་སྒྲོག་པའི་ཚེ། །དབྱར་སྐྱེས་ཧ་གསང་སྐྱེངས་པའི་རྣམ་འགྱུར་གྱིས། །ཆུ་འཛིན་གློང་ནས་འཁྱེན་དུ་འཁྱིན་པ་བཞིན། །ལུས་ཅན་འཁོར་བའི་མཚོ་ལས་སྒྲོལ་མཛད་པའི། །དེད་དཔོན་ཁྱོད་འདྲ་འཛིག་རྟེན་འདིར་བྱོན་ན། །ཐུབ་བསྟན་ནུབ་རིར་གཞོལ་འདིའང་ཡུན་རིང་དུ། །ངལ་གསོར་འགྱུར་ཞེས་ལྷ་རྣམས་དགའ་བས་ཁྲེལ། །མཐོང་ཐོས་དྲན་རེག་ལུས་ཅན་མ་ལུས་པ། །འཁོར་བ་མཐའ་ཅན་ཉིད་དུ་མཛད་པ་འདིས། །རིང་མིན་རྡོ་རྗེའི་ས་དེ་དོག་པོ་བ། །འགྱུར་ཞེས་རྒྱལ་ཀུན་ཐུགས་ལ་བདུད་རྩིར་གྱུར། །ཅེས་པ་ནི་བར་སྐབས་ཀྱི་ཚིགས་སུ་བཅད་པ་དག་གོ །

དེ་ནས་སྭ་སྟི་དགོན་འདུས་སྤྱིས་བྱོན་དགོས་གསོལ་བ་བཏབ་པ་བཞིན་ཕེབས་བཞེད་བཀའ་དྲིན་བསྐྱངས་པར་གྲྭ་དམངས་ནས་ཀྱང་སེར་སྤྲེངས་ཀྱི་བསུ་བ་དང་བཅས་ཏེ་གདན་ཞུས་ཀྱིས་གྲྭ་ཁང་ཆེན་མོའི་ཁྲི་ཐོག་ཏུ་ཞབས་སེན་བཀོད་བསྟུན་དད་འདུས་ཚང་མས་མཇལ་ཞུ་དང་། གསོལ་སྟོན། དངོས་འབུལ་སོགས་གཟབ་རྒྱས་སུ་བསྟར་ཏེ་དགྱེས་པ་སྐྱུབ། ཚོགས་པ་རྣམས་ལ་བཀའ་ཆོས་ཀྱི་འབྲེལ་བ་དང་དངོས་པོའི་སྐྱེས་བཟང་པོའང་སྩལ་ཞིང་མཆོད་ཁང་ཁག་གི་རྟེན་གསུམ་རྣམས་ལ་མཆོད་འབུལ་སྨན་ཤལ་བསྟན་འགྲོར་སྨན་པའི་ཐུགས་སྨོན་སོགས་གནད་སྨིན་དུ་མཛད་ནས་ཆིབས་ཞལ་བསྒྱུར་ཏེ་བསྒྲུང་ཡུལ་གསུམ་མདོའི་གནས་པོའི་སར་གདན་འདྲེན་ལྟར་གསོལ་ཚ་བསྐྱངས། དེ་ནས་བ་རེ་ནང་དང་། དགའ་ཐང་སོགས་སུ་ཚ་ཞག་ཅི་རིགས་པར་མཛད་ནས་ཁྲིམས་ཐང་དུ་བཞུགས་སྐབས་ལྷ་རྩེ་དགོན་གྱི་བླ་མ་ལས་སྣེ་རྣམས་ནས་མཇལ་ཞུ

ཞུས། དེ་ནས་དཔལ་འབར་དགོན་གྱི་བླ་གྲྭ་དང་། ཡུལ་གྱི་རྫོང་བསྡོད། ཡུལ་དཔོན་སོགས་ནས་ཐབ་བསུ་དང་། གྲྭ་དམངས་ནས་སེར་སྤྲེང་དང་བཅས་ཏེ་གདན་ཞུས་ལྟར་ཆིབས་བསྐྱོད་གནང་། དཔལ་འབར་སྤྲུལ་སྐུ་ནས་བླ་བྲང་དུ་བཞུགས་ཞག་དགོས་ཚུལ་ཞུས་པ་བཞིན་ཕེབས་བཞུགས་བསྐྱངས་པར་བཀུར་བསྟི་ཞབས་ཏོག་མཇལ་འབུལ་སོགས་བླ་ལྷག་ཏུ་སྒྲུབ་པར་གྱུར། ཕྱོགས་དེར་སེར་བ་དང་གསང་སྔགས་ཅེས་པའི་གྲྭ་ཚང་གཉིས་ཀྱི་ལས་སྣེ་གྲྭ་དམངས་བཅས་དང་། གཞན་ཡང་རྫོང་བསྡོད། ཡུལ་མི་དམངས་སོགས་ནས་མཇལ་ཕྱག་གི་ཐོག་ཕེབས་རྫོངས་ཀྱི་རིམ་པའང་རྒྱ་ཆེ་བར་ཕུལ་ཏེ་རྣམ་དཀར་གྱི་འབྲེལ་བ་ལྷབས་པོ་ཆེ་བསགས་ཤིང་། བླ་བྲང་དང་། གྲྭ་ཚང་སོ་སོར་གོ་བབ་ཀྱི་གསོལ་རས། མང་ཇ། སྤྱིར་འཇགས་སོགས་གང་འོས་དང་། རྫོང་བསྡོད་སོགས་མཆོག་དམན་གཞན་དག་ལའང་བབ་མཚུངས་ཀྱི་གནང་སྐྱེས་བདག་རྐྱེན་སོགས་རྒྱས་པར་སྩལ་ཏེ་དགའ་བའི་ལང་ཚོ་བརྟས་པར་མཛད་ནས་ཆིབས་བསྐྱོད་སྐབས་བླ་མ་ལས་སྣེ་སོགས་མགོ་ཡོད་ཚང་མ་ནས་གྲོང་ཞི་ཟམ་སྣེའི་བར་དུ་ཆིབས་སྐྱེལ་དང་། དེར་ཐབ་སྐྱེལ་གྱི་ས་ནས་ཕེབས་དར་ཕུལ་ཏེ་སྐྱབས་འཇུག་ཞུས་ཤིང་། ཕེབས་སྐྱེལ་བ་རྣམས་ལ་གོ་བབ་དང་འབྲེལ་བའི་གནང་སྦྱིན་དང་བཀའ་མཆིད་སོགས་ཀྱང་ཞིབ་རྒྱས་སྩལ་ཏོ། །

དེ་ནས་ལྷུགས་ར་དཔལ་འཁོར་གླིང་བླ་བྲང་དུ་གདན་ཞུའི་ཐོག་ལྷུགས་ར་མཛོད་པ་ལས་སྣེ་གྲྭ་ཚང་སོགས་ཚང་མས་མཇལ་ཁ་དང་། བསྙེན་བཀུར་ཞབས་ཏོག་ཕུལ་དུ་ཕྱིན་པར་སྒྲུབ་ཅིང་། ཕེབས་རྫོངས་དངོས་འབུལ་ཀྱང་དཔངས་མཐོ་བར་ཕུལ་བ་རྣམས་ལ་སོ་སོར་མཇལ་སློག་དང་ལུགས་གཉིས་ཀྱི་བྱེད་སྒོའི་བཀའ་སློབ་སོགས་ཡིད་ཀྱི་བཅུད་དུ་ངོམས་པ་སྩལ་བར་མཛད། རིམ་གྱིས་ཕྱིན

ཏེ་ཨུ་རྒྱན་ཏ་མདར་བཞུགས་ཞག་མཛད་དེ་དུས་གསུམ་མཁྱེན་པ་སློབ་དཔོན་པདྨ་འབྱུང་གནས་ཀྱི་སྒྲུབ་གནས་ཕུག་པ་ཁྱད་པར་ཅན་དུ་མཆོད་འབུལ། སྐོན་ཤཱལ། ཐུགས་སྨོན་གྱི་མཚམས་སྦྱོར་སོགས་རྒྱ་ཆེ་བ་དང་། སྤྲུ་ཞང་དཔོན་རྐན་ནས་ཚོགས་འཁོར་གྱི་སྦྱིན་བདག་ཞུས་པར་ཚོགས་ཀྱི་འཁོར་ལོ་ཆེ་ཆེར་རྒྱས་པ་བླ་མ་ཡི་དམ་ཌཱ་ཀིའི་ཚོགས་རྣམས་མཉེས་ཤིང་ཚིམ་པའི་མཆོད་སྤྲིན་ཆེན་པོར་སྤེལ་པར་མཛད། དེར་འདུས་རྣམས་ལ་མཇལ་ཕྱག་དང་ཆོས་ནོར་གྱི་བཀའ་དྲིན་སྩལ། དེ་ནས་རིམ་ཕེབས་ཀྱིས་བརྗོད་བཀྲ་ཤིས་ཁང་གསར་དུ་བཞུགས་ཞག་སྐབས་ཡུལ་དེའི་གཞིས་བསྡོད། ལྷིར་བཅུ་མི་དམངས་སོགས་དང་། རྒྱ་མཚོ་གླིང་། ཨ་ཡིག་དགོན་རྣམས་ཀྱི་བླ་གྲྭ་ཚང་མ་དང་བཅས་པ་ནས་མཇལ་ཞུར་བཅར་བར་འདོད་མོས་བཞིན་ཞལ་མཇལ་དང་། མི་འཇིགས་སྐྱབས་སྦྱིན་གྱི་ཕྱག་རྒྱའི་བྱིན་རླབས་དང་སོ་སོར་བཀའ་འདྲི་ཞིབ་རྒྱས་གནང་སྐྱེས་དང་བཅས་པ་སྩལ། ཨ་ལ་མདོར་ཕེབས་སྐབས་ཡུལ་དེའི་རྒྱ་བོད་ཀྱི་སྐྱེ་འགྲོ་ཚང་མས་མཇལ་ཕྱག་དང་བྱིན་རླབས་ཞུས་པར་འདོད་པ་བཞིན་གྱི་རེ་བ་ཡོངས་སུ་སྐོང་བར་མཛད། ཨ་ལ་གག་གི་ཚུ་ལྷོ་བརྒྱུད་དུ་བཞུགས་ཞག་སྐབས། བརྗོད་འདམ་འོག་ལྷིང་དཔོན་དཀོན་མཆོག་བསོད་ནམས་ནས་གསོལ་བ་བཏབ་པའི་ངོར་རྗེ་བཙུན་མ་སྒྲོལ་དཀར་ཡིད་བཞིན་འཁོར་ལོའི་རྗེས་གནང་སྩལ། དེ་དང་འབྲེལ་བར་ཚོགས་ཀྱི་མཆོད་པ་སོགས་ཀྱང་རྒྱས་པར་མཛད་དེ་གདུལ་བྱ་རྣམས་ལ་དངོས་གྲུབ་ཀྱི་ཕུལ་ཆེན་པོ་སྦྱིན་པར་མཛད་ཅིང་། སྦྱིན་བདག་ནས་སྟོན་འཁོར་ཚང་མར་ཞབས་ཏོག་གཟབ་རྒྱས་དང་དངོས་འབུལ་བཟང་ཞིང་གྱུ་ནོམ་པ་ཕུལ་ཏེ་ཞིང་དམ་པ་ལས་བསོད་ནམས་ཀྱི་ཚོགས་ཡང་དག་པར་བསགས། དེར་འདུས་མཆོག་དམན་བྱིངས་ལའང་མཇལ་ཕྱག་དང་། གསོལ་རས་སོགས་

འདོད་མོས་བཞིན་དུ་བསྐྱངས། དེ་ནས་ཞག་གཉིས་ཙམ་ནས་ལྷ་རི་དགོན་གྱི་བླ་གྲྭ་དང་། གཞན་ཡང་ཕྱོགས་དེའི་རྒྱ་བོད་ཀྱི་མི་དྲག་མང་པོས་ཆིབས་བསུ་དང་བཅས་ནས་གདན་དྲངས་པ་ལྟར་ཞབས་པད་སྐྱོད་སྐབས་དགོན་པའི་གྲྭ་རིགས་སོགས་ནས་སེར་སྦྲེངས་ཀྱི་བསུ་བ་སོགས་ཀྱང་ཞུས་ཤིང་། རྒྱ་བོད་ཀྱི་སེར་སྐྱ་ཚང་མས་དད་འདུན་ཆེན་པོས་ཀུན་ནས་བསླངས་ཏེ་མཇལ་ཞུ་བསྙེན་བཀུར་འབུལ་དཔངས་སོགས་བླ་ལྷག་ཏུ་ཞུས། དེར་བཞུགས་ཞག་ཀྱང་མཛད་ནས་གདུལ་བྱ་ཀུན་ལ་ཆོས་ནོར་གྱི་སྦྱིན་ཆར་ཆེན་པོར་འབེབས་པར་མཛད་དོ། །

དེ་ལྟར་བདག་ཉིད་ཆེན་པོ་འདི་ཉིད་དེ་ལྟ་བུའི་ཚུལ་གྱིས་བསྟན་པ་དང་འགྲོ་བ་ཡོངས་ལ་བརྩེ་བའི་ཐུགས་བསྐྱེད་དར་ལ་དྲག་པས་དབུས་འགྱུར་ཆོས་ཀྱི་ལྗོངས་སུ་གསན་བསམ་སྒོམ་གསུམ་མཛད་པར་དབང་ཕྱོགས་ཀྱི་བརྒྱུད་ནས་བཟུང་སྟེ་ཞུལ་རིང་བགྲོད་པར་དཀའ་བའི་ལམ་དུ་ཚ་གྲང་ངལ་དུབ་ཀྱི་དཀའ་བ་ཁྱད་དུ་བསད་ཅིང་། ལམ་བར་རྣམས་སུ་ཡང་གདུལ་བྱ་དཔག་ཏུ་མེད་པ་སྨིན་གྲོལ་ལ་འགོད་བཞིན་པར་ཕྱིན་ནོ་ཞེས་པའི་སྙན་པའི་སྒྲ་དབྱངས་གཅིག་ནས་གཅིག་ཏུ་བརྒྱུད་དེ་དབུས་ཕྱོགས་ཀྱི་གདན་ས་ཆེན་པོ་རྣམས་ཀྱི་བླ་གྲྭ་སོགས་ལྷ་སྡེ་མི་སྡེ་ཕལ་ཆེ་བའི་སྙན་འཛིན་གྱི་ཡུལ་དུ་སོན་པས་དགའ་དད་ཀྱི་སྤྲོ་ཡིད་ཀུན་ཏུ་གཡོས་ཤིང་། ཁྱད་པར་དུ་༧གོང་ས་རྒྱལ་བའི་དབང་པོ་ཐམས་ཅད་མཁྱེན་ཅིང་གཟིགས་པ་ཆེན་པོ་དང་། ཆོས་སྲིད་གཉིས་ལྡན་གྱི་བྱེད་པོ་དགེ་ལྡན་ཤི་རལ་ཐུ་ནོ་མི་ཧན་ཆེན་པོ་སོགས་ཀྱི་གསེར་སྙན་དུ་ཡང་སོན་པས་ཐུགས་ཀྱི་པདྨོ་དགེས་པའི་ཟེ་འབྲུ་ཆེ་ཆེར་འཛུམ་པར་གྱུར་ལ། དེའི་མཐུས་སེར་འབྲས་སོགས་ཀྱི་ཁམས་ཚན་མི་ཚན་གྲྭ་ས་གྲྭ་ཚང་རྣམས་ནས་ཀྱང་། ཨེ་མ་སྐྱེས་བུ་ཆེན་པོ་དེ་ནི་ཕྱར་སྐྱ་ཕྲེང་རིམ་པར་ཕྱིན་པ་མཐའ་དག་ཀྱང་རྗེ་ཙོང་ཁ་པའི་བསྟན་པ་དང་།

རྒྱ་བོད་ཀྱི་སྐྱེ་འགྲོ་ཡོངས་ལ་ཕན་བདེ་རླབས་པོ་ཆེ་སྟེར་བའི་བྱེད་པོ་འགྲན་ཟླ་དང་བྲལ་བ་ཞིག་ཡིན་པ་དང་ནང་ཆེན་རང་ཅག་གྲྭ་ས་གྲྭ་ཚང་སོགས་ལ་ནི་གཞལ་དུ་མེད་པའི་བཀའ་དྲིན་ཅན་ཡིན་པར་མ་ཟད། སྐུ་ཕྲེང་འདི་ཉིད་ཀྱང་མཁས་བཙུན་བཟང་གསུམ་གྱི་རྣམ་ཐར་གང་གི་ཆ་ནས་ཀྱང་གཞན་འགྲན་མ་མཆིས་པ་ཞིག་ཡོད་པར་སྣང་ལ། དེས་ན་ཅི་ནས་ཀྱང་རང་ཅག་འདུས་སྡེ་རྣམས་ནས་བཀུར་བསྟི་དང་རིམ་གྲོ་ལྷ་ན་མ་མཆིས་པར་བྱ་བར་རིགས་སོ་ཞེས་མགྲིན་གཅིག་ཏུ་བགྲོས་ནས་ཕེབས་བསུས་མཆོན་པའི་བསྟི་སྟང་གི་རིམ་པ་མཐའ་དག་རྒྱ་ཆེར་བགྱི་བའི་སྔ་གོན་ལ་གཞོལ་ཞིང་། དེ་བཞིན་དུ་གོང་ས་ཐམས་ཅད་མཁྱེན་གཟིགས་མཆོད་ཡོན་ནས་ཀྱང་ཕྱིར་རྗེ་འདི་ཉིད་སྐྱེས་རབས་ཀྱི་འཕྲེང་བ་ཐམས་ཅད་དུ་འཇམ་མགོན་བླ་མའི་རིང་ལུགས་ཀུན་དང་བྱེ་བྲག་སྙན་བརྒྱུད་ཀྱི་བསྟན་པ་འཛིན་པ་ལ་རབ་དང་མཆོག་ཏུ་གྱུར་པ་དང་། ཐམས་ཅད་མཁྱེན་པ་སྐུ་ཕྲེང་ན་རིམ་གྱི་འཕྲིན་ལས་སྤེལ་བ་ལ་གཞན་དྲིང་མི་འཇོག་པའི་ཐུགས་བསྐྱེད་ཅན་ཞིག་ཡིན་པ་དང་། ལྷག་པར་སྐུ་ཚེ་འདི་ལ་སྔར་ཕན་ཀྱང་སྐུ་གསུང་ཐུགས་ཀྱི་མཛད་པ་མཐའ་དག་རྒྱལ་སྲས་ཀྱི་སྤྱོད་པ་དང་མཐུན་པར་རྒྱ་བོད་ཀྱི་བསྟན་འགྲོ་ཡོངས་ལ་སྨན་པ་ཤིན་ཏུ་ཆེ་བར་གྱུར་པ་དང་། འབྱུང་འགྱུར་ཉིད་དུའང་ཐོས་བསམ་སྒོམ་པའི་མཛད་པ་གང་ཅི་སྐུ་ཕྲེང་གོང་མ་རྣམས་ལས་ལྷག་པར་འགྱུར་ངེས་པ་མ་ཟད། བསིལ་ལྡན་ར་བས་བསྐོར་བའི་ལྗོངས་འདིའི་ཆོས་སྲིད་ཀྱི་བདག་པོར་བཞེངས་ནས་རྒྱལ་དབང་ཐམས་ཅད་མཁྱེན་པ་ཉིད་དང་གོང་མ་ཆོས་ཀྱི་རྒྱལ་པོ་གཉིས་ཀྱི་ཆོས་ལྡན་འཕྲིན་ལས་སྤེལ་བ་ལ་འགྲན་ཟླ་དང་བྲལ་བ་འཛམ་གླིང་ཡངས་པའི་ནོར་འཛིན་གྱི་ཁྱོན་མཐའ་དག་རྒྱལ་བསྟན་ཉིན་མོའི་སྣང་བ་གཅིག་གིས་འཁོར་ཡུག་ཏུ་ཁྱབ་པར་མཛད་

པའི་ཁམས་གསུམ་ཆོས་ཀྱི་རྒྱལ་པོ་ཆེན་པོར་མངོན་པར་བཞེངས་པར་འགྱུར་བ་ནི་ངེས་པ་ཁོ་ན་གདོན་མི་ཟ་བར་མཆོད་ཡོན་རྣམ་གཉིས་ཀྱི་ཡེ་ཤེས་ཀྱི་གཟིགས་པ་དྲི་མ་མེད་ཅིང་ཆགས་ཐོགས་མི་མངའ་བས་ལེགས་པར་གཟིགས་ཤིང་མཁྱེན་པས་ཅི་ནས་ཀྱང་བཀུར་བསྟི་དང་བདག་རྐྱེན་གཟེངས་བསྟོད་བླ་ན་མཐོ་བར་མཛད་དགོས་པར་དགོངས་ནས་ཆིབས་བསྐུས་མཚོན་པ་གང་ཅིར་སྔར་ལམ་ལས་ལྷག་པའི་གཟེངས་སུ་མཐོ་བ་དགོས་ཚུལ་ལས་ཁུངས་སོགས་ལ་བཀའ་ཁྱབ་བསྐྱངས་དོན་བྱེད་པོ་སོ་སོ་ནས་ཀྱང་དེ་དེ་བཞིན་དུ་བགྱི་བའི་སྦྱོར་བ་ལ་ཞུགས་པར་གྱུར་ལ། དེའི་དབང་གིས་ཕེབས་ལམ་རྣམས་སུ་སྤྱི་རིམ་པར་ཆིབས་བསྐུ་ཐབ་བསྐུ་མཇལ་ཞུ་སོགས་གཅིག་རྗེས་གཉིས་མཐུད་ཀྱི་ཚུལ་དུ་བྱུང་བར་སྣང་སྟེ། དེ་དག་གི་ཚུལ་ཙུང་ཟད་རྒྱས་ཙམ་བརྗོད་ན་དེ་ཡང་རྗེ་ཉིད་གོང་གསལ་ལྷ་རི་མགོ་ནས་ཆིབས་བཏེགས་ཏེ་ཞག་ལྔ་དྲུག་ཙམ་སོན་པའི་སར་གཡག་ར་རྒལ་ཞེས་པར་བཞུགས་ཞག་སྐབས། སེ་ར་སྨོན་བདེ་ཁམས་ཚན་གྱི་བགྲེས་པ་གཉིས་རྒྱང་བསྒྱུར་བཅར་ཏེ་ལྷ་རིག་གི་མཇལ་དར་ཕུལ་ཞིང་། དེ་མཇུག་དེ་མ་ཐག་ཏུ་འབྲས་སྤུངས་གུང་རུ་ཁམས་ཚན་གྱི་དགེ་རྒན་རབ་འབྱམས་པ་སངས་རྒྱས་ཡར་འཕེལ་དང་། རྒན་པ་གཉིས་བཅས་མཇལ་ཞུར་བཅར་ནས་ལྷ་རྫས་ཀྱི་མགུལ་དར་དང་། ཤིང་འབྲས་ཀྱི་དཀར་སྒྲོ། གསེར་ཟངས་ལས་གྲུབ་པའི་དེ་བཞིན་གཤེགས་པའི་སྣང་བརྙན་སོགས་ཕུལ་བར་དགྱེས་བཞེས་ངོས། སེར་འབྲས་ཀྱི་གྲྭ་རིགས་དེ་རྣམས་ལ་ཁམས་ཚན་ཕན་ཚུན་གྱི་དགེ་འདུན་རྣམས་བཤད་སྒྲུབ་ཆོས་སྤྱོད་གོང་འཕེལ་ཇི་འདྲར་ཡོད་པ་སོགས་ཀྱི་བཀའ་འདྲི་ཞིབ་རྒྱས་སུ་སྩལ། དེ་ནས་རིམ་བྱོན་གྱིས་ལ་སྟེང་དུ་བཞུགས་ཞག་གནང་སྐབས་༧གོང་ས་མཆོད་ཡོན་ལྷན་རྒྱས་ནས་ཕེབས་བསུ་དང་སྣེ་ཤན་ཟླུང་འབྲེལ་དུ་བཀས་མངགས་པ་རྗེ་

བྱུང་ལྷ་སྲིད་ཆོས་མཛད་ངོ་གཡོག་རྣམས་ཞབས་བྱུང་དུ་འཁྱོར་གདོང་། ༸སྐྱབས་མགོན་རྒྱལ་དབང་ཐམས་ཅད་མཁྱེན་གཟིགས་ཆེན་པོ་ནས་གནང་སྐྱེས་སུ་ཕྱུག་མདུད་འབྲུལ་མེད་དང་། ཞིང་འབྲས་སྣེ་ཁ་བདུན་ཡོད་ཀྱི་ཀ་ཅེའི་ཁྲམ་བུ་ཐུགས་དམ་འབྱུར་བ། གསོལ་ཇ་འབྲུ་དང་འཁོར་དྲུག །ཀོ་རྩེ་འཁོར་དྲུག །གསོལ་མར་དཀར་ལྷིག་འདེགས་ཁལ་ལྔ། ལྗགས་སྙིན་གསོལ་ཞིབ་རས་ཕད་སོགས་ཀྱི་གནང་སྐྱེས་དང་། དེ་མཚུངས་༸སྐྱབས་མགོན་ནོ་མི་ཧན་ཆེན་པོ་ནས་ཀྱང་འཚམས་ཞུར་ལྷ་གོས་དྲི་བྲལ། ཞིང་འབྲས་སྣེ་ཁ་ལྔའི་ཁྲམ་བུ། ལྗགས་སྙིན་གྱི་གསོལ་ཇ། གསོལ་མར། སྨན་འབྲས་སོགས་སྣུམ་པ་རྣམས་གྲུས་པ་དང་དགྱེས་པའི་སྒོ་ནས་བདག་གིར་དུ་མཛད་ཅིང་། ཕེབས་བསུ་བ་རྣམས་ལ་མཆོད་ཡོན་ལྷན་རྒྱས་མཚན་དཀྱིལ་དྭངས་ཞིང་ཆོས་ལྡན་འཕྲིན་ལས་ཡར་རྒྱས་སུ་བཞུགས་ཚུལ་སོགས་ཀྱི་བཀའ་འདྲི་ཞིབ་ལྷུག་ཏུ་སྩལ། གཞན་ཡང་གནས་དེར་འབྲི་གྲུང་མཛོད་པ་དང་། མི་སྣ། ལ་སྲིད་གཞིས་བཅས་ནས་ཕེབས་བསུའི་ཐོག་མཇལ་ཞུ་ཞུས་པ་རྣམས་ལའང་འདོད་པ་ལྟར་གྱི་མཇལ་ཁ་དང་བཀའ་མཆིད་སོགས་སྩལ་ཏེ་ཡིད་ཚིམ་ངེས་པར་མཛད་དོ། །

རྒྱལ་ཀུན་ཡེ་ཤེས་གསེར་གྱི་ཁམས། །སྙིང་པོར་འགྲིལ་བའི་འཁོར་ལོ་ཞིག །གཞན་དོན་རྩེབས་སྟོང་བཀྲ་བཞིན་པར། །བསིལ་བའི་ལྗོངས་འདིར་བསྐྱོད་དོ་ཞེས། །གྲགས་སྙན་ཏམ་བུ་ར་ཡི་སྒྲ། །ངོ་མཚར་རྒྱུད་དུ་བསྒྲེངས་པའི་དབྱངས། །དཔྱོད་ལྡན་ཚོགས་ཀྱི་སྒྲ་འཛིན་ལ། །ནོར་བུའི་རྣ་ཆ་བཞིན་དུ་གྱུར། །དེ་ཚེ་ཡངས་པའི་འཛམ་རྟེན་འདི། །གསལ་མཛད་ཉི་ཟླ་ཟུང་གཅིག་ཀྱང་། །འོད་སྟོང་གང་གི་ཕྱོགས་སྲོས་ཏེ། །དགེ་ལེགས་སྤྲིན་ལ་རྣམ་པར་བརྩོན། །ཁྱོད་ཀྱིས་ཛམྦུས་མཚན་པའི་གཞིར། །ཆོས་སྲིད་རྩེབས་སྟོང་འཁོར་

ཕོ་ཆེ། །རིང་མིན་བསྒྱུར་བའི་མཚན་མ་ནི། །ཡེ་ཤེས་གཟིགས་པའི་ངོགས་སུ་རྒྱུ། །ལྷ་ཡི་ལམ་ལས་མ་འོངས་ཤིང་། །བདེ་འབྱུང་རལ་པའི་ཀློང་དུ་འང་། །འཁྱིངས་མིན་དམ་པའི་གཏྣ་ཁྱོད། །དབུས་འགྱུར་འཛིན་མའི་གཞི་འདིར་འབབ། །

དེ་ནས་དུང་སྐྱིད་དུ་བཞུགས་ཞག་སར་འབྲས་སྤུངས་སྔགས་མང་གྲྭ་ཚང་གི་ལས་སྣེ་ཏྲག་བསྟུས་དང་། སྔགས་མང་མཁན་པོ་བསྐལ་བཟང་དངོས་གྲུབ་སྐུ་སྐྱེར་གྱི་ཕེབས་བསུར་ཕྱག་མཛོད་ངོ་མ་བཅས་འཁོར་བ་རྣམས་ནས་མཇལ་ཞུའི་ཐོག་ལྷ་རྫས་ཀྱིས་སྣ་དྲངས་པའི་ལེགས་སྐྱེས་སོགས་ཕུལ་བ་རྣམས་ལ་དགྱེས་པའི་སྤྱན་རས་ཀྱིས་བཅའ་བར་མཛད་ནས་ཆོས་སྙེ་ཆེན་པོའི་སྐོར་གྱི་གསུང་མཆིད་རྣམས་རྒྱས་པར་ཕེབས། གཞན་ཡང་དུང་སྐྱིད་གཞིས་བསྡོད་སྤྲེལ་པོ་དང་། ཕྱོགས་དེའི་ཡུལ་མི་སོགས་ནས་ཀྱང་མཇལ་འབུལ་དང་བྱིན་རླབས་ཞུས། དེ་ནས་ཐང་སྐྱུར་ཕེབས་སྐབས་ཐང་སྐྱུའི་ཞལ་འཛིན་དང་ཤར་རྩེ་མཁན་པོ་ཞལ་སྔ་ནས་མངའ་རིས་རིང་མོར་གྲགས་པ་ཆིབས་བསུར་བཅར་ཏེ་མཇལ་ཕྱག་ཞུས་པར་ཆོས་འབྲེལ་གྱི་གསུང་གླེང་ཤིན་ཏུ་འཕེལ་བར་གནང་ཞིང་། ཡུལ་དེའི་སེར་སྐྱ་མཆོག་དམན་གཞན་དག་ལ་ཡང་མཇལ་ཁ་ཕྱག་དབང་སོགས་གནད་སྨིན་བསྐྱངས་ཏེ་རེ་བ་འབྲས་ལྡན་དུ་མཛད་ནས། གོང་གསལ་ཆིབས་བསུ་བ་རྣམས་དང་ལྷན་ཅིག་པར་མལ་གྲོ་གོང་དཀར་ཕྱོགས་སུ་ཕེབས་ཏེ་དེར་གླུ་སྡིང་དུ་བཞུགས་སྐར་འབེབ་གནང་གི་སར་མལ་གུང་རྫོང་དཔོན་གྱིས་གཙོས་པའི་ཡུལ་མི་དྲག་ཞན་ཚང་མར་ཞལ་མཇལ་བྱིན་རླབས་སྩལ། རིམ་གྱིས་ལ་མོར་བྱོན་ཏེ་མ་ཧཱ་སྣང་བའི་རྩར་བཞུགས་ཞག་དང་། དེའི་སང་ཉིན་ལ་མོ་བྱང་ཆུབ་ལྟོག་ཏུ་ཕེབས་ནས་ཆོས་སྐྱོང་ཚངས་པ་དུང་ཐོད་ཅན་ཕོག་ལྷམས་སྤྱན་འདྲེན་གྱི་ཐོག

ཕྱག་མཚན་གྱི་རིགས་དང་། དར་གོས་ཆེན། རྟ་སོགས་འབུལ་གནང་གིས་བསྟན་དོན་གྱི་མཛད་པ་རྣམས་བགེགས་མེད་ཇི་བཞིན་འགྲུབ་པའི་འཕྲིན་བཅོལ་དང་བླང་དོར་གྱི་བཀའ་ལུང་བཅས་ཞུ་བར་མཛད་པས་ཆོས་སྐྱོང་ཆེན་པོ་ནས་ཀྱང་སྐུ་ཕྲེང་རིམ་པར་འཕྲིན་ལས་སྒྲུབ་ཅིང་ཅི་གསུངས་ཕོད་དུ་བཅིངས་ནས་གདོང་གྲོགས་མཛད་པའི་དམ་ཚིག་གཉན་པོས་འབྲེལ་བའི་ངང་ཚུལ་གསལ་པོར་བསྟན་ཏེ་དགྱེས་ཉམས་དང་ཆེ་བརྗོད་གསུས་ཞབས་སོགས་ཚད་མེད་པའི་སྒོ་ནས་གང་བཅོལ་གྱི་འཕྲིན་ལས་མཛད་པར་ཞལ་གྱིས་བཞེས་ཤིང་ལུང་བསྟན་རྡོ་རྗེའི་ཚིག་གི་གླུ་དབྱངས་ལེགས་པར་སྒྲོག་པར་མཛད། དེ་དག་གྲུབ་བསྟུན་གནས་གཟིགས་ཞིབ་རྒྱས་དང་། ལ་མོ་ཆོས་རྗེ་ནས་སྟོན་འཁོར་ཚང་མར་གསོལ་སྟོན་དང་། འབུལ་ཚན་སོགས་གཟབ་རྒྱས་སུ་བསྟར་བར་མཇལ་སྒྲིག་དང་གསུང་མཆིད་སོགས་ཀྱིས་གཟེངས་སུ་བསྟོད་དེ་སྤྲོ་བ་འཕེལ་བར་མཛད། དེ་ནས་བྱོན་ཏེ་འདི་སྐབས་ལྷ་ལྡན་དུ་ཕེབས་ཉེའི་དུས་གཏུགས་ཀྱིས་དགའ་ལྡན་དུ་ཆིབས་བསྐྱོད་མ་ཐུབ་ཙང་ཕེབས་ལམ་ནས་དགའ་ལྡན་གྱི་ཤར་བརྒྱུད་གཟིགས་སྐབས་རྗེ་ཐམས་ཅད་མཁྱེན་པ་ཡབ་སྲས་རྣམས་ལ་མོས་གུས་གདུང་ཤུགས་དྲག་པོའི་སྒོ་ནས་ཐུབ་བསྟན་འཛིན་སྐྱོང་སྤེལ་བ་ལ་ཡབ་སྲས་ཁྱེད་རང་རྣམས་དང་སྒོ་ཀུན་ནས་མཚུངས་པར་འགྱུར་བ་སོགས་ཀྱི་ཐུགས་སྨོན་མཚམས་སྦྱོར་གྱི་རིམ་པ་གནད་སྨིན་རྒྱུན་རིང་པོར་མཛད་ཅིང་། རིང་མིན་འབྱོན་པའི་ཐུགས་དགོངས་དང་བཅས་ཏེ་ཆིབས་བསྐྱོད་པར་བདེ་ཆེན་གསང་སྔགས་མཁར་དུ་ཕེབས་ཉེར་གྱུར་པ་ན་བདེ་ཆེན་རྫོང་བསྡོད་གཉིས་དང་། བླ་མ་ལས་སྣེ་སོགས་ཀྱིས་ཆིབས་བསུས་མདུན་དྲངས་ཏེ་གསང་སྔགས་མཁར་གྱི་ཉེ་འདབས་ཀྱི་གླིང་ཁར་ཞབས་མཐིལ་མངོན་པར་བཀོད་ཕྲལ་དགོན་གྱི་བླ་གྲྭ་ཚང་མ་དང་།

རྫོང་བསྟོད། ཡུལ་མི་དྲག་ཞན་སོགས་ཀུན་གྱིས་མཇལ་ཕྱུ་དང་། བསྙེན་བཀུར་ཞབས་ཏོག་དངོས་འབུལ་བཅས་ཕུལ་བ་རྣམས་ལ་མཇལ་ཕྱག་གནང་སྟེ། བཀའི་ཕེབས་སྒོ་སོགས་འདོད་བློ་ཁེངས་ངེས་སུ་སྩལ། གསང་སྔགས་མཁར་དུ་མཆོད་ཁང་སོགས་ལ་གནས་གཟིགས་མཆོད་སྨོན་སོགས་ཀྱང་རྒྱ་ཆེ་གནང་སྨིན་དུ་མཛད། དེར་འབྲས་ལྗོངས་སྒོ་མང་གྲྭ་ཚང་གི་མཁན་པོ་ཆོས་ཀྱི་རྗེ་ཞལ་སྔ་ནས་བསྐལ་བཟང་དངོས་གྲུབ་སྟོན་འཁོར་དང་། འབྲས་གུང་རུ་ཁམས་ཚན་གྱི་ཆེ་བགྲེས་དགེ་སློང་བསྟན་འཛིན་ཤེས་རབ་དང་། བློ་བཟང་ཆོས་འཕེལ་སོགས་ཕེབས་བསུ་བ་རྣམས་ལ་མཇལ་འཕྲད་དང་དགྱེས་པའི་གསུང་མཆིད་སོགས་ལེགས་པར་སྩལ། དེ་ནས་ཚལ་གླིང་ཁར་བཞུགས་ཞག་བསྐྱངས་སྐབས་ཧར་ཆེན་མཛོ་ཡོན་ནས་ཕེབས་བསུ་དང་མཇལ་དར་ཕུལ། དེའི་སང་ཉིན་ལྷ་གདོང་ཤན་ཁ་ཐོན་གྲུབ་ཕྲལ་འབྲས་གུང་རུ་ཁམས་ཚན་གྱི་ཐབ་བསུའི་གུར་དུ་ཆིབས་ཐོལ་གྱིས་གསོལ་ཞབས་ཐོག་སྤྱི་ཟུར་གུང་རུ་བ་སྡེ་པ་བསྟན་འཛིན་འོད་ཟེར་ནས་ཐོག་མའི་ཞལ་བཟང་མཐོང་བའི་མཇལ་དར་དང་། གུང་རུ་ཁམས་ཚན་གྱི་བགྲེས་སོང་། སྤྱིན་བདག་ཆོས་རྗེ་དངོས་གྲུབ་སྟེང་བ་སོགས་སྐྱ་སེར་མང་པོས་མཇལ་ཕྱག་ཞུས། དེ་ནས་རིམ་པ་བཞིན་འབྲས་སྒོ་མང་གྲྭ་ཚང་། འབྲས་ལྗོངས་བླ་མ་སྤྱི་སོ། སེ་ར་སྨད་པདེ་ཁམས་ཚན། སེར་བྱེས་གྲྭ་ཚང་། སེ་ར་གུང་རུ་ཁམས་ཚན། སེ་ར་ཧར་གདོང་ཁམས་ཚན་སོགས་ཀྱི་ཐབ་བསུའི་དབུ་གུར་གྱི་འཕྲེད་བ་རྒྱུ་སྐར་ཐང་ལ་འཛོམས་པ་ལྟར་ཆེས་མང་བར་བཀྲ་བ་རྣམས་སོ་སོའི་སར་ཆིབས་ཐོལ་བསྐྱངས་པར་ཚང་མ་ནས་གསོལ་ཇ་བཞེས་འབྲས་སོགས་ཀྱི་ཞབས་ཏོག་དང་། གྲྭ་ས་གྲྭ་ཚང་སོ་སོའི་བླ་མ་ལས་སྣེ། ཁམས་ཚན་སོ་སོའི་མགོ་ཡོད་སོགས་ཀུན་གྱིས་ལྷ་རྫས་ཀྱི་དར་སྟོན་དུ་འགྲོ་བའི་མཇལ་ཕྱག་ཞུས་

ཤིང་། བླ་མ་ལས་སྔ་སོགས་ལ་གྲྭ་ས་ཕན་ཚུན་གྱི་འཆད་ཉན་གྱི་སྐོར་སོགས་བཀའ་འདྲི་ཞིབ་རྒྱས་དང་། ཆིབས་བསུ་བ་ཀུན་ལ་སྨྲ་དར་སོགས་གོ་བབ་ཀྱི་གནང་སྦྱིན་གཟབ་རྒྱས་སུ་སྩལ། དེ་མཚུངས་གཞུང་ས་མཆོག་ནས་ཟུར་ཁང་གཡུལ་ཁར་ཐབ་བསུའི་ཐོག་རྗེ་ཤོད་སོ་སོའི་སྐུ་ཚབ་མགྲོན་གཉེར་སོགས་ཆེད་གནང་གི་སར་ཆིབས་ཤོལ་བསྐྱངས་བསྟུན་ཇ་ཞུས་དང་། ཆིབས་བསུ་བ་དྲུང་འཁོར་སེར་སྐྱ་བཅུ་དྲུག་སྐོར་སོགས་ནས་མཇལ་དར་ཕུལ་བ་རྣམས་ཀྱང་བདག་གིར་དུ་མཛད་དོ། །དེ་ལྟར་གོང་འཁོད་ལྟར་གྱི་གྲྭ་ས་གྲྭ་ཚང་ཁམས་ཚན་མི་ཚན། མི་དྲག་སེར་སྐྱ་སྤྱི་སྙེར། རྗེ་ཤོད་ཀྱི་མགྲོན་གཉེར་ངོ་གཡོག །དྲུང་འཁོར་སྐྱ་སེར་སོགས་ཆིབས་བསུ་བ་བསམ་ལས་འདས་པ་རྟུལ་འཕྲིགས་པ་ལྟ་བུ་རྣམས་ཀྱིས་ནི་མདུན་བདར། ལྷ་ལྡན་དུ་འཁོད་པའི་ཕྱོགས་མཐའ་དབུས་ཀྱི་སྐྱེ་བོ་ཕོ་མོ་ཁྲི་ཕྲག་མང་པོའི་ཚོགས་རྣམས་གང་གི་ཞལ་གྱི་དཀྱིལ་འཁོར་མཐོང་ན་མི་མཐུན་པ་མེད་པ་མཇལ་བར་འདོད་པའི་དད་གུས་ཀྱིས་ཉེ་བར་དྲངས་པས་ཁོར་ར་ཁོར་ཡུག་ཕྱོགས་དང་ཕྱོགས་མཚམས་ཀུན་ཏུ་བར་མཚམས་མེད་པར་ཁེངས་པ་རྣམས་ཀྱིས་བལྟགས་པ་དང་ངོ་མཚར་གླེང་བའི་ཙ་ཙོའི་སྒྲ་དབྱངས་མི་ཟད་པས་ནི་ཀུན་ཏུ་འགེངས། མཚན་དཔེའི་དཀྱིལ་འཁོར་ཉིན་བྱེད་འབུམ་གྱིས་འཕྲུད་པ་ལྟ་བུའི་གཟི་བྱིན་གྱི་དཔལ་དང་ལྡན་པ་ཅང་ཤེས་ཁྱུ་མཆོག་རིན་པོ་ཆེའི་སྒ་སྲབ་ཀྱིས་སྤྲས་པའི་སྟེང་དུ་མངོན་པར་བརྗིད་ཆགས་པར་བཞུགས་པའི་སྒོ་ནས་འཛུམ་ལྡན་ཞལ་གྱི་པདྨོ་དང་ལྡན་སྙིང་གི་བུང་བའི་གསོས་སུ་ནི་ལེགས་པར་བསྟན། སྔོན་ནས་ཐུགས་ལ་དགོངས་པ་བཞིན་དབུས་གཙང་ཆོས་ཀྱི་ལྗོངས་འདིར་བདེ་བར་ཕེབས་པས་ད་ནི་དོན་གཉིས་ཕུན་ཚོགས་ཀྱི་ནོར་བུའི་གླིང་ལ་ཅི་དགར་དབང་བསྒྱུར་བའི་སྐལ་བཟང་དང་ལྡན་ནོ་དགོངས་པའི་

དགའ་བ་དང་། ངེས་པར་འཁོར་ལོ་གསུམ་གྱི་བྱ་བས་གསེར་མདོག་འཆང་བའི་རིང་ལུགས་དང་གངས་ཅན་མགོན་པོའི་འཕྲིན་ལས་སྤེལ་ཐུབ་པ་ཞིག་མི་བྱེད་རི་དགོངས་པའི་ཞེ་བཅད་སོགས་ལྷག་བསམ་ཐུགས་བསྐྱེད་ཀྱི་རྒྱ་མཚོ་གྱེན་དུ་ཕྱུར་བའི་ངང་ཚུལ་ནི་ཀུན་ལ་གསལ་པོར་ངོམས་བཞིན་པར། ལོ་ཟླ་དུས་ཆེས་སོགས་ཀྱི་ཁྱད་པར་ཡང་མཆོག་ཏུ་དགེ་བ། དེ་ཡང་ལོ་ནི་རྗེ་ཉིད་དགུང་ལོ་ཉེར་གསུམ་པའི་ཐོག་ཏུ་ཕེབས་ཤིང་། སྔོན་ཇོ་བོ་ཆེན་པོ་ལྷ་ཅིག་དྷི་པཾ་ཀ་ར་བོད་དུ་བྱོན་ནས་ལོ་བདུན་བརྒྱ་དང་ཞེ་གཅིག །འཇམ་མགོན་ཆོས་ཀྱི་རྒྱལ་པོ་ཙོང་ཁ་པ་ཆེན་པོ་དབུས་འགྱུར་གྱི་ལྗོངས་སུ་བྱོན་ནས་ལོ་གྲངས་བཞི་བརྒྱ་དང་བཅུར་སོན་པ། ལེགས་སྦྱར་ལྷའི་སྐད་དུ་ཧྲ་གྲི་ཏྲ་ཅེས་སུ་འབོད་པ། སྟོད་འགྲེལ་བོད་ཡུལ་གྱི་སྐད་དུ་དགེ་བྱེད་ཅེས་པར་གྲགས་ཤིང་། དབང་ཐང་དང་བསྟུན་པའི་མིང་ཆུ་ཕོ་སྟག་ཏུ་འབོད་པའི་ལོར། ཧོར་ཟླ་ལྔ་པའི་ཡར་ངོའི་ཚེས་བརྒྱད་མཆོག་ཏུ་དགེ་བའི་སྤྱི་ཆར་བོད་ཡུལ་སའི་ཐིག་ལེ། ལྷ་ལྡན་སྤྲུལ་པའི་ལྗོངས་སུ་ཞབས་སེན་དག་པ་གཉིས་ལྡན་གྱི་འཁོར་ལོ་མངོན་པར་བསྒྱུར་བཞིན་པར་བཞུགས་གནས་སྟག་ལུང་ཤག་ཏུ་ངལ་མེད་བདེ་བར་ཕེབས་པར་གྱུར་ཅིང་། དེ་འཕྲུལ་གྱི་འགྲུངས་སུ་མ་སོང་བར་གསོལ་ཇ་གཅིག་གྲུབ་ཙམ་ཉིད་ནས་༧རྒྱལ་དབང་སྲིད་ཞིའི་གཙུག་རྒྱན་ཐམས་ཅད་མཁྱེན་ཅིང་གཟིགས་པ་ཆེན་པོ་རྗེ་བཙུན་བློ་བཟང་བསྟན་པའི་དབང་ཕྱུག་འཇམ་དཔལ་རྒྱ་མཚོ་དཔལ་བཟང་པོ་དང་། གང་གི་འཕྲིན་ལས་ཀྱི་བྱེད་པོ་དཔལ་ལྡན་ནོ་མི་ཧན་ཆེན་པོ་མཆོད་ཡོན་གྱི་མཇལ་ཕྱུར་ཕེབས་ཏེ་གྲུ་འཛིན་གཉིས་པའི་གཞལ་མེད་ཁང་གི་གཟིམས་ཆུང་ཉི་འོད་འཁྱིལ་པའི་ནང་མཆོད་ཡོན་ཉི་ཟླ་ཟུང་འབྲེལ་གསེར་ཞལ་ལྷན་རྒྱས་གདན་འཛོམས་པའི་ཐོག་མཇལ་ཕྱག་ཞུས་པར་སྤར་སྤྲོལ་ལས་ལྷག་པའི་གདན་བཟོས་

སོགས་ཀྱི་བཀུར་བསྟི་དང་བཅས་ནས་སྟོན་འཁོར་ཚང་མར་བཞུགས་གྲལ་དང་། གསོལ་ཇ། བཞེས་འབྲས། བཞེས་སྒྲོ་སོགས་ཀྱི་གནང་སྦྱིན་དང་། ལྷག་པར་༧གོང་ས་མཆོག་ནས་ཀྱང་རིང་ནས་ཡབ་སྲས་ལུས་གྲིབ་བཞིན་འགྲོགས་པའི་ངང་ཚུལ་བརྗོད་མེད་གསལ་པོར་བསྟན་ཏེ་མཉེས་ཚོར་ཤིན་ཏུ་ཆེ་བའི་སྒོ་ནས་སྐུ་ཁམས་བདེ་ཡོད་དང་། ཕེབས་ལམ་དུ་སྐུ་ངལ་བྱུང་མེད་སོགས་ཀྱི་བཀའ་འདྲི་ཞིབ་ལྷུག་ཏུ་སྩལ་བ་རྣམས་ལ་ལན་གྱི་མཆོད་པ་ཡང་ཞིབ་པར་ཕུལ་ཞིང་། དེའི་ཚེ་རྗེ་ཉིད་ཀྱང་༧རྒྱལ་དབང་མཆོག་གི་ཞལ་མཇལ་མ་ཐག་མགོན་པོ་སྤྱན་རས་གཟིགས་དངོས་སུ་གཟིགས་པའི་མོས་གུས་བཅོས་མ་མ་ཡིན་པ་ཐུགས་ལ་འཁྲུངས་ཏེ་བླ་སློབ་ཐུགས་ཡིད་གཅིག་འདྲེས་སུ་གྱུར། དེ་ནས་ཕྱིར་ཕེབས་སྐབས་ལམ་སྐྱངས་ལྷ་ལྡན་སྤྲུལ་པའི་གཙུག་ལག་ཁང་དུ་ཕྱིན་ནས་ཇོ་བོ་ཤཱཀྱ་མུ་ནེ་གཙོ་མཛད་པའི་རྟེན་གསུམ་བྱིན་རླབས་ཅན་རྣམས་ལ་ཕྱག་མའི་གནས་གཟིགས་རྒྱས་པར་མཛད་དེ་སྟན་ཤལ་མཆོད་འབུལ་དང་། བསྟན་འགྲོའི་ཕན་བདེ་སྤེལ་བའི་བཞེད་དོན་ཇི་བཞིན་དུ་འགྲུབ་པའི་ཐུགས་སྨོན་མཚམས་སྦྱོར་གནད་སྨིན་ཤུགས་དྲག་ཏུ་བསྐྱངས། དེ་མཚུངས་འདོད་ཁམས་དབང་ཕྱུག་དཔལ་གྱི་ལྷ་མོར་གསེར་སྐྱེམས་སྟན་ཤལ་སོགས་འབུལ་གནང་གིས་ཆོས་ལྡན་གྱི་འདོད་དོན་ཡིད་བཞིན་དུ་འགྲུབ་པའི་འཕྲིན་ལས་རྒྱ་ཆེར་བཅོལ་བ་སོགས་མཛད་དོ། །དེ་བས་ན་རྗེ་བླ་མ་འདི་ཉིད་ནི་དེང་དུས་ཀྱི་སྐྱེ་བོ་གཞན་དག་ལྟར་ལྷ་ལྡན་སོགས་སུ་འཁྱེར་ནས་ཞག་འགའ་སོས་དལ་དུ་གློས་ཕབ་ནས་སྡོད་པ་དང་། འགའ་ཞིག་ནི་ཕྱག་མར་རང་གི་མགོ་འདྲེན་སོགས་ཆེ་བཙན་གཞན་དག་གི་དྲུང་དུ་ངོ་འཛིན་གྱི་མཇལ་ཞུ་དང་། ཚོང་སོགས་ཆོས་མིན་གྱི་བྱ་བས་བྲེལ་ཏེ་ཐམས་ཅད་མཁྱེན་གཟིགས་མཆོད་ཡོན་སོགས་བདག་ཉིད་ཆེན་པོ་རྣམས་དང་།

ཇོ་ཤཱཀ་རྣམ་གཉིས་མཇལ་བ་སོགས་ཆོས་ཕྱོགས་ཀྱི་བྱ་བ་རྣམས་ཕྱི་འགྱུངས་རིམ་ལུས་སུ་འཇོག་པ་དེ་ལྟ་བུ་མ་ཡིན་པར་ཐོག་མར་ཕེབས་པའི་སྐད་ཅིག་གཉིས་པ་ཉིད་ནས་དེ་ཐམས་ཅད་གྲུབ་པར་མཛད་པ་ནི། བཞེད་བྱའི་གཙོ་བོ་བསྟན་པ་དང་སེམས་ཅན་གྱི་དོན་ཁོ་ན་དང་། དེ་གང་ལས་འབྱུང་བའི་གཞི་ན་བླ་མ་དང་དཀོན་མཆོག་ཉིད་ཡིན་པར་ཐུགས་གཏིང་ནས་ཆེས་པའི་དད་པ་དང་ངེས་ཤེས་ཀྱིས་དྲངས་པས་དེ་དག་མཇལ་བ་ལ་ཉིན་དང་མཚན་དང་སྐད་ཅིག་མ་རེ་རེ་ལ་ཡང་ཤིན་ཏུ་རིངས་པར་གྱུར་པའི་འབྲས་རྟགས་ཡང་དག་པ་སྟེ་དམ་པའི་རྣམ་ཐར་རྨད་དུ་བྱུང་བ་ཉིད་དུ་སྣང་ངོ། །

ཨེ་མ་ གསང་ གསུམ་ སྨིན་ པའི་ དྲི་ བསུང་ གངས་ ལྗོངས་ པདྨོའི་ ངོ་ རར་འཁྲིས་པས་མང་མང་གདུལ་བྱའི་ཀང་པ་དྲུག་པ་མ་བོས་མགྲོན་དུ་འགུགས་འདི་མཚར། །ཨེ་མ་ གཞན་ ཕན་ ལྷག་ བསམ་ རྒྱ་ མཚོ་ ཤུགས་ དྲག་ སྙིང་ སྟོབས་ རླུང་གིས་བསྐྱོད་པས་མང་ མང་ འཕྲིན་ ལས་ ཏ་ རླབས་ ཆལ་ ཆིལ་ མ་ འཐོར་ མཁའ་ ལ་འགྲོ་འདི་མཚར། །ཨེ་མ་མཁས་བཙུན་བཟང་པོའི་ཆུ་འཛིན་འཛམ་གླིང་ཀུན་གསལ་ཡངས་ པོར་ འཁྲིགས་ པས་ མང་ མང་ ངོ་ མཚར་ གཏམ་ གྱི་ དབྱར་ ཆར་ མ་བསྐུལ་དུས་གཅིག་འཁྲོལ་འདི་མཚར། །ཨེ་མ་ལེགས་བྱས་ཡོངས་འདུའི་ལྗོན་པ་རླབས་ ཆེན་ དྲོད་ གཤེར་ སྟོབས་ ཀྱིས་ སྨིན་ པས་ མང་ མང་ དོན་ གཉིས་ ལོ་ འདབ་འབྲས་ བུ་ མ་ བསྐུར་ ཁུར་ གྱིས་ དུད་ འདི་ མཚར། །རབ་ མང་ འཁོར་ ཚོགས་ རྒྱུ་སྐར་བཀྲ་བའི་དབུས། །རབ་མཛེས་ལང་ཚོ་རྫོགས་པའི་ཟླ་བའི་བཞིན། །རབ་གསལ་མཚན་དཔེའི་འོད་དཀར་འགྱེད་བཞིན་པར། །རབ་ཡངས་ལྷ་ལྡན་ལྷ་ཡི་ལམ་དུ་གཤེགས། །དབུས་འགྱུར་ནོར་འཛིན་བུ་མོའི་ལྟེ་བ་རུ། །ཞབས་སེན་བཀྲ་ཤིས་ ཟླ་ ཆེས་ འཕོས་ པའི་ མོད། །ཀུན་ དགའི་ དགེ་ ལེགས་ གསར་ པའི་ ག་

ཐུར་ཐེག །མ་ལུས་ཕྱོགས་ཀྱི་འགྲམ་པར་འགོད་ལ་དཔའ། །དགེ་ལེགས་འབྱུང་གནས་རྒྱལ་ཀུན་འབབ་ཞིག་ཏུ། །ཡིད་ཆེས་མོས་གུས་ལྷག་གིས་ཉེར་བསྐུལ་བས། །འདིར་སྣང་གཡེངས་པའི་རི་མོ་རྒྱང་བསྲིངས་ནས། །འདྲེན་པ་རྣམས་དང་མཇལ་བ་ལྷུར་བཞེས་གྱུར། །དེ་ཚེ་རིང་ནས་རབ་དཀར་ཐུགས་བསྐྱེད་ཀྱིས། །ཡོངས་སུ་འབྲེལ་བའི་ངང་ཚུལ་བ་ཀུ་ལ། །དད་དང་ཐུགས་རྗེའི་འགྲམ་ཆང་གིས་འབྱེད་པས། །མི་ཕྱེད་ཐུགས་ཀྱི་གེ་སར་ལེགས་པར་བཅིངས། །

དེ་ལྟར་མཇལ་འོས་རྣམས་ལེགས་པར་གྲུབ་བསྟུན་སླར་བཞུགས་འཚོར་ཀྱི་སར་ཕྱིར་ཕེབས་མཛད་ཅིང་། དེ་ཉིན་སྔེ་སྤྱིས་འཛིན་གུང་ཏུ་བ་བསྟན་འཛིན་འོད་ཟེར་ནས་སྟག་ལུང་ཤག་གི་གཟིམས་ཆུང་ཀ་བཞིའི་ནང་དུ་སྐུ་འཁོར་ཚང་མར་གསོལ་ཞབས་དཀར་སྤྲོ་སོགས་ཉིན་འཁྱོངས་གཟབ་རྒྱས་ཀྱི་ཐོག་དབུས་ཕེབས་ཀྱི་ཐོག་མའི་ངོས་མཇལ་རྟེན་འབྲེལ་དུ་རབ་དཀར་ལྷ་རྫས་ནང་མཛོད། ཞིང་ཁམས་རྒྱ་མཚོའི་བཀོད་པ། སྐུ་གསུང་ཐུགས་རྟེན། འགྲོ་མགོན་ཕག་མོ་གྲུ་པའི་སྣང་བརྙན་བྱེས་མ་ན་བཟའ་ཅན་བྱིན་ལྡན། བཞུགས་འཕོལ་སྐུ་མཉེས་དང་བཅས་པ། སྐུ་འགག་སྐུ་ཤམ། སྐུ་གཟན། ཅམ་རྟེ། བཞུགས་འདིང་། སྐུ་འདམ། རྟེ་ཞྭ། ཞབས་ཕྱུགས་རྟ་ལྷམ། ཆོས་རའི་བཞུགས་གདན་སོགས་རྒྱུ་སྤུས་རིན་ཐང་གཞལ་བར་བཀའ་བ་ཤ་སྟག་ལས་གྲུབ་པ་ཁ་གསར་སྤུས་ལེགས་ཏུ་མའི་འབུལ་བ་གཏོས་ཆེ་བར་ཕུལ་ཏེ་དགྱེས་རྒྱ་ཡོངས་སུ་སྐྲུན་ཅིང་། དེའི་སང་ཉིན་ནས་བཟུང་གཞུང་ས་མཆོག་གི་འཕྲིན་ལས་ཀྱི་ཁ་ལོ་བ་བཀའ་བློན་བླམ་བསྐལ་བཟང་རྣམ་རྒྱལ། བཀའ་བློན་གུང་པཎྜི་ཏ། བཀའ་བློན་ཐོན་པ། བཀའ་བློན་རག་ཤག་བསོད་ནམས་དབང་རྒྱལ་རྣམས་མཇལ་

ཕྱག་ཏུ་བཅར་ཞིང་། དེ་མཚུངས་བོད་བཞུགས་ཨམ་བན་ལྷན་རྒྱུས་འཚམས་ཞུར་བཅར་བར་མཇལ་དར་རྩེ་སྲིད་དང་དབང་ཕྱོགས་ཀྱི་སྐོར་སོགས་གང་ཅིར་གསུང་མོལ་ཞིབ་ལྷིངས་སུ་མཛད། དེ་ནས་རིམ་པར་སེར་འབྲས་ཀྱི་ཚོགས་ཆེན་བླ་མ་ལས་སྡེ་དང་། གྲྭ་ཚང་ཁག་གི་ལས་སྡེ། ཁམས་ཚན་སྤྱི་སྡེར་གྱི་ཆེ་བགྲེས། གཞུང་དྲུང་སེར་སྐྱ་དད་འདུན་ཆེ་རིགས་སོགས་ནས་མཇལ་ཞུ་དང་ཟུར་གསོལ་སོགས་གྱི་ནོམ་པར་སྩལ། གཞན་ཡང་སེར་འབྲས་ཀྱི་བླ་སྤྲུལ། དགེ་བཤེས། ཆོས་འགྲིམ་གློ་གསར་བ་སོགས་དང་། སྐྱིར་ལྷུང་ཕུ་ཁང་གྲྭ་ཚང་སོགས་སེར་སྐྱ་མཆོག་དམན་བགྲང་བ་ལས་བརྒལ་བ་དུ་མ་མཇལ་ཕྱག་ཏུ་བཅར་བ་རྣམས་ལ་སོ་སོའི་མོས་བློ་དང་མཐུན་པའི་ཞལ་མཇལ་ཕྱག་དང་བཀའ་མཆིད་གསུང་མོལ་སོགས་གང་ལ་གང་འཚམས་པར་སྩལ་བས་རེ་བའི་བུམ་བཟང་ཡོངས་སུ་འགེངས་བཞིན་པའི་ངང་དུ་ཞག་འགའ་གཏན་ཆགས་པར་བཞུགས་སོ། །

སྐབས་འདིར་གླེང་བར་བྱ་བའི་སྒོ་འདི་ཡོད་དེ། དེ་ལ་མགོན་པོ་འདི་ཉིད་སྤྲ་སོར་དབང་ཕྱོགས་ནས་ཆིབས་བསྐྱོད་པ་ནས་བོད་དུ་མ་ཕྱིན་བར་གྱི་ཕེབས་ལམ་ཐམས་ཅད་དུ་དད་ལྡན་རྣམས་ཀྱི་འདོད་མོས་དང་མཐུན་པར་དམ་པའི་ཆོས་ཀྱི་བཀའ་དྲིན་རྒྱ་ཆེན་པོར་སྩལ་བའི་སྒོ་ནས་འགྲོ་བའི་དོན་མཛད་པ་དང་། གདུལ་བྱ་དེ་དག་གིས་ཀྱང་བཀུར་བསྟི་དང་གུས་འདུད་ཚད་མེད་པས་ཆིབས་བསུ་སྐྱེལ། དངོས་འབྱོར་གྱི་འབུལ་བ་སོགས་ཕུན་སུམ་ཚོགས་པའི་བསོད་ནམས་ཀྱི་ཚོགས་རྒྱ་ཆེན་པོར་བསགས་པ་རྣམས་ལ་ཆོས་ཀྱི་རྣམ་དབྱེ་ལ་མི་མཁས་པའི་སྐྱེ་བོ་ངན་རྟོག་ཅན་དག་གི་བསམ་པར། ཚུལ་དེ་རྣམས་ནི་ཟང་ཟིང་གི་དངོས་པོ་བསྡུད་པ་ཙམ་གྱི་ཕྱིར་དུ་ཕྱིན་པའོ་སྙམ་པ་དང་། སྐྱེ་བོ་རྣམས་ཀྱིས་བཀུར་བསྟི་བྱེད་པ་ཡང་ངོ་འཛིན་དང་མཛེས་མཚོན་གྱི་མི་ཆོས་ཙམ་དུ་ཟད་

རྟོ་སླམ་པའི་བློ་ངན་གྱིས་ཀུན་ནས་བསླངས་ཏེ་རང་གཞན་གྱི་རྒྱུད་ལ་སྐྱུར་འདེབས་ཀྱི་ས་བོན་འདེབས་པ་དག་ཀྱང་འབྱུང་སྲིད་མོད། དེ་ལ་བྱིས་པ་བདག་དང་བདག་འདྲ་བ་རྣམས་ཀྱི་སྒོ་གསུམ་གྱི་བྱེད་སྤྱོད་ཕལ་ཆེ་བའི་ཀུན་སློང་ནི་དེ་དང་དེ་འདྲ་བ་ཤ་སྟག་ཅིག་ལས་མ་འདས་ཀྱང་བདག་ཉིད་ཆེན་པོ་འདི་ལྟ་བུ་རྣམས་ཀྱི་མཛད་པ་ནི་དེ་ལྟར་མ་ཡིན་ཏེ། རྒྱུ་མཚན་གང་གི་ཕྱིར་ཞེ་ན། རིང་མོ་ཞིག་ནས་རང་གཅེས་པར་འཛིན་པའི་བློ་ཡལ་བར་དོར་ནས་ཅི་བྱེད་གཞན་དོན་འབའ་ཞིག་ཁུར་དུ་འཁྱེར་བ་ལ་གོམས་པའི་དབང་གིས་བདག་འཛིན་གྱི་འཁྲི་བ་གཏན་ནས་ཆོད་ཟིན་པས་ན། དེ་དག་ལ་རང་དོན་ཡིད་བྱེད་ཀྱི་བློ་ངན་དང་དེས་ཀུན་ནས་བསླངས་པའི་ལུས་ངག་གི་བྱེད་ལས་བསྐྱེད་པ་ནི་ཤེས་བྱ་ལ་མི་སྲིད་པའི་ཕྱིར། དེ་བས་ན་ཇི་སྐད་དུ། དམ་ཆོས་པདྨ་དཀར་པོ་ལས། མཁས་དེ་རྟག་ཏུ་ཐུག་དོག་མེད་པར་ནི། །སྣ་ཚོགས་དོན་ལྡན་སྙན་པའི་གཏམ་ཡང་སྟོན། །ལེ་ལོ་དག་ཀྱང་རྣམ་པར་རབ་སྤངས་ནས། །སྐྱོ་བ་སླམ་པའི་འདུ་ཤེས་བསྐྱེད་མི་བྱ། །མཁས་པ་མི་དགའ་ཐམས་ཅད་རྣམ་པར་སྤངས། །བྱམས་པའི་སྟོབས་ནི་འཁོར་ལ་བསྒོམ་པར་བྱ། །ཞེས་དང་། མཁས་པ་གཞན་དག་གི་གསུང་ལས་ཀྱང་། ཆོས་ལ་དཔེ་མཁྱུད་བྱས་གྱུར་ན། །རྣམ་ཀུན་ཆོས་ཀྱིས་ཕོངས་སོ་ཞེས། །བསྟན་སྐད་ཆོས་ཚུལ་བདུད་རྩིའི་རྒྱུན། །གཞན་སྦྱིན་ངལ་བ་མང་བསྟེན་ཏོ། །ཞེས་གསུངས་པ་ལྟར། གདུལ་བྱའི་དོན་མཛད་པའི་གཙོ་བོ་ནི་དམ་པའི་ཆོས་ཀྱི་སྒོ་ནས་ཕན་འདོགས་པ་ཉིད་ཡིན་ན། ཆོས་དོན་དུ་གཉེར་བ་ལ་ལེ་ལོ་དང་སྐྱོ་ངལ་སོགས་ཀྱིས་ཆོས་མི་སྟོན་པ་ནི་རྒྱལ་སྲས་ཀྱི་བསླབ་བྱ་དང་འགལ་ཞིང་། ཆོས་ལ་སློབ་དཔོན་གྱིས་དཔེ་མཁྱུད་བྱས་པ་སོགས་ཀྱི་ཉེས་པ་ཆེས་ལྷི་བར་འགྱུར་བས་ན། རྗེ་འདི་ཉིད་ཀྱིས་ཀྱང་ཕེབས་ལམ་ཚུན་ཆད་དུ་སྐྱོ་

ངལ་དང་ལེ་ལོ་སོགས་རྣམ་པར་སྤངས་ནས་སེམས་ཅན་ཐམས་ཅད་ལ་ཉེ་རིང་མེད་པའི་བྱམས་སྙིང་རྗེ་བྱང་ཆུབ་ཀྱི་སེམས་ཀྱིས་ཀུན་ནས་བསླངས་ཏེ་གདུལ་བྱ་རྣམས་ལ་རང་རང་གི་འདོད་པ་དང་མཐུན་པར་ཆོས་ཀྱི་འཁོར་ལོ་བསྐོར་བ་ནི། ཇི་སྐད་དུ། རྗེ་ཐམས་ཅད་མཁྱེན་པས། མཛད་པ་ཀུན་ལས་གསུང་གི་ནི། །མཛད་པ་མཆོག་ཡིན་ཅེས་གསུངས་པ་ལྟར། མཛད་པ་ཀུན་གྱི་ནང་ནས་ཆེས་ཁྱད་པར་དུ་འཕགས་པ་དང་། སྦྱིན་པ་རྣམ་བཞིའི་ནང་ནས་ཆེས་མཆོག་ཏུ་གྱུར་པ་སྟེ། ངོ་མཚར་བས་ཀྱང་འདི་ངོ་མཚར། རྨད་བྱུང་བས་ཀྱང་འདི་རྨད་བྱུང་། ཞེས་གསུངས་པའི་དོན་དང་མཐུན་པར་ཤིན་ཏུ་རྨད་དུ་བྱུང་བའི་གནས་ཡིན་པས་གྲུས་པ་དང་རྗེས་སུ་ཡི་རང་བར་བྱ་བར་རིགས་ཤིང་། དེ་བཞིན་དུ་དད་ལྡན་རྣམས་ཀྱིས་ཀྱང་ཞབས་བསྟུ་སྐྱིལ་དང་། དངོས་འབྱོར་གྱི་མཆོད་སྦྱིན་སྒྲུབ་སོགས་ཀྱང་བསོད་ནམས་ཀྱི་ཚོགས་རླབས་པོ་ཆེ་རྫོགས་པའི་རྒྱུར་འགྱུར་བ་ཡིན་ཏེ། ཇི་སྐད་དུ། རྒྱལ་ཚབ་མ་ཕམ་མགོན་པོས་བསྟན་བཅོས་མངོན་རྟོགས་རྒྱན་ལས། བླ་མ་སྐྱིལ་ལ་སོགས་པ་དང་། །ཞེས་དང་། དེའི་ཐད་ཀྱི་འགྲེལ་པ་དོན་གསལ་ལས། བླ་མ་རྣམས་སྐྱིལ་བ་དང་བསྟུ་བ་ལ་སོགས་པས་ཕྱག་དང་ཞབས་འཁོར་ལོའི་མཚན་དང་ལྡན་པ་ཉིད་དང་། ཞེས་བླ་མ་བསྟུ་སྐྱིལ་ལ་སོགས་པ་བྱས་པ་ལས་མ་འོངས་པ་ན་རང་ཉིད་སངས་རྒྱས་པའི་ཚེ་མཚན་སོ་གཉིས་ཀྱི་ནང་ནས་ཕྱག་ཞབས་ཀྱི་མཐིལ་ན་འཁོར་ལོ་རྩིབས་སྟོང་སྨུ་ཁྱུད་དང་ལྡན་པ་འབྱུང་བར་གསུངས་པ་དང་། ཟང་ཟིང་གི་མཆོད་པ་ལ་སོགས་པ་སྒྲུབ་པ་ཡང་ཇི་སྐད་དུ། མཆོད་པ་ཐམས་ཅད་རྣམ་སྤངས་ནས། །བླ་མ་མཆོད་པ་ཡང་དག་བརྩམ། །དེ་མཉེས་པས་ནི་ཀུན་མཁྱེན་པའི། །ཡེ་ཤེས་མཆོག་ནི་ཐོབ་པར་འགྱུར། །ཞེས་ཕྱོགས་བཅུའི་སངས་རྒྱས་ཐམས་ཅད་མཆོད་པ་བས་རང་གི་

བླ་མའི་བ་སྤུའི་ཁྲུང་བུ་གཅིག་མཆོད་པ་བསོད་ནམས་ཆེས་ལྷག་པར་མདོ་རྒྱུད་དུ་མ་ནས་ལན་གཅིག་མིན་པར་གསུངས་པ་ནི་ཚད་མ་དང་ཡིད་ཆེས་ཀྱི་གནས་སུ་གྱུར་པ་ཡིན་ལ། དེའི་ཕྱིར་རྗེ་བླ་མ་འདི་ཡང་གདུལ་བྱ་དེ་རྣམས་ལ་ཆོ་རབས་མང་པོ་ནས་ལམ་སྟོན་བཤེས་གཉེན་དུ་གྱུར་པ་དང་། སྐྱེ་བ་འདིར་ཡང་ཚང་ལ་མ་ནོར་བའི་ལམ་བཟང་འདོམས་པར་མཛད་པའི་དེད་དཔོན་ཆེན་པོ་མཚུངས་ཟླ་མ་མཆིས་པ་ཡིན་པས་དེ་ལ་མཆོད་པ་དང་། བསྙེན་བཀུར་དང་། རིམ་གྲོ་བྱེད་པ་ནི་སྐད་ཅིག་དང་སྐད་ཅིག་ལ་ཡང་བསོད་ནམས་རྒྱ་ཆེན་པོ་སྡུད་པར་བྱེད་པའི་སྒོ་བླ་ན་མེད་པ་སྟེ། དེ་བས་ན་བླ་སློབ་ཀྱི་རྣམ་པར་ཐར་པ་འདི་ལྟ་བུ་རྣམས་ལ་ནི་དད་པར་བྱ། གུས་པར་བྱ། རྗེས་སུ་ཡི་རང་བར་བྱ། དེ་དག་གི་རྗེས་སུ་སྨོན་ལམ་ཚུན་ཆད་ཀྱིས་ཀྱང་འཇུག་པར་བྱར་རིགས་པ་ཡིན་གྱི། དེ་ལས་གཞན་དུ་གང་ཟག་འགའ་ཞིག་ཚེ་འདིའི་འདོད་པས་བཅིངས་ཏེ་ཟང་ཟིང་སོགས་ཀྱི་ཕྱིར་དུ་འཛིག་རྟེན་ན་ཕྱུག་ཅིང་དབང་ཆེ་བ་ཁ་དྲག་པ་སོགས་ལ་ངོ་འཛིན་གྱི་ཕྱིར་དུ་ངལ་བ་འབྲས་བུ་མེད་པའི་བཀུར་བསྟི་བྱེད་པ་རྣམས་དང་སྒོ་རྣམ་པ་ཐམས་ཅད་དུ་མཚུངས་པ་མ་ཡིན་པས་བྱ་བ་དང་བྱ་བ་མ་ཡིན་པའི་རྣམ་དབྱེ་ལ་མཁས་པར་བྱས་ནས་འཇུག་ལྡོག་གི་གནད་མ་ནོར་བར་སྤྱོད་པ་གལ་ཆེའོ། །ཞེས་དོགས་པ་ཅུང་ཟད་བཅད་ནས་དཀྱུས་ཀྱི་དོན་ལ་འཇུག་པ་ནི། དེ་ནས་མི་རིང་བར་སླར་ཡང་གཟའ་ཆེས་ཕུན་སུམ་ཚོགས་པའི་ཉིན་ལྷ་ལྡན་སྤྲུལ་པའི་གཙུག་ལག་ཁང་དུ་ཇོ་ཤཱཀ་གིས་གཙོ་མཛད་པའི་རྟེན་གསུམ་རྣམས་ལ་མཆོད་པ་སྣ་ལྔ་བརྒྱ་ཚར། གསེར་ཆབ། སྙན་ཤལ། ན་བཟའ་སོགས་འབུལ་གནང་གི་ཐོག་མཆོད་འབུལ་དང་ཐུགས་བསྐྱེད་སྨོན་ལམ་གྱི་རིམ་པ་རྒྱུན་རིང་ཤུགས་དྲག་ཏུ་མཛད། ༸གོང་ས་མཆོད་ཡོན་ལའང་ཕྱི་སོར་འགྲོགས་མཇལ་

ཕྱག་དབང་ཞུས་ཟིན་ནའང་སླར་ཡང་འཁྱེར་ཕྱག་གི་མཆོད་སྦྱིན་དུ་གཟིམས་ཚུང་ཞབས་བརྟན་འབུལ་བཞེད་ཀྱིས་གསོལ་ཇ་བཞེས་འབྲས་དང་། གསུང་ཆོག་པར་སྙོམ་མང་གྲྭ་ཚང་དབུ་མཛད་ཀྱིས་གཙོས་པའི་གདོང་གྲལ་བ་ཕལ་མོ་ཆེ་དང་བཅས་ནས་ཞལ་འདོན་གྲུས་པ་དང་། ཞབས་བརྟན་དངོས་འབུལ་དུ་༄སྐྱབས་མགོན་རྒྱལ་དབང་མཆོག་ལ་རབ་དཀར་ལྷ་རྫས་ནང་མཛོད་དྲི་བྲལ། ཞིང་ཁམས་རྒྱ་མཚོའི་བཀོད་པ་སྣེ་འདོགས་དང་བཅས་པ། སྐུ་གསུང་ཐུགས་ཀྱི་རྟེན། སྐུའི་ཉེར་སྤྱོད་ཆ་ཚང་། བཀྲ་ཤིས་པའི་རྟགས་རྫས་བརྒྱད། རྒྱལ་སྲིད་སྣ་བདུན། རིན་ཆེན་དང་པོ་སྲང་ལྔ། རིན་ཆེན་གཉིས་པ་སྲང་སྟོང་ཕྲག །བཟང་པོས། སྨན་རྩེ། ལིང་། སྦྲུ་ཏར། ཇ་འཁོར། མར་ལྷང་། གཅན་ལྤགས། རྟ་དྲིལ། ལྕགས་སྤྱད། འབྲས་དཀར་སོགས་ཀྱི་དགུ་ཚན་གྲངས་མང་བ་དང་བཅས་པ། དེ་མཚུངས་སྐྱབས་མགོན་ནོ་མི་ཧན་ཆེན་པོར་ཡང་ལྷ་རྫས་ཨ་ཤེ་དྲི་བྲལ། མཎྜལ་རྟེན་གསུམ། སྐུའི་ཉེར་སྤྱོད་སོགས་ཀྱིས་གཙོས་པའི་དངོས་འབུལ་བཟང་ཞིང་རྒྱ་ཆེ་བའི་ཐོག །༄རྒྱལ་དབང་ཕྱག་ན་པདྨོ་ཉིད་དང་པོར་འགྲོ་བའི་དོན་དུ་ཐུགས་བསྐྱེད་ཚུལ། བར་དུ་བྱ་དཀའ་བའི་སྤྱོད་པ་ལ་སློབ་ཚུལ། མཐར་དེ་བཞིན་གཤེགས་པ་འོད་ཟེར་ཀུན་འཕགས་དཔལ་བརྩེགས་རྒྱལ་པོར་སངས་རྒྱས་ཟིན་ཀྱང་གདུལ་བྱའི་ངོར་རྒྱལ་སྲས་ཀྱི་ཚུལ་བཟུང་ནས་འགྲོ་དོན་བསྐྱངས་ཚུལ། ལྷག་པར་བོད་ཁ་བ་ཅན་འདི་ཉིད་གང་གིས་འདུལ་བའི་ཕྱག་མཚན་དུ་བཞེས་ཏེ་རྒྱལ་བློན་པ་ཊ་གྲུབ་སོགས་དང་། ཁྱད་པར་དུར་སྒྲིག་འཛིན་པའི་རྣམ་རོལ་ཟམ་མི་ཆད་དུ་བསྟན་ཚུལ། སླར་ཡང་བདག་སོགས་བསྟན་འགྲོའི་མགོན་དུ་བསམ་བཞིན་དུ་སྲིད་པ་བཟུང་ཚུལ་སོགས་ལས་བརྩམས་ཏེ་སྐུ་གསུང་ཐུགས་ཀྱི་རྣམ་པར་ཐར་པ་གང་ལྡོངས་བསྟན་

འགྲོ་ཡོངས་ལ་བཀའ་དྲིན་དུ་གྱུར་ཚུལ། དེ་བཞིན་དུ་དཔལ་ལྡན་ཆོས་ཀྱི་རྒྱལ་པོ་ནི་མི་ཏྲན་ཆེན་པོ་ཡང་རིང་མོ་ཞིག་ནས་སྤྱངས་རྟོགས་མཐར་ཕྱིན་ཀྱང་སྐུ་ཚེའི་འཕྲེང་བར་ཕྱག་ན་པདྨོའི་འཕྲིན་ལས་སྤེལ་བའི་བྱེད་པོར་བཞེངས་ཚུལ། ལྷག་པར་སྐུ་ཚེ་འདིར་གནམ་གྱི་ལྷ་གོང་མ་ཆེན་པོའི་བཀའ་བཞིན་ཆོས་སྲིད་ཀྱི་ཁྲི་ལ་ཞབས་པད་བཀོད་ནས་ཕྱག་ན་པདྨོའི་འཕྲིན་ལས་སྤེལ་ཚུལ་སོགས་བསྡུགས་པ་རྒྱ་ཆེའི་ཐོག །སྔར་ཡང་མཆོད་ཡོན་རྣམ་གཉིས་བསྟན་འགྲོའི་མགོན་དུ་ཞབས་ཟུང་བསྐལ་པ་ཁྲི་ཕྲག་ཏུ་བརྟན་དགོས་ཚུལ་དང་། རྗེ་ཉིད་རང་གི་ཐོས་བསམ་སྒོམ་གསུམ་གྱི་མཛད་པ་མཐའ་དག་རྒྱལ་བ་གཉིས་པའི་བསྟན་པའི་སྨན་ཡོན་དུ་འགྱུར་བའི་སྐྱབས་འཇུག་སོགས་ཀྱི་གསུང་བཤད་དོན་ཟབ་ཅིང་ཚིག་བསླེང་བ་རྒྱལ་བ་དགྱེས་པའི་མཆོད་སྤྲིན་དུ་འགྱུར་ངེས་པ་སྤྲོ་བར་མཛད་པ་ན་༧གོང་ས་མཆོད་ཡོན་ནས་ཀྱང་ལྷག་པར་མཉེས་པའི་འཛུམ་ཞལ་གསལ་པོར་བསྟན་ནས་དེ་དེ་བཞིན་དུ་འགྲུབ་པའི་ཞལ་བཞེས་བཟང་པོ་སྩལ་བར་མཛད་སྣང་སྟེ། ཚུལ་དེ་དག་ནི། རྗེ་བདག་ཉིད་ཆེན་པོའི་གསུང་ལས། བྱང་ཆུབ་སེམས་དཔའ་རྣམས་ནི་རང་གི་ལུས་དང་སྲོག་ལ་ལྟོས་པ་མེད་པར་ཡང་ཤ་དང་ཁྲག་དང་རྐང་གིས་ཀྱང་ཆོས་དང་ཆོས་སྨྲ་བ་ལ་བསྙེན་བཀུར་བྱེད་ན་ཟང་ཟིང་གི་ལོངས་སྤྱོད་གཏོང་བ་ལྟ་ཅི་སྨོས། ཞེས་ཐེག་པ་ཆེན་པོ་སྟོན་པའི་དགེ་བའི་བཤེས་གཉེན་ལ་བཀུར་བསྟི་སྒྲུབ་པ་དང་སྦྱིན་པའི་ཡོན་ཏན་བསྡུགས་པ་ལ་ཡང་བརྗོད་པར་བྱའོ། །ཞེས་གསུངས་པའི་དོན་ཐུགས་ལ་བརྣགས་པའི་མཛད་པ་བླ་མེད་པའོ། །མཛལ་འབུལ་རྣམས་གྲུབ་ཟིན་ནས་༧སྐྱབས་མགོན་སྐུ་གོང་འོག་གི་གསེར་གདུང་ཆེན་མོ་དང་། འཕགས་པ་ལོ་ཀེ་ཤྭ་ར་སོགས་ཀྱིས་གཙོས་པའི་གྲུ་འཛིན་གཉིས་པའི་གཞལ་མེད་ཁང་གི་རྟེན་གསུམ་ཁྱད་པར་དུ་

འཕགས་པ་རྣམས་ལ་མཆོད་སྨོན་སྨན་ཤལ་སོགས་བཟང་ཞིང་རླབས་ཆེ་བར་མཛད་དེ་སླར་ཡང་ལྷ་ལྡན་སྟག་ལུང་ཤག་ཏུ་ཕྱིན་ནས་ཞག་འགའ་བཞུགས་རིང་པོད་བཞུགས་ཨམ་བན་ལྷན་རྒྱས། བཀའ་བློན་ཁག །རྗེ་ཤོད་ཀྱི་སྐུ་འཁོར་ཆེ་ཁག དྲུང་འཁོར་སེར་སྐྱ་སོགས་ཚང་མར་གོ་བབ་དང་བསྟུན་པའི་ཕེབས་སྐྱེས་ཀྱི་རིམ་པ་སོགས་ཀྱང་ལེགས་པར་སྩལ་བར་མཛད་དོ། །

འདིར་སྨྲས་པ། རང་དོན་མི་གཙང་རྫས་ལྟར་ཡོངས་དོར་ཞིང་། །གཞན་དོན་འབའ་ཞིག་ཁུར་དུ་འཁྱེར་བའི་བློས། །དམ་ཆོས་གསེར་གྱི་རྒྱུད་མངས་སྒྲེངས་པ་ལ། །ངལ་བ་མེད་འདི་རྒྱལ་བའི་སྲས་ཀྱི་གཤིས། །བཀུར་ཞིང་གུས་པར་བྱེད་པའི་ཡུལ་གྱི་མཆོག །ལམ་སྟོན་བཤེས་གཉེན་ཉིད་ལས་གཞན་མིན་ཞེས། །འདྲེན་པས་ཡང་ཡང་བསྔགས་དེ་དོན་ལྡན་དུ། །དུས་དེར་བསྐལ་བཟང་གདུལ་བྱའི་ཚོགས་ཀྱིས་བྱས། །ཀླུ་ཏའི་ཞིང་གི་ཕན་བདེའི་གཞིར་གྱུར་པ། །ཕྲུག་ན་པཎྜི་ཉིད་དུ་ངེས་རྟེད་པས། །ཀུན་བཟང་མཆོད་པའི་སྤྲིན་དང་ལྷན་ཅིག་ཏུ། །བརྟན་བཞུགས་བདེན་པའི་ཚིག་གི་གྲུ་ཆར་འགྱེད། །ལུས་ཅན་ཉོན་མོངས་གདུང་བ་ཀུན་བཅིལ་ཞིང་། །བཟང་པོའི་མཛད་པའི་འོད་སྣང་སྐྱོན་གྱི་ཚའི། །རྟོགས་པ་ཀུན་གྲོལ་སྒྲིད་པའི་མིག་གཅིག་ཁྱོད། །རྒྱལ་བསྟན་པཎྜིའི་གཉེན་མཆོག་ཅིས་མ་ཡིན། །ཁྱོད་ཀྱི་མཁྱེན་བརྩེ་ནུས་པའི་ཡོན་ཏན་ཆར། །བསྒྲུན་པའི་དཔེ་ཟླ་སྲིད་འདིར་ལན་བརྒྱའི་བར། །འབད་པས་བརྩལ་ཀྱང་མ་རྙེད་ངལ་གྱུར་པས། །སླར་ཡང་ཁྱོད་ཉིད་ཁྱོད་ཀྱི་དཔེ་ཟླར་འགོད། །སྲིད་པའི་རྒྱུད་པ་ཕལ་ཆེར་བཅིལ་ནུས་པའི། །གདེངས་ཅན་གཙུག་གི་བསམ་འཕེལ་ནོར་བུ་དེས། །བསྟན་དང་འགྲོ་བའི་དོན་ལ་གཞོལ་ནུས་ན། །རེ་ཞིག་གང་གི་མཚུངས་དཔེར་རུང་བ་ཙམ། །སྐུ་གསུང་ཐུགས་ཀྱི་ཆ་ཤས་རེ་རེས་

ཀྱང་། །འགྲོ་བའི་ཕན་བདེ་སྤེལ་བ་འདི་ལྟ་ན། །ལྷ་བདོའི་རང་མདངས་ཚོད་པའི་གདུང་བ་ཡང་། །རྫོགས་ལྡན་བསིལ་བའི་རེག་བྱར་འགྱུར་དུ་ཉེ། །དེ་སོགས་ངོ་མཚར་བསྟུགས་པའི་མཐའ། །བསྐལ་པ་བྱེ་བ་བརྒྱར་བརྗོད་ཀྱང་། །ཆ་ཙམ་འཛད་པའང་ཆེས་དཀའ་ན། །མཐའ་དག་བརྗོད་པར་སུ་ཡིས་སྤྱོབས། །འོན་ཀྱང་བདག་རྒྱུད་དབྱིག་འཛིན་མང་ལ། །བསོད་ནམས་གཏེར་གྱིས་ཕྱུག་པའི་སྐད། །ཅི་ནུས་གླེང་བར་བྱར་ཡོད་པ། །འདི་ཡང་སྐལ་བ་བཟང་པོའི་ལས། །ཞེས་པ་ནི་བར་སྐབས་ཀྱི་ངལ་བསོའི་ཚིགས་སུ་བཅད་པའི་རིམ་པ་དགུ་པོ། །ཞེས་དཔལ་ལྡན་བླ་མ་དམ་པ་རྒྱལ་བའི་རྒྱལ་ཚབ་ཆེན་པོ་རྗེ་ཧྲུང་ཧུ་ཐོག་ཐུ་ནོ་མི་ཧན་ས་མ་ཏི་པཀྴི་ཧུ་ཐུང་ཆན་ཤྲཱི་རིན་པོ་ཆེ་ཡེ་ཤེས་བློ་བཟང་བསྟན་པའི་མགོན་པོའི་རྣམ་པར་ཐར་པ་ངོ་མཚར་དད་པའི་པདྨོ་འཛུམ་བྱེད་ལེགས་བཤད་ཉིན་བྱེད་དབང་པོའི་འཕྲེང་བ་ལས་མཛད་པ་བཅུ་གཉིས་ཀྱི་ནང་ནས་ཆོས་ཕྱིར་དཀའ་བ་སྤྱད་པ་དང་ཐུགས་བསྐྱེད་བདོ་བའི་མཛད་པ་གཙོ་བོར་གྱུར་པ་ལས་བརྩམ་སྟེ་དབང་ཕྱོགས་རྒྱལ་པོའི་ལྗོངས་ནས་རིམ་པ་བཞིན་དུ་དབུས་འགྱུར་ཆོས་ཀྱི་ཞིང་སའི་བར་དུ་ཞབས་སེན་བཀོད་པའི་ཚུལ་ཇི་ལྟར་གླེང་བའི་རིམ་པ་སྟེ་ལྔ་པའོ།། །།

༈ དེ་ལྟར་ལྷ་ལྡན་ཕྱོགས་སུ་ཐོག་མའི་མཛད་ཆོས་ཀྱི་རིམ་པ་ཕལ་ཆེར་གྲུབ་ནས་འདི་སྐམ་དུ། ད་ནི་ཆོས་ལྡན་ནོར་བུའི་གླིང་དུ་སླེབ་ཟིན་ནས་སོས་དལ་གྱི་ནར་འདུག་པ་ནི་རིགས་པ་མ་ཡིན་པས་མྱུར་བར་ཆོས་སྡེ་ཆེན་པོར་ཕྱིན་ཏེ་གཞུང་ལུགས་རྒྱ་མཚོ་ལྟ་བུར་བཤེས་གཉེན་དམ་པའི་མགོན་ལ་བསྟེན་ནས་ཐོས་བསམ་གྱི་གྲུ་རྫིང་ལེགས་པར་བཏང་སྟེ་རང་གཞན་གྲུབ་མཐའ་ཀུན་གྱི་ཕ་རོལ་ཏུ་སོན་པར་བྱས་ནས་དོན་གཉིས་ཀྱི་འབྲས་བུ་ལག་རྗེར་ལོན་པར་བྱེད་དོ་

སྐམ་དུ་དགོངས་ཤིང་། དེ་ཡང་གང་དུ་གྲོན་ཡུལ་གྱི་ཆོས་སྡེ་ཆེན་པོ་ནི། སྔོན་རྗེ་ཐམས་ཅད་མཁྱེན་པ་ཙོང་ཁ་པ་ཆེན་པོའི་ནང་ཐུགས་ཀྱི་སྲས་མཆོག་འཇམ་དབྱངས་ཆོས་རྗེ་བཀྲ་ཤིས་དཔལ་ལྡན་པ་ཞེས་པ་གྲུབ་པའི་གོ་འཕང་མཐོན་པོར་གཤེགས་ཤིང་། གཞུང་ལུགས་པོ་ཏི་ཆེན་པོ་བརྒྱ་དང་སུམ་ཅུ་ཙམ་ལ་ཐུགས་བཤར་མཛད་པ་སོགས་མདོར་ན་མཁྱེན་རབ་ཀྱི་ཕུལ་རྗེ་བཙུན་འཇམ་དཔལ་དབྱངས་དང་མཉམ་པར་གྱུར་པ་དེ་ཉིད་ལ་གཙོ་བོར་རྗེ་ཐམས་ཅད་མཁྱེན་པ་རང་ཉིད་ནས་མདོ་སྔགས་ཀྱི་འཆད་རྩོལ་འདི་ཇི་སྲིད་བར་དུ་རྒྱུན་མི་ཆད་ཅིང་ཕྱོགས་ཐམས་ཅད་དུ་རྒྱས་པའི་ཆེད་དུ་ཆོས་སྡེ་ཆེན་པོ་ཕུན་སུམ་ཚོགས་པ་ཞིག་བཏབ་ན་དགོན་མ་ལས་བུ་དགའ་བ་དར་རྒྱས་ཆེན་པོ་འབྱུང་ངོ་ཞེས་ལུང་བསྟན་ཅིང་། གཞན་ཡང་ཤིང་ལུག་ལོ་སྟེའུར་བཞུགས་དུས་མཉལ་ལམ་དུ་གསུང་རྒྱལ་དགྲ་ལྷ་སྐྱེས་གཅིག་དཔོན་སློན་གྱིས་ས་ཡུལ་བསྟན་ཏེ་འདིར་དགོན་པ་ཞིག་ཐོབ། ངས་བཙུན་པ་སྟོང་ཕྲག་ལྔ་སྟེར་ཟེར་བ་དང་། དན་འབབ་མདར་ལོངས་སྤྱོད་གྱི་ཆུ་ཡིན་ཟེར་བའི་ཆུ་མང་པོ་དང་། གླང་ཆེན་རིའི་གདོང་དུ་འཇམ་མགོན་ཆོས་ཀྱི་རྒྱལ་པོ་བཞུགས་ཏེ་འདི་རྣམས་ཐོས་བསམ་གྱི་རྫིང་བུ་ཡིན་པས་འཐུང་གསུངས་པ་སོགས་མཉལ་ལྟས་ཁྱད་པར་ཅན་དུ་མ་བྱུང་བ་བཞིན། རྗེ་ཐམས་ཅད་མཁྱེན་པས་འབྲོག་རི་བོ་དགེ་ལྡན་རྣམ་པར་རྒྱལ་བའི་གླིང་བཏབ་ནས་ལོ་བརྒྱད་སོང་བ། གདོང་ངན་ཞེས་པ་མེ་ཕོ་སྤྲེའུའི་ལོར་ཆོས་སྡེ་ཆེན་པོ་དཔལ་ལྡན་འབྲས་སྤུངས་ཞེས་པ་ཕྱག་བཏབ་ནས་གདན་ས་ཡུན་རིང་དུ་བསྐྱངས་ཤིང་། མཁས་གྲུབ་ཀྱི་སློབ་མ་མུད་སྲས་པ་བློ་གྲོས་རིན་ཆེན་སོགས་བསྟན་འཛིན་གྱི་སྐྱེས་བུ་ཁྱད་པར་ཅན་མང་དུ་བྱུང་བ་དང་། འདུས་ཚོགས་ཀྱང་ཤིན་ཏུ་ཆེ་བར་གྱུར་པས་གྲྭ་ཚང་ཁག་སྒོ་མང་། བློ་གསལ་གླིང་། ཐོས་བསམ་གླིང་ངམ་རྒྱལ་བ།

ཤར་སྒོ་བ། འདུལ་བ་པ། བདེ་ཡངས། སྤྱགས་པ་སྟེ་བདུན་བྱུང་ནས་ད་ལྟའི་བར་དུ་ཐེག་ཆེན་བཤད་སྒྲུབ་ཀྱི་རྒྱ་མཚོ་མི་ཉམས་གོང་འཕེལ་དུ་ཕྱུར་བའི་རིག་གྲོལ་གཉིས་ལྡན་གྱི་འདུས་སྡེ་ཆེན་པོ་དེ་ཉིད་ཡིན་ལ། དེའི་ནང་ཚན་དཔལ་ལྡན་སྒོ་མང་གྲྭ་ཚང་ཞེས་སྤྱི་སོར་བདག་ཉིད་ཆེན་པོ་བྲུང་གྲགས་པ་རིན་ཆེན་པ་དང་། མཁས་པ་ཀ་ལེ་བ་སོགས་ནས་བཟུང་སྟེ་མཁས་བཙུན་བཟང་གསུམ་འཛོམས་པའི་མཁན་རབས་ཀྱི་འཕྲེང་བ་རིམ་པར་བྱོན་པ་དང་། དབུ་ཕར་འདུལ་མཛོད་སོགས་ཐེག་ཆེན་གྱི་གཞུང་ལུགས་རྒྱ་མཚོ་ལྟ་བུའི་འཆད་རྩོད་རྩོམ་པའི་འབྲུག་སྒྲོང་འཁོར་ཡུག་ཏུ་ལྡིར་བ། སྟོད་ཛོ་ཏིའི་དྲི་བསུང་རྣམ་པར་འཕྱུལ་བ་ནས་སྨད་ཟ་འོག་ཐགས་སུ་བསྐྱུན་པའི་ཡུལ་གྲུ་ཆེན་པོའི་བར་གྱི་ཐར་འདོད་ཀྱི་སྐྱེ་བོ་ཐམས་ཅད་པདྨོའི་མཚོ་ལ་ངང་མོ་བཞིན་དུ་མ་བོས་མགྲོན་དུ་འགྲུགས་པའི་བསྟི་གནས་ཆེན་པོ་དེ་ཉིད་དུ་སྐུ་ཕྲེང་གོང་མ་ཕལ་ཆེར་ཀྱང་བྱོན་པའི་རྣམ་ཐར་བདག་གིར་མཛད་པར་དགོངས་ཏེ། ཧོར་ཟླ་དྲུག་པའི་ཡར་ངོའི་བཟང་པོ་ཐོག་མ་ཚེས་གཉིས་གཟའ་སྐར་ཕུན་སུམ་ཚོགས་པའི་ཉིན་ལྷ་ལྡན་ནས་ཆིབས་བཏེགས་ཏེ་ཡར་ལམ་ཕོ་བྲང་ཆེན་པོ་པོ་ཏ་ལར་༧རྒྱལ་དབང་སྲིད་ཞིའི་གཙུག་རྒྱན་མཆོད་ཡོན་གྱི་མཇལ་ཁར་བཅར་ཐོག་ཆོས་ལྡན་གྱི་མཛད་པ་རྣམས་བགེགས་མེད་ལམ་དུ་འགྲོ་བའི་སྐྱབས་འཇུག་ཞུ་བར་མཛད་པ་ན་དགྱེས་བཞིན་དུ་ཞལ་བཞེས་བཟང་པོ་དང་། གསན་བསམ་སོགས་གང་ཅི་བསྟན་པ་རིན་པོ་ཆེ་ཁོ་ནར་དགོངས་པའི་ཐུགས་བསྐྱེད་དང་ཐུགས་བརྩོན་རྒྱ་གང་ཆེ་མཛད་དགོས་སོགས་ཀྱི་བཀའ་གསང་བདུད་རྩིའི་ཐིགས་པ་ཟུར་ཕུད་ཀྱི་མཛེས་རྒྱན་དུ་བཅིངས་ཤིང་། ཕྱིར་ཕེབས་སྐབས་རྗེ་ཤོད་སོ་སོ་ནས་ཆིབས་སྐྱིལ་སྐུ་ཚབ་མགྲོན་གཉེར་ངོ་མ་རེ་དང་། གཞན་ཡང་མི་དྲག་སེར་སྐྱ་དང་ལྡན་དུ་མའི་ཆིབས་སྐྱིལ་

གྱིས་མཐའ་བརྟེན་བཞིན་པར་ཕོ་བྲང་ཆེན་པོ་ནས་ཆིབས་ཀྱི་ཁ་ལོ་བསྒྱུར་ཏེ་བྱེ་རག་ཟམ་སྣེར་ཕེབས་པའི་ཚེ་འབྲས་སྤུངས་ཚོགས་ཆེན་དང་གྲྭ་ཚང་སོ་སོའི་བླ་མ་ལས་སྣེ། སྤྲུལ་སྐུ་དཔོན་ཆོས་མཛད། ཁམས་ཚན་མི་ཚན་སོ་སོའི་རྒན་པ་སོགས་ནས་གཟབ་མཆོར་དང་བཅས་པའི་ཆིབས་བསུས་མདུན་བདར་ཏེ་དན་འབག་གླིང་ཁར་སྤྱི་སོའི་ཐབ་བསུའི་སར་ཆིབས་ཐོལ་བསྐྱུངས་པར་བླ་མ་ལས་སྣེ་སོགས་ཚང་མས་མཇལ་དར། གསོལ་ཇ་བཞེས་འབྲས་སོགས་ཞུས་ཤིང་། དེ་ནས་རིམ་པར་སྔགས་མང་གྲྭ་ཚང་། ཏར་གདོང་ཁམས་ཚན། གུང་ཐུ་ཁམས་ཚན་སོགས་ཀྱི་ཐབ་བསུ་སོ་སོར་ཡང་ཆིབས་ཐོལ་གྱིས་མཇལ་ཞུ་སོགས་ལེགས་པར་བདག་གིར་དུ་བཞེས་ཏེ་དགྱེས་སྤྲོའི་ཉམས་དང་ལྡན་པའི་སྒོ་ནས་ཆོས་སྡེ་ཆེན་པོ་དཔལ་ལྡན་འབྲས་སྤུངས་ཀྱི་གུང་ཐུ་ཁམས་ཚན་དུ་ཕེབས་ནས་ཚོམས་ཆེན་དུ་ཆོས་ཀྱི་ཁྲི་ལ་ཞབས་མཐིལ་བཀྲ་ཤིས་ཀྱི་རི་མོས་མཚན་པའི་དགེ་མཚན་མངོན་པར་བཀོད་པར་གྱུར་ལ། དེ་འཕྲལ་ཁམས་ཚན་གྱི་མགོ་ཡོད་གྲྭ་དམངས། ཉེ་ཡོག་དང་བཅས་པ་རྣམས་ནས་མཇལ་དར་དང་། ཕེབས་སྟོན་གྱི་གསོལ་ཞབས་དཀར་སྤྲོ་སོགས་གཟབ་རྒྱས་སུ་བསྟར་བའི་ཐོག་མཇལ་རྟེན་གསུམ་སོགས་ཀྱི་མཆོད་ཕྱིན་ཕྲོས། དེ་ནས་ཁམས་ཚན་གྱི་བགྲེས་སོང་རྣམས་ནས་དྲི་ཞིམ་སྤོས་ཀྱི་དུད་པས་སྔོན་བསུས་ནས་གདན་དྲངས་ཏེ་སྟེང་གི་གཟིམས་ཚུང་རབ་གསལ་དུ་གཟུགས་སྐུའི་དཀྱིལ་འཁོར་ལེགས་པར་བཀོད་ནས་དེ་ཉིད་དུ་གཏན་ཆགས་པར་བཞུགས་སོ། །དེའི་ཚེ་ཐ་མལ་པའི་མིག་ཤེས་སོགས་ཀྱི་ཡུལ་དུ་མ་གྱུར་པ་ལས་གཞན་དུ་དཀར་ཕྱོགས་སྐྱོང་བའི་སྲུང་ཚོགས་སྤྱི་དང་ལྷག་པར་ཆོས་སྡེ་ཆེན་པོ་དེ་ཉིད་ཀྱི་ཐུན་མོང་མིན་པའི་བསྟན་སྲུང་དགྲ་ལྷའི་རྒྱལ་པོ་འོད་ལྡན་དཀར་པོ་སོགས་ཀྱིས་ཀྱང་རང་གཟུགས་གསལ་བར་ངོམས་པའི་སྒོ་ནས་བསྟན་པའི་

སྒྲོན་མེ་གཅིག་ཏུ་དེ་ཉིད་ལ་བསྙུ་བ་དང་བསྒྲུང་ཞིང་སྐྱོབ་པ་དང་འགལ་རྐྱེན་སེལ་ཞིང་མཐུན་རྐྱེན་སྒྲུབ་པ་སོགས་ལ་ཉིན་མཚན་འཁོར་ཡུག་གཡེལ་མེད་དུ་བརྩོན་པར་གདོན་མི་ཟ་བ་ཉིད་དུ་སེམས་སོ། །

འདུལ་མདོ་མངོན་པའི་ལེགས་བཤད་ཀྱི། །བརྒྱད་ལྡན་དག་བྱེད་ཆབ་ཀྱི་རྒྱུན། །འབྱུང་གནས་མ་དྲོས་ཆེར་མཚུངས་པའི། །སྡེ་ཆེན་དཔལ་ལྡན་འབྲས་སྤུངས་ཞེས། །སྐལ་པར་གྲགས་པའི་འབྲུག་གི་དབྱངས། །ལྷ་ཡི་ལམ་ནས་ལྡིར་བའི་སྒྲས། །ས་ཆེན་གཡོ་བར་བྱེད་སྙམ་པའི། །ཐེག་ཆེན་ཆོས་ཀྱི་དགའ་ཚལ་དེར། །ཁྱོད་ཞབས་ནོར་བུ་དབང་གི་རྒྱལ། །རྩིབས་སྟོང་འཁོར་ལོས་མཚན་པའི་མཐིལ། །ལེགས་པར་བཀོད་པའི་དགེ་མཚན་གཟིས། །ཉིན་མོར་བྱེད་པའི་དཔལ་ཡང་འགོངས། །དེ་ཕྱིར་རིང་མིན་འཇིག་རྟེན་འདིའི། །ལོག་སྨྲོད་མུན་ཚོགས་དྲུང་ཕྱུང་སྟེ། །དམ་ཆོས་དཀར་པོའི་ཁྱོན་གཅིག་གིས། །འགེངས་པར་འགྱུར་ཞེས་མཁས་ལ་གྲགས། །དེས་ནི་དཀར་ཕྱོགས་ལྷ་རྣམས་ཀྱི། །སྙིང་ལ་དགའ་བ་བརྒྱ་སྦྱིན་ཅིང་། །ཡིད་བསྒྲུབ་བདག་པོའི་དཔྱུང་ཚོགས་རྣམས། །ཐར་མེད་ཟླུག་རྡུའི་རིག་པས་ཟིན། །

དེ་ནས་སྟོན་སྟོན་པ་ཐུབ་པའི་དབང་པོ་མངོན་པར་རྫོགས་པར་སངས་རྒྱས་ནས་ཞག་བདུན་ཕྲག་བདུན་ལོན་རྗེས་སུ་ཡུལ་ཝཱ་རཱ་ཎ་སཱི་དྲང་སྲོང་ལྷུང་བ་རི་དྭགས་ཀྱི་ནགས་སུ་ཚངས་པ་དང་བརྒྱ་བྱིན་སོགས་ཀྱིས་གསོལ་བ་བཏབ་པ་ལྟར་འཁོར་ལྔ་སྡེ་བཟང་པོ་སོགས་ལ་བཀའ་དང་པོ་བདེན་བཞིའི་ཆོས་འཁོར་བསྐོར་བའི་དུས་ཆེན་དྲུག་པ་ཚེས་བཞིའི་སྔ་ཆར་འབྲས་སྤུངས་ཚོགས་ཆེན་གྱི་འདུ་ཁང་ཆེན་པོར་མཁས་མང་གསེར་རིའི་འཕྲེང་བ་ལྟ་བུ་གདན་འཛོམས་པའི་ངར་སྐྲིག་འཆང་བ་བདུན་སྟོང་དུ་ཉེ་བའི་དབུས་སུ་ཞུགས་སྒོ་མཛད་པའི་ཚེ།

ཚོགས་ཆེན་ལས་སྣེ་སོགས་ནས་ཀྱང་དད་གུས་མཐོང་བཀུར་ཕུན་སུམ་ཚོགས་པས་གདོང་གྲལ་གྱི་མགོར་བཞུགས་གདན་འཕར་མའི་སྟེང་དུ་བཞུགས་སུ་གསོལ་བར་རྗེ་ཉིད་ནས་ཀྱང་ཐུབ་བསྟན་ཡོངས་རྫོགས་ཀྱི་བདག་པོར་བཞེངས་པའི་རྟེན་འབྲེལ་དུ་དགོངས་ནས་ཞབས་སོར་ལེགས་པར་བཀོད་ཅིང་། དེ་ཉིད་ཚོགས་ཆེན་འདུས་སྤྱི་རྣམས་ལ་མང་ཇ་ཇ་ཐུག་བཞིའི་བསྙེན་བཀུར་ཕོག །འདུ་ཁང་སྒྲུག་གི་རྟེན་རྫུང་དུ་མཆོད་པ་སྣ་ལྔ་བརྒྱ་ཚར། སྐུ་འགྱེད་དགེ་འདུན་རེར་བཀྲ་ཤིས་པའི་ལྷ་གོས་དྲི་མེད་རེ་དང་། རིན་ཆེན་གཉིས་པ་འཁོར་ལོ་རེ། སྤྱི་འབུལ་སོགས་ཀྱང་གཏོས་ཆེ་བར་འབུལ་བར་མཛད། མང་ཇ་གྲོལ་བསྟུན་དཔལ་ལྡན་སྒོ་མང་གྲྭ་ཚང་གི་ཆོས་གྲྭ་ཆེན་པོ་དགེ་འདུན་འདུ་བའི་ཀུན་དགའ་ར་བ། ལེགས་བཤད་ཀྱི་སྒྲ་དབྱངས་སྒྲོག་པའི་དགའ་ཚལ་རྒྱད་དུ་བྱུང་བ། མཁས་མང་གདེངས་ཅན་བདག་པོས་ཡོངས་སུ་རྩེན་པའི་འཛུག་ངོགས་ལྷ་ན་མ་མཆིས་པ་དེར་གསར་འཛུག་མཛད་དེ་ཆོས་ཀྱི་ཁྲི་སྟན་མཐོན་པོའི་སྟེང་ལ་ཞབས་མཐིལ་གྱི་ཆུ་སྐྱེས་བཀོད་ཟིན་མ་ཐག །༧སྐྱབས་མགོན་རྒྱལ་དབང་ཐམས་ཅད་མཁྱེན་གཟིགས་ཆེན་པོ་ནས་གང་གི་འཕྲིན་ལས་ཀྱི་སྒོ་བརྒྱ་འབྱེད་པའི་རྟེན་འབྲེལ་ལེགས་སྐྱེས་འབུལ་བར་མགྲོན་གཉེར་ལྷ་རི་ཆོས་མཛད་ཆེད་དུ་བཀས་མངགས་པའི་ཕོག །ཕྱག་མདུད་འཁྲུལ་མེད། ཤིང་འབྲས་བཟང་པོ་ཀ་ཅིའི་ཐུམ་བུ་ཅན་སྒྲུག་དམ་འབྱར་བ་ལྔ། ན་བཟའི་རྒྱུ་དབུས་ཕྲུག་ཀ་ཡང་མ་དམར་སེར་སྒྲུབ་གསུམ། གསོལ་ཇ་འབྲུ་དང་སྦྲག །ལྷུགས་སྨིན་གསོལ་མར་དཀར་ལྷིག་བཅས་ཀྱི་གནང་སྐྱེས་གཟེངས་སུ་བསྟོད་ཅིང་། དེ་མཚུངས་ཆོས་སྲིད་ཀྱི་བྱེད་པོ་༧སྐྱབས་མགོན་ནོ་མི་ཧན་མཆོག་ནས་ཀྱང་མགྲོན་གཉེར་ཡར་འཕེལ་ཆེད་དུ་མངགས་པའི་གདོང་བཀྲ་ཤིས་པའི་ལྷ་རྫས་ནང་མཛོད་དྲི་བྲལ། ཤིང་

འབྲས་སྤེ་ཁ། གསོལ་ཇ་འཁོར་དྲུག །ཁ་བཏགས་ལས་གྲུབ་པའི་ཞབས་ཟློམ་གོས་གསར་མའི་རྒྱན་ལྡན་ཁ་གསར་ཅ། རྩེ་ཞྭ་སེར་པོ་ལག་ལྡན་སྤུས་ལེགས་སོགས་ཀྱི་སྐྱེས་བཟང་པོ་སྩལ། དེ་ནས་རིམ་པ་བཞིན་འབྲས་སྤུངས་ཚོགས་ཆེན་དང་། སྒོ་མང་གྲྭ་ཚང་གཙོ་བོར་གྱུར་པའི་གྲྭ་ཚང་ཁག་དང་། ཁམས་ཚན་མི་ཚན། བླ་སྤྲུལ་ཆེ་ཆུང་ལས་སྡེ་དཔོན་ཚོས་མཛད། བཀའ་རམས་དགེ་བཤེས་སོགས་དད་ལྡན་བགྲང་བ་ལས་བརྒལ་བ་རྣམས་དང་། གཞུང་ས་མཆོག་གི་བཀའི་གུང་བློན་སོགས་ཀྱི་ངོ་ཚབ་དང་། གཞུང་དྲུང་སེར་སྐྱ་མཆོག་དམན་འགའ་ཞིག་གི་ངོ་བོ་དང་ངོ་ཚབ་ཅི་རིགས་པ་དང་། འཁྱོར་ལྡན་སྦྱིན་བདག་སོགས་ནས་ཀྱང་ལེགས་སྐྱེས་ཀྱི་འབུལ་བ་གྱ་នོམ་པར་ཕུལ་བ་རྣམས་ལའང་དགྱེས་པའི་སྤྱན་རས་ཀྱིས་བཅའ་བར་མཛད་ཅིང་ཆོས་རའི་ཞལ་འདོན་སོགས་ཀྱི་སྐབས། བདག་གིས་ཆོས་གྲྭ་ཆེན་པོ་འདི་ཉིད་དུ་རབ་འབྱམས་གཞུང་ལུགས་ཀུན་ལ་ཐོས་བསམ་ཕུ་ཐག་ཆོད་པ་བསྟན་པའི་མིག་རྒྱན་ལ་ཕན་ངེས་པ་ཞིག་མ་འགྲུབ་ཀྱི་བར་དུ་སྐྱོ་བ་དང་ངལ་བ་དང་དུབ་པའི་བསམ་པ་སྐད་ཅིག་ཀྱང་སྐྱེ་བར་མི་བགྱིད་ཅིང་། ཉིན་དང་མཚན་དུ་བར་མེད་དུ་འབད་ནས་སྦྱར་བ་ཁོ་ནར་འཆད་རྩོད་རྩོམ་གསུམ་གང་གི་གནས་ལ་ཡང་འཛིགས་པ་མེད་པའི་སྤོབས་པ་དང་ལྡན་པ་འཛམ་དབྱངས་བརྟན་པའི་འཁོར་ལོ་དང་མི་གཉིས་པའི་སྒོ་ནས་རང་གཞན་གྱི་དོན་འགྲུབ་ངེས་པ་ཞིག་བྱ་ལ། དེ་ལྟར་དུ་འགྱུར་བ་བླ་མ་མཆོག་གསུམ་ཡི་དམ་ཧླ་གི་ཆོས་སྲུང་དགེ་འདུན་འདུས་པའི་ཚོགས་དང་བཅས་པས་བྱིན་གྱིས་བརླབ་ཏུ་གསོལ་སྙམ་དུ་ཐུགས་བསྐྱེད་སྨོན་ལམ་རྩེ་གཅིག་ཏུ་མཛད། དེ་ནས་གྲྭ་ཛའི་ཐོག་སྒོ་མང་གྲྭ་ཚང་གི་གྲྭ་ཁང་ཆེན་མོར་འདུས་པ་རྒྱ་མཚོའི་ཚོགས་དབུས་སུ་བྱོན་ཏེ་གདོང་གྲལ་གྱི་དབུར་ཞབས་པད་བཀོད་ནས་ཆོས་དང་

བཟང་བཟིང་གི་དཔལ་ལ་ལྷན་ཅིག་ཏུ་ལོངས་སུ་སྤྱོད་པ་དང་། དེ་ཉིན་སྣོ་མང་གྲྭ་ཚང་གི་འདུས་པ་ཚོགས་ཡོངས་ལ་བསྙེན་བཀུར་གྲྭ་ཇ་གསུམ། བཞེས་ཐུག་འབྲས་ཚོ། སྐུ་འཁྲིད་དགེ་འདུན་རེར་རིན་ཆེན་གཉིས་པའི་འཁོར་ལོ་ཟུང་རེ་དང་བཀྲ་ཤིས་པའི་ལྷ་རྫས་ཚོས་ལྡན་དཀར་གཙང་རེ། མཐོང་སྨོར་ཀྱི་ཀ་བ་རྣམས་ལ་གོས་བཟང་བསྒྲིགས་ཀྱི་ཀ་ཐུམ་རང་འགྲིག་དང་། རྒྱ་གོང་མཚུངས་ཀྱི་ཕྱི་ཕུར་ཆུང་བ་འཇའ། གོང་པ། དར་ཕོད། གཡེར་ཁ་སོགས་ཀྱིས་སྤྲུག་པ། སྙན་གྲགས་དང་འཕྲིན་ལས་ཀྱི་སྒྲ་དབྱངས་ཀུན་ཏུ་ཁྱབ་པའི་རྟེན་འབྲེལ་དུ་མཁར་རྫ་གསུང་བཟང་རྒྱུ་ལེགས་ཆེ་ངེས་སོགས་འབུལ་སྒྱུར་དང་། གྲྭ་ཚང་དཔོན་སློབ་རིན་པོ་ཆེ་ལའང་ཚོགས་དབུས་སུ་གདན་དྲངས་ཏེ་དངོས་འབུལ་གང་རྒྱས་དང་། གྲྭ་ཚང་མདོ་སྔགས་སོ་སོར་སྤྱི་འབུལ་ཁ་བཏགས་ཨ་ཤེ་དཀར་གཙང་དང་། ལེང་དམར་ཡུགས། བཟང་གོས་ཡུགས་རེ་བཅས་སྣོ་དུ་མ་ནས་བཀུར་བསྟི་ཚད་མེད་པར་སྩལ། དེ་ནས་གྲྭ་ཚང་ནས་གྲྭ་ཁང་སྟེང་གི་རབ་གསལ་དུ་གདན་ཞུས་ལྷར་ཕྱིན་ནས་ལེགས་སྐྱེས་འབུལ་མིའི་ཚོགས་དང་ལྷན་ཅིག་ཏུ་གསོལ་ཞབས། དཀར་སྤྲོ། ལེགས་འབུལ་སོགས་ལ་དགྱེས་པར་རོལ། སྐུ་སྐེར་ནས་སྐུ་ཚབ་མགྲོན་གཉེར་རྣམས་ཀྱི་གདོང་༧སྐྱབས་མགོན་རྗེ་ཤོད་སོ་སོར་ལེགས་འབུལ་གྱི་འཚམས་ཞུའི་ཁ་བཏགས་དང་། མགྲོན་གཉེར་སོ་སོར་སྣ་དར་ཨ་ཤི་རེ། འཁྲིད་སྐལ་དངུལ་སྲང་བཅོ་ལྔ་རེ། ཇ་འཕོར་དྲུག་རེ། གོས་ཡུགས་རེ་བཅས་ཀྱི་གནང་ཆ་དང་། གཡོག་ཟོ་ཡོད་རྣམས་ལའང་སྣ་དར་འཁྲིད་སྐལ་སོགས་གྱུ་ནོམ་པར་སྩལ། གཞན་ཡང་དངོས་སྐྱེས་འབུལ་མི་རྣམས་ལ་གོ་བབ་ཀྱི་གནང་སྦྱིན་སོགས་ཚོམས་ལུས་མེད་པ་ལེགས་པར་བསྐྱངས་པས་དེ་ཐམས་ཅད་ཀྱི་ཡིད་ཀྱི་བུང་བ་དགའ་བའི་འཕྱུར་ལྡིང་ཡོངས་སུ་གཡོ་བར་མཛད་

དོ། །དེ་མཚུངས་ཀློ་གླིང་གྲྭ་ཚང་དང་། བདེ་ཡངས། ཐུགས་པ་བཅས་ལའང་སོ་སོར་གྲྭ་ཇ་གསུམ་རེའི་བསྙེན་བཀུར་དང་། སྐུ་འགྱེད་དགེ་འདུན་རེར་དངུལ་སྐར་ཕྱེད་བརྒྱད་རེ། སྤྱི་འབུལ་གོས་ཡུགས་རེ་བཅས་འབུལ་སྦྱོར་དང་། གུང་ཏུ་ཁམས་ཚན་འདུས་སྤྱི་རྣམས་ལ་ཉིན་འཁྱོངས་ཀྱི་ཞབས་ཏོག་གཟབ་རྒྱས་དང་། སྐུ་འགྱེད་དགེ་འདུན་རེར་དངུལ་ཏཾ་ཟུང་རེ། བཀྲ་ཤིས་པའི་ལྷ་དར་དཀར་གཙང་རེ། སྤྱི་འབུལ་སྨུག་ཏུ་ཁ་བཏགས་ཆེ་བ་དང་། བརྒྱ་བཟོ་ལས་གྲུབ་པའི་གསེར་ཟངས་ཀྱི་བྱམས་པའི་ལྡེམ་སྐུ་མདའ་ཚད་མ་སྒྲེས་གཙང་ན་བཟའ་ཅན་གཅིག །རག་ཏིང་ཀར་གཟུགས་ཁ་ཞེང་ལ་མཐོ་གང་ཡོད་པ་བདུན་ཚར། རྒྱ་དངུལ་སྲང་སུམ་ཅུ་ཐམ་པ། གོས་ཡུགས་བཅས་དང་། མདོར་བར་མཇོད་དྲི་མེད། ལིང་ཡུགས། གོས་ཁ་ལྔ། སྣེ་བཞག་བཅས་སྣུམ། ཏར་གདོང་ཁམས་ཚན་འདུས་སྤྱིར་ཚོམ་ཇ་གསུམ་གྱི་ཐོག །སྐུ་འགྱེད་རེན་གཉིས་འཁོར་ལོ་རེ། མཚོད་རྫས་ཀྱི་དོད་གོས་ཡུགས་ལྔ། སྣེ་བཞག་སྐྱབས་རྟེན་དང་བཅས་པ་སྣུམ། གཞན་ཡང་མངའ་རིས། ཨ་མདོ་གཞུང་པ། སྣོ་མང་བོད་གཞུང་། རྒྱུད་གཅིག་མི་ཚན། ཕ་ཤུལ་མི་ཚན་བཅས་སོ་སོར་ཇ་ཐུག་གི་བསྙེན་བཀུར་དང་སྐུ་འགྱེད། སྣེ་བཞག་སོགས་ཀྱི་ནོམ་པར་སྣུམ་བས་འདུས་པའི་ཚོགས་ཀུན་མགོན་མེད་ཟས་སྦྱིན་གྱི་གདུགས་ཚོད་ཀྱི་དགའ་སྟོན་ལ་རེག་པར་མཛད་དོ། །དེ་ནས་དུས་ཚེས་གཟའ་སྐར་བཟང་པོའི་ཉིན་བསྟན་སྲུང་དགྲ་ལྷའི་རྒྱལ་པོ་ཆེན་པོ་དགྱེས་པར་རོལ་བའི་གནས་ཀྱི་མཆོག་ཏུ་གྱུར་པ་གནས་ཆུང་སྒྲ་དབྱངས་གླིང་དུ་ཕེབས་ཏེ་ལྷ་མཆོག་འོད་ལྡན་དཀར་པོ་ཁོག་རླམས་སྤྱན་འདྲེན་ཐོག །སྒྲོན་དར་ཨ་ཤི་སྣ་ལྔ། ཞལ་ཇ། གསེར་ཕུད། ཚོགས་འཁོར། ཕྱག་མཚན། ཆིབས་རྟ། ཇ་གོས་དང་སོགས་འབུལ་བ་རྒྱས་པར་མཛད་ནས་ཕྱོས་བསམ་སོགས་བཞེད་

དོན་ལྟར་འགྲུབ་པའི་འཕྲིན་བཅོལ་གནང་སྙིན་དང་། སྣང་དོར་གྱི་བཀའ་ལུང་བཅས་ཞུས་པར་ཆོས་སྐྱོང་ཆེན་པོ་ནས་ཀྱང་སྐུ་ཚོའི་འཕྲེང་བ་དུ་མར་དམ་ཚིག་གཉན་པོས་འབྲེལ་ཞིང་རྣམ་བཞིའི་འཕྲིན་ལས་གཡེལ་མེད་དུ་སྒྲུབ་པའི་རང་མདངས་ལྷུག་པར་བསྟན་ཏེ་གུས་ཞལ་གྱི་རྣམ་འགྱུར་དུ་མ་དང་བཅས་ནས་རྣམ་པ་ཀུན་ཏུ་མི་མངོན་དབྱིངས་ནས་གང་བཅོལ་གྱི་འཕྲིན་ལས་ཐོགས་མེད་དུ་སྒྲུབ་པའི་ཞལ་བཞེས་དང་། ལུང་བསྟན་རྡོ་རྗེའི་ཚིག་དང་བཅས་པ་ཕུལ་བར་གྱུར་ཅིང་། སྒྲ་དབྱངས་གླིང་པའི་འདུས་པའི་ཚོགས་ལ་ཉིན་འཁྱོངས་ཀྱི་བསྙེན་བཀུར་དང་། སྐུ་འགྱེད་དངུལ་བལ་ཏཾ་རེ་དང་། ལྷ་རྫས་དྲི་མེད་རེ། སྣེ་བཞག །སྐྱབས་རྟེན་སོགས་རྒྱ་ཆེ་བར་སྩལ་ནས་སླར་ཡང་དགོན་པར་ཕྱག་ཕེབས་ཤིང་། མི་རིང་བར་དབེན་གནས་རི་ཁྲོད་དགེ་འཕེལ་དུ་བྱོན་ཏེ་སློང་བ་པ་རྣམས་ལ་ཇ་ཐུག་སོགས་ཀྱི་ཞབས་ཏོག་ཉིན་འཁྱོངས་དང་། བསྟན་སྐྱོང་ཆེན་མོར་སྐན་ཤལ་ཐུགས་སྨོན་འཕྲིན་བཅོལ་དང་བཅས་པ། སྐུ་འགྱེད་དགེ་སློང་རེར་དངུལ་ཏཾ་རེ་དང་། ལྷ་རྫས་དཀར་གཙང་རེ། ༸རྒྱལ་དབང་ཡབ་སྲས་མཆོད་ཡོན་དང་། རྗེ་རང་ཉིད་སོགས་བསྟན་འཛིན་གྱི་སྐྱེས་བུ་རྣམས་ཀྱི་ཞབས་བརྟན་དང་བསྟན་འགྲོ་སྤྱི་སྒེར་གྱི་བདེ་སྐྱིད་སྤེལ་བ་སོགས་ཀྱི་ཆེད་དུ་ཟླ་བ་ངོ་རེ་བཞིན་དུ་ཡར་ཆོས་བརྒྱད་ཀྱི་ཉིན་སྒྲོལ་དཀར་ཡིད་བཞིན་འཁོར་ལོའི་ཚེ་ག་ཆག་མེད་རྒྱུན་གཏོང་གི་ཐེབས་སུ་རིན་ཆེན་གཉིས་པ་ཏཾ་སྲང་བཅོ་ལྔའི་སྒྱུར་འཛུགས་སྩལ་བ་སོགས་མདོར་ན་ཆོས་སྡེ་ཆེན་པོ་དཔལ་ལྡན་འབྲས་སྤུངས་ལེ་ལག་དང་བཅས་པ་རྣམས་སུ་གཏན་པ་མེད་པའི་མཆོད་སྦྱིན་དང་འབྲེལ་བའི་རྣམ་དཀར་མཛད་འཕྲིན་གྱི་སྣ་མོ་འབུམ་ཕྲག་ཏུ་ཕྱེ་བར་མཛད་ཅིང་། དེ་ཐམས་ཅད་ཀྱང་བར་མ་དོར་ཆུད་མི་འཛའ་བར་བྱང་ཆུབ་ཀྱི་སེམས་ཀྱིས་གོ་འཕང་མཆོག་གི་རྒྱུར་ཡོངས་སུ་བསྔོ་བ་

དང་། སྙོམས་སེམས་མེད་པའི་དགའ་བས་སྤེལ་བ་དང་། དེ་ཁོ་ན་ཉིད་རྟོགས་པའི་ལྟ་བས་རྒྱས་འདེབས་པའི་སྒོ་ནས་རྣམ་པར་དག་པའི་དགེ་བ་འབའ་ཞིག་ཏུ་བསྒྱུར་བར་མཛད་དོ། །

ལུང་རྟོགས་གཡུང་དྲུ་ཟ་བའི་སྙིང་མོས་ཚལ། །བློ་གསལ་རྒྱུ་སྐར་བཀྲ་བའི་ལྡིང་ཁང་སྟེ། །མཁས་མང་ནོར་བུའི་འབྱུང་གནས་ཆུ་གཏེར་ཆེར། །ཁྱོད་ཀྱི་གསང་གསུམ་རོལ་མོ་ཅི་ཡང་བསྒྱུར། །རིག་དང་གྲོལ་བར་ལྡན་པའི་འདུས་པའི་སྡེ། །མ་ལུས་གཏན་པ་མེད་པའི་མཆོད་སྦྱིན་གྱིས། །དུས་གཅིག་དགྱེས་དགུར་སྒྱུར་འདི་གཞན་དག་གི། །བསམ་ནུས་མིན་ན་སྒྱུར་བས་ག་ལ་ཞིག །ཀུ་ནོམ་འཁོར་ཡུག་འབྲེལ་བའི་བསྙེན་བཀུར་གྱི། །སྒོ་བརྒྱ་ལྷུག་པར་འབྱེད་ཚེ་སྐྱེ་བོ་དག །གཉན་ཡོད་རྒྱལ་བྱེད་ཚལ་དེ་བསིལ་ལྡན་འདིར། །འཕོས་སམ་གཉིས་པ་ཞིག་ཅེས་འཕྱུང་མོ་ཉུག །ཟང་ཟིང་སྒྱུ་མའི་ནོར་རྫས་ལྷུགས་ཀྱི་ཁམས། །མཆོད་དང་སྦྱིན་པའི་ཞུགས་ཀྱིས་ལེགས་སྦྱངས་པ། །བྱང་ཆུབ་སེམས་ཀྱི་གསེར་འགྱུར་རྩེས་ཟིན་པས། །རླབས་ཆེན་དོན་གཉིས་ས་ལྣའི་ཁམས་སུ་སྨིན། །སྒྱུ་མ་ལྟ་བུའི་ཞིང་མཆོག་དམ་པ་ལ། །སྒྱུ་མ་ལྟ་བུར་བསྙེན་ཅིང་བཀུར་བ་དེ། །སྒྱུ་མའི་རང་བཞིན་ཤེས་པའི་ཕྱག་རྒྱ་ཡིས། །སྒྱུ་མའི་ངང་ལས་མི་འདར་ཡོངས་སུ་བཏབ། །

དེ་ནས་སྟོན་བྱམས་ཆེན་ཆོས་ཀྱི་རྗེ་ཤཱཀྱ་ཡེ་ཤེས་དཔལ་བཟང་པོ་ལ་འཇམ་མགོན་ཆོས་ཀྱི་རྒྱལ་པོ་ཙོང་ཁ་པ་ཆེན་པོས་ལུང་བསྟན་པ་ལྟར་ཕྱག་བཏབ་པའི་དགོན་གནས་དམ་པ། མདོ་སྔགས་བཤད་སྒྲུབ་ཀྱི་འདོད་རྒུ་འབད་མེད་དུ་འབྱུང་བའི་ནོར་བུའི་གླིང་ལྟ་བུ། མཁས་མང་འབུམ་ཕྲག་དུ་མས་ལེགས་བཤད་ཀྱི་དགའ་སྟོན་འགྱེད་པའི་བསྟི་གནས་ཆོས་སྡེ་ཆེན་པོ་སེ་ར་ཐེག་པ་ཆེན་པོའི་

གླིང་དུ་ཕེབས་བཞིན་གྱིས་འབྲས་ལྗོངས་ནས་ཆིབས་ཀྱི་ཁ་ལོ་བསྒྱུར་སྐབས། སེ་རའི་ཚོགས་ཆེན་དང་གྲྭ་ཚང་ཁག་གི་བླ་མ་ལས་སྣེ། ཁམས་ཚན་ཕན་ཚུན་གྱི་མགོ་ཡོད་རྣམས་ནས་དང་བ་ཆེན་པོས་ཀུན་ནས་བསླངས་ཏེ་ཆིབས་བསུའི་རིམ་པ་སོགས་ཀྱང་རྒྱས་པར་ཞུས་ནས་གདན་དྲངས་ཏེ་སྒོམ་སྡེ་ཁམས་ཚན་གྱི་ཚོམས་སུ་བཞུགས་ཞག་མཛད་ཅིང་། སེ་ར་ཚོགས་ཆེན་གྱི་འདུས་པ་ལྔ་སྟོང་དུ་ཉེ་བ་རྣམས་ལ་བསྙེན་བཀུར་མང་ཇ་གསུམ་དང་། སྐུ་འགྱེད་དགེ་འདུན་རེར་དངུལ་ཏཾ་རེ་དང་ཕྱི་འབུལ་སོགས་དཔངས་མཐོ་བར་སྩལ་ཏེ་ཚོགས་གཟིགས་ཀྱང་མཛད། དེ་མཚུངས་སེར་བྱེས་མཁས་མང་གྲྭ་ཚང་། སེར་སྨད་ཐོས་བསམ་ནོར་གླིང་གྲྭ་ཚང་། སེར་སྔགས་གྲྭ་ཚང་རྣམས་སོ་སོར་གྲྭ་ཇ་དང་། སྐུ་འགྱེད་ཕྱི་འབུལ་སོགས་རྒྱས་པར་མཛད། དེ་དག་གི་སྐབས་སུ་ཁམས་ཚན་ཀུན་སྒོམ་སྡེ་དང་གྲུང་ཙྭ་ཉིས་འཛིན་དུ་མཛད་ནས་སྤྱིས་སྐོར་འགྱེད་བརྩིས་སོགས་ཁམས་ཚན་ཐུན་མོང་ནས་བྱེད་དུ་འཇུག་པ་དང་། སྒོམ་སྡེ་དང་གྲུང་ཙྭ་ཁམས་ཚན་གཉིས་སུའང་ཚོམས་ཇ་ཉིན་འཁྱོངས་དང་། སྐུ་འགྱེད། ཕྱི་འབུལ་སོགས་གཏོས་ཆེ་བར་བསྐྱངས་ཤིང་། མཆོད་ཁང་དང་མགོན་ཁང་ཁག་རྣམས་ལ་མཆོད་སྤྲིན་སྣན་ཞལ་སོགས་རྒྱ་ཆེན་པོ་དང་བཅས་ནས་གནས་གཟིགས་ཐོག་བཞིན་དོན་མ་ལུས་པ་བདེ་བླག་ཏུ་འགྲུབ་པའི་ཐུགས་སྨོན་འཕྲིན་བཅོལ་སོགས་གནང་སྩོལ་དུ་མཛད། ཚོགས་ཆེན་དང་། གྲྭ་ཚང་ཁག་གི་བླ་མ་ལས་སྣེ། སྤྲུལ་སྐུ་དཔོན་ཆོས་མཛད། བཀའ་རབ་འབྱམས་དགེ་བའི་བཤེས་གཉེན། ཆོས་འགྲིམ་བློ་གསར་གྲྭ་དམངས་དང་བཅས་པ་རྣམས་ནས་མཇལ་ཕྱག་དང་དད་འབུལ། བླ་བྲང་གཉེར་ཚང་ཁག་སོགས་ནས་བསྙེན་བཀུར་ཞབས་ཏོག་དངོས་འབུལ་སོགས་འབུལ་བ་རྣམས་བདག་གིར་དུ་བཞེས་ཤིང་། མཇལ་ཕྱག་བཅར་

མི་ཀུན་ལ་ཞལ་མཇལ་ཕྱག་དབང་བཀའ་འདྲི་སོགས་ཞིབ་རྒྱས་སུ་སྩལ། དེ་ནས་ཕྱིར་ཐེབས་ལམ་ཞོར་གནས་ཆེན་ཕ་བོང་ཁ་བྱང་རྒྱབ་ཤིང་གི་ནགས་ཁྲོད་དུ་ཐེབས་ནས་རྟེན་ངོ་མཚར་ཅན་རྣམས་ལ་མཆོད་འབུལ། སྨན་ཤལ་གནས་གཟིགས་ཐུགས་སྨོན་སོགས་གནད་སྨིན་དུ་བསྐྱངས་ཤིང་། སྐྱོང་བ་པ་རྣམས་ལ་མང་འགྱེད་སོགས་ཀྱི་བསྙེན་བཀུར་གཟབ་རྒྱས་སུ་བསྒྱུར་ནས་རིང་མིན་སླར་ཡང་ཆོས་སྡེ་ཆེན་པོ་དཔལ་ལྡན་འབྲས་སྤུངས་སུ་ཆིབས་བསྐྱོད་ནས་བདེ་བར་འཚོ་ཞིང་གཞིས་པར་གྱུར་ཏོ། །

དེ་ནས་འདི་སྐམ་དུ། ཨེ་མ་འདྲེན་པ་མཉམ་མེད་ཟས་གཙང་སྲས་པོའི་དགོངས་བཞེད་བླ་ན་མེད་པ་འཕགས་ཡུལ་ཤིང་རྟ་ཆེན་པོ་རྣམས་ཀྱི་གཞུང་ལུགས་སོགས་ལ་སྦྱངས་པ་བྱེད་པ་ན་ཡང་འདི་ལྟར་རང་སྟོབས་ཀྱིས་འོལ་ཚོད་དུ་འཇུག་པས་ནི་ཕལ་ཆེ་བ་མ་རྟོགས་པ་དང་ལོག་པའི་ལམ་དུ་འཕྱན་པར་འགྱུར་ལ། བརྒྱ་ལ་གལ་ཏེ་ཕྱོགས་མཐོང་རེ་གཉིས་ཙམ་རྟོགས་ཐུང་དཔྱིས་ཕྱིན་པའི་ངེས་ཤེས་རྙེད་པ་ཞིག་ནི་ཤིན་ཏུ་ནས་འབྱུང་བར་དཀའ་བས་ཅི་ནས་ཀྱང་བཤེས་གཉེན་མཁས་པའི་དེད་དཔོན་ཞིག་ངེས་པར་དུ་བསྟེན་དགོས་པར་གཟིགས་ནས། མང་ཐོས་ཡོན་ཏན་རྒྱ་མཚོའི་ཕ་རོལ་ཏུ་སོན་ཅིང་གཞུང་ལུགས་རབ་འབྱམས་སྨྲ་བ་ལ་མི་འཇིགས་པའི་མཁྱེན་རབ་དང་སྤོབས་པ་ནི་ཀླུ་སྒྲུབ་ཡབ་སོགས་ཀྱི་རྗེས་སུ་བྱེད་པར་ནུས་པའི་མཁས་པའི་དབང་པོ་སྒོ་མང་མཁན་པོ་ཞལ་སྔ་ནས་བསྐལ་བཟང་དངོས་གྲུབ་ཐུགས་གཉེར་གྱི་ཡོངས་འཛིན་དུ་བསྟེན་པར་བཞེད་ནས་གཟའ་ཚེས་ལེགས་པའི་ཉིན་གཟིམས་ཤག་ཏུ་གདན་དྲངས་ཏེ་ཞབས་ཏོག་ཕུན་སུམ་ཚོགས་པ་དང་གོས་དར་དངུལ་ཁ་བཏགས་སོགས་ཀྱི་འབུལ་ཚན་དང་བཅས་ནས་ཡོངས་འཛིན་མཛད་དགོས་ཀྱི་བསྙུབ་སྟོན་ཞུས་

པར་མཁན་རིན་པོ་ཆེ་དེ་ཉིད་ནས་ཀྱང་བསྟན་དོན་རླབས་པོ་ཆེ་འགྲུབ་པའི་རྒྱུར་གཟིགས་ནས་ཞལ་གྱིས་བཞེས་ཏེ་དེ་ཁའི་ཉིན་མོ་ནས་བརྩིས་བཞག་སོགས་ཀྱི་དཔེ་ཁྲིད་དང་རྟགས་གསལ་གསན་བཞེས་ཀྱི་དབུ་འཛུགས་པར་མཛད་པ་ན་མཆོག་ཏུ་དགེ་ཞིང་བཀྲ་ཤིས་པའི་རྟེན་འབྲེལ་གྱི་མཚན་མ་ཤིན་ཏུ་ལེགས་པ་དུ་མ་ཞིག་ཀྱང་བྱུང་བར་སྣང་ངོ་། །

དེ་ནས་རེ་ཞིག་བར་ཚོགས་ཆོས་ལ་ཕེབས་བསྐྱོད་དང་བསྟུས་གྲྭའི་བརྩིས་བཞག་འཛིན་སྟོད་སྐྱོར་སྦྱངས་སོགས་གསན་བསམ་ལ་འགྲུས་པར་བཞུགས་ནས་མི་རིང་བར་སྤྱི་སོར་ནས་ཐུགས་ལ་དགོངས་པ་བཞིན་ཧོར་ཟླ་བདུན་པའི་ཡར་ཚེས་ལ་རྗེ་བླ་མའི་གདན་ས་ཆེན་པོ་འབྲོག་རི་བོ་དགེ་ལྡན་རྣམ་པར་རྒྱལ་བའི་གླིང་དུ་ཕེབས་བཞེད་ཀྱིས་འབྲས་སྤུངས་ནས་ཆིབས་བཏེགས་ཏེ་ལྷ་གདོང་ཤན་ཁ་བརྒྱུད་ནས་ཕེབས་པར། དགའ་ལྡན་དུ་ཞབས་མཐིལ་བཀོད་དུ་ཉེ་བ་ན་ཚོགས་ཆེན་གྲྭ་ཚང་སོགས་ཀྱི་བླ་མ་ལས་སྡེ་དང་། ཁམས་ཚན་ཁག་གི་ཆེ་བགྲེས་རྣམས་ནས་ཕེབས་བསུ་སོགས་གུས་འདུད་བླ་ལྷག་གི་སྒོ་ནས་གདན་དྲངས་ཏེ་དགའ་ལྡན་ཀློ་པ་ཁམས་ཚན་གྱི་ཚོམས་གསར་པའི་ནང་དུ་བཞུགས་འཛུགས་བསྐྱངས་པར་ཁམས་ཚན་ནས་གསོལ་ཞབས་དང་། གྲྭ་དམངས་སོགས་ནས་མཇལ་ཕྱག་ཞུས་པར་འདོད་ཡོས་ལྷུར་བསྐྱངས། ཆོས་བཅུ་བཞི་བཅོ་ལྔ་སྐོར་ལ་རྗེ་ཐམས་ཅད་མཁྱེན་པའི་སྐུ་གདུང་ཡིད་བཞིན་གྱི་ནོར་བུ་སྙིང་པོར་བཞུགས་པའི་གསེར་གདུང་རིན་པོ་ཆེ་འབྲེལ་ཚད་དོན་ལྡན་མ་དང་། ཐུབ་པ་ཚུལ་ཁྲིམས་མ་སོགས་ཀྱིས་གཙོས་པའི་རྟེན་གསུམ་བྱིན་ལྡན་ཁྱད་འཕགས་རྣམས་ལ་བརྒྱ་མཆོད་སྣ་ལྔ། སྙན་ཤལ། མཆོད་འབུལ་སོགས་ཀྱི་ཐོག་བསྟན་པ་རྒྱས་ཤིང་འགྲོ་བ་བདེ་བའི་ཐུགས་སྨོན་སྨྲེ་དང་། ཁྱད་པར་གསེར་གདུང་རིན་པོ་ཆེའི་

དྲུང་དུ་སྙིགས་མཐར་གངས་རིའི་བརྒྱུད་འདིར་བསྟན་པའི་སྲོག་བཟུང་སྟེ་རང་གཞན་གྱི་དོན་བྱེད་པ་ལ་རྗེ་བླ་མ་ཉིད་དང་སྒོ་ཀུན་ནས་མཚུངས་པར་འཕྲིན་ལས་རླབས་པོ་ཆེ་ཁྱབ་གདལ་དུ་འགྱེད་པ་སོགས་ཀྱི་ཐུགས་བསྐྱེད་རྒྱ་ཆེ་གནང་སྨིན་དུ་མཛད། དེ་བཞིན་དུ་དམ་ཅན་ཆོས་ཀྱི་རྒྱལ་པོའི་སྐུ་མདུན་དུ་མཆོད་གཏོར་རྒྱ་ཆེན་པོ་དང་སྨན་ཤལ་སོགས་ཕུལ་ཏེ་བསྐང་བཤགས་བསྟོད་བསྐུལ་སོགས་ཀྱི་གསུང་ཆོག་དང་བཅས་ནས་འཇམ་མགོན་བསྟན་པར་སྨན་པའི་བཞེད་དོན་མཐའ་དག་བགེགས་མེད་དུ་འགྲུབ་པའི་གདོང་གྲོགས་གཡེལ་མེད་དུ་མཛད་དགོས་པའི་འཕྲིན་ལས་བཅོལ་བ་སོགས་ཆོས་རྒྱལ་ཆེན་པོའི་ཐུགས་རྒྱུད་ཁུལ་ངེས་སུ་བསྐྱངས། དགའ་ལྡན་ཚོགས་ཆེན་འདུས་སྡེ་རྣམས་ལ་མང་ཇ་གསུམ་གྱི་བསྙེན་བཀུར་ཕོག་སྐུ་འགྱེད་དགེ་འདུན་རེར་རིན་གཉིས་འཁོར་ལོ་རེ། སྣེ་བཞག་སྤྱི་འབུལ་སོགས་དཔངས་མཐོ་བར་ཕུལ། དེ་མཚུངས་ཉག་རོང་གྲྭ་ཚང་། བྱང་རྩེ་གྲྭ་ཚང་། སྔགས་པ་ཁམས་ཚན། གུང་རུ་ཁམས་ཚན་སོགས་ལའང་སོ་སོར་གྲྭ་ཇ་ཚོམས་ཇ་སྐུ་འགྱེད་སྤྱི་འབུལ་སོགས་གཟབ་རྒྱས་སུ་བསྟར་བར་མཛད། དེ་སྐབས་དགའ་ལྡན་ཁྲི་ཆེན་ཆོས་ཀྱི་རྒྱལ་པོ་དཔལ་ལྡན་ནོ་མི་ཧན་ངག་དབང་ཚུལ་ཁྲིམས་དཔལ་བཟང་པོ་དགའ་ལྡན་ཁྲི་ཐོག་ཁང་དུ་བཞུགས་པའི་ཞབས་དྲུང་དུ་མཇལ་ཞུར་བཅར་ཏེ་གསུང་མོལ་ཞིབ་རྒྱས་དང་། ལྷག་པར་ཁྲི་ཆེན་མཆོག་ནས་ཡངས་པ་ཅན་དུ་དགའ་ལྡན་འདུས་ཚོགས་རྣམས་ལ་རྗེ་ཙོང་ཁ་པའི་གསུང་གི་སྙིང་པོ་བྱང་ཆུབ་ལམ་རིམ་ཆེན་མོའི་བཀའ་ཆོས་སྩལ་བར་ཆོས་མཐུན་ཅི་ནུས་སུ་སྦྱོར་ཏེ་གསན་བཞེས་ཐོག་ཞིང་ཁམས་རྒྱ་མཚོའི་བཀོད་པ། སྐུ་གསུང་ཐུགས་རྟེན། དར་གོས་དངུལ་ཇ་སོགས་ཀྱི་འབུལ་བ་གཟེངས་སུ་མཐོ་བར་ཕུལ་ཅིང་། ཁྲི་ཆེན་མཆོག་ནས་ཀྱང་ཁྲི་ཐོག་ཁང་དུ་གདན་ཞུས་ཀྱིས་

དཔོན་གཡོག་བྱིངས་ཚང་མར་གུང་ཚོགས་དཀར་སྤྲོ་སོགས་གང་རྒྱས་དང་། ༧སྐྱབས་མགོན་རྣམ་གཉིས་གཟིམས་ཆུང་དུ་གསོལ་ཚོགས་ལྷན་རྒྱས་ཀྱི་ཐོག་ཆོས་དང་འབྲེལ་བའི་བཀའ་མོལ་གསུང་མཆིད་ཞིབ་རྒྱས་གནང་བའི་མཐར་ཁྲི་ཆེན་ནས་ཛྫེ་ཉིད་ལ་གདན་ས་ཆེན་པོར་མང་འགྱེད་བསྙེན་བཀུར་སྩལ་བའི་སྦྲ་ཡེར་གྱི་ཁ་བཏགས། དཀར་སྤྲོ། དངོས་པོའི་སྐྱེས་སོགས་སྩལ་ནས་སྤར་གྱི་ཐུགས་བསྐྱེད་བཟང་པོའི་དོན་ལས་མི་གཡེལ་བར་རྒྱལ་བའི་བསྟན་ལ་གསན་བསམ་ཉམས་བཞེས་སོགས་བརྩོན་པ་ལྷོད་མེད་དུ་མཛད་དགོས་ཚུལ་སོགས་ཀྱི་བཀའ་སློབ་རྒྱ་ཆེ་བར་ཕེབས། དེ་ནས་གླིང་སྐོར་དུ་ཕེབས་ནས་རང་བྱོན་གྱི་རྟེན་ངོ་མཚར་ཅན་རྣམས་ལ་གནས་གཟིགས་ཐུགས་སྨོན་བཅས་ཡང་དག་པར་བསྐྱངས་པ་སོགས་ངལ་བ་དོན་ལྡན་འབའ་ཞིག་གིས་དུས་འདའ་བར་མཛད། བར་བར་དུ་དགའ་ལྡན་ཚོགས་ཆེན་གྲྭ་ཚང་ཁག །ཁམས་ཚན་ཕན་ཚུན། གླ་ཕྱུལ་གྲྭ་དམངས་སོགས་ནས་མཇལ་ཕྱག་གི་རིམ་པ་བར་མ་ཆད་དུ་ཞུས་པ་རྣམས་ལའང་བརྩེ་བའི་སྤྱན་རས་ཀྱིས་བཙའ་བཞིན་པར་གང་ལ་གང་འོས་ཀྱི་གནང་སྦྱིན་བཀའ་སློབ་རྣམས་རྒྱས་པར་མཛད་དེ་མདོར་ན་དེར་ཞག་འགའ་བཞུགས་རིང་ཆོས་དང་འཇིག་རྟེན་གྱི་མཛད་སྒོ་མཐའ་དག་ལྷོད་མེད་མཐིལ་ཕྱིན་དུ་བསྐྱངས་ནས་མི་རིང་བར་ཕྱིར་ཕེབས་སྐབས་བདེ་ཆེན་གསང་སྔགས་མཁར་དུ་ཞག་གཅིག་བཞུགས་འཇགས་ཀྱིས་མགོན་ཁང་དུ་དཔལ་ཡེ་ཤེས་ཀྱི་མགོན་པོ་ཕྱག་དྲུག་པའི་སྣང་བརྙན་ལ་ཞལ་མཇལ། སྐན་ཤལ། མཆོད་འབུལ། བསྐང་བཤགས། འཕྲིན་བཅོལ་སོགས་གནད་སྨིན་དུ་མཛད། དེ་ནས་ལྷ་ལྡན་སྟག་ལུང་ཤག་ཏུ་བཞུགས་འཇགས་དང་ཛོ་ཤཱག་རྣམ་གཉིས་སོགས་ལ་མཆོད་སྨོན་བསྐྱངས་ཏེ་སྔར་ཡང་འབྲས་སྤུངས་སུ་ཕྱག་ཕེབས་པར་གྱུར་ཏོ། །

དེ་ལྟར་རྗེ་ཉིད་ཀྱི་བཀའ་དྲིན་ལས་གང་གི་ཞབས་གྲས་སེར་སྐྱ་མཐའ་དག་ཀྱང་སོ་སོའི་འདོད་མོས་ལྟར་གདན་ས་ཆེན་པོ་རྣམས་ཀྱི་རྟེན་གསུམ་འདུས་སྡེ་དང་བཅས་པ་དང་། ༧རྒྱལ་དབང་ཐམས་ཅད་མཁྱེན་གཟིགས་མཆོད་ཡོན་དང་། ལྷ་ལྡན་ཇོ་ཤཱཀྱ་རྣམ་གཉིས་སོགས་བསྐལ་མང་སྟོང་དུ་མཚན་ཙམ་ཡང་ཐོས་པར་དཀའ་བ་མཐའ་དག་མངོན་སུམ་གྱི་ཡུལ་དུ་བྱས་ཏེ་དད་གུས་ཀྱི་འབྲེལ་བ་ལྷབས་པོ་ཆེ་ཐོགས་པར་གྱུར་ཅིང་། དེ་ནས་མི་རིང་བར་ཞབས་གྲས་སེར་སྐྱ་བྱིངས་ཆེ་རྣམས་དང་། ཆིབས་ཁལ་དམངས་བཅས་ཁམས་སུ་ཕྱིར་སློག་མཛད་བཞིན་གྱིས་ཐོན་ཕྱུག་མཇལ་ཁ་དང་། ལམ་བར་སོགས་ཀྱིས་མཚོན་པའི་གཞིས་བྱེས་ཀུན་ཏུ་འགྲོ་འདུག་སྤྱོད་ལམ་སོགས་གནས་སྐབས་དང་མཐར་ཐུག་གི་བཀའ་སློབ་ཟབ་ཅིང་སྙིང་ལ་འབབ་པ་དང་གནང་སྦྱིན་གསོལ་རས་སོགས་ཀྱང་གྱ་ནོམ་པ་དང་བཅས་ཏེ་ཕྱིར་སློག་གྲུབ་སྟུན། རྗེ་ཉིད་ནི་སྔར་མུས་བཞིན་ཆོས་གྲྭར་ཆག་མེད་ཕེབས་བསྐྱོད་ཀྱིས་རྩོད་པ་དང་། རྒྱུན་པར་ཕྱུག་དཔེ་འཛིན་སྐྱོར་དཔེ་ཁྲིད་དཔེ་གློག་སོགས་ཐོས་བསམ་ལ་བརྩོན་པ་ཆུ་བོའི་རྒྱུན་ལྟ་བུའི་ངོས་ནས་རྒྱུན་གྱི་ཐུགས་དམ་རིགས་ཀྱང་ཆག་མེད་དུ་བསྐྱངས་པ་སོགས་དམ་པའི་མཛད་བཟང་ཀུན་གྱི་མིག་རྒྱུན་དུ་འགྱུར་ངེས་པ་འབའ་ཞིག་གི་ངང་དུ་གཏན་ཆགས་པར་འཚོ་ཞིང་གཞེས་སོ། །

སེ་ཤིང་ར་བས་ཡོངས་བསྐོར་ཆོས་ཀྱི་སྡེར། །ཁྱོད་སྐུའི་འདབ་སྟོང་རྣམ་པར་འཕོས་པའི་མོད། །ཆོས་དང་ཟང་ཟིང་དཀའ་སྟོན་མངར་བའི་རོ། །འཛད་མེད་དབྱར་གྱི་རྒྱལ་མོའི་གླུང་བཞིན་འཕེལ། །དེ་བཞིན་དཀའ་བ་བརྒྱ་ལྡན་ཆོས་ཀྱི་སྡེ། །བཤད་སྒྲུབ་ལང་ཚོ་དར་བའི་འཛུམ་དོགས་ཆེར། །ཞབས་མཐིལ་དཔལ་གྱི་པེའུ་བཀོད་ནས་ཀྱང་། །མཛད་འཕྲིན་གསེར་གྱི་གཏན་པ་

ཕྱོགས་སུ་བཀྲམས། །ཁྱད་པར་འཇམ་མགོན་རྒྱལ་བའི་རྒྱལ་ཚབ་མཆོག །ས་
ཆེན་ཁྱེན་ལ་མངའ་དབང་བསྒྱུར་དེ་ཡི། །ཞལ་གྱི་པདྨོ་ལས་འོངས་དམ་ཆོས་
ཀྱི། །བདུད་རྩིས་གང་ཐུགས་ཡོལ་གོ་ཡོངས་སུ་གཏམས། །ཕན་ཚུན་གུས་ཤིང་
བརྩེ་བའི་སྐྱོ་ཐང་གིས། །མི་སྐྱུད་བསྟན་འགྲོར་དགེ་བའི་མཆེད་བཟང་པོས། །
འཁོར་ཡུག་འདའ་བའི་ངོ་མཚར་མཛད་པའི་ཕྲིན། །གང་གི་ཕྱོགས་སུ་བར་
མེད་འཁྲིགས་པས་འབྲེལ། །ཡང་ཡང་ཐུགས་བསྐྱེད་བཟང་པོས་ཉེར་བསྐུལ་
བས། །ཡང་ཡང་ཆོས་ལྡན་འཕྲིན་ལས་འབའ་ཞིག་གིས། །ཡང་ཡང་ཆོས་ཀྱི་སྒོ་
རྣམས་འགེངས་པའི་སྒྲ། །ཡང་ཡང་འཇིག་རྟེན་འདི་ན་མངོན་པར་གསལ། །
མང་མང་ཆོས་དང་ནོར་གྱི་སྐྱེས་བཟང་གིས། །མང་མང་ཞིང་མཆོག་མ་ལུས་
མཉེས་མཛད་འདི། །མང་མང་འགྲོ་རྣམས་ཚོགས་གཉིས་ལ་སྦྱོར་ནས། །མང་
མང་སྡུག་བསྔལ་མཚོ་ལས་སྒྲོལ་བའི་བཛྲ། །

དེ་ནས་རེ་ཞིག་ན་དགའ་གདོང་ལྕོག་ཏུ་ཕེབས་ནས་ཆོས་རྒྱལ་ཆེན་པོར་སྤྱན་འདྲེན་ངོས་མཇལ་གྱི་ཐོག །སྒྲོན་དར་དང་། དངོས་འབུལ་རྒྱས་པར་ཕུལ་ནས་ཆོས་འཁྲིམ་ཐོས་བསམ་ལ་བར་ཆད་མེད་ཅིང་འཇམ་མགོན་བསྟན་འགྲོའི་གསོས་སུ་འགྱུར་བའི་འཕྲིན་བཅོལ་བཀའ་ལུང་སོགས་ཞུས་པར་དགྱེས་ཉམས་དང་གུས་འདུད་ཆེན་པོས་གང་གི་ཆོས་ལྡན་གྱི་བཞེད་འབྲས་ཇི་བཞིན་དུ་སྨིན་པའི་རྣམ་བཞིའི་འཕྲིན་ལས་གཡེལ་མེད་སྒྲུབ་པའི་ཞལ་བཞེས་དང་བཀའ་ལུང་སོགས་ལེགས་པར་སྩལ། ལོ་དེའི་དབྱར་གནས་ཀྱི་མཇུག་ཏུ་ལྷོངས་རྒྱུར་དང་འབྲེལ་བར་རྒྱལ་དབང་མཆོད་ཡོན་ལ་ཞབས་བརྟན་མཇལ་ཞུ་སོགས་གྲུབ་བསྟུན་དྲང་སྲོང་རི་ཁྲིའི་ལུས་ཀྱི་འོད་ཟེར་ཆུ་སྐྱུང་གི་ཚོགས་ལ་འཕོས་པས་ཆུ་བོ་རྣམས་ཡན་ལག་བརྒྱད་ལྡན་གྱི་ཆབ་ཏུ་བསྒྱུར་བའི་དུས། སྐུ་ཕྲེང་གོང་མའི་སྦྱིན་

བདག་སྟགས་ཆེན་དངོས་གྲུབ་སྡིང་པས་ཆབ་བཞུགས་ལ་གདན་ཞུས་བཞིན་ཆིབས་བསྐྱོད་ནས་ཀླུ་སྡིང་དུ་བཞུགས་འཇགས་ཀྱིས་སྐུའི་འཁྲོད་རྟེན་ཆབ་བཞེས་ལ་ཞག་འགའ་བཞུགས་པར་མཛད། དེའི་རིང་དུ་དངོས་སྡིང་པས་སྐུ་འཁོར་ཚང་མར་གསོལ་ཞབས་བསྙེན་བཀུར་གྱི་རིམ་པ་བཟང་ཞིང་རྒྱས་པས་དགྱེས་རྒྱ་ཡོངས་སུ་སྐྲུན་ཅིང་། དེ་ནི་འདི་ལོ་ཙམ་དུ་མ་ཟད་གྲྭ་སར་བཞུགས་རིང་ལོ་ལྟར་ཆབ་བཞུགས་ཆེན་མོའི་སྐབས་ཆག་མེད་ལྟ་བུར་གདན་ཞུས་ཀྱིས་ཞབས་ཏོག་སྒྲུབ་པར་སྣང་ལ། ཕྱིན་ཁར་ཆོས་རྗེ་ངོ་གཡོག་ཀུན་ལ་གསོལ་རས་གནང་སྦྱིན་སོགས་ཀྱང་ཡིད་ཚིམ་ངེས་སུ་སྩལ་བར་མཛད་དོ། །

དེ་ནས་འབྲས་སྤུངས་སུ་ཕེབས་ནས་སྟོན་ཆོས་སྟ་ཕྱི་སོགས་ཀྱི་སྐབས་སྟར་བཞིན་ཆོས་འཁྲིམ་ཐུགས་གཉེར་ལ་བརྩོན་པར་བཞུགས་ལ། དེ་ཡང་རྗེ་འདི་ཉིད་ནི་གོང་དུ་ལན་དུ་མར་བརྗོད་པ་ལྟར་ངེས་དོན་དུ་རྗེ་བཙུན་བརྟན་པའི་འཁོར་ལོ་དངོས་ཡིན་པར་མ་ཟད་དྲང་དོན་གདུལ་བྱའི་སྣང་ངོར་ཡང་མཁྱེན་རབ་ཀྱི་ཡུལ་ཤིན་ཏུ་རྨད་དུ་བྱུང་བ་དང་ལྡན་པས་བསླབ་པར་བྱ་བའི་གནས་གང་ལ་ཡང་མགོ་སྨོས་ཙམ་དང་བཟ་སྟོན་ཙམ་གྱིས་དཀའ་ཚེགས་མེད་པར་ཐུགས་སུ་ཆུད་ནུས་པ་ཞིག་ཡིན་ལ། དེའི་དབང་གིས་སྟ་སོར་དྲུག་པ་ཚེས་བཞི་ནས་སྒོ་མང་གྲྭ་ཚང་གི་ཆོས་རར་འཛུག་སྒོ་མཛད་ཀྱང་བར་སྐབས་དེར་སེ་ར་དགའ་ལྡན་སོགས་སུ་ཕེབས་བཞུད་བསྐྱངས་པས་ཐུགས་གཉེར་མཛད་ཡུན་ཅུང་ཟད་ལས་མ་སོང་ཙང་། ཕེབས་ལོ་དེའི་སྟོན་ཆོས་ཀྱི་སྐབས་ཙམ་ནས་ཁ་དོག་དཀར་དམར་ནས་བཟུང་སྟེ་རྒྱུ་འབྲས་ཆེ་ཆུང་གི་བར་གྱི་བསྡུས་ཚན་ཆེ་ཆུང་རྣམས་དང་། བློ་རིགས་རྟགས་རིགས་སོགས་དཔལ་ལྡན་ཆོས་ཀྱི་གྲགས་པ་ཡབ་སྲས་ཀྱི་གཞུང་ལུགས་ནས་བྱུང་བའི་སྒྲུབ་པ་དང་བསུན་འབྱིན་གྱི་རིག་པའི་

གནད་གསང་ཐམས་ཅད་གཏིང་ཕྱིན་པར་ཐུགས་སུ་ཆུད་པས་ཆོས་ཀྱི་བགྲོ་བ་མཛད་པའི་སྣོ་མོ་བརྒྱ་ཕྲག་ལ་དབང་འབྱོར་ཏེ་རིག་པའི་དབང་ཕྱུག་འགྲན་ཟླ་དང་བྲལ་བར་མངོན་པར་བཞེངས་པར་གྱུར་ནས་དགུན་ཆོས་ཆེན་མོའི་སྐབས་གཞུང་སར་འོག་གི་འཛིན་གྲྭར་ཞབས་པད་བཀོད་དེ། ཇི་སྐད་དུ། ཡུམ་ཆེན་རྒྱས་འབྲིང་བསྡུས་གསུམ་གྱི། །རྒྱན་དུ་གྱུར་པའི་མངོན་རྟོགས་རྒྱན། །ཐོག་མར་བསླབ་ཅིང་ནན་ཏན་བྱ། །དེ་ལ་མཁས་པར་གྱུར་པ་ན། །ལུང་ཆོས་ཀུན་ལ་འཁྲིག་ཚུད་འགྱུར། །ཞེས་གསུངས་པའི་དོན་ཐུགས་ལ་བཞག་སྟེ་རྒྱལ་གསུང་ཀུན་གྱི་རབ་དང་ཕུལ་དུ་གྱུར་པ་ཡུམ་ཤེས་རབ་ཀྱི་ཕ་རོལ་ཏུ་ཕྱིན་པ་རྒྱས་འབྲིང་བསྡུས་གསུམ་གྱི་སྦས་དོན་མངོན་པར་རྟོགས་པའི་རིམ་པ་གཙོ་བོར་གཏན་ལ་འབེབ་པར་བྱེད་པའི་བསྟན་བཅོས་ཆེན་པོ་མངོན་པར་རྟོགས་པའི་རྒྱན་འགྲེལ་པ་རྗེས་འབྲང་དང་བཅས་པ་ལ་ཐུགས་གཉེར་མཛད་པའི་དབུ་ཚུགས་ཤིང་། དེ་སྐབས་༧གོང་ས་མཆོད་ཡོན་ནས་བདག་རྐྱེན་གཟིགས་རྒྱང་ཟླ་ལྷག་ཏུ་བསྐྱངས་ཏེ་གྲྭ་སར་བཞུགས་རིང་མཐུན་རྐྱེན་ཐབས་འཛིན་དུ་ཤངས་དགའ་ལྡན་ཆོས་འཁོར་གླིང་གི་དགོན་སྡེ་གསོལ་རས་སུ་སྩལ་བར་རྩེ་ཤོད་སོ་སོར་བཀའ་བསྒྱུར་གྱི་མཇལ་དར་དང་འབྲེལ་བར་ལེགས་འབུལ་གྱི་རིམ་པའང་རྒྱས་པར་མཛད། དེ་རྗེས་སྐབས་ཡང་ས་ཁྱད་ཉེ་བར་གཞིས་ཁ་སོགས་མེད་པར་བརྟེན་གསོལ་ཞིབ་ཀྱི་མཐུན་རྐྱེན་རྒྱུར་གཟིགས་ནས་ཞ་ཆོས་མདའ་སྒྲོ་གཞིས་ཁ་གསོལ་རས་བསྐྱངས་པར་ཕྱག་མཛོད་ངོས་བསྐྱོད་ཀྱིས་རྩིས་བཞེས་ཐོག་མ་ཅི་ཡོན་ཏན་ཟེར་བ་གཞིས་གཉེར་དུ་བསྐོ་བཞག་བསྐྱངས། གཞན་ཡང་གཙོ་བོར་ཐུགས་གཉེར་གསན་བཞེས་ཀྱི་ངོས་ནས་ལོ་མཇུག་གི་ཞབས་བརྟན་རིམ་གྲོ་སོགས་མཛད་འོས་མཐའ་དག་རིམ་སེལ་དུ་བསྐྱངས་བཞིན་པར་གནམ་ལོ་མ་ཆོས་ཀྱི་བར་དུ་གཏན་ཆགས་

སྐུ་བཞུགས་སོ། །

དེ་ནས་མཛོས་བྱེད་ཅེས་པ་ཆུ་ཡོས་གནམ་ལོའི་རྒྱལ་པོའི་གདོང་བད་གསར་སུ་ཛོམས་པའི་ཉིན་གཞུང་ས་མཆོག་ནས་གདན་ཞུས་ལྟར་གྲུ་འཛིན་གཉིས་པའི་གཞལ་མེད་ཁང་དུ་༧སྐྱབས་མགོན་ཡས་ཕྱིན་གསེར་ཞལ་ལྷན་རྒྱས་ཉིན་བྱེད་འབུམ་གྱི་དཔལ་ཡོན་ལྷ་བུར་ལྷུན་ཆགས་པར་བཞུགས་པས་གཙོ་མཛད་པའི་བསྟན་འཛིན་གྱི་སྐྱེས་ཆེན་རྣམས་དང་། གོང་མའི་བཀས་མངགས་ཨམ་བན། བཀའི་གུང་བློན་རྣམ་བཞི། ཤར་བྱང་གི་ཆོས་རྗེ་རྣམ་གཉིས་ཀྱིས་གཙོས་པའི་གདན་ས་ཆེན་པོ་རྣམས་ཀྱི་བླ་མ་ལས་སྣེ། རྫ་སག །གུང་། མདའ་དཔོན་སོགས་གཞུང་དྲུང་སེར་སྐྱ་ཀུན་དང་། ཕྱོགས་མཐའ་དབུས་ཀྱི་འཁོར་ལྡན་སྦྱིན་བདག་དད་ཅན་གྱི་འགྲུལ་རིགས་ཁག་སོགས་རྒྱ་བོད་ཧོར་གསུམ་གྱི་ཆེ་ཀྲུ་རྣམས་དང་ལྷན་ཅིག་པར་ཆོས་དང་ཟང་ཟིང་གི་དཔལ་ལ་ལོངས་སྤྱོད་པར་མཛད། དེ་ནས་ལྷ་ལྡན་སྨོན་ལམ་ཆེན་མོའི་སྐབས་གཞུང་ས་མཆོག་ནས་བཞུགས་ཚེར་དུ་བད་རབ་ཁང་གསར་ཞུལ་བར་དེར་བཞུགས་འཛགས་ཀྱི་ཐོག་ནས་སྐམ་ཀློན་གྱི་ཚོགས་ཕལ་མོ་ཆེ་དང་། ཁྱད་པར་ཁྲི་ཆེན་ནོ་མི་ཧན་ཆེན་པོའི་གསུང་ཆོས་དང་། ཉིན་གུང་གི་སྨོན་ལམ། དགོང་མོའི་དམ་བཅའ་ཆེན་མོ་སོགས་ལ་ཆག་མེད་ལྷ་བུར་ཕེབས། ཆོས་བདུན་ཉིན་༧རྒྱལ་དབང་འཇིག་རྟེན་གསུམ་གྱི་འདྲེན་མཆོག་དམ་པ་སྨོན་ལམ་ཆེན་མོའི་མགོན་དུ་གྲུ་འཛིན་གསེར་གྱི་གཞལ་མེད་ཁང་ནས་བྱོན་པའི་ཆིབས་བསུ་དང་། ཨེ་ཝཾ་གི་སྟོན་ཆེན་ལའང་ཕེབས་ཏེ་དགྱེས་སྟོན་ལ་རོལ་བར་མཛད། ཆོ་འཕྲུལ་ཆེན་མོའི་དུས་ཆེན་དང་འབྲེལ་བར་སྨོན་ལམ་གྱི་འདུས་པ་ཁྲི་ཕྲག་གཉིས་ལས་བརྒལ་བ་རྣམས་ལ་བསྙེན་བཀུར་མང་ཇ་གཉིས་དང་འབྲས་ཐུག་བཅས་ཀྱི་ཐོག་སྐྱ་འགྱེད་དགེ་འདུན་རེར་

དངུལ་སྐར་ཕྱེད་བརྒྱད་རེ་དང་། སྐྱབས་རྗེན་སྤྱི་འབུལ་སོགས་རྒྱས་པར་ཕུལ། རྣམ་པར་རྒྱལ་བ་ཕན་བདེ་ལེགས་བཤད་གླིང་པ་རྣམས་ཚོགས་བཞུགས་ཀྱི་སར་འདུས་ཚོགས་དམངས་ལ་ཉིན་འཕྲོངས་བསྙེན་བཀུར་གཟབ་རྒྱས། སྐུ་འགྲེད་དགེ་འདུན་རེར་དངུལ་བལ་ཏཾ་རེ་དང་སྣེ་བཞག། སྐྱབས་རྗེན་སོགས་ལེགས་པར་འབུལ་གནང་མཛད། གཞན་ཡང་ཛོ་ཤཱཀ་རྣམ་གཉིས་སོགས་ལ་མཆོད་སྣོན་གནས་གཟིགས་དང་། བཅོ་ལྔ་མཆོད་པ་བཅས་ལ་ཞིབ་གཟིགས་བསྐྱངས་ཤིང་། ཆོས་བཅུ་བདུན་གྱི་ཉིན་༧རྒྱལ་དབང་ཐམས་ཅད་མཁྱེན་གཟིགས་ཆེན་པོ་ལྷ་ལྡན་ནས་ཆིབས་ཞལ་བསྒྱུར་ཏེ་པོ་ཏ་ལར་ཕྱིན་པའི་ཆིབས་སྐྱེལ་ཕྱག་ཕྱི་མཛད་ནས་སླར་ཡང་འདུས་པ་རྣམས་དང་ལྷན་ཅིག་ཏུ་སྨོན་ལམ་མ་གྲོལ་གྱི་བར་ལྷ་ལྡན་དུ་བཞུགས་ཤིང་། སྐབས་སུ་ཁྲི་ཆེན་ཆོས་ཀྱི་རྒྱལ་པོ་ནོ་མི་ཧན་ཆེན་པོ་སོགས་དང་གསོལ་ཚོགས་ལྷན་རྒྱས་སུ་མཛད་ནས་ཆོས་དང་སྲིད་ཀྱི་བཀའ་མཆིད་མང་པོས་འདའ་བར་མཛད། སྨོན་ལམ་གྱི་གཏོར་རྒྱག་དང་། བྱམས་པ་གདན་འདྲེན། ཧ་མིའི་བང་རྩལ་སོགས་ངོ་མཚར་སྒྱུ་མའི་རྣམ་འཕྲུལ་ལྷ་བུ་མཐའ་ཀླས་པའི་གཟིགས་མོའི་དགའ་སྟོན་རྣམས་ཀྱང་ཉམས་སུ་མྱོང་བར་མཛད། སྨོན་ལམ་གྲོལ་བསྟུན་འབྲས་སྤུངས་སུ་ཕེབས་ནས་ཕྱག་དཔེ་འཛིན་རྩོད་སོགས་གསན་བསམ་ལ་སྤྱར་བཞིན་བརྩོན་པ་དང་། འདི་ལོ་བདེ་ལྡན་ཞིང་མགོན་སྣང་མཐའ་ཡས་དངོས་པཎ་ཆེན་ཐམས་ཅད་མཁྱེན་པ་དེ་ཉིད་ཀྱི་མཆོག་གི་སྤྲུལ་སྐུ་རིན་པོ་ཆེ་གངས་ལྗོངས་བསྟན་འགྲོའི་བསོད་ནམས་ཀྱི་བགོ་སྐལ་མི་དམན་པས་འཕྲུལ་བྲལ་ངེས་པ་རྙེད་ཚུལ་གསན་པ་ན་འགྱེལ་བ་ལས་བསླངས་པ་ལྟ་བུའི་དགྱེས་སྤྲོ་ཚད་མེད་པ་འཁྲུངས་ཏེ་ལེགས་སྐྱེས་ཞབས་བརྟན་འཚམས་ཞུ་སོགས་ཀྱང་འབུལ་བར་མཛད། དེ་ནས་སྤྱར་ཐམས་ཅད་མཁྱེན་པ་ངག་གི་

དབང་ཕྱུག་བློ་བཟང་རྒྱ་མཚོ་དཔལ་བཟང་པོའི་དགོངས་པ་རྫོགས་ཕྱིར་དུ་མིའི་
དབང་པོ་སངས་རྒྱས་རྒྱ་མཚོས་གསར་འཛུགས་སུ་མཛད་པའི་ལྷ་ལྡན་ཚོགས་
མཆོད་ཆེན་མོར་གྲགས་པ་ཚུགས་སྐབས་བཞུགས་འཚེར་སྤར་ཞུས་སུ་མཛད་
ནས་སྐབས་མཚམས་སུ་གསུང་ཆོས་དང་ཚོགས་སོགས་ལའང་ཕྱིན་ཞིང་།
ཚོགས་མཆོད་ཀྱི་སེར་སྦྲེངས་ཆེན་མོའི་གཟིགས་མོ་དང་གོས་སྐུའི་ཞལ་མཇལ་
སོགས་ཞིབ་ལྷིངས་སུ་བསྐྱངས་ཏེ་ཐུགས་སྨོན་རྒྱ་ཆེན་པོས་མཚམས་སྦྱོར་བར་
མཛད། ཚོགས་མཆོད་གྲོལ་ཕྲལ་ཆོས་སྡེ་ཆེན་པོར་ཕྱིན་ནས་དཔྱིད་ཆོས་ཆེན་མོ་
སོགས་ཀྱི་ཆོས་ནར་ཆག་མེད་དུ་ཕེབས་ཏེ་ཐུགས་གཉེར་ལ་བརྩོན་པ་ལྷུར་བཞེས་
ཀྱི་ངང་དུ་བཞུགས་སོ། །འཇམ་མགོན་བླ་མའི་འཕྲིན་ལས་གོ་ཤིཀྵ། །བྱང་
ཕྱོགས་ནོར་འཛིན་རྒྱུད་འདིར་ཡོངས་སྨིན་པས། །བླ་མེད་དུས་ཀྱི་མཆོད་སྦྱིན་
བཟང་པོ་ལ། །ཁྲི་ཕྲག་འདུས་པའི་ཚོགས་དང་ལྷན་ཅིག་རོལ། །རྣམ་འདྲེན་སྤྱི་
གཟུགས་ཟིལ་གནོན་བཞད་པ་རྩལ། །གང་གི་ཐུགས་ཀྱི་གང་བ་ཡོངས་རྫོགས་
ཕྱིར། །ངོ་མཚར་ཚོགས་ཀྱི་མཆོད་པ་ཀུ་མུ་ཏའི། །དོ་ཤལ་རྣམ་པར་སྤེལ་
བའང་ཉམས་སུ་མྱོང་། །རྣམ་ཀུན་བརྩོན་འགྲུས་དྲི་ཡི་ཤིང་རྟ་དང་། །རྣམ་
པར་འགྲོགས་པའི་ཁྱོད་ཐུགས་རྐང་འཐུང་དབང་། །ཐོས་བསམ་ཡལ་འདབ་
གར་གྱིས་ཡོངས་འབྲེལ་བའི། །གྲགས་པའི་བསུང་ཞིམ་ཕྱོགས་ཀྱི་ངོ་རར་
ཁྱབ། །དེ་ནས་ཇི་སྐད་དུ་མཉམ་མེད་རྗེ་བོ་ཆེན་པོས། སོ་སོ་ཐར་པ་རིགས་
བདུན་དུ། །དེ་བཞིན་གཤེགས་པས་བཤད་པ་ལས། །ཚངས་སྤྱོད་དཔལ་ནི་
མཆོག་ཡིན་ཏེ། །དགེ་སློང་སྡོམ་པ་དག་ཏུ་བཞེད། །ཅེས་དང་། དགེ་སློང་ལ་
རབ་ཏུ་གཅེས་པའི་མདོ་ལས། དགེ་སློང་ཞེས་བྱ་ཆོས་ཀྱི་རྒྱལ་མཚན་ཏེ། །དགེ་
སློང་ཞེས་བྱ་རྡོ་རྗེའི་སྲོག་ཤིང་ཡིན། །དགེ་སློང་ཞེས་བྱ་སྡུག་བསྔལ་སྤོང་བ་

ཡིན། །དགེ་སློང་ཞེས་བྱ་རྒྱལ་བའི་སྲས་པོའོ། །དགེ་སློང་ཞེས་བྱ་ཉོན་མོངས་སྲོག་གཅོད་དེ། །དགེ་སློང་ཞེས་བྱ་ཐར་པའི་ལམ་བགྲོད་ཡིན། །དགེ་སློང་རང་གི་ངོ་བོ་སྡོམ་པ་སྟེ། །ཞེས་གསུངས་པ་ལྟར་སོ་སོ་ཐར་པའི་སྡོམ་པ་རིགས་བདུན་གྱི་ནང་ནས་རབ་དང་ཕུལ་དང་རྩེ་མོར་གྱུར་པ་ནི་དགེ་སློང་གི་སྡོམ་པ་ཉིད་ཡིན་ཏེ། དེ་ནི་མི་མཐུན་པའི་ཕྱོགས་ཐམས་ཅད་ལས་རྣམ་པར་རྒྱལ་བའི་ཆོས་ཀྱི་རྒྱལ་མཚན་ཆེན་པོ་དང་། བདུད་དང་ཉོན་མོངས་པའི་རི་བོ་མཐའ་དག་མིག་མེད་དུ་འཇོམས་པར་བྱེད་པའི་རྡོ་རྗེ་རིན་པོ་ཆེ་ལྟ་བུ་དང་། སྡུག་བསྔལ་དང་ཀུན་འབྱུང་གི་གནད་མ་ལུས་པ་གཏན་ནས་སྤོང་བར་བྱེད་པའི་སྨན་གྱི་རྒྱལ་པོ་ལྟ་བུ་དང་། སྡོམ་པ་དེ་དང་ལྡན་པའི་བྱང་ཆུབ་སེམས་དཔའ་ནི་རྒྱལ་བའི་སྲས་པོ་ཐམས་ཅད་ཀྱི་ནང་ནས་ཆེས་མཆོག་ཏུ་གྱུར་པ་སོགས་ཡོན་ཏན་མ་ལུས་པའི་འབྱུང་གནས་གཅིག་པུ་ཡིན་ཅིང་། དེར་མ་ཟད་འཇིག་རྟེན་གྱི་ཁམས་སུ་ཕན་པ་དང་བདེ་བ་མ་ལུས་པ་གང་ལས་བྱུང་བའི་གཞི་ནི་སངས་རྒྱས་ཀྱི་བསྟན་པ་ཉག་གཅིག་ཡིན་ལ། དེ་ཉིད་འཇིག་རྟེན་དུ་ཡུན་དུ་གནས་མི་གནས་སོགས་ནི་དམ་པའི་ཆོས་འདུལ་བའི་བཅས་མཚམས་རྣམ་པར་དག་པ་ཡོད་མེད་ཀྱི་རྗེས་སུ་འགྲོ་ལྡོག་བྱེད་པ་དང་། ནང་ཚན་བསྟན་པའི་སྙིང་པོ་བླ་ན་མ་མཆིས་པ་རྗེ་ཐམས་ཅད་མཁྱེན་པ་ཙོང་ཁ་པ་ཆེན་པོའི་རིང་ལུགས་འདི་ནི། ཇི་སྐད་དུ། ཕྱི་རུ་ཉན་ཐོས་སྤྱོད་པ་སྐྱོངས། །ནང་དུ་འདུས་པ་ལ་རབ་དགའ། །ཞེས་གསུངས་པ་ལྟར། དམ་པའི་ཆོས་འདུལ་བའི་བཅས་མཚམས་རྣམ་པར་དག་པ་གཙང་སིང་ངེ་བ་ཞིག་མེད་མི་རུང་གི་རྩ་བར་བཟུང་བའི་སྒོ་ནས་ལམ་གཞན་རྣམས་ཡར་ལྡན་གྱི་ཚུལ་དུ་ཉམས་སུ་ལེན་པ་ལས། ཐོག་མ་ཉིད་ནས་གསང་སྔགས་སོགས་ཀྱི་ལམ་མཐོན་པོར་འཛུག་པར་ཁས་འཆེས་ཏེ་ཐོ་ཅོ་དང་རྩིང་སྤྱོད་ལྟར་

ཞེན་པ་ནི་ངན་འགྲོའི་སྒོ་ཆེན་མི་བཟད་པར་གཟིགས་ནས་ལུང་རིགས་དུ་མས་འགོག་པར་མཛད་ལ། དེ་བས་ན་ཅི་ནས་ཀྱང་རྣམ་ཐར་གཙང་མ་དེ་ལྟ་བུ་འབའ་ཞིག་གི་རྗེས་སུ་འཇུག་དགོས་པ་ནི་བདག་ཅག་རྣམས་ཀྱི་ལས་སུ་བྱ་བའི་གཙོ་བོ་ཡིན་པ་དང་། ལྷག་པར་དེང་སྐབས་འཕགས་མཆོག་སྤྱན་རས་གཟིགས་དབང་གསུམ་ལྡན་ངུར་སྨྲིག་གར་གྱིས་རྣམ་པར་རོལ་པ་རྒྱལ་དབང་སྲིད་ཞིའི་གཙུག་རྒྱན་དངོས་ལས་སྡོམ་པ་ནོད་པའི་སྐལ་བཟང་ཐོབ་བྱུར་ཡོད་བཞིན་དུ་ཅི་བདེར་མནལ་བ་ནི་རིགས་པ་མ་ཡིན་པས་རང་གཞན་ཀུན་ལ་སྨན་ཕྱིར་ངེས་པར་དུ་བསྟན་པའི་ནང་མཛོད་སོ་ཐར་གྱི་སྡོམ་པའི་གཙོ་བོ་དགེ་སློང་གི་བསླབ་གཞི་ནོད་དགོས་པར་དགོངས་ནས། ལོ་དེའི་ཧོར་ཟླ་བཞི་པ་ས་ག་ཟླ་བར་གྲགས་པ་སྐྱེ་བོ་ཕལ་མོ་ཆེ་མཐའ་དག་ཀྱང་ཕྱུག་སྐོར་སྨྱུང་གནས་སོགས་དགེ་བའི་བྱ་བ་ལྷབས་པོ་ཆེ་ལ་རང་གིས་ངང་གིས་འཇུག་པའི་དུས་ཀྱི་ཁྱད་པར་མཆོག་ཏུ་དགེ་བ། དེའི་ནང་ཚན་སྟོན་བདག་ཅག་གི་སྟོན་པ་མཉམ་མེད་ཤཱཀྱའི་རྒྱལ་པོས་དགའ་ལྡན་གྱི་གནས་ནས་ལྷ་མོ་སྒྱུ་འཕྲུལ་མའི་ལྷུམས་སུ་ཞུགས་པ་དང་། བྱང་ཆུབ་ཤིང་དྲུང་དུ་དཔུང་ཆེན་བདུད་ཀྱི་རིགས་ལྷག་མེད་དུ་བཅོམ་ནས་བླ་ན་མེད་པའི་ཡེ་ཤེས་ཀྱི་བདུད་རྩི་མངོན་དུ་མཛད་པ་དང་། རྟག་འཛིན་ཅན་རྣམས་ཆོས་ལ་བསྐུལ་ཕྱིར་ཕུང་པོ་ལྷག་མ་མེད་པའི་དབྱིངས་སུ་མྱ་ངན་ལས་འདའ་ཚུལ་བསྟན་པ་དང་བཅས་པའི་མཛད་ཆེན་རྣམ་པ་གསུམ་བསྟན་པའི་དུས་ཆེན་ཁྱད་པར་དུ་འཕགས་པ་ཡར་ངོའི་ཚེས་བཅོ་ལྔའི་སྔ་ཆར། གནས་ཀྱི་ཁྱད་པར་ཕུན་སུམ་ཚོགས་པ་འཕགས་མཆོག་ཐུགས་རྗེ་ཆེན་པོས་རྟག་པར་དགྱེས་པར་རྟེན་པའི་ཞིང་མཆོག་བླ་ན་མེད་པ་གྲུ་འཛིན་གཉིས་པའི་གཞལ་མེད་ཁང་གི་གཟིམ་ཆུང་ཉི་འོད་འཁྱིལ་བའི་ནང་དུ། བརྟན་མཁས་ཀྱི་ཡོན་ཏན་མ་ལུས་ཤིང་ལུས་

པ་མེད་པ་དང་ལྡན་པའི་ཡོངས་རྫོགས་བསྟན་པའི་མངའ་བདག་མཚན་བརྗོད་པར་དཀའ་ཡང་དོན་སླད་མཚན་ནས་སྨོས་ཏེ་རྗེ་བཙུན་བློ་བཟང་བསྟན་པའི་དབང་ཕྱུག་འཇམ་དཔལ་རྒྱ་མཚོ་དཔལ་བཟང་པོས་མཁན་པོ་དང་། མང་ཐོས་ཚུལ་ལྡན་གྱི་ཡོན་ཏན་རྒྱ་མཚོ་ལྟ་བུས་ཐུགས་རྒྱུད་ལེགས་པར་ཕྱུག་པ་ཡོངས་ཀྱི་དགེ་བའི་བཤེས་གཉེན་ཆེན་པོ་སེར་བྱེས་ཚ་བ་ཞལ་སྔ་ནས་རྒྱ་མཚོ་མཐའ་ཡས་པས་ལས་སློབ་དང་། གཞུང་ལུགས་རབ་འབྱམས་སྨྲ་བ་ལ་མི་འཇིགས་པའི་མཁྱེན་པ་དང་ལྡན་པའི་མཁས་གྲུབ་ཆེན་པོ་འབྲས་བློ་གླིང་གོང་པོ་དགེ་བཤེས་ཐོགས་མེད་རྒྱ་མཚོས་གསང་སྟོན་དང་། ལུང་དང་རིགས་པའི་མངའ་བདག་སྡོམ་བརྩོན་མཁས་པའི་དབང་པོ་འབྲས་ཧར་གདོང་དགེ་བཤེས་བཀྲ་ཤིས་རྒྱ་མཚོས་དུས་སྒྲོ་བརྗོད་པ་པོ་དང་། གཞན་ཡང་ཁ་སྐོང་གི་དགེ་སློང་ཚུལ་ཁྲིམས་རྣམ་པར་དག་པ་བཅུ་ཕྲག་གཅིག་དང་ལྔ་ཚོགས་པའི་དབུས་སུ་རྒྱུའི་ཀུན་སློང་ཐོབ་འདོད་དང་། དུས་ཀྱི་ཀུན་སློང་ཐོབ་ཤེས་སོགས་བཅོས་མ་མ་ཡིན་པ་དང་ལྡན་པའི་སྒོ་ནས་གྲོགས་ཁྱད་པར་ཅན་གྲུབ་པའི་དབང་ཕྱུག་ཆེན་པོ་སྟག་ཕུ་སྤྲུལ་སྐུ་རིན་པོ་ཆེ་དང་། དུས་འཁོར་པཎྜི་ཏའི་སྤྲུལ་པའི་སྐུ་ཡེ་ཤེས་བསྟན་པ་དར་རྒྱས་གཉིས་དང་ཆབས་ཅིག་ཏུ་བསྙེན་པར་རྫོགས་པའི་སྡོམ་པ་ཡང་དག་པར་ནོད་པར་མཛད་པས་ན་ཇི་སྐད་དུ་རྗེ་བདག་ཉིད་ཆེན་པོའི་གསུང་ལས། ཐུབ་བསྟན་རྒྱ་མཚོ་ཀུན་གྱི་སྙིང་པོ་མཆོག །སྐལ་ལྡན་འགྲོ་བའི་རེ་བ་སྐོང་བའི་དཔལ། །དམ་པ་ལག་འཁྲོའི་དབང་པོའི་གཙུག་གི་རྒྱན། །ཚུལ་ཁྲིམས་འཕགས་པའི་ནོར་གྱིས་འབྱོར་བར་གྱུར། །ཞེས་གསུངས་པ་ལྟར་ཚུལ་ཁྲིམས་ཀྱི་བསླབ་པ་རྣམ་པར་དག་པས་ཐུགས་རྒྱུད་ཀྱི་ཟ་མ་ཏོག་ཡོངས་སུ་གང་བས་ངུར་སྨྲིག་འཛིན་པ་ཀུན་གྱི་སྣ་ན་རྒྱལ་མཚན་གྱི་ཏོག་ལྟར་ཆེ་ཆེར་མངོན་པར་མཐོ་

བར་གྱུར་ཅིང་། དེ་འཕྲུལ་༸གོང་ས་རྒྱལ་དབང་མཆོག་ལ་ལེགས་འབུལ་དུ་རབ་དཀར་ལྷ་རྫས་ནང་མཛོད་དྲི་བྲལ། ཞིང་ཁམས་རྒྱ་མཚོའི་བཀོད་པ། སྐུ་གསུང་ཐུགས་ཀྱི་རྟེན། དངུལ། གོས་དར། ཇ་སོགས་ཀྱི་དངོས་འབུལ་དང་། དེ་མཚུངས་༸སྐྱབས་མགོན་ནོ་མི་ཧན་ཆེན་པོར་མཇལ་འབུལ་བཅས་ཞུས་པར་རྩེ་ཤོད་སོ་སོ་ནས་བསྙེན་རྫོགས་བཞེས་པའི་ལེགས་སྐྱེས་རྟེན་འབྲུང་དུ་བསྒྲུང་མདུད། ཁ་བཏགས། གསེར་ཟངས་ཀྱིང་མ་ལས་གྲུབ་པའི་ཐུབ་དབང་གི་སྐུ་བརྟན་ཅྲིན་ཅན་སོགས་སྩལ་ཞིང་། མར་ལམ་གཡུལ་རྒྱལ་ལྷོག་ཁུ་སྡེ་སྡེ་ཤན་པའི་གཟིམས་ཤག་ཏུ་གདན་ཞུས་ཀྱིས་གསོལ་ཚོགས་དང་ལེགས་སྐྱེས་ཀྱི་མཇལ་དར་ཕུལ། སྟག་ལུང་ཤག་ཏུ་ཕེབས་འཕྲལ་སྡེ་སྲོས་འཛིན་པ་ནས་ལྷ་རེག་སོགས་ཀྱི་དངོས་འབུལ་དང་། ཆོས་བཅུ་དྲུག་ཉིན་བཀའ་བློན་གུང་པཎྜི་ཏ་ནས་ངོས་ཕེབས་ཀྱིས་མགུལ་དར། རྫབ་ཡའི་མཆོད་ཞལ། ན་བཟའ་བླ་གོས་ཀྱི་རྒྱུ་ཐེར་མ་རྒྱུ་གཙང་དུར་སྨྱིག་མདངས་ཅན་ཆ་སོགས་ཕུལ་ཏེ་གསུང་མོལ་ཞིབ་ལྷུག་དང་། གཞན་ཡང་དད་ལྡན་སེར་སྐྱ་དུ་མ་ནས་སྣ་ཕྱི་ཅི་རིགས་པར་ལེགས་དར་དངོས་འབུལ་སོགས་ཀྱི་མཆོད་སྤྲིན་སྒྲོ་བ་པོ་མཐའ་ཀླས་པ་ཞིག་བྱུང་བར་སྣང་ཞིང་། ཐུགས་རྫོགས་བཞེས་གྲུབ་ནས་འགྱངས་གཞིར་མ་གྱུར་པར་སླར་ཡང་འབྲས་ལྗོངས་སུ་ཆིབས་བསྐྱོད་པར་གྱུར་ཏོ། །དེ་ལྟར་བསྙེན་རྫོགས་བཞེས་པའི་དུས་སྐབས་ཅིག་གཉིས་པ་དེ་ཉིད་ནས་བཟུང་སྟེ་དམ་ཆོས་འདུལ་བའི་བཅས་མཚམས་གླང་དོར་གྱི་གནས་ཕྲ་ཞིང་ཕྲ་བ་ཀུན་ལའང་རྩེད་སྤྱོད་དང་ཧེ་མི་སླམ་གཏན་ནས་མི་མཛད་པར་མིག་གི་འབྲས་བུ་བཞིན་དུ་གཅེས་སྤྲས་དང་བསྲུང་སྡོམ་རྣམ་པར་དག་པ་མཛད་ཅིང་། དེ་ཡང་ཉིན་ཞག་དང་ཟླ་བ་འགའ་ཞིག་དང་། ལོ་འགའ་ཞིག་ལྟ་བུ་མ་ཡིན་པར་སྐུ་ཚེའི་མཐའ་རྟེན་པའི་བར་དུ་མཛད་པ་ནི་འོག

ནས་རིམ་པར་བརྗོད་པ་ལས་ཤེས་པར་འགྱུར་ལ། ལྷག་པར་དེང་དུས་འགའ་ཞིག་གི་བྱེད་པ་ལྟར་ད་ལྟ་ཐོས་པའི་གནས་སྐབས་ཡིན་པས་བཅས་མཚམས་འགའ་ཞིག་ཙམ་ལ་ཅིར་ཡང་མི་སྟོ་ཞེས་ཐོས་བསམ་གྱི་དཀའ་ཚེགས་ལ་ཁག་བཞག་ནས་དོན་དུ་ཚུལ་ཁྲིམས་ཁ་རལ་སྣ་ཟག་ཏུ་བཏང་སྟེ། སླར་རྗེས་སུ་ཚུལ་ཁྲིམས་བསྲུང་དུས་ཀྱི་ཉི་མ་ཡིན་ཞེས་སོགས་ཤིག་ནས་ཤར་རྒྱུ་ཡོད་པ་ལྟར་བྱེད་པ་རྣམས་ནི་བསྟན་པའི་གནད་མ་གོ་ཞིང་སྡིག་པའི་བཤེས་གཉེན་གྱིས་བསླད་པའི་བུ་བ་ཚབས་ཆེན་པོ་ཡིན་པས་དེ་དག་གི་ངང་ཚུལ་ལ་མ་གཟིགས་པར། ཇི་སྐད་དུ། ཐོས་པའི་ཚོམས་ལས། གང་ཞིག་མང་དུ་ཐོས་པ་དང་། །ཚུལ་ཁྲིམས་ལེགས་པར་སྡོམ་བྱེད་པ། །དེ་ནི་གཉིས་ཀའི་ཕྱིར་བསྔགས་ཤིང་། །དེ་ཡི་བརྟུལ་ཞུགས་ཕུན་སུམ་འགྱུར། །ཞེས་གསུངས་པ་ལྟར་ཐོས་བསམ་གྱི་ལང་ཚོ་ཇི་ཙམ་རྒྱས་པ་དེ་ཙམ་དུ་ཚུལ་ཁྲིམས་ཀྱི་ཕུང་པོའང་གོང་ནས་གོང་དུ་ཡོངས་སུ་རྫོགས་པར་བྱེད་དགོས་པར་གཟིགས་ནས་ཚོགས་ཆོས་འགྲིམ་དུས་དང་། ཐུགས་གཡེང་སློ་བུར་བ། ཞབས་བཞུད་ཀྱི་སྐབས་ལ་སོགས་ཇི་འདྲ་ཞིག་གི་གནས་སྐབས་སུ་ཡང་བསྲུང་སྡོམ་རྩ་བ་ཆེ་རིགས་རྣམས་ལ་ཉེས་པས་གཏན་ནས་མ་གོས་པར་མཛད་པ་ལྟ་སྨོས་ཅི་དགོས། ཕྱི་དྲོའི་ཁ་ཟས་དང་། ཆབ་ལེན། ལྷམ་ཕུད། ཆོས་གོས་རྣམ་གསུམ་གྱི་འབྲལ་སྤྱངས་སོགས་མདོར་ན་སྟོན་པ་ཐུགས་རྗེ་ཅན་གྱིས་དོན་མེད་མ་ཡིན་པར་དགོས་པ་ལྡབས་པོ་ཆེ་གཟིགས་ནས་བཅས་པ་མཛད་པའི་སྤྱང་ལྡང་དང་ལྡང་བྱེད་འབའ་ཞིག་པ་དང་། སོར་བཤགས་དང་ཉེས་བྱས་ཀྱི་སྡེར་གཏོགས་དང་བཅས་པ་ཕྲ་ཞིང་ཕྲ་བ་ཀུན་ལ་ཡང་སྤྱོད་སྡོམ་ཕྱིར་བཅོས་སོགས་གལ་པོ་ཆེར་བཟུང་བའི་སྒོ་ནས་ཉེས་པས་ནམ་ཡང་མ་གོས་པར་མཛད་དེ། ཇི་སྐད་དུ། མཁས་པས་གྲུབ་པ་མ་བཅོམ་ཞིང་། །གྲུབ་པས་བཙུན་པ་མ་བཅོམ་

པར། །བསྟན་ལ་གང་ཕན་བྱེད་པ་འདི། །སྐྱེས་བུ་དམ་པའི་ཁྱད་ཆོས་ཡིན། །ཞེས་གསུངས་པའི་ཚུལ་ལ་རྣམ་པ་ཐམས་ཅད་དུ་གནས་པར་མཛད་དོ། །

འདིར་སྨྲས་པ། བསྟན་པ་ཀུན་གྱི་ནང་མཛོད་སྙིང་པོའི་ཐུལ། །ཡོངས་རྫོགས་སྤྱོད་པ་བདུན་ལྡན་སྡོམ་པའི་རྒྱན། །ཁྱོད་ཐུགས་ནོར་བུའི་ཡོལ་གོར་རབ་འཁྱིངས་པས། །རྣམ་དག་ཚུལ་ཁྲིམས་གདུང་སེལ་བདུད་རྩིར་གྱུར། །སོ་ཐར་སྡོམ་པའི་རྩ་བ་མ་ཚུགས་ན། །བྱང་ཆུབ་སེམས་དང་རིག་འཛིན་ལམ་གྱི་འབྲས། །སྨིན་པ་ནམ་མཁའི་པདྨོར་གྱུར་གཟིགས་ནས། །བསྟན་པའི་གཞི་རྩེན་འབད་ནས་བདག་གིར་བཞེས། །ཕྱུག་ན་པདྨོའི་བྱིན་རླབས་གངས་རིའི་སྤྱར། །མོས་གུས་ཉི་འོད་འབུམ་གྱིས་བྱུགས་པའི་མཐུས། །ཚུལ་ཁྲིམས་བསླབ་གཞིའི་ཆུ་རླུང་འབེབ་པ་དེས། །གང་ཐུགས་རྒྱ་མཚོ་གྱེན་དུ་ཕྱུར་བར་བྱས། །རྣམ་གསུམ་གོས་ཀྱིས་བརླུབས་པའི་ངུར་སྨྲིག་མདངས། །ནོར་འཛིན་ཡངས་པོར་གསལ་བའི་དགེ་མཚན་གྱིས། །ཐུབ་བསྟན་མགོན་དང་བཅས་པར་བྱས་ལྷན་ཅིག །བདུད་དཔུང་རྒྱལ་མཚན་རྙོལ་བའི་གྲགས་པ་འབར། །ཉིས་བརྒྱ་ལྔ་བཅུར་གྲགས་པའི་ཁྲིམས་ཀྱི་མདུད། །སྟོད་མེན་དམ་པོའི་སྲུང་ལ་བཅལ་བའི་ཚེ། །གནས་བརྟན་ཀུན་གྱི་མཆོག་གྱུར་ཉེ་བ་འཁོར། །དངོས་སུ་བྱོན་ཀྱང་དེ་ལས་གཞན་དུ་ཅི། །གསུམ་ལྡན་རྡོ་རྗེ་འཛིན་པའི་གོ་འཕང་མཆོག །འབད་མེད་ལག་རྗེར་བཞེས་ཁྱོད་ས་ཆེན་བྱོན། །ཁྲིམས་ལྡན་འདུས་པའི་ཁྱུ་ཡིས་འགེངས་བྱེད་པའི། །ཤཱཀྱ་སེང་གེའི་གདུང་འཚོབ་ཅིས་མ་ཡིན། །ཟུང་འཇུག་རྫོགས་པའི་ས་ལ་དབང་བསྒྱུར་ཀྱང་། །ཕྲ་ཞིབ་བཅས་པའི་རྒྱུ་ལས་མི་འགོངས་པའི། །ཚུལ་འདི་བཟང་རྫུའི་ཐོག་གིས་བབ་ཅོལ་དུ། །རྩིང་སྤྱོད་ལྷུར་ལེན་རྣམས་ལ་ཐིངས་སླད་བྱས། །མཁས་བཙུན་བཟང་གསུམ་ཕན་ཚུན་འགྲན་པ་

ཡི། །རྣམ་ཐར་ལོ་ནར་གཞོལ་འདི་དུས་ཀྱི་མཐར། །འཇམ་མགོན་བསྟན་པ་སྔངས་ནས་གསོ་བ་ཡི། །བཟང་པོའི་ཐུགས་བསྐྱེད་བདོ་བའི་བྱེད་ལས་ཡིན། །ཐུབ་བསྟན་ནུབ་རིའི་བྲག་པར་གཞོལ་ཉེའི་ཚེ། །རྒྱལ་སྲས་ཁྱོད་ཀྱི་ངང་ཚུལ་འདི་བསྟན་པས། །རེ་ཞིག་འགྲོ་ཀུན་ངལ་བསོར་འགྱུར་རོ་ཞེས། །འདྲེན་པའི་ཚོགས་ཀུན་བག་ཕེབས་བདེ་ལ་རོལ། །ཞེས་པ་ནི་བར་སྐབས་ཀྱི་དོན་བསྡུའི་ཚིགས་སུ་བཅད་པའི་རིམ་པའོ། །

དེ་ནས་བཟུང་སྟེ་དམིགས་བསལ་གལ་ཆེའི་རིགས་མ་གཏོགས་གཞན་དུ་དོན་མེད་ཀྱི་གཡེང་བ་དང་ལེ་ལོ་སྙོམས་ལས་སོགས་རྒྱང་རིང་དུ་བསྲིངས་ནས་རྣམ་པ་ཐམས་ཅད་དུ་ཉན་སེམས་སྒོམ་གསུམ་འབའ་ཞིག་ལ་གཅིག་ཏུ་བརྩོན་པར་མཛད་དེ། དེ་ཡང་ཆོས་ཐོག་འདི་དང་འདིར་ཐུགས་གཉེར་འདི་མཛད་སོགས་རེ་རེ་ནས་སྨྲས་ཆེ་ཧ་ཅང་མང་བར་འགྱུར་བས་རགས་བསྡུས་སྡོམ་གྱི་ཚུལ་དུ་ཕྱོགས་གཅིག་ཏུ་བཀོད་ན། དེ་ལ་ཐོག་མར་རིག་པའི་སྒོ་འབྱེད་བསྡུས་གྲྭ་དང་བློ་རྟགས་སོགས་ལེགས་པར་ཐུགས་སུ་ཆུད་ཟིན་ནས་རྒྱལ་ཚབ་མི་ཕམ་མགོན་པོས་མཛད་པའི་བསྟན་བཅོས་མངོན་པར་རྟོགས་པའི་རྒྱན་དང་། གྲྭ་ཚང་རང་གི་ཐུན་མོང་མ་ཡིན་པའི་ཡིག་ཆ་ཕར་ཕྱིན་གྱི་སྤྱི་དོན་དང་མཐའ་གཅོད་སོགས་ཐུགས་འཛིན་དང་། སློབ་དཔོན་སེང་གེ་བཟང་པོས་མཛད་པའི་འགྲེལ་པ་དོན་གསལ་གཙོ་བོར་གྱུར་པའི་འཕགས་ཡུལ་མཁས་པའི་འགྲེལ་པ་རྣམས་དང་། ལྷག་པར་འཇམ་མགོན་ཆོས་ཀྱི་རྒྱལ་པོ་ཙོང་ཁ་པ་ཆེན་པོས་མཛད་པའི་ལེགས་བཤད་རིན་པོ་ཆེ་གསེར་གྱི་ཕྲེང་བ་སོགས་རྗེ་ཡབ་སྲས་ཀྱི་གསུང་རྒྱུན་དྲི་མ་མེད་པ་རྣམས་དང་། མཁས་པ་ཚད་ལྡན་གཞན་དག་གིས་མཛད་པའི་འགྲེལ་ཊཱི་ཀ །བསྡུས་དོན། མཐའ་གཅོད་སོགས་ཀུན་ལ་གཟིགས་

རྟོག་དང་། དེ་ཡང་གཡམ་ལ་རྒྱུགས་པའི་གཟིགས་མོ་ཙམ་མ་ཡིན་པར་དྲི་མ་མེད་པའི་ཆོས་རབ་ཏུ་རྣམ་འབྱེད་ཀྱི་མཁྱེན་རབ་ཀུ་ཤའི་རྩེ་མོ་ལྟར་ཕྲ་ཞིང་འཛོངས་པས་ལན་གཅིག་གཉིས་མིན་པར་རྣམ་པ་དུ་མར་བརྟགས་ཤིང་དཔྱད་དེ་དགོངས་དོན་གྱི་ལེགས་ཆ་མཐའ་དག་ཐུགས་ཀྱི་དཔལ་བེའུར་གཏམས་པར་མཛད། དེ་ཐམས་ཅད་ཀྱང་གནས་སྐབས་སུ་སྟོད་པའི་ཚེ་གོ་དོན་མི་ཆུག་པའི་ཁས་ལེན་འཛིན་ལུགས་དང་རིག་པའི་འགྲོས་ཀྱི་འཁྱེར་སོ། མཐར་ཐུག་དགོས་དོན་ཉམས་ལེན་གྱི་ཐོག་ཏུ་བསྒྲིལ་ཚུལ་སོགས་བཤེས་གཉེན་མཁས་པའི་ཞལ་སྐྱེན་ལ་བརྟེན་ཏེ་རེ་རེ་ནས་འོལ་སྤྱི་ཙམ་མ་ཡིན་པར་དཔྱིས་ཕྱིན་པར་ཐུགས་སུ་ཆུད་པར་མཛད། གཞན་ཡང་དེང་དུས་ཀྱི་སློབ་གཉེར་བ་བདག་དང་བདག་འདྲ་བ་རྣམས་ཀྱིས་བྱེད་པ་ནི། ཇི་སྐད་དུ། བུ་སྟོན་ཐམས་ཅད་མཁྱེན་པས། རང་ཉིད་གྲགས་འདོད་ཕ་རོལ་དམའ་དབབ་འདོད། །གཡོ་སྒྱུའི་སྟོད་པ་ཚིག་རྩུབ་ངན་སེམས་ཅན། །ངག་འཁྱལ་སྣ་ཚོགས་སྨྲ་ཞིང་གཞན་རྒྱུད་བསྲེགས། །དེ་ལྟའི་སྟོད་པ་འདི་ཡང་དམྱལ་བའི་རྒྱུ། །ཞེས་གསུངས་པ་ལྟར་བརྒྱལ་ལན་ཇི་འདྲ་ཞིག་བྱེད་ཀྱང་ཕ་རོལ་པོའི་ཁ་སྒྲོག་བཅག་ནས་དམའ་འབེབས་ཐབས་དང་། བདག་ཉིད་ཡོན་ཏན་ཅན་དུ་སྒྲུབ་འདོད་ཀྱི་བསམ་པས་ཀུན་ནས་བསླངས་ཏེ་གོ་དོན་གྱི་སྙིང་པོ་རྒྱབ་ཏུ་བསྐྱུར་ནས་ཚིག་འཁྲི་སྐམ་པོའི་སྦྲུན་པ་འཕྱར་བ་ལ་རྩལ་དུ་བཏོན་ཅིང་། དེའི་རྒྱབ་སྐྱོར་དུ་ང་རྒྱལ་དང་ཕྲག་དོག་གི་རང་མདངས་ལྷུག་པར་ཤོར་བའི་ཚིག་ངན་གྱི་མཚོན་ཆ་ཕྱོགས་དུ་མར་འཕེན་པར་བྱེད་པས་རང་གཞན་གཉིས་ཆར་གྱི་རྒྱུད་ཀྱི་དགེ་བའི་ལྗོན་ཤིང་ལྷག་མེད་དུ་བསྲེགས་པ་དེ་ལྟ་བུ་མ་ཡིན་པར། རྒྱལ་བའི་གསུང་རབ་ཀྱི་དགོངས་དོན་འདི་དག་བདག་ཉིད་ཀྱིས་ཚུལ་བཞིན་དུ་རྟོགས་པ་དང་། གཞན་དག་གིས་ཀྱང་ཕྱིན་ཅི་མ་ལོག་པར་

ཁོང་དུ་ཆུད་དེ་བླང་དོར་གྱི་བྱེ་བྲག་ཕྱེད་པ་ཞིག་བྱུང་ན་ཙེ་མ་རུང་སྙམ་པའི་ཐུགས་བསྐྱེད་ཀྱིས་ཀུན་ནས་བསླངས་ཏེ་རིག་ལུང་དང་ལྡན་སོགས་ཇི་འདྲ་ཞིག་མཛད་ཀྱང་གསུང་རབ་ཀྱི་དཀའ་བའི་གནད་འབའ་ཞིག་ལ་རྩལ་དུ་བཏོན་ནས་དེ་དག་གི་དོན་ཤ་སེལ་འབུ་སེལ་གྱི་ཚུལ་དུ་རྟོགས་པ་ལ་རང་གཞན་མཐའ་དག་སྦྱོར་གང་ཐུབ་དང་། དེ་ལྟར་མཛད་པའི་མཐུ་ལས་རྗེ་བཙུན་བྱམས་པ་མགོན་པོའི་དགོངས་དོན་བཞིན་སེམས་བསྐྱེད་དང་གདམས་ངག་ལ་སོགས་པ་ཆོས་བཅུས་མཚན་པར་བྱས་པའི་ཐམས་ཅད་མཁྱེན་པའི་ཡེ་ཤེས་ཐོབ་བྱའི་གཙོ་བོ་དང་། དེ་ཐོབ་པར་བྱེད་པའི་ཐབས་གང་ལ་རག་ལས་པ་ནི་ལམ་ཤེས་དང་། དེ་རྣམ་པར་དག་བྱེད་གཞི་ཤེས་ཏེ་མཁྱེན་པ་གསུམ་པོ་དེ་ཉིད་ཐར་འདོད་གང་ཟག་མཆོག་རྣམས་ཀྱི་ཉམས་སུ་ལེན་བྱའི་གཙོ་བོ་དང་། དེ་རྣམས་ཉམས་སུ་ལེན་བྱེད་ཀྱི་ཐབས་རྣམ་རྫོགས་སྦྱོར་བ་ལ་སོགས་པའི་སྦྱོར་བ་བཞི་དང་། དེ་བཞི་རིམ་གྱིས་བསྒྲོད་པ་ལས་འབྲས་བུ་ཆོས་སྐུ་མངོན་དུ་བྱེད་ཚུལ་དང་བཅས་པའི་དངོས་པོ་བརྒྱད་དང་། དེ་དག་མཚོན་བྱེད་དོན་བདུན་ཅུ་སོགས་མདོར་ན་རིགས་ཅན་གསུམ་གྱི་མངོན་པར་རྟོགས་པ་ལམ་འབྲས་བུ་དང་བཅས་པ་སོ་སོའི་ངོ་བོ་མ་ནོར་བ། གྲངས་ངེས་པ། གོ་རིམ་མ་འཆོལ་བའི་སྒོ་ནས་རང་གིས་ཉམས་སུ་བཞེས་པ་དང་གཞན་ལ་འདོམས་པ་སོགས་ཀྱི་ཚུལ་མཐའ་དག་ཇི་ལྟ་བ་བཞིན་དུ་མཁྱེན་ཅིང་། དེ་ཡང་མཁྱེན་པ་ཙམ་དུ་མ་བཞག་པར་ཐུགས་རྒྱུད་ལ་སྦྱོར་གང་ཐུབ་དང་། ལྷག་པར་དེང་སང་བསྟན་པ་མར་འགྲིབ་ཏུ་གྱུར་པའི་དབང་གིས་ཐོས་བསམ་དང་ཉམས་ལེན་གཉིས་ཚ་གྲང་ལྟར་འགལ་བར་བཟུང་ནས་སློབ་གཉེར་གྱི་ཚེ་ཉམས་ལེན་རྩྭ་ལྟར་དོར་བ་དང་། ཉམས་ལེན་བྱེད་བློ་བསྒྲིམས་པའི་ཚེ་ཐོས་བསམ་བྱས་པ་རྣམས་ཀྱིས་ཕན་མི་ཐོགས་པར་འཛིན་པ་ཤས་

ཆེ་བར་སྣང་ཡང་། མགོན་པོ་ཉིད་ནི་དེ་ལྟ་བུ་མ་ཡིན་པར། ཇི་ལྟར་སྨོམ་པའི་དོན་དེ་ཉིད་ཐོས་བསམ་གྱིས་གཏན་ལ་འབེབས་དགོས་པ་དང་། གཏན་ལ་ཇི་ལྟར་དབབ་པ་རྣམས་ཁ་ཕྱིར་བལྟས་སུ་མ་སོང་བར་སྒོམ་པས་ཉམས་སུ་ལེན་དགོས་པར་གཟིགས་ནས་ཐོས་བསམ་དང་ཉམས་ལེན་གཉིས་གཅིག་གྲོགས་སུ་གཅིག་འཁྱེར་བའི་ཚུལ་ལ་ཐུགས་ངེས་ཇེ་ཆེར་གྱུར་ཅིང་། དེའི་དབང་གིས་གྲྭ་སར་ཐུགས་གཉེར་མཛད་པའི་གནས་སྐབས་སུའང་བར་གསེང་ཐམས་ཅད་ལ་ཕྱག་དང་མཇལ། ཡི་དམ་ལྷག་པའི་ལྷའི་ལྷགས་བསྙེན་སོགས་བསགས་སྦྱངས་ཀྱི་ཉམས་བཞེས་དང་། གཙོ་བོར་དུས་གསུམ་རྒྱལ་བ་ཀུན་གྱི་བགྲོད་པ་གཅིག་པའི་ལམ་པོ་ཆེ་བྱང་ཆུབ་ལམ་གྱི་རིམ་པའི་མགོ་བཤེས་གཉེན་བསྟེན་ཚུལ་ནས་མཇུག་མི་སློབ་པའི་ཟུང་འཇུག་གི་བར་རྣམས་ལ་ཉམས་བཞེས་རྩེ་གཅིག་ཏུ་བསྐྱངས་པས་དུས་དེ་ཉིད་ནས་ལམ་གྱི་རིམ་པ་ཀུན་ལ་བཙོས་མིན་གྱི་མྱོང་བ་ཐོན་པ་ནི་སྒྲོ་བཏགས་དང་འདོད་ཞེན་ཙམ་མ་ཡིན་པར་ངེས་པ་ཁོ་ནར་ཡོད་པར་སྣང་སྟེ། རྒྱུ་མཚན་གང་གིས་ཤེས་ན། རྗེ་ཉིད་སྤྱར་འབྲས་སྐྱབས་སུ་ཐུགས་གཉེར་ལ་ཕེབས་མ་ཐག་པའི་དུས་སོགས་ནས་ལྷུང་སྐྱ་རྡོ་རྗེ་འཆང་དང་། གྲུབ་དབང་བློ་བཟང་རྡོལ་རིན་པོ་ཆེ་སོགས་ལ་ཉམས་རྟོགས་ཀྱི་ཞུ་འཕྲིན་དོགས་གཅོད་སོགས་ཕུལ་བ་དང་། རང་བཞིན་ཐོལ་བྱུང་གི་ཚུལ་དུ་སྨྲུལ་བའི་ཉམས་མགུར་སོགས་པས་ཤེས་པར་ནུས་ཏེ། ཇི་ལྟར་ཞེ་ན། དེ་ཡང་གསུང་དེ་དག་ཚང་མ་ནི་གསུང་འབུམ་གྱི་ཁྲོད་དུ་ཡོད་པས་ན་འདིར་མཐའ་དག་བཀོད་ཅུང་ཡིག་ཚོགས་ཆེ་བར་འགྱུར་བས་མགོ་སྨོས་ཙམ་རེ་བརྗོད་ནས་ཉམས་རྟོགས་ཇི་ལྟར་འཁྲུངས་པའི་དོན་གྱི་གནད་རྣམས་ཚིག་འགྲེལ་རགས་བསྡུས་ཀྱི་ཚུལ་དུ་རང་གཞན་གྱི་དད་པའི་གསོས་སུ་ཙུང་ཟད་རེ་འགོད་ན། དེ་ལ་ཆུ་སྟག་ལོར་

ལྷུང་སྐྱ་རིན་པོ་ཆེར་ལམ་རིམ་གྱི་ཉམས་རྗོགས་འབྲུངས་ཚུལ་ཞུ་འཕྲིན་གསུང་མགུར་གསོལ་འདེབས་ཀྱི་ཚུལ་དུ་ཕུལ་བ་ལས། མཆོག་རྒྱལ་བ་ཀུན་གྱི་འདུས་བདག་ཉིད། །མགོན་རྡོ་རྗེ་འཆང་དང་དབྱེར་མེད་པའི། །ཞེས་པ་ནས། ན་ཕྲ་མོའི་དུས་ནས་ས་མཐར་འགྱུར། །རྗེ་བླ་མ་ཁྱོད་ཀྱིས་བརྩེ་བས་བསྐྱངས། །དེ་བསམ་བཞིན་ཁྱོད་དྲིན་ཡང་ཡང་དྲན། །ཞེས་པའི་བར་གྱིས་སྔོན་ཐུགས་བསྐྱེད་སྨོན་ལམ་གྱི་འབྲེལ་བ་བཙན་པོས་སྐྱ་ན་ཆོད་ཕྲ་མོའི་དུས་ནས་དབང་ཕྱུགས་སུ་ཕྱིན་ཏེ་ལྷུང་སྐྱ་རྡོ་རྗེ་འཆང་ཉིད་ཀྱི་ཞབས་ལ་བཏུགས་ཤིང་། རྗེ་དེས་ཀྱང་བརྩེ་བས་བསྐྱངས་ཏེ་ཚང་ལ་མ་ནོར་བའི་ལམ་བཟང་འདོམས་པར་མཛད་པའི་བཀའ་དྲིན་འཁོར་ཐབས་མ་མཆིས་པ་ཡང་ཡང་རྗེས་སུ་དྲན་པའི་སྒོ་ནས་རྡོ་རྗེ་འཆང་དང་དབྱེར་མེད་དུ་མཐོང་བའི་མོས་གུས་རྒྱུན་ཆད་མེད་པ་ཐུགས་ལ་འབྲུངས་པའི་ཚུལ་དང་། ཡང་། དུས་ལ་ལར་ཁྱོད་སྐྱ་ཡིད་མཚོ་རུ། །འཆར་ཆེས་ཚེ་ལྷབས་ཕྲེང་གཡོ་བ་ཡི། །མིག་མཆེ་མའི་ཆུ་རྒྱུན་འབབ་པ་འདི། །མགོན་ཁྱོད་ལ་མཆོད་ཡོན་ཚུལ་དུ་ཕུལ། །ཞེས་པ་ནས། མཆོག་སངས་རྒྱས་གོ་འཕང་མ་ཐོབ་བར། །རེ་གཞན་ན་མེད་དོ་ཡུན་དུ་སྐྱོངས། །ཞེས་པའི་བར་གྱིས། སྔར་བཤད་པའི་བཅོས་མིན་གྱི་མོས་གུས་དེས་དྲངས་པའི་བྱེད་ལས་སམ་འབྲས་རྟགས་ཡང་དག་ཏུ་བླ་མའི་སྐྱ་གསུང་ཐུགས་ཀྱི་ངོ་མཚར་ཐུགས་ལ་འཆར་བའི་ཚེ་དབང་མེད་དུ་སྤྱན་ཆབ་ཀྱི་རྒྱུན་འབབ་པ་དང་། ཡིད་གདུང་བ་ཆེན་པོས་བུས་མ་ལ་ཇི་ལྟར་བྱ་བ་བཞིན་དུ་མཆན་ནས་འབོད་ཅིང་གསོལ་བ་འདེབས་པ་དང་། ཚུལ་དེ་རྣམས་ཀྱང་བླ་མ་ལ་མཆོད་པའི་ཚུལ་དུ་ཕུལ་ནས་སླར་ཡང་འདི་ནས་སངས་རྒྱས་མ་ཐོབ་ཀྱི་བར་དུ་རེ་ས་གཞན་དུ་མེད་པར་ངེས་པ་སྙེད་ནས་རྟག་པར་རྒྱུན་དུ་ཐུགས་རྗེས་འཛིན་པར་གསོལ་བ་འདེབས་པ་དང་།

ཡང་། གཞི་འདི་ནས་རྒྱལ་བའི་གོ་འཕང་བར། །ཞེས་པ་ནས། དད་འགྱུར་མེད་སྐྱེ་བར་བྱིན་གྱིས་རློབས། །ཞེས་པའི་བར་གྱིས་རྒྱུ་མཚན་དེ་ལྟ་བས་ན་འདི་ནས་སངས་རྒྱས་ཀྱི་བར་གྱི་གཏན་གྱི་བདེ་བ་ཐམས་ཅད་བླ་མ་ཁོ་ནར་རག་ལས་པ་དང་། དེ་ཉིད་དུས་གསུམ་སངས་རྒྱས་ཐམས་ཅད་འདུས་པའི་བདག་ཉིད་གཅིག་པུར་ངེས་ན་བླ་མ་སངས་རྒྱས་དངོས་སུ་བློས་ཐག་གཅོད་མ་བྱུས་པར་རེ་ས་གཞན་ནས་འཚོལ་བ་རྣམས་ནི་འཁྲུད་པ་དང་སྙིང་རྗེ་བའི་གནས་སུ་གཟིགས་ཤིང་། དེའི་ཕྱིར་དེང་ཕྱིན་ཆད་བདག་གཞན་སེམས་ཅན་ཐམས་ཅད་ཀྱི་རྒྱུད་ལ་བླ་མ་སངས་རྒྱས་དངོས་སུ་མཐོང་བའི་མོས་གུས་བཅོས་མིན་འགྱུར་བ་མེད་པ་སྐྱེ་བར་གསོལ་བ་འདེབས་པར་མཛད་པ་སྟེ། འདི་དག་ནི་བཤེས་གཉེན་བསྟེན་ཚུལ་གྱི་ཆོས་སྐོར་ལ་སྦྱོང་བ་ཐོན་པའི་ཚུལ་ལོ། །དེ་ནས། ཆོས་བཅོ་བརྒྱད་ལྡན་པའི་དལ་འབྱོར་རྟེན། །ཞེས་པ་ནས། ཕྱིས་སྙིང་པོ་ལེན་པར་བྱིན་གྱིས་རློབས། །ཞེས་པའི་བར་གྱིས། དལ་འབྱོར་གྱི་ཆོས་བཅོ་བརྒྱད་དང་ལྡན་པའི་ལུས་རྟེན་འདི་ཉིད་དཔེ་དང་། གྲངས་དང་། ངོ་བོའི་སྒོ་ནས་རྙེད་དཀའ་བ་དང་། རྙེད་ན་དོན་ཆེ་བར་རྟོགས་པ་དང་། དེ་ལྟར་རྟོགས་ཀྱང་རླུང་གསེབ་ཀྱི་མར་མེ་བཞིན་དུ་མྱུར་དུ་འཇིགས་པར་འགྱུར་བའི་མི་རྟག་པའི་ངང་ཚུལ་མ་རྟོགས་ན་རྟག་འཛིན་དང་ཕྱི་བཤོལ་གྱི་ལེ་ལོའི་གཞན་དབང་དུ་གྱུར་ནས་རྟེན་བཟང་ཆུད་ཟོས་པར་འགྱུར་བས་ན་རྙེད་དཀའ་མྱུར་དུ་འཇིགས་པའི་ཚུལ་ལ་ངེས་ཤེས་འདྲོངས་པས་ད་ལྟ་ཉིད་ནས་སོས་དལ་དུ་སྐད་ཅིག་ཀྱང་མི་སྡོད་པར་དལ་འབྱོར་གྱི་རྟེན་ལ་སྙིང་པོ་ལེན་དགོས་པར་ཐུགས་སུ་ཆུད་པ་སྟེ་དེ་ནི་དལ་འབྱོར་དང་མི་རྟག་པའི་ཆོས་སྐོར་ལ་སྦྱོང་བ་ཐོན་པའོ། །ཡང་། ཚེ་འདི་ནས་ཕྱི་མར་འཕོ་ངེས་ཤིང་། །ཞེས་པ་ནས། སྐྱབས་མ་ནོར་བསྟེན་པར་བྱིན་གྱིས

རློབས། །ཞེས་པའི་བར་གྱིས། སྐྱེས་པའི་མཐའ་མ་འཆི་བ་འབབ་ཞིག་ལས་མ་འདས་པས་ན་འདི་ནས་ཕྱི་མར་ངེས་པར་འཕོ་དགོས་ཤིང་། འཆི་བའི་འོག་ཏུ་མཛའ་བཤེས་འཁོར་གཡོག་ལོངས་སྤྱོད་སོགས་རྗེས་སུ་མི་འབྲང་བར་དཀར་ནག་གི་ལས་འབའ་ཞིག་ཕྱི་བཞིན་འབྲང་བར་འགྱུར་ལ། དེས་ན་ལས་མི་དགེ་བ་སྤྱད་པའི་འབྲས་བུ་ནི་ངན་སོང་གསུམ་གྱི་གནས་ལས་གཞན་མེད་པས་དེར་སྐྱེས་ན་སྡུག་བསྔལ་བཟོད་ཀྱིས་མི་ལངས་པ་ཡིད་ལ་བསམ་པས་ཀྱང་འཇིགས་པ་མི་བཟད་པ་བསྐྱེད་པར་བྱེད་ན་དངོས་སུ་ཉམས་སུ་མྱོང་བ་ལྟ་སྨོས་ཀྱང་ཅི་དགོས་པ་དང་། སྡུག་བསྔལ་དེ་ལས་སྐྱོབ་པའི་ནུས་པ་ནི་དཀོན་མཆོག་གསུམ་ཁོ་ན་ལ་ཡོད་པར་ཡིད་ཆེས་ཤིང་། དེས་ན་སྐྱབས་སུ་འགྲོ་བ་དང་། ལས་འབྲས་ཀྱི་འདོར་ལེན་སོགས་ལ་ཆེད་དུ་བརྩོན་པར་མི་བྱེད་པར་རྣམ་གཡེང་གི་དབང་དུ་གཏོང་བ་ནི་འཁྱོད་པར་བྱ་བའི་གནས་སུ་གཟིགས་ནས། ཕྱིན་ཆད་རང་གཞན་མཐའ་དག་སྐྱབས་འགྲོ་ལས་འབྲས་སྟོབས་བཞིའི་བཤགས་སྡོམ་སོགས་ལ་སྙིང་ཐག་པ་ནས་འབད་པར་བྱིན་གྱིས་བརླབ་ཏུ་གསོལ་ཞེས་གསུངས་པ་སྟེ། དེ་རྣམས་ཀྱི་སྐྱེས་བུ་ཆུང་ངུ་དང་ཐུན་མོང་བའི་ཆོས་སྐོར་ལ་སྦྱོང་བ་ཐོན་པའི་ཚུལ་ལོ། །ཡང་། ལར་ངན་སོང་ཐར་ཀྱང་མཐར་ཐུག་གི། །ཞེས་པ་ནས། ལམ་བཙན་ས་ཟིན་པར་བྱིན་གྱིས་རློབས། །ཞེས་པའི་བར་གྱིས་ངན་སོང་གི་གནས་ཙམ་ལས་རེ་ཞིག་ཐར་ཀྱང་འཁོར་བའི་གནས་འདི་ལས་མ་འཕགས་ཕྱིན་ཆད་གང་དུ་གནས་ཀྱང་སྡུག་བསྔལ་གྱི་གནས་འབའ་ཞིག་ལས་མ་འདས་ན་ད་དུང་མངོན་མཐོ་ལྷ་མིའི་བདེ་བ་ལ་ཡིད་སྨོན་བྱེད་པ་ནི་ཤིན་ཏུ་རིགས་པ་མ་ཡིན་པ་སོགས་འཁོར་བ་མཐའ་དག་སྡུག་བསྔལ་གྱི་རང་བཞིན་ཅན་དུ་མཐོང་བའི་ངེས་འབྱུང་བཅོས་མ་མ་ཡིན་པ་དང་། དེས་དྲངས་པས་ངེས་པར་ཐར་པའི་བཙན་

ས་ཟིན་པ་ཞིག་དགོས་པར་ཐུགས་ལ་འབྲུངས་པའི་ཚུལ་ཏེ་སྐྱེས་བུ་འབྲིང་དང་ཐུན་མོང་བའི་ཆོས་སྐོར་ལ་སྦྱོང་བ་ཐོན་པའོ། །དེ་ནས། ཁམས་གསུམ་གྱིས་བསྡུས་པའི་འགྲོ་ཀུན་གྱིས། །མ་མ་བྱས་གཅིག་ཀྱང་མེད་པ་དང་། །ཞེས་པ་ནས། མཆོག་སེམས་མཆོག་སྐྱེ་བར་བྱིན་གྱིས་རློབས། །ཞེས་པའི་བར་གྱིས་ནམ་མཁའི་མཐའ་མཉམ་གྱི་སེམས་ཅན་ཀུན་གྱི་ནང་ནས་རང་གི་མ་མ་བྱས་པ་གཅིག་ཀྱང་མེད། སེམས་ཅན་རེ་རེས་ཀྱང་མ་བྱས་པ་གྲངས་ཀྱིས་མི་ཚད། མ་བྱས་རེས་བཞིན་ཚེ་འདིའི་མས་ཇི་ལྟར་བསྐྱངས་པ་བཞིན་དུ་དྲིན་གྱིས་བསྐྱངས་པ་ཤ་སྟག་ཡིན་ན། དེ་ཐམས་ཅད་ཡལ་བར་དོར་ནས་རང་ཉིད་གཅིག་པུ་ཞི་བདེ་དོན་གཉེར་གྱི་བློ་བསྐྱེད་པ་ནི་ཤིན་ཏུ་ཁྲེལ་མེད་པ་དང་བདག་ཉིད་ཆེན་པོ་རྣམས་འཁྱུད་པར་འགྱུར་བའི་གནས་ཡིན་པས་དེ་ལས་བཟློག་སྟེ་སེམས་ཅན་ཐམས་ཅད་སངས་རྒྱས་ཀྱི་ས་ལ་བདག་ཉིད་ཀྱིས་ནས་འགོད་དགོས་པར་མཐོང་བའི་བྱམས་སྙིང་རྗེ་བྱང་ཆུབ་ཀྱི་སེམས་རིན་པོ་ཆེ་ཐུགས་རྒྱུད་ལ་འབྲུངས་པའི་ཚུལ་དང་། སེམས་དེ་འགྲོ་བ་གཞན་གྱི་རྒྱུད་ལའང་སྐྱེ་བར་གསོལ་བ་འདེབས་པ་སྟེ། དེ་ནི་བྱང་ཆུབ་ཀྱི་སེམས་ལ་བཙོས་མེད་ཀྱི་སྦྱོང་བ་ཐོན་པའི་ཚུལ་ལོ། །ཡང་། ཕྱིན་དྲུག་དང་བསྡུ་བཞི་ལ་སོགས་པ། །ཞེས་པ་ནས། ལམ་རྒྱ་ཆེར་འཇུག་པར་བྱིན་གྱིས་རློབས། །ཞེས་པའི་བར་གྱིས་སེམས་བསྐྱེད་ནས་ཀྱང་སྤྱོད་པ་ཕར་ཕྱིན་དྲུག་དང་བསྡུ་བཞིའི་ཉམས་ལེན་གྱི་གནད་ལ་བརྩོན་པར་བྱེད་དགོས་ཀྱི། དེ་ལྟ་མིན་པར་ཟ་ཐོས་ཀོ་ཡུལ་ཙམ་དུ་འཛོག་པས་ནི་གར་ཡང་མི་ཕྱིན་པར་གཟིགས་ནས་རྒྱལ་སྲས་ཀྱི་སྤྱོད་པ་རླབས་པོ་ཆེ་ཡོངས་སུ་རྫོགས་པ་ལ་བསླབ་པར་བགྱི་ཞིང་དེ་ལྟར་དུ་བྱིན་གྱིས་བརླབ་ཏུ་གསོལ་ཞེས་དམ་བཅས་ཤིང་གསོལ་བ་འདེབས་པ་སྟེ། དེ་ནི་སེམས་བསྐྱེད་ནས་སྤྱོད་པ་ལ་སློབ་པའི་ཚུལ་

སོ། །དེ་ནས། ཆོས་གང་ཡང་བདེན་པར་གྲུབ་པ་ནི། །ཞེས་པ་ནས། གཤིས་
གནས་ལུགས་རྟོགས་པར་བྱིན་གྱིས་རློབས། །ཞེས་ཆོས་ཐམས་ཅད་མིང་དང་
རྟོག་པས་སྦར་བཏགས་ཙམ་མ་གཏོགས་གདགས་གཞིའི་རང་ངོས་ནས་གྲུབ་པ་
རྡུལ་ཙམ་ཡང་མེད་པར་རྒྱལ་བས་བཀའ་མདོ་རྒྱུད་དུ་མ་ནས་ལན་གཅིག་མིན་
པར་གསུངས་པའི་དོན་ཇི་ལྟ་བ་བཞིན་དུ་ཐུགས་སུ་ཆུད་པས། ཕྱིན་ཆད་ཐར་
འདོད་གཞན་དག་གིས་ཀྱང་ཡིད་མཐའ་གཉིས་ཀྱི་ལྟ་བའི་དབང་དུ་གཏོང་བ་ནི་
རིགས་པ་མ་ཡིན་པས་གནས་ལུགས་རྟོགས་པའི་ལྟ་བ་ཕྱིན་ཅི་མ་ལོག་པ་རྒྱུད་ལ་
ཅི་ནུས་སུ་བསྐྱེད་པར་བྱེད་དགོས་ཤིང་། དེ་ལྟར་དུ་འགྱུར་བས་བྱིན་གྱིས་
བརླབ་ཏུ་གསོལ་ཞེས་ཡང་དག་པའི་ལྟ་བ་ཕུ་ཐག་ཆོད་པར་ཐུགས་རྒྱུད་ལ་
འཁྲུངས་པའི་ཚུལ་ཏེ་དེ་དག་ནི་སྐྱེས་བུ་ཆེན་པོ་ཐུན་མོང་བའི་ལམ་ལ་སྦྱོང་བ་
ཐོན་ཚུལ་ལོ། །དེ་ནས། ཆེས་ཟབ་གསང་རྡོ་རྗེ་ཐེག་པ་ཡི། །ཞེས་པ་ནས།
རིམ་གཉིས་ལ་བརྩོན་པར་བྱིན་གྱིས་རློབས། །ཞེས་པའི་བར་གྱིས་དེ་ལྟར་ཐུན་
མོང་ལམ་གྱིས་རྒྱུད་སྦྱངས་པའི་རྗེས་སུ་ཐུན་མོང་མ་ཡིན་པ་གསང་ཆེན་རྡོ་རྗེ་
ཐེག་པའི་ལམ་ལ་བརྟེན་ནས་སྙིགས་དུས་ཀྱི་ཚེ་ཐུང་གཅིག་ལ་ཟུང་འཇུག་གི་གོ་
འཕང་སྒྲུབ་དགོས་པ་དང་། དེ་ཡང་དམ་ཚིག་དང་སྡོམ་པ་སྲོག་བདོས་སུ
བསྲུང་བ་ལམ་གྱི་སྲོག་ཏུ་བྱས་པའི་སྒོ་ནས་ལམ་རིམ་པ་གཉིས་ཀྱི་རྣལ་འབྱོར་གྱི་
གནད་རྣམས་སྒྲ་སྤྱི་ཙམ་དུ་མ་ལུས་པར་བརྩོན་པ་ལྷུར་ལེན་དུ་ཉམས་སུ་ལེན་
དགོས་པའི་ངེས་ཤེས་ཐུགས་ལ་འཁྲུངས་ཤིང་། ཚུལ་དེ་ལ་ཉིན་མཚན་ཀུན་ཏུ་
བརྩོན་པར་མཛད་པ་ལས་བསྐྱེད་རྫོགས་ཀྱི་ཉམས་རྟོགས་ཁྱད་པར་ཅན་དུ་མ་
ཐུགས་རྒྱུད་ལ་སྐྱེས་པར་མངོན་ཏེ་དེ་ནི་ཐེག་ཆེན་ཐུན་མོང་མ་ཡིན་པའི་ལམ་གྱི་
གནད་ལ་སྦྱོང་བ་ཐོན་པའོ། །དེ་ནས། དཔལ་དབང་ཕྱུག་བརྒྱད་དང་ལྡན་པ་

ཡི། །ཞེས་པ་ནས། མཆོག་མྱུར་དུ་ཐོབ་པར་བྱིན་གྱིས་རློབས། །ཞེས་པའི་བར་གྱིས་དེ་ལྟར་ཐུན་མོང་མ་ཡིན་པའི་ལམ་གྱི་རིམ་པས་རྒྱུད་སྦྱངས་པའི་ལག་རྗེས་ལས་དབང་ཕྱུག་བརྒྱད་ལྡན་ཟུང་འཇུག་རྡོ་རྗེ་འཆང་གི་གོ་འཕང་འགྲུབ་པར་མཐོང་ལ། དེ་ཡང་ཡིད་སྨོན་ཙམ་དུ་མ་ལུས་པར་ཚེ་གཅིག་ཉིད་ལ་ལག་རྗེར་ལོན་པ་ཞིག་ངེས་པར་དགོས་པར་གཟིགས་ནས་བདག་གཞན་ཀུན་གྱིས་མཆོག་དེ་མྱུར་དུ་ཐོབ་པར་བྱིན་གྱིས་བརླབ་ཏུ་གསོལ་ཞེས་གསོལ་བ་འདེབས་པ་སྟེ། དེ་ནི་ཟུང་འཇུག་གི་ཚུལ་ལ་སྦྱོང་བ་ཐོན་པའོ། །སྐབས་ཡང་དེ་དག་གི་དོན་ཏིལ་གྱིས་བསྒྲིལ་བ་ནི། གཞི་སོ་ཐར་གྱི་ཞིང་ས་གཙང་བ་དང་། །ལམ་མདོ་སྔགས་མཐའ་རུ་ཕྱིན་པ་དང་། །འབྲས་སྐུ་བཞི་འགྲུབ་པར་བྱིན་གྱིས་རློབས། །ཞེས་གཞི་ལམ་འབྲས་གསུམ་གྱི་ཉམས་ལེན་སྙིང་པོར་བསྡུས་པའི་གདན་ཐུན་མོང་མིན་པ་སྨོམ་སྟོབས་ཀྱིས་ཐུགས་རྒྱུད་ལ་འཁྲུངས་པའི་ཚུལ་ལོ། །དེ་ལྟ་བུའི་ཉམས་རྟོགས་ཁྱད་པར་ཅན་ཐུགས་རྒྱུད་ལ་འཁྲུངས་པ་ཡང་རྒྱུ་མེད་པ་དང་མི་མཐུན་པའི་རྒྱུ་ལས་བྱུང་བ་མ་ཡིན་པར་བཤེས་གཉེན་དམ་པའི་བྱིན་རླབས་འབའ་ཞིག་ལས་བྱུང་བར་མཁྱེན་ནས་དད་དུང་ལྷག་པར་དུ་བཀའ་དྲིན་དྲན་པའི་མོས་གུས་འཕེལ་ཏེ་འདི་ཕྱི་བར་དོ་གསུམ་དུ་རེ་ས་གཞན་མེད་ཁྱེད་ཤེས་ཀྱི་བློ་དྲག་པོ་ཐུགས་ལ་འཁྲུངས་ཤིང་། དེའི་མཐུས་རྣམ་པ་ཀུན་ཏུ་སངས་རྒྱས་དངོས་ཀྱི་འདུ་ཤེས་ལས་སྐད་ཅིག་ཀྱང་འགྱུར་ལྡོག་མི་མངའ་བའི་ཚུལ་ལ་མནའ་བོར་བ་དང་བཅས་པའི་སྒོ་ནས་སྙིང་ཐག་པའི་གདུང་བའི་ཤུགས་ཀྱིས་སྨྲེ་ཆབ་འཁྲུག་བཞིན་པར་གསོལ་བ་འདེབས་པ་ནི། ཚེ་འདི་ཕྱི་གཉིས་དང་བར་དོ་གསུམ། །དུས་ལེགས་ཉེས་སྐྱིད་སྡུག་གང་བྱུང་ཡང་། །ཞེས་པ་ནས། ཞེས་ཆེ་ཆེར་སྨྲེ་བའི་གདུང་དབྱངས་ཀྱིས། །གདོང་མཆི་མས་རླན་ཞིང་གསོལ་བ་འདི། །ཐུགས་

ཆོས་སྒྲོང་ཆེན་པོར་ལེགས་བཞུགས་ནས། །སྤྲང་སྐྱེ་ཀུན་འདོར་མེད་རྗེས་འཛིན་ཞུ། །མགོན་ཁྱོད་ལ་སངས་རྒྱས་འདུ་ཤེས་ལས། །དད་ལོག་གི་གོ་སྐབས་ཡོད་སྲིད་ན། །མགོ་ཨཛྫ་ཀ་ཡི་དོག་པ་བཞིན། །ཕྱོགས་བཞི་རུ་ཞིག་པར་གྱུར་ཅིག། །ཞེས་གསུངས་པ་ཡིན་ནོ། །ཞེས་གསུངས་པ་ཡིན་ནོ། །དེའི་ཕྱིར་ལུས་ལོངས་སྤྱོད་དུས་གསུམ་དགེ་བའི་དངོས་པོ་དང་བཅས་པ་ཐམས་ཅད་བླ་མ་ལ་ལྟོས་མེད་དུ་ཕུལ་ནས་ཞབས་པད་བརྟན་པ་དང་། སྡིག་པ་བཤགས་པ་དང་། དགྱེས་པ་བསྐྱེད་པ་འབའ་ཞིག་གི་རྒྱུར་བསྔོ་བ་དང་། དོན་དེ་རྣམས་འགྲུབ་པར་ཆོས་སྐྱོང་ལ་འཕྲིན་ལས་བཅོལ་བ་སོགས་མཛད་པ་ནི། རྟེན་ཟང་ཟིང་དངོས་པོ་མ་མཆིས་ཀྱང་། །ཞེས་པ་ནས། ཀྭན་ལོ་ཡི་རྒྱལ་པོ་ཆེན་པོས་ཀྱང་། །དཔོན་སློབ་ཀྱི་འབྲེལ་བ་ལ་གཟིགས་ནས། །བཀའ་ཞུ་མཆིད་འགྲོ་འོང་སྤྲུང་སྐྱོབ་མཛོད། །ཅེས་པའི་བར་འབུལ་བར་མཛད་པའོ། །དེས་ན་ཚུལ་འདི་དག་ནི། རྗེ་བདག་ཉིད་ཆེན་པོས། རང་གི་རྟོགས་པ་སླུ་རུ་སླངས་པ་འདི། །བླ་མ་རྣམས་དང་འཇམ་དཔལ་དབྱངས་ལ་འབུལ། །ཞེས་གསུངས་པ་ལྟར་རང་ཉིད་ཀྱིས་ལམ་ཟབ་མོ་ཉམས་སུ་བཞེས་པ་ལས་ཉམས་རྟོགས་ཀྱི་མྱུ་གུ་ཇི་ལྟར་འཁྲུངས་པ་རྣམས་བླ་མ་ལ་མཆོད་པའི་ཚུལ་དུ་འབུལ་བ་དང་། རྗེས་འཇུག་རྣམས་ཀྱིས་ཀྱང་ཉམས་ལེན་དེ་ལྟ་བུ་ལ་སློབ་ཕྱིར་དུ་འགོད་པར་མཛད་པ་སྟེ་ངོ་མཚར་བ་དང་རྨད་དུ་བྱུང་བའི་རྣམ་པར་ཐར་པ་སྲས་བཅས་རྒྱལ་བ་ཀུན་གྱིས་ལན་བརྒྱར་བསྔགས་པར་འོས་པའི་གནས་ཡིན་ནོ། །

འདིར་སྨྲས་པ། བྱམས་མགོན་ཞལ་གྱི་བུམ་བཟང་ལས་འོངས་པའི། །ཤེར་ཕྱིན་སྦས་དོན་གསལ་བར་བྱེད་པ་ཡི། །གཞུང་ལུགས་རྟོགས་དཀའི་དགོས་དོན་ལྷའི་ཆུ་བོ། །ཁྱོད་ཐུགས་རྣམ་དཔྱོད་ཧུབ་ཀྱིས་དུས་གཅིག་དྲངས། །

དངོས་པོ་བརྒྱད་དང་བཅུ་ཕྲུག་བདུན་གྱི་དོན། །གྲངས་ངེས་ངོ་བོ་གོ་རིམ་ལ་
སོགས་པ། །ཉམས་སུ་ལེན་དང་གཞན་ལ་སྟོན་པ་ལ། །འཇིགས་མེད་སྤོབས་
པའི་བརྟུལ་ཞུགས་ཁྱོད་ཀྱིས་བརྙེས། །སྙིང་བཀུར་འགྲན་སེམས་ཕྱིར་དུ་གཞུང་
ལུགས་ལ། །དཔྱོད་རྣམས་དུག་དང་འདྲེས་པའི་ཁ་ཟས་ལ། །ཡོངས་སུ་སྤྱོད་
ལྟར་གཟིགས་ནས་མགོན་པོ་ཁྱོད། །ངང་ཚུལ་དེ་ལས་རིང་དུ་ཕྱོལ་བར་
མཛད། །ཐོས་བསམ་ཉམས་ལེན་སྣང་མུན་ཚ་གྲང་ལྟར། །འགལ་འདུར་
འཛིན་པའི་ལམ་དུ་མི་འཕྱན་པར། །གསན་བསམ་སྒོམ་གསུམ་གཅིག་གྲོགས་
གཅིག་འཕྱིར་བའི། །བཀའ་གདམས་གཙང་མའི་རྣམ་ཐར་བདག་གིར་
བཞེས། །ལྷག་པར་སྲས་བཅས་རྒྱལ་ཀུན་གཤེགས་པའི་ཤུལ། །ཆེ་བ་བཞི་ལྡན་
བྱང་ཆུབ་ལམ་རིམ་ཞེས། །སྐལ་བཟང་ཐར་འདོད་ཡོངས་ཀྱི་འཇུག་ངོགས་
དེ། །གོ་བའི་ཆོག་ཏུ་མ་ལུས་ཉམས་སུ་བསྟར། །དེ་ཚེ་ལམ་སྟོན་བཤེས་གཉེན་
བསྟེན་ཚུལ་ནས། །ཟུང་འཇུག་བར་གྱི་ལམ་གྱི་རིམ་པ་ཀུན། །བསིལ་བའི་ཟེར་
གྱིས་ཕྱེ་བའི་ཀུ་མུ་ཏ་བཞིན། །གོང་ནས་གོང་དུ་ལྷག་པར་རྒྱས་པར་གྱུར། །
ཁྱོད་ཐུགས་འོ་མའི་རྫིང་བུར་གནས་བཅས་པའི། །ཉམས་དང་རྟོགས་པའི་པུཎྜ་
རི་ཀའི་འཕྲེང་། །ཞུ་འཕྲིན་བུང་བའི་གླུ་དབྱངས་དང་སྦྱར་ཏེ། །རྒྱལ་བ་
དགྱེས་པའི་མཆོད་སྤྲིན་ཆེན་པོར་བསྒྲེངས། །གང་ཞིག་སྟོང་གསུམ་རིན་ཆེན་སྣ་
བདུན་གྱིས། །ཡོངས་བཀང་བསྐལ་པར་བདེ་གཤེགས་མཆོད་པས་ཀྱང་། །
ཁྱོད་ཀྱིས་བླ་མེད་སྒྲུབ་པའི་མཆོད་པ་ཡི། །བསོད་ནམས་བྱེ་བའི་ཆ་ལ་འགྲན་
ནུས་མིན། །དེ་ལྟའི་རྣམ་ཐར་རྨད་བྱུང་ཀུན་གྱི་ཤུལ། །མཐོང་དང་ཐོས་པའི་
ཡུལ་དུ་གྱུར་ནས་ཀྱང་། །ད་དུང་དད་པའི་པདྨོ་མི་འཛུམ་ན། །སྐལ་ཆད་ལོག་
ལྟ་ཅན་ལས་གཞན་ཅི་ཞིག །ཅེས་པ་ནི་བར་གྱི་ངལ་བསོའི་ཚིགས་བཅད་དོ། །

གཞན་ཡང་ནང་དུ་མི་རྟག་པ་དང་བདག་མེད་པ་སོགས་ཀྱི་ངང་ཚུལ་ལ་འཁྲིག་ཚུད་ན་ཕྱི་རོལ་གྱི་དངོས་པོ་ཐམས་ཅད་ཀྱང་མི་རྟག་པ་སྟོན་པའི་སློབ་དཔོན་དུ་འཆར་བ་ཆོས་ཉིད་ཡིན་ལ། དེའི་ཕྱིར་འཁོར་བའི་བརྟན་གཡོའི་དངོས་པོ་ཡིད་དུ་འོང་བ་དང་མི་འོང་བ་དང་། བར་མ་ལ་སོགས་པ་ཇི་ལྟ་བུ་ཞིག་ཚོགས་དྲུག་གི་ཡུལ་དུ་ཤར་རུང་དེ་ཐམས་ཅད་ལ་ཡིད་བརྟན་དུ་རུང་བ་རྡུལ་ཙམ་མེད་པ་སྐད་ཅིག་དང་སྐད་ཅིག་ལ་ཡང་འཇིགས་པར་འགྱུར་བའི་ཆོས་ཅན་འབའ་ཞིག་ཏུ་མངོན་སུམ་དུ་གཟིགས་ཤིང་། དེ་ལ་བརྟེན་ནས་ཚེ་འདིར་སྣང་གི་འཁྲི་བ་མ་ཆོད་པའི་རྟག་འཛིན་ཅན་རྣམས་ལ་སྙིང་རྗེ་དང་། སྐྱོ་ཤས་དང་། ངེས་འབྱུང་སོགས་ཚད་མེད་པ་འཁྲུངས་ཏེ་སྐབས་སྐབས་སུ་ཐོལ་བྱུང་གི་ཚུལ་དུ་རང་གཞན་ཆོས་ལ་བསྐུལ་ཕྱིར་གསུང་མགུར་གྱི་རིམ་པ་འདི་ལྟ་བུ་དག་ཀྱང་སྩལ་བར་སྣང་སྟེ། ན་མོ་གུ་རུ། མཆོག་དུས་གསུམ་རྒྱལ་ཀུན་འདུས་ཞལ་རྗེ། །སྐྱབས་རྡོ་རྗེ་འཛིན་དང་དབྱེར་མེད་པའི། །ཕ་དྲིན་ཅན་རོལ་པའི་རྡོ་རྗེ་ལ། །བདག་མོས་གུས་གདུང་བས་གསོལ་བ་འདེབས། །དུས་སྙིགས་མ་མཐར་ཐུག་ལྷ་བདོ་འདིར། །རང་རྒྱལ་བའི་བསྟན་པའི་སྒོར་ཞུགས་ཀྱང་། །ཚེ་འདིར་སྣང་འཁྲི་བ་མ་ཆོད་པས། །དགྲ་ཉོན་མོངས་དུཿཁ་རྒྱུན་དུ་འབར། །སྔོན་ཐོག་མ་མེད་ནས་ད་ལྟའི་བར། །མཐོ་སྲིད་པའི་རྩེ་ནས་མནར་མེད་བར། །དུས་རྒྱུན་ཆད་མེད་པར་འཁོར་ནའང་། །སླར་ད་དུང་འཁོར་བར་གཞན་ལས་བྲིད། །ད་རང་མགོ་རང་གིས་མ་བསྐོར་བར། །ཕྱོགས་ཀུན་ཏུ་ལྟོས་དང་ལྟད་མོ་མཚར། །ཕོང་མེ་ཏོག་གསར་པའི་ངང་ཚུལ་དེ། །ཆོས་སྣོད་བཅུད་ཀུན་ལ་རང་དབང་བསྒྱུར། །དབྱར་སྐྱེས་པའི་གཡུ་འོད་ལོ་འདབ་དེ། །སྟོན་སིང་བུས་ས་ལ་ཆར་བཞིན་འབེབས། །དགུན་སྟོང་རྐན་ཤ་བའི་རྣ་ཙོ་འདྲ། །དཔེ་འདིས་

ཀྱང་མི་རྟག་ངང་ཚུལ་སྟོན། །དཔྱིད་གངས་རྒན་ཞུ་བའི་ཆུ་བོའི་རྒྱུན། །ས་ལུང་པ་འོབ་ཀྱིས་འདྲེན་ནོ་སྐད། །དགུན་འཁྱག་པའི་འོག་ཏུ་ཡིབ་ཅིང་འབབ། །དཔེ་འདིས་ཀྱང་མི་རྟག་ངང་ཚུལ་སྟོན། །ཞེས་སོགས་མང་དུ་གསུངས་པའི་མཐར། །མཆོག་སངས་རྒྱས་ནས་བཟུང་ས་རྗེ་ཡན། །ཆོས་མི་རྟག་རྒྱུན་དུ་མངོན་སུམ་དུ། །དུས་ཉིན་མཚན་མེད་པར་བསྟན་ན་ཡང་། །ཁྱོད་ད་དུང་རྟག་འཛིན་བྱེད་པ་མཚར། །ལར་མ་ལས་སྐྱེས་པའི་གཞོན་ཤ་ཡང་། །ཕྱི་ཉི་ལྷགས་གཉིས་ཀྱིས་ལེགས་སྦྱངས་པས། །བཞིན་མདོག་ནག་གཉེར་མས་ཁེབས་ལ་ཉེ། །ད་ལང་ཚོའི་དྲེགས་པ་སུ་ལ་བྱེད། །ནོར་གསེར་དངུལ་བང་མཛོད་མང་པོ་ཡང་། །རང་བསགས་མཁན་སྤྱོད་པ་རེ་རེ་ཙམ། །ཁྱོད་ད་དུང་གསོག་འཇོག་སྐྱེན་པོ་དེ། །ཚེ་ཕྱི་མར་ཕན་ན་ཅི་མ་རུང་། །འཁོར་སློབས་འཁྱོར་ལང་ཆོས་བཅིངས་རྣམས་ཀྱང་། །རང་གཅིག་པུར་འགྲོ་ཚེ་སྐྱེལ་མཁན་མེད། །དགྲ་འཛིགས་བཅས་བར་དོར་འཁྲམས་པའི་ཚེ། །ཁྱོད་གཡོག་འཁོར་འཕྲིད་དབང་ཡོད་དམ་ཅི། །ཞེས་པ་ལ་སོགས་པ་ཐོས་པ་ཙམ་གྱིས་ཡིད་ལ་འགྱུར་བ་ཆེན་པོ་རང་དབང་མེད་པར་བསྐྱེད་པར་བྱེད་པ། རྟག་འཛིན་གྱི་སྒྲིག་ཏུ་ཚུད་པ་དག་ཀྱང་དེ་མ་ཐག་ཏུ་འཆེང་བ་ལྷོད་པོར་བྱེད་ནུས་པ་དུ་མ་ཞིག་མཛད་པར་སྣང་ལ། གཞན་ཡང་འདི་དང་འདི་འདྲ་བའི་རྣམ་པར་ཐར་པ་མང་པོ་ཞིག་མཆིས་པ་རྣམས་དང་། ཚུལ་དེ་དག་གྲུབ་བརྙེས་ཀྱི་ཡོན་ཏན་འགྲན་ཟླ་དང་བྲལ་བ་ཡིན་ཚུལ་གྱི་ལུང་རིགས་ཀྱི་སྒྲུབ་བྱེད་སོགས་འོག་ཏུ་བརྗོད་པ་ལས་ཤེས་པར་འགྱུར་རོ། །

དེ་ལྟར་ཐུགས་གཉེར་དང་ཉམས་བཞེས་ལ་བརྩོན་བཞིན་པའི་ཐོག་ཆུ་ཡོས་ལོ་འདིའི་ཧོར་ཟླ་དྲུག་པའི་ཡར་ངོའི་ཚེས་གཅིག་ནས་དབྱར་ས་མ་ཞལ་

བཞེས་བསྐྱངས་ཏེ་དབྱར་གྱི་ནང་དུ་ཇི་ལྟར་བྱ་བའི་རིམ་པ་རྣམས་ཀྱང་བཅས་པའི་ཚུལ་ལས་སྐད་ཅིག་ཀྱང་མི་འགོངས་པར་མཛད། རིགས་གྲྭ་ཆེན་མོའི་ཚོགས་སུའང་བྱོན་ཏེ་རྣམ་དཔྱོད་ཀྱི་རྩལ་དང་ལྡན་པའི་བློ་གསལ་བ་རྣམས་ནས་ལུང་རིགས་ཀྱི་སྙེར་འཕྲེང་ཕྱོགས་བཅུར་གཡོ་བཞིན་པར་གསུང་རབ་ཀྱི་དགོངས་དོན་གཏན་ལ་འབེབས་པའི་རྩོད་པའི་ང་རོ་ཀུན་ཏུ་སྒྲོག་པའི་ཆོས་ཀྱི་དགའ་སྟོན་ཆེན་པོ་དང་། ཟང་ཟིང་གི་བསྙེན་བཀུར་སོགས་ལ་འདུས་པ་རྒྱ་མཚོ་དང་ལྡན་ཅིག་ཏུ་དགྱེས་དགུར་སྤྱོད་ཅིང་། དབྱར་གནས་གྲོལ་བསྟུན་དགག་དབྱེ་སོགས་ཀྱང་ཕྱག་བཞེས་ལྟར་མཛད་ཟིན་ཕྲལ་༧རྒྱལ་དབང་མཆོད་ཡོན་ལ་འབྲས་སྤུངས་ཀྱི་འཆར་ཅན་ཞབས་བརྟན་མཇལ་ཕྱུ་དང་། དེ་ནས་འཁྲིད་རྗེན་ཆབ་བཞེས་སོགས་སྔ་ལོ་ལྟར་བསྐྱངས། ལོ་སྔ་མ་དང་འདི་ལོ་བཅས་སུ་སྙིགས་དུས་ཀྱི་བསྟན་པའི་སྒྲོན་མེ་འཛམ་མགོན་བླ་མ་དང་རྣམ་དབྱེར་མ་མཆིས་པ་ཡོངས་འཛིན་པཎྜི་ཏ་ཆེན་པོ་ཡེ་ཤེས་རྒྱལ་མཚན་དཔལ་བཟང་པོ་ནས་ལྷ་ལྡན་རྨེ་རུའི་གྲྭ་ཁང་ཆེན་མོར་གདན་ས་ཆེན་པོ་གསུམ་གྱི་འདུས་སྡེས་གཙོས་པའི་དད་ལྡན་གྱི་སྐྱེ་བོ་སྟོང་ཕྲག་མང་པོར་འདུས་པ་རྣམས་ལ་བདེ་ལམ་སོགས་ཀྱི་ཟབ་ཆོས་ཐང་མར་གདལ་བའི་སྐལ་བཟང་གི་དགའ་སྟོན་ལ་བྱོན་ཏེ་ཐེག་མཆོག་གདམས་པའི་བདུད་རྩིས་ཐུགས་ཀྱི་ཟ་མ་ཏོག་ཡོངས་སུ་འགེངས་པར་མཛད། བདེ་ལམ་གྱི་བཀའ་ཆོས་སྐབས་གསུང་བཤད་ཀྱི་རིགས་རྣམས་ཟིན་བྲིས་སུའང་འདེབས་པར་མཛད་འདུག་པ་གསུང་འབུམ་དུ་གསལ་ཞིང་། དེ་ནས་སྟོན་ཆོས་སྔ་ཕྱི་རྣམས་ཀྱི་སྐབས་སུ་ཡང་སྔར་བཞིན་རབ་འབྱམས་གཞུང་ལུགས་ཀྱི་ས་ཆེན་པོ་མཁྱེན་རབ་ཀྱི་སྒོམ་སྟོབས་ཡངས་པོས་གཞལ་བ་ལ་བརྩོན་པ་ལྟར་བཞེས་སུ་མཛད། དགུན་ཆོས་ཆེན་མོ་སོགས་ཀྱི་དུས་ལྷ་རམས་པའི་མིང་

བཏགས་པ་རྣམས་ཀྱི་དམ་བཅར་གསུང་རབ་ཀྱི་དཀའ་བའི་གནད་ལས་བརྩམས་པའི་ལུང་རིགས་ཀྱི་བགྲོ་གླེང་མཛད་དེ་མཁས་པའི་ཚོགས་ལ་སྟོན་མེད་པའི་བློ་སྐྱེད་ཀྱི་ཐུལ་ཆེན་པོ་སྟེར་བར་མཛད་ཅིང་། གཞན་ཡང་ལོ་མཇུག་གི་ཞབས་བརྟན་ལ་སོགས་པའི་རིམ་པ་རྣམས་ཀྱང་རྒྱ་ཆེ་བ་དང་ཐུགས་དམ་ཉམས་བཞེས་ཀྱི་རིགས་ལའང་བརྩོན་པ་ཆུ་བོའི་རྒྱུན་བཞིན་ལྷོད་མེད་དུ་བསྟེན་པའི་ངང་དུ་འཚོ་ཞིང་གཞེས་སོ། །

ཀྱེ་མ་འདུས་བྱས་ཆོས་ཀྱི་ངང་ཚུལ་ནི། །རང་དུས་གཉིས་པར་མི་སྡོད་འཇིགས་ངེས་ཤིང་། །ཡིད་བརྟན་རྡུལ་ཙམ་མེད་པར་ཐུགས་ཆུད་ཚེ། །ཆོས་ཀུན་མི་རྟག་སྟོན་པའི་བླ་མར་འཆར། །དེ་ཚེ་འདིར་སྣང་ཞགས་པས་དམ་འཆིང་ཞིང་། །རྟག་འཛིན་སྒྲོག་ཏུ་ཚུད་པའི་འགྲོ་རྣམས་ལ། །མི་བཟོད་སྙིང་རྗེའི་རླབས་ཕྲེང་གཡོ་བ་དང་། །ལྷན་ཅིག་ངེས་འབྱུང་སྐྱོ་ཤས་ཟེགས་མ་འཕྲོ། །མི་རྟག་སྡུག་བསྔལ་སྟོན་པའི་ཏམྦུ་རའི། །རྒྱུད་ལས་དྲངས་པའི་ཉམས་མགུར་དྲི་ཟའི་གླུ། །ཐོས་ཚེ་སྔོན་ཆད་སྲིད་པའི་སྲད་བུ་ཡིས། །དམ་པོར་འཆིང་བའི་མདུད་རྒྱའང་ལྷོད་པོར་བྱས། །

དེ་ནས་ཁྲོ་མོ་ཞེས་པ་ཤིང་ཕོ་འབྲུག་ལོའི་རང་ཞལ་གསར་དུ་ཚེས་པའི་དུས་ཀྱི་རྟེན་འབྲེལ་དགའ་སྟོན་གྱི་རིམ་པ་རྣམས་ལེགས་པར་མཛད་ཅིང་། གྲྭ་ས་གྲྭ་ཚང་གི་བླ་མ་ལས་སྣེ་སོགས་ཀྱིས་མཚོན་པའི་ལོ་གསར་གྱི་མཇལ་དར་འབུལ་མི་རྣམས་ལ་མཇལ་ཁ་ཕྱག་དབང་དཀར་སྒྲོ་སོགས་སྩལ། གོང་ས་མཆོད་ཡོན་གྱི་མཇལ་ཞུ་དང་དགྱེས་སྟོན་ལ་རོལ་པ་སོགས་ཀྱང་སྔ་ལོ་བཞིན་དུ་བསྐྱངས། མི་རིང་བར་ལྷ་ལྡན་སྨོན་ལམ་ཆེན་མོར་ཕེབས་ཏེ་གསུང་ཆོས་དམ་བཅའ་སོགས་པལ་ཆེ་བར་ཆག་མེད་ལྷ་བྱུར་ཕེབས་ཤིང་། ལྷག་པར་དགོང་མོའི་དམ་བཅའ་

ཆེན་མོའི་སྐབས་རྣམ་དཔྱོད་ཡུལ་དུ་ཕྱིན་པའི་སྐྱ་རེངས་ཀྱིས་དྲངས་པའི་ལུང་དང་རིགས་པའི་ཉིན་བྱེད་ལེགས་བཤད་ཀྱི་འོད་སྟོང་འབར་བའི་བགྲོ་བ་ཅི་ཡང་མཛད་པས་མཁས་དབང་པཎྜིའི་ཚལ་རྣམས་དགའ་བའི་གེ་སར་གཡོ་ཞིང་། བློ་གསར་བུང་བའི་ཚོགས་རྣམས་སྟོན་མེད་ལེགས་པར་བཤད་པའི་སྦྲང་རྩིའི་རོ་ཡིས་ཀུན་ཏུ་ཚིམ་པར་མཛད་པ་དང་ལྷན་ཅིག་པར་ལོག་སྨྲའི་འབྱུང་པོའི་བྱ་རྣམས་མི་སྨྲའི་ཁུང་བུར་ཡིབ་པའི་བརྟུལ་ཞུགས་ལ་འགོད་པར་གྱུར། གཞན་ཡང་ཆོས་བཅུ་གཅིག་གི་སྤྱི་ཆར་རྒྱལ་དབང་ཐམས་ཅད་མཁྱེན་གཟིགས་སྨོན་ལམ་ཆེན་མོའི་མགོན་དུ་ཕེབས་པའི་ཚེབས་བསུ་དང་གསོལ་སྟོན་སོགས་ལ་སྔར་ལྟར་ཕེབས། ཇོ་ཤཱཀྱ་ཡིད་བཞིན་ནོར་བུས་གཙོས་པའི་རྟེན་གསུམ་རྣམས་ལ་གནས་གཟིགས་དང་མཆོད་འབུལ་སོགས་བཀུར་བསྟི་སྲིད་ཞུ་བླ་ལྷག་ཏུ་བསྐྱངས་ཤིང་མཆོད་ཡོན་རྣམ་གཉིས་ལ་མཇལ་ཞུ་དང་ལྷན་རྒྱས་ཀྱི་སྒོ་ནས་ཆོས་དང་འབྲེལ་བའི་གསུང་མོལ་སོགས་ཞིབ་རྒྱས་སུ་མཛད། དེ་བཞིན་དུ་བཅོ་ལྔ་མཆོད་པ་དང་། སྨོན་ལམ་གཏོར་རྒྱག་རྗེས་འབྲངས་དང་བཅས་པ་དང་། བྱམས་པ་གདན་ཞུའི་གཟིགས་མོ་སོགས་མཛད་ནས་སྨོན་ལམ་གྲོལ་བསྡུན་འབྲས་སྤུངས་སུ་ཕྱོན་ཅིང་འདི་ལོ་ཉེར་ལྔའི་དགུང་སྐྱེག་ཏུ་ཕེབས་པར་དཔའ་ཤོད་སོགས་ཀྱི་དགོན་ཁག་རྣམས་སུ་སྤྱན་གསལ་ཞབས་བརྟན་སྒྲུབ་འོས་ཀྱི་རིམ་པ་རྣམས་འདི་དང་འདི་སྒྲུབ་ཀྱི་བཀའ་སློབ་ཕྱག་བྲིས་སོགས་རྒྱས་པར་སྩལ་བ་དང་། འདི་ཕྱོགས་སུའང་གྲྭ་ས་གྲྭ་ཚང་སོགས་ལ་ཞབས་བརྟན་སྒྲུབ་དགོས་ཇི་ཡོད་རྣམས་ཀྱང་འཚེམ་མེད་དུ་སྒྲུབ་པར་མཛད་ནས་སྔར་བཞིན་ཐུགས་གཉེར་ལ་འགྲུས་པར་བཞུགས། འདི་ལོ་ཟླ་བ་བཞི་པའི་ནང་དཔའ་ཤོད་གདན་སའི་འཛིན་སྐྱོངས་མཛད་མི་ཇ་སག་བླ་མ་ངག་དབང་དར་རྒྱས་དགུང་ལོ་བརྒྱད་ཅུ་ཀྱི

གསུམ་དུ་ཕེབས་པར་བགྲང་བྱ་སྨིན་པའི་དབང་གིས་ཞལ་མ་འཚོ་བའི་གནས་ཚུལ་འཁྱེར་པར་ཐུགས་སྨོན་མཚམས་སྦྱོར་གྱི་རིམ་པ་རྒྱ་ཆེན་པོ་དང་། ཇོ་ཤཱཀ་རྣམ་གཉིས་སོགས་རྟེན་གསུམ་རྣམས་ལ་མཆོད་འབུལ་དང་། ༸རྒྱལ་དབང་ཡབ་སྲས་སོགས་ཀྱིས་གཙོས་པའི་བདག་ཉིད་ཆེན་པོ་རྣམས་ལ་བསྔོ་རྟེན་དཔངས་མཐོ་བ་སོགས་ཐུགས་དགོངས་རྫོགས་ཐབས་ཀྱི་རིམ་པ་བསམ་ལས་འདས་པ་བསྐྱངས་ཤིང་། ༸གོང་མ་ཆོས་ཀྱི་རྒྱལ་པོར་ཁམས་མ་འཚོ་བའི་སྐོར་གྱི་གནས་ཚུལ་ཀྱང་འབུལ་བར་མཛད་སྐབས་ལ། དེས་ན་ཚུལ་འདི་དག་ནི། ཇི་སྐད་དུ། ཀླུའི་རྒྱལ་པོ་ཛ་སྦྲའི་ཚིགས་བཅད་ལས། རྒྱ་མཚོ་དང་ནི་རི་རབ་དང་། །ས་རྣམས་བདག་གི་ཁུར་མིན་གྱི། །བྱས་པ་མི་གཟོ་གང་ཡིན་པ། །དེ་ནི་བདག་གི་ཁུར་ཆེན་ཡིན། །མི་གང་སེམས་ནི་མི་རྐྱོད་ཅིང་། །བྱས་པ་གཟོ་དང་བྱས་པ་ཚོར། །བྱས་པ་ཆུད་གཟོན་མི་བྱེད་པ། །དེ་དག་མཁས་པས་རབ་ཏུ་བསྔགས། ། ཞེས་གསུངས་པ་ལྟར་ཇོ་སག་དེ་ཉིད་ནས་སྔ་སོར་༸སྐྱབས་མགོན་རང་ཉིད་ཀྱི་ཞབས་པད་བསྙེན་པ་ནས་བཟུང་སྐུ་ཚེའི་མཐའ་རྟེན་པའི་བར་སྒོ་གསུམ་རྩེ་གཅིག་པའི་སྒོ་ནས་ངལ་བ་ལྷུར་བླངས་ཏེ་ཞབས་ཏོག་སྒྲུབ་པ་ལ་བྱས་པ་དྲིན་དུ་གཟོ་བར་མཛད་པ་སྟེ་ཡ་རབས་དམ་པའི་ངང་ཚུལ་རྨད་དུ་བྱུང་བའོ། །

དེ་སྐབས་༸ཡོངས་འཛིན་ཆོས་ཀྱི་རྒྱལ་པོ་ནས་རྩེ་ཏུར་ལམ་རིམ་འཇམ་དཔལ་ཞལ་ལུང་གི་བཀའ་ཆོས་གནང་བར་ཕེབས་བསྐྱོད་ཀྱིས་གསན་བཞེས་དང་། གྲུབ་བསྟན་གཏང་རག་གི་ཡོན་སོགས་ཀྱང་རྒྱས་པར་ཕུལ། འདི་ལོ་ཧོར་ཟླ་བདུན་པ་མ་ཚེས་ཙམ་ནས་དབང་ཕྱུགས་འཇམ་དབྱངས་གོང་མ་ཆེན་པོ་ནས་༸རྒྱལ་དབང་འཇིག་རྟེན་གསུམ་མགོན་ཕྱག་ན་པདྨ་ཐམས་ཅད་མཁྱེན་

གཟིགས་ཆེན་པོར་ནོར་བུའི་འཇའ་ས་དང་ཐམ་ག་འབུལ་མིར་བཀས་ཆེད་དུ་
མངགས་པའི་ཏྲ་ཤིན་དང་། སྒོ་མང་ཏུ་ཐོག་ཐུ་སོགས་བོད་དུ་ཕེབས་པ་རྣམས་
དང་ངོས་མཇལ་གྱི་ཐོག་གཞིས་བྱེས་ཀྱི་གསུང་མོལ་ཞིབ་རྒྱས་སུ་བསྐྱངས། དེ་
ནས་ཧོར་ཟླ་བདུན་པའི་ཡར་ངོའི་རྒྱལ་བ་དང་པོའི་ཚེས་གསུམ་གཟའ་སྐར་ཕུན་
སུམ་ཚོགས་པའི་ཉིན་༧རྒྱལ་དབང་མཆོག་ལ་ནོར་བུའི་འཇའ་ས་དང་ཐམ་ག་
འབུལ་བའི་གསོལ་སྟོན་ཆེན་མོར་ཕེབས་ཏེ། ཐམས་ཅད་མཁྱེན་གཟིགས་
མཆོད་ཡོན་གྱིས་གཙོ་མཛད་པའི་བསྟན་འཛིན་གྱི་སྐྱེས་ཆེན་དང་། རྒྱ་བོད་ཀྱི་
མི་དྲག་སེར་སྐྱ་བགྲང་བ་ལས་བརྒལ་བ་རྣམས་དང་ལྷན་ཅིག་པར་༧གོང་མའི་
གསེར་ཡིག་རྣམས་ལེགས་པར་གསན་ཅིང་། འཇའ་ས་དང་ཐམ་ག་བཞེས་པའི་
ལེགས་འབུལ་གྱི་མཆོད་སྦྱིན་རླབས་ཆེ་བ་འགྱེད་པར་མཛད་ནས་དགྱེས་སྟོན་
རྣམས་ལའང་ལེགས་པར་རོལ། མི་རིང་བར་གོང་གསལ་ཏྲ་ཤིན་དང་། སྒོ་
མང་ཏུ་ཐོག་ཐུ་སོགས་ལ་ཕེབས་རྗོངས་ཀྱང་གྱ་ནོམ་པར་སྩལ་བར་མཛད། གོང་
གསལ་ཕྱུགས་གཡེང་དེ་དག་གི་བར་སྐབས་རྣམས་སུའང་གསན་བསམ་དང་
ཉམས་བཞེས་ཀྱི་རིགས་ལ་སྤྱར་ལྷུར་བརྩོན་པ་དང་། ལྷག་པར་འདི་ལོ་སྤྱར་
ཕན་གཞུང་ལུགས་རྒྱ་མཚོར་གསན་བསམ་རྣམ་པར་དག་པ་མཛད་པའི་དབང་
ལས་མཁས་པའི་གོ་འཕང་མཐོན་པོར་གཤེགས་པའི་རང་མདངས་བསྟན་པའི་
མིག་རྒྱན་དུ་འགྱུར་ཕྱིར་ཀུན་ལ་གསལ་པོར་ངོམས་པ་དང་། མཁས་པའི་ཚོགས་
ལ་ལེགས་བཤད་ཀྱི་སྐྱེས་བཟང་པོ་འགྱེད་པར་མཛད་པའི་སླད་དུ་རིགས་གྲྭ་ཆེན་
མོར་ཚོགས་ལངས་མཛད་བཞིད་ཀྱིས་ཧོར་ཟླ་བདུན་པའི་ཡར་ཚེས་ཕུན་སུམ་
ཚོགས་པའི་ཉིན་དཔལ་ལྡན་འབྲས་སྤུངས་ཕྱོགས་ཐམས་ཅད་ལས་རྣམ་པར་
རྒྱལ་བའི་ཆོས་སྡེ་ཆེན་པོའི་ཚོགས་ཆེན་འདུ་ཁང་ཆེན་མོར་ལུང་རིགས་ཀྱི་རྩལ་

གསུམ་རྫོགས་པའི་མཁས་མང་གདོང་ལྔའི་རྒྱལ་པོ་ལྷ་བུ་སྟོང་ཕྲག་མང་པོར་ཚོགས་པའི་དབུས་སུ་གང་གི་རིག་པ་སྨྲ་བའི་སྐུ་ཟླ་མཁས་མང་སློ་གསལ་གླིང་གི་གྲྭ་རིགས་ལུང་རིགས་སྨྲ་བ་ལ་རྣམ་དཔྱོད་ཕུལ་དུ་ཕྱིན་པ་ཞིག་དང་ལྷན་ཅིག་པར་ཚོགས་བཞེངས་མཛད་པའི་ཚེ་འཛིགས་པ་དང་། ཡང་བ་དང་། ཞུམ་པ་དང་། བག་ཚ་བ་ལ་སོགས་པ་ཙུང་ཟད་ཙམ་ཡང་མི་མངའ་བའི་ཁར། ཇི་སྐད་དུ། རྗེ་ཐམས་ཅད་མཁྱེན་པས། བདག་གི་འཆད་རྩོད་རྩོམ་པ་སེང་གེའི་སྒྲས། །ལོག་སྨྲའི་ཝ་ཚོགས་སྤོབས་པ་འཕྲོག་བྱེད་ཅིང་། །གང་གིས་འདུལ་བའི་ཐབས་ཀྱིས་རྗེས་བཟུང་སྟེ། །མི་ཕུབ་བསྟན་པའི་རྒྱལ་མཚན་འཛིན་པར་ཤོག །ཅེས་གསུངས་པ་ལྟར། བདག་གིས་ལྷག་བསམ་རྣམ་པར་དག་པས་ཀུན་ནས་བསླངས་ཏེ་འཆད་པ་དང་རྩོད་པའི་ལེགས་བཤད་སེང་གེའི་ང་རོ་ཕྱོགས་བཅུར་བསྒྲགས་པའི་མཐུ་ལ་བརྟེན་ནས་སྨྲ་བ་ངན་པའི་ཝ་སྐྱེས་ཀྱི་ཚོགས་རྣམས་སྤོབས་པ་ལྷག་མེད་དུ་བྱེད་ཅིང་། ཆོས་ཀྱི་འབེལ་གཏམ་བྱེད་པའི་སྒྲ་གང་གི་རྣ་ལམ་དུ་སོན་པ་མཐའ་དག་འཁོར་བ་ལས་ཡིད་ངེས་པར་འབྱུང་སྟེ་བདག་གིས་རྗེས་སུ་འཛིན་པའི་གདུལ་བྱར་གྱུར་ནས་རྒྱལ་བའི་བསྟན་པ་རིན་པོ་ཆེ་ལ་ཐོས་བསམ་སྒོམ་གསུམ་ཚང་ལ་མ་ནོར་བར་བྱེད་པའི་སྐལ་བ་ཅན་དུ་བྱས་ཏེ་མི་ཕུབ་བསྟན་པའི་རྒྱལ་མཚན་འཛིན་ནུས་པ་ཤ་སྟག་ལ་སྦྱོར་བར་བགྱིའོ་དགོངས་པའི་ཐུགས་བསྐྱེད་ཚད་མེད་པ་འཁྲུངས་པའི་རང་རྟགས་ཀུན་ལ་མངོན་སུམ་དུ་གྱུར་ཅིང་། དེའི་ཚེ་གསུང་བཤད་དང་། ལན། རིག་ལུང་སོགས་གང་གི་ཐད་ལ་ཡང་ཟློས་བུར་སྨྲ་བ་དང་། ཏབ་ཏབ་པོར་སྨྲ་བ་སོགས་ཀྱི་སྐྱོན་དང་བྲལ་བའི་སྒོ་ནས་རྒྱལ་བའི་བཀའ་དང་ཤིང་རྟ་ཆེན་པོ་རྣམས་ཀྱི་གཞུང་ལུགས་དང་། རྗེ་ཐམས་ཅད་མཁྱེན་པ་ཡབ་སྲས་ཀྱི་དགོངས་བཞེད། རང་ལུགས་ཀྱི་ཡིག་ཆ་སོགས་ཀྱི་དོན་

གཙོ་བོར་འཛིན་ཅིང་། དེ་དག་གི་དཀའ་བའི་གནད་ཟབ་ཅིང་བསྙིང་བ་ཕལ་དང་ཕལ་གྱིས་རྟོགས་པར་དཀའ་བ་དག་མཁྱེན་རབ་སོར་མོའི་འདུ་བྱེད་གཅིག་གིས་ལེགས་པར་བཀྲོལ་ཏེ་དྲི་མ་མེད་པའི་ལུང་དང་རིགས་པ་བརྒྱ་ཕྲག་དུ་མས་གཏན་ལ་འབེབ་ཅིང་ཀུན་ལ་གསལ་པོར་འདོམས་པར་མཛད་པ་ན། གཞུང་ལུགས་ཕྱོགས་རེ་བ་ཙམ་ཞེས་པས་ཡོངས་སུ་ཁེངས་ནས་མཁས་པར་རློམས་པའི་སྐྱེ་བརྟོལ་ཅན་དག་གི་སྤོབས་པ་ཐུང་ངུར་གྱུར་ཅིང་། དེའི་ཕྱིར་འདུས་པ་མཐའ་དག་གིས་ཀྱང་ཨེ་མའོ་འདི་ནི་ངེས་པར་གྲགས་པ་དོན་དང་ལྡན་པའི་བདག་ཉིད་ཆེན་པོ་ཞིག་ཡིན་པར་གོར་མ་ཆག་སྟེ། གཞན་དུ་ན་ད་ལྟ་གྲྭ་སར་ཕྱིན་ནས་ཡུན་ཙུང་ཟད་ལས་མ་སོང་བར་འདི་འདྲ་བའི་མཁྱེན་རབ་ཀྱི་ཕུལ་ཆེན་པོ་མངའ་བ་ག་ལ་སྲིད། དེ་བས་ན་འདི་ནི་ངེས་པར་འཇམ་མགོན་བསྟན་པའི་རྗེ་ལག་འགྲན་ཟླ་དང་བྲལ་བ་ཞིག་ཡིན་པར་གདོན་མི་ཟའོ། །ཞེས་པ་ལ་སོགས་པ་ཆེད་དུ་བརྗོད་པའི་སྒྲ་དབྱངས་ཀུན་ཏུ་སྒྲོག་པ་དང་ལྷན་ཅིག་པར་གང་གི་སྐུ་གསུང་ཐུགས་ཀྱི་ངོ་མཚར་ལ་ཡིད་རྩེ་གཅིག་པའི་སྒོ་ནས་རྟོག་ཅིང་འཁོད་པར་གྱུར་ལ། ཚོགས་ལངས་གྲུབ་བསྟུན་གྲྭ་སའི་བླ་མ་ལས་སྟེ། བླ་སྤྲུལ་ཁམས་ཚན་སོགས་ཀྱི་མགོ་ཡོད། ཕྱོགས་མི་དང་ཉེ་འཁོར་གྱི་དད་འདུས་སེར་སྐྱ་སོགས་ལེགས་འབུལ་གྱི་མཆོད་སྤྲིན་སྤྲོ་བ་པོ་ཡང་མཐའ་ཀླས་པ་ཞིག་བྱུང་བ་རྣམས་ལ་གང་ལ་གང་འཚམས་པའི་གནང་སྦྱིན་དཀར་སྤྲོ་གསུང་མཆིད་སོགས་རྒྱས་པར་སྩལ་བས་ཡིད་ཡོངས་སུ་ཚིམ་པར་མཛད་དོ། །དེ་དག་ལ་འདི་སྐད་ཅེས་བརྗོད་པར་བྱ་སྟེ། སྙིང་རྗེའི་རང་གཟུགས་ཕྱག་ན་པད་དཀར་འཆང་། །སྲིད་གསུམ་འགྲོ་བའི་མགོན་དུ་ཆོས་སྲིད་ཀྱི། །བྱེད་པོར་ཀུན་གྱི་མངོན་སུམ་དུ་བཞེངས་པའི། །སྐལ་བ་བཟང་པོའི་གཟིགས་མོར་ལོངས་སུ་སྤྱོད། །རབ་འབྱམས་རྒྱལ་

གསུང་བཅུད་ཀྱིས་ཉེར་སྨིན་པས། །རྣམ་དཔྱོད་ལུས་སྟོབས་རྫོགས་པའི་མཁའ་ལྡིང་ཁྱོད། །ཟླ་མེད་ཆོས་ཀྱི་སྡེ་ཆེན་ཡངས་པོའི་མཁར། །འཛིགས་མེད་ལེགས་བཤད་གཞོག་རླབས་རྣམ་པར་གཡོ། །ཐུགས་བསྐྱེད་སོར་རྩེས་ཉེ་བར་བསྐུལ་བ་ལས། །ཆོས་ཀུན་དབྱངས་སུ་ལེན་པའི་རྒྱུད་མངས་སྒྲས། །ལུས་ཅན་ཀུན་ཡིད་འཕྲོག་ཚེ་དབྱངས་ཅན་མ། །བསྐྱེངས་པས་ཕངས་འགྲོ་ལྷབ་ལྷུབ་དར་གྱིས་སྒྲིབ། །གཞུང་ལུགས་རྒྱ་མཚོའི་དབུས་ན་མངོན་འཕྱིང་པའི། །མཁས་དབང་གསེར་གྱི་ས་འཛིན་མཐའ་དག་ཀྱང་། །ཆོས་ཀུན་མཁྱེན་པའི་བང་རིམ་བཞིར་ལྡན་པའི། །རི་དབང་ཁྱོད་དྲུང་ཁེངས་པ་བག་ལ་ཞ། །ཐལ་ངག་རིག་པའི་གད་རྒྱངས་གཅིག་གིས་ཀྱང་། །རྐོལ་ངན་རླིག་མར་སྙིང་འཕྲིན་གྱུར་པ་ན། །ཁྱོད་དྲུང་བདོ་བར་ནུས་པའི་མཁས་པ་ཞིག །རི་བོང་རྭ་ཡི་མཆེད་ཟླར་གྱུར་ལ་ཉེ། །འདི་ནི་འཛམ་མགོན་སྨྲ་བའི་སེང་གེ་གང་། །མཐོན་མཐིང་ལྷུང་ལོ་དོར་ནས་དྲུར་སྒྲིག་གོས། །འཛིན་པར་ངེས་ཀྱི་གཞན་དུ་མ་ཡིན་ཞེས། །ཤེས་ལྡན་མཐའ་དག་རོ་འཛིན་བྲེལ་བར་གྱུར། །ཅེས་པ་ནི་བར་གྱི་ཚིགས་བཅད་དོ། །

དེ་ནས་ཟླ་བ་བརྒྱད་པའི་ནང་༧གོང་ས་མཆོད་ཡོན་ལྷན་རྒྱས་པོ་བྲང་ཆེན་པོ་བཀྲ་ཤིས་ལྷུན་པོ་ནས་ཀུན་གཟིགས་པཎ་ཆེན་སྐུ་གོང་མའི་དངུལ་གདུང་རིན་པོ་ཆེར་རབ་གནས་དང་། ལྷག་པར་མཆོག་གི་སྤྲུལ་སྐུ་རིན་པོ་ཆེ་འཁྲུལ་མེད་གསལ་དྭངས་ངེས་པ་རྙེད་ཟིན་ཀྱང་སྐུ་ན་ཕྲ་བས་དབུས་ཕྱོགས་སུ་ཆིབས་བསྐྱོད་གནང་མ་ཐུབ་པར་བརྟེན་གསེར་ཁྲིར་མངའ་གསོལ་གཙུག་ཕུད་བཞེས་པ་སོགས་ལ་ཆིབས་བསྒྱུར་བསྐྱངས་དགོས་གསོལ་བ་བཏབ་པ་བཞིན་གོང་ཟླའི་ཚེས་དགུའི་ཉིན་རྒྱལ་དབང་མཆོད་ཡོན་ལྷན་རྒྱས་བཀྲས་ལྷུན་དུ་ཆིབས་ཀྱི་ཁ་ལོ་བསྒྱུར་བར་དན་འབག་སྒྲིང་ཁར་ཆིབས་བསྒྱུར་ཕེབས་ཏེ་མཇལ་དར་དང་། དེ་

ནས་ཤན་གདོང་དགར་བརྒྱལ་གྱི་བར་དུ་ཆིབས་སྐྱོལ་གྱི་ཐོག་ཕེབས་དར་ཕུལ་ཅིང་སྐྱབས་འཇུག་ཞུ་བར་མཛད་ནས་ཕྱིར་ཕེབས་ཏེ་སྔོན་ཆོས་སྡེ་ཕྱི་སོགས་ཀྱི་སྐབས་ཆོས་འཁྲིམ་དང་ཕྱག་དཔེ་འཛིན་རྫོང་སོགས་ལ་བརྩོན་པ་པོ་ནས་རྣམ་ཀུན་ཕལ་མོ་ཆེ་འདའ་བར་མཛད། ཟླ་བ་དགུ་པའི་ནང་མདོ་སྨད་བཀྲ་ཤིས་འཁྱིལ་ནས་གནས་ལྔ་རིག་པའི་པཎ་ཆེན་ཁྱབ་བདག་འཇམ་དབྱངས་བཞད་པ་དཀོན་མཆོག་འཇིགས་མེད་དབང་པོ་དབུས་འགྱུར་གྱི་ལྗོངས་སུ་ཆིབས་བསྒྱུར་བསྐྱངས་ཏེ་ལྷ་ལྡན་དཔལ་འབྱོར་རབ་བརྟན་དུ་བཞུགས་པར་མཇལ་འཕྲད་དང་གསུང་གླེང་སོགས་ཞིབ་རྒྱས་མཛད་པས་ཕན་ཚུན་ཐུགས་ཡིད་ཤིན་ཏུ་བཙུག་པར་གྱུར་ཅིང་། དེ་སྐབས་སྐྱབས་མཆོག་འཇམ་དབྱངས་བཞད་པ་ནས་ངེས་པ་དོན་གྱི་གྲུབ་པའི་དབང་ཕྱུག་ཆེན་པོ་མཚན་བརྗོད་པར་དཀའ་བ་གློང་རྫོལ་རིན་པོ་ཆེ་ངག་དབང་བློ་བཟང་དཔལ་བཟང་པོར་བཀའ་ཆོས་གསན་པར་བཞེད་ནས་ཆེད་དམིགས་གདན་ཞུ་མཛད་པར་གྲུབ་དབང་མཆོག་གིས་ཀྱང་ཕེབས་ཏེ་ལྷ་ལྡན་སྒོ་མང་ཁང་གསར་དུ་བཞུགས་པའི་ཞབས་དྲུང་དུ་རྗེ་འདི་ཉིད་ཀྱང་ཕྱིན་ནས་ཞལ་མཇལ་བར་མཛད་ལ། འདི་ནི་རྗེ་བླ་མ་ཡབ་སྲས་གཉིས་སྐུ་ཚེ་དེར་མཇལ་འཕྲད་མཛད་པའི་ཐོག་མ་ཡིན་འདུག་པ་དང་། དེ་སྐབས་སྔོན་ནས་དཔོན་སློབ་དམ་ཚིག་གི་འབྲེལ་བ་མི་དམན་པས་མཇལ་ཙམ་ཉིད་ནས་དད་པ་བཅོས་མིན་ཐུགས་ལ་འཁྲུངས་ཤིང་། གྲུབ་དབང་རིན་པོ་ཆེ་ནས་ཀྱང་རྗེ་འདི་བསྟན་འཛིན་གྱི་སྐྱེས་བུ་འགྲན་ཟླ་མེད་པར་གཟིགས་ནས་ཐུགས་མཉེས་པའི་རྣམ་འགྱུར་དང་བཅས་ཏེ་བཀའ་འདྲི་མང་པོ་དང་། ལྷག་པར་བྱང་ཆུབ་ཀྱི་སེམས་རིན་པོ་ཆེ་སྐྱེ་ཚུལ་སོགས་ལས་བརྩམས་པའི་དཀའ་གནད་མང་པོར་དྲི་བ་སྩལ་བ་རྣམས་ལ་དོན་མཐུན་གྱི་ལན་གྱི་རིམ་པ་རྒྱས་པར་འབུལ་བ་སོགས

མཛད་སྣང་སྟེ། དེ་དག་གི་ཚུལ་ཡང་རྗེ་བླ་མ་རང་ཉིད་ཀྱིས་མཛད་པའི་གྲུབ་དབང་ཀློང་རྗོལ་རིན་པོ་ཆེའི་རྣམ་པར་ཐར་པ་ལས། དེ་སྐབས་ཕོ་བོ་ཅག་ནས་ཀྱང་རྗེ་བླ་མ་འདི་ཉིད་ཀྱི་ཞལ་དཀྱིལ་མངོན་མཚོད་ཀྱི་སྐལ་བཟང་སྤྱོད་པའི་ཐོག་མ་ཡིན་ཅིང་དེར་མཇལ་ཁ་ཞུས། དེ་སྐབས་ཕོ་བོ་ཅག་ལ་སྨོན་སེམས་འཇུག་སེམས་ཀྱི་སྐྱེ་མཚམས་སོགས་ཁ་ཤས་བཀའ་འདྲི་གནང་བྱུང་བར་རང་བློས་གང་སྤྱོབས་ཀྱི་ལན་ཞུས་པར་ལེགས་ཉེས་ཅི་ཡང་གནང་མ་བྱུང་ཞིང་། གཞན་ཡང་གསུང་བགྲོས་མང་ཙམ་ཕེབས་བྱུང་ཡང་། དེ་སྐབས་སྔར་ནས་ཞལ་འདྲིས་མེད་པ་དང་། རྗེ་འདི་སྐུ་ཟིལ་ཤིན་ཏུ་ཆེ་བས་ཟིལ་བཟོད་དཀའ་བ་ཞིག་གི་ངང་ནས་མོས་གུས་ཀྱང་དགའ་རབ་སྐྱེས། ཞེས་གསུངས་སོ། །དེ་ལ་འདི་སྐབས་གྲུབ་དབང་རིན་པོ་ཆེས་ཐོག་མ་ཉིད་ནས་སྨོན་སེམས་དང་འཇུག་སེམས་སྐྱེ་ཚུལ་གྱི་སྐོར་ལ་དྲི་བ་མཛད་པ་ནི། ཇི་སྐད་དུ། རྗེ་བདག་ཉིད་ཆེན་པོའི་གསུང་ལས། སེམས་བསྐྱེད་ཐེག་མཆོག་ལམ་གྱི་གཞུང་ཤིང་སྟེ། །རླབས་ཆེན་སྤྱོད་པ་རྣམས་ཀྱི་གཞི་དང་རྟེན། །ཚོགས་གཉིས་ཀུན་ལ་གསེར་འགྱུར་རྩི་ལྟ་བུ། །རབ་འབྱམས་དགེ་ཚོགས་བསྡུད་པའི་བསོད་ནམས་གཏེར། །དེ་ལྟར་ཤེས་ནས་རྒྱལ་སྲས་དཔའ་བོ་རྣམས། །རིན་ཆེན་སེམས་མཆོག་ཐུགས་དམ་མཐིལ་དུ་མཛད། །རྣལ་འབྱོར་ངས་ཀྱང་ཉམས་ལེན་དེ་ལྟར་བྱས། །ཐར་འདོད་ཁྱོད་ཀྱང་དེ་བཞིན་བསྐྱངས་འཚལ་ལོ། །ཞེས་གསུངས་པ་ལྟར་བྱང་ཆུབ་ཀྱི་སེམས་རིན་པོ་ཆེ་ཐེག་པ་ཆེན་པོའི་ལམ་གྱི་གཞུང་ཤིང་མེད་དུ་མི་རུང་བ་རྒྱལ་སྲས་ཀྱི་སྤྱོད་པ་རླབས་པོ་ཆེ་ཐམས་ཅད་ཀྱི་གཞི་དང་རྟེན་གཅིག་པུར་གྱུར་པ། ཚོགས་གཉིས་ཀྱིས་བསྡུས་པའི་དགེ་རྩ་མཐའ་དག་ཆུད་མི་འཛའ་བར་བླ་ན་མེད་པའི་བྱང་ཆུབ་ཀྱི་རྒྱུར་བསྒྱུར་བར་བྱེད་པ་ལ་གསེར་འགྱུར་གྱི་རྩི་ལྟ་བུ། དགེ་བའི་རྩ་

བ་རླབས་ཆེན་མཐའ་ཀླས་པ་མ་ལུས་པ་བསྡུད་པར་བྱེད་པའི་གཏེར་ཆེན་པོ་དང་འདྲ་བ་ཡིན་ལ། དེའི་ཕྱིར་སྔོན་བྱོན་གྱི་རྒྱལ་སྲས་དཔའ་བོ་ཐམས་ཅད་ཀྱིས་ཀྱང་བྱང་ཆུབ་ཀྱི་སེམས་སྦྱོང་བ་འདི་ཉིད་ཐུགས་དམ་གྱི་མཐིལ་དུ་མཛད་པ་བཞིན་གྲུབ་དབང་རྡོ་རྗེ་འཆང་ཉིད་ནས་ཀྱང་འདི་ཉིད་ཉམས་ལེན་གྱི་སྙིང་པོར་མཛད་པ་ཡིན་པས། ཁྱེན་ཆད་རྗེ་བླ་མ་ཁྱེད་ཀྱིས་ཀྱང་ཚུལ་འདི་ལ་སྐྱེས་བུའི་རྩལ་ཅི་ཡོད་ཀྱི་སྒོ་ནས་ནན་ཏན་ཆེན་པོས་ཐུགས་དམ་གྱི་མཐིལ་དུ་མཛད་དགོས་སོ་ཞེས་འདོམས་པ་དང་། སྤར་ཕན་ཀྱང་འདི་ཉིད་ལ་ཉམས་ལེན་སོགས་ཚུལ་ཇི་ལྟ་བུར་མཛད་ཅེས་དྲི་བར་མཛད་པ་ཡིན་ཅིང་། དེ་ལ་༧མགོན་པོ་ཉིད་ཀྱིས་ཀྱང་སྔ་སོར་ནས་བྱང་ཆུབ་ཀྱི་སེམས་རིན་པོ་ཆེ་འདི་ཉིད་ཐོས་བསམ་གྱིས་གཏན་ལ་འབེབས་ཚུལ། སྒོམ་པས་ཉམས་སུ་བཞེས་པས་ཐུགས་རྒྱུད་ལ་ཇི་ལྟར་འཁྲུངས་ཚུལ་སོགས་རྒྱས་པར་ཞུ་བར་མཛད་པ་ན། གྲུབ་དབང་ཆེན་པོས་ཅང་མི་གསུངས་པ་ནི་སྟོན་སངས་རྒྱས་བཅོམ་ལྡན་འདས་ལའང་གདུལ་བྱ་རྣམས་ཀྱིས་ཆོས་ཀྱི་འཁོར་ལོ་བསྐོར་བར་བསྐུལ་བ་དང་། གདུགས་ཚོད་ལ་སྤྱན་པར་གསོལ་བ་བཏབ་པ་སོགས་ཀྱི་ཚེ་དུས་ལ་མ་བབ་ན་ལན་གྱིས་བཟློག་པར་མཛད་ལ་དུས་ལ་བབ་ནས་དེ་བཞིན་དུ་མཛད་པར་དགོངས་ཚེ་ཅང་མི་གསུངས་པའི་སྒོ་ནས་གནང་བར་མཛད་དོ་ཞེས་མདོ་སྡེ་རྣམས་ལས་ལན་དུ་མར་འབྱུང་བ་བཞིན། སྐབས་འདིར་ཡང་ཅང་མི་གསུངས་པའི་ཚུལ་གྱིས་དོན་དུ་རྗེ་བླ་མ་ཉིད་ནས་ཇི་ལྟར་ཞུས་པ་རྣམས་ལ་དེ་དེ་བཞིན་ཏེ་དེ་དེ་བཞིན་ནོ་ཞེས་བདེན་ཁ་སྦྱིན་པར་མཛད་པའོ། །གཞན་ཡང་རྗེ་བླ་མ་རྣམ་གཉིས་མཇལ་ཙམ་ཉིད་ནས་བྱང་ཆུབ་ཀྱི་སེམས་རིན་པོ་ཆེ་ལས་བརྩམས་པའི་འབེལ་མཆིད་མཛད་པ་ནི་རྗེས་འཇུག་གདུལ་བྱ་རྣམས་ལའང་བྱང་ཆུབ་ཀྱི་སེམས་ལ་ཐོས་བསམ་སྒོམ་གསུམ་ཅི་རིགས་

པ་དང་ཐ་ན་སྨིན་ལམ་ཚུན་ཆད་ཀྱི་སྒོ་ནས་ཀྱང་འབད་དགོས་སོ་ཞེས་འདོམས་པའི་ཕྱིར་ཏེ་སྐྱེས་བུ་དམ་པའི་ཐབས་མཁས་ཀྱི་མཛད་པ་བླ་ན་མེད་པ་ཤིན་ཏུ་རྨད་དུ་བྱུང་བའི་གནས་ཡིན་པས་འདི་ཙམ་ལ་ཡང་རྣམ་དཔྱོད་ཅན་དག་གིས་ལེགས་པར་དཔྱོད་ཤེས་ན་བླ་སློབ་ཀུན་ལ་རྗེས་སུ་ཡི་རངས་པའི་མོས་གུས་མི་སྐྱེ་བའི་དབང་ཙུང་ཟད་ཀྱང་མི་སྣང་ལ། དེས་ན་ཚུལ་འདི་རྣམས་ལ་བསམ་ཚེ་དེང་དུས་ཀྱི་ཆོས་པར་རློམས་པ་བདག་དང་བདག་འདྲ་བ་རྣམས་ཕྲད་པའི་ཚེ་སླེབ་མ་ཐག་ནས་གྲོང་གི་གཏམ་དང་། ཡུལ་འཁོར་གྱི་གཏམ་དང་། དམག་གི་གཏམ་དང་། ཚོང་གི་གཏམ་ལ་སོགས་པ་དོན་མེད་ངག་འཁྱལ་གྱི་གཏམ་འབའ་ཞིག་ལས་ཆོས་ཀྱི་གཏམ་སླེང་བ་ལྟ་ཞོག་ཡིད་ལ་རྒྱུ་བའི་གོ་སྐབས་ཙམ་ཡང་མེད་པ་ནི་ཀྱེ་མ་ཤིན་ཏུ་ཐ་ཆད་ཅིང་ཡི་མུག་པའི་གནས་སོ། །

ང༷ག་ལ་ད༷བང་བསྒྱུར་རྒྱལ་ཀུན་འདུས་པའི་རྗེ། །བློ༷་གྲོས་བཟ༷ང་པོས་འགྲོ་བ་འདུལ་བའི་ཕྱིར། །མཁས་བཙུན་གྲུབ་པའི་འཁོར་ལོས་བསྒྱུར་དེ་ཡི། །ཞབས་ཀྱི་ཅོད་པན་ཟུར་ཕུད་རྒྱན་དུ་བཀོད། །བྱང་ཆེན་ཐེག་པར་བསྒྲོད་པའི་ལམ་གྱི་སྲོག །རིན་ཆེན་སེམས་ལས་གཞན་དུ་ཡོད་མིན་ཞེས། །ཐར་པ་འདོད་པའི་ཚོགས་ལ་མཚོན་ཕྱིར་དུ། །ཐོག་མ་ཁོ་ནར་སློང་བའི་གོ་སྐབས་ཕྱེ། །ཨེ་མ་མཛད་པའི་ཆ་ཤས་ཚུན། །རྒྱལ་སྲས་སྤྱོད་ལས་ནམ་དུ་ཡང་། །འདའ་བ་མེད་འདི་རིང་མོ་ནས། །ཐེག་མཆོག་སེམས་དང་འགྲོགས་པས་ཡིན། །འདི་ལྟའི་ཚུལ་ལ་དཔྱོད་ལྡན་དག །ཕྱོགས་ལྷུང་ལེང་ཏོག་སེལ་བྱས་ཏེ། །གཟུ་བོའི་བློ་ཡིས་བརྟགས་གྱུར་ན། །དད་པའི་རྒྱ་མཚོ་མི་ཕྱུར་སུ། །དེ་ཕྱིར་བདག་འདྲའི་ཆོས་རློམས་མཁན། །ཆོས་མིན་འབའ་ཞིག་ལྷུར་ལེན་པའི། །རང་ཚུལ་ཡིད་ལ

བསམ་གྱུར་ན། །ཀྱེ་མ་སྙིང་ནས་མཆི་མ་དཀྲུག །

དེ་ནས་ཀྱང་འབྲས་སྤུངས་སུ་ཐུགས་གཉེར་ལ་བརྩོན་མུས་ནས་མི་རིང་བར་ཧོར་ཟླ་བཅུ་པའི་ནང་༧གོང་ས་མཆོད་ཡོན་ལྷན་རྒྱས་བཀྲས་ལྷུན་ནས་ཕྱིར་ཕེབས་སྐབས་དཔལ་ལྡན་འབྲས་སྤུངས་ཆོས་སྡེ་ཆེན་པོར་འདུས་སྤྱི་ནས་ཞབས་སོར་བཀོད་དགོས་གསོལ་བ་བཏབ་པ་ལྟར་ཕེབས་བཞེད་བཀའ་དྲིན་བསྐྱངས་པའི་ཚེབས་བསུར་གདན་ས་ཆེན་པོའི་སློབ་དཔོན་ཁྲི་གདན་ཟུར། སྤྲུལ་སྐུ་ཆེ་ཆུང་། ལས་སྣེ་དཔོན་ཆོས་མཛད་སོགས་དང་ལྷན་ཅིག་ཏུ་ཐོན་ནས་ཐབ་བསུའི་སར་མཇལ་དར་ཕྱག་དབང་དང་གསུང་མོལ་སོགས་མཛད་ཅིང་རིམ་གྱིས་གདན་ས་ཆེན་པོར་ཞབས་པད་བསྐྱོད་དེ་ཚོགས་ཆེན་འདུ་ཁང་ཆེན་མོའི་གསེར་ཁྲིར་༧གོང་ས་ལྷན་རྒྱས་མཆན་དཔེའི་གཟི་བྱིན་འབར་བཞིན་པར་ལྷུན་ཆགས་པར་བཞུགས་པའི་ཐོག་ཚོགས་པ་དམངས་དང་ལྷན་ཅིག་ཏུ་མཇལ་དར་ཕྱག་དབང་དང་། སྤྱི་སོའི་འབུལ་སྟོན་དང་དགེ་བའི་བཤེས་གཉེན་དྲུག་ནས་གཞུང་ལུགས་ཀྱི་དོན་ལ་དཔྱོད་པའི་བརྒྱལ་བརྟག་གི་སྒོ་ནས་གཞི་ལམ་འབྲས་བུའི་རྣམ་གཞག་གཏན་ལ་འབེབས་པའི་ཚོགས་ལང་གི་གཟིགས་མོ་སོགས་ལུགས་གཉིས་ཀའི་དགའ་སྟོན་ལ་སྤྱོད་ཅིང་། དེ་མཚུངས་སྒོ་མང་གྲྭ་ཚང་དུ་གསོལ་སྟོན་ལ་ཕེབས་བསྐྱོད་སྐབས་ཀྱང་མཇལ་ཞུ་མཛད་དེ་ཆོས་དང་ཟང་ཟིང་ལ་སྤྱོད་པར་མཛད། ནང་ཚན་རྒྱལ་དབང་མཆོག་དང་ཁྲི་ཆེན་ནོ་མི་ཧན་བཅས་ལ་གཟིམས་ཆུང་སོ་སོར་སྐུ་སྐྱེར་གྱི་མཇལ་ཞུའི་ཐོག་དངོས་འབུལ་གྱི་མཆོད་སྤྲིན་རླབས་ཆེན་དུ་བཀྱེ་བར་མཛད་པས་རྗེ་ཉིད་སོ་སོ་ནས་ཀྱང་བདག་རྐྱེན་གཟིགས་རྒྱང་ཚད་མེད་པའི་སྒོ་ནས་གནང་སྦྱིན་དང་། བསྟན་འགྲོར་སྨན་པའི་ཐུགས་བསྐྱེད་རྒྱ་ཆེར་མཛད་དགོས་སོགས་ཀྱི་བཀའ་སློབ་ཀྱང་ཕེབས་ཏེ་ཡབ་སྲས་སྤར་བས་ཀྱང་

ཐུགས་ནང་གཤིན་པར་གྱུར། དེ་ནས་གོང་བླའི་ཆོས་ཉེར་གཅིག་ཉིན་རྒྱལ་དབང་མཆོད་ཡོན་འབྲས་སྤུངས་ནས་ཆིབས་བཏེགས་ཏེ་གྲུ་འཛིན་གཉིས་པའི་ཕོ་བྲང་དུ་ཕེབས་སྐབས་སྐྱིད་ཚལ་ཀླུ་སྡིང་གི་བར་དུ་ཆིབས་སྐྱོལ་ཞུས་ཤིང་། དེ་ནས་ཕེབས་དར་དང་བཅས་ཏེ་སྐྱབས་འཇུག་ཞུ་གནང་གིས་འབྲས་སྤུངས་སུ་ཕྱིར་ཕེབས་མཛད། དེ་ནས་རྗེ་ཐམས་ཅད་མཁྱེན་པ་ཙོང་ཁ་པ་ཆེན་པོའི་དུས་ཀྱི་མཆོད་པ་དགའ་ལྡན་ལྔ་མཆོད་ཆེན་པོའི་སྐབས་རྟེན་གསུམ་ཁག་ལ་མཆོད་འབུལ་དང་བསྟན་འགྲོའི་བདེ་ཐབས་སྤེལ་བའི་ཐུགས་སྨོན་མཚམས་སྦྱོར་གྱི་རིམ་པ་སོགས་ཀྱང་རྒྱས་པར་མཛད། དགུན་ཆོས་ཆེན་མོར་མིང་བཏགས་པ་སོགས་ཀྱི་དམ་བཅར་རིག་ལུང་སོགས་ལེགས་བཤད་ཀྱི་སྐྱེས་དང་། ལྷག་པར་ཆོས་འཁྲིམ་རྩོད་པ་སོགས་བསྟན་པ་རིན་པོ་ཆེ་ཁོ་ནར་དགོངས་ཏེ་དགུན་དུས་གནམ་གྲང་བ་སོགས་ཀྱི་དཀའ་ཚེགས་ལ་མ་གཟིགས་པར་ཉིན་མཚན་གཡེལ་མེད་ལྷ་བུར་ཐུགས་ཁུར་བླ་ལྷག་ཏུ་བཞེས་པས་མཆོག་དམན་བར་མ་ཀུན་གྱི་མིག་རྒྱན་དུ་ཕོས་པར་མཛད། གཞན་ཡང་རྒྱུན་གྱི་ཐུགས་དམ་ཉམས་བཞེས་དང་ལོ་མཇུག་གི་ཞབས་བརྟན་མཛད་འོས་ཀྱི་རིགས་སོགས་ཀྱང་སྔ་ལོ་ལྟར་བསྐྱངས་སོ། །

དེ་ནས་སྣ་ཚོགས་དབྱིག་ཅེས་བྱ་བ་ཤིང་མོ་སྦྲུལ་ལོའི་རང་ཞལ་གསར་ཆོས་ཀྱི་དགྲེས་སྟོན་རྟེན་འབྲེལ་གྱི་བྱེ་བྲག་རྣམས་དང་། ༧གོང་ས་ཡབ་ཕྱིན་ལ་ལོ་གསར་གྱི་མཇལ་ཞུ་སོགས་སྔར་སྲུས་ལྟར་བསྐྱངས། ལྷ་ལྡན་སྨོན་ལམ་ཆེན་མོར་ཆིབས་བསྐྱོད་ཀྱིས་ཚོགས་ཕེབས་སྒྲི་དང་། ཁྱད་པར་དགོང་མོའི་དམ་བཅའ་ཆེན་མོ་དང་༧ཁྲི་ཆེན་ནོ་མི་ཧན་ནས་ཆེད་དུ་བརྗོད་པའི་ཆོས་ཀྱི་བཤད་ལུང་སྩལ་བའི་གསུང་ཆོས་རྣམས་ལ་ཆག་མེད་ལྷ་བུར་ཕེབས། དམ་བཅའ་ཆེན་

སོར་མཁས་པ་མགུ་བ་བསྐྱེད་ནུས་ཀྱི་ལུང་རིགས་ཀྱི་བགྲོ་གླེང་སོགས་ཀྱང་མཛད་པའི་སྒོ་ནས་མ་རྟོགས་པ་དང་ལོག་པར་རྟོག་པའི་དྲི་མ་དྲུང་ནས་འབྱིན་པར་མཛད། ཆོས་དྲུག་གི་སྔ་ཆར་གོང་ས་ལྷ་མིའི་རྣམ་འདྲེན་ཆེན་པོ་ཆོ་འཕྲུལ་མཆོད་པའི་མགོན་དུ་ཕྱིན་པའི་ཕེབས་བསུ་དང་གསོལ་སྟོན་ལ་ཕེབས་བསྐྱོད་མཛད། གཞན་ཡང་ཇོ་ཤཱཀ་ཡིད་བཞིན་ནོར་བུ་སོགས་རྟེན་རྣམས་ལ་མཆོད་སྨོན་དང་། སྨོན་ལམ་གྱི་སྔ་ཕྱིའི་གཟིགས་མོ་སོགས་ཀྱང་སྔར་བཞིན་བསྐྱངས་ཏེ་སྨོན་ལམ་གྲོལ་ཕྲལ་ཆོས་སྡེ་ཆེན་པོར་ཕེབས། འདི་ལོ་༧གོང་མ་ལྷ་སྐྱོང་ཆེན་པོ་ཁྲི་བཞུགས་དགུང་ལོ་ལྔ་བཅུའི་ཐོག་ཏུ་ཕེབས་ཤིང་སྤྱི་སོར་དཔའ་ཤོད་ཛ་སག་བླ་མ་ངག་དབང་དར་རྒྱས་ཁམས་མ་འཚོ་བའི་གནས་ཚུལ་ཕུལ་བའི་ཕྱིར་ཕེབས་སུ་རྗེ་ཉིད་ལ་གཟིགས་རྒྱང་བླ་ན་མེད་པས་ཀུན་ནས་བསླངས་ཏེ་དགེ་སློང་ངག་དབང་དར་རྒྱས་ཀྱི་འདས་ཚབ་ཏུ་༧སྐྱབས་མགོན་ཉིད་ཀྱི་ཞབས་གྲས་ཀྱི་དྭངས་མ་དགེ་སློང་བྱམས་པ་ཡེ་ཤེས་ལ་ཛ་སག་བླ་མའི་གོ་ས་མུ་མཐུད་བྱས་ཆོག་པའི་གསེར་གྱི་བཀའ་ཡིག་ཕེབས་པར་ལེགས་འབུལ་གྱི་འཚམས་ཞུའང་འབུལ་བར་མཛད་ཅིང་། དེ་དོན་བཞིན་དུ་དགེ་སློང་བྱམས་པ་ཡེ་ཤེས་ལ་ཛ་སག་གི་གོ་ས་འཛིན་ཏེ་རྗེ་ཉིད་ཀྱི་འཕྲིན་ལས་སྐྱོང་དགོས་པའི་བཀའ་སློབ་སོགས་ཀྱང་ལེགས་པར་སྩལ། འདི་ལོ་ཕར་ཕྱིན་གྱི་གཞུང་ལུགས་རྣམས་ལ་དཔྱད་པ་ཡོངས་སུ་རྫོགས་པའི་དགའ་སྟོན་དུ་ཕར་ཕྱིན་སྟོན་མོར་གྲགས་པ་གནང་བཞེད་ལ་རྟེན་དམིགས་བསལ་གལ་ཆེའི་རིགས་མ་གཏོགས་གཞན་ཆོས་ཐོག་ཆོས་མཚམས་ཐམས་ཅད་དུ་ཐུགས་གཡེངས་གཞན་གྱི་རྒྱུ་བ་གཏན་ནས་སྤངས་ཏེ་གཙོ་བོར་ཕར་ཕྱིན་གྱི་གཞུང་ཆེན་མོ་རྣམས་ལ་སླར་ཡང་ཐུགས་ཞིབ་དང་། གཞན་ཡང་ཤེར་ཕྱིན་གྱི་མདོའི་དངོས་བསྟན་སྟོང་ཉིད་ཀྱི་རིམ་པ་གཏན་ལ་འབེབས་བྱེད་

དབུ་མའི་གཞུང་ལུགས་རྣམས་ལའང་རིང་དུ་འདྲིས་པར་མཛད་པ་སོགས་མདོར་ན་ཕྱག་དཔེ་འཛིན་སྐྱོར། དཔེ་ཀློག །ཆོས་གྲྭ་ཆེན་མོའི་ཉིན་མཚན་གྱི་རྩོད་གྲྭ་དམ་བཅའ་སོགས་ལ་སྤྱར་བས་ཀྱང་ལྷག་པའི་ཐུགས་བརྩོན་དང་བཅས་ཏེ་ཐོས་བསམ་འབའ་ཞིག་གི་ངང་དུ་འཁོར་མོ་ཡུག་ཏུ་གཏན་ཆགས་པར་བཞུགས་ཤིང་། ཧོར་ཟླ་དྲུག་པའི་ནང་དབྱར་ཞལ་བཞེས་དང་དབྱར་གྱི་བསླབ་བྱ་ཀུན་ལ་ཕྲ་ཞིབ་དང་བཅས་པའི་འདོར་ལེན་རྣམ་པར་དག་པར་མཛད། དེར་མ་ཟད་དུས་རྒྱུན་དུའང་དམིགས་བསལ་གྱི་ཐུགས་གཡེངས་བཟློག་ཏུ་མེད་པའི་རིགས་བྱུང་ན་ལས་གཞན་དུས་འཕྲོལ་གྱི་གསོ་སྦྱོང་སོགས་ལ་ཆག་མེད་ལྷ་བུར་ཕེབས་པ་སོགས་གཞི་གསུམ་གྱི་ཕྱག་ལེན་རྣམས་ལ་གལ་པོ་ཆེར་འཛིན་པའི་སྒོ་ནས་དམ་ཆོས་འདུལ་བའི་བསྟན་པ་རིན་པོ་ཆེར་སྨན་པར་མཛད། འདི་ལོ་༧ཁྲི་ཆེན་ནོ་མི་ཧྲན་ཆེན་པོར་དགའ་ལྡན་གསེར་ཁྲི་ཆེན་མོའི་ཁྲི་སྐྱོང་མཐར་སོན་པའི་ལེགས་འབུལ་གཏང་རག་གི་རིམ་པའང་རྒྱ་ཆེར་མཛད་དེ་ཐུགས་ཀྱི་དགྱེས་པ་སྐྲུན། དགག་དབྱེ་གྲུབ་བསྟུན་༧གོང་ས་མཆོད་ཡོན་ལ་ཞབས་བརྟན་གྱི་མཇལ་ཞུ་སོགས་ཀྱང་སྤྱར་ལམ་ལྟར་བསྐྱངས། ལོ་འདིར་༧སྐྱབས་མགོན་རྒྱལ་བའི་དབང་པོ་ཐམས་ཅད་མཁྱེན་གཟིགས་ཆེན་པོ་དབེན་གནས་དགེ་འཕེལ་རི་ཁྲོད་དུ་རིམ་གཉིས་ཟབ་མོའི་ཐུགས་དམ་བཅུད་རྒྱ་མཛད་བཞེས་ཀྱིས་ཧོར་ཟླ་བརྒྱད་པའི་ཚེས་བཅུ་བཞིའི་ཉིན་མཆོད་ཡོན་ལྷན་རྒྱས་གདན་ས་ཆེན་པོ་དཔལ་ལྡན་འབྲས་སྤུངས་སུ་ཆིབས་ཀྱི་ཁ་ལོ་བསྒྱུར་བར་ཆིབས་བསུ་དང་མཇལ་ཞུ་གསུང་མོལ་སོགས་ཞིབ་རྒྱས་སུ་མཛད། ༧རྒྱལ་དབང་མཆོག་དགེ་འཕེལ་དུ་བཅད་རྒྱར་བཞུགས་རིང་༧ཁྲི་ཆེན་ནོ་མི་ཧྲན་འབྲས་སྤུངས་སུ་བཞུགས་པར་ཡང་ཡང་མཇལ་འཕྲད་དང་གསོལ་ཚིགས་ལྷན་རྒྱས་སོགས་མཛད་དེ་ཆོས་དང་འབྲེལ་

བའི་བཀའ་མཆིད་དང་༸ཞབས་ཏོག་གི་སྐྱེས་འབུལ་རེས་སུ་མཛད། ཏོར་ཟླ་བཅུ་པའི་ཆོས་དགུའི་ཉིན་༸སྐྱབས་མགོན་ཐམས་ཅད་མཁྱེན་གཟིགས་བཅད་རྒྱ་བཞེངས་ཏེ་དགེ་འཕེལ་རི་ཁྲོད་ནས་ཆིབས་བསྒྱུར་གྱི་ཕེབས་བསུར་ཕྱིན་ཏེ་མཇལ་ཕྱག་དང་། དེ་ནས་ལྷན་དུ་འབྲས་སྤུངས་སུ་ཕེབས་ཏེ་དགའ་ལྡན་ཕོ་བྲང་ཚོམས་ཆེན་དུ་ཕེབས་སྟོན་ཆེན་མོའི་ཐོག་ལྷ་སྣེ་མི་སྣེ་མང་པོ་དང་ལྷན་ཅིག་པར་༸གོང་ས་རྒྱལ་དབང་མཆོག་ལ་བསྟན་འགྲོའི་མགོན་དུ་བཅད་རྒྱར་བཞུགས་པ་སོགས་རྣམ་འདྲེན་གོང་མའི་མཛད་བཟང་རྨད་དུ་བྱུང་བ་བདག་གིར་བཞེས་པའི་བཀའ་དྲིན་ལེགས་འབུལ་དུ་ཞིང་ཁམས་རྒྱ་མཚོའི་བཀོད་པ་དང་རྟེན་གསུམ་ལྷ་རིག་སོགས་ཀྱིས་གཙོས་པའི་འབུལ་སྤྲིན་གཏོས་ཆེ་བ་བཀྱེ་བར་མཛད། ཆོས་བཅུ་གསུམ་ལ་གདན་ས་ཆེན་པོ་ནས་གྲུ་འཛིན་ཕོ་བྲང་དུ་ཆིབས་ཞལ་བསྒྱུར་སྐབས་ཕེབས་སྐྱེལ་གྱི་ཞབས་ཕྱིར་ཕྱིན་ཏེ་མཆོད་ཡོན་རྣམས་དང་ལྷན་ཅིག་གནས་ཆུང་ལྟོག་ཏུ་ཕེབས་ནས་ཆོས་སྐྱོང་དགྲ་ལྷ་ཆེན་པོ་ཁོག་ཧློམས་སྤྱན་འདྲེན་གྱི་སྐབས་སྐན་ཤལ་དང་འཕྲིན་བཅོལ་སོགས་གནང་སྨིན་དུ་བསྐྱངས། དེ་ནས་སྐྱིད་ཚལ་ཀླུ་སྡིང་གི་བར་ཕེབས་སྐྱེལ་ཞུས་ཏེ་མཇལ་དར་འབུལ་གནང་གི་ཐོག་ཕྱིར་ཕེབས་མཛད། འདི་ལོ་བྲག་གཡབ་ཆེ་ཚང་སྤྲུལ་སྐུ་རིན་པོ་ཆེ་དབུས་ཕྱོགས་སུ་ཐུགས་གཉེར་དང་བཀའ་ཆོས་གསན་བཞེས་སོགས་ལ་ཕེབས་པར་མཇལ་འཕྲད་མཛད་དེ་གསུང་གླེང་ཞིབ་རྒྱས་གནང་། དེ་ནས་མི་རིང་བར་ལྷ་མཆོད་ཆེན་མོའི་སྐབས་ཕར་ཕྱིན་སྟོན་མོ་གུང་ཐུའི་ཚོམས་སུ་ཚོགས་པའི་ཚོགས་དབུས་སུ་ཕེབས་ཤིང་། འཛིན་གྲྭའི་དགེ་འདུན་ལྔ་བརྒྱ་སྐོར་ལ་ཇ་ཐུག་འབྲས་སིལ་གྲོ་མ་སོགས་ཀྱི་ཞབས་ཏོག་གཟབ་རྒྱས་དང་། ལོ་དེར་འབྲུམ་ནད་ཀྱི་དོགས་པ་ཆེ་ཙམ་ཡོད་པའི་དབང་གིས་བསྟན་སྐྱོང་རྡོ་རྗེ་དྲག་མོ་རྒྱལ་གྱི་

བཀའ་ལུང་དུ་རེ་ཞིག་དམར་གྱི་རིགས་འཛོམས་དགོས་བབ་པར་རྟེན་གྱུང་ཚོགས་སོགས་ལ་ཤ་ཁྲུལ་མ་ཐུབ་ཀྱང་། ཤ་དོད་བཞེས་སྒྲོ་སོགས་གང་རྒྱས་དང་། སྐུ་འགྱེད་དགེ་འདུན་རེར་རིན་གཉིས་སྲང་རེ་དང་། ལྷ་རྫས་བསོད་བཏགས་དཀར་གཙང་རེ་བཅས་བསྙེན་བཀུར་གྱི་ནོམ་པར་འབུལ་བར་མཛད། དེ་ནས་དགུན་ཆོས་ཆེན་མོའི་སྐབས་ཧ་འོན་རྒྱུད་ཁང་དུ་ཚོགས་ཞིང་། རྗེ་གཙལ་ཆེན་མོར་སྤྱོས་སྐོར་སོགས་ཀྱང་སྔར་ལམ་ལྟར་མཛད། ལྷག་པར་འདི་དག་གི་སྤྱི་ཕྱིར་འཛིན་གྲྭ་ཚང་མར་དམ་བཅའ་དང་། མཚན་འགྲོངས་ཀྱི་དམ་བཅའ་སོགས་ཁྲལ་མངོན་དང་སླ་བཅོས་སུ་མ་སོང་བར་དམངས་ལས་ཀྱང་ཐུགས་ཁུར་ཆེ་བར་བཞེས། དེ་དག་གི་དམ་བཅའ་སོགས་ཀྱི་ཚེ་ནའང་གཞུང་ལུགས་ལ་དཔྱོད་པའི་བློ་གྲོས་ཀྱི་གང་བ་ཡོངས་སུ་རྫོགས་པའི་མཁས་པ་དང་། ཕལ་ཆེར་རྫོགས་པའི་བློ་གསར་བ་སོགས་ལེགས་བཤད་སྨྲ་བའི་འོད་དཀར་འགྱེད་པ་ལ་ཞུམ་པ་མི་མངའ་བའི་དྲེགས་ལྡན་གྱི་རི་བོང་འཛིན་པ་མཐའ་དག་ནས་བློ་གྲོས་ཀྱི་རྩལ་ཅི་ཡོད་ཀྱི་ལུང་དང་རིགས་པའི་འོད་ཟེར་བརྒྱ་ཕྲག་ཏུ་སྤྲོ་བའི་སྒོ་ནས་འགྲན་པར་བྱེད་མོད་ཀྱང་། གང་གི་མཁྱེན་རབ་ཉིན་མོར་བྱེད་པའི་དཀྱིལ་འཁོར་ལུང་དང་རྟོགས་པའི་ཆ་ཤས་ཡོངས་སུ་རྫོགས་ཤིང་འཕེལ་འགྲིབ་མི་མངའ་བའི་ཀློང་ནས་ལེགས་བཤད་ཀྱི་ཚ་ཟེར་རེ་རེ་སྤྲོས་པའི་མོད་ལ་མཁས་རློམས་དེ་དག་གི་འགྲན་སེམས་མིང་གི་ལྷག་མར་གྱུར་ཏེ་སྨྲ་བའི་ཟླ་བ་ལན་མེད་ནུབ་རིའི་ཕྲག་ཏུ་མི་མངོན་པར་གཞོལ་བར་གྱུར་ལ། གདུལ་བྱ་རྣམས་ཀྱི་རྒྱུད་ཀྱི་ངན་རྟོག་གི་མུན་པ་དྲུང་ནས་འབྱིན་ཅིང་བླང་དོར་གསལ་བར་སྟོན་པའི་སྣང་བས་འཁོར་ཡུག་ཏུ་ཁྱབ་པར་མཛད་པ་ན་འདུས་པ་མཐའ་དག་སྔར་བས་ཀྱང་ལྷག་པའི་མོས་གུས་འཕེལ་ཏེ་བསྔགས་བརྗོད་ཀྱི་མེ་ཏོག་ལན་བརྒྱར་འཐོར་བར་གྱུར་ཏོ། །

རྣམ་དཔྱོད་དཔྱིད་ཀྱི་ཕོ་ཉ་དེ། །རྒྱལ་གསུང་ཙུ་ཏའི་སྙེ་མ་ཡིས། །སྨིན་གྱུར་ལེགས་བཤད་མགྲིན་པའི་ཛ། །རྣ་བའི་བདུད་རྩིར་སྒྲོག་པ་ན། །གཞུང་ལུགས་སྨྲ་བའི་སྐྱེ་བོ་དག །འགྲན་སེམས་ཤིང་རྟས་ཉེར་དྲངས་པས། །བརྒྱལ་བརྟག་ལུང་རིགས་དཀར་པོའི་འོད། །འབད་པ་དུ་མས་སྤྲོ་བྱེད་ཀྱང་། །རྟ་བདུན་ཤར་རིའི་མགུལ་པ་ནས། །འཆར་བའི་ཟླ་བ་ཇི་བཞིན་དུ། །ཕྱི་ཕྱིར་ཉམ་ཆུང་གྱུར་པའི་མཐར། །མི་སྨྲ་ཐུབ་རིའི་ཕག་ཏུ་ཡིབ། །དེ་ཚེ་མཁས་ལྷུན་པར་མ་ཀུན། །གང་གི་ངོ་མཚར་སླིང་བ་ལ། །འགྲན་པ་བཞིན་དང་རིངས་པ་བཞིན། །ཚེད་དུ་བསྐུལ་བ་བཞིན་དུ་གྱུར། །དམ་པ་རྣམས་ལ་རྨད་བྱུང་གི །ཡོན་ཏན་རང་ཆས་ལྡན་པ་ནི། །ཏ་རི་ཙན་དན་ལྡོན་པ་དང་། །དྲི་བསུང་འབྲལ་མེད་འགྲོགས་པ་བཞིན། །

དེ་ནས་ཟྲིལ་གནོན་ཞེས་པ་མེ་ཕོ་རྟ་ལོ་གསར་དུ་ཚེས་པའི་རྟེན་འབྲེལ་ལེགས་ཚོགས་ཀྱི་སྒོ་འཕར་འབྱེད་པའི་དགྱེས་སྟོན་དང་། ༸རྒྱལ་དབང་ཡབ་སྲས་ལ་ལོ་གསར་མཇལ་ཞུ་སོགས་གནང་ནས་ལྷ་ལྡན་སྨོན་ལམ་ཆེན་མོར་ཆིབས་བསྐྱོད་མཛད། ཆོས་དྲུག་གི་སྐུ་ཆར་༸རྒྱལ་དབང་འཇིག་རྟེན་གསུམ་མགོན་མཆོད་ཡོན་སྨོན་ལམ་ཆེན་མོའི་མགོན་དུ་ཆིབས་བསྒྱུར་གྱི་ཕེབས་བསུ་དང་། ཨེ་ཝཾ་གི་གསོལ་སྟོན་སོགས་ལ་ཕེབས་ཤིང་། ༸སྐྱབས་མགོན་ལྷན་རྒྱས་སོ་སོར་གཟིམས་ཆུང་དུ་མཇལ་ཞུའི་ཐོག་ཆོས་དང་འབྲེལ་བའི་གསུང་གླེང་མོལ་མཆེད་སོགས་མཐའ་ཡས་པར་མཛད་པ་དང་། གཞན་ཡང་ཚོགས་ཕེབས་སོགས་ཀྱི་མཛད་སྒོ་གང་ཅི་སྔར་མུས་ལྟར་བསྐྱངས་ནས་སྨོན་ལམ་གྲོལ་བསྟུན་སྔར་ཡང་ཆོས་སྡེ་ཆེན་པོར་ཐུགས་ཕེབས་ཤིང་། སྤྱི་ལོ་ཕར་ཕྱིན་སྟོན་མོ་གྲུབ་ནས་དབུ་མའི་འཛིན་གྲྭར་བཞུགས་པར་སྣང་ལ། དེའི་ཕྱིར་འདི་ལོ་ནས་གཙོ་བོར་དབུ་མའི་གཞུང་

ལུགས་རྣམས་དང་། བར་བར་དུ་འདུལ་མཛོད་དང་ཚད་མའི་གཞུང་སོགས་ལའང་ཅི་རིགས་པར་སྦྱངས་པ་མཛད་ཅིང་། དེ་ཡང་སྐབས་འདིར་དབུ་མའི་གཞུང་ལུགས་ལ་སྦྱངས་པ་མཛད་ཚུལ་དང་། ཐུགས་སུ་ཇི་ལྟར་ཆུད་པའི་ཚུལ་རྣམས་རིགས་བསྡུས་སྙོམ་གྱི་ཚུལ་དུ་འགོད་ན། དེ་ལ་ཟབ་མོ་སྟོང་པ་ཉིད་ཀྱི་དོན་གཏན་ལ་འབེབས་བྱེད་ཀྱི་གཞུང་ཆེན་མོ་མགོན་པོ་ཀླུ་སྒྲུབ་ཀྱིས་མཛད་པའི་དབུ་མ་རིག་པའི་ཚོགས་དྲུག་དང་། འཕགས་པ་ལྷས་མཛད་པའི་བཞི་བརྒྱ་པ། དཔལ་ལྡན་ཟླ་བས་མཛད་པའི་དབུ་མ་འཇུག་པ་རང་འགྲེལ་དང་བཅས་པ་སོགས་འཕགས་ཡུལ་ཤིང་རྟ་ཆེན་པོ་རྣམས་ཀྱིས་མཛད་པའི་གཞུང་དང་། དེ་དག་གི་དགོངས་པ་འགྲེལ་བྱེད་རྒྱ་བོད་ཀྱི་མཁས་གྲུབ་རྟོད་མེད་རྣམས་ཀྱི་གསུང་སྤྱི་དང་། ཁྱད་པར་དུ་ཡང་རྗེ་ཐམས་ཅད་མཁྱེན་པ་ཡབ་སྲས་རྣམས་ཀྱི་གསུང་ཊཱི་ཀ་ཆེན་རིག་པའི་རྒྱ་མཚོ། རྣམ་བཤད་དགོངས་པ་རབ་གསལ། སྟོང་ཐུན་སྐལ་བཟང་མིག་འབྱེད་སོགས་དང་། རང་ལུགས་ཀྱི་སྤྱི་མཐའ་གཅོད་དང་བཅས་པ་རྣམས་ལ་ཐུགས་འཛིན་དང་དཔེ་ཀློག་ཅི་རིགས་པ་དང་། དེ་རྣམས་ཀྱི་དཀའ་བའི་གནད་ཀུན་ལ་མཁས་པའི་ཚོགས་རྣམས་དང་ལྷན་ཅིག་ཏུ་རྩོད་པ་དང་ཁས་ལེན་འདྲི་བ་དང་། བཤེས་གཉེན་དམ་པའི་དྲུང་ནས་དཔེ་ཁྲིད་སོགས་དང་། ལྷག་པར་དེ་དག་གི་ཚུལ་ཇི་ལྟ་བ་བཞིན་དུ་ཐུགས་སུ་ཆུད་པའི་ཕྱིར་དུ་བསགས་སྦྱངས་དང་། བླ་མ་དང་ལྷག་པའི་ལྷ་ལ་གསོལ་བ་འདེབས་པ་སོགས་ལ་བར་མ་ཆད་དུ་བརྩོན་པར་མཛད་པ་ལས་རིང་པོར་མ་ལོན་པར་དབུ་མའི་གཞུང་ལུགས་རྣམས་ཀྱི་དགོངས་དོན་སྤྱི་དང་། ནང་ཚན་དུ་ཡང་དཀར་ཆོས་ཐམས་ཅད་ཀྱི་རྩ་བ་སྙིང་རྗེ་ཆེན་པོ་དང་། བྱང་ཆུབ་ཀྱི་སེམས་དང་། གཉིས་མེད་རྟོགས་པའི་ཤེས་རབ་བཅས་སོ་སོ་སྐྱེ་བོའི་ཆོས་གསུམ་ཇི་ལྟར་ཉམས་སུ་ལེན་

པའི་ཚུལ་དང་། དེ་ནས་ཕར་ཕྱིན་བཅུའི་ཉམས་ལེན་ལྷག་པར་དུ་ཐོབ་པའི་སྒོ་ནས་རྒྱལ་སྲས་འཕགས་པའི་ས་བཅུ་རིམ་གྱིས་བགྲོད་ཚུལ་དང་། དེ་ལས་ཐོབ་པའི་འབྲས་བུ་སའི་རྣམ་པར་བཞག་པ་སོགས་ཀྱི་ཚུལ་ཇི་ལྟ་བ་བཞིན་དུ་ཐུགས་སུ་ཆུད་ཅིང་། ཁྱད་པར་དུ་ཡང་དབུ་མའི་གཞུང་ལུགས་རྣམས་ཀྱི་གཏན་ལ་འབེབ་བྱའི་གཙོ་བོ། དཔལ་མགོན་འཕགས་པ་ཀླུ་སྒྲུབ་ཀྱི་དགོངས་པ་ཟླ་མེད་པ་དཔལ་ལྡན་ཟླ་བ་གྲགས་པས་ལེགས་པར་བཀྲལ་བ། རྗེ་ཐམས་ཅད་མཁྱེན་པ་ཡབ་སྲས་ཀྱི་ཐུགས་ཀྱི་ཉིང་ཁུ་སྤྱུང་བ་ལྟ་བུ་ནི། ཇི་སྐད་དུ། རྗེ་བདག་ཉིད་ཆེན་པོའི་གསུང་ལས། སྲིད་ཞིའི་ཆོས་ཀུན་གདོད་ནས་མཉམ་པ་ཉིད། །སྐྱེ་འགག་སྤྲོས་པ་མཐའ་དག་ཉེ་བར་ཞི། །མཚན་མའི་བློ་ཡིས་ཇི་ལྟར་བཟུང་བས་དབེན། །ནམ་མཁའི་རང་བཞིན་ཅིའང་མུ་མཐའ་བྲལ། །རྟེན་འབྲེལ་རྒྱུ་རྣམས་བློ་ཡིས་བཏགས་པ་ཙམ། །བློ་དེ་ཉིད་ཀྱང་རང་གི་ངོ་བོས་སྟོང་། །དེ་ལྟར་རྟེན་དང་བྲལ་བའི་རྟེན་འབྲེལ་གྱིས། །འཁོར་དང་མྱ་ངན་འདས་པ་རབ་ཏུ་འབྱེད། །ཇི་ཙམ་བློ་ཡིས་བཏགས་པའི་སྣང་བ་ལས། །གུད་དུ་གྲུབ་པའི་ཆོས་འགའ་དམིགས་པ་མེད། །ཡོད་མེད་རྟག་ཆད་སྐྱེ་འགག་བླང་དོར་སོགས། །ཇི་སྙེད་དམིགས་པ་འདི་ཡང་བློ་ཡི་ཆོས། །ཀུན་ནས་ཉོན་མོངས་རྣམ་པར་བྱང་བ་ཡང་། །རང་བཞིན་ཉིད་ནས་རང་གི་ངོ་བོས་དབེན། །དེ་ཕྱིར་སྤང་བྱ་རྣམ་པར་ཟད་པ་དང་། །གཉེན་པོ་རྣམ་པར་འཕེལ་བ་ཅི་ཞིག་དམིགས། །གང་གི་གདོད་ནས་སྨིག་རྒྱུའི་ཆུ་བཞིན་དུ། །ཆོས་རྣམས་རྫུལ་ཙམ་དམིགས་པ་མེད་ན་ཡང་། །མངོན་པར་ཞེན་རྣམས་སྒྲག་པ་སྤང་བྱའི་ཕྱིར། །གཞན་ངོར་རྟེན་འབྲེལ་ཙམ་ཞིག་ཁས་ལེན་ལ། །དངོས་པོར་ཁས་ལེན་བྲལ་བ་དེ་དག་ལ། །རྟག་དང་ཆད་པའི་ཆོས་རྣམས་རྒྱང་རིང་སྟེ། །ཇི་ལྟར་མོ་གཤམ་

བུ་ནི་མ་དམིགས་ན། །དེ་ཡི་སྐྱེ་འཆི་དམིགས་པར་མི་འགྱུར་བཞིན། །ཞེས་
གསུངས་པ་ལྟར་གྱི་ཞི་སྒོ་གཉིས་སུ་མེད་ཅིང་སྤྲོས་པའི་མཐའ་ཐམས་ཅད་དང་
བྲལ་བའི་ཟབ་མོ་དབུ་མའི་ལྟ་བ་ཉིད་ཡིན་ལ། དེའི་ཕྱིར་ཚུལ་དེ་ཉིད་གཅིག་ཏུ
བྲལ་དང་། མུ་བཞི་སྐྱེ་འགོག་དང་། རྡོ་རྗེ་གཟེགས་མ་དང་། རིག་པའི་རྒྱལ་
པོ་ཆེན་འབྲེལ་གྱི་གཏན་ཚིགས་ལ་སོགས་པ་རིག་པའི་རྣམ་གྲངས་མཐའ་ཡས་
པའི་སྒོ་ནས་གཏན་ལ་འབེབས་པར་མཛད་པ་ལས། སྣང་བས་ཡོད་མཐའ་སེལ་
བ་དང་། །སྟོང་པས་མེད་མཐའ་སེལ་བ་དང་། །སྟོང་ཉིད་རྒྱུ་འབྲས་སུ་འཆར་
བའི་ཚུལ་རྣམས་ལ་བཙོས་མ་མིན་པའི་ངེས་ཤེས་གཏིང་ནས་འཁྲུངས་ཤིང་། དེ་
ཐམས་ཅད་ཀྱང་ཚིག་དང་གོ་བ་ཙམ་དུ་མ་ལུས་པར་ཐུགས་རྒྱུད་ལ་སྦྱོར་གང་
ཐུབ་ཀྱིས་ཉམས་ལེན་སྙིང་པོར་མཛད་པའི་དབང་ལས་ཐོས་སྒོམ་སྟབས་གཅིག་
ཏུ་གྲུབ་པར་གྱུར་ལ། ལྷག་པར་རྗེ་བླམ་འདི་ཉིད་ནི་སྐྱེ་དང་སྐྱེ་བར་ངེས་འབྱུང་
བྱང་སེམས་ཡང་དག་པའི་ལྟ་བ་དང་། ཕྱིན་དྲུག་བསྡུ་བཞིའི་ཉམས་ལེན་སོགས་
རྒྱལ་སྲས་ཀྱི་སྤྱོད་པ་རྣམས་ལ་རང་དབང་དུ་གོམས་པར་མཛད་པའི་མཐུ་ལས་
ཕྱིར་གཞུང་ལུགས་ལ་སྦྱངས་པ་སོགས་མ་མཛད་གོང་སྐུ་ན་ཕྲ་མོའི་དུས་ཉིད་ནས་
ཀྱང་ཕྱི་ནང་གི་ཆོས་རྣམས་སྣང་ཙམ་མ་གཏོགས་རང་ངོས་ནས་གྲུབ་པ་རྡུལ་ཙམ་
མེད་པར་ཐུགས་སུ་ཆུད་པ་དང་། བཟོད་པ་བརྩོན་འགྲུས་སོགས་ཀྱི་གོ་ཆ་ཆེ་
ཆེར་བརྟས་པས་ཕོང་ཁྲོ་དང་ལེ་ལོ་སོགས་ཚུལ་བཞིན་མ་ཡིན་པའི་ཡིད་བྱེད་ཀྱི་
རྒྱུ་བ་བག་ཆགས་དང་བཅས་པ་ལྷོད་པའི་གོ་སྐབས་དང་བྲལ་ཞིང་། སྙིང་རྗེ་
དང་བྱང་ཆུབ་ཀྱི་སེམས་ཀྱི་ནོར་བུས་ཐུགས་ཀྱི་བང་མཛོད་ཡོངས་སུ་གཏམས་པ་
སོགས་ནི་འབད་རྩོལ་ལ་མ་ལྟོས་པར་རང་གི་ངང་གིས་འབྱུང་བ་ཞིག་ཡིན་པར་
སྣང་ལ། དེའི་དབང་གིས་རྗེས་སོར་དམ་པ་རྣམས་ཀྱི་ཞབས་པད་བསྟེན་ཅིང་

གཞུང་ལུགས་ལ་ཐོས་བསམ་སྒོམ་གསུམ་མཛད་པ་སོགས་ཀྱི་དུས་སུ་ནི་སྤྱིར་ཡོད་ཀྱི་ཉམས་རྟོགས་རྣམས་གོང་ནས་གོང་འཕེལ་དང་། ལྷག་པར་དབུ་མའི་གཞུང་ལུགས་ལ་སྦྱངས་པ་མཛད་པའི་ཚེ་ནི་སྙིང་རྗེ་ཆེན་པོ་དང་། བྱང་ཆུབ་ཀྱི་སེམས་དང་། ཕྱིན་དྲུག་གི་ཉམས་ལེན་ཆེས་ལྷག་པ་དང་། གང་ཟག་དང་ཆོས་ཀྱི་བདག་མེད་རྣམ་པ་གཉིས་རྟོགས་པའི་ཡེ་ཤེས་སོགས་གཞུང་ནས་ཇི་སྐད་བྱུང་བ་ལྟར་ཕྱིན་ཅི་མ་ལོག་ཅིང་མཐར་ཐུག་པ་ཐུགས་རྒྱུད་ལ་འཁྲུངས་པས་སར་གནས་འཕགས་པའི་ཡོན་ཏན་མ་ལུས་པ་མངོན་དུ་ངེས་པར་མཛད་པ་ཡིན་ཅིང་། དེ་ལྟར་ཡིན་པ་གང་གིས་ཤེས་ན། རྗེས་སོར་སྐྱབས་མགོན་དམ་པ་ཉིད་ནས་གྲུབ་དབང་རྡོ་རྗེ་འཆང་སློང་རྡོལ་རིན་པོ་ཆེར་ཉམས་རྟོགས་ཀྱི་གོལ་ས་བཅད་པའི་ཞུ་འཕྲིན་ཆབ་ཤོག་འབུལ་གནང་སོགས་ལས་ཤེས་པར་ནུས་ཏེ། དེ་ཡང་རྗེ་བླ་མ་འདི་ཉིད་འབྲོམ་སྟོན་པ་རྒྱལ་བའི་འབྱུང་གནས་ཀྱི་རྣམ་ཐར་དང་མཐུན་པར་ཡོན་ཏན་མཐའ་དག་གསང་ཞིང་སྦེད་པ་ལྟར་མཛད་པ་ལས་ཀུན་ལ་སྒྲོག་པ་གཏན་ནས་མི་མཛད་པ་ཞིག་ཡིན་པའི་དབང་གིས་ཞུ་འཕྲིན་འདི་དག་གི་དགོངས་དོན་ཀྱང་བདག་ཉིད་ཆེན་པོ་རྣམས་ནང་ཕན་ཚུན་དུ་ནི་གསན་ཞིང་དགོངས་པར་འགྱུར་བ་གོར་མ་ཆག་མོད། གཞན་དུ་སྐྱེ་བོ་ཕལ་པ་དག་ལ་ནི་གསང་བའི་ཚུལ་གྱིས་ཟུར་ཙམ་ལས་དོན་ཇི་བཞིན་དངོས་སུ་གསལ་བ་འགོད་པར་མ་མཛད་ནའང་། ཇི་སྐད་དུ། དུ་བ་ལས་ནི་མེར་ཤེས་དང་། །ཆུ་སྐྱར་ལས་ནི་ཆུ་བཞིན་དུ། །བྱང་ཆུབ་སེམས་དཔའ་བློ་ལྡན་གྱི། །རིགས་ནི་མཚན་མ་དག་ལས་ཤེས། །ཞེས་གསུངས་པ་ལྟར་གསུང་དེ་དག་ལ་རྗེས་སུ་དཔགས་པའི་རིག་པ་དང་ལུང་དྲི་མ་མེད་པའི་སྒོ་ནས་དོན་གྱི་གནས་ཚོད་ཇི་ལྟར་ཡིན་པ་གསལ་བར་གཏན་ལ་འབེབས་པར་བྱར་ཡོད་ལ། དེའི་ཚུལ་ཡང་རྗེས་འཇུག

རྣམས་ཀྱི་དད་རྐྱེན་དུ་འགྱུར་ཕྱིར་སྐབས་འདིར་རགས་བསྡུས་ཟུར་ཙམ་ཞིག་འགོད་ན། དེ་ལ་རྗེ་བླ་མ་ཉིད་ནས་གྲུབ་དབང་རིན་པོ་ཆེར་འབུལ་གནང་གི་ཞུ་འཕྲིན་ལས་འདི་སྐད་བྱུང་སྟེ། ཕྲན་ནས་ཁ་སང་ཚེ་རབས་རྗེས་འཛིན་ཞུས་པའི་ཕྱིར་ཕེབས་སུ། ཁྱོད་ཀྱི་གནས་སྐབས་དང་མཐར་ཐུག་གི་དོན་ལ་བརྟགས་པ་བྱེད་ཕེབས་བྱུང་བར་སྤྲོབས་པ་ཙུང་ཟད་རྙེད་པའི་སྤྱི་བརྗོལ་གྱི་ཞུ་བར། ཞེས་པ་ནས། ད་ལྟའི་ལས་ལ་དཔགས་ན་ཚེ་སྔ་མ་རྣམས་རྣམ་དཀར་མི་ཆུང་ཙམ་སྐྱེད་ཡོད་འདྲ་སྟེ། ཕྱིར་མི་ལུས་ཙམ་ཐོབ་པར་ཡང་དཀའ་ཚོགས་ཆེ་ན་ད་ལྟ་ཡུལ་དབུས་སུ་སྐྱེས། རང་ངོས་ནས་མ་བྱུང་བ་མ་གཏོགས་རབ་ཏུ་བྱུང་བར་གེགས་མེད་པར་མ་ཟད་རབ་ཏུ་མི་བྱུང་བའི་དབང་མེད་དུ་གྱུར། བླ་མ་དམ་པ་སངས་རྒྱས་དངོས་དང་འདྲ་བ་ལྷུང་སྐུ་རྡོ་རྗེ་འཆང་ཆེན་པོ། དམ་པ་ཉིད། ཡོངས་འཛིན་ཡེ་ཤེས་རྒྱལ་མཚན། འཇམ་དབྱངས་བཞད་པ། རྒྱལ་སྲས་རིན་པོ་ཆེ་སོགས་དང་པོར་མདོ་ལུང་གིས་ཟིན་པའི་དམ་པ་མང་པོར་རྗེས་སུ་བཟུང་ཞིང་ཐམས་ཅད་ཀྱིས་ཐུགས་ལ་བཏགས། མདོ་སྔགས་ཀྱི་ཆོས་ཀྱང་ཡར་སློང་མོ་མ་དགོས་པར་ཚུར་ཞོ་ཚོང་ཚོང་མཛད། རང་ངོས་ནས་ཀྱང་དམ་པ་ཐམས་ཅད་ལ་ལྷུང་སྐུ་རྡོ་རྗེ་འཆང་གི་རྣམ་ཐར་བཟང་པོའི་མིག་ཤུགས་ཀྱིས་དག་སྣང་གང་ཐུབ་ཞུས་ཆོག་པ་དང་། ལྷག་ཏུ་ཤེས་རབ་ཀྱི་ཕ་རོལ་ཏུ་ཕྱིན་པའི་ཆོས་ཟབ་མོ་ལ་ཐོས་བསམ་ཡང་བྱེད་པའི་བག་ཆགས་བཞག་ཆོག་པ་སོགས་ནི་མངོན་རྟོགས་རྒྱན་ལས། སངས་རྒྱས་རྣམས་ལ་ལྷག་པར་བྱས། །དེ་ལ་དགེ་བའི་རྩ་བ་བསྐྱེད། །ཞེས་སོགས་གསུངས་པར་དཔགས་ན་སྐྱེ་བ་སྔ་མ་དེ་དགའ་བ་ཞིག་ཡིན་འདྲ་ཞིང་། ད་ལྟའི་བྱ་བར་བལྟས་ན་བདེ་འགྲོའི་རེ་བ་མི་འདུག་ཀྱང་སྟོན་སངས་རྒྱས་ཀྱིས། སྦྲ་མེད་ཀྱི་མཆོད་རྟེན་ལ་དད་པའི་དགེ་སློང་གིས་ཕྱག་འཚལ་

བར། དེའི་འོག་གི་རྟུལ་སྐྱེད་ཀྱི་འཁོར་བསྒྱུར་དུ་སྐྱེ་བར་གསུངས་པ་སོགས། ལས་གཅིག་གིས་ལུས་དུ་མ་འཕེན་པ་ཡང་ཡོད་འདུག་པས། དེ་ལྟར་ན་སྔ་མའི་ལས་འཕྲོས་ད་དུང་བདེ་འགྲོ་ཐོབ་རུང་འདྲ་ཨེ་ཡོང་རེ་བ་ལགས་པར་སྔོན་གྱི་ཕྱིར་ཕེབས་བཞིན་སྐྱེ་བ་ཕྱི་མར་ཅིར་འགྱུར་དང་། ལྷག་ཏུ་ད་ལྟ་ལྟ་དང་བླ་མ་གསུང་རབ་སོགས་དཀོན་མཆོག་གི་རྟེན་དང་ཉེན་མཚན་མེད་པར་འགྲོགས་རྒྱུ་ཡོད་པ་འདི་ལ་སོགས་པའི་ཞིང་གི་མཐུས་དགེ་རྩ་འདྲ་ཐོབ་ནས་འཁོར་བ་མཐའ་ཅན་ཞིག་ཡོང་རེ་ཡོད་ལགས་པར་ཇི་ལྟར་ཡོང་ཞེས་དང་། དེང་སང་གི་སྤྲུལ་སྐུ་རང་འདྲའི་གྲལ་ནས་རང་ཡང་ཚེ་འདིར་སྣང་བ་སྐྱིད་པོ་འདུག་མོད་ཀྱང་ཧ་ཅང་དུ་ཨ་འཐས་ཀྱི་ཞེན་པས་སྐྱིད་སྡུག་ཐམས་ཅད་ལ་སྲུན་མི་བཟོད་རིགས་རང་མི་ཡོང་འདུག་ཅིང་། དེ་བཞིན་དུ་འདོད་པའི་རྣམ་རྟོག་གི་སྣང་བ་འདི་ངམ་ངམ་ཤུགས་ཀྱིས་ཡོང་བ་རང་ནས་ཀྱང་མི་ཤེས་པ་འདུག་ཅིང་། ཞེ་སྡང་སོགས་གནས་སྐབས་རྐྱེན་གྱི་དབང་གིས་འབད་ཀྱང་དུས་རིང་བར་མ་སོང་བར་འཆི་བ་དྲན་པ་དང་ལས་འབྲས་བསམ་པ་སོགས་བྱས་ན་ཞི་ཐུབ་པ་དང་། ད་ལྟ་རང་གིས་བསམ་ཚོད་བྱས་ཀྱང་། ད་ལྟ་རང་ལ་མངོན་དངོས་སུ་བསྟུན་མཁན་བྱུང་ཡང་དེ་སྐབས་ཁོང་ཁྲོ་ལང་བ་གཞིར་བཅས་ཀྱང་སླར་དེ་ལ་ལན་ལེན་དགོས་བསམ་པ་རང་མི་སྐྱེ་ཙམ་ཨེ་ཡོང་སྙམ་པ་འདུག་ལགས་པ་དང་། གཞན་སྟོང་ཉིད་ལ་གོ་བ་ཆགས་པ་ཞིག་ཡོང་བར་གཞུང་ཆེན་མོ་ལ་ཐོས་བསམ་མཐར་ཕྱིན་དགོས་པ་ཡིན་འདུག་པས་གནས་ཡོང་ཡང་། ཚེ་སྔོན་མའི་བག་ཆགས་ལྟ་བུས་ཆུང་དུའི་དུས་དཔེ་ཆ་སོགས་བལྟ་མ་མྱོང་སྐབས་ནས་ད་ལྟའི་སྣང་བ་རྣམས་ཤི་སོང་ན་གཉིད་སད་པ་བཞིན་དེ་མ་ཡིན་པ་ཞིག་ཡོང་རྒྱུ་ཡོད་པ་འདྲ་སྙམ་པ་དང་། གཟུགས་སྐྲ་སོགས་ལ་དཔྱད་ན་གཟུགས་ལྟ་བུ་མིག་གིས་བལྟས་ན་འདུག་ཀྱང་

མིག་བཙུམ་ན་མི་འདུག །དེ་བཞིན་དུ་སྒྲ་ཟ་བ་དང་། དྲི་སྣ། རོ་ལྕེ། རེག་བྱ་ལུས་མེད་ན་མི་འདུག་པས་རང་གིས་བལྟ་བའི་སྐབས་དེར་ཡོད་པ་ལས། ཤི་སོང་བ་དང་གཉིད་ལོག་པ་སོགས་ཀྱི་ཚེ་དེ་དག་མེད་པ་འདྲ་སྙམ་པ་རང་ཡོང་སྐྱོང་ལགས་ཤིང་། ད་ལྟ་དཔེ་སོགས་ལ་བལྟས་ཀྱང་དབུ་མའི་གཞུང་གི་རིག་པའི་འགྲོས་རྣམས་སྦྱངས་པ་མ་བྱས་པར་མི་གོ་བ་འདུག་ཀྱང་། བླ་མ་མང་པོའི་ཞལ་གདམས་མགུར་མ་སོགས་ལ་ཡང་ཡང་བལྟས་པ་ན། རྒྱུན་དུ་འདི་ཐམས་ཅད་སེམས་ཀྱི་བདག་ཉིད་དུ་གྲུབ་པའམ། སེམས་ཀྱིས་ཕར་བཏགས་པ་ཙམ་ལས་ཕོ་རང་གི་ངོས་ནས་སྣང་བ་ལྟར་དུ་མེད་པ་ཡིན་འདྲ་སྙམ་པ་འབྱུང་བ་དང་། དེ་ལ་ཡང་ཡང་བསམ་མནོ་གཏོང་ཁུལ་བྱེད་ཀྱིན་ཡོད་ཀྱང་རེས་གཡེང་བ་ཟིང་ཡོང་སྣ་ཚོགས་ཀྱིས་རྩ་བརྗེད་དུ་འགྲོ་བ་དང་སྟབས་ལེགས་སྐབས་ཉིན་ཁ་ཤས་ཡང་ཡང་བསམ་ན་རྨི་ལམ་དུ་འཇིགས་སྐྲག་སོགས་སྣང་ཡང་དེ་ག་དྲན་ནས་དེའི་མོད་ལ་རྨི་ལམ་དེ་ཞིག་འགྲོ་བ་ཡང་ཚར་གཅིག་གཉིས་ཙམ་ཡོང་འདུག་ལགས་པ་འདི་ཙམ་ལ་རྒྱུན་བསྐྱངས་ན་ཐར་པའི་ས་བོན་ཙམ་དུ་འགྲོ་མིན་དང་། དེ་ལ་བསྒྱུར་བྱེད་སྔོན་ལམ་གང་ཟབ་པ་དང་། ལྷག་ཏུ་སྙིང་རྗེ་ཆེན་པོས་ཀུན་ནས་བསླངས་པའི་བྱང་སེམས་མེད་ན་ལྟ་བ་ཡང་ཐེག་དམན་དུ་ལྷུང་བའི་རྒྱུ་ལས་མ་འདས་ཤིང་། སྙིང་རྗེ་ཡང་ཉམ་ཐག་པའི་རིགས་ལ་ཡོང་བ་འདྲ་མོ་ཞིག་བར་བར་དུ་འདུག་ཀྱང་དུས་དབང་གི་མ་རྣམས་ཀྱིས་མཐོ་ནོན་སོགས་རྐྱེན་དུ་མའི་རླུང་གིས་སྙིང་རྗེའི་སྤྲིན་ནི་སེམས་ཀྱི་ནམ་མཁར་མི་ཆགས་པར་འདུག་པས་སྐྱོ་ཐབས་ཅི་ཟབ་ཀྱང་ཞུ་ལགས། ཞེས་ཞུལ་བར་མཛད་འདུག་ཅིང་། དེ་དག་གི་དོན་ཇི་ལྟར་ཡིན་པ་མདོར་བསྡུས་ནས་བརྗོད་པ་ནི། ད་ལྟའི་ལུས་ལ་དཔགས་ན་ཞེས་སོགས་ཀྱིས་ད་ལྟའི་གནས་སྐབས་སུ་མཁས་བཙུན་བཟང་གསུམ་གྱི་རྣམ་

པར་ཐར་པ་གང་གི་ཐད་ལ་ཡང་ཕལ་དང་ཕལ་གྱིས་འགྲན་ཟླ་མེད་པའི་བདག་ཉིད་ཆེན་པོར་གྱུར་པ་འདིའང་རྒྱུ་མེད་པ་དང་མི་མཐུན་པའི་རྒྱུ་ལས་བྱུང་བ་མ་ཡིན་པར། མངོན་རྟོགས་རྒྱན་ལས། སངས་རྒྱས་རྣམས་ལ་ལྷག་པར་བྱས། །དེ་ལ་དགེ་བའི་རྩ་བ་བསྐྲུན། །ཞེས་གསུངས་པ་དང་མཐུན་པར་འབྲུངས་རབས་ཀྱི་འཕྲེང་བ་སྔ་མ་རྣམས་སུ་རྒྱལ་བའི་སྲས་ཀྱི་སྤྱོད་ཚུལ་རྒྱ་ཆེན་པོ་ལ་གོམས་ཤིང་འདྲིས་པར་བྱས་པའི་སྒོ་ནས་བསོད་ནམས་ཀྱི་ཕུང་པོ་ཡོངས་སུ་རྫོགས་པར་མཛད་པ་ལས་བྱུང་བ་ཡིན་ནོ། །ཞེས་དངོས་སུ་བསྟན་ནས་དོན་དུ་རིང་མོ་ཞིག་ནས་བྱ་དཀའ་བའི་སྤྱོད་པ་མཐར་ཕྱིན་པའི་དམ་པའི་གོ་འཕང་མཐོན་པོར་གཤེགས་ཟིན་པར་ཞལ་གྱིས་བཞེས་པ་ཡིན་ནོ། །འཁོར་བ་མཐའ་ཅན་ཞིག་ཡོང་རེ་ཡོད་ལགས་པས། ཞེས་པས་ནི་ངེས་དོན་དུ་སྐུ་བཞིའི་གོ་འཕང་བརྙེས་ཟིན་པར་མ་ཟད། དྲང་དོན་གདུལ་བྱའི་སྣང་ངོར་ཡང་ལམ་གྱི་བགྲོད་པ་ཕལ་མོ་ཆེ་མཐར་ཕྱིན་ནས་མྱུར་དུ་འཚང་རྒྱ་བ་ལ་མངོན་དུ་ཕྱོགས་པ་ས་བཅུ་པ་ལ་གནས་པའི་བྱང་ཆུབ་སེམས་དཔའ་སྲིད་པ་ཐ་མ་བར་ཞལ་གྱིས་བཞེས་པ་དང་། དེང་སང་གི་སྤྲུལ་སྐུ་རང་འདྲའི་གྲལ་ནས། ཞེས་སོགས་ཀྱིས་ནི་མིང་ཙམ་དང་གྲགས་པ་ཙམ་གྱི་སྤྲུལ་སྐུ་མ་ཡིན་པར་དོན་དང་མཐུན་པའི་སྐྱེས་བུ་དམ་པ་ཡིན་པ་དང་། སྐྱིད་སྡུག་ཐམས་ཅད་ལ་ཨ་འཐས་ཀྱི་ཞེན་པས་སྲན་མི་བཟོད་རིགས་རང་མི་ཡོང་འདུག །ཅེས་པ་ནི། ཇི་སྐད་དུ། སྟོན་གྱི་བདག་ཉིད་ཆེན་པོ་དག་གི་གསུང་ལས་ཀྱང་། སྐྱིད་ན་བདེ་མ་ཚོགས་སུ་བསྔོ། །ཕན་བདེས་ནམ་མཁའ་གང་བར་ཤོག །སྡུག་ན་ཀུན་གྱི་སྡུག་བསྔལ་རྒྱུར། །སྡུག་བསྔལ་རྒྱ་མཚོ་སྐེམ་པར་ཤོག །ཅེས་གསུངས་པ་ལྟར། བདེ་སྡུག་བཟང་ངན་སོགས་ཅི་བྱུང་ཡང་མཐའ་དག་ལམ་དུ་འཁྱེར་བར་ནུས་པའི་ཉམས་རྟོགས་

ཁྱད་པར་ཅན་ཐུགས་རྒྱུད་ལ་མངའ་བའི་དོན་དང་། འདོད་པའི་རྣམ་རྟོག་གི་སྣང་བ་འདི་ཞེས་སོགས་དང་། ཞེ་སྡང་སོགས་རྐྱེན་དབང་གིས་བྱུང་ཡང་ཞེས་སོགས་ཀྱིས་ཐུན་མོང་བའི་སྣང་ངོ་ཙམ་དུ་རྐྱེན་གྱི་དབང་གིས་ཁྲོ་བའི་ཚུལ་སོགས་བྱུང་ཡང་དེ་མ་ཐག་ཏུ་འཆི་བ་མི་རྟག་པ་དང་། ལས་འབྲས་དང་། ཁོང་ཁྲོའི་ཉེས་དམིགས། བཟོད་པའི་ཕན་ཡོན་བསམ་པ་སོགས་ཀྱི་གཉེན་པོ་བསྟེན་མ་ཐག་ཏུ་ཞི་བར་གསུངས་པ་ནི་མགོན་པོ་རང་གི་ཐུགས་རྒྱུད་ལ་ཁོང་ཁྲོ་དང་འདོད་པའི་རྣམ་རྟོག་སོགས་ཉོན་མོངས་པ་རྒྱུ་བའི་གོ་སྐབས་ཀྱིས་མ་ཟིན་པས་གཉེན་པོ་བསྟེན་པ་སོགས་ལ་མི་ལྟོས་མོད་ཀྱང་གདུལ་བྱ་གཞན་དག་ལ་གཉེན་པོ་སྟོབས་ཆེན་གྱིས་ཉོན་མོངས་པ་བཟློག་པར་བྱེད་དགོས་སོ་ཞེས་འདོམས་པ་དང་། ལྷག་པར་ད་ལྟ་རང་ལ་དངོས་སུ་མཚོན་བསྣུན་མཁན་བྱུང་ཡང་ཞེས་སོགས་ཀྱིས་ནི་སྔར་ཇོ་བོ་རྗེ་དཔལ་ལྡན་གཅིག་དྷི་པཾ་ཀ་རས་ཀྱང་ཁོ་བོ་ལ་ཁྲོ་བ་ཡོད་ཀྱང་ཁོན་འཛིན་མེད། ཅེས་གསུངས་པ་ལྟར་ལུས་དང་སྲོག་ལ་གནོད་པར་བྱེད་པའི་མ་རུངས་པ་དག་ལ་ཡང་གནས་སྐབས་ཡུད་ཙམ་ཞིག་ཁྲོ་བར་གྱུར་ཀྱང་སླར་དེ་ལ་ཞེ་ཁོན་དུ་བཟུང་ནས་ལེ་ལན་འཇལ་བའི་བློ་ངན་སྐད་ཅིག་ཀྱང་མི་སྐྱེ་བའི་ཚུལ་དངོས་སུ་བསྟན་ནས་ཤུགས་བསྟན་ལ། ཇི་སྐད་དུ། པཎ་ཆེན་བློ་བཟང་ཆོས་ཀྱི་རྒྱལ་མཚན་གྱི་གསུང་ལས། ཁམས་གསུམ་སྐྱེ་རྒུ་མ་ལུས་ཁྲོས་གྱུར་ཏེ། །གཤེ་ཞིང་མཚང་འབྲུ་བརྡེག་ཅིང་སྲོག་གཅོད་ཀྱང་། །མི་འཁྲུགས་གནོད་ལན་ཕན་པས་སྒྲུབ་བྱེད་པའི། །བཟོད་པའི་ཕར་ཕྱིན་རྫོགས་པར་བྱིན་གྱིས་རློབས། །ཞེས་ཇི་ལྟར་གསུངས་པ་ལྟར་གནོད་བྱེད་གང་སུ་ཡང་རུང་བ་འགའ་ཞིག་གིས་ལྟ་ཅི་སྨོས། ཁམས་གསུམ་གྱི་སྐྱེ་རྒུ་མ་ལུས་པ་ཁྲོས་པར་གྱུར་ཏེ་གཤེ་བ་དང་། མཚང་འབྲུ་བ་དང་། བརྡེག་པ་དང་། མཚོན་བསྣུན་པ་དང་། སྲོག་གཅོད་པ་

སོགས་ཇི་ཙམ་བྱས་ཀྱང་ཁྲི་བ་དང་འཁྲུགས་པ་སོགས་ཀྱི་གོ་སྐབས་ཅུང་ཟད་ཀྱང་མི་མངའ་བའི་ཁར་གནོད་ལན་དུ་ཕན་པ་འབའ་ཞིག་སྒྲུབ་པའི་བཟོད་པའི་ཕར་ཕྱིན་གྱི་ཉམས་ལེན་ཆེས་ལྷག་པ་ཐུགས་རྒྱུད་ལ་མངའ་བར་བསྟན་པ་དང་། ཡང་། སྟོང་ཉིད་ལ་གོ་བ་ཆགས་པ་ཞིག་ཡོང་བར་གཞུང་ཆེན་མོ་ལ་ཐོས་བསམ་མཐར་ཕྱིན་དགོས་པ་ཡིན་འདུག་པས་གནས་ཡོངས་ཞེས་གསུངས་པ་ནི་གཞན་དག་ལ་གོ་བར་བྱ་བའི་ཕྱིར་ཡིན་ཏེ། ཟབ་མོ་སྟོང་པ་ཉིད་ཀྱི་དོན་གཏིང་ཕྱིན་པ་ཞིག་རྟོགས་པར་འདོད་ན་བཤེས་གཉེན་དམ་པའི་མགོན་ལ་བརྟེན་ཏེ་མགོན་པོ་ཀླུ་སྒྲུབ་ཡབ་སྲས་དང་། རྗེ་ཐམས་ཅད་མཁྱེན་པ་ཡབ་སྲས་རྗེས་འབྲང་དང་བཅས་པ་རྣམས་ཀྱི་གཞུང་ལུགས་ལ་ཐོས་བསམ་གྱི་བདར་ཤ་ལེགས་པར་བཅད་ནས་དཔྱིས་ཕྱིན་པར་གཏན་ལ་འབེབས་དགོས་པ་ཡིན་གྱི། རང་སྟོབས་དང་འོལ་ཚོད་ཀྱིས་འཇུག་པས་ནི་ཇི་ལྟར་བློ་གྲོས་ཡངས་ཀྱང་ཕྱོགས་མཐོང་ཙམ་ལས་མི་འབྱུང་ངོ་ཞེས་གདམས་པར་འདོད་པ་དང་། ཡང་། ཚེ་སྔོན་མའི་བག་ཆགས་ལྷ་བུ་ཆུང་ངུའི་དུས་ནས་ཞེས་སོགས་ནི་གཞོན་ནུ་ཉིད་ནས་ཚོགས་དྲུག་གི་ཡུལ་རྣམས་སྣང་ཙམ་མ་གཏོགས་རང་བཞིན་གྱིས་མ་གྲུབ་པའི་དོན་ལེགས་པར་ཐུགས་སུ་ཆུད་པར་བསྟན་པ་སྟེ། ཇི་ལྟར་ཞེ་ན། གཟུགས་ལྷ་བུར་དཔྱད་པ་མཛད་པའི་ཚེ་མིག་གིས་བལྟས་ན་འདུག་ཀྱང་མིག་བཙུམ་ན་མི་འདུག་ཅེས་གསུངས་པས་གོ་བར་ནུས་ཏེ། གཟུགས་ཞེས་པ་དེ་ཡང་མིག་ཤེས་དང་ཡིད་ཤེས་ཀྱིས་འདི་ནི་གཟུགས་སོ་ཞེས་བཏགས་པ་ཙམ་དང་མཐོང་བ་ཙམ་ལས་རང་གི་ངོ་བོས་མ་གྲུབ་སྟེ། གལ་ཏེ་གྲུབ་ན་མིག་བཙུམ་པའི་གནས་སྐབས་སུ་ཡང་གཟུགས་མཐོང་དགོས་པ་ལས་མ་མཐོང་བའི་ཕྱིར་ཞེས་རྒྱུ་མཚན་ཁྱད་པར་ཅན་གྱི་སྒོ་ནས་གཟུགས་རང་ངོས་ནས་མ་གྲུབ་པར་མཁྱེན་ཚུལ་དང་། དེ་བཞིན་དུ་སྒྲ་དང་དྲི་

ལ་སོགས་པའི་ཕྱི་ནང་གི་ཆོས་ཐམས་ཅད་བདེན་མེད་དུ་རྟོགས་པར་དངོས་སུ་བསྟན་པ་ཡིན་ལ། ཡང་། ད་ལྟ་དཔེ་སོགས་ལ་བལྟས་ཀྱང་དབུ་མའི་གཞུང་གི་རིག་འགྲོས་རྣམས་སྦྱངས་པ་མ་བྱས་པར་མི་གོ་བར་འདུག་ཀྱང་བླ་མ་དམ་པའི་ཞལ་གདམས་མགུར་མ་སོགས་ལ་ཡང་ཡང་བལྟས་ནས་ཞེས་སོགས་ཀྱིས་ནི། དཔལ་མགོན་འཕགས་པ་ཀླུ་སྒྲུབ་དང་དཔལ་ལྡན་ཟླ་བ་གྲགས་པ་སོགས་ཀྱི་གཞུང་ལུགས་ནས་འབྱུང་བའི་སྟོང་པ་ཉིད་རྣམ་གྲངས་མཐའ་ཡས་པའི་སྒོ་ནས་གཏན་ལ་འབེབས་བྱེད་ཀྱི་རིག་པ་རྣམས་མཁས་པའི་ངག་ལ་བརྟེན་ནས་ཞིབ་ཏུ་སྦྱངས་པ་མ་བྱས་པར་རང་སྟོབས་ཀྱིས་ཤེས་པར་མི་ནུས་སོ་ཞེས་ཀུན་ལ་གོ་བར་བྱས་ནས་ཤུགས་ལ་རྗེ་བླ་མ་རང་ཉིད་ཀྱིས་ནི་དེ་དག་ལ་ཡང་ཐོས་བསམ་གྱི་སྦྱངས་པས་གཏན་ལ་འབེབས་པ་དང་། སྒོམ་པས་ཉམས་སུ་བླང་བ་སོགས་མཐར་ཕྱིན་དུ་མཛད་པ་ལས་དོན་གྱི་སྙིང་པོ་བཙོས་མ་དང་གོ་ཡུལ་ཙམ་མིན་པར་མངོན་སུམ་དུ་རྟོགས་པར་བསྟན་པ་དང་། དེའི་འཕྲོས་ནས་དངོས་ཉམས་རྨི་ལམ་གང་གི་གནས་སྐབས་སུ་ཡང་རང་བཞིན་མེད་རྟོགས་ཀྱི་ལྟ་བའི་རྩིས་ཟིན་པ་རྒྱུན་ཆགས་སུ་འབྱུང་ཚུལ་རྣམས་ཀྱང་གསལ་བར་བསྟན་ཅིང་། ཡང་། ལྷག་ཏུ་སྙིང་རྗེ་ཆེན་པོས་ཀུན་ནས་བསླངས་ཏེ། ཞེས་པ་མན་ཆད་ཀྱིས་ནི་བྱང་ཆུབ་ཀྱི་སེམས་དང་སྙིང་རྗེ་ཆེན་པོ་མེད་ན་ལྟ་བ་རྣམ་དག་ཙམ་གྱིས་ཐེག་དམན་ལས་འཕགས་པར་མི་ནུས་པས་ངེས་པར་དེ་གཉིས་དགོས་ངེས་སུ་དགོངས་པ་དང་། དེ་ཡང་དགོངས་པ་ཙམ་དུ་མ་ཟད་ཐུགས་ཉམས་སུ་བསྐྱར་བའི་དབང་ལས་ཉམ་ཐག་པའི་འགྲོ་བ་རྣམས་ཀྱིས་གཙོ་བྱས་པའི་མཁའ་ཁྱབ་ཀྱི་སེམས་ཅན་ཐམས་ཅད་ལ་མ་བུ་གཅིག་པ་ལ་བརྩེ་བའི་ཚོད་ཙམ་གྱི་སྙིང་རྗེ་ཆེན་པོ་ཤུགས་དྲག་པོ་དང་བྱང་ཆུབ་ཀྱི་སེམས་རྣམ་པར་དག་པ་ཐུགས་རྒྱུད་ལ་མངའ་བར་

བསྟན་པ་དང་། གཞན་དག་ལ་ཡང་འདི་ནི་ཐེག་ཆེན་ལམ་གྱི་གཞུང་ཤིང་མེད་མི་རུང་ཡིན་པས་སྐབས་ལེགས་ཀྱིས་ལན་རེ་ལན་གཉིས་ཙམ་སྐྱེས་པས་གར་ཡང་མི་ཕྱིན་པས་རྐྱེན་ངན་གྱི་རླུང་གིས་སྐད་ཅིག་ཀྱང་བསྐྱོད་པར་མི་ནུས་པའི་རིའི་དབང་པོ་ལྟར་བརྟན་པའི་བྱང་ཆུབ་ཀྱི་སེམས་རྒྱུད་ལ་སྐྱེ་བའི་ཐབས་ལ་སྐྱེས་བུའི་རྩལ་ཅི་ཡོད་ཀྱི་སྒོ་ནས་འབད་དགོས་སོ་ཞེས་གདམས་པར་མཛད་པའོ། །དེས་ན་ཚུལ་འདི་ལྟ་བུ་རྣམས་ནི་རྒྱལ་སྲས་བདག་ཉིད་ཆེན་པོའི་མཛད་པ་རྣམ་ཐར་གོང་ན་མ་མཆིས་པ་སྟེ་གཞན་དག་གིས་བཟང་བཟང་མོར་འཛིན་པའི་ཐུན་མོང་བའི་མངོན་ཤེས་དང་རྫུ་འཕྲུལ་དང་། བསམ་གཏན་དང་གཟུགས་མེད་ཀྱི་སྙོམས་འཇུག་གི་ཡོན་ཏན་སོགས་ཀྱིས་ཆ་ཙམ་ཡང་བསྒྲུན་པར་མི་ནུས་པ་ཤིན་ཏུ་ངོ་མཚར་རྨད་དུ་བྱུང་བའི་གནས་ཡིན་ནོ། །

འདིར་སྨྲས་པ། ཨེ་མ་དངོས་འཛིན་ཞགས་པའི་འཆིང་བ་ཀུན། །བདག་མེད་རྟོགས་པའི་རལ་གྲིས་ཡོངས་བཅད་དེ། །ཇི་ལྟ་ཇི་སྙེད་མཁྱེན་པའི་འོད་སྟོང་ཅན། །ཁྱོད་ཐུགས་ལྷ་ཡི་ལམ་དུ་མངོན་པར་གསལ། །མཁའ་ཁྱབ་འགྲོ་ལ་རྗེས་བརྩེའི་སྙིང་རྗེའི་མདངས། །བྱང་སེམས་རི་མོ་རྣམ་བཀྲའི་ཟ་འོག་རིས། །ཁྱོད་ཐུགས་མཛེས་པའི་གོས་སུ་རིང་མོ་ནས། །རང་ཆས་མངའ་ཡང་ད་དུང་སློབ་ཚུལ་སྟོན། །སྙིགས་མའི་སྐྱེ་བོ་མི་བསྲུན་གླང་པོའི་སྣས། །གང་ལ་འཆེ་བའི་བསམ་སྦྱོར་རྩོམ་གྱུར་ཀྱང་། །བྱམས་པའི་མ་ཡིས་སྡུག་པའི་བུ་ལ་བཞིན། །མི་འབྲུགས་གནོད་ལན་ཕན་པས་གཞལ་འདི་མཚར། །མཐའ་བྲལ་དབུ་མའི་གཞུང་ལུགས་ཆུ་གཏེར་ཁྱོན། །མཁྱེན་རབ་བཟང་པོའི་སྟོབས་ཀྱིས་བརྒལ་བའི་མཐར། །ཀླུ་སྒྲུབ་དགོངས་དོན་ནོར་བུ་བསམ་འཕེལ་དབང་། །མ་ནོར་བླངས་ཏེ་གཞན་ལའང་བགོ་ཤར་འགྱེད། །ཕར་ཕྱིན་དྲུག་དང་བསྡུ་བ་

རྣམ་བཞི་སོགས། །སར་གནས་འཕགས་པའི་ཡོན་ཏན་མ་ལུས་པ། །གཞོན་ནུ་ཉིད་ནས་མངོན་དུ་མཛད་པ་ཁྱོད། །དོན་ཀུན་གྲུབ་དང་རྣམ་དབྱེར་ག་ལ་མཆིས། །ངེས་འབྱུང་བྱང་སེམས་ཡང་དག་ལྟ་བ་ཡིས། །རང་རྒྱུད་མཛེས་པར་བྱེད་པའི་རྣམ་ཐར་འདི། །ངོ་མཚར་ཀུན་གྱི་རབ་དང་རྩེ་མོ་དང་། །ཕུལ་དུ་གྱུར་པ་ཉིད་ཅེས་དཔྱོད་ལྡན་སྒྲོག །བློ་ཆུང་རྣམས་ཀྱིས་ངོ་མཚར་དུ་རློམས་པའི། །མངོན་ཤེས་རྫུ་འཕྲུལ་ཏིང་འཛིན་ལྡན་སོགས་ཀྱིས། །དཔེ་དང་ཆ་ཤས་ཙམ་དུའང་མི་བསྒྲུན་པའི། །བསྔགས་འོས་འདི་ནི་རྒྱལ་ཀུན་ཡེ་ཤེས་འཕྲུལ། །ཞེས་པ་ནི་བར་སྐབས་ཀྱི་ཚིགས་སུ་བཅད་པའི་རིམ་པའོ། །

ཚུལ་དེ་ལྟ་བུའི་སྒོ་ནས་གསན་བསམ་སྒོམ་གསུམ་མཛད་མུས་སུ་ཡོད་པ་ལས་འདི་ལོ་འཛམ་གླིང་སྐྱེ་འགྲོ་ཡོངས་ཀྱི་བསོད་ནམས་ཀྱི་བགོ་སྐལ་དམན་ཅིང་བསྟན་པའི་གེགས་དབང་ཚན་པོ་ཆེར་བདོ་བས་དབང་ཕྱུགས་ནས་༧གོང་མ་བདག་པོ་ཆེན་པོའི་རིགས་ཀྱི་ཅོད་པན་ཞྭ་སེར་བསྟན་པའི་ཉིན་བྱེད་ལྕང་སྐྱ་རྗེ་རྗེ་འཆང་རོལ་པའི་རྡོ་རྗེ་གཟུགས་སྐུའི་བཀོད་པ་ཆོས་དབྱིངས་སུ་ཐིམ་ཚུལ་བསྟན་པའི་གནས་ཚུལ་གྱི་ཡི་གེ་བོད་དུ་འགྱུར་སྐད་གསན་པ་ན་ཡུད་ཙམ་ཐུགས་དྲན་མེད་དུ་འགྲོ་ཚད་པ་ལྟ་བུའི་ཐུགས་ཁྲལ་དང་མྱ་ངན་གྱི་ཟུག་རྔུས་ནོན་པར་གྱུར་ཏེ། ཀྱེ་མ་ལྷ་དང་བཅས་པའི་འགྲོ་བ་ཡོངས་ཀྱི་འདྲེན་པའི་མཛའ་བཤེས་ཆེན་པོ་རྒྱུ་མེད་པར་གཅིག་ཏུ་མཉེས་གཤེན་པའི་བྱམས་དང་ཐུགས་རྗེའི་བདག་ཉིད་རྒྱལ་བ་གཞན་ལས་ཀྱང་བཀའ་དྲིན་ཆེས་ལྷག་པ་མཚུངས་བྲལ་མ་མཆིས་པའི་དཔལ་ལྡན་བླ་མ་སྙིགས་དུས་ཀྱི་སྒྲོན་མེ་གཅིག་པུ་དེས་ཀྱང་བདག་སོགས་རྗེས་འཇུག་གི་གདུལ་བྱ་ཡལ་བར་དོར་ནས་དག་པའི་ཞིང་དུ་གཤེགས་ཚུལ་བསྟན་པའི་གཏམ་འདི་ལྟ་བུ་ཐོས་པའི་ཡུལ་དུ་གྱུར་པ་ཞེས་ཤིན་ཏུ་གདུང་བའི་སྨྲེ་ངག

དང་སྤྱན་ཆབ་བརྒྱུད་མར་འཕྱིན་ཅིང་། ད་ནི་ཐུགས་དགོངས་རྫོགས་ཐབས་ཀྱི་རིམ་པར་འབབ་པ་དང་། མཆོག་གི་སྤྲུལ་སྐུ་མྱུར་དུ་འབྱོན་པར་གསོལ་བ་འདེབས་པ་སོགས་ལ་འབུང་གསུམ་འདོན་པ་ལས་ཐབས་གཞན་བྱར་མེད་པར་གཟིགས་ནས་རིང་མིན་མྱུར་བར་རྟེན་གསུམ་ཁྱད་པར་ཅན་དང་འདུས་སྡེ་སོགས་ལ་མཆོད་སྦྱིན་བསྙེན་བཀུར་སོགས་བཟང་ཞིང་མཐའ་ཀླས་པའི་ཐོག་ཟག་མེད་ཐུགས་ཀྱི་དགོངས་པ་མྱུར་དུ་རྫོགས་པ་དང་། སླར་ཡང་བསྟན་འགྲོའི་མགོན་དུ་མཆོག་གི་སྤྲུལ་སྐུའི་ཞལ་བཟང་འཁྲུལ་བྲལ་མྱུར་དུ་ངེས་པ་རྙེད་པ་སོགས་ཀྱི་ཐུགས་སྨོན་བདེན་ཚིག་གི་མཚམས་སྦྱོར་ཤུགས་དྲག་རྒྱུན་མི་ཆད་དུ་མཛད་པ་དང་། ལྷག་པར་ཇི་སྐད་དུ། ཕན་པའི་ལན་དུ་མཆོད་པ་བྱ་བ་ནི། །བསྒོ་བའི་ཚིག་བཞིན་ཉམས་སུ་ལེན་པ་ཡིན། །ཞེས་གསུངས་པ་ལྟར། བླ་མའི་སྐུ་དྲིན་བསོབ་བྱེད་ཐམས་ཅད་ཀྱི་ནང་ནས་མཆོག་ཏུ་གྱུར་པ་ནི་བླ་མས་ཇི་ལྟར་བསྟན་པའི་གདམས་པའི་དོན་རྣམས་ཚུལ་བཞིན་དུ་ཉམས་སུ་ལེན་པ་ཉིད་ཡིན་ལ། དེའི་ཕྱིར་ད་དུང་ཡང་བདག་གིས་རྒྱལ་བའི་བསྟན་ལ་ཐོས་བསམ་སྒོམ་གསུམ་ཚང་ལ་མ་ནོར་བར་བྱས་ཏེ་རྒྱལ་བསྟན་འཛིན་སྐྱོང་སྤེལ་བའི་སྒོ་ནས་རང་གཞན་གྱི་དོན་རྒྱ་ཆེན་པོ་བྱས་ཏེ་རྗེ་བླ་མ་རྣམས་ཀྱི་ཐུགས་ཀྱི་དགོངས་བཞེད་མཐའ་དག་ཇི་བཞིན་དུ་འགྲུབ་པ་ཞིག་མི་བྱེད་རེ་དགོངས་པའི་ཞེ་བཅད་དང་ཡི་དམ་ཡང་ཡང་དུ་བཅའ་བར་མཛད་དོ། །དེ་སྐབས་ལྕང་སྐྱ་རྡོ་རྗེ་འཆང་ཞིང་ཕེབས་ཀྱི་གནས་ཚུལ་གྲལ་རྩེ་དང་ཆབས་ཅིག་པར་ཁྲི་ཆེན་ནོ་མི་ཧན་ཆེན་པོར་ཕེ་ཅིང་ཐམ་ཀ་བླ་མའི་གོ་ས་འཛིན་པར་ཕེབས་དགོས་ཞེས་༧གོང་མ་བདག་པོ་ཆེན་པོའི་བཀའ་ངག་ཆེད་ཕེབས་ཀྱི་དོན་བཞིན་མྱུར་འབྱོན་གྱི་དགོངས་འདུན་གཏད་པར་ཕེབས་རྫོངས་དངོས་འབུལ་གྱི་རིམ་པའང་རྒྱ་ཆེ་བར་བསྐྱངས་ཤིང་

ཕན་ཚུན་དགྲེས་པའི་གསུང་མཆིད་ཀྱི་རིམ་པ་སྣ་ལྷུལ་རེས་སུ་མཛད། ཧོར་ཟླ་ལྔ་པའི་ཡར་ཚེས་ལ་ཁྱབ་བདག་རྡོ་རྗེ་འཆང་འཇམ་དབྱངས་བཞད་པ་རིན་པོ་ཆེར་བྲག་གཡབ་སྤྲུལ་པའི་སྐུ་ནས་གསོལ་བ་བཏབ་པའི་དོན་བཞིན་ལྷ་ལྡན་ནོར་འཛིན་དགའ་ཚལ་དུ། སློང་རྡོལ་གྲུབ་དབང་རིན་པོ་ཆེ་དང་། བྲག་གཡབ་སྤྲུལ་སྐུ། དུང་དཀར་སྤྲུལ་སྐུ། རེ་ཀྲུ་སྤྲུལ་སྐུ་སོགས་བདག་ཉིད་ཆེན་པོ་རྣམས་ཀྱིས་གཙོ་མཛད་པའི་དོན་གཉེར་གྱི་འདུས་པ་མང་པོ་དང་ལྷན་ཅིག་པར་རྡོ་རྗེ་ཕྲེང་བ་དང་མི་ཏྲའི་དབང་། འཇམ་དཔལ་གསང་ལྡན། བདེ་མཆོག་ནག་པོ་སོགས་ཀྱི་དབང་ཆེན། སྒྲུབ་ཐབས་བརྒྱ་རྩའི་རྗེས་གནང་། ཀྲི་ཡ་ས་མུ་ཙྪ་དང་། རྟོགས་བརྗོད་དཔག་བསམ་འཁྲི་ཤིང་གི་ལུང་སོགས་དབང་རྗེས་གནང་ལུང་ཁྲིད་གསན་ཡིག་ཏུ་གསལ་བ་ལྟར་མཐའ་ཀླས་པ་ཞིག་གསན་ནས་གྲུབ་བསྟན་གཏང་རག་གི་དངོས་འབུལ་སོགས་ཀྱང་དཔངས་མཐོ་བ་འབུལ་བར་མཛད། དེ་སྐབས་སློང་རྡོལ་གྲུབ་པའི་དབང་ཕྱུག་དང་ཁྱབ་བདག་འཇམ་དབྱངས་བཞད་པ་གཉིས་ཕན་ཚུན་གཅིག་ལ་གཅིག་གུས་ཤིང་འདུད་པའི་རྣམ་འགྱུར་མཐའ་ཀླས་པ་མཛད་པ་གཟིགས་པ་ན་མགོན་པོ་འདིའི་ཐུགས་དགོངས་ལ། ཨེ་མ་བདག་ཉིད་ཆེན་པོ་རྣམས་ནང་ཕན་ཚུན་དུ་སྤྲངས་རྟོགས་ཀྱི་ཡོན་ཏན་ལ་མཐོ་དམའ་དང་། མཛད་པའི་འཕྲིན་ལས་ལ་རྒྱ་ཆེ་ཆུང་སོགས་ཀྱི་ཁྱད་པར་ཅུང་ཟད་ཙམ་ཡང་མི་མངའ་བར་མ་ཟད་ངེས་པའི་དོན་དུ་ཐུགས་ཆོས་སྐུ་བདེ་བ་ཆེན་པོའི་ཀློང་དུ་རོ་གཅིག་པ་ཉིད་དུ་ངེས་ཀྱང་གདུལ་བྱའི་མོས་ངོར་ཐ་དད་པའི་ཚུལ་བཟུང་ནས་ལ་ལས་ཆོས་སྟོན་པ་པོ་དང་། ལ་ལས་ཉན་པ་པོ་དང་བསྐུལ་བ་པོ་མཛད་པ་དང་། གཅིག་ལ་གཅིག་དད་ཅིང་གུས་པ་ལྟར་ལེན་པར་མཛད་པ་འདི་ལྟ་བུ་ནི་འགྲོ་བ་འདུལ་བའི་ཐབས་མཁས་ཐླ་ན་མ་མཆིས་པའོ་

དགོངས་ནས་ལྷག་པར་དུ་གུས་པའི་པཎྜི་ཀོད་པར་གྱུར་སྣང་སྟེ། རྗེ་ཉིད་ཀྱིས་མཛད་པའི་གྲུབ་དབང་ཀློང་རྗོལ་རིན་པོ་ཆེའི་རྟོགས་བརྗོད་ལས། དེ་ནས་རྗེ་འཇམ་དབྱངས་བཞད་པས་བྲག་གཡབ་སྤྲུལ་པའི་སྐུར་བཀའ་ཆོས་མང་དག་བཀའ་དྲིན་སྐལ་བའི་ཕལ་ཆེར་གྲུབ་ནས་ཡོན་འབུལ་སྐབས། རྗེ་འདི་ཉིད་ནས་ཀྱང་ཁྱབ་བདག་འཇམ་དབྱངས་བཞད་པར་གསེར་སྐུ་རྙིང་མ་སུམ་ཅུ་སོ་གཉིས། བཀའ་གདམས་གདུང་རྟེན་ལྷ། བཀྲ་ཤིས་འཁྱིལ་དུ་བྱམས་ཆེན་གསེར་བཞེངས་ཀྱི་དགོངས་གཏད་ཡོད་པར་ཞལ་འདེབས་སུ་གསེར་སྲང་བརྒྱ། གཡུ་དང་གཡུའི་ཕྲ་རྒྱན་མང་ཙམ་འབུལ་བར་མཛད་སོང་ཞིང་། དེ་སྐབས་རྗེ་ཉིད་ཀྱིས་བཞེངས་ནས་གུས་པའི་རྣམ་འགྱུར་བཅས་འབུལ་བར་མཛད་འདུག་པར། ཁྱབ་བདག་འཇམ་དབྱངས་བཞད་པའང་བཞེངས་ནས་ཤིན་ཏུ་གུས་ཤིང་བག་ཚ་བའི་ཚུལ་དུ་བཞེས་པར་མཛད་ཀྱིན་འདུག་པས་སྐྱེས་བུ་དམ་པའི་རྣམ་ཐར་ལ་བདག་ཅག་དེར་འདུས་རྣམས་མོས་གུས་འཕེལ་ཞེས་གསུངས་པའི་ཕྱིར་རོ། །

དེ་ནས་ཧོར་ཟླ་ལྔ་པའི་ཚེས་ཉེར་བརྒྱད་ཀྱི་ཉིན། གངས་ལྗོངས་བསྟན་པའི་ཉིན་བྱེད་ཁྲི་ཆེན་ནོ་མི་ཧན་རིན་པོ་ཆེ་དབུས་འགྱུར་སའི་ལྟེ་བ་ནས་དབང་ཕྱོགས་རྒྱལ་པོའི་ཁབ་ཏུ་ཆིབས་ཀྱི་ཁ་ལོ་བསྒྱུར་བའི་ཕེབས་སྐྱོལ་དུ་དར་རྒྱས་དགུང་མཐོ་ཐེར་བར་གཞུང་གི་ཐབ་སྐྱོལ་ཡོད་པའི་བར་དུ་ཕྱིན་ཅིང་། དེར་ཕེབས་དར་སྲུལ་ཏེ་དབང་ཕྱོགས་ཀྱི་བརྒྱུད་དུ་འཇམ་དབྱངས་༧གོང་མ་ཆེན་པོའི་འཕྲིན་ལས་དང་། ཞྭ་སེར་གྱི་བསྟན་པ་ཟླ་ལྷག་ཏུ་སྤེལ་བའི་མཛད་འཕྲིན་ཁྱབ་གདལ་དུ་འགྱེད་པ་དང་། བོད་གངས་ཅན་གྱི་བསྟན་འགྲོ་རྣམས་ཀྱང་ཐུགས་ཡུལ་ནས་མི་འདོར་ངོས་སྣང་ཡང་ལྗོངས་འདིར་ཞབས་པད་བསྐྱོད་ཐུབ་པ་སོགས་ཀྱི་གསོལ་འདེབས་མཛད་པར་༧སྐྱབས་མགོན་ནོ་མི་ཧན་ནས་ཀྱང་

ཞལ་བཞེས་བཟང་པོ་སྤྲུལ་བ་དང་ཆབས་ཅིག་པར་རབ་ཏུ་དཀར་བའི་ལྷ་རྫས་གངས་རིའི་མདངས་ཅན་སྲིད་དུ་རིང་བས་མགོན་པོ་མཆོག་གི་དཔལ་གྱི་མགྲིན་པ་མཛེས་པར་མཛད་ནས་སླར་ཡང་བཀའ་མཆིད་དུ། སྙིགས་མའི་དུས་འདིར་དམ་པ་ཁྱེད་ལྟ་བུ་རྣམས་ཀྱིས་ཐུགས་བསྐྱེད་ཀྱི་དཔུང་ཆེ་ཆེར་བསྐྱེད་དེ་འཁོར་ལོ་གསུམ་གྱི་འཕྲིན་ལས་ཀྱི་གདུགས་དཀར་པོས་ནོར་འཛིན་གྱི་ཁྱོན་ཡོངས་སུ་ཁྱབ་པར་མཛད་པའི་སྒོ་ནས་ཞྭ་སེར་གྱི་བསྟན་པ་དང་སེམས་ཅན་གྱི་བདེ་སྐྱིད་སྤེལ་ཐུབ་པ་ཞིག་དོན་གྱི་སྙིང་པོར་མཛད་དགོས་ཚུལ་སོགས་བཀའ་སློབ་ཀྱི་རིམ་པ་ཟབ་ཅིང་རྒྱས་པ་སྤྲུལ་བར་མཛད་དོ། །དེ་ནས་ཕྱིར་ཕེབས་བསྟུན་འབྲས་སྤུངས་སུ་ཕྱིན་ནས་སྔར་བཞིན་ཚོགས་ཆོས་ཆག་མེད་ལྟ་བུར་ཕེབས་ཏེ་གཞུང་ལུགས་རྒྱ་མཚོར་གསན་བསམ་སྒོམ་གསུམ་ལ་བརྩོན་པ་ལྷུར་བཞེས་དང་། ལྷག་པར་དབུ་ཕར་གྱི་གཞུང་ལུགས་རྣམས་ལ་སྒྲོ་འདོགས་ཆོད་ཟིན་ནས་བསྟན་པའི་ནང་མཛོད་སོ་ཐར་རིགས་བདུན་གྱི་སྡོམ་པའི་དགག་སྒྲུབ་གནང་གསུམ་གྱི་རིམ་པ་གཏན་ལ་འབེབས་པའི་འདུལ་བའི་གཞུང་ལུགས་སྤྱི་དང་། ནང་ཚན་དུ་ཡང་སློབ་དཔོན་ཆེན་པོ་ཡོན་ཏན་འོད་ཀྱིས་མཛད་པའི་བསྟན་བཅོས་འདུལ་བ་མདོ་རྩ་བ་རྒྱ་ཆེར་འགྲེལ་རྗེས་འབྲངས་དང་བཅས་པ་ལ་གཙོ་བོར་སྦྱངས་པ་མཛད་བཞིན་པའི་ངང་དུ་བཞུགས་ཤིང་། དེ་ནས་མི་རིང་བར་དབྱར་ཞལ་བཞེས་དང་རིགས་གྲྭ་ཆེན་མོའི་ཆོས་དང་ཟང་ཟིང་གི་དགའ་སྟོན་ལ་ཕེབས་བསྐྱོད་སོགས་སྔར་སྲོལ་བཞིན་དང་། འདི་ལོ་རྗེ་ཉིད་ཀྱི་ཡོངས་འཛིན་སྒོ་མང་ཞལ་སྔ་ནས་བསྐལ་བཟང་དངོས་གྲུབ་ནས་རིགས་གྲྭ་ཆེན་མོའི་གཏོང་སྒོ་མཛད་དགོས་ཀྱི་ཐོག་རྗེ་ཉིད་ནས་ཀྱང་ཞལ་འདེབས་ལྟ་བུར་འབྲས་སྤུངས་ཚོགས་ཆེན་དུ་མང་ཇ་སོགས་ཀྱི་བསྙེན་བཀུར་གྱ་ནོམས་སུ་སྤྲུལ་བར་མཛད། དབྱར་གནས་གྲོལ་

བསྟུན་ཡོངས་འཛིན་ཆོས་ཀྱི་རྒྱལ་པོ་ཡེ་ཤེས་རྒྱལ་མཚན་ནས་ལྷ་ལྡན་རྨེ་རུའི་གྲྭ་ཁང་དུ་ལམ་རིམ་གྱི་གསུང་ཆོས་སྩལ་བར་ཕེབས་ཏེ་གསན་བཞེས་དང་། དེ་ཙམ་དུ་མ་ཟད་༧ཡོངས་འཛིན་པཎྜི་ཏ་ཆེན་པོ་འདི་ཉིད་ནི་སྐྱིགས་དུས་ཐུབ་དབང་བསྟན་པའི་སྒྲོན་མེ་འཇམ་མགོན་བླ་མ་ཉིད་དང་རྣམ་པར་དབྱེ་བ་མ་མཆིས་པའི་དབང་གིས་སྐྱབས་མགོན་འདི་ཉིད་ནས་ཀྱང་རིགས་ཀྱི་ཙོད་པན་བླ་ན་མ་མཆིས་པར་འཛིན་པར་མཛད་དེ་མདོ་སྔགས་ཀྱི་ཟབ་ཆོས་གསན་རིགས་ཀྱང་། ལམ་རིམ་ཆེ་ཆུང་། བདེ་ལམ། མྱུར་ལམ། འཇམ་དཔལ་ཞལ་ལུང་། གསང་བདེ་འཇིགས་གསུམ་གྱི་བསྐྱེད་རྫོགས། བླ་མ་མཆོད་པ། དགའ་ལྡན་ལྷ་བརྒྱ་མ་སོགས་ཀྱི་ཁྲིད་ལུང་། ཐུགས་རྗེ་ཆེན་པོའི་དབང་ཆེན། སྨན་བླའི་རྗེས་གནང་། གཅོད་དབང་ནམ་མཁའ་སྒོ་འབྱེད་དང་དེའི་ཁྲིད་སོགས་དབང་རྗེས་གནང་གི་རིགས་དུ་མ་དང་། འདུལ་བ་མདོ་རྩ་བ་དང་། མངོན་རྟོགས་རྒྱན། ལམ་རིམ་བསྡུས་དོན་གྱི་ལུང་ལ་སོགས་པ་མདོར་ན་མདོ་སྔགས་ཀྱི་ཟབ་ཆོས་རྨད་དུ་བྱུང་བ་དུ་མ་ཞིག་སྤྱི་ཁྱི་ངེས་མེད་ཀྱི་ཚུལ་དུ་གསན་པར་མཛད་སྣང་སྟེ་ཞིབ་པར་གསན་ཡིག་སོགས་སུ་གསལ་ལོ། །དེ་ནས་སྟོན་འོག་ཙམ་ནས་ཁྲབ་བདག་འཇམ་དབྱངས་བཞད་པ་རང་ཡུལ་དུ་ཆིབས་ཞལ་གྱི་ཁ་ལོ་བསྒྱུར་བཞིན་ལ་ཕེབས་རྫོངས་དངོས་འབུལ་རྒྱ་ཆེ་བ་དང་ཆིབས་སྐྱོལ་སོགས་མཛད་དེ་ཕན་ཚུན་ཐུགས་བརྩེའི་འཆིང་བ་མི་ཕྱེད་པའི་བཀའ་སློབ་སོགས་ཀྱང་སྩལ་རེས་སུ་མཛད། དེ་ནས་དགུན་དུས་ལོ་མཇུག་ཕལ་མོ་ཆེ་འབྲས་སྤུངས་སུ་གཏན་བཞུགས་ཀྱིས་ཐུགས་གཉེར་གསན་བསམ་ཉམས་བཞེས་དང་། ལོ་མཇུག་ཞབས་བརྟན་གྱི་རིམ་པ་སྒྲུབ་འོས་སོགས་ཀྱང་སྔར་ལྟག་དུ་བསྐྱངས་སོ། །

དེ་ནས་ཐེའུ་ཞེས་པ་མེ་མོ་ལུག་ལོ་གསར་དུ་ཆོས་པའི་དུས་ཀྱི་དགའ་སྟོན་

རྟེན་འབྲེལ་གྱི་རིམ་པ་དང་ཆོ་འཕྲུལ་སྨོན་ལམ་ཆེན་མོར་ཕེབས་བཞུད་སོགས་སྤྱར་ལམ་ལྷར་བསྐྱངས་ནས་འདི་ལོ་དཔྱིད་ཀ་སྐྱའི་འགྲོད་བཞེས་སུ་འོལ་ཁ་ཕྱོགས་སུ་ཆབ་ཚན་དང་། རྗེ་ཐམས་ཅད་མཁྱེན་པའི་སྐྱབ་གནས་སོགས་མཇལ་བ་དང་། ལྷག་པར་ཆོས་སྡིངས་སུ་དམ་པ་དང་པོའི་སངས་རྒྱས་ཁྱབ་བདག་རྒྱལ་སྲས་རྡོ་རྗེ་འཆང་ཆེན་པོ་ནས་དུས་ཀྱི་འཁོར་ལོའི་དབང་མོ་ཆེ་སྩལ་བའི་གསན་བཞེས་སོགས་ལ་ཕེབས་རྒྱུའི་དགོངས་བཞེད་གཏད་དེ་ཆིབས་བསྐྱོད་གདོང་གྲུབ་པའི་དབང་ཕྱུག་ཆེན་པོ་ཀློང་རྡོལ་རིན་པོ་ཆེའི་སྤྱན་སྔར་སྐྱབས་འཇུག་ཞུ་བར་ཕྱིན་པ་ན་གྲུབ་དབང་མཆོག་གི་བཀའ་ལས། འོལ་ཁ་ཕྱོགས་སུ་རྗེ་ཐམས་ཅད་མཁྱེན་པའི་སྐྱབ་གནས་སོགས་ཀྱི་ལོ་རྒྱུས། ལྷག་པར་འདི་ལོ་ཤམ་བྷ་ལའི་རིགས་ལྡན་རྣམ་གནོན་ཁྲི་ལ་འཁོད་ནས་ལོ་དྲུག་ཅུ་རེ་གཅིག་སོང་བ་ཡིན་པས་ནག་ཟླའི་བཅོ་ལྔར་དུས་འཁོར་གྱི་དབང་ཞུ་རྒྱུ་དེ་བཞིན་ཤིན་ཏུ་རྩ་བ་ཆེ་བས། ཆུ་ཚན་དང་གནས་སྐོར་སོགས་ལ་དབུ་མ་འཁོར་བར་དེ་ཙེས་ཀྱང་ཐོབ་པར་གྱིས་ཞེས་སོགས་བཀའ་སློབ་ཞིབ་རྒྱས་དང་། གནས་ཆེན་ཁག་དང་ཁྱད་པར་འོལ་ཁ་རྫོང་ཞོལ་གྱི་བྱམས་པར་འབུལ་རྒྱུའི་ཁ་བཏགས་ལྷ་སྐུ་པར་བ་དང་། དར་ཚོན་སོགས་ཡོན་ཆེ་བ་ཡང་སྩལ་ཞིང་། རིམ་གྱིས་ཕྱུགས་བཏེགས་ཏེ་འོལ་ཁ་ཕྱོགས་སུ་ཕྱིན་ནས་ཆབ་ཚན་ལ་རྒྱངས་ཙམ་བཞུགས་འཇགས་བསྐྱངས་ཤིང་། དེ་ནས་སྤྱར་རྗེ་ཐམས་ཅད་མཁྱེན་པ་ཙོང་ཁ་པ་ཆེན་པོས་དཀའ་སྤྱད་སྡུག་རྒྱར་དྲག་པོས་སྙིང་པོའི་དོན་ལ་ཉམས་ལེན་སྙིང་པོར་མཛད་ཡུལ་གྱི་སྐྱབ་གནས་ཁྱད་པར་ཅན་སོགས་ལ་གནས་གཟིགས་དང་། མཆོད་སྨོན་སོགས་རྒྱ་ཆེ་གནང་སྙིན་དུ་མཛད་ནས་རིང་པོར་མ་ལོན་པར་ཧོར་ཟླ་གསུམ་པའི་ནང་བྱང་ཕྱོགས་ཤམ་བྷ་ལ་དང་གཉིས་སུ་མ་མཆིས་པའི་དཔེན་གནས་འཝན་ཆོས་

སྙིངས་སུ་ཕྱུག་ཕེབས་ཏེ་དང་པོའི་སངས་རྒྱས་གཉིས་སུ་མེད་དུས་ཀྱི་འཁོར་ལོ་དངོས་འགྲོ་བའི་སྣང་ངོར་ཐ་མལ་བའི་མིའི་ཤ་ཚུགས་འཛིན་པ་རྒྱལ་སྲས་རྡོ་རྗེ་འཆང་ཆེན་པོ་བསྐལ་བཟང་ཐུབ་བསྟན་འཇིགས་མེད་རྒྱ་མཚོ་དཔལ་བཟང་པོ་དང་ལྷན་ཅིག་ཏུ་མཇལ་འཛོམས་མཛད་དེ་ཕན་ཚུན་ཐུགས་ཡིད་གཅིག་ཏུ་འདྲེས་པའི་བཀའ་མཆིད་གསུང་མོལ་སོགས་ཀྱིས་འདུས་འདའ་ཞིང་། ལྷག་པར་བྲག་གཡབ་སྤྲུལ་སྐུ་ཆེ་ཚང་རིན་པོ་ཆེ་དང་དཔལ་ལྡན་སྨད་རྒྱུད་གྲྭ་ཚང་གི་དགེ་འདུན་ལྔ་བཅུ་སྐོར་བཅས་ནས་རྒྱལ་སྲས་རྡོ་རྗེ་འཆང་ཆེན་པོར་གསོལ་བ་བཏབ་པའི་དོན་བཞིན་དཔལ་དུས་ཀྱི་འཁོར་ལོའི་དབང་ཆེན་སྩལ་བཞེད་ལ། སྐྱབས་མགོན་ཉིད་ནས་ཀྱང་སྔ་སོར་ནས་ཞུ་རྒྱུའི་དགོངས་གཏད་ཟབ་མོ་ཡོད་པའི་དོན་བཞིན་ཞུ་བ་པོ་གོང་གསལ་རྣམས་དང་ལྷན་ཅིག་ཏུ་ནག་ཟླའི་ཚེས་བཅུའི་ཉིན་སློབ་མ་རྗེས་འཛིན་དང་། བཅུ་གཅིག་གི་ཉིན་སྟ་གོན་གྱི་རིམ་པ་རྣམས་རྒྱས་པ་དང་། དངོས་གཞི་སྔར་རྒྱ་གར་འཕགས་པའི་ཡུལ་གྱི་དཔལ་ལྡན་འབྲས་སྤུངས་རྒྱལ་བའི་མཆོད་རྟེན་ཆེན་པོར་ཆོས་རྒྱལ་ཟླ་བ་བཟང་པོས་གསོལ་བ་བཏབ་པའི་ངོར་སྟོན་པ་ཐུགས་རྗེ་ཅན་ཉིད་དཔལ་དུས་ཀྱི་འཁོར་ལོའི་སྐུར་མངོན་སུམ་དུ་བཞེངས་ནས་རྩ་བའི་རྒྱུད་རྒྱས་པར་གསུངས་པའི་དུས་ཆེན་མཆོག་ཏུ་དགེ་བ་ཡར་ཚེས་བཅོ་ལྔ་གཟའ་སྐར་སྦྱོར་བྱེད་སོགས་ཕུན་སུམ་ཚོགས་པའི་ཉིན་སྐུ་གསུང་ཐུགས་ཡོངས་སུ་རྫོགས་པའི་དཀྱིལ་འཁོར་དུ་ཐོག་མར་བྱིས་པ་ལྟར་འཇུག་པའི་དབང་བདུན་ལེགས་པར་སྩལ་ནས་འོག་མིན་གྱི་མཐར་ཐུག་པའི་བར་གྱི་འཇིག་རྟེན་པའི་དངོས་གྲུབ་ཀུན་གྱི་དབང་ཕྱུག་ཏུ་སོན་པར་མཛད་ཅིང་། རྡོ་རྗེའི་སློབ་མ་དེ་ཀུན་ཀྱང་མ་འོངས་པ་ན་འདྲེན་པ་ཉིད་ཀྱིས་ཇི་ལྟར་བརྙེས་པའི་བསོད་ནམས་དང་ཡེ་ཤེས་ཀྱི་འབྲས་བུ་བླ་ན་མེད་པ་ཐོབ་འགྱུར་དུ་

ལུང་བསྟན་པ་དང་རྗེས་སུ་གནང་བ་དང་བཅས་པ་སྩལ་བར་མཛད། ཆོས་བཅུ་དྲུག་གི་ཉིན་ལུས་ཀྱི་དཀྱིལ་འཁོར། རྫ་གའི་དཀྱིལ་འཁོར། ཀུན་རྫོབ་བྱང་ཆུབ་སེམས་ཀྱི་དཀྱིལ་འཁོར། དོན་དམ་བྱང་ཆུབ་སེམས་ཀྱི་དཀྱིལ་འཁོར་རྣམས་སུ་རིམ་པ་བཞིན་འཇིག་རྟེན་པའི་དབང་གོང་མ་བཞི་དང་། འཇིག་རྟེན་ལས་འདས་པའི་དབང་གོང་ཆེན་བཞི་ལ་སོགས་པའི་དབང་དོན་ཐུགས་རྒྱུད་ལ་འཕྲུངས་ངེས་གཟབ་རྒྱས་གནད་སྨིན་དུ་སྩལ་བ་རྣམས་ལེགས་པར་བགོ་སྐལ་དུ་ནོད་པར་མཛད། དེ་ནས་ཀྱང་རིམ་པ་ལྟར། ཞི་དགུ་མ། རོ་ལངས་བརྒྱད་བསྐོར། བདེ་མཆོག་དྲིལ་བུ་ལུས་དཀྱིལ། དྲིལ་བུ་ལྷ་ལྔ། སྦྱོང་རྒྱུད་དཀྱིལ་འཁོར་བཅོ་ལྔ་སོགས་མདོར་ན་དེ་སྐབས་འཛིན་དུ་རྒྱུན་རིང་ཙམ་བཞུགས་འཇགས་ཀྱི་ཐོག་གསན་ཡིག་ཏུ་གསལ་བ་ལྟར་གྱི་དབང་ལུང་མན་ངག་གི་རིམ་པ་རྒྱ་ཆེ་འབྲུམས་གླུས་སུ་གསན་པར་སྣང་ལ། དེ་དག་གྲུབ་བསྟུན་འདི་ལོ་བསམ་ཡས་སོགས་ལྷོ་ཁ་ཕྱོགས་ཀྱི་གནས་ཆེན་རྣམས་མཇལ་བར་ཕེབས་བཞེད་ཆེ་ནའང་ཐུགས་གཉེར་གསན་བཞེས་སོགས་ཀྱི་སྐབས་བཅས་རེ་ཞིག་ངང་འཐེན་མཛད་བཞེད་ཀྱིས་སླར་འགྱུངས་མེད་དུ་མཇལ་རྒྱུའི་ཐུགས་འདུན་གཏད་དེ་རྒྱལ་སྲས་རྡོ་རྗེ་འཆང་ཆེན་པོར་ཐོན་ཕྱག་སྐྱབས་འཇུག་སོགས་ཞུ་བར་མཛད་ནས་རིམ་གྱིས་འབྲས་སྤུངས་སུ་ཕྱིར་ཕེབས་ཐོག་སྔར་བཞིན་རབ་འབྱམས་གཞུང་ལུགས་ཀྱི་གནས་ལ་དྲི་མ་མེད་པའི་མཁྱེན་པའི་སྤྱན་རས་ཀྱིས་བཙའ་བཞིན་པར་བཞུགས་སོ། །

དམ་པའི་ཞལ་སྐྱིན་པརྣོའི་གེ་སར་ལས། །ཟབ་གསང་བདུད་རྩིའི་ཟིལ་མངར་བརྒྱ་འཛོགས་པ། །ངོམས་མེད་བཏུང་བས་ཐུགས་རྒྱུད་ཡོངས་གང་བས། །སྨིན་གྲོལ་ཉམས་རྟོགས་རྒྱང་སླུ་དར་དེར་སྒྲོག །བརྒྱད་ཁྲི་བཞི་སྟོང་

དམ་ཆོས་ཀུན་གྱི་ཕྲུལ། །མདོ་སྔགས་ལམ་གྱི་ཉིང་ཁུ་མ་ལུས་པ། །ཅིག་ཅར་ཐུགས་ཀྱི་བང་མཛོད་ཡངས་པོ་རུ། །རིངས་པའི་ཚུལ་གྱིས་འཇུག་འདི་ཨེ་མ་ཧོ། །བསྟན་པ་ཐམས་ཅད་འགལ་མེད་རྟོགས་པ་དང་། །གསུང་རབ་མ་ལུས་གདམས་པར་འཆར་བ་ཞེས། །སྔོན་ཚད་མཁས་ལ་གྲགས་པའི་གཏམ་བཟང་དེ། །མགོན་པོ་ཁྱོད་ལ་དོན་དང་བཅས་པར་གྱུར། །ཐེག་པ་མཆོག་གི་གདམས་པའི་ཆུ་ཀླུང་ཀུན། །གང་ཐུགས་ཟླ་བའི་མ་མར་རབ་འཁྱིངས་པ། །ཉམས་བཞེས་དྲི་ཡི་ཤིང་རྟ་སྒྲུབ་པ་ལས། །སྙིང་པོ་དོན་གཉིས་གསེར་གྱི་ཁམས་སུ་སྨིན། །མང་དུ་ཐོས་དང་ཉམས་སུ་ལེན་པའི་གནད། །འགལ་མེད་གྲོགས་སུ་འཁྱེར་ལ་ཆེས་མཁས་པ། །ཁྱོད་ཀྱི་མཁྱེན་པའི་གཏིང་མཐའ་རྒྱལ་ཀུན་གྱིས། །གཞལ་ནུས་མིན་ན་གཞན་གྱིས་ག་ལ་ཞིག །རྡོ་རྗེ་འཆང་དངོས་དམ་པའི་མགོན་རྣམས་ལ། །རྡོ་རྗེ་ཐེག་པའི་མན་ངག་ལེགས་ནོད་དེ། །རྡོ་རྗེའི་རྣལ་འབྱོར་མཆོག་ལ་རྟག་གཞོལ་བས། །རྡོ་རྗེའི་ས་དེ་འབད་མེད་མངོན་དུ་གྱུར། །རང་དོན་རྩྭ་ལྟར་དོར་ནས་འགྲོ་བ་ཀུན། །རང་བཞིན་རྣམ་དག་ཆོས་སྐུའི་གོ་འཕང་ལ། །རང་གི་ངང་གིས་སྐྱུར་འདི་མགོན་ཁྱོད་ཀྱི། །རང་ཚུལ་འབའ་ཞིག་ཉིད་ལས་གཞན་དུ་ཅི། །དེ་ལྟའི་ངོ་མཚར་མཐོང་དང་ཐོས་པ་ཀུན། །དེ་མ་ཐག་ཏུ་ཡིད་ཆེས་དད་པའི་རྒྱུ། །མྱུར་དུ་གྲོལ་ནས་བསྔགས་པའི་མེ་ཏོག་འཕྲེང་། །མྱུར་དུ་སྤེལ་ལ་མི་བརྗོད་སྐྱེ་བོ་སུ། །ཞེས་པ་ནི་བར་སྐབས་ཀྱི་ངལ་བསོའི་ཚིགས་བཅད་དོ། །

དེ་ནས་རེ་ཞིག་གི་བར་གསན་བསམ་སྤྱི་དང་ནང་ཚན་སྔར་གྱི་འཕྲོས་འདུལ་བ་འབུམ་སྡེའི་གཞུང་ལུགས་ཀྱི་གནས་ལ་འཛིན་སྐྱོར་རྩོད་པ། དཔེ་གློག་སོགས་ལ་བརྩོན་པ་ཆེ་བསྐྱེད་དུ་མཛད་པ་ལས་རིང་པོར་མ་ལོན་པར་འདུལ་

གཞུང་གི་དཀའ་གནད་སྤྱི་དང་། ཁྱད་པར་དུ་སྡོམ་པ་མ་ཐོབ་པ་ཐོབ་པར་བྱེད་པའི་ཐབས་སྔོན་ཆོག་དང་། ད་ཆོག་ལ་སོགས་པའི་རྣམ་གཞག་དང་། དེ་བཞིན་དུ་ཐོབ་པ་མི་ཉམས་པར་བསྲུང་བའི་ཐབས་དང་། ཉམས་ན་ཕྱིར་བཅོས་པའི་ཐབས་ལ་སོགས་པ་རྣམས་དཔྱིས་ཕྱིན་པར་ཐུགས་སུ་ཆུད་ཅིང་། དེ་དག་ཐམས་ཅད་ཀྱང་གོ་ཡུལ་ཙམ་དུ་མ་ལུས་པར་དགག་སྒྲུབ་གནང་གསུམ་གྱི་བཅས་པའི་གནས་ཕྲ་ཞིང་ཕྲ་བ་ཚུན་ཆད་ལ་གཅེས་སྤྲས་ཀྱིས་རང་ཉིད་ཀྱང་དེ་དག་ལས་སྐད་ཅིག་ཀྱང་མི་འདའ་བར་ཉམས་སུ་བཞེས་ཤིང་། འགྲོ་བ་གཞན་དག་ཀྱང་ཚུལ་དེ་ལ་ཅི་ནུས་སུ་སྦྱོར་བར་མཛད་པའི་སྒོ་ནས་གངས་རིའི་ཁྲོད་འདིར་བསྟན་པའི་རྩ་བ་འདུལ་ཁྲིམས་ཡུན་རིང་དུ་གནས་པ་དང་སྤེལ་བར་མཛད་ལ། དེ་བཞིན་དུ་བརྗོད་བྱ་ཤེས་བྱ་གཞི་ལྔ་རྗོད་བྱེད་གནས་བརྒྱད་ཀྱི་སྒོ་ནས་གཏན་ལ་འབེབས་པའི་གཞུང་ཆེན་མོ་མཁས་མཆོག་དབྱིག་གཉེན་ཞབས་ཀྱིས་མཛད་པའི་བསྟན་བཅོས་མངོན་པ་མཛོད་རྩ་འགྲེལ་རྣམས་ཐུགས་འཛིན་དང་། མཆིམས་མཛོད་སོགས་སྔོན་བྱོན་མཁས་པ་མང་པོས་མཛད་པའི་མཛོད་ཊཱི་ཀ་རྣམས་ལ་ཐུགས་ཞིབ་ཀྱི་སྟེང་ནས་མཁས་དབང་དགེ་བའི་བཤེས་གཉེན་རྣམས་དང་། རིག་པ་སྨྲ་བའི་བློ་གསར་རྣམ་དཔྱོད་ཅན་དག་དང་ལྷན་ཅིག་ཏུ་དྲི་ཞིབ་རྨེད་པ་དང་། བརྒལ་ཞིང་བརྟག་པ་སོགས་ལ་བརྩོན་པ་ཆེ་བསྐྱེད་དུ་མཛད་པ་ལས་རིང་པོར་མ་ལོན་པར་ཆོས་མངོན་པའི་མཛོད་ཀྱི་བརྗོད་བྱའི་གཙོ་བོ་ཆོས་རབ་ཏུ་རྣམ་འབྱེད་ཀྱི་ཤེས་རབ་ཀྱིས་དབྱེ་བར་བྱ་བའི་ཤེས་བྱ་གཞི་ལྔ་པོ་རྣམས་ཀྱི་ངོ་བོ། རབ་དབྱེ། ཁྱད་ཆོས། གྲངས་ངེས་སོགས་དང་། འཁོར་བ་སྤྱི་བྱེ་བྲག་གི་འཇུག་ལྡོག །ལམ་འབྲས་བུ་དང་བཅས་པའི་གནས་མཐའ་དག་མ་འདྲེས་གསལ་པོར་ཐུགས་ཀྱི་དཔལ་བེའུར་གཏམས་པར་གྱུར་ལ། གཞན་ཡང་

ཕྱོགས་སྐྱང་དང་ཆོས་ཀྱི་གྲགས་པ་ཡབ་སྲས་ཀྱི་གཞུང་ལུགས་ལས་འོངས་པའི་ཚད་མ་རིག་པའི་གནས་རྣམས་ལའང་སྦྱངས་པ་མཛད་པས་ཡང་དག་པ་དང་། ལྟར་སྣང་གི་ཚུལ་སྤྱི་དང་། ཁྱད་པར་ཐེག་པ་ཆེ་ཆུང་གི་ལམ་འབྲས་བུ་དང་བཅས་པ་དང་། རྒྱལ་བའི་བསྟན་པ་ཕོ་ན་ཐར་འདོད་རྣམས་ཀྱི་འཇུག་ངོགས་སུ་དྲི་མ་མེད་པའི་རིག་ལམ་ནས་འདྲེན་པའི་ཚུལ་རྣམས་ཀྱང་གཏིང་ཕྱིན་པར་དགོངས་པར་གྱུར་པ་སོགས་མདོར་ན་རང་དང་གཞན་གྱི་གྲུབ་པའི་མཐའ་རྗེས་འབྲང་དང་བཅས་པ་རྒྱ་མཚོ་ལྟ་བུའི་ཕ་རོལ་ཏུ་སོན་པར་གྱུར་པས་མཁས་པའི་དབང་པོ་ཀུན་གྱི་གཙུག་གི་ཅོད་པན་ལ་ཞབས་སེན་ཟླ་བ་གསར་པ་ལན་བཀྱུར་བཀོད་པར་གྱུར་ལ། དེའི་དབང་གིས་མཆོག་དམན་བར་མ་མཐའ་དག་ཀྱང་གང་གི་ལུང་དང་མངོན་པར་རྟོགས་པའི་ཡོན་ཏན་རྨད་དུ་བྱུང་བས་ཡིད་ཡོངས་སུ་དྲངས་པས་རྒྱལ་བའི་གདུང་འཚོབ་ཟླ་མེད་པར་ངེས་པ་གཏིང་ནས་རྙེད་ཅིང་། སྐྱེ་དང་སྐྱེ་བར་རིགས་ཀྱི་བདག་པོར་བསྟེན་པར་འདོད་པའི་ས་བོན་གྲུང་པོས་རྒྱུད་ཡོངས་སུ་ཕྱུག་པར་གྱུར་ཏོ། །དེ་ལྟར་ལོ་འདིའི་ནང་དུ་དམིགས་བསལ་གལ་ཆེའི་ཐུགས་གཡེངས་སོགས་ཀྱི་རིགས་བྱུང་ན་ལས་གཞན་ལོ་འཁོར་ཕལ་ཆེ་བར་འབྲས་སྤུངས་རང་དུ་གཏན་བཞུགས་ཀྱི་ཐོག་མོང་དུ་སློམས་པ་བཞིན་གསན་བསམ་འབབ་ཞིག་ལ་འགྲུས་པར་མཛད་ཅིང་། རྒྱུན་དང་ཁྱད་པར་གྱི་ཐུགས་དམ་ཉམས་བཞེས་ཀྱི་རིགས་དང་། བསྟན་འགྲོ་ཡོངས་ལ་གཅིག་ཏུ་སྨན་པའི་སྐུ་གསུང་ཐུགས་ཀྱི་མཛད་པ་གཞན་དང་གཞན་དག་ཀྱང་བར་མ་ཆད་དུ་བསྐྱངས་པ་དང་། ལྷག་པར་འདི་དག་གི་སྔ་ཕྱི་རྣམས་སུ་རྗེ་ཉིད་ཀྱི་སྐྱེས་རབས་ཀྱི་འཕྲེང་བ་ཀུན་ཏུ་ལུས་དང་གྲིབ་མ་བཞིན་དུ་འགྲོགས་ཤིང་འཕྲིན་ལས་སྒྲུབ་པ་ལ་སྐད་ཅིག་ཀྱང་མི་གཡེལ་བའི་བསྟན་སྲུང་ཆེན་པོ་དམ་ཅན་རྡོ་རྗེ་ལེགས་པས་དངོས་

ཉམས་མནལ་ལམ་ཅི་རིགས་པར་གཟུགས་དངོས་སུ་བསྟན་ཅིང་བཀའ་བཞིན་འཕྲིན་ལས་སྒྲུབ་པར་ཁས་བླངས་པ་སོགས་འགོ་བའི་མཚན་མ་ཡང་ཡང་ཤར་བས་རྐྱེན་བྱས་ཏེ་གཞན་གྱི་བསྐུལ་མ་ཞུ་བ་སོགས་ལ་མ་ལྟོས་པར་དམ་ཅན་ཆེན་པོ་དགྱེས་པ་བསྐྱེད་པའི་བསྐང་བཤགས་བསྟོད་བསྐུལ་འཕྲིན་བཅོལ་མངའ་གསོལ་དང་བཅས་པའི་རིམ་པ་གསར་བསྒྲིགས་བཀའ་རྩོམ་མཛད་ཅིང་། གཞན་ཡང་དད་ལྡན་དག་གིས་གསོལ་བ་བཏབ་པའི་ངོར་བཀའ་རྩོམ་གྱི་རིགས་དང་། དབང་ལུང་མན་ངག་སོགས་ཀྱང་ཅི་རིགས་པར་སྩལ་བ་སོགས་འཁོར་ལོ་གསུམ་གྱི་མཛད་འཕྲིན་གྱི་འོད་སྣང་ཁྱབ་གདལ་དུ་འཕྲོ་བཞིན་པར་བཞུགས་སོ། །

ཨེ་མ་ཤེས་བྱ་ནམ་མཁའི་མཐའ། །མཁྱེན་རབ་གཤོག་རླབས་ཀྱིས་གཞལ་བའི། །ངོ་མཚར་གཟུགས་སུ་མཆིས་སྲིད་ན། །སྟོང་གསུམ་འདིར་ཡང་ཆུད་ནུས་མིན། །དབུ་ཕར་འདུལ་མཛོད་ཚད་མ་སོགས། །གཞུང་ལུགས་ཀུན་གྱི་ཚིག་དོན་ལ། །ཐོགས་པ་མེད་པའི་རྣམ་དཔྱོད་འདིར། །ཕུར་བུའི་བློ་ཡིས་ག་ལ་བསྒྲུན། །མཁས་པའི་བྱ་བ་རྣམ་གསུམ་གྱི། །ཉིན་བྱེད་འོད་སྟོང་རྨད་པོ་ཆེས། །མ་ལུས་ས་གསུམ་དགེར་མཛད་པས། །ལོག་སྨྲའི་མུན་པ་བག་ལ་ཞ། །མཁས་རློམས་ཀུན་གྱི་གཙུག་ཕུད་ལ། །ཞབས་སེན་ཟླ་བ་ལན་བརྒྱའི་བར། །བཀོད་པས་མ་ཚོམ་ལུང་རིགས་ཀྱི། །རི་དྭགས་མཚན་མའི་མཛེས་པའང་སྟོན། །འཆད་དང་རྩོམ་པའི་ཁྲིར་འཛེགས་ཤིང་། །རྩོད་པའི་རྒྱལ་རྔ་བརྡུངས་པ་ཡི། །གྲགས་པ་དཀར་པོའི་ཨུཏྤ་ལ། །ཕྱོགས་ཀྱི་མཛེས་མའི་རྣ་བར་བརྒྱན། །ཚུལ་དེར་བསམ་བཞིན་བདག་ཡིད་ཀྱི། །བུང་བ་གཞོན་ནུ་ངོ་མཚར་གྱི། །སྤྲང་རྩེས་མྱོས་པའི་དགའ་སྟོན་ལ། །སྤྱོད་མཐར་བསྟུགས་པའི་གླུ

དབྱངས་སྒྲོག །

དེ་ནས་ཕུར་བུ་ཞེས་པ་ས་ཕོ་སྤྲེའུའི་གནམ་ལོའི་རང་ཞལ་རྣམ་པར་ཆོས་པའི་དུས་སྟོན་དང་སྨོན་ལམ་ཆེན་མོའི་སྐབས་ཀྱི་ཆོས་དང་ཟང་ཟིང་ལ་རོལ་བར་ཆིབས་བསྐྱོད་སོགས་སྔར་སྲོལ་བཞིན་མཛད་ཟིན་ནས། ད་ནི་རབ་འབྱམས་གསུང་རབ་ཀྱི་དགོངས་དོན་ལ་ཐོས་བསམ་གྱི་དཔྱད་པ་ཕལ་ཆེར་རྫོགས་མོད་ཀྱང་ད་དུང་རང་གཞན་གྱི་དོན་བྱེད་པ་ལ་དམ་པ་རྣམས་ལས་གཟབ་རྒྱས་ཆོས་ཀྱི་བདུད་རྩི་བར་མེད་དུ་ནོད་དེ་གདམས་པའི་གཏེར་མཛོད་དུ་སོན་པ་ཞིག་ངེས་པར་བྱེད་དགོས་པར་མངོན་ལ། དེ་ཡང་རིམ་འགྲུངས་སུ་གྲུར་ཆོ་སྔར་དབང་ཕྱོགས་ནས་ཕེབས་སྐབས་༧འཇམ་དབྱངས་གོང་མ་ཆོས་ཀྱི་རྒྱལ་པོས་ཀྱང་ལོ་གསུམ་བཞི་ཙམ་ལས་དགོངས་ཁྲོལ་མ་གནང་བ་བཅས་སློ་བུར་ཕེབས་བསྐྱོད་སོགས་མཛད་དགོས་ཤར་ཆོ་ཐུགས་བཞེད་ཡིད་སྨོན་ཙམ་དུ་ལུས་པར་འགྱུར་རྟོགས་པ་སོགས་ཀྱིས་ཀྱང་བསྐུལ་བས་མྱུར་བར་གླིང་རྗོལ་གྲུབ་དབང་རིན་པོ་ཆེ་སོགས་ལ་བཀའ་ཆོས་གསན་བཞེས་ཀྱི་དགོངས་པ་ཐུན་མོང་མིན་པར་གཏད་དེ། ཟླ་བ་བཞི་པའི་ནང་བསྟན་གླིང་གསང་སྔགས་དགའ་ཚལ་གྱི་བཀའ་འགྱུར་ཁང་དུ་གྲུབ་དབང་གླིང་རྗོལ་རིན་པོ་ཆེ་ཆེད་དམིགས་ཀྱིས་གདན་ཞུ་མཛད་དེ་ཞུ་བ་པོ་སྐྱབས་མགོན་དམ་པ་ཉིད་གཙོ་བོ་དང་། ཁྲི་ཆེན་རྒྱ་ནག་པའི་སྤྲུལ་སྐུ་བློ་བཟང་ཐུབ་བསྟན་དབང་ཕྱུག་དཔལ་ལྡན་འཕྲིན་ལས་རྒྱལ་མཚན། དུས་འཁོར་པཎྜི་ཏའི་སྤྲུལ་སྐུ་སོགས་བསྟན་འཛིན་བདག་ཉིད་ཆེན་པོ་རྣམས་དང་བཀའ་རམས་དགེ་བཤེས་སོགས་དོན་གཉེར་འདུས་པ་ཆེས་མང་བ་རྣམས་དང་ལྷན་ཅིག་ཏུ་ལྷོ་བྲག་བཀའ་འབུམ། དཔེན་ས་བཀའ་འབུམ། མགོན་པོ་ཕྱུག་རྡུག་པའི་བེ་བུམ། ལྕམ་སྲིང་གི་བེ་བུམ། ལྷ་མོའི་ལས་གསུམ་རྣམ་གཞག་

སོགས་ཀྱི་ལུང་རྣམས་གསན་བཞེས་མཛད། འདི་སྐབས་ཆོས་སྐྱོང་གི་སྐོར་འདི་རྣམས་བཀའ་དོག་པ་དང་། ལྷག་པར་སྔོ་བྲག་བཀའ་འབུམ་གྱི་བཀའ་སྲུང་ཆེན་མོ་ཨེ་ཀ་ཛ་ཏི་དང་། བདུད་པོ་མཆེད་སོགས་བཀའ་གཉན་པའི་སྟབས་ཀྱིས་གྲུབ་དབང་རིན་པོ་ཆེའང་ཐ་མལ་སྣང་ངོར་ཐུགས་འུར་ཉམས་ཀྱིས་སྐབས་སུ་འདུས་ཚོགས་རྣམས་ལ་བཀའ་བསྒོན་དང་། རེས་སྐུ་ཁམས་ཉོག་ཚུལ་དང་། མནལ་བྲོ་བའི་ཚུལ་དང་། རེས་སྐུ་སྟོད་སྣུན་ཚུལ་བསྟན་པ་སོགས་འཚུབ་ལྟོང་ཆེ་ཙམ་བྱུང་ནའང་གཙོ་བོར་གྲུབ་དབང་ཆེན་པོ་རང་ཉིད་ཀྱི་ཐུགས་རྗེ་དང་བྱིན་རླབས་ཚད་མེད་པའི་ནུས་མཐུ་དང་། ལྷག་པར་སྐྱབས་མགོན་དམ་པ་ཉིད་སོགས་སློབ་མ་རྣམས་ཀྱི་མོས་གུས་དང་ཐུགས་བསྐྱེད་རྒྱ་ཆེན་པོ་དང་། དད་པ་དང་དམ་ཚིག་རྣམ་པར་དག་པ་སོགས་ཀྱི་མཐུ་ལས་བར་ཆད་བདུད་རིགས་ཀྱི་མཚན་མས་ཅུང་ཟད་ཀྱང་བཟློ་བར་མི་ནུས་པར་ལྷིང་རྣམས་ཀྱང་རང་ཞིར་གྱུར་ཏེ་ཐུགས་བཞེད་གེགས་མེད་དུ་འགྲུབ་ཅིང་། འདི་ལོ་གོང་གསལ་བཀའ་ཆོས་ཚུགས་ནས་ཆེར་མ་འགྱངས་པ་ན་སྤྲུ་སོར་ཐུགས་ལ་དགོངས་པ་བཞིན་དབང་ཕྱོགས་ནས་འཇམ་དབྱངས་༧གོང་མ་ཆོས་ཀྱི་རྒྱལ་པོ་ཡབ་ལྷ་སྐྱོང་ཆེན་པོ་ནས་རང་ཉིད་ཀྱི་རིགས་ཀྱི་ཅོད་པན་དང་འཕྲིན་ལས་ཀྱི་གདུགས་དཀར་འཛིན་པའི་བྱེད་པོར་མཆོ་བདུན་དོ་ལོ་ནོར་གྱི་ཐམ་ག་བླ་མར་འཁྱོན་དགོས་ཞེས་གྲལ་རྩེའི་ལམ་ནས་གསེར་གྱི་བཀའ་ཡིག་ཕེབས་པ་ཟླ་བ་བཞི་པའི་གནམ་གང་གི་ཉིན་བོད་བཞུགས་ཨམ་བན་ལྷན་རྒྱས་ཀྱི་སར་འབྱོར་བར་ཧེན། རྗེ་ཉིད་དེ་འཕྲལ་དུ་ཡ་མོན་བསམ་འགྲུབ་ཁང་གསར་དུ་གདན་ཞུར་བྱུང་བ་བཞིན་དེ་ཉིན་དགོང་མོའི་ཆོས་ཐུན་ཅུང་ཟད་ངང་འཐེན་མཛད་ནས་ཨམ་བན་ལྷན་རྒྱས་ཀྱི་སར་བྱོན་པར་༧གོང་མ་ཆོས་ཀྱི་རྒྱལ་པོས་ཐུགས་བརྩེའི་འཆིང་བ་མི་ཕྱེད་པའི་གསེར་གྱི་བཀའ་

བཟང་པོ་སྐུལ་བ་སྤྱན་ལམ་དུ་བསྟར་བ་ལྟར། ཨམ་བན་གཉིས་སྲུའང་རིམ་གྱིས་
གསུང་བགྲོས་མཛད་ཆོག་པ་ཞུས་ནས་བསྟན་གླིང་དུ་ཕྱིར་ཕེབས་ཀྱིས་གྲུབ་
དབང་རིན་པོ་ཆེར་གནས་ཚུལ་ལམ་ཙམ་ཞུས་ཏེ། དེ་ཉིན་དགོང་ཆོས་འཁྲུག
ཙམ་ཞིག་ཚོགས་པར་མཛད་ལ། ཆོས་ཐུན་གྲོལ་སྐབས་གྲུབ་དབང་མཆོག་ནས་
ཆོས་ཞུ་བ་རྣམས་ལ་བཀའ་ཕེབས་སུ། དེ་རིང་༧གོང་མ་ཆེན་མོ་ནས་བཀའ་
ཕབ་སྟེ་རྗེ་དྲུང་དུ་ཐོག་ཐུ་རྒྱ་ནག་ཏུ་ཕེབས་དགོས་ཞེས་གསུངས་པ་ཡིན་འདུག
པས་དོ་ནུབ་ནས་བཟུང་འདུས་པ་ཐམས་ཅད་ནས་སྒྲོལ་མ། ཤེར་སྙིང་།
གདུགས་དཀར་སོགས་རིམ་གྲོ་འབད་སྒྲུབ་ངོས་རེ་ཞིག་ཕེབས་མི་དགོས་པའི་
སྐྱབས་འཇུག་མ་གནང་ན་ད་དུང་བཀའ་ཆོས་མང་པོ་གསན་དགོས་ཀྱི་བར་ཆད་
འགྲོ་ཉེན་འདུག་ཅེས་བཀའ་སྩལ་བ་བཞིན་ཚང་མས་རིམ་གྲོ་འབུང་གསུམ་
བཏོན་ནས་སྒྲུབ་པར་མཛད། དེ་ནས་སླར་ཡང་གྲུབ་དབང་རྡོ་རྗེ་འཆང་གི་
ཞབས་དྲུང་དུ་ཕྱིན་ནས་ད་ལམ་༧གོང་མ་ཆེན་མོས་ཆེད་དམིགས་ཀྱིས་བཀའ་
ཕབ་པ་འདི་བཞིན་ལ་རྒྱལ་པོའི་ལུགས་སྲོལ་ལྟར་ན་བཀའ་ཕེབས་འཕྲལ་དུ་ཐོན་
དགོས་ཀྱང་། ཕྲན་རང་སྔར་ཕན་གཞུང་ལུགས་ལ་སྦྱངས་པ་ཚར་ཙམ་ལས་
བཀའ་ཆོས་སོགས་འདོད་བློ་ཁེངས་པ་ཞུ་རྒྱུ་མ་བྱུང་བ་དང་། ལྷག་པར་ད་ལན་
རྗེ་ཉིད་ཀྱི་དྲུང་ནས་ཆོས་བཀའ་མང་ཙམ་ཞུ་འདུན་ལ་དེ་དག་ཀྱང་མཇུག་མ་
རྫོགས་ཤིང་། གཙང་གནས་དང་ལྷོ་གནས་རྣམས་ཀྱང་སྔར་ཕན་མཇལ་རྒྱུ་མ་
བྱུང་བ་བཅས་འདི་ལོའི་རིང་བཀའ་འགྱངས་ཞུས་ཏེ་ཕྱི་ལོ་བཅར་ཆོག་པ་ཞུས་ན་
དགེ་སྐྱོན་འབྱུང་མིན་ཇི་ལྟར་གྱི་ཐུགས་བརྟག་ཞུས་པར་གྲུབ་དབང་མཆོག་ནས་
ཀྱང་སྒྲིབ་བྲལ་ཡེ་ཤེས་ཀྱི་གཟིགས་པས་ལན་བརྒྱར་དཔྱད་ནས་དེ་དོན་ཅི་ནས་
མཛད་ཆོག་པ་འདུག་ཚུལ་ཕེབས་པ་བཞིན་ཨམ་བན་གཉིས་ཀྱི་སར་ཕྱིན་ནས་

༧གོང་མ་ཆེན་པོར་འདི་ལོའི་རིང་ཞབས་དྲུང་དུ་བཅར་རྒྱུ་བཀའ་འགྲུངས་ཐུགས་རྗེས་གཟིགས་པ་དང་། ཕྱི་ལོ་གསར་འཕྲུལ་ཤེད་རྩོལ་གྱིས་བཅར་ཏེ་ཞབས་འདེགས་སྐྱབ་ཆོག་པ་ཞུ་རྒྱུའི་ཐབས་མཁས་ཀྱི་སྙན་ཞུ་འཇོངས་གང་ཆེ་འབུལ་དགོས་སྐྱེ་རྒྱུད་ཞུས་པར་ཨམ་བན་གཉིས་ནས་ཀྱང་ཅི་གསུངས་དང་ལེན་གྱིས་ཕྲུལ་དུ་འགྲུངས་ཞུའི་གྲལ་རྩེ་ཕྱུལ་བས་ཐུགས་བཞེད་འདོད་དོན་ལྷུན་འགྲུབ་ཏུ་གྱུར། དེ་ནས་སླར་ཡང་བཀའ་ཆོས་ཀྱི་འཕྲོས་རྣམས་གསན་བཞེད་ལ་རིམ་གྱིས་ཆོས་ཞུ་བ་ཡང་ཚོགས་ཇེ་རྒྱས་སུ་སོང་བ་དང་། དབྱར་ཚད་ཀྱང་ཆེ་བར་རྒྱས་པའི་དབང་གིས་བཀའ་ཆོས་གནང་ཡུལ་བསྟན་གླིང་ཆོས་རར་སྤོ་བར་མཛད་ནས། ཉིན་ལྟར་སྔ་དྲོ་ནམ་ལངས་འཕྲུལ་ནས་དབུ་ཚུགས་ཏེ་གསོལ་ཚོགས་ལ་ཐུག་གི་བར་དང་། དེ་རྗེས་གསོལ་ཚོགས་གང་རྩོལ་མཛད་ནས་དགོང་མོ་ཉི་མ་མ་བཞུད་ཀྱི་བར་ཏེ། ཆོས་ཐུན་གཉིས་རེ་ཆག་མེད་ཟླ་བ་རིལ་པོ་གསུམ་ཙམ་གྱི་བར་དུ་སྩལ་ཞིང་། དེའི་རིང་དུ་རྗེ་ཐམས་ཅད་མཁྱེན་པ་ཙོང་ཁ་པ་ཆེན་པོའི་གསུང་འབུམ། དེ་བཞིན་དུ་རྒྱལ་ཚབ་ཐམས་ཅད་མཁྱེན་པ་དང་། མཁས་གྲུབ་རིན་པོ་ཆེ། འདུལ་འཛིན་པ། ཐམས་ཅད་མཁྱེན་པ་དགེ་འདུན་གྲུབ་པ་དང་། དགེ་འདུན་རྒྱ་མཚོ་གཉིས། པཎ་ཆེན་བློ་བཟང་ཆོས་ཀྱི་རྒྱལ་མཚན། ལྕང་སྐྱ་བློ་བཟང་ཆོས་ལྡན། རྡོ་རྗེ་འཆང་ཡེ་ཤེས་བསྟན་པའི་སྒྲོན་མེ། ཐམས་ཅད་མཁྱེན་པ་བློ་བཟང་བསྐལ་བཟང་རྒྱ་མཚོ་རྣམས་སོ་སོའི་གསུང་འབུམ་ལེ་ལག་བཀའ་བརྒྱ་མ་ཡོད་རིགས་དང་བཅས་པའི་ལུང་སོགས་རྒྱ་ཆེར་གནང་བཞེས་མཛད། བཀའ་ཆོས་འདི་དག་གི་སྐབས་བོད་འདིར་བསྟན་འགྲོའི་གགས་དབང་བདོ་བས་སྐྱེ་གཟར་གྱི་ཡོ་ལང་ཅི་ཆེ་དང་ལྷག་པར་བསྟན་དགྲ་གོར་ཁའི་དམག་ཤེལ་དཀར་དུ་འཁྱོར་སྐད་ཀྱིས་ཚང་མ་ཞེད་མི་འཇགས་པར་ཡོད་

ཀུང་བླ་སློབ་བདག་ཉིད་ཆེན་པོ་རྣམས་ཀྱི་ཐུགས་བསྐྱེད་སྨོན་ལམ་གྱི་བདེན་མཐུས་བཀའ་ཆོས་མཐར་མ་ཕྱིན་གྱི་བར་དུ་བར་ཆད་ཀྱི་རིགས་གྱུར་ཏིལ་འབྲུ་ཙམ་མེད་པར་བཙམས་པ་མཐར་ཕྱིན་པར་གྱུར་ཅིང་། གོང་གསལ་གྱི་གསུང་ཆོས་རྣམས་རྫོགས་ནས་ཀུང་ད་དུང་ཡོང་སྐབས་བྱུང་ཚེ་དེ་ལུས་གསུང་ཆོས་མང་དག་ཞུ་རྒྱུའི་ཐུགས་འདུན་ཆེ་བར་ཡོད་ནའང་ཕྱི་ལོ་དབང་ཕྱོགས་སུ་ཕེབས་རྒྱུའི་གྲབས་ཡུལ་དང་། ཉེ་བར་ལྷོ་གནས་དང་གཙང་གནས་སོགས་མཇལ་བར་འགྲོན་བཞེད་ཀྱི་ཐུགས་གཡེངས་སོགས་ལ་བརྟེན་ཟླ་བ་བདུན་པའི་ནང་ནས་རེ་ཞིག་ཆོས་མཚམས་མཛད་དེ་གཏང་རག་གི་ཡོན་འབུལ་སོགས་ཀུང་རྒྱས་པར་མཛད། མི་རིང་བར་ལྷོ་ཁ་ཕྱོགས་སུ་གནས་གཟིགས་ལ་ཕེབས་བསྐྱོད་གདོང་༧གོང་ས་རྒྱལ་དབང་ཐམས་ཅད་མཁྱེན་གཟིགས་ཆེན་པོ་དང་། ཡོངས་འཛིན་པཎྜི་ཏ་ཆེན་པོ་ཡེ་ཤེས་རྒྱལ་མཚན་སོགས་ལ་ཕྱོན་ཕྱག་དང་། དེ་མཚུངས་རྗེ་གྲུབ་པའི་དབང་ཕྱུག་ཆེན་པོ་ལའང་ཕྱོན་ཕྱག་མཛད་པར་གྲུབ་དབང་མཆོག་ནས་གནས་ཆེན་ཁག་རྣམས་སུ་རྣམ་དཀར་སྒྲུབ་ཐེབས་བགྱིས་ཞེས་རིན་ཆེན་གཉིས་པ་ཏཾ་སྲང་བརྒྱ་ཐམ་པའི་གནང་སྦྱིན་དང་བཀའ་སློབ་སོགས་སྩལ་བར་མཛད། རིམ་གྱིས་ཕྱུགས་བཏེགས་ཏེ་འོལ་ཁ་ཕྱོགས་སུ་རྗེ་ཐམས་ཅད་མཁྱེན་པའི་སྒྲུབ་གནས་ངོ་མཚར་ཅན་རྣམས་ཀྱིས་གཙོ་མཛད་པའི་གནས་ཆེན་དང་རྟེན་གསུམ་ཁག་རྣམས་ལ་གནས་གཟིགས་དང་མཆོད་འབུལ། བསྟན་དོན་ལྷབས་ཆེན་འགྲུབ་པའི་ཐུགས་སྨོན་མཚམས་སྦྱོར་སོགས་རྒྱ་ཆེ་གནང་སྦྱིན་དུ་བསྐྱངས། དེ་ནས་ཆོས་འཁོར་རྒྱལ་དུ་ཕེབས་ཏེ་འདོད་ཁམས་དབང་ཕྱུག་དམག་ཟོར་གྱི་རྒྱལ་མོའི་བླ་མཚོ་སོགས་གནས་ཁྱད་པར་ཅན་རྣམས་ལ་གནས་གཟིགས་ཞིབ་རྒྱས་དང་། མཆོད་སྨོན་སོགས་མཐའ་གླས་པར་མཛད། འོ་ན་

ཆོས་སྡིངས་སུ་ཕྱིན་ནས་དང་པོའི་སངས་རྒྱས་རྒྱལ་སྲས་རྡོ་རྗེ་འཆང་ཆེན་པོ་དང་མཇལ་འཛོམས་ཀྱི་ཐོག་གསུང་མོལ་ཞིབ་ལྷིང་དང་གནས་སྐབས་མཐར་ཐུག་ཀུན་ཏུ་དགེ་བའི་བཀའ་སློབ་སྩལ་རེས་སུ་མཛད་ཅིང་འདོད་ཆོས་འགའ་ཞིག་ཀྱང་ཞུ་གནང་དང་བཅས་ཏེ་ཞག་འགའ་འཁོས་ཕེབས་སུ་བཞུགས། དེ་ནས་ཁྲ་འབྲུག་བསམ་ཡས་ལ་སོགས་པ་ལྷོ་ཁ་ཕྱོགས་ཀྱི་གནས་ཆེན་ཕལ་མོ་ཆེ་མཐའ་དག་ཞིབ་མཇལ་ངོས་མཆོད་ཕྲིན། སྨོན་ལམ་སོགས་ཟབ་ཅིང་རྒྱ་ཆེ་བས་ངལ་བ་དོན་ལྡན་འབྲས་བུ་དང་བཅས་པར་མཛད་ནས་སླར་ཡང་མྱུར་བར་ཕྱིར་ཕེབས་ཀྱི་ལམ་ཞོར་བྲག་ཡེར་པར་ཕེབས་བསྐྱོད་ཐོག་རྟེན་གནས་རྣམས་ལ་མཆོད་འབུལ། སྨན་ཤལ། གནས་གཟིགས། ཐུགས་སྨོན་སོགས་རྒྱ་ཆེར་སྩལ་ནས་རིམ་གྱིས་ལྷ་ལྡན་དུ་ཕྱག་འཁོར་ཏེ་རྒྱལ་དབང་མཆོག་ལ་འཁྱོར་ཕྱག་དང་། དེ་མཚུངས་འདི་ལོ་སྟོད་ཕྱོགས་སུ་དུས་ཟིང་ལ་བརྟེན་པས་༧པཎ་ཆེན་མཆོག་སྤྲུལ་རིན་པོ་ཆེ་ཡང་བོད་བཞུགས་ཨམ་བན་ནས་གདན་དྲངས་པ་བཞིན་དབུས་སུ་ཞབས་པད་བཀོད་འདུག་པས་མཇལ་ཕྱག་ཏུ་ཕྱིན་པར་༧པཎ་ཆེན་མཆོག་ནས་ཀྱང་སྟོན་གནས་རྗེས་དྲན་གྱི་རང་མདངས་གསལ་པོར་བསྟན་ཏེ་དགྱེས་པའི་རྣམ་འགྱུར་ཚད་མེད་པར་མཛད་ཅིང་གང་ཅིའི་གསུང་མོལ་སོགས་ཀྱང་ཞིབ་རྒྱས་སུ་སྩལ་བར་མཛད། དེ་སྐབས་ཀློང་རྫོལ་རིན་པོ་ཆེ་བྲག་རི་བླ་བྲང་དུ་བཞུགས་པའི་ཞབས་དྲུང་དུ་ཕྱིན་ནས་གཞིས་ཕྱེས་ཀྱི་གསུང་མོལ་གང་ཅིར་ཞིབ་ལྷིང་དང་ལྷག་པར་སྔར་གྱི་བཀའ་ཆོས་ཞུ་འཕྲོས་རྣམས་སྩལ་དགོས་ཀྱི་གསོལ་བ་བཏབ་པར་གྲུབ་དབང་མཆོག་ནས་ཀྱང་ཞལ་བཞེས་བསྐྱངས་པ་བཞིན་བཀའ་ཆོས་ཀྱི་རིང་བྲག་རིར་དར་ཧན་མཁན་པོའི་སྤྲུལ་བུར་གཏན་བཞུགས་མཛད་ཐོག་ཆོས་ཞུ་བ། ཨ་ཀྱ་ཧུ་ཐོག་ཐུ། དུས་འཁོར་པཎྜི་ཏ། ཀྲེ་པོ་ལྷ་མགོན་སྤྲུལ་སྐུ་སོགས་བླ་སྤྲུལ་

དགེ་བཤེས་ཁྱོན་བརྒྱ་སྐོར་ཙམ་འདུས་པ་རྣམས་དང་ལྷན་ཅིག་ཏུ་རྒྱན་འཇུག །མཛོད་རྩ། མདོ་རྩ། རྣམ་འགྲེལ་བཅས་གཞུང་རྩ་བ་ལྔ་དང་། བྱམས་ཆོས་གཞན་བཞི། རིག་ཚོགས་དྲུག །དུས་འཁོར་བསྡུས་རྒྱུད། གསང་འདུས་དང་བདེ་མཆོག་གི་རྩ་རྒྱུད། འཇིགས་བྱེད་ཀྱི་རྟོག་བདུན་རྟོག་གསུམ། འགྲེལ་ཆེན་དྲི་མེད་འོད་ཀྱི་ལུང་ལ་སོགས་པ་ཆོས་བཀའ་མཐའ་ཡས་པའི་ལུང་གསན་བཞེས་མཛད་པར་སྣང་ཞིང་། བཀའ་ཆོས་སྤྱི་ཕྱི་འདི་དག་གི་སྐབས་དང་སྔོ་ཁ་ཕྱོགས་སུ་གནས་གཟིགས་ལ་ཕེབས་བསྐྱོད་སོགས་ཀྱི་དུས་དངོས་ཉམས་རྨི་ལམ་ཅི་རིགས་པར་དག་པའི་གཟིགས་སྣང་གི་རིགས་ཀྱང་དུམ་ཞིག་བྱུང་ཚོད་དུ་སྣང་ནང་ཐུགས་ཤིན་ཏུ་སྐམ་ཞིང་བསྙེང་བ་དང་། སྐུ་ཆེ་བའི་ཡོན་ཏན་གསང་ཞིང་སྦེད་པ་ལྟར་མཛད་པའི་དབང་གིས་མཐའ་དག་གསལ་པོར་ནི་སུ་ལའང་བཀའ་སྩལ་བར་མི་མཛད་ལ། འོན་ཀྱང་མཚོན་བྱེད་ཙམ་དུ་སྤྱི་སོར་བསྟན་གླེང་དུ༸ཁྲི་ཆེན་རྡོ་རྗེ་འཆང་ངག་དབང་མཆོག་ལྡན་གྱིས་མཛད་པའི་མགོན་པོ་ཕྱག་དྲུག་པའི་བསྙེན་སྒྲུབ་ལས་གསུམ་གྱི་རྣམ་གཞག་འཕྲིན་ལས་བཞིའི་བང་མཛོད་ཀྱི་ལུང་གསན་པས་དེ་ནུབ་མནལ་ལམ་དུ། ནམ་མཁའི་དབྱིངས་སུ་མྱུར་མཛད་ཡེ་ཤེས་མགོན་པོ་ཕྱག་དྲུག་པ། དམ་ཅན་ཆོས་རྒྱལ་ཕྱི་ནང་གསང་གསུམ། འདོད་ཁམས་དབང་ཕྱུག །དཔལ་ལྡན་དམག་ཟོར་གྱི་རྒྱལ་མོ་རྣམས་མངོན་སུམ་ལྟ་བུར་མཇལ་བྱུང་ཡང་ཏ་ཙང་གཟི་བརྗིད་ཆེ་བས་ཞིབ་ཏུ་མཇལ་མ་ཐུབ། མཇལ་ཐུབ་ན་སྐུ་བོང་ཆེ་ཞིང་སྐུ་མདོག་དང་ན་བཟའ་ཕྱག་མཚན་སོགས་གསལ་པོར་འདུག་པ་རྨིས་བྱུང་ཞེས་སྨོད་ལྡན་དག་པའི་སློབ་མ་འགའ་ཞིག་ལ་གསུང་སྣང་སྟེ། དེ་ནི་མནལ་ལམ་ཡིན་པའི་རྫོལ་གྱིས་བཀའ་སྩལ་བ་ལས། གཞན་བསྟན་སྲུང་ཡེ་ཤེས་ཀྱི་སྤྱན་ལྡན་དེ་རྣམས་ཀྱིས་དངོས་སུ་ཞལ་བསྟན་ནས་ལས་

བཞིའི་འཕྲིན་ལས་གཡེལ་མེད་དུ་སྒྲུབ་པར་ཞལ་གྱིས་བཞེས་པར་གདོན་མི་ཟ་བར་མངོན་ལ། འདིས་མཚོན་ཏེ་དུས་སྐབས་ཀུན་ཏུ་སངས་རྒྱས་བྱང་སེམས། ཡི་དམ་ཌཱ་ཀི་བསྟན་སྲུང་ལ་སོགས་པ་དངོས་སུ་ཞལ་གཟིགས་ཤིང་གསུང་གིས་ལུང་བསྟན་དབུགས་དབྱུང་ཐོབ་པ་སོགས་དག་པ་རབ་འབྱམས་ཀྱི་གཟིགས་སྣང་རྒྱུན་མི་ཆད་དུ་འབྱུང་བར་ཤེས་པར་བྱའོ། །དེ་གོང་ཙམ་ནས་སྤྱི་སོར་༧གོང་མ་ཆེན་པོར་འདི་ལོའི་རིང་བཀའ་འགྱུར་དགོས་ཚུལ་གྱི་སྙན་ཞུ་ཕུལ་བའི་ཕྱིར་ཕེབས་སུ་ཕྱི་ལོ་ཤེད་རྩོལ་གྱིས་ཕེབས་ཚེ་ད་ལོའི་རིང་དེ་དོན་མཛད་ཚོག་པའི་གསེར་གྱི་བཀའ་ལུང་ཡང་ཕེབས་པར་སྣང་། དེ་ལྟར་བཀའ་ཆོས་རྣམས་གྲུབ་འཕྲུལ་དགུན་ཐོག་དེ་ཁར་གཙང་གནས་མཇལ་བར་ཕེབས་བཞིན་གྱིས་༧རྒྱལ་དབང་ཡབ་སྲས་སོགས་དམ་པ་རྣམས་ལ་ཐོན་ཕྱག་ཞུས་ཏེ་སྨུར་བར་ཆིབས་བཏེགས་ནས་ཡངས་ཅན་ལྷ་བུ་བརྒྱུད་ཤངས་དགའ་ལྡན་ཆོས་འཁོར་དུ་ཕེབས་ནས་མཆོད་མཇལ་དང་། དགེ་འདུན་རྣམས་ལ་མང་འགྱེད་སོགས་ཀྱི་བསྙེན་བཀུར་གྱི་ནོམ་པར་སྤྲལ། ཕྱོགས་དེའི་སེར་སྐྱ་མཐའ་དག་གིས་ཀྱང་བཀུར་བསྟི་གུས་འདུད་ཚད་མེད་པ་དང་བཅས་ཏེ་བསོད་ནམས་ཀྱི་མཆོད་སྟོང་ཆེན་པོར་མངོན་པར་བཏེགས་ཤིང་། དེ་ནས་རིམ་གྱིས་བཀྲས་ལྷུན་དུ་ཕེབས་ཉེའི་སྐབས་སླ་བྲང་ནས་ཆིབས་བསུ་སོགས་ཀྱི་བཀུར་བཟོས་རྒྱ་ཆེན་པོ་དང་བཅས་ཏེ་གདན་དྲངས། བཞུགས་འཚེར་ནོར་བུ་བྲང་ཁང་དུ་མཛད་ནས། ཞག་འགའ་གཏན་ཆག་པར་བཞུགས་པར་མཛད་ལ། དེའི་རིང་དུ་སླ་བྲང་ཞབས་པད་དྲུང་པ་ཧུ་ཐོག་ཐུ་སོགས་ནས་གསོལ་ཞབས་དང་ཟུར་ཆས་མཇལ་འབུལ་སོགས་གཏོང་ཆེ་བ་དང་བཅས་ཏེ་ཐུགས་ཀྱི་དགྱེས་རྒྱུ་སླ་ལྷག་ཏུ་སྒྲུབ། མཆོད་ཁང་ཁག་ཆེ་ཕྲ་ཚང་མར་མཆོད་པའི་སྦྱིན་ཕུང་བཟང་ཞིང་ཚར་དུ་དངར་

བ་དང་། དབང་པོའི་གཞུ་རིས་རྣམ་པར་བཀྲ་བའི་སྣང་ཤལ་སོགས་ཀྱིས་མདུན་བདར་བའི་མཆོད་འབུལ་དང་། གནས་གཟིགས་ཞིབ་རྒྱས་ཐོག་བསྟན་པ་རྒྱས་པ་དང་འགྲོ་ཀུན་ཆོས་འགྱུར་བདེ་སྐྱིད་ཀྱིས་འཚོ་བ། ལྷག་པར་རྗེ་བླ་མ་ཉིད་ཀྱི་གསང་བ་གསུམ་གྱི་མཛད་འཕྲིན་མཐའ་དག་ཞྭ་སེར་གྱི་རིང་ལུགས་བླ་ནས་བླར་སྤེལ་བའི་རྒྱུ་ཚོགས་འབབ་ཞིག་ཏུ་སྨིན་པ་སོགས་ཀྱི་ཐུགས་སྨོན་གྱི་རིམ་པ་རྒྱ་ཆེ་འབྱམས་གླས་སུ་མཛད། འདུས་པ་ལྷ་སྟོང་དུ་ཉེ་བ་རྣམས་ལ་མང་ཇ་དང་། རིན་ཆེན་གཉིས་པ་འཁོར་ལོ་རེའི་འགྱེད་སོགས་ཀྱི་བསྙེན་བཀུར་གཟབ་རྒྱས་སུ་སྟར། དགེ་འདུན་དམངས་ནས་ཀྱང་བཀུར་བསྟི་གུས་ཞབས་ཚད་དུ་བྱུང་བས་མཇལ་ཕྱག་ཟྙོག་དངོས་འབུལ་སོགས་རླབས་ཆེ་བར་ཕུལ་ཞིང་། དེ་བཞིན་དུ་རྒྱ་ཁམས་ཚན། བ་སོ་མི་ཚན་སོགས་ནས་ཀྱང་གདན་ཞུས་ལྟར་སོ་སོའི་ཚོམས་སུ་ཞབས་སེན་གྱི་པད་མོ་བཀོད་པར་ཞབས་ཏོག་དངོས་འབུལ་སོགས་དཔངས་མཐོ་བར་ཕུལ་བ་དང་ཚབས་ཅིག་པར་སོ་སོའི་གྲྭ་དམངས་ནས་ཀྱང་མཇལ་ཕྱག་བྱིན་རླབས་འདོད་ཆོས་སོགས་ཞུས་པ་རྣམས་ལ་ཇི་ལྟར་འདོད་པའི་ཆོས་ཀྱི་བཀའ་དྲིན་སྩལ་ཞིང་། མང་འགྱེད་སྤྱི་འབུལ་སོགས་ཟང་ཟིང་གི་སྐྱེས་ཀྱིས་ཀྱང་ཡོངས་སུ་ཚིམ་པར་མཛད། དེ་ནས་ཞྭ་ལུ། ངོར། དར་ལུང་སྣེན་སོགས་བརྒྱུད་དེ་ས་སྐྱར་ཕེབས་བསྐྱོད་ཐོག་ཞག་བཞི་ཙམ་བཞུགས་འཛུགས་མཛད་ནས་ཁྲུ་བྲག་རྫོང་། བསམ་གླིང་། གཡུ་མཁར་མོ་ཆེ་སོགས་ལ་གནས་མཇལ་མཆོད་སྨོན་ཞིབ་རྒྱས་དང་། ས་སྐྱ་བདག་ཆེན་རིན་པོ་ཆེར་མཇལ་ཞུའི་ཐོག་དངོས་འབྱོར་གྱི་འབུལ་བ་སོགས་ཀྱང་རྒྱ་ཆེ་བར་སྒྲུབ་པར་མཛད་པས་བདག་ཆེན་མཆོག་ནས་ཀྱང་བཀུར་བཟོས་དང་གུས་འདུད་སོགས་བླ་ན་མ་མཆིས་པའི་བཀའ་དྲིན་སྩལ། དེ་སྐབས་བདག་ཆེན་རྡོ་རྗེ་འཆང་ལས་ཀྱི་རྡོར་གྱི་དབང་

དང་། གྲུབ་ཆེན་ཐང་སྟོང་པའི་ལུགས་ཀྱི་ཚེ་དབང་སོགས་ཆོས་བཀའ་ཡང་མང་ཙམ་གསན་བཞེས་བསྐྱངས། ས་སྐྱའི་མཆོད་ཁང་ཆེ་ཆུང་རྣམས་ཚང་མར་མཆོད་འབུལ། སྙན་ཤལ་རྒྱ་ཆེ་བ་དང་བཅས་ཏེ་གནས་གཟིགས་ཐུགས་སྨོན་སོགས་རྒྱས་པར་མཛད། འདུས་པ་རྒྱ་མཚོའི་ཚོགས་རྣམས་ལ་ས་སྐྱའི་ཆོས་དུང་དཀར་པོ་རྒྱང་གྲགས་ཞེས་པ་ངོ་མཚར་ཅན་ཞིག་ཡོད་པ་དེ་ཉིད་གཏོང་བར་གསོལ་བ་དང་བཅས་པའི་སྒོ་ནས་མང་འགྱེད་སྤྱི་འབུལ་ལ་སོགས་པའི་བསྙེན་བཀུར་བཟང་ཞིང་རྒྱ་ནོམ་པར་སྩལ་བ་དང་། དད་ལྡན་རྣམས་ལ་དབང་ཆོས་སོགས་ཀྱང་གང་འོས་སུ་བསྐྱངས་ཏེ་སྨིན་གྲོལ་དཀར་པོའི་ལམ་གྱི་དགའ་སྟོན་ཉམས་སུ་མྱོང་བར་མཛད། དེ་ནས་ཕྱིར་ཕེབས་ཀྱི་ལམ་ཁར་དུ་ཁྲི་ཐུ་གངས་ཅན་ཆོས་འཕེལ་དང་། སྣར་ཐང་སོགས་ཀྱི་གཙུག་ལག་ཁང་རྟེན་དང་བརྟེན་པར་བཅས་པ་རྣམས་ལ་ཞབས་མཇལ་དང་། མཆོད་འབུལ་དང་སྲིད་ཞུ་བཀུར་བསྟི་སོགས་ཐུགས་བཞེད་ཁེངས་ངེས་སུ་མཛད་ཅིང་ཕེབས་ལམ་གྱི་གདུལ་བྱ་རྣམས་ལ་ཡང་ཆོས་དང་ནོར་གྱི་དཔལ་ཡོན་སྩོལ་བཞིན་པར་སླར་ཡང་བཀྲས་ལྷུན་དུ་ཕེབས་པར་བླ་བྲང་གྲྭ་ཚང་སོགས་སྤྱི་སྒེར་མཐའ་དག་ནས་ཕེབས་རྗོངས་ཀྱི་རིམ་པའང་གཏོས་ཆེ་བར་ཕུལ། རིང་མིན་སྦྱར་བར་ཆིབས་བཏེགས་ཏེ་རོང་བརྒྱུད་ནས་བྱོན་པའི་ལམ་ཁར་དུ་རོང་བྱམས་ཆེན་སོགས་ལ་གནས་གཟིགས་དང་། དེ་ནས་གམ་པ་ལ་བརྒྱུད་ཤེད་རྩོལ་གྱིས་བྱོན་ཏེ་སྣེ་ཐང་དུ་ཕེབས་སྐབས་ལུང་བསྟན་སྒྲོལ་མ་དང་། ཇོ་བོའི་སྐུ་འབུམ་སོགས་ལ་མཆོད་འབུལ་ཐུགས་སྨོན་གནང་སྨིན་དུ་མཛད་ནས་འབྲས་སྤུངས་སུ་ཕེབས་ཏེ་ཞག་འགའ་བཞུགས་འཇགས་དང་། དེ་ནས་ལྷ་ལྡན་དུ་༧རྒྱལ་དབང་ཐམས་ཅད་མཁྱེན་གཟིགས་ཡབ་སྲས་ཀྱིས་གཙོས་པའི་དམ་པ་རྣམས་ལ་འཁྱོར་ཕྲུག་དང་། ཇོ་ཤཱཀ་རྣམ

གཉིས་སོགས་ལ་མཚོད་མཇལ་སོགས་ཞུ་བར་བྱོན་ཞིང་། དཔའ་ཞོད་ཕྱོགས་ནས་ཞབས་ཕྱིར་བཅར་མི་གཉེར་ཚེ་བརྟན་ཕུན་ཚོགས་ཀྱིས་གཙོས་པའི་སེར་སྐྱ་མང་ཙམ་འཁོར་བ་རྣམས་ལ་མཇལ་ཁ་དང་གཞིས་བྱེས་ཀྱི་གསུང་མོལ་སོགས་ཞིབ་རྒྱས་སུ་སྩལ། དེ་རྣམས་གྲུབ་བསྟུན་ཕྱི་ལོ་དབང་ཕྱོགས་སུ་ཕེབས་རྒྱུའི་གྲ་སྒྲིག་དང་། ལོ་མཇུག་གི་འཆར་ཆེན་ཞབས་བརྟན། སྒྲུབ་གསལ་གྱི་བགེགས་སེལ་སྐུ་རིམ་གནང་འོས་སོགས་ཀྱང་རིམ་སེལ་དུ་མཛད་བཞིན་པར་བཞུགས་སོ། །

འདིར་སྨྲས་པ། འཇམ་མགོན་བསྟན་པ་ཀུན་སེལ་སྒྲིག་མོའི་བཞིན། །ལུང་རྟོགས་དམ་ཆོས་ཉི་ཟླའི་འདྲེན་བྱེད་ཀྱིས། །ཡོངས་སུ་མཛེས་པར་བྱས་པའི་དགེ་ལེགས་ཆེས། །སྲིད་དང་ཞི་བའི་ཕྱོན་ཀུན་དོག་པོར་འགེངས། །རྡོ་རྗེ་འཆང་ནས་རྩ་བའི་བླ་མའི་བར། །སྐྱན་ནས་སྐྱན་དུ་བརྒྱུད་པའི་མན་ངག་ཀུན། །འབད་པ་དུ་མས་བདག་གིར་མཛད་པ་འདི། །སྐལ་ལྡན་འགྲོ་ཚོགས་དགུགས་དབྱུང་མཛད་པའི་སླད། །ཆོས་ཚུལ་ནམ་མཁའི་མཛོད་ལ་དབང་བསྒྱུར་ཀྱང་། །ད་དུང་ཟབ་དོན་འཚོལ་ལ་བརྩོན་པ་ཡི། །ཚུལ་འདི་ཆུ་གཏེར་ཆུ་ཡིས་མི་ངོམས་བཞིན། །ལེགས་བཤད་སྐྱེས་ཀྱིས་ཚོག་མི་ཤེས་པའི་རྟགས། །རྟག་ཏུ་ དུ་ཡིས་ཤེས་རབ་ཕར་ཕྱིན་གྱི། །དམ་ཆོས་འཚོལ་བའི་དཔེ་ཟླར་ཕྱིད་འོས་ཞེས། །གཟྲུ་བོར་གནས་པའི་བློ་ཅན་མཐའ་དག་གིས། །བསྔགས་པ་དབྱངས་ཀྱི་རྒྱལ་མོའི་གླུ་དབྱངས་སྒྲོག །སྟོན་བྱོན་དམ་པའི་སྐྱེས་བུ་དུ་མ་ཡིས། །གསང་གསུམ་འཁོར་ལོར་བསྒྱུར་བའི་བསྟི་གནས་ཀུན། །ཡིད་དང་དབང་པོའི་ཡུལ་དུ་མཛད་པ་དང་། །ལྷན་ཅིག་ཀུན་ཏུ་བཟང་པོའི་མཆོད་སྤྲིན་བསྐྲིངས། །བྱིན་རླབས་གཏེར་གྱུར་གནས་ཆེན་པད་མོའི་ཚལ། །མཐའ་དག

དད་བརྩོན་ཤུགས་ཀྱིས་མྱུལ་མཛད་དེ། །སོས་གྲུས་ཟེགས་མ་ཀུན་ཏུ་འཕྱོར་བ་ལས། །མཆོག་ཐུན་དངོས་གྲུབ་ཟིལ་མངར་ཅི་ཡང་འགྲུགས། །ཁྱོད་ཀྱི་རྣམ་ཐར་ཆ་ཤས་རེ་རེ་ཡི། །ངོ་མཚར་མཐའ་དག་བསྐལ་པ་བྱེ་བའི་བར། །ལྷེ་སྟོང་བསྐྱོད་དེ་བརྗོད་ཀྱང་མི་འཛད་ན། །དུས་གཅིག་གླེང་བར་ནུས་པ་ག་ལ་ཞིག །དེ་ལྟ་ནའང་རྒྱལ་བས་བྱིན་བརླབས་ན། །བེམས་པོའི་སྦྱོན་པའང་སྨོམ་བཞི་སྒྲོག་པ་ལྟར། །འགའ་ཙམ་ཚིག་གི་འཕྲེང་བར་སྤེལ་ནུས་པ། །འདི་ཡང་དམ་པ་རྣམས་ཀྱི་མཐུ་ཡོ་ན། །གང་ཟག་མི་རྟོན་ཆོས་ལ་རྟོན་དགོས་ཞེས། །དཔྱོད་ལྡན་ཀུན་ལ་གྲགས་པའི་ཚུལ་བསམ་ནས། །བྱེད་པོ་ངན་ཡང་ངོ་མཚར་གཏམ་བཟང་འདི། །མཁས་དབང་རྣ་བའི་བདུད་རྩིར་ཅིས་མི་འོས། །ཞེས་པ་ནི་བར་སྐབས་ཀྱི་ཚིགས་སུ་བཅད་པའི་རིམ་པའོ། །ཞེས་དཔལ་ལྡན་བླ་མ་དམ་པ་རྒྱལ་བའི་རྒྱལ་ཚབ་ཆེན་པོ་རྗེ་དྲུང་ཧུ་ཐོག་ཐུ་ནོ་མི་ཧན་ས་མ་ཏི་པཀྴི་ཏུ་ཐུང་ཆན་ཤྲཱི་རིན་པོ་ཆེ་ཡེ་ཤེས་བློ་བཟང་བསྟན་པའི་མགོན་པོའི་རྣམ་པར་ཐར་པ་ངོ་མཚར་དད་པའི་པདྨོ་འཛུམ་བྱེད་ལེགས་བཤད་ཉིན་བྱེད་དབང་པོའི་འཕྲེང་བ་ལས་མཛད་པ་བཅུ་གཉིས་ཀྱི་ནང་ནས་རིག་པའི་གནས་ལ་མཁས་པར་བྱས་པའི་མཛད་པ་གཙོ་བོར་གྱུར་པ་ལས་བརྩམས་ཏེ་རྒྱལ་བའི་གསུང་རབ་རྒྱ་མཚོ་ལྟ་བུ་ལ་གསན་བསམ་སྒོམ་གསུམ་རྣམ་པར་དག་པ་དང་། དམ་པ་རྣམས་ལས་ཟབ་པ་དང་རྒྱ་ཆེ་བའི་དམ་པའི་ཆོས་ཀྱི་བདུད་རྩི་ངོམས་མེད་དུ་ནོད་དེ་གདམས་པའི་གཏེར་མཛོད་དུ་སོན་པར་མཛད་པའི་ཚུལ་མདོ་ཙམ་གླེང་བའི་རིམ་པ་སྟེ་དྲུག་པའོ།། །།

༈ དེ་ནས་ཞི་བ་ཞེས་པ་ས་བྱི་ལོ་གསར་དུ་ཚེས་པའི་དུས་ཀྱི་དགའ་སྟོན་རྣམས་ལ་དགྱེས་རོལ་མཛད་ཐོག །འདི་ལོ་དབང་ཕྱོགས་སུ་ཕེབས་རྒྱུའི་ཐུགས་

གཡེངས་ཀྱིས་སྨོན་ལམ་ཆེན་མོར་ཚོགས་ཕེབས་སོགས་ཆེར་མ་ཐུབ་ཅིང་། སྨོན་ལམ་གྲོལ་ནས་འབྲས་སྤུངས་སུ་ཚོགས་ཆེན། གྭ་ཚང་། ཁམས་ཚན། མི་ཚན་དང་བཅས་པ་སོ་སོར་གཞུང་ལུགས་ལ་ཐོས་བསམ་མཐར་ཕྱིན་པའི་གཏང་རག་ལེགས་འབུལ་གྱི་ཚུལ་དུ་མང་འགྱེད་སྤྱི་འབུལ་སོགས་ཀྱི་བསྙེན་བཀུར་གྱི་ནོམ་པའི་ཐོག་བསྟན་འགྲོའི་བདེ་སྐྱིད་སྤེལ་བའི་ཐུགས་བཞེད་འཕྲིན་ལས་རྣམས་བགེགས་མེད་མྱུར་དུ་འགྲུབ་པའི་སྐྱབས་འཇུག་གནད་སྨིན་དུ་ཞུ་བར་མཛད། དེ་ནས་ཞབས་ཕྱི་ཡང་སྔ་སོར་གྲྭ་སར་བཞུགས་སྐབས་རགས་བསྡུས་ལས་མེད་ཤིས་གཟིགས་དཔོན་བླ་མ་ཆོས་འཕེལ་སོགས་སྔར་ཡོད་རྣམས་ཀྱི་སྟེང་དུ་ལས་ཚན་པ་གསར་བསྐོས་ཕྱག་མཛོད་བློ་བཟང་རྒྱལ་མཚན། གསོལ་དཔོན་བློ་བཟང་དཔལ་ལྡན། མགྲོན་གཉེར་སང་བླ་མ། གཉེར་པ་ཤོ་མདོ་བ་ཚེ་བརྟན་ཕུན་ཚོགས་དང་། ཐྲེལ་ཟླ་སྐར་མ་སོགས་གང་ལ་གང་འོས་ཀྱི་བསྐོ་བཞག་དང་དེ་དག་སོ་སོར་བགྱི་བ་གང་ཅི་འཐུས་ཤོར་མེད་པའི་འགྲིག་དགོས་པའི་བཀའ་སློབ་སོགས་ཀྱང་མཐར་ཕྱིན་དུ་སྩལ། མི་རིང་བར་༸གོང་ས་རྒྱལ་དབང་ཐམས་ཅད་མཁྱེན་ཅིང་གཟིགས་པ་ཆེན་པོར་ཐོན་ཕྱག་ཞུ་བར་ཕྱིན་པ་ན་༸རྒྱལ་དབང་མཆོག་ནས་གཟིགས་རྒྱང་བླ་ན་མེད་པས་ཀུན་ནས་བསླངས་ཏེ་ཕེབས་རྫོངས་དངོས་འབུལ་གྱི་རིམ་པ་བཟང་ཞིང་གཏོས་ཆེ་བར་སྩལ་བ་དང་། བཀའ་མཆིད་དུའང་རྗེ་ཉིད་དབང་ཕྱོགས་སུ་ཕྱིན་ནས་༸གོང་མ་ཆོས་ཀྱི་རྒྱལ་པོའི་དགོངས་བཞེད་དང་མཐུན་པའི་ཆོས་ལྡན་གྱི་འཕྲིན་ལས་སྤེལ་བ་དང་། གདུལ་བྱ་མཆོག་དམན་མཐའ་དག་སྨིན་གྲོལ་ལ་འགོད་པའི་མཛད་འཕྲིན་སྒོ་གང་ཟབ་དགོས་པ་གཞིར་བཅས་དང་། ལྷག་པར་བོད་གངས་ཅན་གྱི་བསྟན་པ་དང་འགྲོ་བ་རྣམས་ཐུགས་ཡུལ་ནས་མི་འདོར་ངོས་རིང་མིན་སླར་ཡང་ལྗོངས་འདིར་མྱུར་འབྱོན་གྱི་

དགོངས་བཞེད་ཅི་ནས་གཏད་དགོས་ཚུལ་སོགས་ཀྱི་བཀའ་ལུང་སྤྱི་བོར་བཀོད་པར་དམ་པ་ཉིད་ནས་ཀྱང་དགྱེས་པ་ཆེན་པོ་དང་བཅས་ཏེ་བདག་སོགས་མི་ནོར་ལྟོས་བཅས་ཚང་མར་གནས་སྐབས་ལམ་བར་སོགས་སུ་དགྲ་ཇག་ཆུ་གསུམ་གྱིས་མཚོན་པའི་ཉེས་སྐྱོན་གྱི་རིགས་མི་འབྱུང་བ་དང་། བསམ་པའི་དོན་ཀུན་ཡིད་སྨོན་ལྟར་འགྲུབ་ཅིང་འགྱངས་མེད་མྱུར་དུ་མཚན་དཔེའི་སྣང་བརྙན་མཇལ་བའི་སྐལ་བཟང་ཉམས་སུ་མྱོང་འགྱུར་གྱི་སྐྱབས་འཇུག་དུས་ལས་ཡོལ་བ་མེད་པར་དགོས་ཚུལ་སོགས་ཀྱི་གསོལ་བ་འདེབས་པར་མཛད་སྣང་སྟེ། ཚུལ་འདི་དག་ནི་བདག་ཉིད་ཆེན་པོ་ཡབ་སྲས་རྣམས་ཕེབས་བཞུད་སོགས་ཀྱི་སྤྱོད་པ་ལ་རང་དབང་ཐོབ་པས་ཇི་ལྟར་སྨོན་པའི་བཞེད་དོན་མྱུར་དུ་འགྲུབ་པ་ལ་གེགས་བྱེད་ཀྱི་མཚན་མ་དང་བྲལ་བར་མངོན་སུམ་དུ་གཟིགས་པའི་དབང་གིས་གདུལ་བྱའི་ཚོགས་ལ་འབྱུང་འགྱུར་གྱི་ལུང་བསྟན་གསལ་པོར་མཛད་པར་ངེས་སོ། །

དེ་བཞིན་དུ་པཎ་ཆེན་ཐམས་ཅད་མཁྱེན་གཟིགས་མཆོག་གི་སྤྲུལ་སྐུ་རིན་པོ་ཆེའི་དྲུང་དུའང་ཐོན་ཕྱག་ཏུ་ཕྱིན་པར་༧པཎ་ཆེན་མཆོག་སྐུའི་ན་ཚོད་ཆེ་ཆེར་ཕྲ་ཡང་དམ་པའི་ངང་ཚུལ་གསལ་པོར་བསྟན་ཏེ་མགོན་པོ་ཉིད་ལ་གངས་ལྗོངས་བསྟན་འགྲོའི་ཕན་བདེ་སྤེལ་བའི་ཐུགས་བསྐྱེད་རྒྱ་གང་ཆེ་དགོས་ཚུལ་སོགས་དགྱེས་པའི་བཀའ་བཟང་དང་ཕེབས་རྗོངས་དངོས་འབུལ་གྱི་གནང་སྐྱེས་ཀྱང་རྒྱ་ཆེ་སྩལ་བར་༧སྐྱབས་རྗེ་ཉིད་ནས་ཀྱང་དད་གུས་ཆེན་པོའི་སྒོ་ནས་གནས་སྐབས་འགལ་རྐྱེན་ཞི་ཞིང་ཆོས་ལྡན་གྱི་ཐུགས་བཞེད་ཇི་བཞིན་འགྲུབ་པ་དང་། མྱུར་དུ་ཞལ་བཟང་མངོན་དུ་འགྱུར་བའི་སྐྱབས་འཇུག་བཅས་ཞུ་བར་མཛད་པར་དེ་བཞིན་དུ་གནང་རྒྱུའི་ཞལ་བཞེས་ཀྱང་ཕེབས་པར་གྱུར། དེ་ནས་རྗེ་བླ་མ་ཉིད་ཀྱི་རིགས་ཀྱི་ཅོད་པན་འཇམ་མགོན་བསྟན་པའི་སྒྲོན་མེ་ཡོངས་འཛིན་པཎྜི་ཏ་

ཆེན་པོ་ཡེ་ཤེས་རྒྱལ་མཚན་གྱི་སྤྱན་སྔར་ཕྱིན་ནས་སྐྱབས་ཞུ་མཛད་པར། རྗེ་བླ་མ་དེས་ཀྱང་འབྱུང་འགྱུར་ལུང་བསྟན་དང་འབྲེལ་བའི་བཀའ་མཆིད་མང་པོ་དང་། ལྷག་པར་རྣམ་པ་ཐམས་ཅད་དུ་ངེས་འབྱུང་བྱང་སེམས་ཡང་དག་པའི་ལྟ་བ་གསུམ་ལ་ཐུགས་དམ་ཉམས་བཞེས་ཀྱི་མཐིལ་དུ་མཛད་པ་དང་། སྐུ་གསུང་ཐུགས་ཀྱི་མཛད་སྤྱོད་ཕྲ་མོ་ཙམ་ཚད་ཀྱང་རྒྱལ་སྲས་ཀྱི་སྤྱོད་པའི་རྒྱ་ལས་མི་འགོངས་ཤིང་། ལྟ་སྒོམ་སྤྱོད་གསུམ་མཐའ་དག་བཀའ་གདམས་གོང་མ་རྣམས་དང་རྗེ་ཐམས་ཅད་མཁྱེན་པ་ཡབ་སྲས་ཀྱི་རྣམ་ཐར་འབའ་ཞིག་ལ་གནས་པའི་སྒོ་ནས་རང་གཞན་གྱི་དོན་རླབས་པོ་ཆེ་མཛད་དེ་དུས་ངན་སྙིགས་མའི་མཐའ་འདིར་ཞྭ་སེར་གྱི་རིང་ལུགས་ཉིན་མོ་ལྟར་སྤེལ་ཐུབ་པ་ཞིག་ཅི་ནས་ཐུགས་རྗེས་སྐྱོང་དགོས་ཞེས་མས་བུ་ལ་འདོམས་པ་ལྟར་གྱི་བསླབ་བྱ་རྒྱ་ཆེར་སྩལ། ལྷག་པར་གྲུབ་པའི་དབང་ཕྱུག་གློང་རྡོལ་རིན་པོ་ཆེའི་ཞབས་དྲུང་དུ་ཕྱིན་ནས་ཞག་འགའ་འཁོར་ཕེབས་ཀྱི་གདན་བཞུགས་མཛད་ཐོག་ཕྲལ་ཡུན་གྱི་སྣང་དོར་གྱི་གནས་ཀུན་ལ་བཀའ་འདྲི་དང་ཐུགས་བརྟག་སོགས་ཞིབ་ཏུ་ཞུས་པར་རྗེ་བླ་མ་དེས་ཀྱང་རང་གི་སྲས་ཀྱི་ཐུ་བོ་འགྲན་ཟླ་མེད་པར་སོང་བའི་དབང་གིས་བསྟན་འགྲོའི་དོན་འགྱུར་གྱི་མཛད་པ་མཐའ་དག་འདི་དང་འདི་འདྲ་བ་བགྱིས་ཤིག་ཅེས་བཀའ་སློབ་ཞིབ་རྒྱས་མཐར་ཕྱིན་དུ་སྩལ་བར་མཛད་སྣང་སྟེ། དེའི་ཚུལ་ཞིབ་པ་༧སྐྱབས་མགོན་ཉིད་ཀྱིས་མཛད་པའི་གྲུབ་དབང་རིན་པོ་ཆེའི་རྣམ་ཐར་རྒྱལ་སྲས་སྤྱོད་པའི་རྒྱན་ལས། འདི་ལོ་དཔྱིད་ཀ་ཟླ་བ་གསུམ་པའི་ནང་ཁོ་བོ་ཅག་རྒྱ་ནག་ཏུ་ཐོན་རྒྱུར་དེ་གོང་ཞིག་མཇལ་ཁ་དང་ཕྱག་དབང་དུ་བཅར་ཏེ་ཡུན་རིང་སྐུ་མདུན་དུ་བསྡད་པར་གང་ཅེར་རྒྱ་ནག་ཕྱོགས་སུ་སོང་རེད། ༧གོང་མ་ཆེན་མོའི་ཞབས་འདེབས་དང་བསྟན་འགྲོའི་དོན་ལ་ཕན་པའི་བྱ་བ

འདི་དང་འདི་འདྲ་བྱེད་དགོས་ཞེས་བསླབ་བྱ་ཐུགས་རྩར་བཅར་བ་དང་། རང་གི་ལམ་བར་སོགས་ཀྱི་སྐོར་དང་། འབྲུམ་པ་མ་ཐར་པའི་སྐོར་སོགས་ཐུགས་བརྟག་ཞུ་རྒྱུ་ཡོད་པ་རྣམས་ཀྱང་བླ་མ་རིན་པོ་ཆེ་ཐུགས་དམ་སྒྲོལ་མའི་དྲུང་དུ་ཕེབས་ཏེ་ཐུགས་བརྟག་ནན་ཆེར་གྱི་སྒོ་ནས་བཀའ་ལུང་བླར་དོར་ཞིབ་པ་དག་སྩལ་ཞིང་། གཞན་ཡང་ཁྱེད་རང་ཤེས་རིག་དགའ་མོ་འདུག་པས་བྱང་ཆུབ་ཀྱི་སེམས་དང་ལྟ་བ་ལ་བག་ཆགས་གང་ཐེབས་དང་། ལྷག་ཏུ་ཐལ་འགྱུར་བའི་ལྟ་བ་ཐུན་མོང་མ་ཡིན་པའི་གནས་ལ་ངེས་པ་གཏིང་ནས་རྙེད་པ་ཞིག་བྱས་ལ་རྒྱུན་ཆགས་སུ་འབད་གང་ཐུབ་དང་། དེ་མིན་ཀྱང་སེམས་ཙམ་པའི་ལྟ་བ་ལྟར་ཕྱི་རོལ་གྱི་དགྲ་གཉེན་སོགས་སྣང་བ་འདི་ཀུན་ནས་ཤེས་པའི་བདག་ཉིད་དུ་གྲུབ་པ་ལས། ཕོ་རང་ངོས་ནས་ཚུགས་ཐུབ་ཏུ་གྲུབ་པ་མེད་པའི་ངེས་པ་ཙམ་བྱུང་ཡང་ཆགས་སྡང་སོགས་ཉོན་མོངས་ཀྱི་མགོ་ནོན་པ་ཡོང་བས་རྒྱུན་དུ་སེམས་ལ་མ་བརྗེད་པ་དང་། སྐྱེས་བུ་ཆེ་འབྲིང་ཆུང་གསུམ་ཟེར་བའང་ཐར་ལམ་འཚོལ་བའི་ཚུལ་ལ་ཐབས་མཁས་ལོས་དང་བློ་གྲོས་ཆེ་ཆུང་གི་སྒོ་ནས་བཞག་པ་སྟེ། དཔེར་ན་སྐྱེས་བུ་ཆུང་ངུ་དེ་ཚེ་འདི་ཕྱི་སོགས་བྲལ་དུ་བདེ་བ་ཞིག་བསམ་པས་བློ་རྒྱ་ཆུང་བ་ཡིན། དེ་ལས་ཉན་རང་རྣམས་བློ་གྲོས་ཆེ་སྟེ། དེས་གཏན་དུ་བདེ་བ་མ་བྱུང་ན་འཕྲལ་དུ་བདེ་བས་མི་ཕན་པར་རིག་ནས་ཐར་པའི་ལམ་ལ་ཞུགས་པ་ཡིན། དེ་ལས་བྱང་སེམས་རྣམས་མ་རྒན་རྣམས་ཀྱི་སྡུག་བསྔལ་ལ་མི་བཟོད་པའི་སྙིང་རྗེས་དྲངས་ནས་དེ་དག་ཐར་པར་འགོད་ཆེད་དུ། འབྲས་བུ་སངས་རྒྱས་ཀྱི་ཡོན་ཏན་བསམ་གྱིས་མི་ཁྱབ་པ་སྒྲུབ་པར་འདོད་པའི་བློ་རྒྱ་ཆེ་བས་ཐེག་ཆེན་གྱི་བྱང་ཆུབ་ཐོབ་པ་ཡིན་པས་ཐེག་པ་གསུམ་གྱི་གང་ཟག་ཀྱང་བདེ་བ་འཚོལ་བའི་ཐབས་ལ་མཁས་ལོས་བྱུང་བ་ཡིན་སོགས་དང་། གཞན་ཡང་ཆོས་དང་འཇིག་རྟེན་གྱི་

སྤྱང་སླང་བྱ་འོས་ཀྱི་བསླབ་བྱ་སྙིང་ལ་བཅག་པ་དག་མཛད་ནས། ཐུགས་རྗེ་ཆེན་པོ་བཅུ་གཅིག་ཞལ་གྱི་སྐུ་རྒྱ་ནག་མ་ཞིག་དང་། དེ་མོ་སྐུ་གོང་ནས་འབུལ་གནང་གི་སྤྱན་རས་གཟིགས་ཕྱག་བཞི་པའི་སྐུ་བ་སོ་ལས་གྲུབ་པ་བཞུགས་ཁང་ཅན་སོགས་ཀྱི་གནང་སྦྱིན་ཡང་རྒྱས་པར་མཛད་ཅིང་། རང་ངོ་གཡོག་ཀྱང་སེམས་འཕྲེང་བཞིན་དུ་སྐྱབས་འཇུག་ཞུས་པར་ད་དུང་ཐུག་ཡོང་ཞེས་གསུང་གིས་དབུགས་དབྱུང་བར་མཛད། དེ་སྐབས་བཀའ་ཆོས་སྐབས་ཡིན་འདུག་པས་ཚོགས་གྲུར་ཆོས་རར་ཡང་སྨོན་ལམ་བཏབ་སྐོར་བ་བྱས་ནས་ཕྱིར་ལོག །ཅེས་གསུངས་པ་རྣམས་ཀྱིས་ཤེས་པར་ནུས་པས་ཡང་སྐྱར་སྨོས་མ་དགོས་ལ། དེ་མཚུངས་གནས་ཆུང་ཆོས་སྐྱོང་ཆེན་པོས་གཙོ་མཛད་པའི་སྲུང་མ་ཁག་ལའང་འཕྲིན་བཅོལ་དང་བཀའ་ལུང་བཅས་ཞུ་བར་མཛད་པ་ན་དེ་དག་གིས་ཀྱང་བཀའ་བཞིན་འཕྲིན་ལས་སྒྲུབ་པའི་ཞལ་བཞེས་དང་རིང་མིན་སླར་ཡང་ལྗོངས་འདིར་ཕེབས་དགོས་ཡོད་ཚུལ་སོགས་ཀྱི་བཀའ་ལུང་ཡང་ཞིབ་གསལ་དུ་ཕུལ་བར་སྣང་། གཞན་ཡང་ལྷ་ལྡན་དུ་ཇོ་ཤཱཀྱ་རྣམ་གཉིས་ཀྱིས་གཙོ་མཛད་པའི་རྟེན་གསུམ་ཁྱད་པར་ཅན་རྣམས་དང་། གྲུ་འཛིན་གཉིས་པའི་གཞལ་མེད་ཁང་གི་མཆོད་ཁང་ཁག་དང་བཅས་པ་རྣམས་སོ་སོར་མཆོད་པ་སྣ་ལྔ་བརྒྱ་ཚར་སོགས་དང་། སྙན་ཤལ་གནས་གཟིགས་བཅས་ཞིབ་ལྷིང་བསྐྱངས་ཐོག་༧རྒྱལ་དབང་ཕྱག་ན་པདྨོའི་འཕྲིན་ལས་དང་། གངས་ལྗོངས་སྐྱེ་འགྲོའི་བདེ་སྐྱིད་ཡར་རྒྱས་སུ་སྤེལ་བའི་ཐུགས་སྨོན་རྣམ་པར་དག་པས་རྒྱས་འདེབས་པར་མཛད། ལྷ་ལྡན་ཉེ་སྐོར་གྱི་གནས་ཆེན་རི་ཁྲོད་ཁག་སོགས་སུའང་ཕེབས་བསྐྱོད་ཀྱིས་གནས་གཟིགས་མཆོད་སྨོན་དང་རི་ཁྲོད་པ་རྣམས་ལ་མང་འགྱེད་སོགས་ཀྱིས་བསྙེན་ཅིང་བཀུར་བའི་རིམ་པ་རྒྱ་ཆེར་བསྐྱངས་ཤིང་། དེ་དག་གི་བར་སྐབས་ཐམས་

ཅན་དུ་བཀའི་ཀུང་བློན་ཆེན་པོ་རྣམས་ཀྱིས་གཙོ་མཛད་པའི་གཞུང་ས་མཆོག་གི་མི་དྲག་སེར་སྐྱ་དུ་མ་དང་། གདན་ས་ཆེན་པོ་རྣམས་ཀྱི་གྲྭ་ས། གྲྭ་ཚང་སོ་སོའི་མགོ་འཛིན་བླ་མ་ལས་སྡེ་ཁྲི་གདན་ཟུར། བླ་སྤྲུལ་ཆེ་ཆུང་། ཁམས་ཚན། མི་ཚན་གྱི་དགེ་གཉེར། བཀའ་རམས་དགེ་བཤེས། ཆོས་འཁྲིམ་བློ་གསར་བ། དད་ལྡན་སེར་སྐྱ་མཆོག་དམན་དམངས་དང་བཅས་པ་མཐའ་དག་ནས་ཕེབས་ཇོངས་ཀྱི་དངོས་འབུལ་དང་། རྗེས་འཛིན་གྱི་སྐབས་འཇུག་ཞུ་བ་སོགས་བར་མ་ཆད་དུ་བྱུང་བ་དེ་ཐམས་ཅད་ཡའང་སྐྱོང་ལ་ལ་མ་ལྟོས་པར་འདོད་མོས་ལྟར་གྱི་མཇལ་ཁ་ཕྱག་དབང་དང་། སོ་སོར་གང་ལ་གང་འོས་ཀྱི་བཀའ་སློབ་འདི་ཕྱིར་སྨན་པ་སོགས་ཀྱི་སྒོ་ནས་མཆོག་དམན་བར་པ་མཐའ་དག་གི་ཡིད་ཀྱི་བུམ་བཟང་ཡོངས་སུ་ཁེངས་པར་མཛད། དེ་ལ་སོགས་པའི་ཐུགས་གཡེངས་ཀྱི་རིགས་སྤྱི་དང་ཁྱད་པར་ཕེབས་ཉིའི་གྲབས་ཡུལ་མཛད་འོས་མཐའ་དག་མྱུར་བ་མྱུར་བར་ཚགས་སུ་ཚུད་པར་མཛད་ཟིན་ནས་ཆིབས་བསྒྱུར་དངོས་གཞི་ཧོར་ཟླ་གསུམ་པའི་ཡར་ཚེས་གཟའ་སྐར་འགྲོད་སྦྱོར་སོགས་མཆོག་ཏུ་དགེ་བའི་ཉིན་༧གཙོ་བོར་གོང་ས་ལྷ་མིའི་འདྲེན་མཆོག་ཡབ་སྲས་རྣམ་གཉིས་སོ་སོ་ནས་ཕེབས་སྐྱེལ་བ་སྐུ་ཚབ་མགྲོན་གཉེར་སོགས་དང་། བཀའི་ཀུང་བློན་རྣམས་ཀྱི་ངོ་བོ་དང་ངོ་ཚབ་ཅི་རིགས། གཞུང་དྲུང་སེར་སྐྱ་དྲག་ཞན་དུ་མ་དང་། སེར་འབྲས་ཀྱི་བླ་མ་ལས་སྡེ། བླ་སྤྲུལ་ཁག །ཁམས་ཚན། མི་ཚན་གྱི་བགྲེས་སོང་སོགས་ཆིབས་སྐྱེལ་བ་བསམ་ལས་འདས་པ་ནམ་མཁའི་སྐར་ཚོགས་ལྟ་བུས་མཐའ་བརྟེན་པའི་དཔུས་སུ་བཅོ་ལྔའི་ཆུ་ཤེལ་དབང་པོ་ཤར་རིའི་སྤྱི་ལས་འཕགས་པ་བཞིན་དུ་གཟུགས་སྐུའི་དཀྱིལ་འཁོར་མཚན་དཔེའི་འོད་དཀར་འཁྲོ་བཞིན་པར་བསྟན་གླིང་གསང་སྔགས་དགའ་ཚལ་གྱི་ཆོས་གྲྭ་ཆེན་པོ་ནས་ཆིབས་ཀྱི་ཁ་ལོ་བསྒྱུར་བར་

མཛད་དོ། །

ལྷ་ལམ་ངོགས་ཀྱི་རྒྱུ་སྐར་འཕྲེང་བ་ཀུན། །དུས་གཅིག་ནོར་འཛིན་གཞི་རུ་འཛོམས་པ་ལྟའི། །དཔག་མེད་འཁོར་ཚོགས་སྟོང་གི་དྲ་བ་ནི། །འཁོར་ཡུག་ཀུན་ཏུ་ཁྱབ་པར་ཡོངས་སུ་སྤྲེལ། །ཆུ་འཛིན་དང་བྲལ་ནམ་མཁའི་ནོར་བུའམ། །བཅོ་ལྔའི་དུས་ཀྱི་རི་བོང་འཛིན་པ་བཞིན། །གང་སྐུའི་དཀྱིལ་འཁོར་མཚན་དཔེའི་འོད་སྟོང་གིས། །འཁྲུད་པའི་མཛེས་པ་ངོམས་ཤིང་མངོན་པར་གཤེགས། །གསང་སྔགས་དཀའ་བའི་ཚུལ་གྱི་ཆོས་གྲྭ་ནས། །གསང་གསུམ་འཕྲིན་ལས་རློས་གར་བསྒྱུར་བཞིན་པར། །ཞབས་ཀྱི་པདྨོ་བཏེགས་ཚེ་གདུལ་བྱ་ཀུན། །ཞབས་མཐིལ་སྤྱི་བོར་འགོད་ལ་རྣམ་པར་བརྩོན། །

དེ་ལྟར་ཚིབས་བསྐྱོད་མཛད་སྐབས་ལྷ་ལྡན་གྱི་ཕེབས་ལམ་ཉེ་འཁོར་ཐམས་ཅད་དུ་དད་ལྡན་གྱི་སྐྱེ་བོ་སེར་སྐྱ་བགྲང་བ་ལས་བརྒལ་བ་དག་གང་གི་ཞལ་གྱི་དཀྱིལ་འཁོར་མངོན་པར་བལྟ་ཕྱིར་དུ་ལྷགས་པས་ཁོར་ར་ཁོར་ཡུག་མཐའ་དག་པར་མཚམས་མེད་པར་གང་ཞིང་། དེ་ཐམས་ཅད་ཀྱང་གུས་པས་ཀུན་ནས་བསླངས་པའི་སྐྱེམ་པའི་མེ་ཏོག་སྤྱི་བོར་འཛུམ་བཞིན་པར་ཚེ་རབས་ཀུན་ཏུ་རྗེས་འཛིན་གྱི་གསོལ་འདེབས་དང་། ཡང་ཡང་མྱུར་དུ་མཇལ་བའི་སྨོན་ལམ་འདེབས་པ་སོགས་ཀྱི་སྒྲ་དབྱངས་དར་དིར་དུ་སྒྲོག་ཅིང་། ལྷག་པར་དེ་སྐབས་གྲུ་འཛིན་གཉིས་པའི་ཕོ་བྲང་དུ་ཡོངས་འཛིན་ཆོས་ཀྱི་རྒྱལ་པོ་ཡེ་ཤེས་རྒྱལ་མཚན་ནས་དུས་ཀྱི་འཁོར་ལོའི་དབང་མོ་ཆེ་གནང་བཞེད་ལ་སེར་འབྲས་དང་རྒྱུད་གྲྭ་སོགས་ནས་ཆོས་ཞུ་བར་ཕེབས་མིའི་དགེ་འདུན་བླ་གོས་དུར་སྨྲིག་གི་མདངས་ཅན་ཕྲག་པར་བསྣམས་ཤིང་། མཇལ་དང་གདུང་བ་བསྣམས་པ་ཞི་དུལ་བག་ཡོད་ཀྱི་ངང་ཚུལ་ལ་གནས་པ་བསམ་ལས་འདས་པ་ཞིག་ལྷ་ལྡན་དུ

བཞི་ནས་ངང་མོའི་ཁྲུ་བརྗོལ་བ་ལྟར་བྱོན་པ་རྣམས་དང་མཇལ་བས་འདུས་པ་དེ་དག་ཐམས་ཅད་ཀྱིས་ཀྱང་ཕྱག་ཐལ་མོ་སྦྱར་ཏེ་སྨོན་འདུན་རྩེ་གཅིག་པའི་སྒོ་ནས་བདེན་པའི་ཚིག་གིས་གསོལ་བ་འདེབས་པ་ན། ༈སྐྱབས་རྗེ་ཉིད་ནས་ཀྱང་འདུས་པ་རྣམས་ལ་གུས་པ་དང་བཅས་པའི་ཕྱག་ཐལ་མོ་སྦྱོར་ཞིང་ཐུགས་ལ་འགྱུར་བ་དྲག་པོ་འཁྲུངས་ཏེ་གངས་རིའི་ཁྲོད་འདིར་ཡབ་རྗེ་བླ་མའི་བསྟན་པ་ལ་བྱ་བ་རླབས་ཆེན་ངེས་པར་མཛད་དགོས་པ་འདུག་དགོངས་པའི་འདུན་པ་ཐུགས་དྲག་ཏུ་གྱུར་ཏེ་དཀོན་མཆོག་ལ་ཐུགས་རྗེ་བསྐུལ་བའི་ཐུགས་སྨོན་སོགས་སྙིང་ཐག་པ་ནས་མཛད་པར་སྣང་ལ། དེ་ལྟ་བུའི་དཔོན་སློབ་དད་པ་དང་དམ་ཚིག་གི་མཚམས་སྦྱོར་རྣམ་པར་དག་པའི་བདེན་པའི་མཐུས་སླར་ཡང་རྗེས་སོར་ལྡོངས་འདིར་ཞབས་པད་འཁོད་དེ་ཆོས་སྲིད་ཀྱི་མཛད་པ་རྨད་དུ་བྱུང་བས་ཞྭ་སེར་གྱི་བསྟན་པ་འཛིན་སྐྱོང་སྤེལ་གསུམ་བླ་ན་མ་མཆིས་པར་མཛད་རྒྱུའི་རྟེན་འབྲེལ་གྱི་སྒོ་ཆེན་དུས་དེ་ཉིད་ནས་འགྲིག་པར་གདོན་མི་ཟ་བར་སེམས་སོ། །དེ་ནས་རིམ་ཕེབས་ཀྱིས་ཐོག་མར་གཞུང་གི་ཐབ་སྐྱིལ་ཆེན་མོའི་སར་ཆིབས་ཐོལ་ཐོག་གཞུང་དྲུང་མི་དྲག་སེར་སྐུ་ཕལ་མོ་ཆེས་ཕེབས་དར་ཕུལ་ཏེ་སྐྱབས་འཇུག་ཞུས་ཤིང་། དེ་མཚུངས་གྲྭ་ས་གྲུ་ཚང་ཁམས་ཚན་སོགས་སྤྱི་སྒེར་སོ་སོའི་ཐབ་སྐྱིལ་གྲ་སྒྲིག་ཞུས་པ་རྣམས་སུའང་འདོད་མོས་ལྟར་ཕེབས་བསྐྱོད་དང་། གོང་གསལ་ཆིབས་སྐྱིལ་བ་དེ་དག་ཐམས་ཅད་ལའང་གང་འཚམས་ཀྱི་གནང་ཆ་དང་འཕྲལ་ཕུགས་ཀུན་ཏུ་དགེ་བའི་བཀའ་བཟང་བསླབ་བྱའི་རིམ་པ་སོགས་རྒྱས་པར་སྩལ་བས་བློ་གྲོས་ཀྱི་པདྨོ་དགའ་དང་གུས་པའི་མཚོ་ཆེ་ཆེར་བརྟས་པར་མཛད། འདི་ཉིན་བསྟན་གླིང་ནས་ཕེབས་བསྐྱོད་སྐབས་སྤྱི་སོར་དབང་རྫས་བུམ་པའི་མཚན་མ་རིགས་ལྔའི་ཕྱག་མཚན་གསར་བཟོ་གནང་བ་ཞིག་ཡོད་པ་དེ་

བཞིན་གཟིམས་ཆུང་དུ་ལུས་འདུག་པའང་རིང་མིན་ཕྱོགས་འདིར་ཡེ་ཤེས་ལྷའི་འཕྲིན་ལས་ཀྱི་སྒོ་ནས་གདུལ་བྱ་སྨིན་གྲོལ་ལ་འགོད་པའི་བརྡ་ཆོས་སམ་རྟེན་འབྲེལ་ཡིན་པ་གོར་མ་ཆག་གོ། །

དེ་ནས་རིམ་གྱིས་ཕེབས་ལམ་རྣམས་སུ་དཔོན་འཁོར་མི་ནོར་ཚང་མར་ཉེར་འཚེའི་རིགས་པ་ཕྲ་མོ་ཙམ་གྱིས་ཀྱང་མ་གོས་ཤིང་ལམ་བར་གྱི་གདུལ་བྱ་རྣམས་འབྲེལ་ཚད་དོན་ལྡན་གྱི་དཔལ་ལ་སྦྱོར་བར་མཛད་བཞིན་པའི་སྒོ་ནས་ནག་ཆུ་ཁར་ཕྱག་ཕེབས་པར་གྱུར་ལ། ནག་ཆུ་ནས་ཕྱིར་ལོག་བྱེད་མི་སོགས་ཀྱི་གདོང་༧རྒྱལ་དབང་ཕྱག་ན་པད་མོ་དང་། གྲུབ་དབང་ཀློང་རྡོལ་རིན་པོ་ཆེ་སོགས་ལ་གནས་ཚུལ་ཞུ་འཕྲིན་སྙན་ཚིག་གི་ལམ་ལས་དྲངས་པ་དག་འབུལ་བར་མཛད་ཅིང་། དེ་ཡང་༧རྒྱལ་དབང་མཆོག་ལ་འབུལ་གནང་གི་ཞུ་འཕྲིན་གྱི་གཤམ་དུ་འདིར་སྣང་གཉིས་འཛིན་གཉེན་འཁོར་ཕྱིག་གྲོགས་ཀྱི། །དབང་དུ་མ་ཤོར་སྲིད་བདེའི་མཚང་རིག་པས། །བག་ཡོད་ཆོས་ཤེས་ནོར་དང་ངེས་འབྱུང་གི། །སྨན་མཆོག་ཕྲ་རྒྱས་དུག་གི་གཉེན་པོ་རུ། །སྨིན་པས་ཅི་བྱས་ཀྱི་ནར་མི་འཁྲམས་ཤིང་། །བསྟན་འགྲོ་སྤྱི་དང་འཇམ་དཔལ་སྙིང་པོའི་སྲོལ། །དེ་ཡི་སྤྱི་དཔལ་མགོན་ཁྱོད་འཕྲིན་ལས་བཞིའི། །ཁ་ལོ་གྱེན་དུ་བསྒྱུར་བའི་ཐབས་འབའ་ཞིག །ཡིད་ལ་བརྟགས་ཅིང་བཞེད་པ་སྐོང་ནུས་པའི། །འབད་འབྲས་དུས་སུ་སྨིན་པར་བྱིན་གྱིས་རློབས། །ཞེས་དང་། དེ་བཞིན་དུ་གྲུབ་དབང་རིན་པོ་ཆེར་འབུལ་གནང་གི་ཤམ་བུའང་། བདག་གིས་གང་བྱེད་བླ་མའི་ཞབས་འདེགས་དང་། །བསྟན་འགྲོའི་བདེ་ཐབས་རང་གི་སྒྲིབ་སྦྱོང་ལས། །ཚེ་འདིའི་ཁེ་གྲགས་ཙམ་ཕྱིར་མི་འགྱུར་བར། །དོན་ལྡན་འབའ་ཞིག་འགྱུར་བར་བྱིན་གྱིས་རློབས། །སླར་ཡང་འགྲུངས་མེད་དྲིན་ཅན་རྗེ་ཁྱོད་དང་། །གངས་ལྗོངས་

འཕགས་ཆེན་རྣམས་ཀྱི་ཞལ་མཐོང་ཞིང་། །སྐྱབས་གནས་འདུས་པའི་ཚོགས་དང་ལྷན་ཅིག་ཏུ། །ཆོས་སྲིད་དགའ་སྟོན་སྤྱོད་པར་བྱིན་གྱིས་རློབས། །ཞེས་སོགས་འཕྲུལ་བར་མཛད་སྣང་སྟེ་ཚུལ་འདི་དག་ནི་རང་དོན་ཡིད་བྱེད་ཀྱི་དྲི་མ་མཐའ་དག་དང་བྲལ་བས་རང་གི་ཚེ་འདི་ཕྱིའི་དོན་རྩ་ལྟར་དོར་ནས་ཅི་མཛད་གཞན་དོན་འབའ་ཞིག་ཏུ་འགྱུར་བར་མཛད་བཞེད་ཁ་ཙམ་མིན་པར་ཐུགས་ལ་མངའ་བའི་ཚུལ་དང་། དེར་བརྟེན་ད་རེས་སྐབས་ཐོབ་༧གོང་མ་ཆེན་པོའི་བཀས་བསྐུལ་བས་ཕེབས་ལམ་དུ་ཆས་པ་ཙམ་ལས་དོན་དུ་འགྲུངས་མེད་ཀྱུར་བར་ཕྱག་འཁོར་གྱིས་བདག་ཉིད་ཆེན་པོ་རྣམས་དང་ལྷན་ཅིག་ཏུ་ཆོས་ཀྱི་དགའ་སྟོན་ལ་ལོངས་སྤྱོད་པ་དང་། ཕྱག་ན་པད་མོའི་ཆོས་སྲིད་འཕྲིན་ལས་ཀྱི་གདུགས་དཀར་གྱང་དུ་འདེགས་པའི་བྱེད་པོར་བཞེངས་ཏེ་བསིལ་ལྡན་ར་བས་བསྐོར་བའི་ལྗོངས་འདི་སངས་རྒྱས་ཀྱི་བསྟན་པ་དང་བདེ་སྐྱིད་ཀྱི་སྣང་བ་དཀར་པོས་ཁྱབ་པར་བགྱིའོ་ཞེས་དངོས་སུ་གསལ་བར་ཞལ་གྱིས་བཞེས་པ་ཡིན་ལ། གཞན་ཡང་དེ་སྐབས་ལྷ་བླ་མ་འགའ་ཞིག་གི་ལུང་གི་དགོངས་དོན་བཞིན་རྗེའི་མགུར་ལྷ་བཅུ་གསུམ་གྱི་གསོལ་མཆོད་ཅིག་ཀྱང་གསར་རྩོམ་མཛད་པ་དེ་དག་ཏུའང་ལུང་བསྟན་གྱི་ཚིག་གསལ་བར་འཁོད་སྣང་སྟེ། མདོར་ན་དུས་གསུམ་གྱི་ཤེས་བྱ་སྒྱིག་ཏུ་གྱུར་པ་ཐམས་ཅད་མེ་ལོང་ནང་གི་གཟུགས་བརྙན་དང་། ལག་མཐིལ་དུ་སྐྱུ་རུ་ར་བཞག་པ་བཞིན་དུ་སྒྲིབ་བྲལ་མངོན་སུམ་དུ་གཟིགས་ཤིང་མཁྱེན་པའི་མངོན་པར་ཤེས་པ་ཆགས་ཐོགས་མེད་པ་མངའ་བ་ཞིག་ཡིན་ནའང་དུས་སྐབས་ཀུན་ཏུ་སུ་ལའང་གསལ་པོར་སྒྲོག་པར་མི་མཛད་པ་ནི་མངོན་ཤེས་དང་གྲུབ་རྟགས་ཙམ་ལ་བརྩིས་པོ་ཆེར་མི་འཛིན་པའི་བཀའ་གདམས་ཀྱི་རྣམ་ཐར་གཙང་མའི་ཕྱི་རྗེས་འཛིན་པའི་ཆེད་དུ་ཡིན་ནོ། །དེ་ནས་ཇི་སྐད་དུ། དམ་

པའི་འགྲོ་བ་གཉིས་ཡིན་ཏེ། །ཐམས་ཅད་ཕུན་སུམ་ཚོགས་པའམ། །ཡང་ན་ནགས་སུ་གནས་པའོ། །ཞེས་གཞན་དོན་ལ་བརྟན་པ་མ་ཐོབ་པའི་བྱང་ཆུབ་སེམས་དཔའ་དག་གིས་ནི་ཐོག་མར་དབེན་པའི་གནས་སུ་ཐོས་དོན་སྒྲུབ་པ་སྙིང་པོར་བྱེད་པ་ལྟར་ལེན་དགོས་ཀྱི་དང་པོ་ཉིད་ནས་གཞན་དོན་ལྟར་སྣང་ལ་འཇུག་པར་རིགས་པ་ནི་རང་གཞན་འཕུང་འགྱུར་གྱི་གཞི་ཡིན་ལ་བརྟན་པ་ཐོབ་པའི་བདག་ཉིད་ཆེན་པོ་དག་གིས་ནི་དང་པོ་ཉིད་ནས་རང་དོན་གྱི་འཕྲི་བ་བཙན་ཐབས་སུ་བཅད་ནས་བསྟན་འགྲོའི་དོན་ཕུན་སུམ་ཚོགས་པ་སྒྲུབ་པ་འབའ་ཞིག་གཙོ་བོར་མཛད་པ་ལས་མཐའ་གཅིག་ཏུ་དབེན་པ་བསྟེན་པ་ལ་ལྟོས་དགོས་པ་ནི་མ་ཡིན་ཞིང་། དེ་ལྟ་ནའང་༧མགོན་པོ་མཆོག་འདི་ཉིད་སྔོན་རིང་མོ་ཞིག་ནས་དབེན་པའི་གནས་སུ་དྲང་སྲོང་གི་རྒྱལ་མཚན་བཟུང་སྟེ་སྒྲུབ་པ་སྙིང་པོར་མཛད་པ་ལ་ལྷག་པར་བརྩོན་པའི་ཐོམས་པ་རྗེས་སུ་འབྲལ་བའི་དབང་གིས་སྐུ་ཚེ་འདིར་ཡང་། ཇི་སྐད་དུ། ཀུན་གཟིགས་ཡེ་ཤེས་ཀྱི་ཉི་མ་ལྷ་པ་ཆེན་པོའི་གསུང་ལས། གནོག་ཆུང་ཚེ་འདིའི་འདུན་མ་རྒྱང་བསྲིངས་ཏེ། །ཞེན་ལོག་སྐྱོ་ཤས་དྲག་པོས་རྒྱུད་བསྐུལ་ནས། །འདུ་འཛིས་དབེན་པའི་ས་འཛིན་མཐོན་པོའི་ངོས། །སྤང་ལྗོངས་ནགས་ཚལ་མེ་ཏོག་འཁོར་ཡུག་ཅན། །རྡོ་བའི་སྤྱིལ་ཆུང་རང་ཤོང་ཁང་བུ་རུ། །གྲིབ་མ་གཉིས་པའི་གྲོགས་དང་ལྷན་ཅིག་པར། །ལྷུང་ལྷུང་དལ་གྱིས་བབས་པའི་ཉལ་འགྲོ་དང་། །བག་ཕེབས་རི་དྭགས་རྒྱུ་བའི་སྐད་གཉིས་ལས། །གཞན་དུ་དུག་གསུམ་བསྐྱེད་པའི་ཡོར་གཏམ་གྱིས། །བསམ་གཏན་ཚེར་མའི་བྱེད་པོར་དམིགས་སུ་མེད། །ཕྱུག་དར་ཁྲིད་པའི་ཐོས་དང་བསོད་སྙོམས་ཀྱིས། །ཉེར་འཚོ་དགོར་ནག་དུག་ཆུས་མ་སྦགས་པས། །རྣམ་དཀར་དགེ་ལ་བསྐུལ་ནུས་ལུས་ངག་ཡིད། །གཏན་གྱི་བདེ་སྐྱབ་འདུན་མའི་ཡང་རྩེར་སོན། །

ཞེས་གསུངས་པ་ལྟར་འདུ་འཛིའི་གཡེང་བ་རྒྱང་རིང་དུ་བསྲིངས་ནས་རང་གི་ངང་གིས་བསམ་གཏན་འཕེལ་བའི་དབེན་པའི་གནས་རྣམས་སུ་འདོད་ཆུང་ཆོག་ཤེས་ལ་གནས་པའི་སྒོ་ནས་ཟག་མེད་བདེ་བའི་རོ་ལ་རྩེ་གཅིག་ཏུ་རོལ་བར་མཛད་རྒྱུའི་ཐུགས་བཞེད་ནར་མར་མངའ་བ་ཞིག་ཡིན་པ་ནི། སྤྲ་སོར་རྗེ་ཉིད་ཀྱིས་གྲུབ་དབང་གློང་རྡོལ་རིན་པོ་ཆེར་འབུལ་གནང་གི་ཞུ་འཕྲིན་ལས། དུས་དང་གནས་སྐབས་ཀུན་ཏུ་འདིར་སྣང་གི །བྱ་བར་ཨ་འཐས་འཁོར་དང་སྦྱིན་བདག་གི །དབང་དུ་མི་འགྲོ་རང་འཁོས་བློ་ཁ་ནི། །ཞེན་ལ་ཕྱོགས་ཤིང་འདོད་ཆུང་ཆོག་ཤེས་དང་། །གཞན་ལ་ཕན་སེམས་ལ་སོགས་དཀར་པོའི་ཆོས། །གོང་ནས་གོང་དུ་འཕེལ་བར་བྱིན་གྱིས་རློབས། །ཞེས་གསུངས་པ་རྣམས་དང་། གཞན་ཡང་འོག་ཏུ་རིམ་པར་བརྗོད་འགྱུར་གྱི་མཛད་པ་དང་གསུང་འབུམ་སོགས་ལས་ཤེས་པར་ནུས་ལ། དེ་ལྟར་ཡིན་དུ་ཟིན་ཀྱང་སྙིགས་མའི་དུས་འདིར་བསམ་བཞིན་དུ་སྲིད་པ་འཛིན་པའི་དགོས་དོན་གྱི་སྙིང་པོ་ནི་གདུལ་བྱ་རྣམས་ཀྱི་དོན་མཛད་རྒྱུ་ཁོ་ན་ཡིན་པས་དེས་ན་རང་ཉིད་གཏན་བདེའི་གོ་འཕང་བརྙེས་ཟིན་ནས་ད་དུང་གཞན་དོན་ལ་མི་གཡོལ་བར་དབེན་པའི་གནས་སུ་སྙིང་ལས་ཆུང་ངུར་གནས་པ་ནི་རྒྱལ་སྲས་ཀྱི་བསླབ་བྱ་དང་ཡང་འགལ་བར་གཟིགས་ནས་བསྟན་འགྲོའི་དོན་རླབས་ཆེན་ཁུར་དུ་འཁྱེར་བའི་ཐུགས་བསྐྱེད་ཀྱི་གོ་ཆ་ཆེ་ཆེར་བརྩོན་པར་བཞེས་པ་ཡིན་ལ། དེ་བས་ན་བདག་ཉིད་ཆེན་པོ་རྣམས་ཀྱི་ཐུགས་ཀྱི་དམ་བཅའ་ཇི་ལྟར་བཅས་པའི་དོན་ནི་རྡོ་བའི་ངོས་ལ་བྲིས་པའི་རི་མོ་བཞིན་དུ་ཞར་ཡང་འགྱུར་བའི་གོ་སྐབས་མི་སྲིད་ཅིང་། རྒྱ་མཚོ་ཆེན་པོའི་རླབས་བཞིན་དུ་བཞེད་དོན་དུས་ལས་ཡོལ་བའང་ནམ་ཡང་མི་སྲིད་པ་ཞིག་ཡིན་པ་ཆོས་ཉིད་བཅས། དེའི་ཕྱིར་ཇི་ལྟར་དགོངས་པའི་མཛད་འཕྲིན་རླབས་པོ་ཆེ་སྟོན་

པའི་དུས་ལ་བབས་པ་ན་དཀར་ཕྱོགས་ཀྱི་ལྷ་དག་གིས་ཀྱང་སྐྱེ་བོ་རྣམས་ཀྱི་ཡིད་བསྐུལ་བར་གདོན་མི་ཟ་བས་སྤྱི་སོར་རྗེ་ཉིད་དབུས་ཕྱོགས་སུ་བཞུགས་པའི་དུས་ཉིད་ནས་བོད་མི་སེར་སྐྱ་ཕལ་མོ་ཆེས་གངས་ཅན་མགོན་པོའི་ཆོས་སྲིད་ཀྱི་འཕྲིན་ལས་སྤེལ་བའི་བྱེད་པོར་༸མགོན་པོ་འདི་ཉིད་ཁོ་ན་འོས་སོ་ཞེས་བསྟུགས་ཤིང་སྨོན་པར་གྱུར་པའི་ཁར། བར་སྐབས་སུ་བལ་བོད་ཀྱི་འབྲུག་ཟིང་ཡོ་ལང་སོགས་ལ་བརྟེན་པས་བོད་མི་ནང་ཁུལ་དུའང་གྲ་འགྲིག་མིན་སྣ་ཚོགས་ཤིག་བྱུང་བས་རྐྱེན་བྱས་ཏེ་ཚང་མ་བློ་སེམས་ཆིག་བསྒྲིལ་དུ་གྱུར་པས་རྗེས་སོར་༸སྐྱབས་མགོན་ཉིད་དབང་ཕྱོགས་སུ་ཆིབས་ཞལ་བསྒྱུར་ནས་རིང་པོར་མ་ལོན་པའི་དུས་ཉིད་ནས་ཨམ་བན་རྣམས་བརྒྱུད་དེ་༸གོང་མ་ཆེན་པོར་བོད་ཕྱོགས་ཀྱི་སྐྱིད་སྡུག་གནས་ཚུལ་རྣམས་གསོལ་ནས་ད་ཆ་ཏ་ཚག་རྗེ་དྲུང་ཧུ་ཐོག་ཐུ་འདི་བཞིན་ལུགས་གཉིས་གང་གི་ཆ་ནས་མཁྱེན་འཁྱོས་ཟབ་ཅིང་ཐུགས་བསྐྱེད་ཤིན་ཏུ་བཟང་བ་བཅས། ༸གོང་མ་ཆེན་པོ་དང་ཏཱ་ལའི་བླ་མའི་ཞབས་འདེགས་སུ་སྨིན་ངེས་ལ། འདི་ལོ་རྗོ་ལོ་ནོར་གྱི་ཐམ་ཀ་བླ་མར་ཕེབས་སོང་ཡང་༸གོང་མ་ཆེན་པོས་བོད་འབངས་རྣམས་ལ་བརྩེ་བས་དགོངས་ཏེ་མྱུར་དུ་ཕྱིར་བསྐྱོད་ཀྱིས་ཏཱ་ལའི་བླ་མའི་འཕྲིན་ལས་ཀྱི་ཞབས་འདེགས་པ་དང་། བོད་མི་ཚང་མའི་མགོན་སྐྱབས་དཔུང་གཉེན་དུ་སྲིད་ཀྱི་ལས་དོན་བྱེད་པོར་བཀས་མངགས་ཐུབ་པ་ཞིག་ཅི་ནས་ཐུགས་རྗེས་གཟིགས་དགོས་ཚུལ་ཞུས་པ་ན་༸འཇམ་དཔལ་དབྱངས་ཆོས་ཀྱི་རྒྱལ་པོ་ལྷ་སྐྱོང་ཆེན་པོས་ཀྱང་ཁ་བ་རི་པ་རྣམས་ལ་ཐུགས་རྗེའི་གཟིགས་པ་མི་དམན་པས་རང་ཉིད་ཁྲི་བཞུགས་དགུང་ལོ་ང་བཞི་པའི་ཐོག་བོད་མི་རྣམས་ནས་ཇི་ལྟར་གསོལ་བ་བཏབ་པ་ལྟར་གྱི་རེ་འབྲས་ཡོངས་སུ་སྨིན་པའི་གསེར་གྱི་བཀའ་བཟང་ཚོ་ལོ་དང་བཅས་པ་ཕྱག་རྒྱའི་རེ་ཁས་རྣམ་པར་བཀྲ་བ་གནང་སྐྱེས་བཟང་པོ་

དང་ལྷན་ཅིག་གྲལ་རྩེའི་ལམ་ནས་ཟི་ལིང་ཨམ་བན་བརྒྱུད་དེ་སྐྱོལ་བ། ༄སྐབས་རྗེ་སྟོན་འཁོར་རྣམས་ནག་ཆུ་ཁ་ནས་རིམ་ཕྱིན་གྱིས་འབྲི་ཆུ་ཆུ་དམར་རབ་བདུན་གྱི་ཕ་རོལ་ཏུ་ཕེབས་སྐབས་ཟི་ལིང་གི་སྤྱི་ཆའི་ཆེ་ཤིང་དྷ་ལོ་ཡེ་ཆེད་དུ་མངགས་པའི་གདོང་ལེན་ཉམས་མེད་དུ་སོན་པ་བཀུར་བཟོས་ཆེན་པོ་དང་བཅས་ཏེ་གསེར་སྣན་དུ་བསྐར་བ་ན་འདི་ལྟར་ཚེ་རིང་གནམ་གྱི་གཤེ་མོང་གིས་ས་སྟེང་ཡོངས་ལ་མངའ་བསྒྱུར་བ། ༄ཧྭང་ཏིའི་བཀའ། རྗེ་དྲུང་ཧུ་ཐོག་ཐུ་ལ་ཕབ་པར། ཧུ་ཐོག་ཐུ་ཁྱོད་བོད་དང་ཁམས་ལུང་པའི་མིང་གྲགས་ཅན་བླ་མ་ཡིན། སངས་རྒྱས་ཀྱི་བསྟན་པའི་ལུགས་སྲོལ་ལ་བརྩོན་པར་བྱས་པ་དང་ཆོས་ལུགས་སོགས་ལ་ལེགས་པར་བསླབ་པ་ཡིན་པས་ན། ངེས་པར་ཞྭ་སེར་གྱི་བསྟན་པ་གཙང་མ་བསྲུང་བའི་བླ་མ་ཡིན། ད་ལམ་བོད་ལ་བལ་པོའི་དོན་སྐོར་བཟང་པོར་ཐག་ཆོད་སོང་བའི་རྗེས་སུ་ལས་དོན་སྣ་ཚོགས་རྣམས་ཆོས་བཞིན་དུ་བྱེད་པར་ཏཱ་ལའི་བླ་མ་ལ་རོགས་བྱེད་དོན་དག་སོགས་ལ་དབྱེ་འབྱེད་བྱེད་མི་དགོས་རྒྱུ་ཡིན་སྐབས། ཧུ་ཐོག་ཐུ་ཁྱོད་ལ་བསྟན་པ་ལ་བསམ་ནས། སྤྱི་ལིག་ཐུ་ནོ་མི་ཧན་གྱི་ཚོ་ལོ་དང་ཇ་སག་ཏཱ་བླ་མ་གནང་བར་ཕྱིན་ཆད་བཀའ་བློན་རྣམས་དང་བཅས་ནས་ཏཱ་ལའི་བླ་མ་ལ་རོགས་བྱེད་ཀྱི་ལས་དོན་དབྱེ་འབྱེད་བྱས་ཆོག །ནོ་མི་ཧན་གྱི་ཚོ་ལོ་གནང་བའི་ལུགས་སྲོལ་ལྟར། བཀའ་ཡིག་འཇའ་ས་གནང་བ་ཧུ་ཐོག་ཐུ་ཁྱོད་ཀྱིས་དང་དུ་བླངས་ཏེ་ད་ཕྱིན་ཆད་ཀྱང་བོད་མི་རྣམས་ལ་ཕན་པར་བྱེད། སེར་སྐྱ་རྣམས་བདེ་སྐྱིད་ལ་སྦྱོར་བའི་དགོངས་པ་མཐར་ཐུག་དང་མཐུན་པར་བགྱིས། ཞྭ་སེར་གྱི་བསྟན་པ་དར་ཞིང་སྐྱོང་བར་བྱེད། ཏཱ་ལའི་བླ་མ་ལ་རོགས་བྱས་ནས་དོན་ཐག་ལ་ཧུར་ཐག་བཟང་པོ་བགྱིས། བརྩོན་པར་བགྱིས། མི་ལྷོད་པར་བགྱིས། ཞེས་ཕེབས་པར་གྱུར་ཏོ། །

འདིར་སྨྲས་པ། འགྲོ་བའི་མཛའ་བཤེས་བདག་ཉིད་ཆེ་རྣམས་ནི། །མང་དུ་ཐོས་ནས་དབེན་པར་གནས་པ་དང་། །ལས་ཀྱི་འཁོར་ལོས་གཞན་དོན་འབའ་ཞིག་ལ། །བརྩོན་སོགས་ཐབས་མཁས་མཛད་པ་ཅིར་ཡང་སྟོན། །འོན་ཏེ་མགོན་ཁྱོད་རིང་ནས་གོམས་པའི་མཐུ། །ཆེ་ཆེར་བརྟས་པས་འདུ་འཛིའི་འཁྲུལ་འཁོར་ཀུན། །དོར་ནས་དབེན་པའི་རི་བསྲུལ་བས་མཐའ་རུ། །རྩེ་གཅིག་སྒྲུབ་ལ་གཞོལ་འདོད་མངོན་པར་འཕེལ། །དེ་ལྟ་ནའང་རང་དོན་ཡོངས་རྫོགས་ནས། །ད་དུང་དབེན་པར་ཅི་བདེར་མནལ་བྱས་ཏེ། །གཞན་གྱི་དོན་ཆེན་ཡལ་བར་དོར་བྱས་ན། །རྒྱལ་བའི་སྲས་ཀྱི་ཚུལ་ལས་འགོངས་གཟིགས་ནས། །སླར་ཡང་ཐུགས་རྗེའི་མཐུ་དཔུང་ཆེར་བསྐྱེད་དེ། །སྙིགས་དུས་ཉམ་ངའི་འགྲོ་དབུགས་འབྱིན་པ་ལ། །ཚ་བས་ཉེན་པའི་གཉིས་འཐུང་པད་མཚོར་བཞིན། །འཇུག་འདོད་ལྷག་བསམ་གེ་སར་རབ་ཏུ་གཡོ། །སེམས་དཔའ་ཆེ་རྣམས་ལུས་ཅན་དོན་ཀུན་ཕྱིར། །ཐུགས་དམ་བཅས་པའི་རྒྱུ་ལས་སྐད་ཅིག་ཀྱང་། །འགོངས་པར་འགྱུར་བའི་གོ་སྐབས་མི་སྲིད་དེ། །ཇི་ལྟར་གོར་མའི་ངོས་ཀྱི་རི་མོ་བཞིན། །གང་ཚེ་མགོན་ཁྱོད་སྙིང་སྟོབས་འོ་མའི་རྗེང་། །གྱེན་དུ་ཕྱུར་ཚེ་དཀར་པོའི་ལྷ་རྣམས་ཀྱང་། །མཐུ་སྟོབས་ནུས་པའི་བ་དན་གྱེན་སྒྲངས་ཏེ། །ཁྱོད་ཀྱི་བཞེད་དོན་སྒྲུབ་ཕྱིར་མངོན་པར་རྒྱུ། །དེ་ཚེ་གནམ་བསྐོས་མི་ཡི་དབང་པོས་ཀྱང་། །པོད་ལྗོངས་ཐུགས་རྗེའི་མཛའ་བས་མི་སྐྱུད་པས། །གསེར་གྱི་བཀའ་ལུང་ཕྱག་རྒྱའི་མུ་ཁྱུད་ཅན། །སྩལ་བས་ཆོས་ཀྱི་རྒྱལ་པོར་ཁྱོད་དབང་བསྐུར། །དེས་ནི་ཉི་མའི་ཟེར་གྱིས་པདྨ་བཞིན། །གང་ཐུགས་ལྷག་བསམ་སྒྲུབ་རྒྱ་ཆེར་གྲོལ་ཏེ། །འཕྲིན་ལས་སྦྲང་རྩི་བསིལ་ལྗོངས་གདུལ་བྱ་ཡི། །ཁང་དྲུག་ཉེར་འཚོར་སྙིན་སྐད་འགྱེད་པར་རྩོམ། །དེ་ཕྱིར་སླར་ཡང་ཁྱོད་སྐུའི་ཟླ་བ་

ནི། །ལྗོངས་འདིར་མངོན་པར་ཕྱོགས་དང་ལྡན་ཅིག་ཏུ། །སྙན་གྲགས་དབྱར་གྱི་རྒྱལ་མོའི་ཇ་གསང་ཡང་། །ས་ཆེན་ཁྱོན་འདིར་དལ་བུ་མིན་པར་སྒྲོག །ཅེས་པ་ནི་བར་སྐབས་ཀྱི་ཚིགས་སུ་བཅད་པའི་འཕྲེང་བའོ། །

དེ་ལྟར་གསེར་གྱི་བཀའ་ཡིག་དང་སྤྲི་ལིག་ཐུ་ཝོ་མི་ཏན་གྱི་ཚོ་ལོ། གནང་སྐྱེས་བྱེ་རུའི་ཡ་མུན་གྱི་བརྒྱ་འཕྲེང་། རྒྱ་ཁྱུག་ཆེ་ཆུང་སོགས་སྤུལ་བ་རྣམས་ལེགས་པར་བདག་གིར་དུ་བཞེས་ཐོག་ལུགས་སྲོལ་ལྟར་གྱི་དགའ་སྟོན་སོགས་ཀྱང་མཛད་ནས་མི་རིང་བར་སླར་ཡང་བོད་ཕྱོགས་སུ་ཆིབས་ཞལ་བསྒྱུར་ཏེ་༸གོང་ས་སྐྱབས་མགོན་རྒྱལ་དབང་ཐམས་ཅད་མཁྱེན་གཟིགས་སོགས་ལ་༸འཛམ་དབྱངས་གོང་མ་ཆེན་མོས་བཀས་མངགས་པའི་དོན་བཞིན་གང་གི་ཞབས་འདེགས་འཕྲིན་ལས་སྒྲུབ་པར་རིང་མིན་མྱུར་རྩོལ་གྱིས་དུས་ཆོས་འདི་ཙམ་ལ་ཞབས་དྲུང་དུ་འབྱོར་པ་བཅར་ཆོག་པ་སོགས་ཀྱི་གནས་ཚུལ་ཞུ་ཡིག་འབུལ་མི་སྔོན་མགྱོགས་སུ་གཏོང་བར་མཛད། སྟོན་འཁོར་རྣམས་མི་ཉོར་ཚང་མར་ཉེས་མེད་བདེ་བགྲོད་ཀྱིས་ཕེབས་ལམ་གྱི་ཆར་འཁོད་པའི་གདུལ་བྱ་བགྲང་བ་ལས་བརྒལ་བ་རྣམས་སྐལ་བ་མཆོག་གི་ལམ་བཟང་པོར་དགྲི་བཞིན་པར་རིམ་གྱིས་སྟོན་ཟླ་འབྲིང་པོའི་ནང་དུ་དབུས་འགྱུར་ཆོས་ཀྱི་ཞིང་སར་ཞབས་སེན་གྱི་པད་མོ་འཁོད་དུ་ཉེ་བར་གྱུར་ལ། དེའི་ཚེ་༸སྐྱབས་མགོན་རྒྱལ་དབང་ཡབ་སྲས་རྣམས་དང་། བཀའི་གྲུང་བློན་སོགས་ནས་སྐུ་ཚབ་ཆེད་མངགས་ཀྱི་རྒྱང་བསུ་དང་མཚམས་དར། ཟུར་ཆས་སོགས་འབུལ་བར་མཛད་ཅིང་། དེ་ནས་ལྷ་ལྡན་དུ་ཕེབས་ཉེའི་ཚེ་སེར་འབྲས་ཀྱི་མཁས་ཚན། གྲྭ་ཚང་། གྲྭ་ས་སོ་སོ་ནས་ཐབ་བསུ་དང་ཆིབས་བསུའི་རིམ་པ་གཏོང་ཆེ་བའི་ཐོག་བླ་མ་ལས་སྡེ། བླ་སྤྲུལ་ཆེ་ཆུང་། མཁས་ཚན་མི་ཚན་རྣམས་ཀྱི་མགོ་བྱེད་བགྲེས་སོང་སོགས་ནས་མཇལ་

དར་དང་། དེ་བཞིན་དུ་སྐུ་འབུམ་ཐང་དུ་གཞུང་ས་མཆོག་གི་ཐབ་བསུའི་སར་རྒྱལ་དབང་ཡབ་སྲས་ཀྱི་སྐུ་ཚབ་སྐུ་མདུན་ནང་མ་དང་མགྲོན་གཉེར་སོགས་ཆེད་སྤྱལ་གཏོང་འཚམས་ཞུའི་ཁ་བཏགས་དང་། ཨམ་བན་ལྷན་རྒྱས་ནས་ཀྱང་འཚམས་ཞུའི་ལྷ་རྫས་འབུལ་མི་ཆེད་དུ་མངགས་ཤིང་། བཀའི་གུང་བློན་བཞི་དང་། མདའ་དཔོན། གུང་། ཇོ་སག་སོགས་ཀྱིས་གཙོས་པའི་གཞུང་ས་མཆོག་གི་ལས་ཚན་པ་སེར་སྐྱ་མཆོག་དམན་ཕལ་ཆེ་བ་ཆིབས་བསུར་བཅར་ཏེ་རབ་དཀར་ལྷ་རྫས་སྲིད་དུ་རིང་བ་སྔོན་དུ་འགྲོ་བས་མཇལ་ཕྱག་ཞུས་པ་རྣམས་སོ་སོར་གང་ལ་གང་དགོས་ཀྱི་བཀའི་ཕེབས་སློ་སོགས་ཀྱང་ལེགས་པར་སྩལ། དེ་ལྟར་སྐུ་སེར་གྱི་ཆིབས་བསུ་བ་བགྲང་དུ་མེད་པ་ལྟ་བུ་དག་ཞྭ་གོས་སོགས་གཟབ་མཚར་གྱི་མདངས་ཀྱིས་རྟ་བདུན་ཅན་གྱི་འོད་ཀྱང་མོག་པོར་བགྱིད་པ་སྐམ་བྱེད་པ་སའི་དྲེགས་པ་ལྟ་བུ་རྣམས་ཀྱིས་མདུན་བདར། མཐའ་དབུས་ཀྱི་སྐྱེ་བོ་མཆོག་དམན་དུ་མར་འདུས་པ་རྣམས་ནི་རིང་མོ་ནས་ཡིད་ལ་བརྟགས་པའི་འདོད་འབྲས་དུས་སུ་སྨིན་པར་གྱུར་པས་དགའ་བ་དང་། རྒྱལ་བའི་ཐུགས་རྗེ་དང་འཕྲིན་ལས་དུས་ལས་མི་ཡོལ་བར་གདུལ་བྱའི་ཁམས་ལ་འཇུག་པའི་ཚུལ་ལ་གཏིང་ནས་ངེས་ཤེས་རྙེད་པའི་ཡིད་ཆེས་ཀྱི་དད་པ་སོགས་ཀྱིས་ཉེ་བར་བསྐུལ་བས་རང་རང་གི་ལས་སུ་བྱ་བ་གཞན་དག་རེ་ཞིག་བཏང་ནས་བདག་ཉིད་ཆེན་པོ་འདིའི་གསེར་གྱི་ཞལ་བཟང་བལྟ་བར་མངོན་པར་ལྷག་པའི་ཁྲོམ་ཚོགས་ཆེན་པོས་མཐའ་བརྟེན། ཕེབས་ལམ་ཉེ་འཁོར་གྱི་ལྷ་སྟེ་མི་སྟེའི་ཚོགས་རྣམས་ཀྱིས་བསངས་དང་དར་རོལ་སོགས་ཀྱི་བསུ་བ་དང་བཅས་ཏེ་ལྷ་ལྡན་དབང་ལྡན་དཔལ་འབར་དུ་གཞུང་ས་མཆོག་ནས་བཞུགས་འཚེར་གྱི་གྲ་སྒྲིག་ཞུས་པ་བཞིན་ཞབས་མཐིལ་གྱི་ཆུ་སྐྱེས་མཛེས་པར་བཀོད་པར་གྱུར་ཏོ། །དེར་རྟེན་འབྲེལ་

མཚོན་བྱེད་ལྷ་བུར་གསོལ་ཇ་དང་བཞེས་སྒྲོ་ཙམ་གསོལ་ནས་དེ་འཕྲུལ་དུ་གྲུ་འཛིན་གཉིས་པའི་གཞལ་མེད་ཀྱི་ཁང་དུ་ཕྱིན་ཏེ་འཕགས་མཆོག་འཇིག་རྟེན་དབང་ཕྱུག་ངུར་སྨྲིག་གར་རོལ་ཐམས་ཅད་མཁྱེན་གཟིགས་ཆེན་པོར་མཇལ་ཕྱག་གི་ཐོག་ཡབ་སྲས་ཐུགས་ནང་གཤིན་པས་གང་ཅིའི་གསུང་མོལ་ཞིབ་ལྷིང་དང་འབྲུང་འགྱུར་གྱི་ཆར་བསྟན་སྲིད་ཡར་རྒྱས་སུ་སྤེལ་བའི་མཛད་སྒོ་སོགས་ཀྱི་བཀའ་མཆིད་རྒྱས་པར་མཛད། དེ་མཚུངས་ཀུན་གཟིགས་པཎ་ཆེན་མཆོག་གི་སྤྲུལ་སྐུ་རིན་པོ་ཆེར་མཇལ་ཞུ་དང་། གོང་མའི་བཀའ་མངགས་ཨམ་བན་ལྷན་རྒྱས་དང་ཡང་མཇལ་འཛོམས་མཛད་བསྟུན་གཞིས་བྱེས་ཀྱི་གསུང་མཆིད་སོགས་རྒྱས་པར་གནང་ནས་སླར་ཡང་བཞུགས་འཚེར་དུ་ཕེབས་བསྐྱོད་དང་། དེའི་ཉིན་སོགས་ནས་ཇོ་ཤཱཀ་ཡིད་བཞིན་ནོར་བུ་རྣམ་གཉིས་སོགས་རྟེན་གསུམ་ཁག་ལ་མཆོད་སྨོན་སྟན་ཤལ་སོགས་རྒྱ་ཆེ་བར་བསྒྲུངས་ཤིང་། གཞན་ཡང་བསྟན་འཛིན་གྱི་སྐྱེས་བུ་བདག་ཉིད་ཆེན་པོའི་རིགས་དང་གཞུང་དྲུང་མི་དྲག་སེར་སྐྱ་ཕལ་མོ་ཆེ་ནས་མཇལ་ཞུ་དང་ཟུར་ཆས་འབུལ་བ་དང་། ཆོས་སྡེ་ཆེན་པོ་ཁག་དང་། རྒྱུད་གྲྭ་སྟོད་སྨད། ཚེ་ཏུ་བཞི་སྡེ་སོགས་ཀྱི་བླ་མ་ལས་སྡེ་དང་། གྲྭ་རིགས། འཁོར་ལྡན་དད་ཅན་སྐྱ་སེར་ཕོ་མོ་སོགས་མཇལ་ཕྱག་ཞུ་མི་ཆུ་བོའི་རྒྱུན་བཞིན་པར་མ་ཆད་དུ་བྱུང་བ་རྣམས་མཐའ་དག་ལའང་འདོད་མོས་ལྟར་གྱི་མཇལ་ཁ་ཕྱག་དབང་དང་། བཀའ་འདྲི་སོགས་གང་ལ་གང་འོས་སུ་ཕེབས་པས་ཡིད་ཀྱི་ལང་ཚོ་བཏས་པར་མཛད་དོ། །དེ་ནས་རེ་ཞིག་དགག་དགོས་ཀྱི་རྐྱེན་འགའ་ཞིག་གཟིགས་པས་སྤྱི་འཁྲིས་སྲིད་སྐྱོང་གི་ཁྲི་འདོན་ལྷ་ལྡན་ཁམས་གསུམ་རྣམ་རྒྱལ་དུ་མཛད་བཞེད་ཀྱིས་ཟླ་བ་དེ་ཁའི་ཡར་ཚེས་གཟའ་སྐར་ཕུན་སུམ་ཚོགས་པའི་ཉིན་གཞུང་ས་མཆོག་གི་ལས་ཚན་པ་རྣམས་ཀྱིས་གདན་ཞུ་སོགས་

སྲིད་ཞུ་རྨད་དུ་བྱུང་བ་དང་བཅས་ཏེ་དབང་ལྡན་དཔལ་འབར་ནས་ཆིབས་བཏེགས་ཏེ་ལྷ་ལྡན་སྤྲུལ་པའི་གཙུག་ལག་ཁང་ལ་གཡས་སུ་བསྐོར་བ་དང་བཅས་པའི་སྒོ་ནས་ཕྱིན་ཏེ་ཁམས་གསུམ་རྣམ་རྒྱལ་གྱི་ནང་དུ་ཆོས་ཀྱི་རྒྱལ་སྲིད་ཆེན་པོའི་གསེར་གྱི་ཁྲི་ལ་ཞབས་སེན་ལེགས་པར་བཀོད་པའི་ཐོག་༧རྒྱལ་དབང་ཡབ་སྲས་དང་། ཨམ་བན་སོགས་ནས་ལེགས་དར་གནང་སྐྱེས་དང་། གུང་བཀའ་སློན། ཛ་མདའ་སོགས་གཞུང་སའི་དྲུང་འཁོར་ལས་ཚན་ཡོད་མེད་ལ་མ་ལྟོས་པའི་སེར་སྐྱ་མཐའ་དག་གིས་རྟེན་འབྲེལ་ལེགས་སྐྱེས་ཀྱི་སྒོ་བརྒྱ་འབྱེད་པའི་སྣང་དུ་ལྷ་ཛས་གངས་རིའི་མདངས་ལྡན་སྲིད་དུ་རིང་བ་དང་ཞིང་ཁམས་རྒྱ་མཚོའི་བཀོད་པ་སོགས་ཀྱིས་སྐྱ་དྲངས་པའི་དངོས་བཤམས་ཀྱི་འབུལ་བ་དང་བཅས་ཏེ་ཁམས་གསུམ་ཆོས་ཀྱི་རྒྱལ་པོ་ཆེན་པོར་མངའ་གསོལ་ཞིང་། དེ་ནས་རིམ་པར་སེར་འབྲས་དགེ་གསུམ་གྱིས་མཚོན་པའི་ལྷ་སྡེ་མི་སྡེ་སྤྱི་སྒེར་མཐའ་དག་ནས་ཀྱང་ལེགས་སྐྱེས་ཀྱི་མཆོད་སྤྲིན་མཐའ་ཀླས་པ་རེ་ཞིག་གི་བར་རྒྱུན་མི་ཆད་དུ་སྤྲོ་བར་གྱུར་ཏོ། །དེ་གོང་༧རྒྱལ་སྲས་རྡོ་རྗེ་འཆང་ཆེན་པོའང་ལྷ་ལྡན་དུ་ཕྱིན་བཞུགས་མཛད་པར་མཇལ་འཕྲད་གསུང་གླེང་དང་དེ་མཚུངས་ཀློང་རྡོལ་གྲུབ་དབང་རིན་པོ་ཆེ་དང་ཡོངས་འཛིན་ཡེ་ཤེས་རྒྱལ་མཚན་སོགས་ལའང་མཇལ་ཕྱག་གི་ཐོག་གནས་སྐབས་དང་མཐར་ཐུག་ཏུ་དགེ་བའི་བཀའ་མཆིད་སོགས་ཀྱིས་དུས་འདའ་བར་མཛད་དོ། །

དེ་ལྟར་མགོན་པོ་འདི་ཉིད་བོད་གངས་ཅན་གྱི་བསྟན་འགྲོའི་མགོན་དུ་ཕྱིན་པ་ནི། སྤྱིར་བོད་ལྗོངས་སྐྱེ་འགྲོ་མཐའ་དག་བསོད་ནམས་ཀྱི་ལས་ཀྱི་འབྲས་བུ་ལ་སྤྱོད་པའི་བགོ་སྐལ་མི་དམན་པའི་མཐུ་དང་། ལྷག་པར་༧རྒྱལ་དབང་ཐམས་ཅད་མཁྱེན་གཟིགས་མཆོག་དང་། ༧གོང་མ་བདག་པོ་ཆེན་པོ་ནས་ཀྱང་

ཡེ་ཤེས་ཀྱི་གཟིགས་པ་དྲི་མ་མེད་པས་ལན་བརྒྱར་དཔྱད་པ་ན་སྙིགས་དུས་ཕྱོག་སྤྱོད་བདོ་བ་མུན་པའི་སྨག་རུམ་དང་འདྲ་བའི་ཁྲིད་འདིར་ཆོས་ལྡན་འཕྲིན་ལས་ཀྱི་འོད་སྣང་འདེགས་པ་ལ་གཞན་དྲིང་མི་འཇོག་པའི་སྲིད་པའི་སྒྲོན་མེ་གཅིག་པུ་ནི་མགོན་པོ་འདི་ཉིད་ཕོ་ནར་ངེས་པ་གཏིང་ནས་འཁྲུངས་པའི་དབང་གིས་དགྱེས་པའི་བཀའ་ལུང་བཟང་པོ་ལན་གཅིག་མིན་པས་དབུགས་དབྱུང་སྟེ་ས་ཆེན་ཆོས་བཞིན་དུ་སྐྱོང་བའི་བྱེད་པོ་དམ་པར་མངའ་གསོལ་དབང་བསྐུར་གཟེངས་སུ་བསྟོད་པར་མཛད་ཅིང་། ལྗོངས་འདིར་འཁོད་པའི་སེར་སྐྱ་མཆོག་དམན་ཕལ་མོ་ཆེ་མཐའ་དག་ཀྱང་ད་ནི་སྐྱེས་བུའི་ཁྱུ་མཆོག་འདི་ལྟ་བུ་རང་རེའི་བསོད་ནམས་ཀྱི་མཆོད་སྡོང་ཆེན་པོར་ཆོས་ཀྱི་ཁྲི་ལ་ཞབས་སེན་འཁོད་པས་དེང་ཕྱིན་ཆད་གངས་ཅན་མགོན་པོའི་ཆོས་སྲིད་ཀྱི་འཕྲིན་ལས་དང་། བསྟན་འགྲོའི་བདེ་སྐྱིད་སོགས་རྫོགས་ལྡན་གཞོན་ནུའི་སྐལ་བཟང་གི་དཔལ་ལ་རེག་པར་འགྱུར་བ་གདོན་མི་ཟ་ཞེས་དགའ་བའི་ཙ་ཙོའི་སྒྲ་དབྱངས་མགྲིན་གཅིག་ཏུ་ཕོར་མོ་ཡུག་ཏུ་སྒྲོག་པ་ལྷུར་ལེན་པར་གྱུར་ལ། དེའི་ཕྱིར་༧མགོན་པོ་མཆོག་རང་ཉིད་ཀྱང་རིང་མོ་ཞིག་ནས་འགྲོ་བའི་སྡུག་བསྔལ་རྒྱུ་དང་བཅས་པ་སེལ་ཞིང་ཕན་པ་དང་བདེ་བའི་དཔལ་འབྱོར་རྒྱས་པར་མཛད་པ་འབའ་ཞིག་ཐུགས་ལ་བརྟགས་པའི་ཁར། ད་ནི་འཕགས་མཆོག་ཕྱག་ན་པདྨ་དང་འཇམ་དབྱངས་མི་ཧྲེའི་རྣམ་རོལ་གཉིས་ཅར་ནས་དགོངས་པ་གཅིག་དང་དབྱངས་གཅིག་པས་ཕོ་བོ་ཅག་ལ་ཁ་ཞེ་མིན་པར་དོན་ཧླབས་པོ་ཆེ་འདི་ལྟ་བུ་བགྱིས་དགོས་བཀའ་མངགས་པ་དང་། སྙིགས་མའི་འགྲོ་བ་འདི་དག་ཀྱང་བདག་ཉིད་ལ་འདི་ཙམ་གྱི་རེ་ལྟོས་འཆའ་བ་ལྷུར་ལེན་པར་བྱེད་ན་སྔར་ཡང་ཕོ་བོས་སྙིང་སྟོབས་ཀྱི་གོ་ཆ་སྤར་བས་ཀྱང་བཙན་པར་བགོས་ཏེ་ཞྭ་སེར་གྱི་རིང་ལུགས་དང་སྐྱེ་འགྲོའི་ཚོགས་

རྣམས་ཡལ་བར་མི་འདོར་བ་ཞིག་ཅི་ནས་བྱེད་དགོས་དགོངས་ནས་ལུགས་གཉིས་ཀྱི་མཛད་པ་རླབས་པོ་ཆེས་ཆོས་སྲིད་ཀྱི་གདུགས་དཀར་གུང་དུ་འདེགས་པའི་གྲིབ་བསིལ་ལ་འགྲོ་བ་མཐའ་དག་ཉེ་བར་འཚོད་པ་ཞིག་མཛད་རྒྱུའི་དགོངས་བཞེད་བླ་ན་མ་མཆིས་པར་གཏད་ནའང་། ཇི་སྐད་དུ། ཉི་མའི་དཀྱིལ་འཁོར་འཆར་བ་ན། །འཇིག་རྟེན་མ་ལུས་གསལ་མོད་ཀྱང་། །འབྱུང་བྱའི་མིག་ལ་མུན་པར་བབས། །སྐྱེས་མཆོག་དམ་པ་དེ་བཞིན་ནོ། །ཞེས་གསུངས་པ་ལྟར། སྐྱེས་མཆོག་དམ་པ་འདི་ཉིད་ཀྱི་གསང་གསུམ་མི་ཟད་རྒྱན་གྱི་འཁོར་ལོའི་ཡོན་ཏན་ཉི་མའི་དཀྱིལ་འཁོར་དང་མཚུངས་པ་ལ་ལོག་པར་འཁྲུ་ཞིང་འགྲན་སེམས་ཀྱི་གསེར་མིག་འཆང་བའི་སྐལ་ཆད་འབྱུང་པོའི་བྱ་དང་མཚུངས་པའི་སྐྱེ་བོ་ལོག་སྨོན་ཅན། ཇི་སྐད་དུ། ཆོས་ཀྱི་རྒྱལ་པོ་སྲོང་བཙན་སྒམ་པོའི་མ་འོངས་ལུང་བསྟན་ལས། དེ་ནས་དཀར་པོའི་ཕྱོགས་རྣམས་མཐུ་ཆུང་ཞིང་། །བདུད་ཀྱི་ཕྱོགས་རྣམས་རྒྱས་པར་གྱུར་པ་ཡིས། །བདུད་ཀྱིས་བྱིན་རླབས་གང་ཟག་མང་པོ་འབྱུང་། །གཟི་བརྗིད་ཆེ་ཞིང་སྟོབས་ཀྱང་ཆེ་བ་དང་། །ནུས་པ་ཆེ་ཞིང་མཐུ་ཡང་ཆེ་བ་དང་། །ཞེས་སོགས་གསུངས་པའི་ལུང་གིས་དངོས་སུ་ཟིན་པ་ཡིད་སྤྲུལ་བདག་པོའི་མདའ་ལྷ་སྙིང་ལ་གཏིང་ཕྱིན་པར་ཟུག་པའི་གཡོན་ཅན་སྡིག་ཏོ་ཅན་དག་གི་ངན་འཕྲུལ་གྱི་བྱེད་པ་སྣ་ཚོགས་ལ་བརྟེན་པས་རེ་ཞིག་སྲིད་སྐྱོང་རིམ་བྱོན་གྱི་ལུགས་སྲོལ་ལྟར་གྲུ་འཛིན་གཉིས་པའི་ཕོ་བྲང་དུ་ཁྲི་འདོན་མཛད་རྒྱུ་སོགས་ཀྱང་རིམ་འགྱངས་སུ་གྱུར་པ་སོགས་འཐུས་སྐྱོ་ཚང་མེད་སྣ་ཚོགས་ཤིག་བྱུང་བར་བརྟེན་ ༧མགོན་པོ་མཆོག་གི་ཐུགས་དགོངས་ལའང་དུས་སྐབས་དེ་རང་དུ་ཆོས་སྲིད་ཀྱི་མཛད་པ་རླབས་ཆེན་དར་དྲག་བསྟན་པའི་དུས་ལ་མ་བབ་པར་གཟིགས་ནས་ཐུགས་ལས་ཆུང་ངུར་གཞོལ་

ཏེ་རེ་ཞིག་ལས་དོན་སོགས་ཡའང་བཏང་སྙོམས་ལྷ་བུ་ལས་ཏ་ཅང་གལ་པོ་ཆེར་འཛིན་པར་མ་གནང་བར་ལོ་དེའི་དགུན་མཇུག་ཕལ་མོ་ཆེ་ལྷ་ལྡན་ཁམས་གསུམ་རྣམ་རྒྱལ་དུ་བཅད་རྒྱ་མཛད་དེ་རིམ་གཉིས་ཟབ་མོའི་ཐུགས་དམ་རྡོ་རྗེ་ལྷ་བུའི་ཏིང་འཛིན་གྱི་ངང་དུ་སྐད་ཅིག་ཀྱང་གཡོ་བ་མེད་པར་བཞུགས་སོ། །

ས་ཡི་ཚངས་པའི་བཀའ་ལུང་མཐྲ་ར། །གཙུག་རྒྱན་བླ་ཆོས་བཞིན་དུ་ལེགས་བཅིངས་ནས། །བྱང་ཕྱོགས་ནོར་འཛིན་རྒྱུད་འདིར་ཁྱོད་སྐུའི་སྐྱུང་། །ཐུགས་བསྐྱེད་གསེར་གྱི་བྱེ་མ་གདལ་བཞིན་འབབ། །དེ་ཚེ་གངས་ཅན་མགོན་ཐུགས་འཛམ་བུའི་འབྲས། །དགྱེས་པ་རྒྱ་མཚོའི་མ་དྲོས་ཀླུང་སིམ་མཐར། །ལེགས་སོའི་དབུགས་དབྱུང་གསེར་གྱི་པ་ཏའི་མདངས། །གང་གི་བདེ་ཆེན་འཁོར་ལོའི་རྒྱན་དུ་བཀོད། །རྫ་ཏའི་གཞིར་འཁོད་རྐང་གཉིས་ཕལ་མོ་ཆེའང་། །རེ་བའི་འབྲས་བཟང་དུས་སུ་སྨིན་ནོ་ཞེས། །དགའ་བའི་ཅ་ཅོ་དཔྱིད་ཀྱི་རྒྱལ་མོའི་གླུ། །མཁྱེན་པ་གཟིངས་སུ་བསྟོད་དེ་དུས་གཅིག་སྒྲོག །ཁམས་གསུམ་ཀུན་ལས་རྣམ་པར་རྒྱལ་བ་ཡི། །ཆོས་ཀྱི་ཁྲི་ལ་ཞབས་ཟུང་པད་མོའི་འཕྲེང་། །བཀོད་པའི་དགེ་མཚན་མུ་ཏི་ལའི་འཁྲི་ཤིང་། །མཐོ་ཁྱད་སྲིད་པའི་རྩེ་མོར་སྙེག་པ་བཞིན། །དེ་ལྟ་ནའང་ཉིན་བྱེད་དབང་པོའི་འོད། །སྐལ་ཆད་འབྱུང་བྱའི་མིག་ལམ་མི་མཛེས་བཞིན། །འདོད་ལྷའི་བྲན་དུ་གྱུར་པའི་སྐྱེ་བོ་འགགས། །གཡོ་འཁྲུལ་གླང་པོའི་སྣ་ཞགས་ཕྱོགས་བསྒྱུར་བསྐྱོད། །དེས་ན་ཁྱོད་ཐུགས་རྒྱ་མཚོ་འཁྲུག་མེད་ཀྱང་། །དུས་དང་དུས་མིན་འབྱེད་པའི་མཁྱེན་རབ་ཀྱིས། །དཔྱོད་མཐར་རེ་ཞིག་བཏང་སྙོམས་ཆེན་པོའི་ངང་། །ཐུགས་ལས་ཆུང་ངུར་གནས་པ་ལྟར་ལེན་གྱུར། །དེ་ཕྱིར་རིམ་གཉིས་ཟབ་མོའི་ཡེ་ཤེས་མེས། །དངོས་འཛིན་ཚང་ཚིང་བསྲེགས་པའི་གཟིགས་མོ་ལ། །དགྱེས་དགུར་

སྤྱོད་པའི་ཟག་མེད་བདེ་བའི་དཔལ། །རྒྱུན་རིང་ཉམས་སུ་སྤྱོད་ལ་མངོན་པར་གཞོལ། །

དེ་ནས་ཐུན་མོང་ཞེས་པ་ལྕགས་ཕོ་བྱི་ལོ་གསར་དུ་ཆོས་པའི་རང་ཞལ་ཐོག་མར་རྫོགས་པའི་ཉིན་གཟིམས་ཆུང་ཁམས་གསུམ་དུ་སྟོན་འཁོར་རྣམས་ཀྱིས་འདོད་ཁམས་བདག་མོ་དཔལ་ལྡན་དུང་སྐྱོང་དབང་མོར་གནམ་ལོ་གསར་བཞད་ཀྱི་གཏོར་སྐྱོང་། རྟེན་འབུལ་སོགས་ཀྱི་རིམ་པ་རྣམས་རྒྱས་པར་མཛད་གྲུབ་བསྟུན་སྐུ་འཁོར་ཞབས་གྲས་རྣམས་ནས་ལོ་གསར་གྱི་དགའ་སྟོན་ཐོག་མཇལ་དར་སོགས་འབུལ་བཞེས་དང་། དེ་ནས་གཞུང་ས་མཆོག་གི་འཕྲིན་ལས་ཀྱི་ཞབས་འདེགས་པ་མི་དྲག་སེར་སྐྱ་ལས་ཚན་པ་ཆེ་ཆུང་གི་རིགས་རྣམས་དང་། སེར་འབྲས་ཀྱི་བླ་མ་ལས་སྣེ། དབུས་གཙང་གི་སྣེར་ཁག་ཆེ་བཙན་ཁྱིང་སོགས་ནས་དུས་ཀྱི་རྟེན་འབྲེལ་བཟང་པོ་གོང་དུ་སྤེལ་བའི་ལེགས་དར་འབུལ་བ་དང་མཇལ་ཕྱག་ཞུ་བར་བཅར་མི་མཐའ་དག་པ་རྣམས་ལ་རེ་འདོད་ཡིད་བཞིན་དུ་སྐོང་བའི་མཇལ་ཁ་དང་གསུང་མོལ་དཀར་སྒྲོ་སོགས་རྒྱས་པར་སྩལ་ཞིང་། འདི་ལོ་རྗེ་ཚོམས་ཆེན་དུ་གནམ་ལོ་གསར་ཆོས་ཀྱི་དགྱེས་སྟོན་ཉིན་ཐུ་ཕྱི་རྣམས་ལ་ཕེབས་དགོས་༸རྒྱལ་དབང་མཆོག་ནས་བཀའ་སྩལ་ཉུང་དགོངས་གཞི་དང་དགོས་པ་འགའ་ཞིག་ལ་གཟིགས་པས་དགོངས་ཁྲོལ་ཞུས་ཏེ་ཕེབས་བསྐྱོད་མ་མཛད་ལ། ཆོས་གཉིས་གསུམ་ནས་༸རྒྱལ་དབང་ཡབ་སྲས་སོགས་ལ་ལོ་གསར་གྱི་མཇལ་ཞུར་ཕྱིན་ཐོག་ཕན་ཚུན་དགྱེས་པའི་བཀའ་མཆིད་གསུང་གླེང་སོགས་ཞིབ་རྒྱས་སུ་བསྐྱངས། འདི་ལོ་བཀྲ་ཤིས་ལྷུན་པོ་ནས་ཛ་སག་དང་ཡབ་ཨ་ལི་ལགས་སོགས་༸པཎ་ཆེན་མཆོག་སྤྲུལ་རིན་པོ་ཆེ་གདན་ཞུ་དང་སྦྲགས་ནས་དབུས་སུ་ཕེབས་པར་ཁང་བའི་ཁྲོལ་ཆ་མེད་པར་བརྟེན་ལྷ་ལྡན་སྟག་སྒོ་ཁང་

གསར་དུ་སྤྲོ་བར་མཛད་ནས་དུས་ཀུན་ཕལ་མོ་ཆེ་ཐུགས་དམ་ཉམས་བཞེས་ཁོ་ན་ལ་གཞོལ་ཁོ་ན་མཛད། ཟླ་བ་གཉིས་པའི་ནང་སློང་རྫོང་གྲུབ་དབང་རིན་པོ་ཆེ་ཞབས་འབམ་ལ་བརྟེན་པའི་སྟུང་གཞི་བབ་ལྷི་ཙམ་བཞེས་པར་དངོས་སྐྱེས་ཀྱི་འབུལ་བ་དང་བཅས་ཏེ་ཞབས་པད་ཡུན་དུ་བརྟན་དགོས་པར་ཕུར་ཚུགས་གསོལ་འདེབས་ཀྱི་ཚུལ་དུ་ཞུ་འཕྲིན་ནན་ཆེ་སྤྲ་ཕྲི་གཉིས་ཙམ་འབུལ་བར་མཛད་ཅིང་། དེ་བཞིན་དུ་༧རྒྱལ་སྲས་རྡོ་རྗེ་འཆང་སོགས་ནས་ཀྱང་འབུལ་གནང་མཛད་འདུག་པར་བདག་ཉིད་ཆེན་པོ་འདི་དག་གི་ཐུགས་བསྐྱེད་དང་མོས་གུས་ཀྱི་གདུང་ཤུགས་ཚད་མེད་པའི་མཐུ་ལས་གྲུབ་དབང་རིན་པོ་ཆེའི་སྐུ་ཚེ་མཛད་འཕྲིན་གྱི་འགལ་རྐྱེན་བར་གཅོད་མཐའ་དག་ལྷག་མེད་དུ་ཞི་ནས་མྱུར་དུ་སྟུན་གཞི་མེད་དུ་དྭངས་པར་གྱུར་སྣང་སྟེ། དེའི་ཐད་ཀྱི་གྲུབ་དབང་གི་རྣམ་ཐར་ལས། ཁ་ཙམ་མིན་པར་གསོལ་བ་བཏབ་པའི་འབྲས་བུར་དགོང་གཅིག་བླ་མ་རིན་པོ་ཆེའི་མནལ་ལམ་དུ་ངེད་ལ་མདང་དགོང་བུད་མེད་རྒྱན་བཟང་ཞིག་གིས་གདན་གསར་པ་ཞིག་ཕུལ་ནས་དེར་སྡོད་ཟེར་བ་སྨིས་པས་རྗེ་བཙུན་སྒྲོལ་མས་བྱིན་གྱིས་བརླབས་པ་ཡིན་འདྲ་བས་ད་ལམ་གྱི་ནད་འདི་དྲག་འགྲོ་བར་འདུག་གསུངས་ནས་དེའི་ཕྱི་ཉིན་ནས་སྟུན་ཀྱང་དྭངས་བསྐྱེད་ཆེ་ཞིང་། བདུད་རྩི་ཆབ་ཚན་སོགས་དཔྱད་ཕུལ་བ་རྣམས་ཀྱང་ངོ་ཚ་བར་བྱུང་འདུག་པས། འཁྲུངས་མེད་སྐྱེ་རྒུའི་བསོད་ནམས་ཀྱི་མཐུ་ལས་སྐུའི་དཀྱིལ་འཁོར་སྒྲ་གཅན་གྱི་རྒྱུ་ལས་གྲོལ་བའི་ཉིན་བྱེད་ལྟར་ལྷམ་མེར་གསལ་བར་གྱུར་ཏོ། །ཞེས་གསུངས་པས་སོ། །

དེ་ནས་ཟླ་བ་གསུམ་པའི་ནང་ཀུན་གཟིགས་པཎ་ཆེན་མཆོག་གི་སྤྲུལ་སྐུ་རིན་པོ་ཆེ་གཙང་ཕྱོགས་སུ་ཕེབས་བཞེད་ལ་ཕེབས་རྫོངས་དངོས་འབུལ་སོགས་

རྒྱ་ཆེར་བསྒྲར་བར་མཛད་ཅིང་། ཆིབས་བསྐྱོད་དངོས་གཞིའི་སྐབས་སྐེ་ཐང་གི་
བར་ཕེབས་སྐྱིལ་དུ་ཕྱིན་ཐོག་སྐྱབས་འཇུག་དང་བསྟན་འགྲོའི་དཔལ་དུ་ཞབས་
པད་ཡུན་དུ་བརྟན་ཅིང་ཐུགས་གཉེར་གསན་བསམ་སོགས་གོང་འཕེལ་དུ་
དགོས་པ་སོགས་བཀའ་མཆིད་ཞིབ་རྒྱས་སུ་གསོལ་བར་མཛད། དེ་སྐབས་ཀློང་
རྫོལ་རིན་པོ་ཆེ་༸པཎ་ཆེན་ཐམས་ཅད་མཁྱེན་པའི་མཇལ་ཞུ་མཛད་པར་སྐེ་ཐང་
སྒྲོལ་མ་ལྷ་ཁང་དུ་བཞུགས་ཡོད་པར་རྗེ་ཉིད་ཕེབས་པ་གསན་ཕྲལ་སྐུ་དྲུང་དུ་
ཕྱིན་ནས་རྒྱུན་རིང་བཞུགས་འཛགས་ཀྱིས་ཆོས་དང་འབྲེལ་བའི་གསུང་བགྲོས
ཅི་རིགས་སུ་བསྐྱངས། དེ་ནས་ལྷ་ལྡན་དུ་ཕེབས་ཏེ་རེ་ཞིག་བར་སྤར་བཞིན་
ཐུགས་དམ་ཆོས་སྤྱོད་ཀྱི་མཛད་པ་དང་གདུལ་བྱ་མང་པོའི་དོན་བསྐྱངས་བཞིན་
པར་བཞུགས་ཤིང་། ཧོར་ཟླ་ལྔ་པ་གསར་འཕྲལ་ཙམ་ནས་དཔལ་ལྷ་མཚོ་འཁོར་
དུ་སྐུའི་འཁྲིད་བསྟེན་ཆབ་བཞེས་ལ་ཕེབས་བསྐྱོད་ཀྱིས་ཞག་འགའ་བཞུགས་
སྐབས་༸དབང་ཕྱོགས་ནས་༸གོང་མ་ཆོས་ཀྱི་རྒྱལ་པོའི་བཀས་མངགས་པའི་
ཅང་ཇུན་ཆེན་པོ་བོད་ཕྱོགས་སུ་ཕེབས་རྒྱུ་ཡིན་ཚུལ་གྱི་གྲལ་རྗེ་འབྱོར་ཞིང་། དེ་
ནས་རིང་པོར་མ་ལོན་པར་ཅང་ཇུན་ཆེན་པོ་ལྷ་ལྡན་དུ་འབྱོར་ཏེ་རྗེ་ཉིད་ལ་སྤྲ་
སོར་སྲིད་སྐྱོང་རིམ་ཕྱིན་གྱི་སྲོལ་ལམ་ལྟར་པོ་ཏ་ལར་ཁྲི་འདོན་དང་། བཞུགས་
ཁང་སོགས་འཚམ་ལུས་མེད་པ་འབུལ་དགོས་ཚུལ་བོད་ཀྱི་ལས་བྱེད་པ་རྣམས་སུ་
ཚ་བརྗིད་ཀྱི་བཀའ་ནན་ཕེབས་པར་ལོག་པར་འཁྲུ་བའི་སྐྱེ་བོ་འདོད་པའི་དབང་
ཕྱུག་གི་མངག་གཞུག་ཏུ་གཏོགས་པ་རྣམས་སྨྲ་བཅད་དང་ཡིད་ཚོད་དུ་ཆུད་པའི་
མུན་ཁྲུང་དུ་མལ་འཆའ་བར་གྱུར་ནས་དབང་མེད་དུ་བཀའ་བཞིན་སྒྲུབ་པ་ལྷུར་
ལེན་དགོས་པ་བྱུང་སྣང་ཞིང་། དེའི་ཚེ་ཡང་རྗེ་ཉིད་ཀྱི་ཐུགས་དགོངས་སུ་སྲིད་
སྐྱོང་གི་ཁྲི་འདོན་དངོས་གཞི་སྤ་ལོ་ནས་མཛད་ཟིན་པས་ད་ཆ་པོ་ཏ་ལར་ཁྲི་

འདོན་སྐྱོར་དུ་གནང་ཐུང་ཚང་མར་གཡེངས་པའི་རྒྱུ་ལས་མ་དམིགས་པས་གནང་མི་དགོས་པའི་དགོངས་བཞེད་གཏད་ནའང་ཅང་ཧྲུན་ནས་ཀྱང་ཆེད་དམིགས་ཀྱི་བཀའ་དང་། ལྷག་པར་གོང་ས་རྒྱལ་དབང་མཆོག་ནས་ཀྱང་བཀའ་སྩལ་བ་བཞིན་རྟེན་འབྲེལ་གྱི་མཚོན་བྱེད་ལྷ་བུར་བླ་བ་དེ་གའི་ནང་གཟའ་ཚེས་དགེ་བའི་ཉིན་གྱི་འཛིན་ཕོ་བྲང་དུ་ཆིབས་བསྐྱོད་ཁྲི་འདོན་གྱི་རིམ་པ་མདོར་བསྡུས་ཤིག་ཀྱང་མཛད་པར་སྣང་ངོ་། །

དེ་ལ་སྐབས་འདིར་གླེང་བར་བྱ་བའི་སྒོ་འདི་ཡོད་དེ། སྐྱེས་བུ་དམ་པ་རྣམས་འགྲོ་བ་སྒྲོལ་བའི་ལས་ལ་གཅིག་ཏུ་གཞོལ་བའི་ཁུར་ཆེན་ཁྱེར་ནས་མཐར་མེད་ཀྱི་མེའི་ནང་དུའང་ཚམ་ཚོམ་མེད་པར་འཇུག་པར་ནུས་པའི་སྙིང་སྟོབས་ཀྱི་གོ་ཆ་བགོས་ཏེ་བསམ་བཞིན་དུ་འཛིག་རྟེན་དུ་བྱོན་པ་ན་ཡིད་སྨུབས་ཀྱི་བདག་པོའང་བདུད་དཔུང་གི་རྒྱལ་མཚན་ཐང་ལ་སྙོལ་བ་མ་བཟོད་པར་ཐབས་དང་གཡོ་འཕྲུལ་དུ་མའི་སྒོ་ནས་བཞེད་དོན་འགྲུབ་པ་ལ་བར་དུ་གཅོད་པར་བརྩོན་པར་འགྱུར་བ་ནི་ཆོས་ཉིད་ཡིན་ཏེ། སྟོན་འདྲེན་པ་མཉམ་མེད་ཤཱཀྱའི་རྒྱལ་པོར་ཡང་བྱང་ཆུབ་ཤིང་དྲུང་དུ་བཞུགས་པའི་ཚེ་བདུད་དམག་བྱེ་བ་དུང་ཕྱུར་སོགས་བྱུང་བ་དང་། ལྷས་སྦྱིན་དང་མུ་སྟེགས་སྟོན་པ་དྲུག་སོགས་ཀྱིས་འགྲན་སེམས་དང་ཡ་ག་ཕྱོགས་བཅུར་སྒྲོག་པ་དང་། དེ་བཞིན་དུ་སྟོན་བྱོན་འཕགས་ཡུལ་གྱི་རྒྱལ་བློན་པཎ་གྲུབ་སོགས་བདག་ཉིད་ཆེན་པོ་ཕལ་ཆེ་བ་དང་། བོད་ཡུལ་འདིར་ཡང་སྟོན་གྱི་ཆོས་རྒྱལ་མེས་དབོན་རྣམ་གསུམ་སོགས་ནས་བཟུང་ཆོས་སྐྱོང་བའི་རྒྱལ་པོ་རིམ་པར་བྱོན་པ་རྣམས་དང་། ཐམས་ཅད་མཁྱེན་པ་ཕྱག་ན་པད་མོ་སྐུ་ཕྲེང་རིམ་བྱོན་གྱིས་མཚོན་པའི་རྣམ་འདྲེན་བདག་ཉིད་ཆེན་པོ་ཕལ་མོ་ཆེ་མཐའ་དག་ལའང་གནས་སྐབས་དེ་དང་དེ་དག་ཏུ་གདུག་སེམས་འཆང་བའི་

མི་དང་མི་མིན་གྱི་རིགས་གྱུར་དུ་མ་ཞིག་གིས་སྒོ་གསུམ་དངོས་དང་བརྒྱུད་པ་ཅི་རིགས་པའི་སྒོ་ནས་འགྲོ་བའི་བདེ་སྐྱིད་ཀྱི་སྲོག་འཕྲོག་པ་ལ་བརྩོན་པ་ལྟར་ལེན་དུ་བྱེད་པ་དག་བྱུང་བ་ནི་སྔོན་བྱུང་གི་ལོ་རྒྱུས་རྣམ་ཐར་སོགས་ལས་ཤེས་པར་ནུས་པས་འདིར་མང་དུ་སྨོས་མ་དགོས་ལ། དེའི་ཕྱིར་གནས་སྐབས་འདི་དག་ཏུའང་ལྷ་མཆོག་གངས་རིའི་མགོན་པོ་ཕྱག་ན་པད་མོ་དང་༧སྐྱབས་མགོན་དམ་པ་འདི་ཉིད་ལ་སོགས་པ་བསྟན་འཛིན་བདག་ཉིད་ཆེན་པོ་ཡབ་སྲས་ཉེ་ཟླ་ལྟ་བུ་རྣམས་ཀྱི་ཐུགས་བསྐྱེད་དང་འཕྲིན་ལས་དཔུང་པའི་ཤུགས་ཀྱིས་ཆོས་སྲིད་ཀྱི་འཁོར་ལོ་གྱེན་དུ་བསྐྱུར་པར་བཞེད་པ་ན་ནག་པོའི་ཕྱོགས་ཀྱི་ངན་གཤོམས་མཐའ་ཡས་པ་ཞིག་ཀྱང་ཆོས་ཟབ་ན་བདུད་ཟབ་ཀྱི་དཔེ་ལྟར་དགག་མི་ནུས་པར་རང་ཤུགས་ཀྱི་ཚུལ་དུ་འབྱུང་བ་ཡིན་ལ། ལྷག་པར་དུས་ངན་སྙིགས་མའི་མཐའ་འདི་ལྟ་བུར་ནི་ནག་པོའི་ཕྱོགས་རྣམས་མཐུ་བཙན་ཞིང་འགྲོ་བ་མཐའ་དག་བསོད་ནམས་མར་འགྲིབ་ཀྱི་བགོ་སྐལ་ལ་སྤྱོད་པའི་དབང་གིས། སངས་རྒྱས་བཅོམ་ལྡན་འདས་ཀྱིས་ཞིང་དམ་པ་རྣམས་ལ་བསྙེན་ཚུལ་ཕྱིན་ཅི་མ་ལོག་པར་དགོས་པ་མདོ་རྒྱུད་དུ་མ་ནས་ལན་ཅིག་མིན་པར་གསུངས་པ་ལ་གོ་བ་ལོག་སྒྲིབ་ཀྱིས་སྐྱེས་བུ་དམ་པ་དང་ཆོས་ཚུལ་བཞིན་སྤྱོད་པའི་གང་ཟག་རྣམས་ལ་སྐྱོན་རྟོག་གིས་སྐུར་པ་འདེབས་གང་ཐུབ་དང་། བསྟན་པའི་སྙིང་པོ་དྲི་མ་མེད་པ་འཇམ་མགོན་བླ་མའི་རིང་ལུགས་གསེར་སྦྱངས་བཙོ་མ་ལྟ་བུ་འདི་ཉིད་ལའང་ཚིག་ཙམ་ལ་འཆེལ་བའི་གྲུབ་པའི་མཐའ་ཞིག་ཏུ་འཛིན་པའི་ངན་རྟོག་གིས་ཀུན་ནས་བསླངས་ཏེ་སྒོ་དུ་མ་ནས་ཟུར་ཟ་ཞིང་ཕྲག་ལབ་དང་ཤུབ་བུའི་ཚུལ་དུ་ཡང་ངན་སྨྲས་བརྗོད་གང་ཐུབ་བྱེད་པ་ཤིན་ཏུ་མང་བ་དང་། དེར་མ་ཟད་དང་པོར་ཞྭ་སེར་གྱི་རིང་ལུགས་འདི་ཉིད་ལ་ཞུགས་སློ་བགྱིས་པ་ཙམ་དུ་མ་ཟད་ཚེ་འདིར་

རང་གི་སྔོ་སོགས་ཚུན་ཆད་ཀྱང་འཇམ་མགོན་བླ་མའི་བསྟན་པ་དང་༧རྒྱལ་དབང་ཕྲུག་ན་པད་མོ་ཡབ་སྲས་མཆོད་ཡོན་རྣམས་ཀྱི་བཀའ་དྲིན་ལས་བྱུང་བ་ཡིན་པར་མངོན་སུམ་དུ་ཚད་མས་གྲུབ་པའི་གང་ཟག་བཟང་པོ་དང་མཆོག་ཏུ་རློམས་པ་འགའ་ཞིག་གིས་ཀྱང་འཇིག་རྟེན་གྱི་གཏམ་དཔེར། ཁ་ཟས་སྤྲང་ལ་རྒྱབ་ནས། །རིལ་མ་ནགས་ལ་གཏོང་། །ཞེས་ཟེར་བ་ལྟར་རང་ལ་བཀའ་དྲིན་ཆེ་ཡུལ་དེ་དག་ལ་བསམ་སྦྱོར་ཐམས་ཅད་ཀྱི་སྒོ་ནས་སྐྱུར་པ་འདེབས་པ་ལ་བརྩོན་པ་ཆེ་བསྐྱེད་དང་། རང་རང་གི་སྔོན་གྱི་ལས་ངན་གྱི་འབྲས་བུ་དུས་སུ་སྨིན་པས་མི་འདོད་པ་ཐོག་ཏུ་བབས་པ་ཐམས་ཅད་ཀྱང་བདག་ཉིད་ཆེན་པོ་དེ་རྣམས་ཀྱིས་མ་བྱུང་བ་ཡིན་ཚུལ་དུ་སྒྲོ་བཏགས་ནས་བརྗོད་གང་ཐུབ་དང་། རང་གཞན་གཉིས་ཕུང་ལ་སྦྱོར་བའི་ཟོག་བརྫུ་མཁན་དག་ལ་འདི་ཕྱི་བར་དོ་གསུམ་གྱི་བློ་གཏད་བཅོལ་ཏེ་དགེ་ལེགས་ཀུན་གྱི་འབྱུང་གནས་ཡིན་ཁུལ་དུ་འཛིན་པའི་སྐྱེ་བོ་ནི་ཆེས་མང་བར་སྣང་ཞིང་། དེ་དག་གིས་བློ་གཏད་འཆའ་ཡུལ་གྱི་གང་ཟག་དེ་རྣམས་ལ་ཡོན་ཏན་ཇི་ལྟ་བུ་ཞིག་མངའ་སྙམ་ཞིབ་ཏུ་བརྟགས་པ་ན། ཇི་སྐད་དུ། གོང་དུ་དྲངས་པའི་ཆོས་ཀྱི་རྒྱལ་པོ་སྲོང་བཙན་སྒམ་པོའི་ལུང་བསྟན་གྱི་འགྲོ་ལས། མངོན་ཤེས་ཕྲ་མོས་བདེན་ཚིག་བག་ཙམ་སྨྲ། །དེ་རྣམས་རྟོག་ཆོས་མང་པོ་བྱེད་པར་འགྱུར། །སངས་རྒྱས་བསྟན་པ་འདྲེ་ཆོས་མང་པོས་དཀྲུགས། །འདྲ་མིན་ཆོས་ལུགས་མང་པོ་སྟོན་བྱེད་ཅིང་། །བློ་གྲོས་ཕྱིན་ཅི་ལོག་ཏུ་བསྒྱུར་བར་བྱེད། །མེད་པར་བལྟ་བའི་ཕྱོགས་ཀྱི་ཆ་བཟུང་ནས། །ཀུན་རྫོབ་བདེན་པ་ཁྱད་དུ་གསོད་པར་བྱེད། །ལུས་ངག་དཀའ་ཐུབ་འགོག་པར་བྱེད་པ་འབྱུང་། །ཕྱོགས་མེད་རིས་མེད་ཁྱུར་མེད་ཟེར་བ་དང་། །རྒྱུ་ཟད་རྐྱེན་ཟད་ལྷུན་གྲུབ་ཟེར་བ་དང་། །ལུང་མ་བསྟན་གྱི་ལྟ་བ་མང་དུ་འབྱུང་། །བུད་རྙས་མ་བསྟན་མཁས་

པས་མ་བགྱིས་པའི། །ད་ལྟ་ལྷ་ཡིས་བསྟན་ཟེར་འདྲེ་ཆོས་བྱེད། །དེ་རྣམས་འགོང་པོ་འདྲེ་ཡི་ཆས་དགུ་གྱོན། །ར་རླག་ཁྲི་རླག་རེ་བ་ཟླ་མོན་གོས། །ཟེར་ག་དགུག་པ་སྣ་ཚོགས་ཐོགས་པ་འབྱུང་། །བསོད་སློམས་པ་ཞེས་གྲོང་ཁ་འགྲིམ་པ་བྱུང་། །ཧྲི་རྒྱབ་ཆེད་དུ་དཀའ་ཐུབ་དྲག་པོ་ཡིས། །རང་གི་ལུས་ལ་གནོད་པ་བྱེད་པ་འབྱུང་། །མངོན་མཚན་ཅན་གྱི་གྲགས་པ་འདོད་ཕྱིར་དུ། །སྔགས་ཀྱི་ཐེག་པ་སླུ་རུ་ལེན་པ་འབྱུང་། །དགེ་བའི་ཆོས་སྤྱོད་སླུ་དང་བྲོ་ལ་བྱེད། །བསམ་གཏན་དྲན་པ་ཉམས་ལ་བྱེད་པ་འབྱུང་། །མེད་པར་བལྟ་ལ་ལྟ་བ་རྟོགས་པར་བྱེད། །སྐོན་ཐབས་ཅན་ལ་རྟོགས་ལྡན་བྱེད་པ་འབྱུང་། །ཐེ་ཚོམ་ཅན་ལ་དམ་པར་འཛིན་པ་འབྱུང་། །སྨྲ་བ་མཁས་ལ་གདམས་ངག་ཅན་དུ་བྱེད། །སྨོངས་པ་རྣམས་ལ་ཞིག་པོ་ཟེར་བ་འབྱུང་། །ལོག་སྤྱོད་ཅན་ལ་རྣལ་འབྱོར་བ་ཞེས་ཟེར། །ལུང་མ་བསྟན་ལ་ཆོས་ཀྱི་སྐུ་ཞེས་ཟེར། །སྙན་གྲགས་འདོད་ལ་ཆོས་བཤད་མཁན་པོ་ཞེས། །ཆོས་ལུགས་ཡིན་ཞེས་བབ་ཅོལ་མང་པོ་སྨྲ། །འདྲེས་བརླམས་པ་ལ་ཡེ་ཤེས་ཕེབས་ཞེས་ཟེར། །བདུད་ཀྱིས་སྤྲོ་བསྐྱེད་བྱིན་རླབས་ཟེར་བ་འབྱུང་། །གདམས་ངག་ཟེར་ཞིང་ལོག་ཆོས་མང་དུ་སྨྲ། །གདམས་པ་ཟེར་ནས་མུ་སྟེགས་གསང་ཚིག་སྟོན། །དེ་ལྟར་ལོག་པའི་རྒྱུན་ལ་ཞུགས་པ་ཡིས། །བུད་མེད་ཕོ་སྤྱོད་ཐོ་ཚ་བྱེད་པ་འབྱུང་། །རང་ལུགས་ཉམས་ཤིང་འཇིག་རྟེན་ཆོས་ལུགས་ཉམས། །དེ་ཡིས་རང་གཞན་ངན་འགྲོར་འཁྲིད་པར་བྱེད། །རྒྱུ་འབྲས་བདེན་པར་མི་ཤེས་མི་དགེ་སྣ་ཚོགས་བྱེད། །ཆོས་དང་ཆོས་མིན་མི་ཕྱེད་ངོ་ཚ་མེད་པར་སྤྱོད། །ལོག་ཆོས་རྣམས་ལ་མི་ཀུན་དད་པར་བྱེད། །བྱས་པའི་ཆོས་ཀྱིས་བྱང་ཆུབ་མི་ཐོབ་པས། །མ་བྱས་ལྷུན་གྲུབ་ཆོས་ཤིག་དགོས་ཤེས་ཟེར། །བྱེད་མ་ནུས་རྣམས་དེ་ལ་དད་པར་འགྱུར། །ཞེས

སོགས་རྒྱ་ཆེར་བཀའ་སྩལ་པ་འདི་རྣམས་ཀྱི་དངོས་བསྟན་དང་ཤུགས་བསྟན་གྱི་ཡོན་ཏན་མ་ལུས་ཤིང་ལུས་པ་མེད་པ་ཡོང་བླ་སློབ་རྣམས་ལ་ཚང་བར་སྣང་སྟེ་ཞིབ་པར་བྱེད་ན་གོང་གསལ་གྱི་ལུང་བསྟན་རྣམས་ལ་ཚིག་འགྲེལ་དང་བཅས་ནས་དེང་དུས་ཀྱི་སྐྱོ་སྐྱིད་མཁན་བླ་སློབ་རྣམས་ཀྱི་མཛད་པ་དང་རེ་རེ་བཞིན་དུ་སྦྱོར་དགོས་ཚོད་དུ་སྣང་རུང་ཡི་གེས་འཇིགས་པར་འགྱུར་བ་མ་ཚད་འདིར་ཙུང་ཟད་སྐབས་སུ་མི་བབ་པར་སྣང་བས་དེ་ཙམ་ལས་མི་སྤྲོས་ཤིང་། དེས་ན་འདི་ལྟ་བུའི་བླང་དོར་གོ་ལོག་ཏུ་སྤྱོད་པ་རྣམས་ཀྱི་ངང་ཚུལ་ནི་རེ་ཞིག་སངས་རྒྱས་བྱང་སེམས་ཐུགས་རྗེ་ཅན་རྣམས་ཀྱིས་ཀྱང་དགག་པར་མི་ནུས་པ་ཞིག་ཡིན་ན་བདག་དང་བདག་འདྲ་བ་རྣམས་ཀྱིས་ནི་ངལ་བ་བརྒྱུས་འབད་ཀྱང་ཆ་ཙམ་ཡང་བཟློག་པར་ག་ལ་ནུས། དེ་ལྟ་ནའང་ཇི་སྐད་དུ། དཔལ་ཆོས་ཀྱི་གྲགས་པས། རྒྱུ་ཚོགས་པ་ལས་འབྲས་སྐྱེ་བར། །རྗེས་སུ་དཔོག་པ་གང་ཡིན་དེ། །ཞེས་དང་། མ་ཚང་མེད་རྒྱུ་དེ་ལས་ནི། །འབྲས་བུ་གང་གིས་བཟློག་པར་ནུས། །ཞེས་རྒྱུ་མ་ཚང་བ་མེད་པ་སྔོན་དུ་སོང་བའི་འབྲས་བུ་ནི་སུས་ཀྱང་དགག་ནུས་མིན་པར་གསུངས་པ་ལྟར། མགོན་པོ་མཆོག་འདིའང་སྔོན་རིང་མོ་ཞིག་ནས་གངས་རིའི་ལྗོངས་འདིའི་བསྟན་པ་དང་སེམས་ཅན་གྱི་དོན་རྒྱ་ཆེན་པོ་མཛད་རྒྱུའི་ཐུགས་བསྐྱེད་དམ་བཅའི་ས་བོན་བྲུང་པོ་ལན་ཅིག་མིན་པར་འདེབས་པར་མཛད་པ་སྔོན་དུ་སོང་བའི་མཐུ་ལས་གནས་སྐབས་དེ་དག་གི་ཚེ་ཇི་ལྟར་སྨོན་པའི་འབྲས་བུ་དུས་སུ་སྨིན་པ་ལ་ནག་ཕྱོགས་པ་དག་གིས་བསམ་སྦྱོར་གྱི་ངལ་བ་ཇི་ཙམ་བསྟེན་ཀྱང་ཉི་ཤར་སྐར་མོས་འགེབས་པར་མི་ནུས་པ་བཞིན་དུ་ཙུང་ཟད་ཀྱང་བགེགས་བྱེད་པར་མ་ནུས་པ་མ་ཟད་རྒོལ་ངན་གྱི་མུན་པ་ཇི་ཙམ་བདོ་བ་བཞིན་དུ་དམ་པ་འདིའི་ཐུགས་རྗེ་དང་ནུས་པའི་འོད་སྟོང་ཡང་ཇེ་ཆེར་བསྐྱེད་པས་ལོག་

རྟོག་ཅན་རྣམས་ཀྱི་བསམ་སྦྱོར་མཐའ་དག་བག་ལ་ཞ་བར་གྱུར་ཏེ་གོང་དུ་བརྗོད་པ་ལྟར་བཞེད་དོན་རྣམས་ཀྱང་རིམ་གྱིས་འབད་མེད་ལྷུན་འགྲུབ་ཏུ་གྱུར་ཅིང་། མཐར་ཆོས་སྲིད་འཕྲིན་ལས་ཀྱི་གདུགས་དཀར་པོ་གཅིག་གིས་སྟོད་ཛ་ཏིའི་དྲི་བསྲུང་རྣམ་པར་ཐུལ་བའི་ཡུལ་གྲུ་ནས་ཤར་ཕྱོགས་རྒྱ་མཚོ་ཆེན་པོ་ལ་ཐུག་གི་བར་གྱི་མཐའ་དབུས་ཀུན་ཏུ་ཁྱབ་གདལ་དུ་གྱུར་པ་ནི་འོག་ཏུ་རིམ་པར་བརྗོད་འགྱུར་རྣམས་ཀྱིས་ཤེས་པར་ནུས་སོ། །དེ་བས་ན་རྣམ་དཔྱོད་ཅན་རྣམས་ཀྱིས་ནི་རྒྱལ་དབང་ཕྱག་ན་པད་མོ་ཡབ་སྲས་དང་། དེའི་འཕྲིན་ལས་སྤྲུལ་བའི་བྱེད་པོ་བདག་ཉིད་ཆེན་པོ་འདི་དང་འདི་འདྲ་བ་སྔར་བྱོན་པ་དང་། ད་ལྟ་བཞུགས་པ་དང་། མ་འོངས་པ་ན་འབྱོན་པར་འགྱུར་བ་དང་། གཞན་ཡང་མཁས་བཙུན་བཟང་གསུམ་དང་། མཁྱེན་བརྩེ་ནུས་གསུམ་གྱི་སྒོ་ནས་ཞྭ་སེར་གྱི་བསྟན་པ་འཛིན་སྐྱོང་སྤེལ་བར་མཛད་པའི་དམ་པ་རྣམས་ལ་ནི་ཅི་མཛད་ལེགས་པར་མཐོང་བའི་མོས་གུས་ཀྱི་སྒོ་ནས་བསྟེན་ཚུལ་ཕྱིན་ཅི་མ་ལོག་པ་ཞིག་ཅི་ནས་བྱེད་དགོས་ཀྱི། དེ་ལྟ་མིན་པར་འཇམ་མགོན་ས་པཎ་གྱིས། འགྲོ་མགོན་སངས་རྒྱས་བཞུགས་བཞིན་དུ། །སྟོན་པ་གཞན་ལ་གུས་བྱེད་པ། །ཡན་ལག་བརྒྱད་ལྡན་ཆུ་འཁྲམ་དུ། །བ་ཚྭའི་ཁྲོན་པ་བརྐོ་བ་ཡིན། །ཞེས་པའི་དགོངས་དོན་ཛ་མེད་པ་དེང་སང་གི་མཆོག་དམན་ཕལ་མོ་ཆེ་ལ་ཕྱག་ལེན་སྤྱི་ཁྱབ་ཀྱི་ཚུལ་དུ་མ་ཉམས་པར་བཞུགས་འདུག་པ་འདི་ཉིད་དོར་གང་ཐུབ་མཛད་ན་རང་གཞན་ཀུན་ལ་ལེགས་པ་ཆེན་པོའི་རྒྱུ་ཚོགས་སུ་འགྲོ་བར་སེམས་སོ། །

འདིར་སྨྲས་པ། རྣམ་འདྲེན་ཆེ་རྣམས་རླབས་ཆེན་མཛད་པ་ཡིས། །
དཔག་ཡས་འགྲོ་དབུགས་འབྱིན་པར་ཆས་པ་ན། །ལུས་མེད་བདག་པོ་ཕོ་ཉར་བཅས་པས་ཀྱང་། །དབང་མེད་གེགས་བྱེད་རྩོམ་འགྱུར་སུ་ཡིས་འགོག །འོན་

ཏང་ཤར་རིའི་ཕྲག་ནས་སྣང་བྱེད་བདག །འཆར་བ་སོར་མོས་སྲིབ་ནུས་མིན་དེ་བཞིན། །རྒྱལ་རྣམས་གསང་གསུམ་རོལ་མོ་བསྒྱུར་བ་ཡི། །རང་རྩལ་དགག་པར་ནུས་པའང་ཅི་ལ་ཞིག །སྙིགས་མའི་དུས་ཀྱི་མཐའ་འདིར་སྐྱེ་བོ་ཀུན། །དམ་པ་དམ་མིན་འབྱེད་པའི་བློ་གྲོས་དམན། །དེ་ཕྱིར་བརྒྱུད་ལྡན་རྗེང་བུ་རིང་བཏང་ནས། །བསླང་མིག་ཚུར་རེ་བ་ཤིན་ཏུ་མང་། །རྒྱལ་བའི་བསྟན་པ་ཀུན་གྱི་རབ་དང་ཕུལ། །ཐར་འདོད་མ་ནོར་བགྲོད་པའི་ཐེམ་སྐས་མཆོག །འཛམ་མགོན་བླ་མའི་རིང་ལུགས་དེ་འཛིན་བཅས། །ཡམ་ཁའི་རྗོ་བ་བཞིན་དུ་གྱུར་ལ་ཉེ། །རྫུན་དང་ཟོག་གི་དྲག་ཞུགས་རྒྱུན་དུ་སྒྲོག །རྩིང་སྤྱོད་ཐོ་ཚོའི་འཁོར་ལོ་ཕྱོགས་བཅུར་བསྐོར། །གཉིས་མེད་སེང་གེའི་བརྟུལ་ཞུགས་འཛིན་པ་རྣམས། །འདི་ཕྱིའི་མགོན་དུ་རེ་བ་ཤིན་ཏུ་ལྷུན། །དེ་ལྟ་ནའང་སྙིགས་མའི་རང་གཤིས་དེ། །རེ་ཞིག་སྲས་བཅས་རྒྱལ་བའི་ནུས་མཐུའི་དཔུང་། །གཅིག་ཏུ་བསྡུས་ཀྱང་བཅོས་སུ་ཆེས་དཀའ་ན། །བདག་ལྟས་བརྗོད་ཀྱང་ངལ་བ་འབྲས་བུ་ཙམ། །དེས་ན་རྣམ་དཔྱོད་ལྡན་པ་འགའ་མཆིས་ན། །སྔན་ཆད་དམ་པའི་མགོན་ལ་བསྟེན་བྱས་ནས། །བླང་དང་དོར་བྱའི་འཇུག་ལྡོག་མ་ནོར་བར། །སྤྱོད་ན་དགེ་ལེགས་གཞི་རྩ་ཚུགས་པར་སེམས། །ཞེས་པ་ནི་བར་སྐབས་ཀྱི་ཚིགས་སུ་བཅད་པའི་འཕྲེང་བ་སྤེལ་བའོ། །

དེ་ལྟར་སྐབས་དོན་འཕྲོས་བཤད་ཙུང་ཟད་བརྗོད་ཟིན་ནས་སླར་ཡང་རྣམ་པར་ཐར་པ་དཀྱུས་ཀྱི་དོན་ལ་འཇུག་པ་ནི། དེ་ལྟར་གྲུ་འཛིན་གཉིས་པའི་ཕོ་བྲང་དུ་རྟེན་འབྲེལ་ལེགས་ཚོགས་སྤེལ་བའི་རིམ་པ་མདོར་བསྡུས་མཛད་ཟིན་སྟུན། དེ་སྐབས་༧སྐྱབས་མགོན་གོང་ས་ལྷ་མིའི་འདྲེན་མཆོག་དམ་པ་ནོར་བུ་གླིང་དུ་ཆབ་བཞེས་ཐུགས་སྒྲོར་བཞུགས་པའི་ཞབས་དྲུང་དུ་ཕྱིན་ནས་མཇལ་

ཕྱག་ཐོག་ལུགས་གཉིས་ཀྱི་མཛད་སྒོ་གང་ཅིར་བཀའ་མོལ་གསུང་མཆིད་འགོལ་ལྷིངས་སུ་བསྐྱངས། དེ་ནས་མི་རིང་བར་མཆོད་ཡོན་ལྷན་རྒྱས་གདན་ས་ཆེན་པོ་དཔལ་ལྡན་འབྲས་སྤུངས་ཀྱི་བླ་གྲྭ་ཚང་མས་གདན་ཞུས་ལྟར་སྟོན་འཁོར་མང་པོ་དང་བཅས་ཏེ་ཆིབས་ཀྱི་ཁ་ལོ་བསྒྱུར་ཞིང་། བླ་མ་ལས་སྣེ། བླ་སྤྱིལ་ཆེ་ཆུང་། ཁམས་ཚན་གྱི་མགོ་བྱེད་བགྲེས་སོང་སོགས་ཀྱིས་རྒྱང་རིང་པོ་ནས་ཆིབས་བསུ་དང་། ཐབ་བསུའི་ས་ནས་ཚང་མས་ལྷན་རྒྱས་སུ་མཇལ་དར་དང་། དེ་ནས་རིམ་པར་ཕྱིན་ཏེ་གདན་ས་ཆེན་པོའི་ཉེ་འདབས་སུ་སོན་པ་ནས་བཟུང་བསུ་བ་པོ་ཐམས་ཅད་ཀྱིས་དྲི་ཞིམ་པོའི་སྤོས་ཀྱི་དུད་པས་སྣ་དྲངས་ཏེ་སྟོན་བསུས་ཤིང་། བླ་བྲང་། གྲྭ་ཚང་ཁག་སྤྱི་ཁང་། སྤྱིལ་བུ་སོགས་ཀྱི་སྟེང་ནས་དར་གྱི་ལྡ་ལྡི་ལ་སོགས་པའི་མཆོད་རྫས་ཀྱི་དྲ་བས་སྤྲེལ་ཞིང་། དུང་དང་རྒྱ་གླིང་རོལ་མོ་ལ་སོགས་འབུད་དཀྲོལ་བརྡུང་བའི་བྱེ་བྲག་གི་སྒྲས་ས་དང་བར་སྣང་གི་ཕྱོགས་ཀུན་འགེངས་པར་བྱེད་པ་དང་། འདུས་པ་དམངས་ནས་ཀྱང་མཆོད་པའི་བྱེ་བྲག་མཐའ་ཀླས་པ་འཕྲེང་བར་བསྒྲིགས་པའི་སེར་སྦྲེངས་སོགས་ཀྱིས་མངོན་པར་མཛེས་པས་ཡོངས་སུ་བསྐོར་བཞིན་པར་དགའ་ལྡན་ཕོ་བྲང་གི་ཚོམས་ཆེན་གྱི་ནང་དུ་མི་འཇིགས་གདོང་ལྔས་ཡོངས་སུ་བཏེགས་པའི་གསེར་གྱི་ཁྲི་འཕང་མཐོན་པོ་སོ་སོར་མཆོད་ཡོན་ལྷན་རྒྱས་ཀྱི་ཞབས་སེན་ནོར་བུའི་རེ་ཁ་རྣམ་པར་བཀྲ་བ་བཀོད་པར་མཛད་བསྟུན་ཕོ་བྲང་པས་གསོལ་ཞབས་དཀར་སྤྲོ་སོགས་ཕུལ་བཞེས་དང་། དེ་ནས་ཚོགས་ཆེན་འདུ་ཁང་ཆེན་མོའི་གསེར་ཁྲིར་ཞབས་ཟུང་བཀོད་ཐོག་ཚོགས་ཆེན་སྤྱི་སོའི་གསོལ་ཞབས་དང་དཀར་སྤྲོ་གྱུ་ནོམ་དང་ལྷན་ཅིག་པར་ཞིང་ཁམས་རྒྱ་མཚོའི་བཀོད་པས་སྣ་དྲངས་པའི་དངོས་འབྱོར་གྱི་འབུལ་སྐྱེས་བཟང་ཞིང་གཏོས་ཆེ་བ་དང་། སློབ་དཔོན་ཁྲི་གདན་ཟུར། སྤྱིལ་

སྐུ་ཆེ་ཆུང་། ལས་སྣེ་དཔོན་ཆོས་མཛད། ཁམས་ཚན་མི་ཚན་གྱི་བགྲེས་སོང་གྲྭ་
དམངས་སོགས་ཚང་མས་རབ་ཏུ་དགར་བའི་ལྷ་ཛས་སྟོན་དུ་འགྲོ་བའི་མཇལ་
དར་དང་། ལུང་དང་རིག་པ་སྨྲ་བ་ལ་མི་འཇིགས་པའི་སྤོབས་པ་བརྙེས་པ་
དཔལ་ལྡན་ཆོས་ཀྱི་གྲགས་པའི་བརྟུལ་ཞུགས་ལ་འགྲན་པར་བཟོད་པའི་དགེ་
བའི་བཤེས་གཉེན་ཆེན་པོ་རྣམས་ནས་རྒྱལ་བའི་གསུང་རབ་ཀྱི་དགོངས་དོན་
ལས་བརྩམས་པའི་བརྒལ་ཞིང་བརྟག་པའི་རིག་ལུང་གི་མཆོད་པ་རྒྱ་ཆེར་སྤྲོ་བའི་
གཟིགས་མོ་སོགས་ཀྱིས་ཐུགས་ཀྱི་དགྱེས་རྒྱ་ཡོངས་སུ་བསྐྱང་བར་གྱུར། དེ་
རྣམས་གྲུབ་བསྟུན་༧རྒྱལ་དབང་མཆོག་གཟིམས་ཆུང་དུ་གདན་ཞུ་མཛད་ཅིང་
སྐབས་རྗེ་ཉིད་ཀྱང་ཀུན་དགའ་ར་བའི་གཟིམས་ཆུང་དུ་ཞབས་པད་བཀོད་ཐོག །ལྷ་
སྤྱིལ། ལས་སྣེ། ཁམས་ཚན་གྲྭ་རིགས་སོགས་ཀྱི་མཇལ་ཞུ་བ་རྣམས་ལ་ཇི་ལྟར་
འདོད་པ་ལྟར་གྱི་མཇལ་ཁ་ཕྱག་དབང་། ཆོས་དང་འབྲེལ་བའི་བཀའ་སློབ།
ཟང་ཟིང་གི་གནང་སྦྱིན་སོགས་གང་འོས་སུ་སྩལ། དེ་བཞིན་དུ་གྲྭ་ཚང་ཁག་སོ་
སོ་ཡའང་གདན་ཞུས་ལྟར་༧གོང་ས་མཆོག་དང་ལྷན་རྒྱས་ཕེབས་བསྐྱོད་ཀྱིས།
ཆོས་དང་ཟང་ཟིང་གི་དགའ་སྟོན་རྣམས་ལ་དགྱེས་པར་རོལ་ཞིང་། མཆོད་ཁང་
ཁག་རྣམས་སུའང་གནས་གཟིགས་དང་། མཆོད་འབུལ་སྨན་ཤལ་སོགས་ཀུན་
ཏུ་བཟང་པོའི་སྨོན་ལམ་ལས་བྱུང་བ་ལྟར་བགྱི་བར་མཛད་པའི་ཐོག་བསྟན་པ་
རྒྱས་པ་དང་འགྲོ་བ་བདེ་བའི་ཐུགས་སྨོན་མཚམས་སྦྱོར་རྣམ་པར་དག་པས་རྒྱས་
འདེབས་པ་དང་། ཚོགས་ཆེན་དང་། གྲྭ་ཚང་ཁག་སོ་སོར་མཆོད་ཡོན་ལྷན་
རྒྱས་ནས་འདུས་པ་རྣམས་ལ་མང་འགྱེད་སྤྱི་འབུལ་སོགས་བསྐྱེན་ཅིང་བཀུར་
བའི་རིམ་པའང་བླ་ལྷག་ཏུ་མཛད་པ་སོགས་ཆོས་ལྡན་གྱི་མཛད་བཟང་རྨད་པོ་
ཆེས་དུས་འདའ་བཞིན་པའི་ངང་དུ་ཞག་འགའ་ལྷུན་ཆགས་པར་བཞུགས་ཤིང་།

རིང་པོར་མ་ལོན་པར་ལྷན་རྒྱས་སྣར་ཡང་ཆིབས་ཀྱི་ཁ་ལོ་བསྒྱུར་བར་བླ་གྲྭ་རྣམས་ནས་སྲིད་ཞུ་དང་ཕུ་དུད་བླ་ན་མ་མཆིས་པའི་ཕེབས་སྐྱེལ་དང་བཅས་ཏེ་ཕྱིན་པའི་ཕེབས་ཞོར་དུ་གནས་ཆུང་སྒྲ་དབྱངས་གླིང་དུ་ཞབས་སོར་བསྐྱོད་དེ་ཆོས་སྐྱོང་ཆེན་པོ་ཕོག་རློམས་སྤྱན་འདྲེན་ཐོག་སྒྲོན་དར་དང་། སྐུ་ཆས་སོགས་འབུལ་བ་དང་ལྷན་ཅིག ༧རྒྱལ་དབང་མཆོག་གི་དགོངས་བཞེད་དང་མཐུན་པའི་ཆོས་སྲིད་ཀྱི་ཞབས་འདེགས་རྣམས་གེགས་མེད་ལྷུན་གྱིས་འགྲུབ་པའི་ལས་བཞིའི་འཕྲིན་ལས་གཡེལ་མེད་སྐྱོང་བར་བཀའ་བསྒོས་པ་ན་བསྟན་སྲུང་ཆེན་པོས་ཀྱང་དགྱེས་པའི་འཛུམ་ཞལ་གསལ་པོར་བསྟན་ཏེ་ཇི་ལྟར་གཉེར་དུ་གཏད་པའི་དོན་རྣམས་ཉིན་མཚན་ཀུན་ཏུ་མི་གཡེལ་བར་སྒྲུབ་པའི་ཞལ་བཞེས་མཛད། སྒྲ་དབྱངས་གླིང་པ་འདུས་སྤྱིར་མཆོད་ཡོན་སོ་སོ་ནས་མང་འགྱེད་སོགས་ཀྱི་གནང་སྦྱིན་ཀྱང་སྩལ། ཐབ་སྐྱེལ་གྱི་ས་ནས་བླ་མ་ལས་སྣེ་སོགས་ཕེབས་སྐྱེལ་བ་རྣམས་ཀྱིས་ལེགས་དར་ཕུལ་བ་དེ་དག་ལའང་གནང་སྐྱེས་ལ་སོགས་པ་གཟབ་རྒྱས་སུ་བསྟར་ནས་རིམ་གྱིས་ཕོ་བྲང་དུ་ཞབས་སོར་བཀོད་དེ་ལུགས་གཉིས་ཀྱི་མཛད་པའི་བ་དན་སྐྱོང་བཞིན་པར་རེ་ཞིག་འཚོ་གཞེས་དང་། མི་རིང་བར་སེ་ར་ཐེག་ཆེན་གླིང་འདུས་ཚོགས་ནས་ཀྱང་མཆོད་ཡོན་ཉེ་ཟླ་ཟུང་འབྲེལ་གདན་ས་ཆེན་པོར་ཕེབས་བསྐྱོད་དགོས་ཚུལ་ཞུར་ནས་གསོལ་བ་བཏབ་པ་བཞིན་ཕེབས་བཞེད་ཀྱིས་དུས་ཆོས་མཆོག་ཏུ་དགེ་བའི་ཉིན་ཕོ་བྲང་རི་བོ་གྲུ་འཛིན་ནས་ལྷན་རྒྱས་ཞལ་བཟང་མངོན་པར་བསྒྱུར་ཞིང་། སེ་རའི་སློབ་དཔོན་ཁྲི་གདན་ཟུར། བླ་སྤྱིལ་ཆེ་ཆུང་གི་རིགས། ལས་སྣེ་ཁག །ཁམས་ཚན། མི་ཚན་སོ་སོའི་དགེ་གཉེར་བགྲེས་སོང་སོགས་ཚང་མས་གཟབ་མཆོར་དང་བཅས་ཏེ་ཕོ་བྲང་གི་ཉེ་འདབས་ནས་ཆིབས་བསུ་དང་། དེ་ནས་ཐབ་བསུའི་སར་གསོལ་ཇ་དང་བཞེས་

གྲོ་སོགས་ཀྱི་ཐོག་ཚང་མས་རབ་དཀར་ལྷ་རྫས་སྲིད་དུ་རིང་བའི་མཇལ་དར་དང་བཅས་ཏེ་ཕྱག་དབང་བྱིན་རླབས་ཞུས་ཤིང་། འདུས་པ་དམངས་ནས་མཆོད་པའི་བྱེ་བྲག་ཚར་དུ་དངར་བའི་སེར་སྦྲེངས་དང་། གཙུག་ལག་ཁང་རྣམས་ཀྱི་ཡང་སྟེང་ནས་དར་འཕྱུར་དུང་འབུད་བསངས་རོལ་སོགས་ཀྱིས་ལྷ་ལམ་ཡོངས་སུ་གཏིབས་པ་དང་། དགོན་པའི་གཤམ་ནས་བསུ་བ་པོ་མཐའ་དག་གིས་སྤོས་སྣ་དང་བཅས་ཏེ་གདན་དྲངས་ནས་སེ་ར་ཚོགས་ཆེན་གྱི་འདུ་ཁང་ཆེན་མོའི་གསེར་གྱི་ཁྲི་ཐོག་ཏུ་མཆོད་ཡོན་ལྷན་རྒྱས་མཚན་དཔེའི་གཟི་འོད་འབར་བཞིན་པར་ལྷུན་ཆགས་པའི་ཐོག །ཚོགས་ཆེན་གྱི་དཀར་སྤྲོ་དང་། གསོལ་ཞབས་དངོས་འབུལ་སོགས་རྒྱ་ཆེ་བ་དང་། བླ་མ་ལས་སྣེ་སོགས་ཀྱིས་གཙོས་པའི་འདུས་གྲྭ་དམངས་ནས་མཇལ་ཕྱག་དང་། གསུང་རབ་ཀྱི་དགོངས་དོན་ལ་དཔྱད་པ་ཡོངས་སུ་རྫོགས་པས་གཞུང་ལུགས་རབ་འབྱམས་སྨྲ་བ་ལ་འཇིགས་མེད་ཀྱི་བརྟུལ་ཞུགས་མངའ་བ་དགེ་བའི་བཤེས་གཉེན་ཆེན་པོ་དག་གིས་ལུང་རིགས་ཀྱི་བགྲོ་བ་རྒྱུད་དུ་བྱུང་བ་མཁས་རྣམས་དགྱེས་པ་བསྐྱེད་པའི་མཆོད་པ་ཡོངས་སུ་སྤྲོ་བ་སོགས་དགྱེས་སྟོན་གྱི་རིམ་པ་རྣམས་ལ་ལེགས་པར་རོལ་བར་མཛད། དེ་ནས་གཟིམས་ཆུང་སོ་སོར་ཕྱིན་ནས་སྐབས་མཇལ་ཞུ་མི་རྣམས་ལ་རེ་འདོད་དང་འཚམས་པའི་མཇལ་ཁ་སོགས་ཞི་བ་ལྷོད་དུ་བསྐྱངས། དེ་ནས་ཀྱང་རིམ་པར་སེར་བྱེས་སྨད་སྔགས་གསུམ་གྱི་གྲྭ་ཚང་སོ་སོ་ནས་ཀྱང་གདན་ཞུས་ལྟར་ཕེབས་བསྐྱོད་ཀྱིས་ལུགས་གཉིས་ཀྱི་དགའ་སྟོན་རྣམས་ལ་སྤྱོད་པར་མཛད་ཅིང་། མཆོད་ཁང་དང་། མགོན་ཁང་ཁག་རྣམས་ལ་གནས་གཟིགས་དང་། མཆོད་འབུལ། སྐན་ཤལ། ཐུགས་སྨོན་འཕྲིན་བཅོལ་སོགས་རྒྱ་ཆེ་གནང་སྨིན་དུ་བསྐྱངས། ཚོགས་ཆེན་དང་། གྲྭ་ཚང་ཁག །ཁམས་ཚན་སོགས་ལ་སོ་སོར་

མང་འགྱེད་དང་། སྤྱི་འབུལ། མཆོད་རྫས་སོགས་བསྟེན་བཀུར་མཐའ་གླས་པས་འདུས་པའི་ཚོགས་རྣམས་དགྱེས་པ་དང་བདེ་བ་ལ་རེག་པར་མཛད་པ་སོགས་ཆོས་ལྡན་གྱི་འཕྲིན་ལས་རླབས་ཆེན་པོའི་ངང་དུ་ཞག་འགའ་གཏན་བཞུགས་སུ་མཛད། དེ་ནས་ཕྱིར་ཕེབས་སྐབས་ཀྱང་བླ་གྲྭ་ཚང་མས་ཆིབས་སྐྱེལ་དང་ཐབ་སྐྱེལ་སོགས་རྒྱ་ཆེར་ཞུས་པས་ཞབས་ནས་བཏེགས་བཞིན་པར་ཕེབས་བསྐྱོད་ཀྱིས་ལམ་ཁོར་མཆོད་ཡོན་ལྷན་རྒྱས་ཕ་བོང་ཁ་བྱང་ཆུབ་ཤིང་གི་ནགས་ཁྲོད་དུ་གནས་གཟིགས་ལ་ཕྱོན་ཏེ་ཞག་བདུན་གྱི་རིང་བཞུགས་འཛུགས་དང་། དེའི་རིང་དུ་རྟེན་གསུམ་ཁག་དང་། གནས་ཀྱི་ཁྱད་པར་ངོ་མཚར་ཅན་རྣམས་ལ་མཆོད་པའི་སྤྲིན་ཕུང་རྒྱ་ཆེ་བ་དང་བཅས་ཏེ་ཐུགས་སྨོན་གྱི་མཚམས་སྦྱོར་དང་། གནས་གཟིགས་ཞབས་སྐོར་སོགས་ཀྱིས་དུས་འདའ་ཞིང་། རི་ཁྲོད་པ་རྣམས་ལའང་མང་འགྱེད་སོགས་ཀྱི་གནང་སྦྱིན་སྩལ། དེ་ནས་ཆིབས་བསྒྱུར་གྱི་ཚེ་བཀའི་གྲུང་སློན་དང་། ཇ་མདའ་སོགས་ཀྱིས་གཙོས་པའི་གཞུང་དྲུང་མི་དྲག་སེར་སྐྱ་ཚང་མའི་འཁོར་དང་བཅས་ཏེ་འཕགས་མཆོག་ཐུགས་རྗེ་ཆེན་པོའི་དགྱེས་ཞིང་གྲུ་འཛིན་གཉིས་པའི་ཕོ་བྲང་དུ་མཆོད་ཡོན་ལྷན་རྒྱས་བདེ་བར་ཕྱག་ཕེབས་པར་གྱུར་ཏོ། །

ཆོས་ཀྱི་སྡེ་ཆེན་ཐར་པའི་གླིང་རྣམས་སུ། །ཆོས་ཀྱི་འཁོར་ལོ་བསྒྱུར་བའི་མགོན་པོ་རྣམས། །ཆོས་ལྡན་འཕྲིན་ལས་ངོམས་ཤིང་གཤེགས་པ་ན། །ཆོས་ཀྱི་སྣང་བས་ཞིང་འདི་ཡོངས་སུ་འགེངས། །རྣམ་མང་འདུས་པའི་ཚོགས་རྣམས་མ་ལུས་པ། །རྣམ་དག་གོ་འཕང་མཆོག་ལ་དགྲི་བའི་ཕྱིར། །རྣམ་བཞིའི་འཕྲིན་ལས་འཆར་ནུབ་མི་མངའ་བ། །རྣམ་ཀུན་འཁོར་ཡུག་སྟོན་འདི་ཨེ་མ་ཧོ། །ཐད་བྱུང་དགེ་ཚོགས་སྟོང་གིས་རབ་བསྐྲུན་པའི། །ཐད་བྱུང་གསང་བ་གསུམ་

གྱི་ལྷོད་མོ་ནི། །ཐད་བྱུང་ཡང་ཡང་སྟོན་ཚེ་ལྗོངས་འདིའང་། །ཐད་བྱུང་བགོད་པའི་མཐུན་དཔེར་འོས་སམ་སྙམ། །

དེ་ནས་རེ་ཞིག་བར་དུ་སྟོན་གོམས་ཐུགས་བསྐྱེད་བཟང་པོའི་ལོ་འབྲས་གཡུར་དུ་ཟ་བ་དང་འགྲོགས་པའི་རྣམ་དཀར་མཛད་པའི་བསུང་ཞིམ་མང་པོ་ཕྱོགས་ཀྱི་འཁོར་ལོའི་ཁྲོན་དུ་སྤྲོ་བའི་སྒོ་ནས་དགའ་ལྡན་ཕོ་བྲང་ཕྱོགས་ཐམས་ཅད་ལས་རྣམ་པར་རྒྱལ་བའི་བསྟན་སྲིད་ལྷའི་དགའ་ཚལ་མངོན་པར་མཛེས་པར་བྱེད་པ་ལ་གཞན་དྲིང་མི་འཇོག་པར་འཚོ་ཞིང་གཞེས་པའི་ངོས་ནས་ཧོར་ཟླ་བརྒྱད་པ་གསར་མཚམས་སུ་སེར་འབྲས་ཀྱི་ལྗོངས་རྒྱུར་དང་འབྲེལ་བའི་ཞབས་བརྟན་སོགས་འབུལ་བཞེས་གྲུབ་བསྟུན་དྲང་སྲོང་རི་ཡིའི་རང་ལུས་ཀྱི་འོད་ཀྱིས་ཞལ་འགྲོའི་རྒྱུན་རྣམས་ཡན་ལག་བརྒྱད་ལྡན་གྱི་ཆབ་ཏུ་བསྒྱུར་བའི་དུས་༧གོང་ས་རྒྱལ་དབང་མཆོག་དང་ལྷན་ཅིག་པར་ནོར་གླིང་སྣན་ཆབ་ཁྲུས་ཀྱི་རྫིང་བུའི་ངོགས་སུ་ཆབ་བཞེས་ལ་ཕེབས་བསྐྱོད་ཕྱོག་བདུན་གཉིས་གསུམ་ཙམ་བཞུགས་འཇགས་དང་། དེ་ནས་ཕྱག་འཁོར་ནས་ཀྱང་སྔར་བཞིན་བསྟན་སྲིད་བདེ་ཐབས་ཀྱི་མཛད་སྒོ་ཡར་ལྡན་དང་། ཕྱོགས་མཐའ་དབུས་ཀྱི་སྐྱེ་འགྲོ་མང་པོ་གསེར་ཞལ་མཇལ་བར་བཅར་མི་རྣམས་ལ་མཇལ་ཕྱག་སོགས་རིམ་སེལ་དུ་སྩལ་བར་མཛད། འདི་ལོ་སྟོན་མཚམས་སུ་༧སྐྱབས་རྗེ་ཉིད་ཀྱི་ཡབ་ཡུམ་བོད་ཕྱོགས་སུ་ཕེབས་པར་མཇལ་ལན་དང་། དེ་ནས་རེ་ཞིག་ན་ཡུམ་སྐུ་ཁམས་ཚུང་ཟད་མ་བདེ་བར་ལྷ་བླ་མ་སོགས་ལ་ལུང་བརྟག་ཞུ་མཛད་དེ་རིམ་གྲོ་རྒྱ་ཆེན་པོ་དང་། སྨན་བཅོས་སོགས་འབད་འབུངས་སུ་སྒྲུབ་པར་མཛད་ཀྱང་དྭངས་བསྐྱེད་མེད་པར་སྣུན་ཧེ་ཡོད་དུ་གྱུར་པར་བརྟེན། རྒྱུན་རིང་ཞལ་མི་འཚོ་བར་དགོངས་ནས་ཉིན་གཅིག་དབང་ལྡན་དཔལ་འབར་དུ་ཡུམ་གྱི་སར་ཕྱིན་ཏེ་ཆོས་དང་འབྲེལ་

བའི་བཀའ་མཆིད་དང་། ལྷག་པར་ཆེ་འདིར་སྣང་གི་གཉེན་ཉེ་དུ་སོང་ས་སྲིད་སོགས་ལ་ཆགས་ཞེན་སྤང་ས་ཏེ་བླ་མ་དང་དཀོན་མཆོག་གསུམ་ཡིད་ལ་བྱེད་ཅིང་སྨོན་ལམ་འདེབས་པ་སོགས་དགེ་སེམས་ཁྱད་པར་ཅན་བསྐྱེད་དགོས་ཚུལ་དང་། ཁོ་བོས་ཀྱང་ཚེ་རབས་ཀུན་ཏུ་འབྲལ་མེད་རྗེས་འཛིན་གྱི་སྐྱབས་འཇུག་དང་སྨོན་ལམ་བྱེད་པ་ཡིན་སོགས་ཀྱི་བཀའ་སློབ་མཐར་ཕྱིན་སྩལ་བ་དང་ལྷན་ཅིག་དཀོན་མཆོག་གི་ཐུགས་རྗེ་བསྐུལ་བའི་ཐུགས་སྨོན་བདེན་ཚིག་གི་རིམ་པའང་བསམ་ལས་འདས་པར་མཛད་ཅིང་སངས་རྒྱས་ཀྱི་འཕེལ་གདུང་ལ་སོགས་པ་ཟོས་པ་ཙམ་གྱིས་ངན་སོང་གི་སྐྱེ་སྒོ་འགོག་པར་བྱེད་པའི་བྱིན་རྟེན་གྱི་རིགས་ཀྱང་ཚད་མེད་པ་སྩལ་བར་མཛད། དེ་མཚུངས་ཇོ་ཤཱཀ་སོགས་རྟེན་གསུམ་རྣམས་ལའང་མཆོད་འབུལ་སྣན་ཞལ་སོགས་རྒྱ་ཆེན་པོ་དང་བཅས་ཏེ་ཐུགས་སྨོན་རྒྱ་ཆེར་བསྐྱངས་ནས་ཕོ་བྲང་དུ་ཕེབས། དེ་རྗེས་རིང་པོར་མ་ལོན་པར་ཡུམ་མྱ་ངན་ལས་འདས་པར་གྱུར་པ་དྲིན་དུ་གཟོ་བའི་དགོངས་པ་རྫོགས་བྱེད་ཀྱི་ཆེད་དུ་༧རྒྱལ་དབང་ཡབ་སྲས་ཀྱིས་གཙོ་མཛད་པའི་རིས་མེད་ཀྱི་དམ་པ་རྣམས་ལ་བསྔོ་རྟེན་དང་། རྟེན་གསུམ་ཁག་ལ་མཆོད་སྨོན། འདུས་པ་རྣམས་ལ་མང་འགྱེད་དང་། རྣམ་པ་ཀུན་ཏུ་བསྔོ་སྨོན་སོགས་ཕྱི་རྗེས་ཀྱི་རིམ་པ་བསམ་ལས་འདས་པ་མཛད་དོ། །དེས་ན་རྒྱལ་ཡུམ་འདི་ནི་སྔར་གོང་དུ་བརྗོད་པ་ལྟར་རྣམ་ཀུན་ཆོས་ཀྱི་མཛད་པས་དུས་འདའ་བ་ཞིག་ཡིན་པར་མ་ཟད་མྱ་ངན་ལས་འདའ་བའི་ཚེ་ནའང་མངོན་པར་ཤེས་པས་མཁྱེན་པ་བཞིན་དུ་དབུས་འགྱུར་གྱི་ལྗོངས་འདིར་ཕྱིན་ནས་༧ལྷ་མཆོག་ཕྱག་ན་པད་མོས་གཙོ་མཛད་པའི་དམ་པ་རྣམས་དང་། ཇོ་ཤཱཀ་རྣམ་གཉིས་སོགས་ཀྱི་ཞལ་མཇལ། ལྷག་པར་དུའང་དམ་པ་འདི་ཉིད་ཀྱི་ཞལ་བཟང་མངོན་དུ་གྱུར་ཅིང་གསུང་གི་བདུད་རྩི་མྱོང་སྟེ་དག་པའི་སྣང་བ་དང་

བཅས་པའི་ངང་དུ་གཤེགས་པ་འདི་ལྟ་བུ་ནི་སྐུ་ཚེ་འདི་ཙམ་དུ་མ་ཟད་སྐྱེ་བ་དུ་མར་ཚོགས་གཉིས་ཡང་ཡང་དུ་གོམས་པར་བྱས་པའི་འབྲས་རྟགས་བླ་ན་མ་མཆིས་པར་སེམས་སོ། །

དེ་ནས་ཧོར་ཟླ་བཅུ་པའི་ནང་གནམ་གྱི་ལྷ་འཛམ་དཔལ་དབྱངས་༧གོང་མ་ལྷ་སྐྱོང་ཆེན་པོ་ཁྲི་བཞུགས་དགུང་ལོ་ང་ལྔ་པའི་ཐོག་སྐར་ཡང་སྐྱབས་རྗེ་ཉིད་ལ་པེ་ཅིང་དུ་ཐམ་ཀ་བླ་མར་ཕེབས་དགོས་ཚུལ་དང་། བོད་ཀྱི་ལས་དོན་བྱེད་པོར་དགའ་ལྡན་ཕྲི་གེ་ཐུ་ནོ་མི་ཧན་གཏོང་རྒྱུ་ཡིན་ཚུལ་གྱི་བཀའ་ཡིག་དང་གནང་སྐྱེས་སུ་བྱི་རུའི་འཕྲེང་བ་དང་། ཁྲུག་མ་བཅས་གྲལ་རྩེའི་ལམ་ནས་སྤྲུལ་བ་བདག་གིར་དུ་བཞེས་ནས་རྒྱལ་ཁབ་ཆེན་པོར་ཕེབས་རྒྱུའི་གྲ་སྒྲིག་གི་དབུ་འཛུགས་པར་མཛད། འདི་ལོ་བསྟན་པའི་གསལ་བྱེད་མཚུངས་ཟླ་མ་མཆིས་པ་སྐྱབས་མགོན་རྡོ་རྗེ་འཆང་སྟག་ཕུ་སྤྲུལ་སྐུ་རིན་པོ་ཆེ་ཡང་སྤྱི་སོར་ཟླ་བ་བདུན་པའི་ནང་ནས་ལྷ་ལྡན་དུ་ཕེབས་པར་མཇལ་འཛོམ་གྱིས་གསུང་ཆོས་ཀྱང་མང་ཙམ་གསན་རྒྱུའི་སྙན་གསོལ་མཛད་དོན་བཞིན། ད་ཆ་དབང་ཕྱོགས་སུའང་ཕེབས་ཉེའི་དུས་བཏུགས་པ་བཅས་རིམ་འགྲུངས་སུ་སོང་ན་བཞེད་འབྲས་ཀྱི་བར་ཆད་དུ་འགྱུར་དོགས་སྨྱུར་བར་གསན་པར་དགོངས་ནས་དེ་དོན་གསོལ་བ་བཏབ་པར་སྟག་ཕུ་རིན་པོ་ཆེ་ནས་ཀྱང་དགྱེས་བཞིན་དུ་ཞལ་གྱིས་བཞེས་ནས་གཟའ་ཚེས་དགེ་བའི་ཉིན་གྲུབ་ཆེན་མི་ཏྲ་ཛོ་གི་སོགས་ཀྱིས་རྗེ་བླ་མ་ཉིད་ལ་དངོས་སུ་སྤྲུལ་བའི་ཟབ་ཆོས་དག་སྣང་ཐུན་མོང་དང་ཐུན་མོང་མ་ཡིན་པ་རྣམས་ཀྱི་དབང་རྗེས་གནང་ལུང་ཁྲིད་མན་ངག་ཚང་མ་དམ་པ་འདི་ཉིད་ལ་བཀའ་བབ་ལུང་གིས་ཟིན་པ་ལྟར་བུམ་པ་གང་བྱོའི་ཚུལ་དུ་འབུལ་བཞེས་དང་། གཞན་ཡང་གདམས་ངག་ཟབ་དགུའི་རིགས་གྲུར་དུ་མ་ཞིག་གསན་བཞེས་མཛད་ཅིང་

འབྱུང་འགྱུར་གྱི་ལུང་བསྟན་ཐུགས་བརྟག་སོགས་ཀྱང་ཞིབ་གསལ་དུ་ཞུ་བར་མཛད། སྐྱབས་མགོན་ཉིད་ནས་གྲུབ་དབང་སྟག་ཕུ་རིན་པོ་ཆེར་གྲུབ་ཆེན་བརྒྱད་ཅུའི་རྗེས་གནང་། ཉི་མ་སྦས་པའི་ལུགས་ཀྱི་སྒྲོལ་མ་ཉེར་གཅིག་གི་རྗེས་གནང་སོགས་འབུལ་བར་མཛད་པ་སོགས་ཕན་ཚུན་བླ་སློབ་ཐུགས་ཡིད་གཅིག་འདྲེས་སུ་གྱུར་ཏོ། །དེ་སྐབས་ཕྱག་མཛོད་བློ་བཟང་རྒྱལ་མཚན་རྒྱལ་སྟོན་རྫོང་དཔོན་ལ་ཕེབས་པར་བརྟེན། མཁྱེན་སྐྱོད་ཕུལ་དུ་ཕྱིན་པ་དྲུང་ཡིག་བསྟན་འཛིན་རྒྱ་མཚོ་ལ་༧སྐྱབས་མགོན་རྒྱལ་དབང་ཐམས་ཅད་མཁྱེན་གཟིགས་མཆོག་ནས་མཛོད་པ་ཆེ་ཆེར་ནང་སོའི་ཆོ་ལོ་དང་བཅས་ཏེ་ཕྱག་མཛོད་གསར་བསྐོས་གནང་དོན་བཞིན་དབང་ཕྱོགས་ལ་ཕེབས་ཉེའི་གྲབས་ཡུལ་རྣམས་འཚམ་ལུས་མེད་པར་རིམ་སེལ་གྱིས་ཚགས་སུ་ཚུད་པར་མཛད། དེ་ནས་ཧོར་ཟླ་བཅུ་གཉིས་པའི་ཡར་ཆེས་བརྒྱད་ཀྱི་ཉིན་༧གོང་མའི་བཀའ་བཞིན་དགའ་ལྡན་ཕྲེ་གེ་ཐུ་ཁྲི་ཆེན་ནོ་མི་ཧན་པོད་དུ་ཕེབས་པའི་ཆིབས་བསུ་དང་། ༧གོང་མ་ཆེན་པོའི་འཚམས་ཞུ་ཞུ་བར་བཀའ་སློན། ཀྱང་། ཛ་མདའ་སོགས་གཞུང་གི་ལས་ཚན་པ་རྣམས་དང་ལྷན་ཅིག་བསམ་བདེ་གླིང་ཁར་ཕྱིན་ནས་འཚམས་ཞུ་དང་མཇལ་དར་འབུལ་གནང་ཐོག་གཞིས་བྱེས་ཀྱི་གསུང་མོལ་བསྐྱངས་ཏེ་ཕྱིར་ཕེབས་མཛད། དེའི་སང་ཉིན་ཆེས་དགུའི་སྔ་ཆར་གཞུང་གི་ཐབ་བསུའི་སར་ཨམ་བན་ལྷན་རྒྱས་སོགས་དང་མཉམ་དུ་ཕྱིན་ནས་ཡང་སྐྱར་ནང་གི་ལུགས་སྲོལ་བཞིན་འཚམས་ཞུ་མཛད་ནས་ཡབ་སྲས་ལྷན་རྒྱས་ཕོ་བྲང་རི་པོ་གྲུ་འཛིན་དུ་ཕྱིན་ཏེ་༧རྒྱལ་དབང་མཆོག་གི་ཞབས་དྲུང་དུ་མཆོད་ཡོན་ཚང་མ་མཇལ་འཛོམ་དང་། དེ་ནས་ཆེས་བཅོ་ལྔའི་ཉིན་དགའ་ལྡན་ཁང་གསར་དུ་ནོ་མི་ཧན་ཆེན་པོ་སྲིད་སྐྱོང་གི་ཁྲི་འདོན་མཛད་སར་ཕེབས་བསྐྱོད་ཐོག །ཞིང་ཁམས་རྒྱ་མཚོའི་བཀོད་

པ་དང་ལྷ་རྫས་སོགས་ཀྱིས་སྣ་དྲངས་པའི་དངོས་འབྱོར་གྱི་འབུལ་བ་རླབས་ཆེ་བར་མཛད་པའི་སྒོ་ནས་རྟེན་འབྲེལ་གྱི་སྒོ་འཕར་ཡངས་པོར་འབྱེད་པར་མཛད། མི་རིང་བར་༧སྐྱབས་མགོན་རྒྱལ་དབང་ཐམས་ཅད་མཁྱེན་གཟིགས་མཆོག་ནས་ཐོན་ཕྱག་དང་ཕེབས་རྫོངས་གནང་སྐྱེས་ཀྱི་རིམ་པ་རྒྱ་ཆེན་པོ་དང་། ཕྱག་མཛོད་ཀྱིས་གཙོས་པའི་ཞབས་ཕྲས་ཚང་མ་ལའང་གོ་བབ་དང་བསྟུན་པའི་གནང་ཆ་གཟབ་རྒྱས་སུ་སྩལ་ཞིང་། དེ་མཚུངས་དགའ་ལྡན་ཁང་གསར་ནས་ཁྲི་ཆེན་ནོ་མི་དྭང་ཆེན་པོས་ཀྱང་གསོལ་ཚོགས་ལྷན་རྒྱས་ཀྱི་ཐོག་གནས་སྐབས་མཐར་ཐུག་ཀུན་ཏུ་དགེ་བའི་བཀའ་མཆིད་རྒྱ་ཆེན་པོ་དང་བཅས་ཏེ་སྟོན་འཁོར་ཚང་མར་ཕེབས་རྫོངས་ཐོན་གནང་གི་རིམ་པ་རྒྱས་པར་སྩལ། དེ་ནས་ཚེ་མཆོག་གླིང་དུ་ཡོངས་འཛིན་ཆོས་ཀྱི་རྒྱལ་པོ་ཡེ་ཤེས་རྒྱལ་མཚན་གྱི་སྤྱན་སྔར་བྱོན་ནས་སྐྱབས་འཇུག་དང་། ཡུན་རིང་ཞབས་པད་བརྟན་པ་སོགས་ཀྱི་གསོལ་འདེབས་ནན་ཆེར་མཛད་པར་ཡོངས་འཛིན་རིན་པོ་ཆེ་ནས་ཀྱང་མཉེས་བཞིན་དུ་ཞལ་བཞེས་བཟང་པོ་དང་། ལྷག་པར་སྙིགས་མའི་དུས་འདིར་རྒྱལ་བསྟན་འཛིན་སྐྱོང་སྤེལ་བའི་ཐུགས་རྗེའི་ལུས་སྟོབས་ཆེ་ཆེར་བསྐྱེད་དགོས་ཚུལ་སོགས་ཀྱི་བཀའ་སློབ་རྒྱ་ཆེར་ཕེབས་པ་དང་ལྷན་ཅིག་ཕེབས་རྫོངས་སོགས་ཀྱང་རྒྱ་ཆེར་གནང་། ཆོས་ཉེ་ཤུ་སྐོར་ཞིག་ལ་གླིང་རྗོལ་གྲུབ་དབང་རིན་པོ་ཆེའི་དྲུང་དུ་ཉེན་འཁོར་ཞིག་བྱོན་ནས་གནས་ཚུལ་ཞིབ་ཞུའི་ཐོག་སྐྱབས་འཇུག་དང་བརྟན་བཞུགས་གསོལ་འདེབས་སོགས་མཛད་པར་གྲུབ་དབང་མཆོག་ནས་ཀྱང་འཕྲལ་ཕུགས་ཀུན་ཏུ་དགེ་བའི་བཀའ་མཆིད་དང་བྱིན་རྟེན་དུ་ཐུབ་དབང་གི་ལི་སྐུ་ལྷེང་མ་གཅིག ། འཇམ་དབྱངས་དཀར་པོའི་སྐུ་ཐང་སོགས་གནང་ནས་ད་དུང་མ་འགྲུངས་པར་ཡར་ཅིས་ཀྱང་ཕེབས་རྒྱུ་ཡོང་བས་ད་རེས་ཕྱག་དཔེ་དང་སྐུ་ཆས་

མང་དུ་བསྒོམ་མི་དགོས། སྣར་གལ་ཏེ་ཕེབས་མ་ཐུབ་ན་རྗེས་སུ་བཞེས་ཚོག་ཚུལ་སོགས་མ་འོངས་མངོན་སུམ་དུ་མཁྱེན་པའི་བཀའ་ལུང་གསལ་པོར་ཕེབས། ཕྱིར་ཕེབས་ལམ་ཞོར་གནས་ཆུང་སྒྲ་དབྱངས་གླིང་དུ་སྤྲུལ་པའི་ཆོས་སྐྱོང་ཆེན་པོར་གཟབ་གསོལ་སྤྱན་འདྲེན་གྱི་ཐོག་བཞེད་དོན་འགྲུབ་པའི་འཕྲིན་བཅོལ་དང་འབྱུང་འགྱུར་གྱི་བཀའ་ལུང་བཅས་ཞུ་བར་མཛད་པ་ན། ཆོས་སྐྱོང་ཆེན་པོ་ནས་ཀྱང་གསུང་གསང་རྡོ་རྗེའི་ཚིག་གི་ལམ་ལས་དྲངས་ཏེ། ཧྲཱིཿ སློབ་དཔོན་ཉིད་ནས་གཟུགས་མེད་ལ་ངོས་འཕྲད་ཀྱིས་སྙེར་ཆ་བསྐྱངས་པ་ལེགས། ལུང་སྟོན་སོང་རྣམས་ལ་ཡིད་ཆེས་བསྐྱེད། །ལྷ་པེ་ཧར་གྱི་འཕྲིན་ལས་ཆུག་མེད་ཡིན། །དགོས་དགའ་ལྡན་ཕོ་བྲང་ལས་བྱེད་རྣམས། །འབྲས་དུས་སུ་སྨིན་པ་སད་ཀྱིས་འཇེར། །ལྷ་པེ་ཧར་ང་ཉིད་གད་མོ་ཤོར། །སྣར་སྙིགས་མའི་དུས་སུ་བརྟུལ་ཞུགས་བསྐྱེད། །ཅེས་མ་འོངས་པའི་བཀའ་ལུང་གསལ་པོར་ཕེབས་པར་སྣང་ལ། དེ་ཡང་གོང་གི་ལུང་བསྟན་གྱི་ཚིག་དོན་གང་ཞེ་ན། གཞན་རྣམས་ནི་གོ་སླ་ལ་ཚིག་རྐང་ཕྱི་མ་གསུམ་གྱི་དོན་ནི། འབྲས་དུས་སུ་སྨིན་སད་ཀྱིས་འཇེར། ཞེས་པ་ལ་གོ་དོན་འགྲེལ་ཚུལ་གཉིས་སུ་བྱེད་ཚོག་པར་སེམས་ཏེ། རྣམ་པ་གཅིག་ཏུ་ན་སྐྱབས་མགོན་འདི་ཉིད་སྤྱ་སོར་སྲིད་སྐྱོང་གི་ཁྲིར་ཞབས་པད་འཁོད་ནས་བོད་ཁམས་ཆོས་བཞིན་དུ་སྐྱོང་བའི་དགོངས་བཞེད་གཏད་ནའང་། ད་རེས་གློ་བུར་དུ་༧གོང་མ་ཆོས་ཀྱི་རྒྱལ་པོའི་བཀས་དབང་ཕྱོགས་སུ་ཕེབས་བསྐྱོད་མཛད་དགོས་ལ་བརྟེན་རེ་ཞིག་སྐྱེ་འགྲོའི་བསོད་ནམས་ཀྱི་འབྲས་བུ་དུས་སུ་སྨིན་པ་ལ་གེགས་བྱེད་དུ་གྱུར་པ་བསྟན་པའི་ཡང་གོ་དོན་གཅིག་ཏུ་ན་ཁྲི་ཆེན་ནོ་མི་ཧན་ཆེན་པོ་ངག་དབང་ཚུལ་ཁྲིམས་དེ་ཉིད་༧གོང་མའི་བཀས་བོད་ཀྱི་བསྟན་འགྲོའི་མགོན་དུ་ཕེབས་ནའང་། ནག་ཕྱོགས་བགེགས་རིགས་ཀྱི་མཚན་མ་བདོ་

པ་དང་། སྐུའི་ན་ཚོད་ཀྱང་ཆེ་ཆེར་སྨིན་པ་སོགས་ཀྱི་རྐྱེན་དབང་ལས་རིང་པོར་མ་ལོན་པར་འབྲས་བུ་སད་ཀྱིས་འཕྱིར་བ་བཞིན་དུ་མྱ་ངན་ལས་འདའ་བར་འགྱུར་བར་བསྟན་པ་གང་རིགས་སུ་ངེས་ལ། དེ་ལྟར་ཡིན་དུ་ཟིན་ཀྱང་གངས་ཅན་གྱི་སྐྱེ་བོ་བློ་གྲོས་སྐྱོངས་པ་རྣམས་ཀྱིས་བླང་དོར་ཇི་བཞིན་དུ་མ་ཤེས་པ་ལ་ཆོས་སྐྱོང་ཆེན་པོ་ཉིད་ཁྲིལ་ནས་བཞད་མོ་ཤོར་བའི་དོན་དང་། སྔར་སྙིགས་མའི་དུས་འདིར་བརྟུལ་ཞུགས་བསྐྱེད། ཅེས་པས་ནི་མགོན་པོ་ཁྱོད་ཉིད་སྔར་ཡང་སྙིགས་མའི་དུས་འདིར་གངས་ལྗོངས་འགྲོ་བའི་རྩ་ལག་ཏུ་མྱུར་བར་འབྱོན་དགོས་པ་ཡོད་པས་དེའི་དུས་སུ་ཐུགས་བསྐྱེད་དང་སྙིང་སྟོབས་ཀྱི་བརྟུལ་ཞུགས་ཆེ་ཆེར་བསྐྱེད་ཅིག་ཅེས་ལུང་དུ་བསྟན་པའོ། །

དེ་ནས་ཕྱིར་ཕྱོན་ཏེ་ཕེབས་བཞུད་ཀྱི་གྲ་སྒྲིག་དང་། གཞུང་སའི་མི་དྲག་སེར་སྐྱ། ཆོས་སྡེ་ཁག་གི་ལས་སྡེ་བླ་སྤྲུལ། འབྱོར་ལྡན་དད་ཅན་སོགས་ཕེབས་ རྫོངས་དང་སྐྱབས་འཇུག་ཞུ་བར་བཅར་མི་མཐའ་ཀླས་པ་རྣམས་ལ་མཇལ་ཁ་དང་ཕྱག་དབང་བཀའི་ཕེབས་འོས་སོགས་འདོད་མོས་ལྟར་སྩལ་བཞིན་པར་བཞུགས་སོ། །

འདིར་སྨྲས་པ། སྲིད་པ་ནོར་འཛིན་སྙིག་མོའི་ཁོང་པ་འདིར། །སྐྱེ་བོའི་ཚུ་ཀླུང་ཇི་སྙེད་འབེབ་པ་ཀུན། །སྡིག་སྤྱོད་དུག་རྒྱུན་བཟུང་ལས་ཕྱིར་ཕྱོགས་ཏེ། །དགེ་བའི་དག་བྱེད་འཛིན་ལ་ཁྱོད་ཀྱིས་སྦྱོར། །ཁྱོད་ཐུགས་རྙོགས་པས་མ་གོས་དྭངས་པའི་ རྫིང་། །གཞན་ཕན་ལྷག་བསམ་འདབ་བརྒྱ་རབ་བཀྲ་བ། །གདུལ་བྱའི་བསོད་ནམས་བསེར་བུས་ཉེར་བསྐྱོད་པས། །བཟང་པོའི་མཛད་འཕྲིན་འཕྱིན་པའི་མགོ་ཕྱུག་ལྟེམ། །འཇིག་རྟེན་མགོན་པོའི་ཆོས་སྲིད་མ་ལ་ཡ། །མཁྱེན་རབ་དྲི་བཟང་འབུམ་གྱིས་དགེར་མཛད་པའི། །རྗོན་མེད་སྤྲུལ་གྱི་

སྙིང་པོའི་སྟོན་པ་ཁྱོད། །རྒྱལ་ཀུན་ཐུགས་རྗེ་འཛིན་མའི་སྤྲུལ་ལས་ཐོན། །བྱང་ཕྱོགས་རྡོ་ཏའི་ཡུལ་གྲུ་ཆེན་པོ་འདིར། །བྱ་བ་ལས་ཀྱི་འཁོར་ལོ་རྩིབས་སྟོང་ཅན། །བསྒྱུར་བའི་གཟི་བྱིན་ཆེ་ཆེར་བདོ་བའི་ཚེ། །ངན་སྤྱོད་ལོག་པའི་ཚོགས་རྣམས་བག་ལ་ཉལ། །སླར་ཡང་དབང་ཕྱོགས་ཆོས་ཀྱི་རྒྱལ་པོ་ཡིས། །གསེར་གྱི་བཀའ་མཆིད་མཛུ་ར་ཡི་འཕྲེང་། །རྣམ་པར་སྤེལ་ཚེ་གངས་སྐུའི་དཀྱིལ་འཁོར་མཆོག །རེ་ཞིག་ཙཾནའི་ཕྱོགས་སུ་བསྒྱུར་བར་བཞེད། །དེ་ཚེ་ལྷ་དང་བླ་མའི་ཚོགས་ཀུན་གྱིས། །རིང་མིན་ཞིང་འདིར་དགེ་ལེགས་ནོར་བུའི་ཆར། །འབེབས་པའི་བྱེད་པོར་ཁྱོད་ཉིད་ངེས་སོ་ཞེས། །ལུང་བསྟན་རྡོ་རྗེའི་ཕྱག་རྒྱ་མངོན་པར་བཅིངས། །སྐུ་གསུང་ཐུགས་ཀྱི་རྩོམ་པ་ཅི་བགྱིས་ཀུན། །འགྲོ་ལ་ཕན་དང་བདེ་བ་འབབ་ཞིག་གི། །རྒྱུ་ཚོགས་ཕོ་ནར་སྨིན་འདི་དུས་རིང་ནས། །གཞན་དོན་ཕོ་ནར་སྤྱོད་པའི་མཐུ་ལས་ཡིན། །ཅེས་པ་ནི་བར་སྐབས་ཀྱི་ངལ་བསོའི་ཚིགས་སུ་བཅད་པའི་རིམ་པ་དགུ་པོ།། །

༄ དེ་ནས་འགལ་བྱེད་ཅེས་པ་ལྕགས་མོ་ཕག་ཏུ་གྲགས་པའི་གནམ་ལོའི་རང་ཞལ་གསར་དུ་ཚེས་པའི་ཉིན་གཟིམས་ཆུང་ཁམས་གསུམ་དུ་འདོད་ཁམས་དབང་ཕྱུག་སྲིད་གསུམ་བདག་མོར་མཆོད་གཏོར་གཟབ་རྒྱས་ཀྱི་དོན་དུ་ཆོས་གཏོར་གྱི་རིམ་པ་སྟེར་ལྷག་འབུལ་བར་མཛད་པ་སོགས་སྐྱོ་སྐོར་གྱི་རྟེན་འབྲེལ་དང་དགྱེས་སྟོན་གྱི་རིགས་ལ་སྟེར་བཞིན་རོལ་བར་མཛད། ཆོས་གསུམ་གྱི་ཉིན་གྲུ་འཛིན་ཕོ་བྲང་དུ་༧སྐྱབས་མགོན་རྒྱལ་དབང་ཕྱག་ན་པདྨ་དང་། ཁྲི་ཆེན་ནོ་མི་ཧན་རྣམ་གཉིས་ནས་ཤར་ཕྱོགས་གོང་མ་ཆོས་ཀྱི་རྒྱལ་པོར་འབུལ་རྒྱུའི་འཚམས་ཞུ་རྣམས་བཞེས་ཤིང་། མཆོད་ཡོན་ཡབ་སྲས་གསུམ་ཆར་ལྷན་རྒྱས་རྒྱུན་རིང་པོར་མཛད་དེ་བསྟན་འགྲོར་སྨན་པའི་གསུང་མཆིད་ཞིབ་རྒྱས་སྩལ་

རེས་དང་། ལྷག་པར་༧སྐྱབས་མགོན་ཉིད་ནས་གོང་ས་ལས་ཕྱིན་ལྷན་རྒྱས་ཞབས་པད་ཡུན་དུ་བརྟན་ངོས་བོད་གངས་ཅན་གྱི་འགྲོ་བ་སྙིགས་མའི་ལོག་སྤྱོད་བདོ་བའི་བྱེད་ངན་རྣམས་ལ་ཐུགས་མི་འབྱུང་བར་ཐུགས་བསྐྱེད་ཀྱི་དཔུང་ཟེ་མཐོར་བསྐྱེད་དེ་ཉམ་ཐག་པའི་སྐྱེ་བོ་འདི་རྣམས་ནམ་ཡང་བརྩེ་བའི་ལྷུགས་ཀྱུས་འདོར་བར་མི་མཛད་པ་དང་། རྗེ་རང་ཉིད་སྟོན་འཁོར་ཚང་མར་ལམ་བར་གྱིས་མཆོན་པ་གང་ཅེར་ཉེར་འཚོའི་འགལ་རྐྱེན་ཞི་ཞིང་ཅི་མཛད་བསྟན་པདང་སེམས་ཅན་ལ་སྨན་པ་འབབ་ཞིག་ཏུ་འགྱུར་བ་སོགས་ཀྱི་སྐྱབས་འཇུག་གཡེལ་མེད་དགོས་ཚུལ་བཅས་ཞུ་བར་མཛད་པ་ན། གོང་ས་ལས་ཕྱིན་ལྷན་རྒྱས་ནས་ཀྱང་བཀའ་བཞེས་བཟང་པོའི་དབུགས་དབྱུང་དང་། རྗེ་ཉིད་ལའང་སྟོན་ནས་རིམ་པར་ཞུས་པའི་དོན་བཞིན་རྒྱ་བོད་གང་དུ་ཕྱིན་ཀྱང་༧འཛམ་མགོན་བླ་མའི་བསྟན་པ་དང་སྙིགས་དུས་ཀྱི་གདུལ་བྱ་རྣམས་ཐུགས་ཡུལ་ནས་མི་བསྐྱུད་པ་སོགས་རྣམ་པ་ཀུན་ཏུ་རྒྱལ་སྲས་ཀྱི་སྤྱོད་པའི་རྒྱ་ལས་སྐད་ཅིག་ཀྱང་མི་འགོངས་པར་དགོངས་ཚུལ་སོགས་ཀྱི་བཀའ་སློབ་མཐར་ཕྱིན་དུ་སྩལ་བར་མཛད། དེའི་སང་ཉིན་ཆོས་བཞིའི་སྔ་ཆར་ཇོ་ཤཱཀ་རྣམ་གཉིས་སོགས་རྟེན་རྣམས་ལ་མཆོད་སྨོན་དང་། མ་གཅིག་དཔལ་གྱི་ལྷ་མོ་སོགས་ལ་གསེར་སྐྱེམས་དང་འཕྲིན་བཅོལ་གནད་སྨིན་དུ་མཛད། དེ་ནས་གསོལ་ཚོགས་གྲུབ་བསྟུན་སྨོན་ལམ་ཆེན་མོ་ཚོགས་པའི་མང་ཇ་དང་པོ་གཏང་ཟིན་ཅིང་། གཉིས་པ་གཏོང་བ་དང་དུས་མཚུངས་སུ་བསྟན་པར་སྨན་པའི་ཐུགས་བསྐྱེད་རྒྱ་ཆེན་པོ་དང་བཅས་ཏེ་ལྷ་ལྡན་སྤྲུལ་པའི་གཙུག་ལག་ཁང་གི་གཟིམས་ཆུང་སྣང་སྲིད་ནས་ཆིབས་ཀྱི་ཁ་ལོ་བསྒྱུར་བར་ཕེབས་སྐྱེལ་བ་རྩེ་ཨོད་ཀྱི་སྐུ་ཚབ་དང་། བཀའ་བློན་ཇ་མདའ་སོགས་ཀྱི་ངོ་བོ་དང་ངོ་ཚབ་ཅི་རིགས་པས་མཆོན་པའི་གཞུང་དྲུང་སེར་སྐྱ་དུམ་དང་། གྲྭ་ས

ཕན་ཚུན་གྱི་བླ་སྤྲུལ་ལས་སྣེ་སོགས་མཆོག་དམན་བསམ་ལས་འདས་པ་དང་བཅས་ཏེ་བར་སྐོར་བྱང་ཆུབ་རྒྱུན་ལམ་ནས་ཕྱིན་པར་སྐྱེ་བོ་ཕོ་མོའི་ཁྲོམ་ཆེན་པོར་ཚོགས་པ་རྣམས་སོར་བཅུའི་འདབ་མ་སྙིང་གར་འཛུམ་ཞིང་སེམས་འཕྲེང་བའི་རྣམ་འགྱུར་དང་བཅས་ཏེ་མྱུར་དུ་ཞལ་མཇལ་བའི་སྨོན་ལམ་སྙིང་ཐག་པ་ནས་འདེབས་ཤིང་། གཞུང་ས་མཆོག་གིས་མཆོད་པའི་སྤྱི་སྣེར་རྣམས་ནས་ཟབ་བསྐྱེལ་གྱི་རིམ་པ་སོགས་ཀྱང་སྔར་ལྷག་གི་གྲ་སྒྲིག་ཞུས་པ་རྣམས་སུའང་འདོད་མོས་ལྟར་ཆིབས་བཀོལ་གྱི་ཕེབས་སྐྱེལ་བ་ཀུན་ལ་མཇལ་ཁ། ཕྱག་དབང་། བཀའ་སློབ། གནང་སྦྱིན་སོགས་རྒྱས་པར་སྩལ། གྲུ་ཁ་ནས་ཆིབས་སྐྱེལ་བ་ཕྱིངས་ཕལ་ཆེར་ཕྱིར་སློག་མཛད་ནས་སྐྱབས་རྗེ་སྔོན་འཁོར་རྣམས་རིམ་གྱིས་ཕྱིན་ཏེ་གྲུང་ཐང་དུ་བཞུགས་ཞག་ཐོག་རྟེན་གནས་ཁག་ལ་མཆོད་སྨོན་དང་། དད་ལྡན་རྣམས་ལ་མཇལ་ཁ་ཕྱིན་རླབས་བཅས་སྩལ། འདི་སྐབས་གཞུང་ས་མཆོག་ནས་ཆིབས་དྲིལ་སུམ་ཅུ་ཐམ་པ་དང་ཕེབས་སྐྱེལ་བ་རྗེ་མགྲོན་གཉེར་དཀོན་མཆོག་དང་གཟིམས་དྲིལ་ཞལ་ངོ་བཅས་དཔའ་ཤོད་ཀྱི་བར་དུ་གཏོང་གནང་སོགས་མཐོང་བཀུར་ཚད་མེད་དུ་མཛད་པར་སྣང་ངོ། །

དེ་ནས་ཞྭ་སེར་བསྟན་པའི་ཆུ་མགོ་འབྲོག་རི་བོ་དགེ་ལྡན་རྣམ་པར་རྒྱལ་བའི་གླིང་དུ་ཕྱིན་ནས་མཆོད་ཁང་ཁག་སྤྱི་དང་། ལྷག་པར་རྗེ་ཐམས་ཅད་མཁྱེན་པའི་གསེར་གདུང་རིན་པོ་ཆེའི་དྲུང་དུ་མཆོད་པའི་བྱེ་བྲག་རྒྱ་ཆེན་པོ་དང་བཅས་ཏེ་སྐུ་ཚེ་འདི་ཉིད་ལ་མདོ་སྔགས་བསྟན་པའི་ཉིང་ཁུ་གསེར་སྦྱངས་གཙོ་མའི་རིང་ལུགས་འདི་ཉིད་འཛིན་ཅིང་སྤེལ་བ་ལ་འཇམ་མགོན་བླ་མ་ཉིད་སླར་ཡང་ཕྱིན་པ་དང་སྒོ་ཀུན་ནས་མཚུངས་པར་འགྱུར་བ་སོགས་ཀྱི་ཐུགས་སྨོན་གྱི་མཚམས་སྦྱོར་རྣམ་པར་དག་ཅིང་རྒྱ་ཆེ་བར་མཛད། ནང་རྟེན་ཁག་རྣམས་ཀྱང་

ཞིབ་མཇལ་གནང་སྨིན་དུ་བསྐྱངས། ཕྱིར་ཕེབས་སྐབས་ལྡོ་པ་ཁམས་ཚན་དུ་ཕྱིན་པར་དེར་རྗེ་ཉིད་ཀྱི་དབུ་ཞྭ་ལུས་འདུག་པ་ནི་གོང་དུ་ཐུགས་སྨོན་ཇི་ལྟར་མཛད་པའི་བཞེད་དོན་ལྷོངས་འདིར་རིང་མིན་སྨིན་པར་འགྱུར་བའི་རྟེན་འབྲེལ་གྱི་དགེ་མཚན་བླ་ན་མ་མཆིས་པ་ཡིན་པར་མངོན། དེ་ནས་ལ་མོར་ཕྱིན་ཏེ་ཆོས་སྐྱོང་ཆེན་པོ་ཁོག་རྣམས་སྤྱན་འདྲེན་གྱི་ཐོག་སྦྲིན་དར་སོགས་དངོས་པོའི་འབུལ་སྐྱེས་དང་བཅས་ནས་འཕྲིན་བཅོལ་དང་། འབྱུང་འགྱུར་གྱི་བཀའ་ལུང་ཞུ་བར་མཛད་པ་ན། ཆོས་སྐྱོང་ཆེན་པོའང་སྟོན་ནས་དམ་ཚིག་གིས་འབྲེལ་བ་རྗེས་སུ་དྲན་པས་གུས་ཤིང་འདུད་པའི་རྣམ་འགྱུར་རྨད་པོ་ཆེའི་སྒོ་ནས་བཀའ་བཞིན་འཕྲིན་ལས་སྒྲུབ་པའི་ཞལ་བཞེས་དང་། འབྱུང་འགྱུར་གྱི་ལུང་བསྟན་སོགས་ཞིབ་གསལ་དུ་ཕུལ་བ་དང་ཆབས་ཅིག་པར། ཕྱག་མདུང་དང་། ཕྱག་ཞགས་དམར་པོ་སོགས་ཀྱང་ཕུལ་བར་སྣང་། དེ་ནས་མལ་གྲོར་ཕེབས་སྐབས དམ་ཅན་སྐྱེས་བུ་ཆེན་པོའི་རྟེན་གནས་ཡོད་སར་ཆེད་ཕེབས་ཀྱིས་གསོལ་མཆོད་དང་འཕྲིན་བཅོལ་གནང་དུ་སྨིན་པ་ཆོས་སྐྱོང་ཆེན་པོའི་ཐུགས་རྒྱུད་འཁྲུལ་ངེས་སུ་བསྐྱངས། བོད་བཞུགས་ཨམ་བན་ཕྱིར་ལོག་དང་མཇལ་འཛོམས་ལྷན་རྒྱས་ཐོག་གང་ཅིའི་བཀའ་མོལ་ཞིབ་ལྷིངས་སུ་མཛད། དེ་ནས་ཤེད་རྫོལ་ལྷ་བུར་ཕེབས་ཏེ་ལྷ་རི་མགོར་ཕྱིན་ཉེའི་སྐབས་གྲ་སྒྲིག་པ་རྣམས་ནས་ལྷ་རི་མགོར་ཕེབས་སྒྲུག་ཞུས་ཀྱང་དེར་མ་བཞུགས་པར་ལ་ཆུང་སྟོ་ཉག་ཅེས་པར་བཞུགས་འཛུགས་མཛད་པར་སྐབས་ཐོབ་དེར་ཚང་མས་དགོངས་གཞི་ཅི་ཡིན་མ་རྟོགས་ཀྱང་། རྗེས་སོར་ཞིབ་ཏུ་བརྟགས་པ་ན། དེ་སྐབས་ལྷ་རི་མགོར་འབྲུམ་བུའི་ནད་རིགས་ཡོད་འདུག་པ་རྗེ་འདི་ཉིད་ཀྱི་སྒྲིབ་བྲལ་ཡེ་ཤེས་ཀྱི་གཟིགས་པས་མངོན་པར་མཁྱེན་པར་སྣང་། དེ་ནས་རིམ་གྱིས་དཔལ་འབར་དུ་ཕེབས་པ་ན་གྲྭ་ཚང་

གཉིས་སོགས་ཕྱོགས་དེའི་སེར་སྐྱ་ཚང་མས་སྲིད་ཞུ་གུས་འདུད་མཐའ་ཀླས་པ་དང་བཅས་ཏེ་དགོན་དུ་གདན་དྲངས་ནས་བསྙེན་བཀུར་མཇལ་འབུལ་སོགས་དཔངས་མཐོ་བར་ཞུས་ཤིང་། གྭ་དམངས་སོགས་ལ་དགའ་ལྡན་ལྷ་བརྒྱ་མའི་ལྗགས་ལུང་སོགས་ཆོས་དང་ནོར་གྱི་བཀའ་དྲིན་རྒྱ་ཆེར་སྩལ། བ་རེ་ནང་དུ་གང་གི་འཕྲིན་ལས་ཀྱི་བྱེད་པོ་ཕྱག་མཛོད་བསྟན་འཛིན་རྒྱ་མཚོའི་ཡབ་གཞིས་ངོ་མ་རྣམས་ནས་གསོལ་བ་བཏབ་པའི་དོན་བཞིན་སེར་སྐྱ་མཆོག་དམན་རྣམས་ལ་བཅོམ་ལྡན་འདས་མགོན་པོ་ཚེ་དཔག་ཏུ་མེད་པའི་སྒོ་ནས་ཚེའི་དབང་བསྐུར་ཟབ་མོ་སྩལ་བས་གདུལ་བྱ་རྣམས་དུས་མིན་འཆི་བའི་འཇིགས་པ་ལས་སྐྱོབ་པར་མཛད། དེ་བཞིན་དུ་གྲོང་ཡུལ་མདོར་གནས་ངོ་སོགས་དང་དད་ལྡན་མང་པོས་ཞུས་ངོར་རྗེ་བཙུན་སྒྲོལ་དཀར་ཡིད་བཞིན་འཁོར་ལོའི་རྗེས་གནང་རྒྱས་པར་སྩལ། དེ་ནས་པོ་ཏི་དགོན་དུ་འདུས་པ་རྣམས་ནས་སྲིད་ཞུ་ཚད་མེད་པས་གདན་དྲངས་པ་ལྟར་ཕྱིན་བཞུགས་ཐོག་ཐུན་མོང་མིན་པའི་ཆོས་སྐྱོང་རྣམས་ལ་ཉེར་དགུའི་དུས་གཏོར་རྒྱས་པ་དང་བཅས་ཏེ་འཕྲིན་བཅོལ་དང་། སེར་སྐྱ་མཆོག་དམན་ཇི་སྙེད་ཅིག་འདུས་པ་རྣམས་ལ་མཇལ་ཕྱག་འདོད་ཆོས་སོགས་ཀྱིས་རེ་བ་སྐོང་བར་མཛད། ཧ་འོམ་ཞེས་པར་ཕེབས་སྐབས་དཔའ་ཤོད་བླ་བྲང་ནས་མི་རྗེ་ཇ་སག་ཆེན་མོ་དཔོན་འཁོར་སུམ་ཅུ་སྐོར་ཕེབས་བསུར་ཕྱིན་པ་རྣམས་ལ་མཇལ་ཁའི་ཐོག་གཞིས་བྱེས་ཀྱི་གསུང་འཕྲོས་ཞིབ་རྒྱས་སུ་གནང་། དེ་ནས་ཤོ་མདོ་དགོན་གྱི་བླ་གྲྭ་ཚང་མས་ཐབ་བསུ་དང་ཆིབས་བསུ་སེར་སྦྲེངས་སོགས་བཀུར་བསྟི་ལྷབས་པོ་ཆེས་གདན་ཞུས་ལྟར་དགོན་དུ་ཕེབས་ནས་བཞུགས་ཞག་གསུམ་ཙམ་གནང་ཞིང་། དེའི་རིང་དུ་འདུས་པ་དམངས་ནས་གསོལ་བ་བཏབ་པའི་ངོར་བྱང་གླིང་སྟོད་དུ་སྐྱེ་བོ་མཆོག་དམན་སེར་སྐྱ་ཁྲི་ཕྲག་བརྒལ་བར་འདུག

པ་རྣམས་ལ་གྲུབ་རྒྱལ་མའི་ལུགས་ཀྱི་ཚེ་དབང་དང་གདུགས་ཤེར་གྱི་ལུང་སོགས་སྩལ། དགོན་སྡེའི་བླ་གྲྭ་རྣམས་ཀྱིས་གཙོ་མཛད་པའི་དད་འདུས་ཀུན་གྱིས་བསྙེན་བཀུར་ཞབས་ཏོག་དངོས་བཤམས་ཀྱི་མཆོད་སྤྲིན་སོགས་སོ་སོའི་འབྱོར་ཚོགས་དང་བསྟུན་པར་གང་རྒྱས་བསྟར། འདི་ནས་ཕྱིར་ཕེབས་སྐབས་སྐྱེ་བོའི་ཚོགས་ལ་བྱིན་རླབས་སྩལ་བའི་དར་ཕྱག་ཅིག་ཡོད་པ་ལུས་འདུག་པའང་འབྱུང་འགྱུར་གྱི་རྟེན་འབྲེལ་དུ་མངོན་ཞིང་། དར་ཕྱག་དེ་ཉིད་ཕྱིར་མ་བཞེས་པར་འཇོག་པར་མཛད་པས་ད་ལྟའང་ཤོ་མདོ་དགོན་གྱི་ནང་རྟེན་དུ་ཡོད་པར་གྲགས། དེ་ནས་ལྷོ་མཁར་གསར་ཞེས་པར་ཕེབས་བསྐྱོད་ཐོག་སྐུ་གསུང་ཐུགས་རྟེན་དང་། ཆོས་སྐྱོང་གི་རྟེན་གཞི་སོགས་ངོ་མཚར་ཅན་དུ་མ་བཞུགས་པ་རྣམས་ལ་མཆོད་འབུལ་དང་། གསེར་སྐྱེམས་འཕྲིན་བཅོལ་སོགས་རྒྱས་པར་མཛད། ཟེ་ཐོག་དགོན་དུ་ཕེབས་སྐབས་སྤྱང་བ་པ་ཆེན་པོ་འདྲེན་མཆོག་དཀའ་བཅུ་བློ་བཟང་དར་རྒྱས་དང་། ལུགས་གཉིས་རྣམ་དཔྱོད་ཡངས་པ་གནས་པོ་ཐུབ་བསྟན་དར་རྒྱས་གཉིས་ཀྱིས་གཙོ་མཛད་པའི་ཉིན་གྲྭ་ཚང་འདུས་པ་རྣམས་ནས་ཞུས་ངོར། དམ་ཅན་ཆོས་ཀྱི་རྒྱལ་པོའི་སྒོ་ནས་གློ་བུར་ལས་བཅོལ་གྱི་ཟོར་འཕེན་མཛད་དེ། བསྟན་ལ་གནོད་པའི་གདུག་ཅན་མི་དང་མི་མིན་རྣམས་ཀྱི་བསམ་སྦྱོར་གྱི་འབྲས་བུ་རྡུལ་དུ་རློག་པར་མཛད། དེ་ནས་ལྷོ་རྫོང་དུ་ཕེབས་ཤིང་ན་ཆུང་དགོན་གྱི་གྲྭ་རིགས་རྣམས་ལ་སྒྲོལ་དཀར་གྱི་རྗེས་གནང་དང་། དེ་བཞིན་དུ་ཡུལ་གཞི་དགོན་དུ་བཞུགས་ཞག་ཐོག་རྗེས་གནང་སོགས་འདོད་ཆོས་ཀྱི་རིམ་པ་ཅི་རིགས་པར་སྩལ་བ་སོགས་མདོར་ན་ལྷ་ལྡན་ནས་ཆིབས་བཏེགས་ཏེ་དཔའ་ཤོད་ཕོ་བྲང་དུ་ཞབས་སོར་མ་བཀོད་བར་གྱི་ཕེབས་ལམ་ཐམས་ཅད་དུ་དད་ལྡན་གྱི་གདུལ་བྱ་སེར་སྐྱ་ཕོ་མོ་མཆོག་དམན་མཐའ་ཡས་པ་ཀུན་ལ་གཙོ་བོར་ཆོས་ཀྱི་བདུད་རྩིའི་

ཆར་ཆེན་ཕབ་པས་ཤེས་རྒྱུད་ཀྱི་ཞིང་ས་ཡོངས་སུ་རློན་པར་བྱས་ཏེ་ཐར་པ་དང་ཐམས་ཅད་མཁྱེན་པའི་ས་བོན་གྲུང་པོ་འདེབས་པར་མཛད་པ་དང་། ཞར་ལ་ཟང་ཟིང་གི་ནོར་གྱི་སྦྱིན་པ་དང་། འཇིག་རྟེན་མཐུན་འཇུག་གི་བཀའ་སློབ་ཚུན་ཆད་ཀྱི་སྒོ་ནས་ཀྱང་བློ་ཁ་གྱེན་ལ་ཕྱོགས་པར་མཛད་པ་སོགས་གཞན་ལ་གཅིག་ཏུ་སྨོན་པའི་ཐུགས་བསྐྱེད་ལྷག་བསམ་བཟང་པོས་ཉེ་བར་བསྐུལ་བས་འདུལ་འོས་ཀྱི་འགྲོ་བ་མཐའ་དག་རང་རང་གི་སྐལ་བ་དང་མཐུན་པར་ལ་ལ་སྨིན་པ་དང་། ལ་ལ་གྲོལ་བ་དང་། ལ་ལ་གྲོལ་བ་མཆོག་ལ་འགོད་པར་མཛད་པ་སོགས་འཕྲིན་ཚད་དོན་དང་ལྡན་པ་ཤ་སྟག་གིས་དུས་འདའ་བར་མཛད་དེ་རྒྱས་པར་བརྗོད་ནུང་ཡི་གེའི་ངལ་བས་འཇིགས་ནས་རགས་བསྡུས་སྙོམ་བཤད་ཀྱི་ཚུལ་དུ་བཀོད་པ་ཡིན་ནོ། །

ཁྱོད་གསུང་ཉི་འོད་ཞུན་མ་ཡིས། །གདུལ་བྱའི་བློ་གྲོས་པདྨོའི་ཁ། །
རྒྱས་ཤིང་གྲོལ་བའི་སྐལ་བཟང་གི །ངོ་མཚར་འབུམ་ཕྲག་ཞླ་བ་བཞིན། །
གཅིག་ཏུ་དཀར་བའི་དགེ་མཚན་གྱིས། །ལན་བརྒྱར་བྱུགས་པའི་ལྷད་མོ་ལ། །
དབང་པོའང་འདྲེན་བྱེད་ཟུང་དག་གིས། །བལྟས་པས་མ་ཚིམ་མིག་སྟོང་
བཀྲ། །ཟབ་ཆོས་བདུད་རྩིའི་དགུང་ཆར་གྱིས། །སྐལ་ལྡན་ཤེས་རྒྱུད་བརླན་
བྱས་ཏེ། །ཐར་པའི་ས་བོན་བསྐྲུན་པ་ན། །རིང་མིན་གྲོལ་བའི་མྱུ་གུ་འཕྱིན། །
འཕྲིན་ལས་གསེར་གྱི་ཤིང་རྟ་ཆེ། །དལ་བུ་མིན་པར་བསྒྱུར་བ་ཡིས། །འགྲོ་
རྣམས་ཕལ་ཆེར་རྗེ་རྗེའི་སར། །སྐད་ཅིག་སྦྱོར་ལ་རྣམ་པར་དཔའ། །མཛད་པ་
ཕྲ་མོའི་ཆ་ཀུན་ཀྱང་། །གདུལ་བྱར་སྨན་པ་འབའ་ཞིག་པའི། །ཚུལ་འདི་དུས་
གསུམ་གཤེགས་ཀུན་གྱི། །འཕྲིན་ལས་བསྡུས་པ་ཉིད་དུ་ངེས། །

དེ་ནས་དུས་ཆོས་གཟའ་སྐར་སོགས་མཆོག་ཏུ་དགེ་བའི་ཉིན། གཞོན་ནུ་

དཔའ་ཐོད་ཀྱི་དགོན་གྲྭ་ཚང་གི་བླ་མ་ལས་སྣེ་དང་། མི་དྲག་རྒན་མགོ་ཡོད་སོགས་ཚང་མས་ཆིབས་བསུ་དང་། ཐབ་བསུ་སོགས་གཉོས་ཆེ་བ་དང་། གྲྭ་དམངས་རྣམས་ནས་མཆོད་པའི་བྱེ་བྲག་ཚར་དུ་དངར་བའི་སེར་སྤྲེངས་དང་། དར་འཕྱུར་དུང་འབུད། བསངས་རོལ་སོགས་ཕུ་དུད་བླ་ན་མེད་པས་མདུན་བདར་བའི་སྒོ་ནས་ཕོ་བྲང་དགའ་ལྡན་རྣམ་པར་རྒྱལ་བའི་ཚོམས་ཆེན་དུ་མི་འཇིགས་སེང་གེས་བཏེགས་པའི་ཆོས་ཀྱི་ཁྲི་ལ་ཞབས་སེན་ནོར་བུ་དབང་གི་རྒྱལ་པོ་ལེགས་པར་བཀོད་པའི་ཐོག །གསོལ་ཞབས་དཀར་སྤྲོ་གཟབ་རྒྱས་དང་། མི་རྗེ་ཇ་སག་ཆེན་མོས་གཙོ་མཛད་པའི་ཞབས་གྲས་རྣམས་དང་། གྲྭ་ཚང་ཕན་ཚུན་གྱི་ལས་སྣེ། ཐོག་བཅུའི་རྒན་མགོ་ཡོང་སོགས་ཚང་མས་མཇལ་དར་དང་། དེ་ནས་གཟིམས་ཆུང་དུ་ཕེབས་ནས་ཉེ་འཁོར་གྱི་དད་ཅན་སེར་སྐྱ་ཀུན་ལ་མཇལ་ཁ་སོགས་གང་ལ་གང་འོས་སུ་སྩལ་བ་དང་། གཞན་ཕན་འཕྲིན་ལས་ཀྱི་འཇུག་པ་རྒྱུན་མི་ཆད་དུ་འགྱེད་བཞིན་པའི་ངང་དུ་ཟླ་གཅིག་མ་ལོང་ཙམ་གྱི་བར་དུ་གདན་ཆགས་པར་བཞུགས་ཤིང་། དེའི་རིང་དུ་གྲྭ་ཚང་འགྲོ་ཕན་དར་རྒྱས་གླིང་ནས་ཚེ་དཔག་མེད་ལྷ་དགུའི་རྟུལ་ཚོན་གྱི་དཀྱིལ་འཁོར་དུ་དབང་ཆོག་ཚུགས་པའི་ཚོགས་དབུས་སུ་ཕེབས་བསྐྱོད་མཛད། དགོན་སྡེ་ཕན་ཚུན་གྱི་འདུས་ཚོགས་རྣམས་ལ་མང་འགྱེད་སྤྱི་འབུལ་སོགས་ཟང་ཟིང་གི་གནང་སྐྱེས་ཀྱང་གཉོས་ཆེ་བར་སྩལ། གཟིམས་ཆུང་ཉེ་འོད་དུ་ཆོས་སྲུང་དམ་ཚིག་ཅན་རྣམས་ལ་ཉིན་གསུམ་གྱི་རིང་གཟབ་གསོལ་གནད་སྒྲིན་དང་། ཚོགས་དམངས་ནས་དགུ་གཏོར་ནང་བཞིན་གྱི་དྲུག་ཅུ་མའི་ལྷུགས་མཁར་འཆམས་དང་གཏོར་རྒྱག་བཅས་མཛད་པའི་ཚོགས་དབུས་སུའང་བྱོན་ཏེ་༼སྐྱབས་མགོན་རང་ཉིད་ནས་བསྒྲལ་ལས་ཟོར་འཕེན་སོགས་ཀྱི་རིམ་པ་རྣམས་རྒྱས་པར་མཛད་དེ་ཞིང་བཅུ་

ཚང་བའི་དམ་ཉམས་སྡིག་ཅན་བསྟན་འགྲོའི་གཤེད་མར་གྱུར་པ་རྣམས་དམིགས་མེད་སྙིང་རྗེ་ཆེན་པོས་ཡོངས་སུ་བསྒྲལ་ནས་རྣམ་ཤེས་བདེ་ཆེན་ཆོས་ཀྱི་དབྱིངས་སུ་དྲངས་པར་མཛད། གཞན་ཡང་དགོན་གྲྭ་ཚང་གི་གྲྭ་བགྲེས་སྔོམ་བརྩོན་ལྡན་པ་སུམ་ཅུ་སྐོར་ཞིག་ལ་དམ་ཅན་རྡོ་རྗེ་ལེགས་པའི་སྲོག་གཏད་དང༌། དད་འདུས་སེར་སྐྱ་མཆོག་དམན་བྱིངས་རྣམས་ལ་སྒྲོལ་དཀར་གྱི་རྗེས་གནང༌། གཞོན་ནུ་ཐོག་བཅུའི་མི་སེར་སོགས་སྐྱེ་བོ་ལྷ་སྟོང་ལྷག་པ་རྣམས་ལ་མགོན་པོ་ཚེ་དཔག་མེད་ཀྱི་སྒོ་ནས་ཚེའི་དབང་བསྐུར་སྩལ་བ་སོགས་མདོར་ན་ཕྱོགས་དེར་འཁོད་པའི་སྐྱེ་འགྲོ་མཐའ་དག་ཆོས་ཀྱི་སྤྲིན་པས་རྒྱུད་ཡོངས་སུ་ཚིམ་ཞིང་སྨིན་པ་དང་གྲོལ་བར་མཛད། དེ་ནས་དབང་ཕྱོགས་སུ་ཆིབས་ཞལ་བསྒྱུར་ཏུ་ཉེ་བ་ན་ལྷ་ཐང་དང་དགོན་ཁག་སོ་སོ་ནས་སྟོན་ཆེན་གྱི་རིམ་པ་གྱ་ནོམ་པ་དང་ཕེབས་རྫོངས་དངོས་འབུལ་གྱི་རིམ་པའང་བཟང་ཞིང་གཏོས་ཆེ་བ་ངལ་བསོས་བུའི་བང་མཛོད་ཀྱི་ཁེངས་པ་འཁྲིག་ལ་ཉེ་བ་ཙམ་དུ་ཕུལ་ཞིང༌། གཞན་ཡང་རགས་ར་སྤྲུལ་སྐུ་སོགས་སྒེར་ཁག་ལྷ་དཔོན་རིགས་ནས་ཀྱང་སོ་སོའི་གོ་བབ་དང་བསྟུན་པའི་བསྙེན་བཀུར་དངོས་འབུལ་སོགས་རླབས་ཆེ་བར་ཕུལ་ཏེ་བསོད་ནམས་ཀྱི་ཚོགས་མི་དམན་པར་བསགས་པར་གྱུར། ཕོ་བྲང་དགོན་སྡེ་ཁག་དང་བཅས་པ་རྣམས་ཀྱི་བསྟན་སྲུང་མགོན་ཆོས་སྐོར་ལ་ཐུགས་དང༌། རྒྱལ་མཚན་སོགས་སྤྱིན་གཟིགས་གསར་འབུལ་དང༌། གཏའ་གཏོར་བཅས་འཛུགས་པར་མཛད་ཐོག་བཀའ་བསྒོ་དང༌། གཉེར་དུ་གཏད་པའི་རིམ་པ་གནད་སྨིན་དུ་མཛད། དེ་ལ་སོགས་པ་ཆོས་ལྡན་འཕྲིན་ལས་ཀྱི་མཛད་པ་སྐྱོང་དགོས་རྣམས་ལེགས་པར་ཚགས་སུ་ཚུད་པར་མཛད་ཟིན་ནས་གཟའ་ཆོས་དགེ་བའི་ཉིན་གོང་གསལ་ལྷ་གྲྭ་ལས་སྣེ། སྒེར་ཁག །མགོ་བྱེད་སོགས་ཀྱི་ཆིབས་སྐྱེལ་བ་མཐའ་ཀླས་པ་དང་

བཅས་ཏེ་ཕོ་བྲང་ནས་ཆིབས་ཀྱི་ཁ་ལོ་བསྒྱུར་སྐབས་སེར་སྐྱ་བྱིངས་ནས་དར་དཀར་གྱི་གཡབ་མོ་ལན་གསུམ་ཞུས་པར་ཆིབས་ཞལ་སླར་ཡང་བསྒྱུར་བར་མཛད་པ་སོགས་རྟེན་འབྲེལ་བཟང་པོ་བསྒྲིགས་པར་མཛད། ཐབ་སྐྱེལ་གྱི་ས་ནས་ལྷ་གྲྭ་ལས་སྣེ། མགོ་ཡོད་སོགས་ཀྱིས་ཕེབས་དར་ཕུལ་ཞིང་སྐྱབས་འཇུག་ཞུ་བ་རྣམས་ལ་གནང་སྦྱིན་དང་འདི་ཕྱི་ཀུན་ཏུ་དགེ་བའི་བཀའ་སློབ་སྙིང་ལ་སིམ་པར་སྩལ། དེ་ནས་རིམ་གྱིས་བྱོན་ཏེ་ཆབ་མདོ་བྱམས་པ་གླིང་དུ་ཕེབས་སྐབས་དགེ་འདུན་དམངས་ནས་སེར་སྤྲེངས་སོགས་ལྷ་གྲྭ་ཚང་མས་སྲིད་ཞུ་བཀུར་བསྟི་རྨད་དུ་བྱུང་བས་གདན་ཞུ་ཞུས་ཤིང་། འཕགས་པ་ལྷ། དཔོན་སློབ་ཞི་བ་བཟང་། ལྕགས་ར་སྤྲུལ་སྐུ་སོགས་དམ་པ་ཡབ་སྲས་རྣམས་དང་སོ་སོ་ནས་ལྷན་རྒྱས་མཇལ་འཛོམས་ཐོག་གང་ཅིའི་གསུང་མོལ་ཞིབ་རྒྱས་དང་། དམ་པ་དེ་རྣམས་ལ་རྒྱ་ཕེབས་ཀྱི་སྐྱེས་དང་འབྲེལ་བའི་མཇལ་འབུལ་ཀྱང་དཔངས་མཐོ་བར་མཛད། བཞུགས་ཞག་ལྔའི་རིང་འཁོས་ཕེབས་སུ་བཞུགས་འཇགས་བསྐྱངས་ཏེ་འཕགས་མཆོག་འཇིགས་མེད་དཔལ་ལྡན་བསྟན་པའི་མགོན་པོའི་དྲུང་ནས་༧རྒྱལ་སྲས་མི་ཏྲ་ཛོ་གིའི་ཐུགས་དམ་ལྷ་དྲུག་གི་དབང་ལུང་མན་ངག་ཡོངས་སུ་རྫོགས་པ་དང་། ཞི་བཟང་འཕགས་པ་དགེ་ལེགས་རྒྱལ་མཚན་གྱི་དྲུང་ནས་རྗེ་བཙུན་རྡོ་རྗེ་རྣལ་འབྱོར་མ་ནཱ་རོ་མཁའ་སྤྱོད་ལུགས་ཀྱི་དབང་བཞི་བྱིན་རླབས་དང་། བསྐྱེད་རིམ་ཕག་མོ་མཁའ་སྤྱོད་རྫོགས་རིམ་རྩ་དབུ་མ་སོགས་ཀྱི་ཁྲིད་ལུང་མན་ངག་ཚང་མ་དང་། ལྕགས་ར་སྤྲུལ་སྐུ་རིན་པོ་ཆེའི་དྲུང་ནས་ཀུན་རིག་གཙོ་རྒྱུད། འཇིགས་བྱེད་ཞལ་གཅིག་ཕྱག་གཉིས་པ། འཁོར་ཆེན་གཙོ་རྐྱང་། སྤྱན་རས་གཟིགས་སེང་གེ་སྒྲ་སོགས་ཀྱི་རྗེས་གནང་གསན་པ་སོགས་དབང་ལུང་མན་ངག་གི་རིགས་ཀྱང་དུ་མ་ཞིག་གསན་བཞེས་བསྐྱངས། དེ་

སྐབས་ཚབ་མདོར་རྒྱལ་ཚབ་མ་ཕམ་མགོན་པོའི་སྣང་བརྙན་ཞིག་གསར་
བཞེངས་མཛད་པར་སྐྱབས་མགོན་ཉིད་ལ་རབ་གནས་མཛད་དགོས་བཀའ་
ཕེབས་བཞིན་ཕྱག་ལེན་ལྟར་གནང་སྨིན་ཞིབ་རྒྱས་སུ་སྩལ། ཚབ་མདོ་བླ་བྲང་
ནས་ཕེབས་རྗོངས་སུ་སྟོན་ཆེན་དཀར་སྒྲོ་སོགས་གཟབ་རྒྱས་གར་དང་བཅས་
པའི་ཕྱོག་ཟང་ཟིང་གི་དངོས་འབུལ་གྱི་ནོམ་པ་དང་། དེ་བཞིན་དུ་བླ་བྲང་ཁག་
གཞན་དག་སོ་སོ་ནས་ཀྱང་གསོལ་སྟོན་ཕེབས་རྗོངས་སོགས་རྒྱས་པར་ཕུལ། དེ་
ནས་ཆིབས་བཏེགས་ཏེ་རི་བོ་ཆེ་བརྒྱུད་ལྷུགས་ཟམ་ཁར་ཕེབས་སྐབས་དེ་ཁའི་
དགོན་གྱི་བླ་གྲྭ་རྣམས་ནས་གསོལ་བ་བཏབ་པའི་ངོར་སེར་སྐྱ་མང་ཙམ་ལ་ཚེ་
དབང་སོགས་འདོད་ཆོས་སྩལ། དཔའ་ཤོད་ཛ་སག་བླ་མ་སྟོན་འཁོར་དང་།
ཡབ་རྗེ་ངོ་གཡོག་བཅས་དེ་བར་དུ་ཕེབས་སྐྱེལ་ལ་བྱོན་པ་ཕྱིར་བསྐྱོད་གདོང་
གནང་སྨིན་དང་བཀའ་སློབ། འདི་ཕྱིར་དགེ་བའི་ཞལ་གདམས་སོགས་རྒྱ་ཆེར་
གནང་ནས་ཕྱིར་སློག་མཛད། དེ་ནས་རིམ་གྱིས་བྱང་ལམ་བརྒྱུད་ནས་བྱོན་ཏེ་ཉ་
མཚོའི་སར་ཕེབས་པ་ན་ཞོད་ཏ་ཙང་ཆེ་བས་ཞག་འགའ་བཅག་མལ་མཛད་ནས་
བཞུགས་དགོས་བྱུང་བར་བརྟེན་སྨ་སྟོད་ཛོ་བོ་སྐྱོགས་ཆེན་གྱི་གསོལ་མཆོད་
གསར་རྩོམ་མཛད་ནས་གྲྭ་ཚང་བ་རྣམས་ལ་གསོལ་ཁ་གཟབ་རྒྱས་གཏོང་འཇུག་
པར་འཕྲལ་དུ་ཞོད་ཀྱི་འཕྲོ་ཆད་པར་གྱུར་སྣང་ལ། དེ་ནི་སྐྱབས་མགོ་ཉིད་རིང་
མིན་གངས་ལྗོངས་ཆོས་སྲིད་ཀྱི་བྱེད་པོར་བཞེངས་དགོས་ངེས་ལ་གནས་སྐབས་
སུ་གོང་མའི་བཀས་རྒྱལ་ཁབ་ཆེན་པོར་ཤེད་རྩོལ་གྱིས་ཕེབས་བསྐྱོད་མཛད་པར་
ལྷ་ཆེན་འདི་ཉིད་ཙུང་ཟད་ཐུགས་འཁྲེན་པའི་རྣམ་པར་མངོན་ཏེ། རང་ཅག་ཐ་
མལ་པ་དག་གི་མིག་ལམ་དུ་གྱུར་པ་ལས་གཞན་དུ་རྗེ་ཉིད་ལ་གཟུགས་དངོས་སུ་
བསྟན་ནས་དབང་ཕྱོགས་ཀྱི་ལྗོངས་སུ་འབྱོན་པའི་དགོངས་བཞེད་དེ་ལྟ་བུ་མི་

གཏད་པར་བོད་ལྗོངས་འདིའི་མི་དང་མི་མིན་ཐམས་ཅད་ཀྱི་མགོན་སྐྱབ་ཏུ་བཞུགས་པར་གསོལ་བ་འདེབས་པ་དང་། བཞེད་དོན་འཕྲིན་ལས་མཐའ་དག་ཀྱང་འབད་མེད་དུ་འགྲུབ་པའི་གྲོགས་བདག་ཅག་རྣམས་ཀྱིས་བགྱིའོ་ཞེས་དངོས་སུ་ཁས་བླངས་པར་གོར་མ་ཆག་ཅིང་། དེའི་དབང་གིས་རྗེ་ཉིད་ཀྱིས་ཀྱང་གསོལ་མཆོད་གསར་རྩོམ་སོགས་མཛད་པ་ཡིན་པར་གདོན་མི་ཟ་བར་ཁོ་བོ་ཅག་སེམས་སོ། །འདི་སྐབས་གསོལ་མཆོད་བཀའ་རྩོམ་མའི་མངའ་གསོལ་གྱི་སྐབས། ཁྱད་པར་བློ་བཟང་རྒྱལ་བའི་མདོ་སྔགས་ཀྱི། །ལམ་བཟང་གསལ་བར་མཛད་ཚེ་མཐུན་རྐྱེན་སྒྲུབ། །ད་ལྟ་རིང་ལུགས་འཛིན་པ་ཀུན་སྐྱོང་བའི། །ཞྭ་སེར་བསྟན་པའི་སྲུང་མ་ཁྱོད་ལ་བསྟོད། །ཡབ་ཅིག་འོ་དེ་གུང་རྒྱལ་སྲས་ཀྱི་ཚུལ། །སྲིད་པའི་ལྷ་ཆེན་མཆེད་དགུའི་ཡ་གྱལ་ཏེ། །བོད་ཡུལ་ཡོངས་ཀྱི་སྐྱེས་ལྷ་ཆེར་གྲུབ་པའི། །མཐུ་ལྡན་ལྷ་མཆོག་ཁྱོད་ལ་གུས་པས་བསྟོད། །ཅེས་དང་། མཇུག་ཏུ། ལྷ་ཁྱོད་གངས་ཅན་ཡོངས་ཀྱི་དགྲ་ལྷ་ཆེར། །དེང་འདིར་བདག་ཅག་རྣམས་ཀྱིས་མངའ་གསོལ་ལོ། །ཞེས་གསུངས་པ་འདི་རྣམས་ཀྱིས་ལྷ་ཆེན་འདི་ཉིད་འཕགས་མཆོག་ཐམས་ཅད་མཁྱེན་གཟིགས་ངག་དབང་ལུང་རྟོགས་རྒྱ་མཚོའི་འབྲུངས་ལྟར་འགྱུར་བའང་དངོས་ཤུགས་ཅི་རིགས་པའི་སྒོ་ནས་བསྟན་པ་ཡིན་ཏེ། གོང་དུ་དྲངས་པའི་ཀློ་ག་དང་པོར་རྒྱལ་དབང་སྐུ་ཕྲེང་འདི་ཉིད་ཀྱི་མཚན་སྒྲ་ཡང་ཟུར་ཙམ་མཚོན་འདུག་པ་དང་། རྗེས་སོར་རྒྱལ་དབང་མཆོག་གསེར་ཁྲིར་ཞབས་གྲུབ་ནས་གསོལ་མཆོད་འདི་ཉིད་ལ་སླར་ཡང་ཁ་སྐོང་དང་བཅས་པའི་སྒོ་ནས་གསར་འཇུགས་མཛད་པ་སོགས་ཀྱིས་ཤེས་པར་ནུས་པས་ན་མ་འོངས་མངོན་སུམ་དུ་མཁྱེན་པའི་ཡེ་ཤེས་ཐོགས་མེད་དུ་མངའ་བར་ལུང་རིགས་གཞན་གྱིས་སྒྲུབ་པ་ལྟོས་མི་དགོས་པ་ཡིན་ནོ། །དེ་གོང་སྨྲ་སོར་བོད་ནས་

ཕེབས་བསྐྱོད་གདོང་གོང་མ་ཆེན་མོར་རྗེ་ཉིད་སྔར་ཕན་འབྲུམ་པ་མ་བཞེས་སྐབས་ཟེ་ལིང་དུ་འབྲུམ་པ་འཛུགས་ནས་ཞི་ཧོར་དུ་གསེར་ཞལ་མཇལ་ཚོག་པའི་གནས་ཚུལ་ཞུས་པར། གདུང་ལོ་ནར་སོན་པ་དང་། སྐུ་ཤ་ཡང་རྒྱས་པར་ཡོད་འདུག་པས་འབྲུམ་པ་བཏབ་ན་མི་བཞེས་པའི་གསེར་གྱི་བཀའ་ལུང་དང་། ཁྱུག་མ་ཆེ་ཆུང་ཚ་བཅས་གསོལ་རས་སུ་སྩལ་བ་ཕེབས་ལམ་འདི་དག་གི་སྤ་ཕྱི་ཞིག་ཏུ་ཕྱུག་ཏུ་ཕེབས་པར་མཛད། དེ་ནས་ག་ཧར་སུ་ཚོ་ལོ་ཟེར་བའི་ས་ཆར་ཕེབས་སྐབས་ཆུ་ཀླུང་ཞིག་ཡོད་པ་སྤ་དྲེ་གསོལ་ཐབ་པ་སོགས་སྔོན་འགྲོས་པ་རྣམས་བསྐྱོད་སྐབས་ཆུ་ཆེ་བར་མི་འདུག་ཀྱང་གློ་བུར་དུ་ཆར་ཤོད་ཆེ་ཙམ་ཞིག་བྱུང་བའི་རྐྱེན་གྱིས་སྐུ་དངོས་རྣམས་ཆེབས་བསྐྱོད་སྐབས་རབ་མི་ཐར་བ་བྱུང་བར་ཆུ་འགྲམ་དེ་ཁར་ཇ་ཚང་སོགས་མ་འགྲིག་རུང་ཡུལ་ལྷ་གཞི་བདག་སོགས་ལ་རྒྱང་གིས་གསེར་སྐྱེམས་ཞིག་མཛད་པར་དེ་མ་ཐག་ཆུ་འདོམ་གང་ཙམ་གྱི་བར་དུ་ཆག་ནས་བདེ་བར་ཕེབས་བསྐྱོད་ཐུབ་པར་གྱུར་སྣང་སྟེ། ཚུལ་འདི་ཡང་ཕྱོགས་དེའི་ཡུལ་ལྷ་གཞི་བདག་རྣམས་ཀྱིས་གོང་དུ་ཇོ་བོ་སྐྱོགས་ཆེན་གྱི་སྣང་ཚུལ་ལྟར་བསྟན་པར་ངེས་ཤིང་། དེའི་ཕྱི་ཉིན་ཕེབས་ལམ་རྣམས་སུ་གངས་ཆར་འདྲེས་པ་སིམ་བུར་བབ་པའི་ཁྲོད་ནས་སེར་བ་འདྲ་བ་རྡོག་རེ་ལ་འདབ་མ་བཞི་ཟེའུ་འབྲུ་དང་བཅས་པ་ཡོད་པའི་མེ་ཏོག་གི་ཆར་རྒྱུན་རིང་ཙམ་བབ་པ་ཀུན་གྱི་མངོན་སུམ་མཐུན་སྣང་དུ་གྲུབ་འདུག་པ་ནི་དཀར་ཕྱོགས་ཀྱི་ལྷ་དང་ལྷ་མོའི་ཚོགས་ཀྱིས་སྤྲིད་ཞུ་བླ་ན་མེད་པའི་མཆོད་སྤྲིན་རྒྱ་ཆེར་འགྱེད་པའི་ལྟས་ཡིན་པར་སེམས་སོ། །

དེ་ནས་རིམ་གྱིས་ཕེབས་པར་བཀྲ་ཤིས་ལྷུན་པོའི་མངའ་ཞབས་ཡིན་ཟེར་བའི་སོག་པོའི་རུ་བ་ཡོད་པའི་ཚལ་ཞིག་ཏུ་བཞུགས་ཞག་གནང་བར་དེ་ནུབ་ཆེབས་ཆེན་གང་ཡིན་ཐམས་ཅད་བོད་ཕྱོགས་སུ་ཁ་བལྟས་ནས་ཕྱིར་ལོག་པས།

སང་ཉིན་ཕྲལ་དུ་མ་རྙེད་པར་བརྟེན་ཚུག་ཐུང་གིས་བཅག་མལ་ཞིག་ཀྱང་གནང་
དགོས་བྱུང་འདུག་ཅིང་། དེ་ཉིན་མཆོད་དཔོན་བློ་བཟང་རིན་ཆེན་ལ་ཁྱོད་ཀྱིས་
གནས་ཚང་ཆོས་སྐྱོང་ལ་མཆོད་གཏོར་དང་གསེར་སྐྱེམས་ཞིག་གྲ་སྒྲིག་བགྱིས།
དེ་རིང་བསྟན་སྲུང་ཆེན་པོར་གསོལ་མཆོད་ཅིག་བྱེད་དགོས་ཡོད། མདང་ང་ལ་
རྨི་ལམ་ཡ་མཚན་ཆེ་བ་ཞིག་བྱུང་ཞེས་ཕེབས་པར། མནལ་ལམ་ཇི་ལྟར་བྱུང་
ཞུས་པར། མདང་ངེད་གནས་ཚང་སྒྲ་དབྱངས་གླིང་པའི་ཚོགས་ཀྱི་གདོང་གྲལ་
གྱི་མགོར་ཁྲི་མཐོན་པོ་ཞིག་གི་ཁར་བསྡད་འདུག་པར། དེའི་ཞལ་སྒྲོད་དུ་ཆོས་
སྐྱོང་ཡང་ཁྲི་དང་བཅས་ཏེ་བཞུགས་འདུག་ཅིང་། ཚོགས་པ་རྣམས་ནས་བདེ་
མཆོག་གི་ནང་མཆོད་བྱིན་རླབས་ཤིག་ཏོན་སོང་བར་བསམ་བློ་ལ། སྟོན་ནས་
གནས་ཚང་གི་ཡི་དམ་རྟ་མགྲིན་ཡིན་ཀྱང་ད་ཆ་བདེ་མཆོག་བྱེད་ཀྱིན་ཡོད་འདུག
སྙམ་པ་དང་། དེའི་མོད་ལ་ཆོས་སྐྱོང་གིས་བཀའ་ལུང་འདྲ་བའི་གསུང་གླིང་
མང་པོ་ཞིག་གནང་བྱུང་ཡང་གསལ་པོ་རང་མི་འདུག་ཅེས་གསུངས་འདུག་ཅིང་།
ཡང་ཕྱག་མཛོད་སོགས་ལ་བཀའ་ཕེབས་སུ་དེ་རིང་ཆོས་སྐྱོང་ཆེན་པོར་གསོལ་
མཆོད་རྟེན་འབུལ་རྒྱས་པ་ཞིག་བྱེད་རྒྱུར་རྟེན་འབུལ་གྱི་རྟ་གཡག་སོགས་གྲ་སྒྲིག
དགོས་ཚུལ་དང་མདང་མནལ་ལྟས་བཟང་བར་བྱུང་ཚུལ་ཕེབས་པར་མནལ་
ལྟས་བཀའ་འདྲི་ཞུས་པར་༧སྐྱབས་མགོན་རང་ཉིད་འབྲས་སྤུངས་གུང་རུའི་
གཟིམས་ཚང་དུ་བཞུགས་འདུག་པར་དེའི་རབ་གསལ་ནས་ཕྱིར་གཟིགས་པར།
དེའི་མདུན་གྱི་གུང་རུ་རི་རྩ་ཁང་ཞེས་པ་གསུམ་ཐོག་མ་དེའི་ནང་ནས་གནས་
ཚང་གི་རུ་འདྲེན་རྣམས་ཚང་མར་བྱུང་བའི་རྗེས་སུ་ཆོས་སྐྱོང་ཆེན་པོ་སྐུ་ཕོག་ཏུ་
བརླམས་པ་ཕེབས་ཏེ་གུང་རུའི་སྤྱི་ཁང་གི་སྒོ་མདུན་ནས་གུས་འདུད་དང་བཅས་
ཏེ་དཔེ་འབུལ་རྒྱས་པར་མཛད་པ་ཞིག་བྱུང་ཞེས་ཕེབས་སྐང་སྟེ་མནལ་ལྟས་མི་

འདྲ་བ་གཉིས་ཙམ་བྱུང་ཚུལ་གསུངས་པར་སྣང་ལ། དེས་ན་འདི་དག་ཀྱང་མནལ་ལམ་ཡིན་པ་སྐད་མཛད་པ་ལས་དོན་དུ་ཆོས་སྐྱོང་ཆེན་པོའི་རང་ཞལ་དངོས་སུ་བསྟན་ནས་ཞལ་འཛོམས་ཀྱི་ཐོག་མགྱོགས་མྱུར་བོད་ཕྱོགས་སུ་ཕེབས་དགོས་ཚུལ་སོགས་ཀྱི་འབྱུང་འགྱུར་གྱི་ལུང་བསྟན་མཐའ་དག་གསལ་པོར་ཞུས་པའི་ཚོད་དུ་སྣང་ལ། གོང་དུ་ཆིབས་པ་རྣམས་ཕྱིར་ལོག་པའང་ཆོས་སྐྱོང་ཆེན་པོ་འདི་ཉིད་ཀྱིས་ཤེས་ལྡན་གཞན་དག་རྣམས་ལའང་། ད་ནི་མྱུར་དུ་གངས་རིའི་ལྗོངས་སུ་ཆིབས་ཀྱི་ཁ་ལོ་བསྒྱུར་བའི་དུས་ལ་བབ་བོ་ཞེས་གསལ་བར་སྤྲོག་པའི་སྣད་དུ་ཆོ་འཕྲུལ་མངོན་པར་བསྟན་པར་གདོན་མི་ཟ་བ་ཉིད་དུ་སེམས་ལ། དེ་ལྟར་བསྟན་སྲུང་ཆེན་པོས་ཀྱང་རང་གཟུགས་དངོས་སུ་བསྟན་པའི་སྒོ་ནས་གླང་དོར་གྱི་འཕྲིན་ལས་སྒྲུབ་པའི་དབང་གིས་རྗེ་བླ་མ་མཆོག་གིས་ཀྱང་བྱས་པ་དྲིན་གཟོའི་གཏང་རག་གི་ཚུལ་དུ་གསོལ་མཆོད་དང་། གསེར་སྐྱེམས་རྟེན་འབུལ་སོགས་མཛད་པར་ངེས་སོ། །དེ་ནས་མ་འགྱངས་པར་ཟི་ལིང་ཨམ་བན་གཉིས་ནས་ཆེད་དམིགས་ཀྱིས་བཏང་བའི་རྒྱ་དཔོན་ཞིག་སྐུ་དྲུང་དུ་འབྱོར་ཏེ་གོང་མ་ཆེན་མོས་གསེར་ཡིག་ཕེབས་པའི་གནས་ཚུལ་ཞུས་པར་བརྟེན་མགྱོགས་མྱུར་ཤེད་རྩོལ་གྱིས་ཐོན་ཐོག་ཨལ་ཐང་ཨོ་ཐོས་ཞེས་པར་ཕེབས་པ་ན། འདི་ལོ་༧གོང་མ་ལྷ་སྐྱོང་ཆེན་པོ་ཁྲི་བཞུགས་དགུང་ལོ་ང་དྲུག་པར་ཕེབས་པའི་ཐོག་སྐར་ཡང་རྗེ་ཉིད་ལ་མི་ཕྱེད་པའི་གཟིགས་བསྐྱངས་ཀྱིས་བོད་ཀྱི་ལས་དོན་ལ་ཕྱིར་ཕེབས་དགོས་པའི་གསེར་གྱི་བཀའ་བཟང་སྩལ་བ་ཟི་ལིང་ཨམ་བན་ཁྲུས་ཏ་རིན་ཆེད་མངགས་ཀྱིས་འབུལ་བར་བཅར་རྒྱུའི་གནས་ཚུལ་སོན་པར་ཕྲུག་མཛོད་དང་མགྲོན་གཉེར་སོགས་ཆིབས་བསུར་མངགས་པར་མཛད་ཅིང་གསེར་ཡིག་ཕེབས་ཉིན་སྐྱབས་མགོན་ཉིད་ནས་བཀའ་སློབ་ཀྱིས་སེར་མོ་བ་རྣམས་ནས་སེར་

སྤྲེངས་དང་བཅས་ཏེ་བསུ་བ་མཛད་ནས་བཞུགས་སྒར་དུ་ཕེབས་བསྟུན་བཀའ་
ཡིག་སྙན་ལམ་དུ་སྒྲོག་པ་གུས་པ་དང་བཅས་ཏེ་གསན་པར་མཛད་པ་ན་འདི་
ལྟར། གནམ་༧སྐྱོང་དཀྱུང་ལོ་ང་དྲུག་གི་དཔྱར་ཟླ་ལྔ་པའི་ཚེས་དྲུག་ལ་བཀའ་
ཕབ་པར། སྤྲོའི་དེ་ཙན་གྱིས་ས་ནས་ཞུས་པར། དགའ་ལྡན་ཕྲི་གེ་ཐུ་ས་མ་ཏི་
པཎྜི་སྐུ་བརྟེས་སོང་བར་བླམ་ཆེ་བ་གཞན་ཞིག་ཏཱ་ལའི་བླ་མ་ལ་རོགས་རམ་གྱིས་
ལས་དོན་བྱེད་པར་གཏོང་དགོས་ཀྱི་ཞུ་བ་ཕུལ་འདུག་པར་བརྟེན། པེ་ཅིང་ན་
ཡོད་པའི་དགའ་ལྡན་ཕྲི་གེ་ཐུ་དང་། བོད་ཀྱི་དེ་མོ་ཧུ་ཐོག་ཐུ་གཉིས་ཀ་ན་སོ་ཕྲ་
བས་ཏཱ་ལའི་བླ་མའི་ལས་དོན་རོགས་རམ་ཐག་གཅོད་མེར་མི་ཡོང་འདུག་པས།
དེས་ན་ཇེ་དྲུང་ཧུ་ཐོག་ཐུ་འདི་པ་སྤྱི་སོར་བོད་དུ་ཡོན་ཏན་བསླབ་སྦྱངས་ལེགས་
པ་དང་། ཏཱ་ལའི་བླ་མའི་ལས་དོན་རོགས་རམ་ཚང་མ་དྲང་པོར་བྱུང་འདུག་
པས། དགའ་ལྡན་ཕྲི་གེ་ཐུ་ས་མ་ཏི་པཎྜིའི་ཚབ་ཏུ་སོ་པ་རང་འདི་ནས་གཏང་བ་
ཡིན་པས་ཏཱ་ལའི་བླ་མ་ལ་རོགས་རམ་བྱས་ནས་ལས་དོན་རྣམས་ཐག་གཅོད་དུ་
ཆུག་ཅིག །ཡང་རྣམ་པ་གཅིག་ཏུ་ཇེ་དྲུང་ཧུ་ཐོག་ཐུ་ཟེ་ལིང་ནས་ཚུར་ཐོན་ཚར་
བའི་ངེས་པ་ཡང་མི་འདུག་པས། འདི་སྐོར་ཁྲེས་ཤྲུ་ལ་གཉེར་ནས། ཁྲེས་ཤྲུ་
ནས་རིམ་གྱིས་བརྒྱུད་དེ་ཇེ་དྲུང་ཧུ་ཐོག་ཐུ་ལ་རྟོགས་སུ་བཙུག་ནས་བཀའ་འདི་
ཡུལ་གང་དུ་འགྱོར་ས་དེ་ནས་བོད་ལ་གང་མགྱོགས་ཕྱིར་ལོག་བྱས་ཚོག་པས་ཞེ་
ཧྲར་དུ་ངེད་ལ་མཇལ་བར་ཡོང་མི་དགོས། ཡང་སྤྱི་སོར་ཇེ་དྲུང་ཧུ་ཐོག་ཐུ་བོད་
ལ་བཞུགས་དུས་བོད་མི་འགའ་ཞིག་ནས་ལས་དོན་སྐྱལ་བ་བཞག་མེད་སོགས་སྨ་
ཚོགས་བྱས་འདུག་ཀྱང་། འདི་སྐོར་ཏཱ་ལའི་བླ་མ་ཐུགས་ཆུང་ཞིང་རང་བཞིན་
བཟང་བ་དང་། ཞབས་ཕྱི་འགའ་ཞིག་ནས་བྱེད་འཛོལ་ལ་བརྟེན་ཏེ་བྱུང་འདུག་
པར་མི་ངན་རྣམས་པེ་ཅིང་དུ་འཁྲིད་ཅིང་། དགའ་ལྡན་ཕྲི་གེ་ཐུ་ས་མ་ཏི་པཎྜི

ཡར་བཏང་ནས་རྗེ་བྲུང་ཧུ་ཐོག་ཐུ་ཚུར་ཡོང་དགོས་བྱས་པ་ཡིན། ད་ལྟ་བོད་དུ་ཧ་ཅང་གི་མི་ངན་རིགས་ཡོད་ཚོད་མི་འདུག་པས་བྱ་བ་ཚང་མ་དྲང་པོར་བྱེད་ཚོག་པ་འདུག་པས། རྗེ་བྲུང་ཧུ་ཐོག་ཐུ་ད་ལྟ་བོད་ལ་ཕྱིན་ནས་ཅི་ནས་ཀྱང་ངེད་ཀྱིས་ཐུགས་རྗེ་ཆེན་པོ་བྱས་པའི་དགོངས་པ་མཐར་ཕྱུག་དང་བསྟུན་ནས་དོན་ཚང་མ་བསམ་པ་བཟང་པོའི་སྒོ་ནས་ཞེད་བཟང་བྱས་ཏེ་ཏཱ་ལའི་བླ་མའི་རོགས་རམ་དང་། ཨམ་བན་གཉིས་དང་གྲོས་བསྡུར་གྱིས་ཐག་གཅོད་དགོས། རྗེ་བྲུང་ཧུ་ཐོག་ཐུས་བཀའ་འདི་ཉན་ནས་ཕར་བོད་ལ་ག་ཅམ་ཕོན་པའི་འཕྲལ་དུ་སྙན་ཞུ་བགྱིས། འདི་ནས་རྗེ་བྲུང་ཧུ་ཐོག་ཐུ་ལ་གསོལ་རས་གནང་རྒྱུ་ནང་མཛོད་ཁ་བཏགས་དང་བྱེ་ཟུའི་བརྒྱ་ཕྲེང་འདི་ཁྱུས་ཤུ་ནས་རིམ་བརྒྱུད་ཀྱིས་སྤྲིན་ཞེས་བཀའ་ཕེབས་བྱུང་ཞེས་འདུག་པར་ཇི་ལྟར་སྤྱུལ་བའི་བཀའ་བཟང་གི་དགོངས་དོན་དང་། གནང་སྐྱེས་བཅས་དགྱེས་པ་ཆེན་པོས་བདག་གིར་དུ་བཞེས་པར་མཛད་དོ། །

འདིར་སྨྲས་པ། རྟག་པར་སེམས་ཅན་དོན་ལ་མངོན་བརྩོན་པའི། །རྒྱལ་རྣམས་གཤེགས་དང་བཞུད་པ་གང་དུའང་། །དོན་མིན་བགྱི་བ་སྐད་ཅིག་ཙམ་གྱིས་ཀྱང་། །བར་དུ་གཅོད་པའི་གོ་སྐབས་སྲིད་མ་ཡིན། །ཁྱོད་སྐུ་འདྲེན་བྱེད་ཡུལ་དུ་འཆར་བ་དང་། །ཁྱོད་གསུང་སྒྲ་འཛིན་བུ་གར་སོན་པས་ཀྱང་། །རིང་ནས་འདྲིས་པའི་དངོས་འཛིན་ཞགས་པ་ཡི། །མདུད་བརྒྱ་ལྷོད་པོར་བྱེད་ལ་ངལ་མི་མངའ། །བྱང་ཕྱོགས་ཡངས་པའི་རྒྱལ་ཁབ་ཆེན་པོའི་ལྗོངས། །ཞབས་མཐིལ་ཆུ་སྐྱེས་བཞད་པའི་དྲི་བསུང་གིས། །དགེ་བར་བྱས་པའི་གྲགས་སྙན་གདུགས་དཀར་པོ། །ཚངས་པའི་འཇིག་རྟེན་ལས་ཀྱང་རབ་མཐོར་འཕགས། །སླར་ཡང་ས་བདག་ཚངས་པ་ཆེན་པོ་དེས། །གཟིགས་པ་སྟོང་གི་

སྒྲོན་མེས་འཛིག་རྟེན་འདིར། །བཙལ་ཀྱང་སླེགས་འགྲོའི་དཔུང་གཉེན་དུ་འོས་
པ། །ཁྱོད་ལས་གཞན་དུ་གཟིགས་པའི་སྐབས་མ་མཆིས། །དེ་ཕྱིར་བཀའ་
མཆིད་འཛམ་བུའི་སུ་ཕཏྟ། །སྐྱེས་བཟང་ནོར་བུའི་ཕྲ་ཚོམ་གྱིས་སྤྲུག་པའི། །
སྟོན་མེད་ལྷ་ཡི་རྒྱན་དེས་ད་དུང་ཡང་། །གང་ཐུགས་མགུལ་པར་བརྒྱན་ལ་རྣམ་
པར་བརྩོན། །དེ་ཚེ་ལྷ་དང་སྲུང་མའི་ཚོགས་ཀྱིས་ཀྱང་། །སྐྱེ་རྒུའི་ཕན་བདེ་
སྤེལ་ལ་བརྩོན་དགོས་ཞེས། །ལུང་བསྟན་རྡོ་རྗེ་དབྱངས་ཀྱི་རྒྱལ་མོའི་
གདངས། །སྤེལ་ཞིང་ངོ་མཚར་ཚོ་འཕྲུལ་ཅི་ཡང་སྟོན། །སྲིད་པ་འདི་ན་ཆེ་
ཞིང་མངོན་མཐོ་བའི། །མི་དང་མི་མིན་ཀུན་གྱིས་མགྲིན་གཅིག་ཏུ། །བསྐུལ་ཆེ་
ཁྱོད་ཐུགས་དམ་བཅའི་ཆུ་གཏེར་ཀྱང་། །དབྱར་གྱི་ལང་ཚོའི་དཔལ་ལ་འགྲན་
པར་རྩོམ། །དེ་ཕྱིར་སྐར་ཡང་ཁྱོད་སྐུའི་སྣང་བྱེད་བདག །བྱམས་དང་བརྩེ་
བའི་འོད་སྟོང་འཕྲོ་བཞིན་པར། །བསིལ་ལྗོངས་འགྲོ་བའི་རྒྱུད་མུན་སེལ་ཕྱིར་
དུ། །མངོན་པར་འཆར་བའི་བྱེད་ལས་རྩོམ་པར་འགྱུར། །རྒྱལ་ཀུན་ཐུགས་
རྗེས་ཉེར་བསྐྱེད་ས་བོན་ཁམས། །བོད་འབངས་བསོད་ནམས་བུ་རམ་ཤིང་ཚལ་
དུ། །ཉེར་སྨིན་བསྟན་འཛིན་མཆོག་གྱུར་ཉི་མའི་གཉེན། །ཁྱོད་ལྷའི་མགོན་
བཅས་འགྲོ་འདི་སྐལ་བ་བཟང་། །ཞེས་པ་ནི་བར་སྐབས་ཀྱི་ཚིགས་སུ་བཅད་
པའི་རིམ་པའོ། །

དེ་ནས་བཞུགས་གནས་དེར་ཞག་གཉིས་ཙམ་བཅག་མལ་མཛད་ཐོག་གོང་མ་བདག་པོ་ཆེན་པོར། གང་གིས་གསེར་གྱི་བཀའ་ལུང་བཟང་པོ་ཇི་ལྟར་སྩལ་བའི་དོན་བཞིན་མྱུར་དུ་བོད་ལྗོངས་སུ་ཕྱིར་བསྐྱོད་ཀྱིས་ཏཱ་ལའི་བླ་མའི་ཞབས་འདེགས་སོགས་བོད་ཀྱི་ལས་དོན་དང་། ཉིད་ཀྱི་ཆབ་སྲིད་ལ་ཞེད་མེས་ཐུལ་ཚོག་བཞེས་པའི་གྲལ་རྩེ་ཐུལ་ཞིང་། བཀས་མངགས་ཨམ་བན་ལའང་

གནང་སྐྱེས་དང་བཀའ་སློབ་སོགས་ཀྱིས་ཚིམ་པར་མཛད་ནས་ཕྱིར་སློག་དང་། སྟོན་འཁོར་རྣམས་ལྷུར་བར་བོད་ཕྱོགས་སུ་ཞབས་སེན་གྱི་འཁོར་ལོ་མངོན་པར་བསྐྱུར་ཏེ་ཁ་སྟོན་ལ་རྟར་བཞུགས་སྐབས་མཆོད་དཔོན་བློ་བཟང་རིན་ཆེན་གྱིས་གསོལ་བ་བཏབ་པའི་དོན་བཞིན་རྗེ་ཉིད་ཀྱི་ཞབས་བརྟན་གསོལ་འདེབས་སྨོན་ཚིག་རྗེས་འཛིན་དང་བཅས་པའི་བཀའ་རྩོམ་གསར་དུ་སྩལ་བ་དེ་འཕྲུལ་རྟེན་འབྲེལ་གྱི་ཆེད་དུ་དགོངས་ཏེ་གྲྭ་ཚང་པ་རྣམས་ལ་གསར་འཛུགས་ཀྱིས་དགོང་ཞོགས་རྣམས་འདོན་དུ་འཇུག་པར་མཛད། དེ་ནས་ཁོང་ཨེ་ཉེར་ཕེབས་བཞུགས་སྐབས་པི་ཅིང་ནས་ཕེབས་བསུ་བ་མགྲོན་གཉེར་སང་བླ་མ་ངོ་གཡོག་འཁྱེར་པ་རྣམས་ལ་མཇལ་ཁ་ཕྱག་དབང་དང་། གཞིས་བྱེས་ཀྱི་གསུང་མོལ་ཞིབ་རྒྱས་དང་། ལྷག་པར་ད་ལན་གོང་མ་ཆེན་མོས་གློ་བུར་དུ་གསེར་ཡིག་ཕེབས་པས་ད་ཆ་པི་ཅིང་ཕྱོགས་སུ་བསྐྱོད་མི་དགོས་པར་བོད་ཀྱི་ལས་དོན་ལ་ཕྱིར་ལོག་འཁྱོན་དགོས་ཡོད་ཚུལ་སོགས་ཀྱི་བཀའ་མཆིད་ལེགས་པར་སྩལ། དེ་སྐབས་མཛོད་པ་ཚེ་ཚིང་ནང་སོ་སྐུ་འབུམ་དུ་ཁྲབ་བདག་འཇམ་དབྱངས་བཞད་པར་འཚམས་ཞུ་འབུལ་བར་ཆེད་གཏོང་མཛད་པ་ཡང་དུས་དེར་ཕེབས་རྗེས་ཟིན་པར་འཁྱེར་ཞིང་། དེ་བསྟུན་ཕྱག་མཛོད་མཆོག་གིས་གཙོ་མཛད་པའི་སྐུ་འཁོར་ཞབས་གྲས་སེར་སྐྱ་ཚང་མས་རྗེ་ཉིད་ལ་སླར་ཡང་གོང་མ་ཆེན་མོས་བོད་སྐྱོང་ཆོས་ཀྱི་རྒྱལ་པོར་དབང་བསྐུར་བའི་ལེགས་འབུལ་གྱི་མཇལ་དར་ཕུལ་བ་དང་དགྱེས་སྤྲོའི་སྟོན་མོ་སོགས་བདག་གིར་བཞེས། དེ་ནས་རིམ་ཕེབས་ཀྱིས་སྐྱང་ཚུ་ཁ་ཞེས་པར་ཕྱིན་སྐབས། སྐྱབས་མགོན་མཆོག་ནས་བཀའ་ཕེབས་སུ། དེ་རིང་ནས་ཞག་བདུན་གྱི་བར་དུ་བར་གཅོད་ཀྱི་མཚན་མའི་ངོ་ཞིག་ཤར་བས་གྲྭ་ཚང་པ་རྣམས་ནས་དྲུག་ཅུ་མ་བཟློ་བཤམ་དང་བསྐང་གསོ་གང་རྒྱས། གཞན་ཡང་

སེར་མོ་བ་མཐའ་དག་ནས་གདུགས་ཤར་བཟློག་བཅས་དང་། སྒྲོལ་མ་གང་མང་སྒྲུབ་དགོས་ཕེབས་དོན་བཞིན་མི་རྗེ་ཕྱག་མཛོད་ཆེན་མོ་ནས་ཀྱང་དོ་དམ་དང་བཀའ་བཀོད་མཐར་ཕྱིན་གྱིས་འབད་སྒྲུབ་མཛད་པར། ཉིན་གཅིག་ཐང་བདེ་ས་ཞིག་ཏུ་སློ་བུར་དུ་ཕེབས་བྱམས་ཀྱི་དྲིལ་འཁྲོལ་བས་སྐུ་བརྟན་ཕྲན་བུ་བྱུང་ཡང་སྐྱོན་རིགས་ཅི་ཡང་མ་བྱུང་བར་སྣང་ལ། དེ་ནི་རྗེ་ཉིད་སྔར་ཡང་བོད་ལྗོངས་སུ་ཆིབས་ཞལ་བསྒྱུར་ནས་ཆོས་སྲིད་འཕྲིན་ལས་ཀྱི་འོད་སྣང་ཁྱབ་གདལ་དུ་འགྱེད་པར་གྱུར་པ་ལ་ནག་ཕྱོགས་ཀྱི་གཡོན་ཅན་འབྱུང་པོའི་ཚོགས་རྣམས་མ་བཟོད་པར་སྐུ་གསུང་ཐུགས་ལ་བར་དུ་གཅོད་པའི་སྦྱོར་བ་ཇི་སྙེད་ཅིག་རྩོམ་པར་སྣང་ཡང་། གཙོ་བོར་སྐྱབས་མགོན་ཉིད་ཀྱི་ཐུགས་རྗེ་དང་བྱིན་རླབས་ཀྱི་ནུས་མཐུ་དང་། ཉེ་བར་དགེ་འདུན་རྣམས་ནས་ཀྱང་རིམ་གྲོ་འབད་སྒྲུབ་གནད་སྨིན་དུ་མཛད་མཐུས་ཉེ་བར་འཚེ་བའི་འབྱུང་པོ་སྡིག་ཅན་མི་དང་མི་མིན་ཀུན་གྱི་མཐུ་ནུས་རྨོག་མེད་དུ་གྱུར་ཏེ་རྐྱེན་ཕྲ་མོ་དེ་ཙམ་ཞིག་ལས་གཞན་དུ་སླགས་རྙེད་པའི་གོ་སྐབས་དང་བྲལ་བའི་ཁར་ཇི་ལྟར་བརྩམ་པའི་བསམ་སྦྱོར་ངན་པའི་འབྲས་བུ་མཐའ་དག་རང་གཤེད་དུ་ལོག་པར་གདོན་མི་ཟ་བར་སེམས་སོ། །

དེ་ནས་ཨ་ལག་ནོར་ཟེར་བ་མཚོ་ཁྲ་རིང་ཁར་ཕེབས་སྐབས་མཚོ་དེར་གསེར་སྐྱེམས་དང་མཚོ་རྫས་སོགས་འབུལ་བར་མཛད་ནས་རིམ་གྱིས་ལ་བཙས་ཁྲ་གོང་ཟེར་བའི་ལ་ཐོག་ཏུ་ཕེབས་སྐབས་རྒྱ་ཆེན་སྒོམ་རའི་གནས་རི་མཇལ་བར་སྟོན་འཁོར་རྣམས་ནས་བསང་དང་གསོལ་མཆོད་དར་འཕྱར་དུང་འབུད་སོགས་མཛད་པར་ཀུན་གྱི་མཐུན་སྣང་དུ་ཐོག་མར་རི་ཁྱད་ཡན་ན་བུན་གྱིས་བཏུམ་ཡང་། བསང་གསོལ་སོགས་མཛད་པའི་ཚེ་ན་བཟའི་སྤྲིན་བྱེད་གསལ་བ་ལྟར་རི་ཞལ་གསལ་པོར་བསྟན་ཅིང་། གསོལ་མཆོད་གྲུབ་འཕྲལ་ཉི་གསར་སྤྲུངས་པ་ལྟ་

བུའི་ཆུ་འཛིན་གྱིས་བསླུབས་པ་སོགས་ཡ་མཚན་ཆེ་བར་བྱུང་སྣང་སྟེ། དེའི་ཚེ་ཡང་ལྷ་ཆེན་འདིས་དགྱེས་པའི་རང་གཟུགས་དངོས་སུ་བསྟན་ནས་ཅི་བསྒོའི་འཕྲིན་ལས་སྒྲུབ་པར་ཞལ་གྱིས་བཞེས་པར་ངེས་ཤིང་། དེའི་རྐྱེན་གྱིས་ཨ་ལག་ཤར་གྱི་རི་ཝོལ་སྤྱང་སྤོངས་བཀྲ་ཤིས་པའི་སྟེང་དུ་ཕེབས་འཕྲུལ་ལྷ་མཆོག་དེ་ཉིད་ལ་གཏང་རག་དང་འཕྲིན་བཅོལ་གྱི་སླད་དུ་མཆོད་ཀྱི་བཀའ་རྩོམ་ཡང་གསར་དུ་མཛད། དེ་ནས་རིམ་བྱོན་གྱིས་ནག་ཆུ་ཁར་ཕེབས་ཉེའི་སྐབས་གཞུང་ས་མཆོག་ནས་ཕེབས་བསུ་དང་སྡེ་ཤན་པར་ཆེད་དུ་མངགས་པ་རྫེའི་མགྲོན་གཉེར་དགོན་མཆོག་དང་། སྡེ་ཤན་སྡེ་པ་བློ་བཟང་དར་རྒྱས་བཅས་ཕེབས་ལམ་གྲ་སྒྲིག་པ་དང་ཕྱོགས་མཚུངས་སུ་བསྒོ་བཞག་གནང་དོན་བཞིན་ཞབས་དྲུང་དུ་སོན་པ་རྣམས་ལ་ཞལ་མཇལ་ཕྱག་དབང་དང་བོད་ཕྱོགས་ཀྱི་སྐྱིད་སྡུག་གནས་ཚུལ་སོགས་ཀྱི་བཀའ་འདྲི་ཞིབ་རྒྱས་སྩལ། ཚོ་ལོ་སྟེང་ཞེས་པར་ཕེབས་སྐབས་གཞུང་ས་མཆོག་ནས་ཆེད་དམིགས་ཀྱི་བཀའ་རྒྱ་འབྱོར་ཏེ། བསྟན་དགྲ་གོར་ཁའི་དམག་བཀྲ་ཤིས་ལྷུན་པོར་འབྱོར་པ་སོགས་ཀྱིས་དུས་ཟིང་ཡོ་ལང་ཅི་ཆེར་བརྟེན་རྒྱལ་དབང་ཡབ་སྲས་ཀྱང་ཕྱོགས་ཕེབས་བསྐྱངས་རྒྱུར་ཐག་ཆོད་པ་བཅས་མྱུར་བར་ཕེབས་འབྱོར་དགོས་ཚུལ་བྱུང་བར་སྐྱབས་རྗེ་ཉིད་ཀྱི་ཐུགས་དགོངས་སུ་ད་རེས་ཀྱི་སྡེ་གཟར་ཡོ་ལང་འདི་རིགས་གནས་སྐབས་ཀྱི་བསྟན་པའི་བགེགས་དབང་ལྷ་བུ་ལས་བསྟན་པ་འཇིགས་པའི་དུས་ཀྱི་མཐའ་ལ་སླེབ་པ་ནི་གཏན་ནས་མིན་ངེས་བཅས། དེས་ན་བསྟན་དགྲ་གོར་ཁས་ཀྱང་བོད་ཡུལ་ཆོས་ལྡན་གྱི་ཞིང་འདིར་དེ་ཙམ་གྱི་གྲགས་རྙེད་པའི་གོ་སྐབས་མི་སྲིད་ཅིང་། ལྷག་པར་ཞིང་འདི་ལྷ་མཆོག་ཕྱག་ན་པདྨོ་དང་བདེ་ལྡན་ཞིང་མགོན་ཡབ་སྲས་རྣམ་གཉིས་ཀྱིས་རིང་མོ་ཞིག་ནས་ཕྱག་མཚན་དུ་བཞེས་པ་ལྟར་ད་དུང་ཡང་བདག་སོགས་རྣམས་ཀྱི་

གནས་སྐབས་དང་མཐར་ཐུག་གི་བདེ་སྐྱིད་ཐམས་ཅད་ཀྱི་འབྱུང་གནས་དང་། སྡུག་བསྔལ་རྒྱུ་དང་བཅས་པ་འགོག་པར་བྱེད་པའི་མགོན་སྐྱབས་དཔུང་གཉེན་གཅིག་པུ་ནི་དམ་པ་རྣམ་གཉིས་པོ་ནར་ངེས་ན་ད་ལན་གྲོ་བུར་དུ་གཞན་དུ་ཐེབས་རྒྱུའི་དགོངས་བཞེད་གཏད་པ་ཐོག་ཏུ་འཁེལ་ཚེ་བོད་འབངས་རྣམས་དེང་ཕྱིན་ཆད་བྱེ་ཕྲུག་ཐང་ལ་བསྐྱུར་བའམ། དམུས་ལོང་དམིགས་བུས་བོར་བ་ལྟར། སྐྱབས་མེད་མགོན་མེད་ཀྱི་སྡུག་བསྔལ་མི་བཟད་པ་ལ་རྒྱུན་དུ་སྤྱོད་པ་ལས་འོས་མ་འདས་པས་དེ་ནི་ཤིན་ཏུ་མི་འོས་པའི་གནས་སུ་མཆིས་ཤིང་། ཡབ་སྲས་གཉིས་ཀྱིས་སྔོངས་འདིའི་འགྲོ་བ་རྣམས་ཡལ་བར་མི་འདོར་བར་ཞབས་པད་གཏན་ཆགས་པར་བཞུགས་ཚེ་ཉི་མའི་དཀྱིལ་འཁོར་གང་དུ་ཡོད་པའི་ཕྱོགས་དེར་མུན་པའི་དྲི་མ་ཙམ་ཡང་གནས་པའམ་འོང་བར་མི་ནུས་པ་བཞིན་དུ་ནག་ཕྱོགས་ཀྱིས་ཡིད་བསྐྱོད་པའི་ལོག་འདྲེན་རྩ་ལག་དང་བཅས་པ་རྣམས་ཀྱིས་ཅུང་ཟད་ཀྱང་གཡོ་བའམ། བཟློ་བར་མི་ནུས་པ་ཞིག་ཡིན་པ་ནི་བརྗོད་མ་དགོས་པས་གཞན་དུ་འབྱོན་དགོས་པར་ག་ལ་སྲིད། དེས་ན་བདག་ཉིད་ཆེན་པོ་རྣམས་སྔོན་གྱི་ཐུགས་བསྐྱེད་དང་དམ་བཅའ་ཡལ་བར་དོར་བའི་སྐབས་ནི་ནམ་དུ་ཡང་ཤེས་བྱ་ལ་མི་སྲིད་པ་ཞིག་ཡིན་པས་ན་གཏམ་འདིའང་བདེན་རྫུན་གང་དུ་གཏོགས་མ་ངེས་ཤིང་། འོན་ཀྱང་བཀའ་རྒྱ་ཆེད་དམིགས་ཀྱིས་འབྱོར་བར་མ་ཟད་སྔ་གཟར་གྱི་ལོ་ལང་འདི་ལྟར་དུ་གྱུར་ཚེ་བདག་ཉིད་ཀྱང་ཅི་བདེར་སློམས་ལས་ལ་གཞོལ་བ་ནི་རིགས་པ་མ་ཡིན་ནོ་དགོངས་ནས་མྱུར་བར་ཤེད་རྩོལ་གྱིས་ཕྱིན་གདོང་མཁྲིན་གཉེར་སང་བླ་མ་ཞེས་པ་རྒྱལ་དབང་མཆོག་ལ་འཚམས་ཞུ་འབུལ་བར་སྔོན་དུ་འཕྲུལ་རྫོངས་མཛད་ཐོག །སྐྱབས་རྗེ་སྟོན་འཁོར་རྣམས་མྱུར་རྩོལ་གྱིས་ཕྱིན་ཏེ་ར་སྒྲེང་དུ་ཐེབས་སྐབས་རྟེན་གནས་རྣམས་ལ་གནས

གཟིགས་མཆོད་འབུལ་དང་། བོད་ཁམས་བདེ་ཐབས་ཀྱི་ཐུགས་སྨོན་སོགས་རྒྱ་ཆེར་མཛད། དེ་ནས་ལྷ་ཁང་གདོང་ནས་མི་ཁལ་བྱིངས་རྗེས་འཇོག་མཛད་དེ་དཔོན་འཁོར་རྟག་བསྟུས་ཀྱིས་ནམ་ཉིན་ལ་མ་སྔོས་པ་ལྷ་བུར་ཕེབས་པས་ཕན་ཡུལ་ལྷུན་གྲུབ་རྫོང་དུ་ཕེབས་པ་ན་༸གོང་ས་རྒྱལ་དབང་མཆོག་གི་སྐུ་ཚབ་ཆིབས་བསུ་བར་སྐུ་བཅར་གྲུང་ཐང་མཁན་པོ་ཆེད་དུ་མངགས་པ་འབྱོར་ཞིང་། དེར་བོད་ཕྱོགས་ཀྱི་གནས་ཚུལ་ཞིབ་ཏུ་བཀའ་འདྲི་བསྐྱངས་པར། ༸སྐྱབས་མགོན་རྒྱལ་དབང་ཐམས་ཅད་མཁྱེན་གཟིགས་སྔ་སོར་ཕྱོགས་ཕེབས་ཀྱི་དགོངས་བཞེད་གཏད་སོང་ནའང་རྗེས་སོར་སེར་འབྲས་ཀྱི་བླ་མ་ལས་སྣེ་འདུས་པ་དམངས་དང་བཅས་པ་ནས་སྤྱིར་ཁ་བ་རི་པའི་འགྲོ་བ་ཐམས་ཅད་དང་། ནང་ཚན་བདག་སོགས་སེར་འབྲས་དགེ་གསུམ་གྱིས་གཙོས་པའི་རི་བོ་དགེ་ལུགས་པའི་བསྟན་པ་དེ་འཛིན་དང་བཅས་པ་མཐའ་དག་ཡལ་བར་མི་དོར་བར་སྔོན་ཕྱོགས་བསྟུའི་རྒྱལ་བ་སྲས་བཅས་དཔང་པོར་བཞག་ནས་ཇི་ལྟར་དམ་བཅའ་མཛད་པའི་བཞེད་དོན་ལྟར་ཞིང་འདི་ཉིད་འདུལ་བའི་ཕྱག་མཚན་དུ་བཞེས་ནས་གཏན་དུ་བཞུགས་པ་དང་། གང་གི་བཞེད་འབྲས་མངོན་དུ་གྱུར་པ་ལ་བར་དུ་གཅོད་པའི་ལོག་སྨོན་ཅན་བསྟན་དགྲ་གོར་ཁས་བསམ་སྦྱོར་ངན་པའི་བགྱི་བ་ཅི་བྱུང་ཡང་སྐུ་གསུང་ཐུགས་ལ་ཆ་ཙམ་ཡང་གནོད་པར་མི་འགྱུར་བ་ཞིག་བདག་ཅག་རྣམས་ཀྱིས་སྒོ་གསུམ་ནུས་པའི་རྩལ་ཅི་ཡོད་ཀྱི་སྒོ་ནས་ཡོངས་སུ་འབད་པར་བགྱིའོ་ཞེས་སྙིང་ཐག་པ་ནས་མགྲིན་གཅིག་ཏུ་གསོལ་བ་བཏབ་པ་ན་རྒྱལ་དབང་འཇིག་རྟེན་གསུམ་མགོན་ཡང་ཐུགས་ཤིན་ཏུ་མཉེས་པར་གྱུར་ནས་ཇི་ལྟར་གསོལ་བ་བཏབ་པ་ལྟར་ཞལ་གྱིས་བཞེས་ཤིང་། དེ་མཚུངས་ཨམ་བན་སོགས་ལའང་རྒྱུ་རྐྱེན་སོལ་བར་དེ་དོན་བྱེད་ཆོག་པ་ཕེབས་པར་བརྟེན་ད་ཆ་མི་འབྱོན་

པར་བཞུགས་པར་ཐག་ཆོད་སོང་ཞེས་པའི་གཏམ་སྙན་གསེར་གྱི་སྦྲ་འཛིན་དུ་སོན་པས་ཐུགས་ལ་ངོ་མཚར་དང་སྤྲོ་བ་ཆེ་ཆེར་འཕེལ་ཏེ། ཨེ་མ་བདག་ཉིད་ཆེན་པོ་རྣམས་ནི་སྙིགས་མའི་འགྲོ་བ་རྣམས་ལོག་པའི་སྤྱོད་པ་ཇི་ཙམ་བདོ་ཡང་མ་བུ་གཅིག་པ་ལ་བརྩེ་བ་བཞིན་དུ་ལྷག་པར་རྗེས་སུ་ཆགས་པས་ཡོངས་སུ་བཟུང་བར་མཛད་པ་ནི་ཆོས་ཉིད་ཡིན་ལ། དེའི་ཕྱིར་གནས་སྐབས་གདུལ་བྱའི་སྣང་ཚུལ་ཙམ་དུ་གཞན་དུ་འབྱོན་རྒྱུའི་དགོངས་བཞེད་གཏད་པ་ལྟར་སྣང་ན་ཡང་། གང་གི་འཕྲིན་ལས་ཀྱི་འོད་ཟེར་གྱིས་བསྐུལ་བས་སེར་འབྲས་དགེ་གསུམ་གྱི་འདུས་སྡེ་ཆེན་པོ་ཚང་མས་ཀྱང་བློ་སེམས་ཆིག་བསྒྲིལ་དུ་བྱས་ནས་གསོལ་བ་བཏབ་པ་ན་སླར་ཡང་འདུལ་བའི་དུས་ལས་མི་ཡོལ་བ་མཛད་པར་ཞལ་གྱིས་བཞེས་པ་འདི་ལྟ་བུ་ནི་སངས་རྒྱས་ཀྱི་ཐབས་མཁས་པའི་མཛད་པ་བླ་ན་མ་མཆིས་པའོ་སྙམ་ཤིན་ཏུ་ངོ་མཚར་བ་དང་། ད་ནི་སྙིགས་དུས་གངས་རིའི་ཁྲོད་ཀྱི་འགྲོ་བ་རྣམས་ཀྱང་འགྱེལ་བ་ལས་བསླང་བའམ་དམུས་ལོང་དམིགས་བུ་དང་སླར་ཡང་འཕྲད་པ་ལྟར་སྡུག་བསྔལ་དང་ཀུན་འབྱུང་གི་འདམ་ལས་དབུགས་དབྱུང་བར་འགྱུར་ཞིང་། ཁོ་བོས་ཀྱང་མགོན་པོ་མཆོག་དེའི་འཕྲིན་ལས་གྱེན་དུ་འདེགས་པའི་སྐད་དུ་ཤུལ་རིང་གི་ལམ་ནས་ངལ་བ་ཁྱད་དུ་བསད་ནས་འོང་བའང་དོན་དང་བཅས་པར་གྱུར་ཏོ་སྙམ་དུ་སྤྲོ་བ་དང་དགྱེས་པ་དང་གུས་པའི་ལང་ཚོ་ཆེ་ཆེར་བཞད་པར་གྱུར་ཏེ་བདེ་བར་འཁོས་སུ་ཕེབས་བཞིན་པའི་ངང་ནས་བྱོན་པར་སྣང་ངོ་། །

དེ་ནས་རིམ་པ་བཞིན་གྲུང་བཀའ་བློན་ཛ་མདའ་རྣམས་ཀྱི་སྐུ་ཚབ་སོགས་གཞུང་དྲུང་མི་དྲག་སེར་སྐྱ་རྣམས་ཀྱིས་རྒྱང་བསུ་དང་། གདན་ས་ཆེན་པོ་རྣམས་ཀྱི་གྲྭ་ས་གྲྭ་ཚང་ཁམས་ཚན་མི་ཚན་སོགས་ཀྱི་འཐུས་མི་རྣམས་ཀྱང་རིམ་

གྱིས་འཁྱོར་བ་དེ་དག་ཐམས་ཅད་ལའང་མཇལ་ཁ་དང་། གང་འཚམས་ཀྱི་
བཀའ་འདྲི་སོགས་རྒྱས་པར་སྩལ། ལྷ་ལྡན་དུ་ཕེབས་རྒྱུའི་ཉིན་སེར་འབྲས་ཀྱི་
ཁམས་ཚན་གུང་རུ་དང་། སྨོམ་སྡེ་བ་སོ་སོ། དེ་བཞིན་དུ་ཚོགས་ཆེན། གྲྭ་ཚང་
སོགས་ཀྱི་ཐབ་བསུའི་ཐོག་བླ་མ་ལས་སྣེ། དཔོན་ཆོས་མཛད་སོགས་ཀྱིས་མཇལ་
དར་དང་གསོལ་ཞབས་གནང་སྐྱིན་བཅས་ཞུས་པ་རྣམས་སོ་སོར་འདོད་མོས་
ལྟར་གྱི་མཇལ་ཕྱག །གྲྭ་ས་གྲྭ་ཚང་རྣམས་ཀྱི་འཆད་ཉན་ཐོས་བསམ་སྒྲིག་ལམ་
སོགས་ཡར་ལྡན་དུ་ཡོད་མིན་སོགས་ཀྱི་བཀའ་འདྲི་ཞིབ་རྒྱས་དང་། དེ་ནས་
གཞུང་གི་ཐབ་བསུའི་སར་གོང་ས་མཆོག་གི་བཀའ་ཆེད་དུ་མངགས་པའི་སྐུ་
མདུན་ནང་མ། མགྲོན་གཉེར་སོགས་དང་། བཀའི་གུང་བློན་རྣམས་དང་།
ཇོ་སག །མདའ་དཔོན། རྩིས་དཔོན་སོགས་ལས་ཚན་ཡོད་མེད་ལ་མ་ལྟོས་པའི་
གཞུང་སའི་ཞབས་འདེགས་པ་སེར་སྐྱ་ཕལ་མོ་ཆེ་ནས་ཆིབས་བསུ་དང་མཇལ་
དར་བཅས་ཕུལ་བ་རྣམས་བདག་གིར་དུ་མཛད་བསྟུན་གཞུང་བསྟན་སྲིད་ལར་
རྒྱའི་སྐོར་གྱི་བཀའ་འདྲི་སོགས་ཀྱང་རགས་བསྡུས་སུ་སྩལ། དེ་ལྟར་གོང་འཁོད་
ཀྱི་ཆིབས་བསུ་བ་དཔག་མེད་བགྲང་བར་མི་ནུས་པ་དཔུང་ཚོགས་ཡན་ལག་བཞི་
ལྡན་གྱི་བཀོད་པ་ལྟ་བུས་མདུན་བདར་ཞིང་། གང་གི་གསང་བ་གསུམ་གྱི་ཡོན་
ཏན་སྙིང་ལ་བརྟག་པའི་སྐྱེ་བོ་སེར་སྐྱ་ཕོ་མོ་ཉི་ཟེར་གྱི་རྡུལ་འཁྲིགས་པ་བཞིན་དུ་
བར་མཚམས་མེད་པར་གཏམས་པ་རྣམས་དགའ་བ་དང་དད་པ་དང་ངོ་མཚར་
བ་སོགས་ཀྱི་ཅ་ཅོའི་སྒྲ་དབྱངས་ཁོར་ཡུག་ཏུ་དར་དེར་སྒྲོག་ཅིང་། དབང་པོ་ལྔ་
ཡན་ལག་དང་བཅས་པ་ཐམས་ཅད་ཉིད་ཀྱི་ཕྱོགས་སུ་འདུད་ཅིང་གུས་པ་ལྷུར་
ལེན་པ་ལ་ཀུན་ཏུ་བྲེལ་བར་འགྱུར་བཞིན་པའི་ངང་ནས་རྒྱ་སྐར་གྱི་བདག་པོ་ལྷ་
ཡི་ལམ་ནས་གཤེགས་པ་བཞིན་དུ་མཐོང་ན་མི་མཐུན་པ་མེད་པའི་གཟི་འོད་

ཕྱོགས་བརྒྱར་འབར་བཞིན་པར་སྟོན་དུས་ཆོས་ཀྱི་རྒྱལ་པོ་རིམ་པར་བྱོན་པ་རྣམས་ཀྱིས་ཆོས་སྲིད་ཀྱི་འཁོར་ལོ་འབུམ་དུ་བསྒྱུར་བའི་བསྟི་གནས་སྔེ་བཞིའི་དཔལ་ཡོན་གྱི་ཆུ་གླུང་འབུམ་ཕྲག་འབྱུང་བའི་མ་དྲོས་གཉིས་པ་ལྷ་བུ་ཕོ་བྲང་ཆེན་པོ་དགའ་ལྡན་ཁང་གསར་དུ་གྲགས་པར་ཁྲུམས་སྨད་ཟླ་བའི་དཀར་ཕྱོགས་ཀྱི་རྒྱལ་བ་གཉིས་པའི་ཉིན། ཞབས་སེན་ནོར་བུ་དབང་གི་རྒྱལ་པོ་བཞིན་དུ་དགེ་ལེགས་སྟོང་གི་རི་མོས་མཚན་པ་རྣམ་པར་བཀོད་པར་གྱུར་ཏོ། །

འདིར་སྨྲས་པ། འགྲོ་བའི་བསོད་ནམས་བེ་ཤྭའི་འདུ་བྱེད་ཀྱིས། །ཉེར་བསྐྲུན་འཕྲིན་ལས་མུ་ཁྱུད་རྣམ་བཀྲ་ཞིང་། །གྲགས་པའི་གཟི་རྒྱས་མཁའ་ལ་བསྐོར་བཞིན་པར། །སླར་ཡང་ཕྱོགས་འདིར་བསྒྱུར་བའི་འཁོར་ལོ་ཁྱོད། །ཆབ་འབབས་ངལ་བའི་ཡོལ་གོར་མི་འཇུག་ཅིང་། །འཁོར་གཡོག་བྲེལ་ཁོངས་འདམ་དུ་ཚུད་མིན་ལ། །རྐང་བཞིའི་ཚོགས་ཀྱང་གདུང་བ་མ་མྱོང་བར། །བདེ་བླག་ལྡོངས་འདིར་སོན་འདི་བསྟུགས་པའི་ངོས། །ལུང་རྟོགས་ནོར་གྱིས་ཕྱུག་པའི་མཁས་མང་དང་། །རིགས་གཟུགས་འབྱོར་པས་དྲེགས་པའི་ཁེངས་ལྡན་ཀུན། །ཞུམ་ཞིང་དུལ་བའི་ངང་ཚུལ་ལྷུར་བླངས་ཏེ། །བཀུར་བསྟི་རིམ་གྲོས་མཆོད་ལ་རྣམ་པར་བརྩོན། །རྒྱ་སྐར་བདག་པོས་ལྷ་ཡི་ལམ་བཟང་དང་། །ཁྱོད་ཀྱིས་གདོང་དམར་ཡུལ་འདི་མཛེས་པར་བྱས། །དེས་ནི་ཉལ་འགྲོའི་གླུང་རྣམས་འཕེལ་བ་དང་། །ཁྱོད་ཀྱིས་ཕན་བདེའི་ཚུལ་འདི་རྒྱས་པར་བྱེད། །དགའ་བ་བརྒྱ་ལྡན་རྣམ་པར་རྒྱལ་བ་ཡི། །ཁང་བཟང་ཞིང་འདིར་གསར་དུ་འཕོས་འདྲ་བའི། །ཕོ་བྲང་སྟེ་བཞིས་བཀྲ་བའི་ལྡིང་ཁང་ཆེར། །ཞབས་སོར་ནོར་བུའི་མཚན་མ་རབ་ཏུ་བཀོད། །འཆི་མེད་དགའ་བའི་ཚལ་དུ་མི་གནས་ཤིང་། །དྲི་བསུང་ཛཱ་ཕྱོགས་ཀུན་ནར་འཕྲོ་མིན་པའི། །འགྲོ་བའི་གདུང་སེལ་

ཡོངས་འདུའི་དབང་པོ་ཁྱོད། །ཁྱེད་པོའི་སྤྲུལ་ལམ་གཞན་དུ་ཅི་ཞིག་གྲུ། །རྒྱལ་བའི་འཕྲིན་ལས་དུས་ལས་ཡོལ་མེད་ཞེས། །སྔོན་ཆད་གྲགས་པའི་གཏམ་དེ་དོན་ལྡན་དུ། །མཛད་འདི་གདུལ་བྱར་ཕན་བདེའི་གཞིར་གྱུར་ཀྱང་། །ལུས་མེད་བདག་པོའི་སྙིང་ལ་ཟུག་རྔུ་འབྱིན། །ཆོས་ཀྱི་འབྱུང་གནས་ཛྙཱ་ཏའི་ཡུལ་གྲུ་འདི། །ཆོས་ལྡན་འཕྲིན་ལས་རྨད་བྱུང་ལྕུགས་ཀྱུ་ཡིས། །ཆོས་བཞིན་སྐྱོད་ལ་འགྲོ་ཀུན་བཙུད་བཞེད་ན། །ཆོས་ཀྱི་འཁོར་ལོས་བསྐྱུར་བ་ཅིས་མ་ཡིན། །ཅེས་པ་འདི་ནི་བར་གྱི་ངལ་བསོའི་ཚིགས་སུ་བཅད་པའི་འཕྲེང་བ་མངོན་པར་སྤེལ་བའོ། །

དེ་ནས་ཟླ་བ་དེ་ཁའི་ཡར་ཚེས་བརྒྱད་ཀྱི་ཉིན་སྤྱི་དྲོའི་ཆ་ལ་ཕོ་བྲང་དགའ་ལྡན་ཁང་གསར་ནས་ཆིབས་བཏེགས་ཏེ་འཕགས་མཆོག་ཐུགས་རྗེ་ཆེན་པོའི་དགྱེས་ཞིང་གྲུ་འཛིན་གཉིས་པའི་ཕོ་བྲང་དུ་གཟུགས་སྐུའི་འཁོར་ལོ་མངོན་པར་བཀོད་ཐོག །རྒྱལ་དབང་ཐམས་ཅད་མཁྱེན་ཅིང་གཟིགས་པ་ཆེན་པོར་མཇལ་ཕྱག་མཛད་པར་གོང་ས་མཆོག་ནས་ཀྱང་མགོན་པོ་འདི་ཉིད་སྐུ་ངལ་ལ་མ་གཟིགས་པར་གང་གི་འཕྲིན་ལས་སྒྲུབ་པ་ལ་ཤིན་ཏུ་རིངས་པའི་ཚུལ་གྱི་ཤེད་རྩོལ་ཆེན་པོས་ཁྱོན་པར་ཐུགས་ལྷག་པར་དུ་མཉེས་ཏེ་ཕེབས་ལམ་གྱི་སྐོར་སོགས་གང་ཅིའི་བཀའ་འདྲི་ཞིབ་རྒྱས་དང་། ལྷག་པར་སྟར་ཕན་བོད་འབངས་ཀྱི་གནས་ཚུལ་རྣམས་ཀྱང་གསལ་པོར་བཀའ་ཕེབས་དང་། ཕྱིན་ཆད་བསྟན་འགྲོའི་བདེ་ཐབས་སྤེལ་བའི་ཚུལ་ལ་ཉིད་ནས་སྟར་གོང་མ་བདག་པོ་ཆེན་པོའི་བཀའ་བཞིན་ཐུགས་བསྐྱེད་དང་ཐུགས་ཁུར་ཟླ་ལྷག་ཅི་ནས་བཞེས་དགོས་ཚུལ་སོགས་ཀྱི་བཀའ་བཟང་ཞིབ་ལྷིངས་སུ་སྩལ་བར་དམ་པ་མཆོག་ནས་ཀྱང་ཇི་ལྟར་བཀའ་སྩལ་བའི་བཞེད་དོན་མཐའ་དག་སྒྲུབ་པ་ལ་རྩལ་ཅི་ཡོད་ཀྱི་སྒོ་ནས་འབད་པ་ཞུ

དགོས་གཞིར་བཅས་ཤིང་། འཕགས་མཆོག་ཐུགས་རྗེའི་གཏེར་ཆེན་ཉིད་ནས་སྐྱེ་ཕན་ཀུང་སྐྱོངས་འདིའི་གདུལ་བྱ་རྣམས་ཡལ་བར་མི་འདོར་བར་གཏན་ཆགས་པར་བཞུགས་པ་ནི་ཐུགས་རྗེ་དང་བཀའ་དྲིན་ཚད་ལས་འདས་སོ། ད་དུང་ཡང་རིང་མོ་ཞིག་ཐུགས་ཀྱི་དམ་ཇི་ལྟར་བཅས་པའི་རྒྱ་ལས་མི་འགོངས་པར་སྙིགས་དུས་སྐྱེ་འགྲོའི་རང་གཤིས་ཇི་ཙམ་བདེ་བ་བཞིན་དུ་ཐུགས་རྗེ་དང་འཕྲིན་ལས་ཀྱི་དཔུང་ཇེ་ཆེར་བསྐྱེད་པར་མཛད་དགོས་སོགས་ཀྱི་གསོལ་འདེབས་རྒྱ་ཆེར་ཞུ་བར་མཛད། དེ་མཚུངས་པཎ་ཆེན་མཆོག་གི་སྤྲུལ་སྐུ་རིན་པོ་ཆེ་ཡང་སྐུ་གོང་གོར་དམག་གིས་བཀྲས་ལྷུན་དུ་བཞུགས་ཟིན་བདེ་མིན་ལ་བརྟེན་པས་དབུས་ཕྱོགས་སུ་ཕེབས་བསྐྱོད་ཀྱིས་གཟིམས་ཆུང་བདེ་བ་ཅན་དུ་བཞུགས་གདན་འཛུགས་མུས་སུ་སོང་སྐབས་མཇལ་ཕྱག་ཏུ་ཕྱིན་པར་པཎ་ཆེན་མཆོག་ཀྱང་ཇི་ལྟར་ཡབ་ཡུམ་བརྩེ་གདུང་ཅན་ཕྲེས་ནས་འཕོར་བ་བཞིན་དུ་དགྱེས་ཚོར་ཚད་མེད་པ་དང་བཅས་ཏེ་ཡབ་སྲས་ཕན་ཚུན་དུ་སྲིད་ཞུ་བཀུར་བསྟི་དང་གསུང་མོལ་ཞིབ་རྒྱས་སྤྲུལ་རེས་སུ་མཛད། དེ་བཞིན་དུ་ཡོངས་འཛིན་ཆོས་ཀྱི་རྒྱལ་པོ་སོགས་དང་མཇལ་འཕྲད་ཀྱིས་གསུང་གླེང་དང་། འཇམ་དབྱངས་གོང་མས་བཀས་མངགས་པའི་ཨམ་བན་ཆེན་མོ་རྣམས་དང་ཡང་མཇལ་འཛོམས་ཐོག་བསྟན་སྲིད་ཀྱི་བྱ་གཞག་སྐོར་བཀའ་མོལ་སོགས་ལེགས་པར་བསྐྱངས། དེ་ནས་རིམ་པ་བཞིན་དུ་གཞུང་ས་དགའ་ལྡན་ཕོ་བྲང་པའི་འཕྲིན་ལས་གྱེན་དུ་འདེགས་པ་ལ་རྣམ་དཔྱོད་ཀྱི་ཤུགས་འཆང་བ་བཀའི་གུང་བློན་རྣམས་ཀྱིས་གཙོ་མཛད་པའི་མི་དྲག་ཕལ་མོ་ཆེ་དང་། གདན་ས་གསུམ་སོགས་ཞྭ་སེར་ལུགས་གཙང་འཛིན་པའི་དགོན་སྡེ་ཆེ་ཆུང་རྣམས་ཀྱི་མཁན་སློབ་ལས་སྣེ། བླ་སྤྲུལ། དགེ་བཤེས་སོགས་གང་གི་ཞལ་དཀྱིལ་མདོན་མཆོད་ཀྱི་སྐལ་བཟང་སྨྱོང་བར་འདོད་

པའི་མཛལ་ཞུ་བ་མཐའ་ཀླས་པ་རྒྱུན་མི་ཆད་དུ་བྱུང་བ་རྣམས་ལ་མཛལ་ཁ་དང་། གོ་རིམ་ལྟར་གྱི་བཀའ་འདྲི་བཀའ་སློབ་སོགས་གང་འོས་ཞིབ་པར་སྩལ་བ་སོགས་གཞིས་བྱེས་གོ་བབ་ཀྱི་མཛད་འོས་མཐའ་དག་རིམ་སེལ་དུ་བསྐྱངས་སོ། །དེ་ལྟར་སྐྱབས་མགོན་རྗེ་བཙུན་བླ་མ་འདི་ཉིད་སྔར་ཡང་གངས་ལྗོངས་ཆོས་ཀྱི་ཁྲི་ལ་ཞབས་སོར་བཀོད་ནས་ལུགས་གཉིས་ཀྱི་མཛད་པ་རླབས་པོ་ཆེས་བོད་ཁམས་ཀྱི་འགྲོ་བ་ཐམས་ཅད་བདེ་བ་ལ་འགོད་པའི་དགོངས་བཞེད་ཇི་ལྟ་བུར་གཏད་པ་ནི། ཇི་སྐད་དུ། བདེན་པ་པོའི་ལེའུ་ལས། སྐྱེ་རྒུ་སྐྱོང་བ་ལ་བརྩོན་པའི་ཆོས་ཀྱི་རྒྱལ་པོས་འདུ་ཤེས་ལ་གནས་པ་བརྒྱད་ཀྱིས་མང་དུ་གནས་པར་བྱའོ། །བརྒྱད་གང་ཞེ་ན། སྐྱེ་རྒུའི་རིགས་སུ་གཏོགས་པའི་སེམས་ཅན་རྣམས་ལ་བུའི་འདུ་ཤེས་དང་། མི་སྲུན་པ་རྣམས་ལ་ནད་པའི་འདུ་ཤེས་དང་། སྡུག་བསྔལ་བ་རྣམས་ལ་སྙིང་རྗེའི་འདུ་ཤེས་དང་། བདེ་བ་རྣམས་ལ་དགའ་བའི་འདུ་ཤེས་དང་། མི་མཛའ་བ་རྣམས་ལ་དེའི་གཞི་ལས་ཉེས་པར་བལྟ་བའི་འདུ་ཤེས་དང་། མཛའ་བ་རྣམས་ལ་རྗེས་སུ་བསྲུང་བའི་འདུ་ཤེས་དང་། ལོངས་སྤྱོད་རྣམས་ལ་སྨན་གྱི་འདུ་ཤེས་དང་། བདག་ལ་བདག་མེད་པའི་འདུ་ཤེས་སོ། །རྒྱལ་པོ་ཆེན་པོ། དེ་ལ་སྐྱེ་རྒུའི་རིགས་སུ་གཏོགས་པའི་སེམས་ཅན་རྣམས་ལ་བུའི་འདུ་ཤེས་ཀྱིས་གནས་པ་ནི་རྒྱལ་པོ་ཆེན་པོ་དེས་ཕས་བུ་གཅེས་པ་ལྟར་མི་སྲུན་པ་ཆར་གཅོད་པ་ལ་འཇུག་ཀྱང་སྙིང་རྗེ་བའི་བསམ་པ་མི་གཏོང་བའོ། །མི་སྲུན་པ་རྣམས་ལ་ནད་པའི་འདུ་ཤེས་ཀྱིས་གནས་པ་ནི་སྨན་པ་ལྟར་གནོད་པ་བྱེད་པ་ལ་མི་ཁྲོ་བར་སྐྱོན་རབ་ཏུ་གསལ་བའི་ཕྱིར་སྦྱོར་བའོ། །སྡུག་བསྔལ་བ་རྣམས་ལ་སྙིང་རྗེ་བའི་འདུ་ཤེས་ཀྱིས་གནས་པ་ནི། གནོད་པ་ཐམས་ཅད་ཡོངས་སུ་སྤོང་ཞིང་ཕན་པ་སྒྲུབ་པའི་ཕྱིར་འཇུག་པའོ། །བདེ་བ་རྣམས་ལ་དགའ་བའི་འདུ་ཤེས་ཀྱིས་གནས་པ་

ནི་གཞན་གྱི་ནོར་གྱི་ཡོ་བྱད་ལ་བརྣབ་སེམས་དང་ཕྲག་དོག་གི་སེམས་མི་བསྐྱེད་པའོ། །ཞེས་སོགས་རྒྱ་ཆེར་གསུངས་པའི་དོན་ལྟར། ཕོ་མོ་ཚང་ལ་གོང་ས་སྐྱབས་མགོན་ཕྱག་ན་པདྨོ་དང་། འཇམ་དབྱངས་གོང་མ་ཆོས་ཀྱི་རྒྱལ་པོ་གཉིས་ནས་ལན་གཅིག་མིན་པར་ཡང་དང་ཡང་དུ་བསྟུགས་པའི་མེ་ཏོག་ཐོད་དུ་བཅིངས་ནས་བོད་ཀྱི་བསྟན་འགྲོའི་ལས་དོན་ཤེས་སུ་བཅུག་པར་མ་ཟད། ད་ནི་རྒྱལ་སྲས་ཀྱི་སྤྱོད་པའི་ཁུར་ཆེན་པོའི་ངོ་མཚར་རྒྱ་ཆེར་སྟོན་པའི་དུས་ལའང་ཉེ་བར་བབས་པས་ན་ཅི་ནས་ཀྱང་ཡངས་པའི་ཞིང་འདི་ཆོས་བཞིན་དུ་སྐྱོང་བར་བྱ་ལ། དེའི་ཚུལ་ཡང་གོང་དུ་བདེན་པ་པོའི་ལེའུ་ལས་འབྱུང་བ་ལྟར་གྱི་འདུ་ཤེས་བརྒྱད་སོགས་ལ་གནས་པའི་སྒོ་ནས་རང་དོན་ཡིད་བྱེད་ཀྱི་འཁྲི་བ་རྒྱང་རིང་དུ་བསྲིངས་ནས་ལས་སུ་བྱ་བ་མཐའ་དག་གཞན་གྱི་དོན་འབའ་ཞིག་ཏུ་སྨིན་པ། ཇི་ལྟར་སྟོན་ཁྱོན་ཆོས་ཀྱི་རྒྱལ་པོ་མེས་དབོན་རྣམ་གསུམ་སོགས་ཀྱི་རྣམ་པར་ཐར་པའི་རྗེས་སུ་སློབ་པ་ཞིག་བགྱིའོ་སྙམ་དུ་ཐུགས་བསྐྱེད་ཀྱི་སྟོབས་ལྷག་པར་དུ་བསྐྱེད་ནས། གཞུང་བསྟན་སྲིད་ལར་བརྒྱའི་སྐོར་གྱི་བཀའ་བཀོད་སྤྱི་དང་། ནང་ཚན་ལས་ཁུངས་སོགས་ལ་ཕྱག་ན་པདྨོའི་ཆབ་འབབས་སུ་གཏོགས་པའི་མི་སེར་རྣམས་ལ་འཚོ་ཆོས་དང་གཞུང་བསམ་གང་ཆེ། ལས་དོན་མཐའ་དག་གཉིས་སློ་དྲང་བཞག་གིས་བསམ་སྦྱོར་ཕྱོད་མེད་དུ་དགོས་རྒྱུ་ལས་རང་དོན་ཕྱུག་བཅུག་གིས་བྱེད་ངན་སོགས་བགྱིས་ན་མི་འཐུས་ཚུལ་དང་། མངའ་འབངས་ཀྱི་སྐྱེ་བོ་རྣམས་ལའང་རྒྱལ་དབང་མཆོག་གི་བཀའ་དྲིན་བསམ་ཤེས་ཀྱིས་ཞི་དྲག་གི་ཁྲལ་རིགས་སོགས་ཞ་ཆག་མེད་པའི་སྒྲུབ་བླངས་སོགས་བྱ་བ་གང་ཅི་ལུགས་གཉིས་ཀྱི་བཀའ་ཁྲིམས་ཀྱི་རྒྱ་ལས་མི་འགོངས་པ་དགོས་ཚུལ་སོགས་དང་། ལྷག་པར་འགྲོ་བའི་བདེ་སྐྱིད་ཐམས་ཅད་ཀྱི་གཞི་མ་ནི་རྒྱལ་བའི་བསྟན་པ་རིན་པོ་ཆེ་

སྒྲི་དང་། ནང་ཚན་གསེར་མདོག་ཅོད་པན་འཆང་བའི་རིང་ལུགས་འདི་ཉིད་ཡིན་པར་དགོངས་ནས་གདན་ས་ཆེན་པོ་སེར་འབྲས་དགེ་གསུམ་གྱིས་མཚོན་པའི་འདུས་སྡེ་ཁག་གི་བླ་མ་ལས་སྡེ་གྲྭ་དམངས་སོགས་ལའང་། འདུལ་ཁྲིམས་དང་། འཆད་ཉན་ཐོས་བསམ་སོགས་ཆོས་སྤྱོད་ཀྱི་བགྱི་བ་གང་ཅིར་ཉམས་པ་སོར་ཆུད་དང་། མི་ཉམས་ཡར་ལྡན་དུ་དགོས་ཚུལ་སོགས་ཀྱི་བཀའ་ཁྱབ་ཀྱི་འཁོར་ལོ་ལྷིད་དུ་སྐྱིན་པ་མཆོག་དམན་ཡོངས་ཀྱི་མགོ་བོའི་ཅོད་པན་དུ་བཅིངས་པ་སོགས་ཐུགས་ཁུར་བླ་ལྷག་རྒྱུན་མི་ཆད་དུ་བཞེངས་པ་ནི་འོག་ཏུ་རིམ་པར་བརྗོད་འགྱུར་སྒྲི་དང་མཇུག་བསྡུད་འགགས་སྡོམ་གྱི་སྐབས་སོགས་སུ་ཤེས་པར་བྱའོ། །

དེ་ནས་ལོ་དེར་བལ་བོད་སྟེ་གཟར་གྱི་འཁྲུགས་གཟིང་བབ་ཀྱིས་ཟླ་བ་དགུ་པའི་ནང་ཙམ་དུ་གོང་མ་ཆོས་ཀྱི་རྒྱལ་པོས་བཀས་མངགས་པའི་ཀྲུང་ཐང་ཆེན་པོ་བོད་ཕྱོགས་སུ་ཕེབས་སུ་ཉེ་བར་རྒྱང་བསུའི་རིམ་པ་སོགས་སྒྲུལ་ཞིང་། ལས་ཁུངས་སོགས་ལའང་གང་ཅིར་འཕྲུས་ཚང་ལེ་འགྲིག་དགོས་པའི་བཀའ་ཁྱབ་དང་། མི་རིང་བར་ཀྲུང་ཐང་དཔོན་འཁོར་ལྷ་ལྡན་དུ་ཕེབས་པར་བསྟན་འཛིན་གྱི་བླ་སྤྱིལ་དུ་མ་དང་། སེར་འབྲས་ཀྱི་བླ་མ་ལས་སྡེ། གཞུང་དྲུང་མི་དྲག་སེར་སྐྱ་རྣམས་ཀྱི་འཁོར་དང་བཅས་ནས་ཟུར་ཁང་གཡུལ་ཁར་ཆིབས་བསུའི་ཐོག་འཚམས་ཞུ་དང་གང་ཅིར་གསུང་མོལ་ཞིབ་པར་བསྐྱངས་ཏེ་གཞིས་བྱེས་ཀྱི་སྟོན་འཁོར་ཚང་མ་རི་བོ་གྲུ་འཛིན་གྱི་ཚོམས་ཆེན་དུ་ཕྱིན་ཏེ་༧རྒྱལ་དབང་ཐམས་ཅད་མཁྱེན་གཟིགས་ཡབ་སྲས་གསེར་ཞལ་ལྷན་རྒྱས་དང་བཅས་ནས་དགྱེས་པའི་དཔལ་ལ་རོལ་ཞིང་། དེ་ནས་རིམ་པར་སྟོན་ཆེན་སོགས་ཉིན་སྟ་ཕྱིར་བསྐྱངས་པ་རྣམས་ལའང་ཕེབས་བསྐྱོད་ཀྱིས་ཆོས་དང་ཟང་ཟིང་གི་ལེགས་སྐྱེས་

བདག་གིར་བཞེས། གཞན་ཡང་གོང་མའི་བཀས་མངགས་པའི་ཧད་གུང་དཔོན་འཁོར། སོ་སོང་དང་། རྒྱལ་རོང་སོགས་ཀྱི་ལྷ་དམག་འབུམ་ཕྲག་མང་པོ་དང་བཅས་པ་རྣམས་རིམ་པ་བཞིན་དུ་འབྱོར་བ་དེ་ཐམས་ཅད་ལའང་མི་དྲག་རྣམས་ལ་མཇལ་འཕྲད་གསུང་གླེང་དང་། བྱིངས་ལ་མཇལ་ཁ། ཕྱག་དབང་། གནང་སྦྱིན་སོགས་གོ་བབ་ལྟར་སྐྱུལ་བས་ཡིད་ཆེས་ངེས་སུ་མཛད་ཅིང་། རྒྱལ་དབང་མཆོག་དང་། ཀྱུང་ཐང་ཆེན་པོ་སོགས་དང་ལྷན་རྒྱས་ཀྱིས་བསྟན་དགྲ་གོར་ཁ་ཚམ་ལ་ཕབ་སྟེ་བོད་ཁམས་དཀར་པོའི་སྐྱང་བར་འགོད་རྒྱུའི་བཀའ་གྲོས་དང་། ཞབས་བརྟན་རིམ་གྲོ་སོགས་སྒྲུབ་རྒྱུའི་བཀའ་འདོམས་སོགས་རྒྱ་ཆེར་སྩལ། མི་རིང་བར་གོང་མ་ཆོས་ཀྱི་རྒྱལ་པོ་དང་། རྒྱལ་དབང་ཡབ་སྲས་ཀྱི་ཞབས་བརྟན། བསྟན་སྲིད་བདེ་ཐབས་བཅས་སུ་དམིགས་ཏེ། གཞུང་ས་མཆོག་ནས་ཀུང་སྦྱིན་གསལ་གྱི་སྐུ་རིམ་ཁག་བསམ་ལས་འདས་པ་དང་། ལྷག་པར་རྗེ་ཚོམས་ཆེན་དུ་སེར་འབྲས་ཀྱི་བླ་སྤྲུལ་གྲྭ་དམངས་དང་བཅས་པའི་དགེ་འདུན་ལྔ་བརྒྱ་སྐོར་ལ་ཀྱུང་ཐང་ཆེན་པོ་ནས་སྦྱིན་བདག་མཛད་དེ་ཉིན་གསུམ་གྱི་བར་གོང་མའི་ཞབས་བརྟན་ཚུགས་པའི་ཚོགས་དབུས་སུ་༧རྒྱལ་དབང་ཡབ་སྲས་རྣམས་དང་ལྷན་ཅིག་ཏུ་ཕེབས་བསྐྱོད་ཐོག་ཞལ་འདོན་དང་། སྦྱིན་དམིགས་ཐུགས་བསྐྱེད་སོགས་རྒྱ་ཆེར་མཛད། ཀྱུང་ཐང་ཆེན་པོ་ནས་ལེགས་སྐྱེས་ཀྱི་དངོས་འབུལ་ཀྱུང་དཔངས་མཐོ་བ་སོགས་རྒྱ་བོད་ཀྱི་མཆོད་ཡོན་ཚང་མ་ཐུགས་ཡིད་གཅིག་འདྲེས་སུ་གྱུར་ཏོ། །འདི་ལོ་དགུན་ཐོག་ཀློང་རྗོལ་གྲུབ་དབང་རིན་པོ་ཆེ་ཕོ་བྲང་དུ་ཆེད་དམིགས་ཀྱིས་གདན་ཞུ་མཛད་ནས་པོ་ཏ་ལའི་གཟིམས་ཆུང་མདོན་དཀར་བཞུགས་སུ་གསོལ་ཏེ་ཉིན་ལྟར་ལྷན་རྒྱས་མཛད་པར་གྲུབ་དབང་མཆོག་ནས་སྤྱིར་ལུགས་གཉིས་གང་ཅིའི་བཀའ་སློབ་དང་།

ཁྱད་པར་གཞུང་ས་མཆོག་གི་ཞབས་འདེགས་མཛད་དགོས་སྐོར་སོགས་མ་འོངས་ལུང་བསྟན་དང་འབྲེལ་བ་དུ་མ་དང་། སེར་འབྲས་དགེ་གསུམ་སོགས་ཀྱི་འདུས་སྡེ་རྣམས་ཀྱི་ཆོས་སྤྱོད་སྒྲིག་ལམ་གྱི་སྐོར་སོགས་དང་། བོད་ཁམས་འདིར་ནད་མུག་འཁྲུག་རྩོད་རྒྱུན་ཆད་ཐབས་ཀྱི་བཀའ་ལུང་སོགས་སྒྲ་གསང་མེད་པར་སྩལ་བར་མཛད་དོ། །དེ་ལ་སོགས་པ་བསྟན་སྲིད་ལར་རྒྱའི་སྐོར་གྱི་མཛད་འོས་དང་། གཞན་ཡང་ལོ་མཇུག་གི་ཞབས་བརྟན། ཐུགས་དམ་ཉམས་བཞེས་སོགས་ཀྱང་ཐུགས་གཡེངས་ཀྱི་གཞན་དབང་དུ་མ་གྱུར་པར་སྟེར་ལྷག་ཡར་ལྡན་དུ་བཀའ་དྲིན་བསྐྱངས་སོ། །

གངས་རི་ལྟར་དཀར་མ་སླད་ཐུགས་བསྐྱེད་ཀྱིས། །གངས་ལྗོངས་ཕན་བདེས་འགེངས་ལ་བརྩོན་པ་ན། །གངས་ཅན་མགོན་གྱུར་ཕྱག་ན་པདྨོས་ཀྱང་། །གངས་རིའི་ཁྲོད་ཀྱི་དཔུང་གཉེན་གཅིག་པུར་བསྔགས། །ས་གསུམ་ཆོས་ཀྱི་རྒྱལ་པོས་མངོན་བཞེངས་ཚེ། །ལྷག་པར་རང་དོན་ཡིད་བྱེད་རིང་བཏང་སྟེ། །འདུ་ཤེས་བརྒྱད་སོགས་ཆོས་ལྡན་རྒྱལ་པོ་ཡི། །མཛད་པ་རྣམ་ཐར་མ་ལུས་བདག་གིར་བཟུང་། །སྐྱེ་རྒུ་མ་ལུས་ཕན་དང་བདེ་བ་ལ། །སྦྱོར་མཛད་ཕོ་ནས་ཉིན་མཚན་བར་མེད་དུ། །ཕོར་ཡུག་འདའ་ཚེ་ས་བདག་བྱམས་པའི་སྟོབས། །སླར་ཡང་བྱོན་ཞེས་ཀུན་གྱིས་མགྲིན་གཅིག་དབྱངས། །

དེ་ནས་ཡོངས་འཛིན་ཅེས་པ་ཆུ་ཕོ་བྱི་བའི་ལོའི་རང་ཞལ་གསར་དུ་ངོམས་པའི་ཉིན་ཐོག་མར་སྐུ་སྐྱེར་གྱི་གཟིམས་ཆུང་དུ་འདོད་ཁམས་དབང་ཕྱུག་དཔལ་ལྡན་དུང་སྐྱོང་མར་ཆོས་གཏོར་སོགས་སྟེར་ལམ་ལྟར་རྒྱས་འབུལ་དང་། དེ་ནས་གོང་ས་རྒྱལ་དང་མཆོག་གི་ཞབས་དྲུང་དུ་བྱོན་ནས་ལོ་གསར་གྱི་མཇལ་དར་འབུལ་གནང་གི་ཐོག་ལྷན་རྒྱས་དཀར་སྤྲོ་ལ་དགྱེས་རོལ་མཛད། ལྷ་མོ

གསུང་ཕྲིན་མར་སྨན་ཞལ་ཕྱི་མཛོད་སྣ་ལྔ་དང་བཅས་ཏེ་འགྲོ་བའི་ཕན་བདེ་སྤེལ་བའི་འཕྲིན་བཅོལ་གནང་སྐྱིན་དུ་བསྐྱངས། དེ་ནས་སྐྱབས་མགོན་ཡས་ཕྱིན་ལྷན་རྒྱས་གསུང་ཚིག་པ་རྣམ་པར་རྒྱལ་བ་ཕན་བདེ་ལེགས་བཤད་གླིང་པའི་འདུས་གྲྭ་རྣམས་དང་ལྷན་ཅིག་ལྷ་མོར་གཏོར་སྐྱོང་འཕྲིན་བཅོལ་སོགས་རྒྱས་པར་གནང་། ཉི་དྲོས་ཀྱི་དུས་སུ་ཚོམས་ཆེན་དུ་རྒྱལ་དབང་འཇིག་རྟེན་གསུམ་མགོན་དང་། པཎ་ཆེན་ཐམས་ཅད་མཁྱེན་གཟིགས་དང་། བསྟན་འཛིན་གྱི་བདག་ཉིད་ཆེན་པོ་གཞན་དག་རྣམས་དང་། ཤར་བྱང་གི་ཆོས་རྗེ་རྣམ་གཉིས་ཀྱིས་གཙོ་མཛད་པའི་གདན་ས་ཆེན་པོའི་མཁན་སློབ་ལས་སྣེ། གོང་མའི་བཀས་མངགས་ཀྱི་རྒྱའི་དཔོན་ཆེན་ཁག་ངོ་གཡོག་དང་། བཀའི་གུང་བློན་རྣམས་ཀྱིས་གཙོ་མཛད་པའི་གཞུང་དྲུང་མི་དྲག་སེར་སྐྱ། མཐའ་དབུས་ཀྱི་འཁོར་ལྡན་སྦྱིན་བདག་དད་ཅན་སེར་སྐྱའི་ཚོགས་རྣམས་དང་ལྷན་ཅིག་ཏུ་ལོ་གསར་གྱི་དགྱེས་སྟོན་ཐོག ། ༄རྒྱལ་དབང་ཡབ་སྲས་རྣམས་ལ་ལེགས་སྐྱེས་ཀྱི་འབུལ་བ་དཔངས་མཐོར་འདེགས་པར་མཛད་ཅིང་། དེ་རྗེས་མཆོག་དམན་ཕྱིངས་ནས་ཡབ་སྲས་གསུམ་ཆར་ལ་ལོ་གསར་གྱི་ལེགས་དར་དང་། མཐའ་དབུས་ཀྱི་སྦྱིན་བདག་རྣམས་ནས་ཀྱང་འཆར་འཕར་གྱི་ལེགས་སྐྱེས་སོགས་རྒྱ་ཆེར་ཕུལ་བ་རྣམས་བདག་གིར་མཛད། གཞན་ཡང་ལྷའི་གར་མཁན་གྱི་སྐྱེ་བོ་དག་ལའང་འགྲན་པར་བཟོད་པའི་ཁྲིའུ་རྣམས་ནས་འགྱུར་ཁུག་གི་རོལ་མོའི་སྒྲ་དབྱངས་དང་བསྟུན་པའི་གར་གྱི་རྣམ་འགྱུར་མཐའ་ཡས་པའི་གཟིགས་མོ་དང་། རྣམ་དཔྱོད་ཀྱི་ཕུལ་དང་ལྡན་པའི་བློ་གྲོས་ཅན་དག་གིས་ཞིབ་པ་བརྗོད་པའི་ཚིགས་སུ་བཅད་པའི་མེ་ཏོག་སིལ་མ་འཐོར་བ་སྔོན་དུ་འགྲོ་བའི་སྒོ་ནས་ཕྱར་བྱུང་ལོ་རྒྱུས་དང་འབྲེལ་བའི་གྲལ་འཁྲིས་ཀྱི་འབེལ་གཏམ་དང་། ལུང་རྟོགས་ཡོན་ཏན་གྱིས་

ཐུགས་རྒྱུད་ཡོངས་སུ་གཏམས་པའི་གདན་ས་ཆེན་པོའི་སློབ་དཔོན་དགེ་བའི་བཤེས་གཉེན་ཆེན་པོ་རྣམས་ནས་རྒྱལ་གསུང་ཟབ་མོའི་དཀའ་གནད་ལས་བརྩམས་པའི་ལུང་རིགས་ཀྱིས་བརྒྱལ་ཞིང་བརྟག་པའི་ཆོས་ཀྱི་བགྲོ་བ་རྒྱ་ཆེན་པོའི་མཆོད་སྤྲིན་འགྱེད་པ་སོགས་ལུགས་གཉིས་ཀྱི་དགའ་སྟོན་བཟང་པོ་ལ་རོལ་པར་མཛད། དེ་བཞིན་དུ་ཆོས་གཉིས་ཀྱི་ཉིན་རྒྱལ་པོ་ལོ་གསར་གྱི་དགྱེས་སྟོན་རྟེན་འབྲེལ་གྱི་རིམ་པ་རྣམས་ལའང་ཕྱོན་པ་སོགས་ཕུན་སུམ་ཚོགས་པའི་ལེགས་མཛད་བཟང་པོའི་སྒོ་བརྒྱ་དུས་གཅིག་ཏུ་དབྱེ་བར་མཛད། མི་དབང་ཀྲུང་ཐང་ཆེན་མོར་ཡང་ལོ་གསར་གྱི་འབུལ་སྐྱེས་སོགས་ཆེད་དམིགས་སུ་བསྐྱུངས་ཤིང་། ལྷ་ཆོས་ཉིན་གནས་ཆུང་སྤྲུལ་པའི་ཆོས་སྐྱོང་ཆེན་པོར་གཟབ་གསོལ་གྱི་སྤྲིན་དར་དང་ལེགས་འབུལ་གྱི་མཆོད་སྤྲིན་སོགས་མཐའ་ཀླས་པ་སྤྲོ་བའི་སྒོ་ནས་བཞེད་དོན་མཐའ་དག་བདེ་བླག་ཏུ་འགྲུབ་པའི་འཕྲིན་བཅོལ་སོགས་གནང་སྨིན་རྒྱ་ཆེར་མཛད། འདི་ལོ་བོད་ཁམས་རྣམས་སུ་འབྲུམ་ནད་ཀྱི་ཉེར་འཚེ་ཆེ་ཙམ་ཡོད་པའི་དབང་གིས་༧རྒྱལ་དབང་མཆོད་ཡོན་རྣམས་སྨོན་ལམ་ཆེན་མོའི་མགོན་དུ་ཕེབས་བསྐྱོད་མ་ཐུབ་ཀྱང་བླ་མ་ལས་སྣེ་སོགས་ལ་མཇལ་ཕྱག་དང་། སྨོན་ལམ་ཆེན་མོའི་སྐབས་ཀྱི་སྒྲིག་ལམ་ཆོས་སྤྱོད་སོགས་གང་ཅིར་ལེ་འགྲིག་དགོས་པའི་བཀའ་ཁྱབ་སོགས་མཐར་ཕྱིན་དུ་སྩལ། སྨོན་ལམ་འདུས་པ་ཁྲི་ཕྲག་གཉིས་སུ་ལོངས་པ་རྣམས་ལ་མང་འགྱེད་སྤྱི་འབུལ་སོགས་ཀྱི་བསྙེན་བཀུར་རྫམ་མཐོ་བར་བསྐྱངས་པ་སོགས་ཆོས་ལྡན་གྱི་མཛད་ཕྲིན་རྣམས་མི་ཉམས་གོང་དུ་སྤེལ་ཞིང་། སྟོད་ཕྱོགས་སུ་འགྲོ་མིའི་རྒྱ་སོག་སོགས་ཀྱི་དམག་མི་རྣམས་ལའང་ཞལ་མཇལ་ཕྱག་དབང་གནང་སྦྱིན་སོགས་ཡིད་ཚིམས་ངེས་སུ་སྩལ་ནས་བོད་གངས་ཅན་གྱི་བསྟན་པ་དང་། གོང་མ་ཆོས་ཀྱི་རྒྱལ་པོའི་བཀའ་དྲིན། ཏཱ་ལའི་བླ་མའི་ཐུགས་

རྗེ། རང་རང་གི་འདི་ཕྱིའི་དགེ་འབྲས་སོགས་ལ་བསམ་གཞིག་གིས་ཚང་མས་བློ་
སེམས་གཅིག་ཏུ་བསྒྲིལ་ནས་བསྟན་དགྲ་སྡེ་དང་བཅས་པ་ཚམས་ལ་འཐེབ་ཐུབ་
པ་ཞིག་ཅི་ནས་བྱེད་དགོས་དང་། འདི་ནས་གཙོ་བོར་༸སྐྱབས་མགོན་རྒྱལ་བའི་
དབང་པོ་ཡབ་སྲས་རྣམ་གཉིས་དང་། བསྟན་འཛིན་བདག་ཉིད་ཆེན་པོ་རྣམས་
དང་། ཕོ་བོ་ཅག་སོགས་ནས་ཀྱང་བྱ་བ་ལམ་དུ་རྒྱུགས་པའི་སྐྱབས་འཇུག་དང་།
གདན་ས་སེར་འབྲས་དགེ་གསུམ་རྒྱུད་གྲྭ་སྟོད་སྨད་སོགས་ཞྭ་སེར་རིང་ལུགས་
འཛིན་པའི་འདུས་སྡེ་རྣམས་ནས་ཀྱང་རྒྱབ་སྐྱོར་རིམ་གྲོ། ཆོས་སྲུང་ལ་འཕྲིན་
བཅོལ་སོགས་རྒྱ་ཆེར་མཛད་རྒྱུ་བཅས་དེ་དོན་ཚང་མས་ཡིད་ཡུལ་དུ་བཅགས་
དགོས་ཚུལ་སོགས་ཀྱི་བཀའ་ཁྱབ་སྙིང་ལ་སིམ་པར་སྩལ། ཟླ་བ་གཉིས་པའི་ནང་
ཀྲུང་ཐང་ཆེན་པོ་སྟོན་འཁོར་ལྷ་དམག་དང་བཅས་པ་རྣམས་གཙང་ཕྱོགས་སུ་
དཔུང་ཆེན་བརྟེགས་ཏེ་ཕེབས་བཞིན་ལ་ཕེབས་རྗོངས་དངོས་འབུལ་གཏོས་ཆེ་
བ་དང་བཅས་ཏེ་༸གོང་མ་ཆོས་ཀྱི་རྒྱལ་པོ་དང་། ཏཱ་ལའི་བླ་མའི་བཀའ་བཞིན་
བོད་ཁམས་ཀྱི་བསྟན་འགྲོ་ཐུགས་ཡུལ་དུ་བཅངས་ཏེ་གོར་ངན་གྱི་དཔུང་ཚོགས་
ཕ་མཐར་བསྐྲོད་པའི་ལས་དོན་གང་ཅིར་ཐུགས་བསྐྱེད་དང་ཐབས་མཁས་སྒོ་
གང་ཟབ་ཅི་ནས་མཛད་དགོས་པ་དང་། བདག་ཅག་ཤུལ་ན་མཆིས་པ་རྣམས་
ཀྱིས་ཀྱང་ཞབས་བརྟན་དང་རྒྱབ་སྐྱོར་གྱི་རིམ་གྲོ་སོགས་གང་ཅིར་རྒྱ་ཆེ་བར་སྒྲུབ་
ཚུལ་སོགས་ཀྱི་བསླབ་དོན་དང་། གཞན་ཡང་ལས་དོན་སྐོར་གྱི་བཀའ་བསྒྲགས་
གསུང་མོལ་སོགས་གཏན་སླིང་ཞེལ་ངེས་སུ་མཛད། གཞན་ཡང་ཏད་གུང་
སོགས་རྒྱ་དཔོན་ཁག་དང་། ཀྲུང་ཐང་གི་ཞབས་ཕྱིར་ཐོན་མི་བཀའི་གུང་བློན་
ཆེན་པོ་བཤད་གྲ་བ་དང་། ལྷ་གཉེར་རྒྱ་མཚོ། བཀའ་མགྲོན་ཟུར་ཁང་པ་
སོགས་ལའང་ཐོན་གནང་གསོལ་རས་དང་བཅས་པའི་ཐོག་ལས་དོན་ཀུན་ལ་

ལྷག་བསམ་ཆེ་བསྐྱེད་ཀྱིས་འཐུས་ཚང་དགོས་པའི་བཀའ་སློབ་མཐར་ཕྱིན་སྩལ། ཀྱང་ཐང་ཕེབས་ཉིན་མི་དྲག་སེར་སྐྱ་སོགས་དང་ཆབས་ཅིག་པར་ཕེབས་སྐྱེལ་དུ་ཕྱིན་ཐོག་སླར་ཡང་བསྟན་དོན་གལ་ཆེའི་མཛད་པ་ཞི་དྲག་རྣམས་འཐུས་ཤོར་མེད་པ་དགོས་ཚུལ་སོགས་ཀྱི་བཀའ་མཆིད་རྒྱས་པར་གནང་། འདི་ལོ་བསྟན་པའི་གེགས་དབང་བདོ་བས་ཁྱབ་བདག་འཇམ་དབྱངས་བཞད་པ་རིན་པོ་ཆེ་དགོངས་པ་ཆོས་དབྱིངས་སུ་ཐིམ་ཚུལ་བསྟན་སྐད་གསན་པ་ན་བཀའ་དྲིན་རྗེས་སུ་དྲན་པའི་གདུང་ཤུགས་ཀྱིས་སྨྲེ་ཆབ་འཁྱིན་པ་སོགས་ཐུགས་མྱ་ངན་གྱི་གདུང་བས་ཆེ་ཆེར་ནོན་ཅིང་། ཐུགས་དགོངས་རྫོགས་ཆེད་དུ། ༧རྒྱལ་དབང་ཡབ་སྲས་དང་། ཡོངས་འཛིན་ཆོས་ཀྱི་རྒྱལ་པོ། རྒྱལ་སྲས་རྡོ་རྗེ་འཆང་། སློང་རྡོལ་གྲུབ་དབང་རིན་པོ་ཆེ་སོགས་དྲང་སྲོང་བདེན་ཚིག་འགྲུབ་པའི་བདག་ཉིད་ཆེན་པོ་ཀུན་ལ་བསྔོ་རྟེན་དང་། རྟེན་གསུམ་ཁག་ལ་མཆོད་འབུལ་རྒྱ་ཆེན་པོའི་ཐོག་ཐུགས་དགོངས་ཟབ་མོ་ལྟར་དུ་རྫོགས་ཤིང་། རིང་མིན་མཆོག་གི་སྤྲུལ་སྐུའི་རང་ཞལ་གསར་དུ་ཆེས་པའི་ཐུགས་སྨོན་སོགས་རྒྱ་ཆེ་གནད་སྨིན་དུ་བསྐྱངས། གཞན་ཡང་རྣམ་པ་ཀུན་ཏུ་བོད་གངས་ཅན་གྱི་བསྟན་འགྲོ་མཐའ་དག་ཐུགས་ཡུལ་དུ་བཅངས་པའི་ལྷག་བསམ་དང་ཐུགས་བསྐྱེད་བཟང་པོའི་སྒོ་ནས་བསྟན་སྲིད་མཛད་སྒོ་སྐྱི་དང་། ཁྱད་པར་འདི་སྐབས་བསྟན་ལ་གནོད་པའི་གདུག་ཅན་རྣམས་ཀྱི་བསམ་སྦྱོར་ངན་པའི་བགྱི་བ་རྣམས་ཕྱིར་བཟློག་སྟེ། རྒྱལ་བསྟན་ཡུན་དུ་གནས་པ་དང་སེམས་ཅན་ལ་ཕན་བདེའི་དགའ་སྟོན་འགྱེད་པའི་བྱ་གཞག་རྣམས་གེགས་མེད་ལམ་རྒྱུགས་ཀྱི་ཕྱིར་དུ་གདན་ས་ཆེན་པོ་སེར་འབྲས་དགེ་གསུམ། རྒྱུད་གྲྭ་སྟོད་སྨད། རྩེ་ཏུ་བཞི་སྡེ། བསྟན་གླིང་སོགས་དང་། གཞན་ཡང་རིས་མེད་ཀྱི་འདུས་སྡེ་མཐའ་དབུས་ཀྱི་ཡུལ་གྲུར་མཆིས་པ་མཐའ་དག་ཏུ

གཞུང་སྐོར་སོ་སོ་ནས་མང་འཁྱེད་སོགས་ཀྱི་ཐོག་བཀའ་བསྟན་གསུང་སྒྲོག །གདུགས་ཞེར་སོགས་ཀྱི་བཟློག་བསྒྱུར་འབུམ་ཕྲག་མང་པོ། སྦྱིན་སྲེག་དང་གཏོར་བཟློག །མ་མོའི་འཁྲུགས་སྐོང་། ཆོས་སྲུང་ཁག་ལ་བསྐང་འཕྲིན་སོགས་མདོར་ན་ས་དགེ་རྙིང་གསུམ་གྱི་དགོན་སྡེ་སོ་སོ་ནས་རང་རང་གི་ལུགས་ཀྱི་ཕྱག་ལེན་རྣམ་པར་དག་པས་གཞི་བཟུང་བའི་རིམ་གྲོ་རྒྱ་ཆེ་མཐའ་ཀླས་པ་སོ་སྐྱོའི་བློས་བསམ་པར་དཀའ་བ་དུ་མ་ཞིག་སྒྲུབ་རྒྱུའི་བཀའ་ཁྱབ་སོགས་འཆམ་ལུས་མེད་པར་རྒྱུན་མི་ཆད་དུ་བསྐྱངས་ཤིང་། བར་སྐབས་རྣམས་སུ་མཐའ་དབུས་ཀྱི་དད་འདུས་སྦྱིན་བདག་སོགས་ལ་མཇལ་ཁ་དང་། གཞུང་ས་མཆོག་གི་ཞབས་འདེགས་སྒྲུབ་པར་གཡས་གཡོན་དུ་ཐོན་མིའི་གཞུང་དྲུང་མཆོག་དམན་རྣམས་ལ་ཐོན་གནང་དང་བཀའ་སློབ། རྒྱལ་དབང་མཆོག་གི་དགོངས་བཞེད་དང་མཐུན་པའི་རྣམ་དཀར་ཆོས་ལྡན་གྱི་མཛད་བཟང་ལྷབས་པོ་ཆེའི་སྒྲུབ་བླང་། གོང་མ་བདག་པོ་ཆེན་པོ་དང་། ༄རྒྱལ་དབང་ཡབ་སྲས་ཀྱི་ཞབས་བརྟན་དང་། བསྟན་སྲིད་བདེ་ཐབས་སུ་དགོངས་ཏེ་རྡོ་ཤུག་རྣམ་གཉིས་དང་། གསེར་གདུང་ཁག་སོགས་ཀྱིས་མཚོན་པའི་རྟེན་གསུམ་ངོ་མཚར་ཅན་རྣམས་ལ་མཆོད་པ་སྣ་ལྔ་བརྒྱ་ཚར་སྟོང་ཚར་དང་སྣན་ཞལ་ཐུགས་སྨོན་སོགས་བར་མ་ཆད་པ་དང་། བསྟན་སྲུང་སྤྲུལ་པའི་ཆོས་སྐྱོང་ཁག་རྣམས་ལ་གཟབ་གསོལ་དང་། ལོག་རློམས་སྦྱིན་འདྲེན་སོགས་ཀྱི་ཐོག་སྟོན་གྱི་དམ་བཅའི་དོན་བཞིན་བསྟན་པ་ཉམས་དམའ་བར་གྱུར་པའི་དུས་འདིར་མཐུ་སྟོབས་དང་ནུས་པའི་དཔུང་ཆེ་ཆེར་བསྐྱེད་དེ་བསྟན་དགྲ་ཐལ་བར་བརློག་དགོས་ཚུལ་གྱི་བཀའ་བསྐོ་འཕྲིན་ལས་བཅོལ། འབྱུང་འགྱུར་གྱི་ལེགས་ཉེས་བླང་དོར་གྱི་བཀའ་ལུང་ཞུ་བ་སོགས་ལ་དངོས་བརྒྱུད་ཅི་རིགས་པའི་སྒོ་ནས་འབུང་གསུམ་འདོན་པ་དང་། གོང་མ་ཆོས་

གྱི་རྒྱལ་པོར་ཡང་བོད་ཕྱོགས་ཀྱི་སྐྱིད་སྡུག་གནས་ཚུལ་གསེར་སྐན་དུ་སྙན་པ་སོགས་ཉིན་མཚན་བར་མེད་ལྷ་བུས་ལུགས་གཉིས་ཀྱི་མཛད་པ་རླབས་པོ་ཆེས་དུས་འདའ་བར་གྱུར་སྣང་སྟེ། དེ་དག་ལས་གལ་ཆེའི་རིགས་འགའ་ཞིག་ཙམ་ལས་མཐའ་དག་ནི་འགོད་པར་མ་ནུས་པས་ན་རགས་བསྡུས་སྙོམ་བཤད་ཀྱི་ཚུལ་དུ་བཀོད་པ་ཡིན་ནོ། །

འདི་སྐབས་གོང་མ་ལྷ་སྐྱོང་ཆེན་པོ་ཁྲི་བཞུགས་དགུང་ལོ་ང་བདུན་པའི་ཐོག་ཏུ་ཕེབས་ཤིང་། སྐྱབས་མགོན་ཉིད་ནས་བོད་ཀྱི་ལས་དོན་གང་ཅིར་ཐུགས་འགན་ཆེ་བཞེས་ཀྱིས་མཛད་འཕྲིན་རླབས་ཆེ་བར་ཡོད་ཚུལ་གསེར་སྐན་དུ་སོན་པས་ཐུགས་ཀྱི་དགྱེས་རྒྱ་ལྷག་པར་དུ་འཕེལ་བས་གཟིགས་རྒྱངས་བདག་རྐྱེན་གྱིས་སྐུ་ཕྲེང་གོང་མའི་དུས་ཀྱི་ཡེ་ཤེས་ཡོངས་རྫོགས་བསམ་གཏན་མཁན་པོའི་ཐམ་ག་ཆོ་ལོ་གནང་སྐྱེས་དང་བཅས་པ་སྩལ་བའི་གསེར་གྱི་བཀའ་ལུང་བཟང་པོ་འདི་ལྟར་དུ་ཕེབས་ཏེ། ཚེ་རིང་གནམ་གྱི་གཤེ་མོང་བཙན་པོས་ས་སྟེང་ཡོངས་ལ་དབང་བསྒྱུར་བ་རྟང་ཏིའི་བཀའ། ཞྭ་སེར་གྱི་བསྟན་པ་རིམ་པས་བསྐྱངས་ཏེ་ཆོས་སྲོལ་དང་ངེས་པར་མཐུན་པའི་བཀའ་ཤོག་སྩལ་ཏེ་གཟེངས་བསྟོད་པ་ནི། སངས་རྒྱས་ཀྱི་བསྟན་པ་ཆེས་ཆེར་སྤེལ་ཞིང་ཁྱད་པར་དུ་ཐུགས་ཀྱི་བསྟན་པ་རྒྱས་པར་བྱེད་པ་དང་། སྤྱོད་པ་གཙང་བས་མངོན་པར་ནུས་པ་ལ་བརྟེན་དགོངས་ཀྱིས་བཀའ་ཕབ་སྟེ་ཆོ་ལོ་བཟང་པོ་འདོགས་པའི་འོས་སུ་འདུག་པས་དེའི་ཕྱིར་ད་ལམ་ཆེད་དུ་བདག་རྐྱེན་ཐོབ་པར་བྱེད་པ་ལ། སྟོན་དང་མཐུན་པར་རིམ་པས་གཟེངས་བསྟོད་པ་ཡིན། རྗེ་དྲུང་ཏུ་ཐོག་ཐུ་ཁྱེད་སྐྱེས་བུ་དམ་པར་གྲུབ་ཅིང་རྫོགས་རིམ་ཁྱད་འཕགས་སྤུ་མོ་ཞིག་ནས་རྟོགས་ཟིན་ཅིང་། ཐེག་པ་གསུམ་གྱི་དོན་ལ་ཐོགས་པ་མེད་པ་སྟོན་གྱི་སྐྱེས་རབས་ལས་གསལ་བར་ཤེས། དེས་ས་

རྣམ་པ་བཅུ་མ་ལུས་པ་ལས་བརྒྱལ་བའི་སེམས་ཀྱི་ཉམས་རྟོགས་ཐམས་ཅད་གསུང་རབ་ཀྱི་དགོངས་པ་དང་མཐུན་པ། ངེད་ཀྱི་སྐྱེ་བ་མང་པོ་ལ་བརྟེ་བས་དགོངས་པ་དང་མཐུན་ཅིང་། ངེས་པར་ནན་ཏན་གྱིས་རྒྱལ་བསྟན་སྤྲ་ཞིབ་ལ་ཕན་ཡོན་གཡེལ་བ་མེད་པར་བྱས་པས། ངེད་ནས་སྤྲོ་བ་སྐྱེས་ཏེ་བསྔགས་བསྟོད་ཀྱིས་བརྗེ་དགོངས་སུ་སྩལ་བ་ཡིན། ཁྱོད་ཀྱི་སྐྱེས་རབས་སྔ་མའི་སྲོལ་བཞིན་ཡེ་ཤེས་ཡོངས་རྫོགས་བསམ་གཏན་མཁན་པོ་ཞེས་པའི་བསྔགས་ཚིག་གི་རྟགས་ཐམ་ཀ་སྦྱིན་པ་ཡིན་པས། ཁྱོད་ཀྱིས་སངས་རྒྱས་ཀྱི་བསྟན་པ་ལ་འབད་བརྩོན་གྱིས་ལྷུར་ལེན་བྱས་ནས། ཡུལ་དབུས་དེར་གུས་པས་བསྟེན་ཅིང་ཏཱ་ལའི་བླ་མ་ལ་ཕན་འདོགས་བྱེད་པ་དང་། རྣམ་དག་བསམ་གཏན་ལེགས་པར་བསྒོམ་ནས་བདེ་ལྡན་གྱི་རྣལ་འབྱོར་ལ་རོལ་པར་དགའ་བས་སྐྱོང་ཤིག་བཀས་མངགས་པའི་ཨམ་བན་དང་ལྷན་ཅིག་ཏུ་བོད་ཡུལ་གྱི་མི་སྡེ་རྣམས་ལེགས་པར་དཀྲི་བས་བསྐྱངས་ཤིང་། རྒྱལ་ཁམས་ཐམས་ཅད་ལ་བདེ་སྐྱིད་དང་བསོད་ནམས་འཕེལ་བར་བགྱིས། བླ་མ་མང་པོ་དང་ཐབས་གཅིག་ཏུ་གནང་སྦྱིན་མཐུན་རྐྱེན་ཐོབ་པ་ལ་བརྩོན་པར་བགྱིས་ཤིག །གནམ་སྐྱོང་དགུང་ལོ་ང་བདུན་པའི་ཤེལ་གྱི་དབྱར་ཟླ་དང་པོའི་ཚེས་བཅུ་གཉིས་ལ། ཞེས་སྩལ་བར་དགྱེས་པས་བདག་གིར་དུ་ནོད་པར་མཛད་ཐོག་ལེགས་འབུལ་དུ་སྐུ་ཚེའི་རྟེན་འབྲེལ་མཆོད་ཕྱིར་སྒྲོལ་དཀར་ཡིད་བཞིན་འཁོར་ལོའི་སྣང་བརྙན་དང་། རབ་དཀར་ལྷ་གོས་ནང་མཛོད་དང་བཅས་ཏེ་བཀའ་དྲིན་བསོབ་པའི་ཞུ་འཕྲིན་གྲལ་རྗེའི་ལམ་ནས་འབུལ་བར་མཛད་དོ། །དེ་ནས་མི་རིང་བ་ན། ཇི་སྐད་དུ། ༄སྐྱབས་མགོན་རྒྱལ་བའི་རྒྱལ་ཚབ་ས་མ་ཏི་པཀྵི་རིན་པོ་ཆེ་ཉིད་ཀྱི་གསུང་གི་གསང་བ་ལས། ཁམས་གསུམ་ས་དགུའི་ཡིད་ཅན་མ་ལུས་པའི། །ཕན་བདེའི་གྲིབ་བསིལ་ཀུན་

གྱི་འབྱུང་གནས་ནི། །དྲི་མེད་ཐུབ་བསྟན་དཔག་བསམ་དབང་པོ་ལས། །
གཞན་དུ་ཤེས་བྱའི་ཁྱོན་འདིར་དམིགས་སུ་མེད། །གང་དེ་སྙིགས་འགྲོའི་བསོད་
ནམས་དོ་ར་ནི། །རལ་ཆེ་ལོག་སྨོན་མཐུ་ལྡན་ནག་ཕྱོགས་ཀྱི། །བདུད་རིགས་
ལག་ལྡན་དག་གིས་འཆེ་བར་རྩོམ། །དེ་ཚེ་བསྐལ་མང་སྔོན་ནས་རྒྱལ་བསྟན་
ལ། །འཛིན་སྐྱོང་སྤེལ་བའི་སྨོན་ལམ་མཐུ་བཙན་པོས། །འཇམ་དབྱངས་མི་ཡི་
རྗེ་བོར་རབ་ཤར་བ། །གནམ་སའི་དབང་ཕྱུག་ལྷ་སྐྱོང་༸གོང་མ་ཡི། །ཐུགས་
བསྐྱེད་ནམ་མཁའི་སྣང་པོས་ཉེར་དྲངས་པའི། །ཡན་ལག་བཞི་ལྡན་དཔུང་གི་
རྡོ་ཆར་དང་། །གཡུལ་དུ་དཔའ་བའི་གློན་ཆེན་དུ་མ་ཡི། །གཟི་བྱིན་གནམ་
ལྕགས་ཞུན་མ་ལྷུངས་ཙམ་གྱིས། །འཇམ་དབྱངས་མི་ཡི་རྗེ་བོའི་འབངས་སུ་
བཀོད། །རྒྱལ་དང་རྒྱལ་སྲས་ཀུན་གྱི་ཐུགས་རྗེའི་དཔུང་། །རྒྱ་མཚོའི་རླབས་
བཞིན་དུས་ལས་མི་ཡོལ་ཞེས། །དྲང་སྲོང་བདེན་པའི་གསུང་གིས་བསྔགས་པ་
ཡང་། །དེང་འདིར་སྐྱེ་བོའི་མངོན་སུམ་ཉིད་དུ་གྱུར། །ཞེས་ཇི་ལྟར་གསུངས་
པ་ལྟར་གཙོ་བོར་རྒྱལ་དབང་ཡབ་སྲས་དང་མགོན་པོ་ཉིད་ལ་སོགས་པ་རྣམ་
འདྲེན་བདག་ཉིད་ཆེན་པོ་རྣམས་ཀྱི་ཐུགས་རྗེ་དང་ནུས་པའི་གཟི་འོད་ཆེ་ཆེར་
འབར་བའི་བྱིན་མཐུ་དང་། ༸གནམ་གྱི་ལྷ་འཇམ་དཔལ་དབྱངས་གོང་མ་ཆོས་
ཀྱི་རྒྱལ་པོའི་ཐུགས་བསྐྱེད་དང་བསོད་ནམས་ཀྱི་དཔལ་ལྷག་པར་དུ་འབར་བའི་
སྟོབས་ཤུགས་དང་། རིས་མེད་ཀྱི་བསྟན་འཛིན་འདུས་སྡེ་དང་བཅས་པ་མཐའ་
དག་གིས་ཀྱང་ཐུགས་འདུན་རྩེ་གཅིག་པའི་སྒོ་ནས་རྒྱབ་སྐྱོར་རིམ་གྲོ་སོགས་ཟབ་
ཅིང་རྒྱ་ཆེ་བ་གནང་སློབ་རྒྱུན་ཆགས་སུ་བསྐྱངས་པའི་བདེན་མཐུ་དང་། ཆོས་
སྐྱོང་ཡེ་ཤེས་ཀྱི་སྤྱན་ལྡན་རྣམས་ཀྱིས་ཀྱང་མཐུ་སྟོབས་ཀྱི་ཤུགས་ཇེ་ཆེར་བསྐྱེད་དེ་
བསྟན་དགྲ་བསྒྲལ་བ་ལ་གཅིག་ཏུ་བརྩོན་པའི་དྲག་པོའི་འཕྲིན་ལས་གནམ་

ལུགས་ཀྱི་མེ་ཆར་ཕྱུགས་བཙུར་འབེབ་པ་དང་། ༸གོང་མའི་བཀས་མངགས་
པའི་ནང་བློན་ཆེན་པོ་དཔའ་ཞིང་བརྟུལ་ཕོད་པ་སྲིད་མེད་ཀྱི་བུའི་སྟོབས་དང་།
ཕུར་བུའི་བློ་གྲོས་སོགས་གཅིག་ཏུ་བསྡུས་པ་ལྟ་བུ་རྣམས་ཀྱིས་གཡུལ་གྱི་དགྲ་
ཐབས་ཀྱི་འཁྲུལ་འཁོར་རྣམ་པར་བསྒྱུར་བའི་མཐུ་དང་། ལྷ་དམག་འབུམ་སྡེའི་
ཚོགས་ཀུན་ཀྱང་དཔའ་བ་དང་སྒྱུ་རྩལ་གྱི་ཁྱད་པར་ཀུན་ལ་མཁས་ཤིང་བྱང་ཆུབ་
པའི་ཁུར་ཚང་མས་བསྟན་པ་བསྲུང་བ་ལ་བློ་སེམས་ཆིག་བསྒྲིལ་གྱི་སྒོ་ནས་གཡུལ་
གྱི་སྦྱོར་བ་བཤམ་པ་སོགས་ཕྱི་ནང་གི་རྐྱེན་མཐའ་དག་མ་ཚང་བ་མེད་པར་དུས་
གཅིག་ཏུ་འཚོགས་པའི་མཐུས་འབད་པ་དང་དཀའ་བ་དང་དུ་ལེན་པ་ལ་ལྟོས་མི་
དགོས་པར་ཇི་ལྟར་འཁོར་ལོས་བསྒྱུར་བའི་རྒྱལ་པོ་རྣམས་གཡུལ་དུ་འཇུག་པའི་
ཚེ། ཇི་སྐད་དུ་མཛོད་ལས། དེ་དག་གླིང་གཅིག་གླིང་གཉིས་དང་། །གསུམ་
དང་བཞི་ལ་མས་རིམ་བཞིན། །ལས་བསུ་རང་འགྲོ་གཡུལ་བཤམ་དང་། །
མཚོན་བརྩམ་པས་རྒྱལ་གནོད་པ་མེད། །ཅེས་ཕ་རོལ་གྱིས་བསུ་བ་ཙམ་དང་།
རང་ཉིད་འགྲོ་བ་ཙམ་དང་། གཡུལ་བཤམ་པ་ཙམ་དང་། མཚོན་གདེངས་པ་
ཙམ་གྱིས་མངག་གཞུག་ཏུ་བཀོལ་ནུས་པར་གསུངས་པ་ལྟར། དུས་འདིར་ཡང་
བསྟན་པའི་ཆོམ་རྐུན་པ་དེ་དག་བསད་གཅོད་སོགས་ཆེར་མ་དགོས་པར་དེ་གོང་
ཙམ་ནས་ཕལ་མོ་ཆེ་རང་ཞུགས་སུ་བྲོས་པར་གྱུར་ཅིང་། ཕྱིན་ཆད་ཀྱང་བསམ་
སྦྱོར་ངན་པའི་སྦྱོར་བ་མི་རྩོམ་པར་གྲུས་པས་འབངས་སུ་གཏོགས་པར་རྒྱལ་བློན་
དམངས་བཅས་ཀུན་གྱིས་ཁས་ལེན་པ་སོགས་བདེ་བླག་ཉིད་དུ་ཆབ་འབངས་སུ་
བཀོལ་ནུས་པར་གྱུར་ལ། དེའི་མཐུས་སྐྱེ་འགྲོ་མཐའ་དག་ཀྱང་༸གོང་མ་ཆེས་ཀྱི་
རྒྱལ་པོ་དང་། རྒྱལ་དབང་ཡབ་སྲས་མཆོད་ཡོན་དང་། སངས་རྒྱས་ཀྱི་བསྟན་
པ་དེ་འཛིན་འདུས་སྡེ་དང་བཅས་པའི་ཐུགས་རྗེ་དང་བྱིན་མཐུ་ལ་ཡིད་ཆེས་ཀྱི་

དད་པ་དབང་མེད་དུ་སྐྱེས་ཏེ་རྒྱལ་བ་རྣམས་ཀྱི་འཕྲིན་ལས་ནི་དུས་ལས་ཡོལ་བ་མེད་པར་ཡོངས་སུ་གྲགས་པ་དེ་ཉིད་ཚིག་ཙམ་མིན་པར་ཀུན་ལ་མངོན་སུམ་དུ་གྱུར་སྣང་ཞིང་། དེའི་ཚེ་ཧེ་སྐད་དུ་མགོན་པོ་ཉིད་ཀྱི་གསུང་ལས། དེ་ལྟའི་ཡ་མཚན་རོལ་མོ་ཡིས། །ཁ་བའི་རི་ཡི་འགྲོ་བ་རྣམས། །དབུགས་དབྱུང་ངལ་བསོ་སྐྱེར་གྱུར་ཅིང་། །རྒྱལ་བསྟན་པད་ཚལ་ཅི་ཡང་བཞད། །མི་རྟོག་མདའ་ཅན་འབངས་གྱུར་པའི། །ཕོག་སྨོན་ཅན་གྱི་སྐྱེ་བོ་ཡིས། །བརྩམ་བྱའི་དོན་ནི་མ་འགྲུབ་པས། །ཡིད་སྐྱབས་སྐྱེ་བཅས་མྱ་ངན་གྱི། །ཁང་བུར་ཞུགས་ནས་སྙིང་ངག་གི །ལྷབ་ལྷིབ་ཚ་ངེ་འདོན་བཞིན་དུ། །བཞིན་གྱི་ཀུནྡ་ཟུམ་པ་དང་། །ཆབས་ཅིག་སླིང་ཡང་ཀློག་མར་འཁྱིན། །ཚངས་དབང་ལ་སོགས་དཀར་ཕྱོགས་ཀྱི། །རྣམ་སད་གཙང་མའི་རིགས་རྣམས་ཀྱིས། །གྲགས་དཀར་རྒྱལ་མཚན་བསྒྲེངས་བཞིན་དུ། །སྔན་པའི་དུང་ཡང་བུས་པར་གྱུར། །དགའ་བ་བརྒྱ་ལྡན་ས་སྐྱོད་ཀྱི། །ཆབ་སྲིད་རྒྱལ་བསྟན་རིན་ཆེན་སྣོད། །ཆོས་སྲིད་ར་བརྒྱའི་དཔལ་ལྡན་པའི། །རབ་དཀར་འོ་མས་རབ་ཏུ་ཁེངས། །ལུང་རིགས་མཆེ་སྡེར་རྣོན་པོ་ཡིས། །ཕོག་སྨྲའི་སྤྱི་བོ་རབ་འགེམས་པ། །བློ་བཟང་རིང་ལུགས་གདོང་ལྔ་པས། །གངས་རིའི་ལྗོངས་འདིར་ཅི་དགར་སྐྱོད། །ཅེས་གསུངས་པ་ལྟར་ཁ་བ་རི་པའི་སྐྱེ་འགྲོ་མཐའ་དག་སྡུག་བསྔལ་གྱི་འདམ་ལས་དབུགས་དབྱུང་སྟེ་བདེ་བ་དང་དགའ་བའི་འབབ་སྟེགས་ལ་ངལ་བསོ་བར་གྱུར་པ་དང་ལྷན་ཅིག་ཏུ་རིས་མེད་རྒྱལ་བསྟན་གྱི་པད་ཚལ་སླར་ཡང་བཞད་པར་གྱུར་ལ། དེའི་མཐུས་མི་རྟོག་མདའ་ཅན་གྱི་མངའ་འབངས་སུ་གཏོགས་པའི་ཕོག་སྨོན་ཅན་གྱི་སྐྱེ་འགྲོ་རྒྱལ་བློན་འབངས་དང་བཅས་པ་རྣམས་རང་རང་གི་ཡིད་ལ་བརྣགས་པའི་འདོད་དོན་རྩེག་མེད་དུ་གྱུར་ཏེ་མི་འདོད་བཞིན་དུ་བཀའི་འབངས་སུ་ཞུགས་དགོས་

པའི་དབང་གིས་མྱ་ངན་གྱི་ཁང་བུའི་ནང་དུ་སྨྲེ་ངག་གི་ཚེ་ངེ་རྒྱུན་མི་ཆད་དུ་འདོན་ཞིང་དབང་པོའི་མདངས་ཉམས་པ་དང་། སྙིང་ཡང་ཀློག་མར་འཁྱིན་པ་སོགས་བཟོད་དཀའ་བའི་གདུང་བས་ནོན་ཅིང་། ཚངས་དང་ལྷ་དབང་ལ་སོགས་པ་དཀར་ཕྱོགས་སྐྱོང་བའི་ལྷ་ཀླུ་གནོད་སྦྱིན་མིའམ་ཅི་ལ་སོགས་པ་རྣམས་ནི་དགའ་བའི་བ་དན་ཕྱོགས་བཅུར་བསྒྲེང་ཅིང་སྐལ་པའི་རྒྱལ་ཐ་ཁོར་ཡུག་རི་བོའི་ཁྲིན་ཀུན་དང་སྲིད་རྩེའི་བར་དུ་སྒྲོག་པ་ལ་བརྩོན་པ་དང་། དགའ་ལྡན་ཕོ་བྲང་ཕྱོགས་ཐམས་ཅད་ལས་རྣམ་པར་རྒྱལ་བའི་ཆབ་སྲིད་ཀྱི་གདུགས་དཀར་གུང་དུ་མཐོ་བར་གྱུར་པ་དང་ལྷན་ཅིག་པར་འཇམ་མགོན་ཆོས་ཀྱི་རྒྱལ་པོ་ཙོང་ཁ་པ་ཆེན་པོའི་ལུགས་བཟང་གདོང་ལྔའི་དབང་པོའི་ཚོགས་ཀྱིས་གངས་ལྗོངས་རི་བོའི་ཁྲིན་འདི་སྐད་ཡང་མཛེས་པར་བྱས་སོ། །

འདིར་སྨྲས་པ། འགྲོ་ཀུན་ཕན་དང་བདེ་བའི་ཞིང་གཅིག་པུ། །སྡུག་བསྔལ་ཀུན་འབྱུང་ནད་སེལ་སྨན་གྱི་མཆོག །ཤཱཀྱ་སེང་གེའི་རིང་ལུགས་འདི་ཉིད་ལས། །གཞན་དུ་མེད་པར་ཚད་མར་གྱུར་པས་གསུངས། །དེ་ཡི་ནང་ནས་རབ་དང་ཕུལ་གྱི་མཆོག །སྐལ་ལྡན་ཡོངས་ཀྱི་བགྲོད་པ་གཅིག་པའི་ལམ། །གསེར་སྦྲུངས་བཙོ་མའི་ཙོད་པན་ལེགས་འཆང་བའི། །འཇམ་མགོན་བླ་མའི་སྲོལ་བཟང་ཉིད་དུ་ངེས། །ཚུལ་དེ་ཡུན་དུ་གནས་དང་སྤེལ་བ་ཡི། །བྱེད་པོ་དགའ་བ་བརྒྱ་ལྡན་ཕོ་བྲང་ཞེས། །ཆོས་ནོར་ཐར་འདོད་སྡེ་བཞིའི་ཕུན་ཚོགས་ཀྱིས། །མངོན་པར་མཐོ་བའི་བ་དན་ཀུན་ཏུ་བསྒྲེངས། །དེ་ལྟའི་དགེ་ལེགས་སྙིང་ལ་མ་བཟོད་པའི། །མི་རྟོག་མདའ་ཅན་བྲན་གྱུར་སྐྱེ་བོ་འགའས། །ཀུན་སློང་ངན་པའི་རྒྱུད་ཀྱིས་ཉེར་དྲངས་ཏེ། །ལོག་པར་རྩོལ་བའི་ཉག་ཕྲན་ཕྱོགས་བཅུར་འཕེན། །ངན་སྤྱོད་སྒྲ་གཅན་གདུག་པའི་ཕྲངས་པ་ཡིས། །བདེ་སྐྱིད

ཉིན་བྱེད་འགོག་པ་མ་བཟོད་པར། །བདག་ཉིད་ཆེ་རྣམས་བརྩེ་ཆེན་འོ་མའི་རྫིང༌། །ཆེ་བར་གཡོས་པའི་ཐ་ལྷབས་གྱེན་དུ་འཛུམ། །ས་དབང་གནམ་བསྐོས་མི་ཡི་རྗེ་བོས་ཀྱང༌། །ཐུགས་བསྐྱེད་གདེངས་ཅན་དབང་པོས་ཉེར་བསྐུལ་བས། །ཡན་ལག་བཞི་ལྡན་དཔུང་ཚོགས་ཆུ་བོ་བཞི། །སྒྱུ་རྩལ་དྲུག་ཅུའི་ལྡུ་འཕྲེང་འཛིན་བཞིན་ཕབ། །ཐུབ་བསྟན་གཅེས་པར་འཛིན་པའི་སྡེ་ཀུན་གྱིས། །ལྷག་བསམ་ཆུ་འཛིན་འཁྲིགས་པའི་སྤྲིན་ཡངས་ནས། །ནུས་མཐུའི་གནམ་ལྕགས་ཐོག་སེར་འཕྲེང་བའི་ཚོགས། །བདེན་ཚིག་དབྱངས་ཀྱི་འབྲུག་སྒྲོང་ལྡིར་བཞིན་འབེབས། །དེ་སོགས་དགེ་མཚན་གཅིག་ཏུ་སྤུངས་པའི་མཐུས། །གདུག་ཅན་སྐྱེ་བོའི་བསམ་སྦྱོར་ལོ་ཏོག་ཀུན། །རྨེག་མེད་ཐལ་བར་རློག་པའི་གཏམ་གྱི་སྒྲས། །སྲིད་རྩེའི་ལྷ་ཡང་སྐྲོམས་པར་འཇུག་ལས་ལྷང༌། །རབ་དཀར་གདངས་རིས་མཚན་པའི་ཡུལ་གྲུ་འདི། །རབ་དཀར་འཇམ་མགོན་རྒྱལ་བའི་བསྟན་པ་དང༌། །རབ་དཀར་ཕན་བདེའི་སྣང་བས་ཁྱབ་པའི་མདངས། །རབ་དཀར་ཟླ་བ་འབུམ་གྱི་མཛེས་པའང་འགོག །ཅེས་པ་ནི་བར་སྐབས་ཀྱི་ཚིགས་སུ་བཅད་པའི་རིམ་པའོ། །

དེ་ལྟར་བསྟན་དགྲ་གོར་ཁ་སྐྱེར་བཅས་ཚམས་ལ་ཕབ་ཟིན་ནས་༧ནང་བློན་ཀྲུང་ཐང་ཆེན་པོ་སོགས་རྒྱ་བོད་ཀྱི་དཔོན་ཁག་དང༌། ལྷ་དམག་འབུམ་སྡེའི་ཚོགས་དང་བཅས་པ་རྣམས་ཕྱོགས་ཀུན་ལས་རྣམ་པར་རྒྱལ་བའི་རུ་མཚོན་ཀུན་ཏུ་བསྒྲེངས་བཞིན་པར་དབུས་ཕྱོགས་སུ་འཁོར་དུ་ཉེ་བར་གྱུར་པ་ན། བཀའི་བློན་ཆེན་སོགས་མི་དྲག་དུ་མ་ཞིག་རྒྱང་བསུར་འགྲོ་དགོས་ཀྱི་བཀའ་ཕབ་པ་རྣམས་ལ་ཐོན་གནང་དང༌། རིང་པོར་མ་ལོན་པར་༧སྐྱབས་མགོན་ཉིད་ནས་ཀྱང་ཀྲུང་ཐང་ཆེན་པོའི་ཆིབས་བསུར་གམ་པ་བར་ཚོགས་བར་འབྱོན་བཞེད་

ཀྱིས་པོ་ཏ་ལ་ནས་གསོལ་ཚོགས་རྒྱབ་ལ་ཆིབས་བཏེགས་ཏེ་ཕྱིན་པར་ར་བ་སྟོད་དུ་སྲིད་འཁོར་ཙམ་ལ་ཕྱག་ཕེབས་ཤིང་། དེའི་ཕྱི་ཉིན་ཀློང་རྫོལ་གྲུབ་དབང་རིན་པོ་ཆེའི་ཞབས་དྲུང་དུ་ཕྱིན་ཏེ་སྤ་དྲོ་ནས་ཚ་ཏིང་ཁ་བར་ལྷན་རྒྱས་ཞིབ་འགོལ་མཛད་དེ་ཆོས་ཀྱི་གསུང་གླེང་དང་། ལྷག་པར་གྲུབ་དབང་མཆོག་ནས་མ་འོངས་འབྱུང་འགྱུར་གྱི་བཀའ་སློབ་ཐུགས་ཀྱི་དབུས་སུ་སེམ་ངེས་པ་དུ་མ་ཞིག་སྩལ་བར་མཛད་འདུག་སྟེ། འདི་ནི་རྗེ་བླ་མ་རྣམ་གཉིས་ཐུན་མོང་གདུལ་བྱའི་སྣང་ངོར་སྐུ་ཚེ་འདིར་དངོས་སུ་མཇལ་འཕྲད་མཛད་པའི་ཐ་མ་ཡིན་པར་སྣང་ངོ་། །དེ་ནས་རིམ་ཕེབས་ཀྱིས་མི་རིང་བར་ཀྲུང་ཐང་ཆེན་པོ་སོགས་ནས་མཇལ་འཛོམས་ཀྱི་ཐོག་བསྟན་དགྲ་ཆམས་ལ་ཕབ་པའི་ལེགས་སྐྱེས་དང་འབྲེལ་བའི་མཇལ་འབུལ་དང་། ཚུར་ཡང་གུས་འདུད་ཆེན་པོས་མཇལ་དར་སོགས་སྲིད་ཞུ་བླ་ལྷག་ཏུ་མཛད་དེ་མཆོད་ཡོན་མཐའ་དག་ཐུགས་ཤིན་ཏུ་མཉེས་པའི་རྣམ་འགྱུར་དང་བཅས་ཏེ་ལས་དོན་སྐོར་སོགས་ཀྱི་གསུང་མོལ་རྒྱས་པར་གནང་ནས་རིམ་གྱིས་ལྷ་ལྡན་གྱི་ལྗོངས་སུ་ཕྱག་ཕེབས་པར་གྱུར་ཏོ། །དེ་ནས་དུས་ཆེས་གཟའ་སྐར་སོགས་ཕུན་སུམ་ཚོགས་པའི་ཉིན། ༸སྐྱབས་མགོན་རྒྱལ་དབང་ཡབ་སྲས་རྣམ་གཉིས་དང་། རྗེ་བླ་མ་ཉིད་བཅས་དང་། མི་དབང་ཀྲུང་ཐང་ཆེན་པོ་དཔོན་འཁོར། གཞན་ཡང་གོང་མའི་བཀས་མངགས་ཀྱི་རྒྱ་དཔོན་ཆེ་ཆུང་། བོད་ཀྱི་མི་དྲག་སོགས་ཀྱིས་གཙོ་བྱས་པ་རྣམས་གདན་འཛོམས་ཐོག་ཕ་རོལ་གཡུལ་ལས་རྣམ་པར་རྒྱལ་བའི་དགའ་སྟོན་ཆེན་པོ་རིམ་པར་ཚོགས་པ་རྣམས་སུ་ཕེབས་བསྐྱོད་དང་། ཀྲུང་ཐང་སོགས་ལ་མཆོད་ཡོན་ཚང་མས་ལེགས་སྐྱེས་ཀྱི་དངོས་འབུལ་སོགས་ཀྲུང་རྒྱ་ཆེ་དཔངས་མཐོ་བསྟར་ནས་ཐུགས་ཡིད་ཚིམ་ངེས་སུ་མཛད། དེ་བཞིན་དུ་རྒྱ་སོག་གི་དམག་མི་རྣམས་ལའང་སྟོན་མོ་

དང་གནང་སྩོལ། བཀའ་བཟང་གི་དབུགས་དབྱུང་སོགས་གང་ལ་གང་འོས་སུ་སྩལ་བས་ཚང་མ་དགའ་དད་འགྲན་པའི་དཔལ་ལ་རྟག་པར་རྒྱུན་དུ་སྤྱོར་བར་གྱུར། མི་རིང་བར་ཟླ་བ་བརྒྱད་པའི་ནང་པཎ་ཆེན་ཐམས་ཅད་མཁྱེན་གཟིགས་ཆེན་པོ་གཙང་ཕྱོགས་སུ་ཕེབས་བཞུད་ལ་ཕེབས་ཇོངས་དངོས་འབུལ་རྒྱ་ཆེ་བ་དང་། ཚེབས་སྐྱེལ་སོགས་བཀུར་བཟློས་རྒྱད་དུ་བྱུང་བ་མཛད་ཕྱོག་ཡབ་སྲས་ཕན་ཚུན་དུ་བསྟན་པ་དང་སེམས་ཅན་ལ་སྨན་པའི་མཛད་འཕྲིན་ཡར་ལྡན་དུ་དགོས་པའི་བསླབ་དོན་སྐུལ་རེས་སུ་མཛད་པ་སོགས་ཐུགས་ཀྱི་མཛའ་གཅུགས་ཀྱི་འཆིང་བ་སྔར་བས་ཀྱང་མི་ཉོད་པར་གྱུར་ཏོ། །དེ་ལ་སོགས་པའི་མཛད་པ་སྤྱི་དང་ལྷག་པར་དུ་ཡང་རྗེ་ཉིད་ཀྱི་སྟོན་གྱི་ཐུགས་བསྐྱེད་སྨོན་ལམ་གྱི་འབྲས་བུ་དུས་སུ་སྨིན་པ་དང་། ཞྭ་སེར་གྱི་བསྟན་པ་རིན་པོ་ཆེ་འདི་ཡང་རེ་ཞིག་སྣར་ཡང་མི་ཉམས་ཡར་ལྡན་དུ་འགྱུར་བའི་དུས་ལ་བབ་པར་གྱུར་པས་ཐ་མལ་པའི་སྐྱེ་བོ་གཞན་དག་གིས་ཆེད་དུ་གཉེར་བ་དང་། བསྐུལ་བ་སོགས་ལ་ལྟོས་མི་དགོས་པར་དཀར་ཕྱོགས་ཀྱི་ལྷ་དང་ནཱ་གའི་ཚོགས་ཀྱིས་ཡིད་ཡོངས་སུ་བསྒྱུར་ཏེ། ༧གོང་མའི་བཀས་མངགས་ནང་བློན་ཆེན་པོ་ཀྲུང་ཐང་ཅང་ཧྲན་གྲུང་ཧྲུ་ཁང་ང་དང་། དཔའ་འཛོངས་བཀུལ་ཕོད་སོགས་ཀྱི་དམག་དཔོན་ཆེན་པོའི་ཡོན་ཏན་ཡོངས་སུ་རྫོགས་པ་གྲུང་ཅང་ཧྲན་ཆེན་པོ་ཧེ་ལིང་མཆོ་དང་། གཞན་ཡང་ནང་བློན་སུན་ཀྲུང་ཐང་དང་། ཏུས་ཙོང་ཐུ་སོགས་རྒྱའི་དཔོན་ཁག་ཆེ་ཆུང་དང་། མན་ཇུ་སོ་ལོང་། མོང་གོལ་སོགས་ཀྱིས་མཚོན་པའི་མགོ་བྱེད་དམག་མིའི་ཚོགས་དང་བཅས་པ་ནས་གོང་གསལ་བསྟན་པའི་ཆོམ་རྐུན་རྣམས་ཆབ་འབངས་སུ་བཀོལ་ཏེ་རྒྱལ་བསྟན་ལ་སྲིད་ཞུ་ཆེར་མཛད་པའི་ལག་རྟགས་དང་། ད་དུང་སྲིད་མཐའི་བར་དུ་༧གོང་མ་ཆོས་ཀྱི་རྒྱལ་པོ་དང་། ཏཱ་ལའི་བླ་མ་ཡབ་སྲས།

སྐྱབས་མགོན་ཉིད་སོགས་ཀྱིས་གཙོས་པའི་བསྟན་འཛིན་རྣམས་ཞབས་བརྟན་མཛད་འཕྲིན་རྒྱས་པ། ཐུབ་བསྟན་དར་ཞིང་འགྲོ་ཀུན་ཆོས་འབྱོར་བདེ་དགེས་འཚོ་བ་སོགས་ཀྱི་སླད་དུ་རིན་གཉིས་སྲང་བདུན་སྟོང་སྐོར་གྱི་རྒྱུ་སྦྱོར་བ་དང་བཅས་ཏེ་རྗེ་བཙུན་འཇམ་དཔལ་དབྱངས་ཀྱི་གནས་རི་བོང་བ་རི་འཁམ། བར་མ་རིར་གྲགས་པར་རྒྱ་བོད་ཀྱི་ལྷ་ཁང་དགོན་སྡེ་བཅས་གསར་འཛུགས་དང་དགོན་བདག་ཀུང་ཇེ་སྲིད་བར་རྗེ་དྲུང་ཧུ་ཐོག་ཐུ་ཉིད་ལ་འབུལ་རྩིས་ཀྱིས་དེ་དོན་༸རྒྱལ་དབང་མཆོད་ཡོན་རྣམས་ལའང་གསེར་སྐན་དུ་ཕུལ་བར་མཆོད་ཡོན་རྣམས་ཀྱི་ཐུགས་དགོངས་ལའང་། འདི་ལྟར་གནས་གཞི་གཙུག་ལག་ཁང་དགེ་འདུན་གྱི་སྡེ་དང་བཅས་པ་གསར་དུ་འཛུགས་པ་ནི། རྒྱལ་སྲས་ཞི་བ་ལྷས། བསྟན་པ་རྟེན་དང་བཀུར་བསྟི་དང་། །བཅས་ཏེ་ཡུན་རིང་གནས་གྱུར་ཅིག །ཅེས་གསུངས་པའི་སྨོན་ལམ་གྱི་བཞེད་དོན་དང་མཚུངས་པར་བསྟན་པ་ལ་སྲིད་ཞུ་བླ་ན་མེད་པའི་བྱ་བ་ཡིན་ཏེ། སྟོན་བཅོམ་ལྡན་འདས་རང་ཉིད་ཀྱིས་ཀྱང་། ཇི་སྐད་དུ། འདུལ་བ་གནས་མལ་གྱི་གཞི་ལས། ཁྱིམ་བདག་དགེ་བཟང་སྟན་ལས་ལངས་ཏེ། བཅོམ་ལྡན་འདས་ལ་འདི་སྐད་ཅེས་གསོལ་ཏོ། །བཅོམ་ལྡན་འདས་ཀྱིས་གལ་ཏེ་གནང་ན། འདི་ལྟར་བདག་གིས་བཅོམ་ལྡན་འདས་ཉན་ཐོས་རྣམས་ཀྱི་གཙུག་ལག་ཁང་བརྩིགས་ལགས་སོ། །བཅོམ་ལྡན་འདས་ཀྱིས་བཀའ་སྩལ་བ། ཁྱིམ་བདག་དེ་ལྟ་བས་ན་རྗེས་སུ་གནང་གི་བརྩིགས་ཤིག །དེས་ཅི་འདྲ་བ་བརྩིགས་པ་མ་ཤེས་ནས། བཅོམ་ལྡན་འདས་ཀྱིས་བཀའ་སྩལ་བ། གལ་ཏེ་གནས་ཁང་གསུམ་བརྩིགས་ན་དབུས་སུ་དྲི་གཙང་ཁང་བརྩིགས་པར་བྱ་ཞིང་། གཡས་ཕྱོགས་སུ་གནས་ཁང་གཉིས་ཏེ། དེ་ལྟར་ན་ངོས་གསུམ་པ་ལ་ནི་གནས་ཁང་དགུའོ། །ངོས་བཞི་པ་ལ་ནི་དྲི་གཙང་ཁང་གི་ཐད་ཀ་དབུས་

སྤུ་སྙོ་ཁང་དོད་པར་བྱ་ཞིང་། གཡོན་ཕྱོགས་སུ་གནས་ཁང་གཉིས་སོ། །དུ་
བརྩེགས་ཏུ་བྱ་བ་མ་ཤེས་ནས། བཅོམ་ལྡན་འདས་ཀྱིས་བཀའ་སྩལ་པ། དགེ་
སློང་རྣམས་ཀྱི་གཙུག་ལག་ཁང་ནི་ལྔ་བརྩེགས་སུ་བྱའོ། །སྒོ་ཁང་སྟེང་གི་བསིལ་
ཁང་ཡང་བདུན་བརྩེགས་སུ་བྱའོ། །ཞེས་གསུངས་པ་དང་། བཀའ་གདམས་
ཀྱི་དམ་པ་གོང་མ་རྣམས་ཀྱིས་ཀྱང་དགེ་འདུན་གྱི་སྡེ་གསར་དུ་འཛུགས་པ་ནི་
བསྟན་པའི་བྱ་བ་རླབས་པོ་ཆེར་དགོངས་ནས་འབད་རྩོལ་ཅི་ནུས་མཛད་པ་
བཅས་ཅི་ནས་ཀྱང་འོས་ཤིང་འཐད་པར་དགོངས་ནས་དེ་དེ་བཞིན་དུ་བགྱིས་
ཚོག་པར་བཀས་གནང་བ་བཞིན། ༧གོང་མ་ཆོས་ཀྱི་རྒྱལ་པོ་ལྷ་སྐྱོང་བདག་པོ་
ཆེན་པོ་ཁྲི་ཐེབས་དགུང་ལོ་ང་བདུན་པ། རྒྱལ་དབང་ཐམས་ཅད་མཁྱེན་
གཟིགས་བློ་བཟང་བསྟན་པའི་དབང་ཕྱུག་འཇམ་དཔལ་རྒྱ་མཚོ་གསེར་ཁྲིར་
ཞབས་སོར་བཀོད་ནས་དགུང་ལོ་སོ་གསུམ་པ། རྗེ་བཙུན་བླ་མ་ཆོས་ཀྱི་རྒྱལ་པོ་
ཆེན་པོ་ཡེ་ཤེས་བློ་བཟང་བསྟན་པའི་མགོན་པོ་ཉིད་སླར་ཡང་རྒྱལ་དབང་མཆོག་
གི་འཕྲིན་ལས་ཀྱི་བྱེད་པོར་ལུགས་གཉིས་ཀྱི་སྲིད་ཀྱི་ཁྲིར་ཐེབས་ནས་ལོ་ངོ་གཉིས་
སུ་སོན་པ། ཡོངས་འཛིན་ཅེས་པ་ཆུ་ཕོ་བྱི་བའི་ལོ་འདི་ཉིད་ཀྱི་ནང་དུ་དུས་ཆེས་
གཟའ་སྐར་ཕུན་སུམ་ཚོགས་པའི་ཉིན་ཕྱི་ནང་གི་བཀོད་ཁྱབ་དོ་དམ་མཛད་མི་
རྒྱའི་སྐུ་ཚབ་ཕོགས་དཔོན་ལིས་སན་ཐ་ཡེ་དང་། རྒྱལ་དབང་མཆོག་གི་སྐུ་ཚབ་
མགྲོན་གཉེར་སྡེ་པ་སྟགས་རམ་པ་བསྐལ་བཟང་རྣམ་རྒྱལ། ཤོད་དྲུང་སྡེ་པ་ནང་
རག་པ་དང་། ལས་བྱ་བ་ཕྱག་ནང་ཚེ་འཕེལ་སོགས་དང་། བློ་གྲོས་མཛངས་
ཤིང་གསལ་ལ་མཁས་ཤིང་ཡིད་གཞུངས་པའི་རྗེ་ཤིང་བཟོ་པ་ཙུལ་མི་སོགས་ཚན་
ཆེ་བ་དང་བཅས་ཏེ་ལས་གྲྭའི་དབུ་ཚུགས་ཤིང་། དེ་ཡང་ཚུལ་ཇི་ལྟར་དུ་
བཞེངས་པ་ནི། ཇི་སྐད་དུ། སྐྱབས་མགོན་རྒྱལ་བའི་རྒྱལ་ཚབ་ཉིད་ཀྱི་གསུང་

ལས། ཕུར་རྒྱལ་ས་ཡི་ཐེག་ལེར་ནི། །རིགས་གསུམ་སྤྲུ་འཕྲུལ་ལས་གྲུབ་པའི། །ས་འཛིན་རྣམ་པ་གསུམ་གྱི་ནི། །ཡ་རྒྱལ་འཇམ་དཔལ་གནས་རི་ལ། །དགེ་སྦྱོང་བསྟི་བའི་འོས་གྱུར་པའི། །གཙུག་ལག་ཁང་ཆེན་ཁྲིད་འཕགས་དང་། །ཙོནའི་དགྲ་ལྷ་ཀུན་ཡུན་འཆང་། །སྲུང་མའི་ཚུལ་དུ་གནས་པ་ཡི། །རིགས་གསུམ་ལྷ་ཁང་དང་བཅས་པ། །ཞེས་གསུངས་པ་ལྟར། འཇམ་དབྱངས་དང་ཀུན་ཡུན་གྱི་ལྷ་ཁང་རྒྱན་གསུམ་པ་རྒྱའི་ལུགས་དང་། བོད་ཀྱི་ལུགས་བརྟན་བཞུགས་ཆོས་འཁོར་གླིང་གཙང་ཁང་། འདུ་ཁང་སོགས་འོག་ནས་འབྱུང་བ་ལྟར་བཞེངས་པར་བཞེད་ནས་དེ་དོན་དོ་དམ་པ་སོགས་ལའང་བཀའ་ཁྲབ་མཛད་དེ་རྨང་གཞི་ལེགས་པར་འདིངས་པའི་མགོ་ཚུགས་ཤིང་། དོ་དམ་བཟོ་རིག་པ་སོགས་ཀུན་ལ་འཛུགས་སྐོན་གྱི་རིམ་པའང་གཟབ་རྒྱས་སུ་བསྐུར་བར་མཛད་དོ། །ལོ་འདི་ནང་དུ་༧གོང་མ་ཆོས་ཀྱི་རྒྱལ་པོས་རྗེ་ཉིད་ལ་ཐུགས་བསྐྱེད་དང་འཕྲིན་ལས་གཞན་འགྲན་མ་མཆིས་པའི་དབང་གིས་གཟིགས་པ་བླ་ན་མེད་པས་བརྟེགས་ཏེ་བོད་ཀྱི་ལས་དོན་མཛད་མུས་ཀྱི་ཐོག་ནང་ཕྱོགས་ཀྱི་སེར་མོ་བ་རྣམས་ཀྱི་མགོ་བྱེད་པི་ཅིང་ཐམ་ཀ་བླ་མའི་ཁྲུར་འཛིན་ཀྱང་ཉིས་ལྟོགས་སུ་མཛད་དགོས་ཀྱི་བཀའ་བཟང་ཕེབས་པར་༧གོང་མ་ཆེན་པོས་དགོངས་བཞེད་ཟབ་མོ་བླ་ན་མ་མཆིས་པ་གཏད་པར་གཟིགས་ནས་ཇི་ལྟར་བཀའ་སྩལ་དང་དུ་བཞེས་རྒྱའི་ཞུ་འཕྲིན་ལེགས་སྐྱེས་དང་བཅས་པ་འབུལ་བར་མཛད། གཞན་ཡང་ལོ་དེའི་ནང་དུ་གོང་མ་མཆོག་ནས་ལས་དོན་ལེ་འགྲིག་བྱུང་བའི་ལེགས་སྐྱེས་སུ་ཚེ་དཔག་མེད་ཀྱི་སྐུ་ཐང་། གཡང་ཏིའི་ཡུ་ཡེ། བསེ་ཡི་ཕོར་མོ་དང་། བསེ་ཕོར་ཆ་སོགས་སྩལ་བ་དང་། ཡང་ཟེ་ལིང་ཕྱོགས་སུ་༧གོང་མའི་དཔུང་ཆེན་གྱི་དམག་རྟ་ཉེ་བར་རྩེ་དྲུང་ཆེད་མ་འགགས་ཞུས་སྐོར་ལ་༧གོང་མ་ཆེན་མོ་ལྷག་པར་

དགྱེས་པས་གཡང་ཏིའི་འཕྲེང་བ་དང་། ཁྲུག་མ་ཆ་གསུམ་བཅས་སྩལ་བ་དང་། ཡང་ཞྭ་དམར་བའི་དགོན་སྡེ་མངའ་ཞབས་དང་བཅས་པ་དགེ་ལུགས་སུ་བསྒྱུར་བའི་འཛིན་དབང་བདག་ཐོབ་ཚང་མ་རྗེ་ཉིད་ལ་ཐབ་འཛིན་དུ་སྩལ་བ་སོགས་གཟིགས་པ་དང་བཀའ་དྲིན་ཚད་མེད་པ་བར་མ་ཆད་ལྷ་བུར་སྩལ་བར་སྣང་ངོ་། །དེ་ནས་ཀུང་སྤྲར་བཞིན་ཆོས་སྲིད་ཀྱི་མཛད་སྒོ་ཆེ་འབྲིང་ཆུང་གསུམ་མཐའ་དག་འཐུས་ཤོར་མེད་པ་ཡར་ལྡན་དུ་མཛད་མུ་ནས་ལོ་མཇུག་ཐུགས་དམ་བཅད་རྒྱའི་རིམ་པ་དང་། རྒྱུན་དང་འཕར་མའི་ཞབས་བརྟན་སོགས་ཀུང་སྤྲར་ལྷག་ཏུ་བསྐྱངས་ཤིང་། བཅད་རྒྱ་གྲོལ་བསྟུན་མཆོད་ཡོན་ལྷན་རྒྱས་ཕན་བདེ་ལེགས་བཤད་གླིང་པ་ཚོགས་ཡོངས་ཀྱི་དགུ་གཏོར་འཆམ་གཟིགས་སོགས་ལའང་སྤྱན་རས་ཀྱིས་ལེགས་པར་བཅོལ་བར་མཛད་དོ། །

རིང་ནས་བསྒྲུབ་པའི་ཐུགས་བསྐྱེད་འཛམ་བུའི་འབྲས། །ཡོངས་སུ་སྨིན་པའི་དགེ་མཚན་གསེར་གྱི་ཁམས། །སྐྱེ་རྒྱུའི་བསོད་ནམས་ཞུགས་ཀྱིས་ལེགས་སྦྱངས་པས། །དགེ་མཚན་བཟང་པོའི་གུར་གུམ་མདངས་སུ་འཆར། །ཐུབ་བསྟན་ཉིན་མོར་བྱེད་པའི་འཛིག་རྟེན་འདི། །སླར་ཡང་དགེ་ལེགས་བྱ་ཕྱིར་སྦྱོངས་འདིའི་གཞིར། །རྟེན་དང་བརྟེན་པར་བཅས་པའི་གཙྫ་ལ། །མངོན་པར་བསྒྲུབ་པའི་བགྱི་བ་ཅི་ཡང་རྫོགས། །བརྟན་པའི་འཁོར་ལོས་དགྱེས་པར་རྫོན་པའི་ཞིང་། །རིན་ཆེན་བ་གམ་བརྩེགས་འདྲའི་འདབས་རོལ་དུ། །མཆོག་གསུམ་འདུས་སྡེར་བཅས་པའི་བསྟི་གནས་ཤིག །མ་བསམ་ལྷུན་གྱིས་འགྲུབ་པར་མངོན་དུ་ཕྱོགས། །གང་གི་འཕྲིན་ལས་ཟེགས་མའི་ཆ་རེར་ཡང་། །འདི་ལྟ་བུ་ཡི་ངོ་མཚར་མངའ་གྱུར་ན། །གཞན་དག་ལོ་བརྒྱར་འབད་མཐར་ཉུང་ཟད་ཀྱི། །འབྲས་བུ་འབྱིན་ལ་མཚར་འཛིན་བཞད་གད་གནས། །རིགས་

གཟུགས་འཁོར་པས་དྲེགས་པའི་འགྲོ་ཀུན་ཀྱང་། །བསྐུལ་བ་མེད་པར་རྣམ་དཀར་ལྷག་བསམ་གྱི། །འདབ་སྟོང་ཤུགས་ཀྱིས་འཛུམ་པར་གྱུར་འདི་འང་། །གང་གི་ནུས་མཐུར་ངེས་ཀྱི་གཞན་དུ་མེད། །ཅེས་དཔལ་ལྡན་བླ་མ་དམ་པ་རྒྱལ་བའི་རྒྱལ་ཚབ་ཆེན་པོ་རྗེ་དྲུང་ཧུ་ཐོག་ཐུ་ནོ་མི་ཧན་ས་མ་ཏི་པཀྴི་ཧུ་ཐུང་ཆན་ཤྲི་རིན་པོ་ཆེ་ཡེ་ཤེས་བློ་བཟང་བསྟན་པའི་མགོན་པོའི་རྣམ་པར་ཐར་པ་ངོ་མཚར་དད་པའི་པདྨོ་འཛུམ་བྱེད་ལེགས་བཤད་ཉིན་བྱེད་དབང་པོའི་འཕྲེང་བ་ལས་ཆོས་ཀྱི་རྒྱལ་པོའི་ཁྲི་ལ་སྣ་ཕྱིར་ཞབས་སོར་བཀོད་དེ་༧རྒྱལ་དབང་མཆོག་གི་འཕྲིན་ལས་སྤྱེལ་ཞིང་མཛད་པ་བཅུ་གཉིས་ཀྱི་ནང་ནས་གཞན་སྡེ་ཚར་གཅོད་པའི་མཛད་པ་གཙོ་བོར་གྱུར་པ་ལས་བརྩམས་པ་བསྟན་ལ་བདོ་བའི་གདུག་ཅན་རྣམས་ཚམས་ལ་ཕབ་སྟེ་མངག་གཞུག་ཏུ་བཀོལ་ནས་སྐྱེ་རྒུ་རྣམས་བདེ་སྐྱིད་ལ་སྦྱོར་བ་སོགས་ཀྱི་ཚུལ་ཇི་ལྟར་སྐྱོང་བའི་རིམ་པ་སྟེ་བདུན་པའོ།། ༎

ཏ་ཚག་ཡེ་ཤེས་བློ་བཟང་བསྟན་པའི་མགོན་པོའི་རྣམ་ཐར། （སྟོད། སྨད།）

རྩོམ་པ་པོ།	བློ་བཟང་འཕྲིན་ལས་རྣམ་རྒྱལ།
རྩོམ་སྒྲིག་འགན་འཁུར་བ།	བསོད་ནམས་ཚེ་བརྟན།
དཔེ་སྐྲུན་ཚན་པ།	བོད་ལྗོངས་བོད་ཡིག་དཔེ་རྙིང་དཔེ་སྐྲུན་ཁང་།
འགྲེམས་སྤེལ་ཚན་པ།	བོད་ལྗོངས་ཞིན་ཧྭ་དཔེ་ཚོང་ཁང་།
པར་འདེབས་ཚན་པ།	ཁྲེང་དུའུ་ཀོར་སུའེ་དཔར་འདེབས་ཚད་ཡོད་སྤྱི་ཀྲེར་ཁང་།
དེབ་ཚད།	850 × 1168 1/32
པར་ཤོག	23.875
པར་གཞི།	2022ལོའི་ཟླ་5པར་པར་གཞི་1བསྒྲིགས།
པར་ཐེངས།	2022ལོའི་ཟླ་5པར་པར་ཐེངས་1བཏབ།
པར་གྲངས།	1 – 3,000
དཔེ་རྟགས།	ISBN 978 – 7 – 5700 – 0551 – 2མི་ཡིག(བོད།)
རིན་སྒོར།	54.00 སྟོད་སྨད།